(社)日本弘道会編

増補改訂

西村茂樹全集

第1巻

著作1

思文閣出版

西村茂樹肖像

(明治33年11月撮影　73歳)

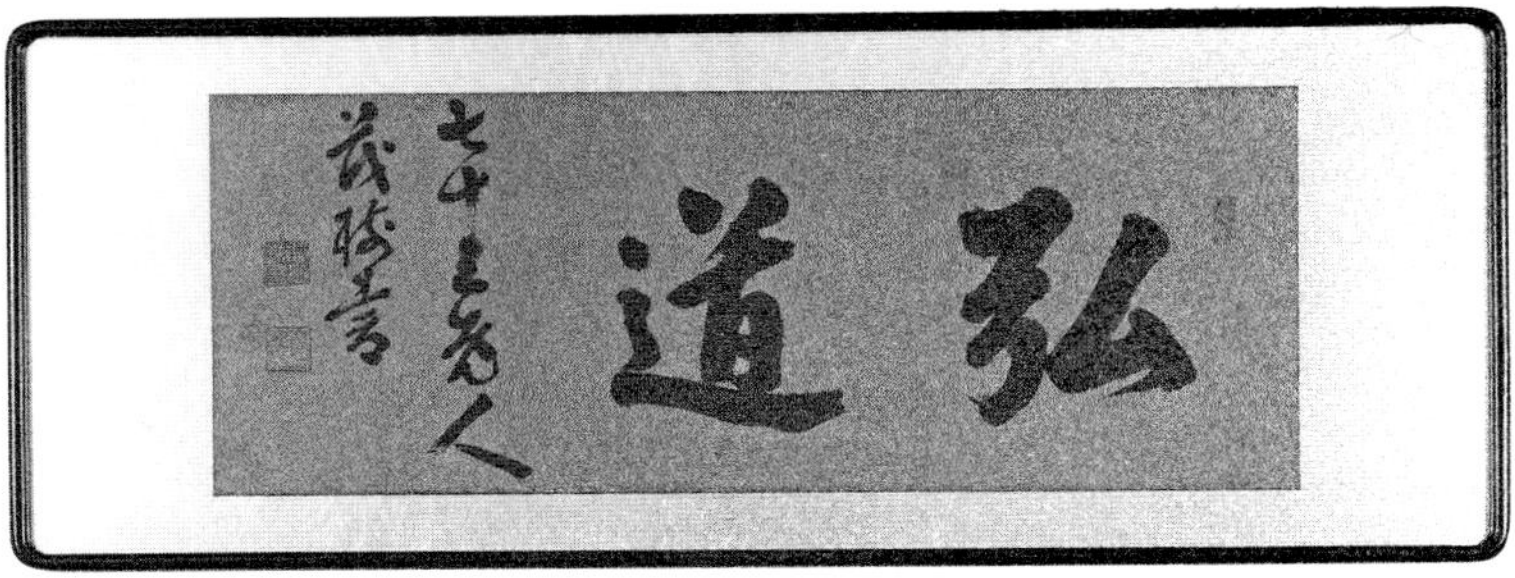

西村茂樹墨跡「弘道」扁額（明治33年）

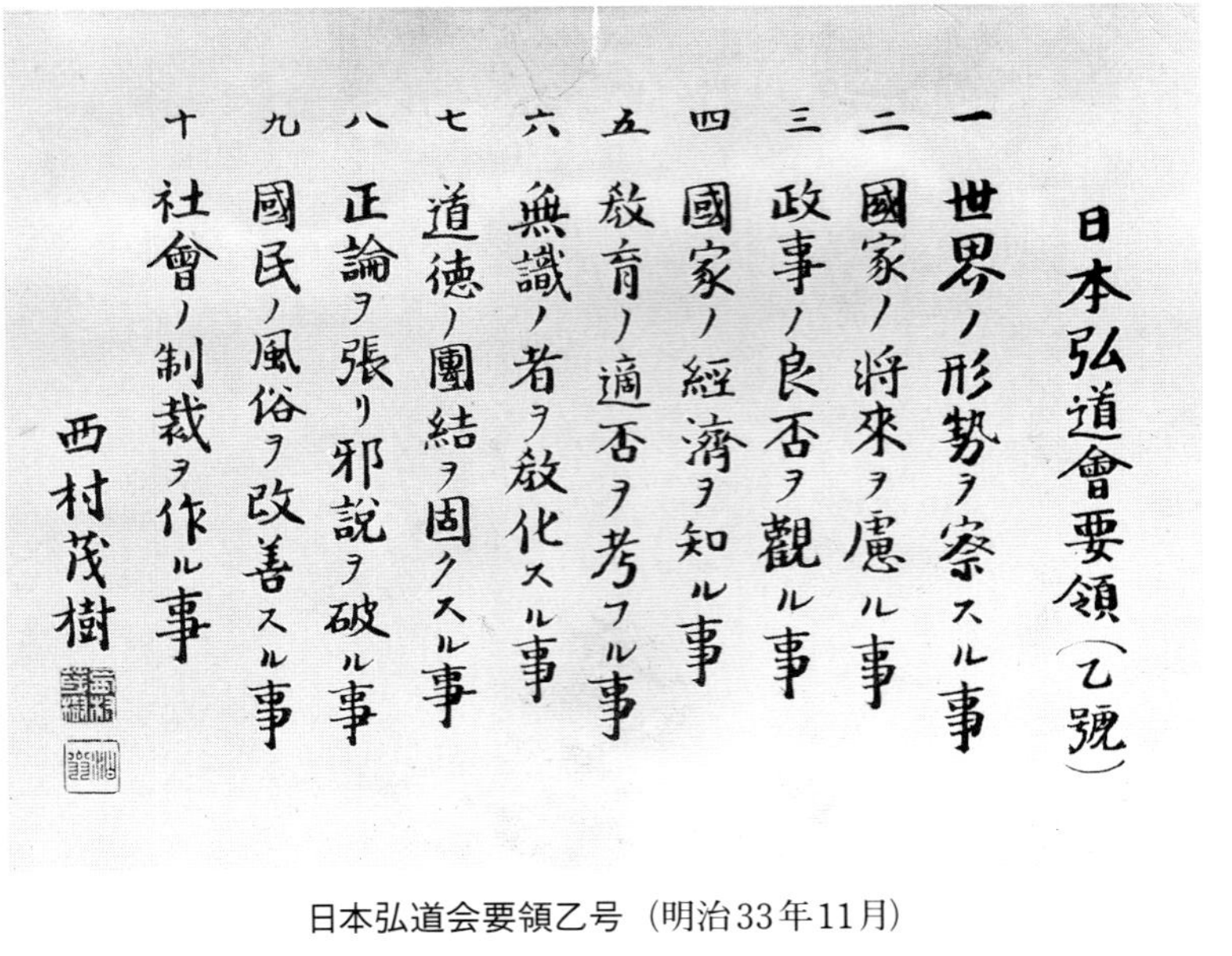

日本弘道會要領（乙號）

一 世界ノ形勢ヲ察スル事
二 國家ノ将來ヲ慮ル事
三 政事ノ良否ヲ觀ル事
四 國家ノ經濟ヲ知ル事
五 敎育ノ適否ヲ考フル事
六 無識ノ者ヲ敎化スル事
七 道德ノ團結ヲ固クスル事
八 正論ヲ張り邪說ヲ破ル事
九 國民ノ風俗ヲ改善スル事
十 社會ノ制裁ヲ作ル事

西村茂樹

日本弘道会要領乙号（明治33年11月）

発刊のことば

西村茂樹先生は、維新後、滔々として欧化主義が国中に広がり、本邦古来の精華を忘れ、法律をもって道徳に代えようとするがごとき風潮を憂い、明治九年(一八七六)数名の同志とともに、我が日本弘道会の前身である東京脩身学社を創設、爾来、国民道義の振興と品格ある国づくりを理想として掲げ、一貫して日本道徳の確立を訴え続けて、我が国の近代思想史に大いなる足跡をとどめたことは広く知られているところであります。

日本弘道会では、昭和五十一年に、著作、論説の一部を収録して『西村茂樹全集』三巻を思文閣出版から刊行いたしましたが、既に絶版となり、また、この三巻に収録できなかった著作類、訳述書、論説、日記、書簡が数多くあり、本会にとって、会祖の業績の全てを後世へ引き継ぐことが大きな課題でありました。

図らずも、平成十三年、会祖西村茂樹先生の百年忌を迎えるにあたり、記念事業の一環として「西村茂樹全集」の増補・改訂版を刊行することとなり、直ちに『西村茂樹全集』刊行委員会を設置、さらに、刊行委員会内に作業部会としての編集部会を組織して、著作類、訳述書、論説、日記、書簡、年譜、その他を含めた文献類の収集、分類、整理を行ない、全体計画の策定に入り十巻構成で刊行することといたしました。とくに、全体計画策定の段階で、旧版の三巻に収録されていた著作、論説の全てを解体し、分野別に組み入れて内容を整えることにいたしました。

西村先生は広く和漢の学に通暁するとともに、蘭学、英学に通じており、幕藩体制下に在って、既に『数限通論』

『防海要論』『万国史略』を翻訳・出版し、幕末から明治期にかけては数十冊を越す訳述書を公刊しており、先生の理論形成に大きな役割を果たしたことは勿論のこと、近代化を急ぐ我が国にとっても暗夜の灯火となったことは言うまでもありません。本全集にはその代表的なものと道徳に関するものを精選して収録いたしました。

西村先生の思想は、『日本道徳論』に述べるように儒教と哲学の精粋を採って日本の国民道徳の基礎としつつも、「宗教をもって根拠とせず、理教(儒教、哲学)をもって根拠とするが、道理に合わなければ儒哲といえども採らず、道理に合えば宗教の言といえども之れを採る」(『日本弘道会大意』)という極めて柔軟な考え方を示しており、とくに、真理を世界に求めて一局に偏することを戒めており、西村先生の究極のねらいとしたのは、本邦独自の道徳、つまり、日本的道徳の確立と道徳を学問として体系化することにあったと考えます。

近年、西村先生の思想・理念に対する評価が海外でも高まりつつあります。一九六五年、アメリカのアジア学会に属する近代日本研究会議が企画した日本近代化研究シリーズの第一巻として刊行された『日本における近代化の問題』に、ハーバード大学のドナルド・H・シャイブリー教授が、「西村茂樹―近代化についての儒教側の見解」と題する論文を載せております。また、一九九六年、ドイツ・ミュンヘン大学アジア文化研究所のハンネローレ・アイゼンホーファー・ハリム女史が、西村先生の著書『国民訓』をドイツ語に全訳して出版し、続いて二〇〇二年『日本道徳論』の全訳も出版して、本会に寄贈いただきましたが、さらに『国家道徳論』の全訳をすすめているとの書簡も頂戴しております。

本全集は、西村茂樹先生の学問的な業績を中心に構成しており、これまで未発表の論説や『日本道徳論』の初版本など思想史的にも学問的にも貴重な著書が初めて公刊されるなど、日本の哲学、倫理学、教育学、社会学、政治・経済学など、学際的な立場からも西村思想の神髄に迫ることが可能であり、特に今日の世相に照らし、この全集刊行は待望久しかった企画であり、広く江湖に歓迎されるものと確信しております。

本全集の出版に際しましては、前回に続いて困難な問題を抱えながらも快くお引き受けいただいた株式会社思文閣出版に対し深い敬意と感謝を捧げるとともに、特に専務取締役長田岳士氏には格別のお世話になりましたことに改めて御礼を申し上げます。

最後に本全集の編集に当たり、直筆稿をはじめ著作類の収録、分類、整理、全体計画の策定から具体的な編集、校訂に至るまで、献身的にご尽力いただいている編集部会の尾田幸雄編集委員長はじめ編集委員各位に対し深甚なる謝意を表する次第であります。

平成十六年四月

社団法人日本弘道会

会長　鈴木　勲

監修のことば

今回の増補・改訂『西村茂樹全集』全十巻の出版は、日本弘道会の会祖西村茂樹の百年忌にちなんで企画されたものである。

西村茂樹の名で幕末から明治期にかけて出版されたのは、次のとおりである。

万国史略　慶応三年冬訳述 十一冊〔※※※〕
泰西史鑑　明治二年七月訳述 三十冊〔※※※〕
西史年表　明治三年九月訳述 二冊〔※※※〕
校正万国史略　明治五年夏訳述 十一冊〔※※※〕
農工卅種家中経済　明治六年十一月訳述 一冊
経済要旨　明治七年六月訳述 二冊〔※※※〕
求諸己斎講義（修身部）　明治七年十月訳述 数冊〔※※※〕
日本教育史　明治八年二月訳述 一冊〔※※※〕
天文学（百家全書の一部）　明治九年訳述 一冊
輿地誌略（巻十一、十二の二冊）　明治十年訳述 二冊〔※※※〕
西国事物紀原　明治十一年十二月訳述 一冊
小学脩身訓　明治十三年四月訳述 二冊〔※※※〕
殷氏道徳学　明治十五年四月訳述 一冊（一部刊）
日本道徳論　明治二十年四月著述 一冊〔※〕
修身教科書之説　明治二十三年十一月出版 一冊
信用組合相助法　明治二十五年三月出版 一冊
心学講義　明治二十五年九月発行 合本二冊〔※※※〕
読書次第　明治二十六年七月出版 一冊〔※※※〕
国家道徳論　明治二十七年三月脱稿 二冊〔※〕
徳学講義　明治二十八年六月出版 十冊〔※※※〕

国民訓　明治三十年一月著述　一冊〔※※〕
国民訓対外篇　明治三十年十一月出版　一冊〔※※※〕
道徳教育講話　明治三十一年十二月出版　一冊〔※※〕
自識録　明治三十三年八月著述　一冊〔※〕
記憶録　明治三十六年四月　一冊〔※※〕
儒門精言　明治三十六年九月出版　一冊〔※※※〕
続国家道徳論　明治三十年九月起稿　一冊〔※〕
日本弘道会創立紀事　明治三十一年八月出版　一冊〔※※※〕
続道徳教育講話　明治三十二年出版　一冊〔※※〕
公徳養成意見　明治三十三年十二月出版　一冊
続自識録　明治三十六年九月出版　一冊〔※〕
往事録　明治三十八年七月出版〔※※〕

右のうち〔※〕印のものは、明治四十二年に、『建言稿』『泊翁卮言』『東奥紀行』『泊翁先生歌集』『泊翁先生詩集』『或問十五条』『泊翁先生年譜略』『泊翁先生著書目録』『泊翁先生論説目録』を加えて『泊翁叢書第一輯』(原版には『泊翁叢書全』とある)に収録され、ついで明治四十五年に、明治六年より明治三十五年に至る論説並に年代未詳の論説をあつめた『泊翁叢書第二輯』として公刊された。

しかし、この二書だけでは西村茂樹の全業績をうかがうに足りないので、西村が日本弘道会の前身東京脩身学社を創立した明治九年から丁度百年を閲《け》みした昭和五十一年、本会の創立百周年を記念して『西村茂樹全集』全三巻が思文閣出版から発刊されることになった。

そこでは、従来の泊翁叢書の第一輯と第二輯をそれぞれ西村茂樹全集の第一巻と第二巻にふりあて、泊翁叢書には収録されていなかった〔※※〕印を附した著作、すなわち『国民訓』『道徳教育講話』『続道徳教育講話』『記憶録』『往事録』をあつめて一冊となし、これを第三巻にあてた。

この全三巻を以てしても、なお西村茂樹著作の全体は尽くされているとはいえないが、当時の諸般の事情を考慮すると、名実ともに完全に近い全集の刊行は将来に期待するほかなかったのである。

今回その期待が日本弘道会第九代会長鈴木勲氏の下で実現する運びとなり、前回は私一人であった編集員も十数人に増え、以前には整備していなかった編纂資料もほぼ完全な域に達したと思われるから、西村茂樹の信奉者にとっては頼もしい限りである。願わくば読者の期待にも十分に応じ得る全集であって欲しい。

ここで、今回新たに収録した主な著作は、前回の全集には収録されていなかった〔※※〕印の附いた著作を含め次のとおりである。

『小学脩身訓』　明治十四年十一月出版
『日本弘道会要領』（甲号）明治二十二年一月発表　（乙号）明治三十三年十二月発表
『日本弘道会婦人部設立の大意』　明治二十三年三月稿本
『心学講義』　明治二十五年九月出版
『修身講話』　明治二十八年五月　大日本実業学会商科第六回配布の講義録所収
『日本弘道会創立紀事』　明治三十一年八月出版
『徳学講義』　明治三十四年十月出版
『弘むべき道』　大正十五年五月出版
『西国道徳学講義』（手稿・年不詳）
『日本教育論』（手稿・年不詳）
『心学略伝』（手稿・年不詳）
『自得録』（手稿・年不詳）
『理学問答』（手稿・年不詳）
『日本弘道会大意』　明治二十三年十二月出版
『読書次第』　明治二十六年五月出版
『国民訓対外篇』　明治三十一年十月出版
『儒門精言』　明治三十六年九月出版
『道徳問答』　昭和十一年六月出版
『社会学講義』（手稿・年不詳）
『婦女鑑』（手稿・年不詳）
『女子宝訓』（手稿・年不詳）
『自省録』（手稿・年不詳）
『偶筆』（手稿・年不詳）

『初学宝訓』(手稿・年不詳)

『随見随筆』(手稿・年不詳)

西村茂樹と云えば、一時期頑冥固陋な思想家視する風があった。しかし、西村は近代フランスの実証主義者オーギュスト・コントの思想に熱中したり、学習書の極めて乏しい中でオランダ語や英語の習得につとめるなど進取の気象に富んでいた。安政元年(一八五四)の吉田松陰に先立って嘉永六年(一八五三)に海外渡航を企てた一件や、『泊翁巵言』第一冊の「(卅一)文明国の真似」という項において、「西洋諸国は文明国なれば、其真似(模倣の義)をするは決して不可なることに非ず、余も常に西洋の真似せんと欲して止まざる者なり」という発言。そして、『続自識録』の第八十四章に、「昔より保守と進歩と争ふ時は、保守常に敗れて、進歩常に勝つ、是天意なるか、否保守論者は常に老人多くして気力盛ならず、且年を経るに従ひ、漸に其人を減ず、改進論者は少壮の人多きを以て、其気力常に旺盛なり、且年を経るに従ひ、漸々其人を増す、是成敗の異なる所以なり」という発言からしても、西村がたんなる守旧の人でないことは明らかである。

しかし、『続自識録』では右の文章につづけて次のように述べている。「然れども軽躁なる改進論者は、敵手なきに自ら敗るゝ者多し。」

天時の運行は冬を経なくては春とならないし、草木は花が開かなくては実を結ぶことはできない。この自然の順序にしたがわないものは、ついにみずから敗れるほかない。

したがって、西洋を真似るといっても、西洋の現状をただ模倣するというのではなく、西洋人が今日の文明を築きあげた精神と順序とに倣おうというのである。

今日の我々日本人が西村茂樹に学ぶのは正にこの点である。その意味で、本全集が多くの日本人に愛読されることを願って止まない。

監修のことば

平成十六年四月

㈳日本弘道会副会長
東京大学名誉教授
国際武道大学名誉教授
古川哲史

増補・改訂　西村茂樹全集　第一巻　目次

目　次

目　次

凡　例

一、本全集は、『西村茂樹全集』として既に刊行されている三巻（昭和四十二年五月二十八日初版、昭和五十一年八月十日復刻版　京都市（株）思文閣出版発行・以下「旧版」という）に収録されている著作、論説等の全てを解体し、西村茂樹の生涯を通して累積された学術的な業績を中心に、新たに収録した著作類、論説および訳述書の一部、日記、書簡、漢詩、和歌、年譜等を加えて内容構成した。なお、西村茂樹について理解を得るため、第一巻の冒頭に土屋弘（鳳州）の筆になる「西村泊翁先生傳」（昭和二年十月刊『泊翁西村先生欣迎録』所収）を収録した。

二、前項の通り、既に全集として三巻本が公刊されており、本全集は、その増補・改訂を主体としているので、名称を『増補・改訂　西村茂樹全集』とした。

三、本全集の編集は、刊行委員会内に設けた編集部会が担当した。

四、文献の収録に当っては、原則として最終版本（西村茂樹自身の校訂を加えた最終の版本）を原拠とした。ただし、文中に欠字、伏せ字をもつ『日本道徳論』『續國家道徳論』等例外としたものもある。また、収録した文献ごとの解題を巻末に付記した。

五、収録文献のうち、『日本道徳論』は初版を原拠とし、訂正第二版及び訂正第三版との異同は注記して示した。また、『續國家道徳論』にある伏せ字は、該当箇所を「○○○○○○」で示し、伏せ字部分を復原して載せた。

六、西村茂樹の業績の一つに、歴史、経済、地誌、社会、教育、宗教、倫理、道徳等多岐に亘る訳述書がある。本全集には、そのうち代表的なもの及び道徳に関するものを精選して収録した。ただし、収録できなかった訳述書は、第七巻の末尾に「未収録訳述書一覧」として付記した。

七、論説については、可能な限り執筆年月を表記するよう心がけたが、不明なものについては傍証資料をもとに勘考した。
八、収録した西村茂樹の著作類、訳述書、日記、書簡等の文章表記は、人名、固有名詞、著書名、各頁の柱、その他の例外を除いて旧漢字は原則として常用漢字に改めた。ただし、仮名表記は原拠のままとした。なお、明らかに誤植であることが判明した文章表記については、編集部会において校訂を加えた。
九、原拠に付されている振り仮名については、旧来の仮名表記のままとしたが、難読の語句には適宜振り仮名を付した。ただし、編集部会が付した振り仮名は新仮名遣いをもってし、（　）で閉じて示し原拠に付されているものと区別した。
一〇、外国の人名や国名・地名等の固有名詞は、現在用いられていない漢字表記の場合が多いが、それらは、原拠に記された漢字表記のままを用い、また、片仮名で表記されている場合はそのままとした。なお、原拠の振り仮名はそのままとし、新たに付したものは（　）で閉じて示した。
一一、本全集の活用に当っては、当時の国際関係、人権問題の正しい理解と認識をもって対することを期待するものである。
一二、『婦女鑑』中の「挿し絵」は縮小して本文上段に挿入した。
一三、日記は、本会機関誌『弘道』誌上に掲載したものを、年次別に配列して収録した。
一四、書簡は、本会機関誌『弘道』誌上に掲載したものに、新たに収集した書簡を加えて収録した。なお、発信書簡は、宛名別、発信年月順に配列したが、年次を欠失している場合は他文献を参照して勘考した。
一五、年譜は、「泊翁西村茂樹年譜」（昭和八年一月五日刊『西村茂樹傳・下巻』所収）及び「西村泊翁先生年譜略」（明治四十二年五月二十八日刊『泊翁叢書』所収）を基礎資料とした。
一六、人名、主要事項等の索引は、最終巻（第十巻）に一括して収録した。

（以上）

西村泊翁先生傳

西村泊翁先生傳

西村泊翁先生傳

吾邦経義、載在二令典一。爾来紹述、世有二名賢一。慶元以降、則有レ若二藤原惺窩、林羅山一。有レ若二貝原益軒、伊藤仁斎、物徂徠一。有レ若二中江藤樹、熊澤蕃山、山崎闇斎之徒一。率皆闡二発宋明学説一、或攻二撃之、別建二一幟一。其攻固偉矣。然所レ論止二漢学一。至丁於融二合和漢洋学説一、卓然成レ家、侃々討議致二力国家一、知無不レ言、言無レ不レ謁、要在丙乎振二興国民道徳一、規乙画百年長計甲、則吾不レ得レ不レ推二泊翁西村先生一。而人情崇レ遠卑レ邇、不レ知レ有下今人勝二古人一者上。此余之所三以著二是伝一也。

先生、氏西村、幼名平太郎、後改レ鼎、又更二茂樹一。泊翁其号。系出レ自二新羅三郎源義光一。世仕二佐倉藩一。祖芳高君、徳行冠二一藩一。考芳郁君、性剛毅厳正、処レ事不レ苟、材具二文武一、長二経済術一。政績歴々可レ観。」先生幼入二藩学一、研二修文武業一。年十六、作二藤原基経論一、示二之教官安井息軒一。息軒大称レ之。於レ是専精二漢学一。既而就二大塚同庵一、学二西洋砲術一、窮二其蘊奥一。後従二佐久間象山一、学二兵法一。象山曰、砲技不レ如二兵法一、兵法不レ如二洋学一。

先生深服二其説一。自レ是大用二力于西籍一。」年二十六、継二父祖職一、為二佐倉支藩佐野侯附人一。附人者猶二傅相一也。時支藩主惑二奸臣一、藩士不レ服。先生与二老臣某某一議、諫諍頗力。支藩主悔悟、退二奸臣二人一。一藩帖然得レ無レ事。」是歳米国軍艦来二浦賀一、乞二互市一。先生具二意見一、上二之藩主一。又作二海防策一、上二之閣老阿部正弘一。凡数千言、皆合二機宜一。方二此時一、海内擾擾、論議分派。一曰開国説、一曰攘夷論、先生常持二開国説一。而時俗以二攘夷論一為二正義一、持二開国説一者、往々為三其所二排撃一。先生歎曰、是坐二於不レ知二海外形勢一。吾不レ可二以不レ醒コ覚此輩一。因欲下上コ書幕府一、遊コ学海外一、伝中習其長技上。藩老固執不レ可。遂不果。」安政元年十月、佐野侯堀田正衡卒。嫡孫正頌承レ後。年甫十三、先生受二遺託一、整コ理藩政一。或嘲レ之曰、牛刀割レ鶏。何足レ用レ意。先生答曰、獅子搏レ兎、亦用二全力一。二年十月、藩主堀田正睦為二閣老一、尋専管二外国事務一。先生以二支藩老一、兼管コ勾機密文書一。慶応三年十月、上コ書大将軍徳川公慶喜一、大論二時事一。後又為二徳川氏一画二三策一。是月以二藩命一至二京師一。先レ是大将軍辞レ職、去二京師一、入二大阪一。先生亦赴二大阪一。明治元年一月三日、有レ人報曰、徳川氏前鋒向二京師一矣。先生走出望二淀川一、兵船鱗次、相継而発。入レ夜到二天満橋一、遙望二東方一、火光燭レ天。先生曰、是戦已開也。但火光在二一所一而不レ移。嗟乎東軍敗矣。翌日敗報果至。先生窃謂、東軍既敗、帰路必梗矣。乃去踰二暗嶺一、航二琵琶湖一、達二堅田一。堅田為二佐野藩別邑一。先生留探二京師動勢一、且上コ書岩倉輔相一、勧レ弭レ兵。不レ省。頃レ之帰二東京一。」三年任二佐倉藩大参事一。四年三月上書、欲レ開コ鑿印旛沼一。計已成、未レ及レ下レ手、聞二廃藩議起一、不レ果。更議二士族授産法一、大検二封邑一。得二閑地七百余町一、分二之士族千二百余戸一。毎戸得二地五段余歩一。倉次某募二同志士一、合二所レ獲地一、墾コ拓草莱一、栽コ培茶樹一、年得二茶葉数千貫一、至下於販二之海外一得中鉅利上。蓋因二先生計画得レ宜云。」八年兵部省徴二先生一。辞而不レ出。十一月任二印幡県権参事一。固辞不レ允。五年三月、以レ病辞レ職。」五月開二家塾于東京深川一、教コ授生徒一、旁務二著述一。後徙コ居築地一。六年有レ所レ感二於時事一、欲レ興二貴族院一、与二木戸参議、山田少将、及毛利、池田、細川、越前諸華族一謀、不レ成。八月先生賛二森有礼説一、剏二明六社一。是為二本邦学会之始一。社員即先生、及福沢諭吉、加藤弘之等八人耳。後文部省本レ之立二学士会院一。頗益二於後進一云。」十一月補二文部省五等出仕一。七年聞三後藤象次郎、副島種臣等建議、興二民選議院一。喜曰、此極適二時勢一者。因上二書元老院一、請レ納二其議一。」八年進二四等出仕一、五月兼二任三等侍講一、叙二従五位一。爾来啓二沃 聖上及皇后一、其功尤多云。九年一月任二文部大丞一、三月剏二修身学社一。初太政官之頒二布学制一也、先生読至三学問所二以立レ身治レ生興レ産。曰、論則善矣、但未レ説二及仁義忠孝之教一。今建レ制如レ是、後恐不レ堪二其弊一。因欲二大有レ所二匡正一。而当時学者、皆眩二惑西欧学術一、以二道義一為二迂腐一。先生慨然太息曰、儒道漸廃、修身之学、失二其根抵一、人心肆然放逸、将レ不レ知二流弊所レ届。於レ是欲三独力維二持国民道徳一。至レ此備中阪谷素、土佐丁野遠影、植松直久等、首賛二先生説一、遂得二同志之士十五六人一。是為二日本弘道会之始一。十年一月任二文部大書記官一。先レ是先生為二編輯局長一、挙二一時知名士一、大編二纂須要書籍一。古事類苑尤浩瀚而未レ告レ成。」十八年十二月、朝議大革二政体一。海内想二望新政一。及レ発、法律制度、及礼儀風俗、一模二倣泰西一。於レ是舞踏会起焉、仮装会剏焉、活人画会興焉。而古来所レ伝忠孝節義、勇武廉恥、以為二国家精神一者、一切如二棄而不レ顧者一。於レ是佞便慧儇諂佞軽浮之徒、乗レ時得レ勢、質直剛毅之士、常屈抑轗軻。先生憂憤曰、吾不レ可二黙止一。乃親造二大学講義室一、会二集衆人一、談説三日、大警二惕人心一。時十九年十二月十四日也。明年春、印二行其演説稿本一。日本道徳論是也。其所レ論、滔々数万言、反覆詳尽、痛切淋漓。要二其帰一、在下於求二天地真理一、以維中持世道上。即欲下取二儒道及哲学之精一、而陶中冶一世上也。初道徳論之成也、文部大臣森有礼、頗賛二称之一。時相以為此書誹二毀新政一、阻二撓国歩一。因詰二責有礼一。有礼召二先生一、摘二出書中数条一、命改レ之。先生曰、此書僕精神所レ匯、縦令刪二除此中数十条一、亦恐不レ充二諸公意一。寧火レ之。有礼曰、何必然。唯去二甚者一可也。亡レ幾奸商窃印二行之一。於レ是先生不レ得レ已、去下語渉二過激一者上、遂再発行。」二十一年七月、兼二任華族女学校長一。華族女学校者、皇后所二創建一也。先生参二酌本邦古代典令与二欧米諸邦学規一、遂欲レ改二定其教則一。而罷不レ果。」先レ是先生受二東宮輔導命一。又応二有栖川、小松、北白河、伏見、四親王聘一、講二西洋歴史一。待遇優渥云。」先生常謂、西洋諸国以二耶蘇教一涵二養其国民道徳一。就レ中如二魯西亜一、君主自執二政教二権一。臣民視二君主一、猶二大教主一。今日猶得レ持二君主独裁政体一者、職是由耳。謹惟我　皇室、天祖以来、万世一系、宝祚之隆、神聖無比。故本邦道徳之教、当下以二皇室一為中基礎上。如二其智育体育一、付二之文部省一而可。時先生為二宮中顧問官一。因以レ此語二同僚一、皆賛レ之。遂謀二之宮内大臣土方久元一、久元善レ之。因言二之文部大臣森有礼一、有礼有二誤解一。事不レ成。」二十二年先生建二議宮内大臣一、請レ設二明倫院於宮内省中一。其略曰。事有二如レ緩而甚急者一。国民道徳之教是也。意者今後与二外国一交際滋密、而国民道徳不レ修、則窃恐レ不レ能下保二　皇室之尊厳一、以護中国民之安寧上。切願、今日発二大詔一、設二明倫院一。果得レ所レ請、則本邦道徳之教、異日必有二可レ観者一矣。事竟不レ行。」後又著二国家道徳論一。其略曰、今日世人、分二道徳政事一為レ二。従レ政者、不レ顧二道徳一。国政所二以不一レ振。一由二於此一。蓋上古風俗簡朴。故以二政教一為レ一。後世人事日繁、勢不レ得レ不二分為一レ二。然是以二学問一言レ之、其実則固不レ然。譬二諸医術一、医家必兼三修医術与二化学一。夫化学与二医学一、固不レ同。然非レ併二用二者一、則不レ能レ知三薬性適二病症一。又譬二諸航海者一、必兼三修天文学与二汽機学一。夫天文学与二汽機学一、固不レ同。然非レ併二用二者一、則不レ能下弁二方位一駕中風涛上。今之談レ政者、則猶下医而不レ用二化学一、航海者而不上レ用二天文学一。其危殆果何若也。然而余所レ謂道徳者、非二固陋迂闊、膠柱守株之謂一也。又曰、凡世界立レ国者、必有二其国是一。魯国以レ拓二開疆域一為二国是一、米国以二利用厚生一為二国是一。本邦所レ執国是、当二何如一。曰、従二自然之天則一耳。夫天運循行不二少息一者、是天則也。故固二守旧習一而不レ知二変通一者、違二天則一也。但万物発育、皆有二秩序一。故任二国政一者、亦不レ可レ不レ防二躁進之弊一。而其緩急取舎之権、則自レ非下活眼達識、洞二観時勢一者上、未レ能レ知レ之。」二十三年九月、任二貴族院議員一。在職二年、以二議不一レ合辞レ之。後又上二書大臣諸公一、論二条約改定、内地雑居、及学制改革等事一。其他国家有レ事、必上書以陳二述己意見一。而其議率不下与二世人一合上。」三十三年二月、先生累進、至二従三位勲二等一。而齢七十三矣。先生躯幹豊偉、容温言厲、毎レ暇輒周二歴海内一、諄々講レ道、勧二誘士民一、而未三嘗資二一銭於人一。士民信従者日多。今也弘道会員、殆一万人。支会至二一百二十余所之多一。」先生所二編著一、万国史略十一冊、西国事物紀原四冊、婦女鑑六冊、小学修身訓二冊、初学宝訓三冊、心学講義十冊、日本道徳論二冊、徳学講義十冊、読書次第一冊、泊翁卮言三冊、往事録三冊、国家道徳論二冊、建言稿三冊、記憶録四冊、自識録二冊、言論叢、及随筆二書、未定。其訳述、防海要論三冊、経済要旨二冊、教育史二冊、西史年表三冊、泰西史鑑三十五冊、洛日克入門三冊。

土屋弘曰、吾聞道学盛二於宋一、弗レ窮二於用一。甚至レ有二励禁一。識者惜レ之。吾於二先生学説一、亦不レ莫二此嘆一。先生平生経徳秉哲、品行端直。非二其義一、則一芥不三以取二於人一。若二其道一、則傾レ嚢而不レ吝。所レ謂行不レ愧二其所レ言者、先生有レ焉。然則先生雖レ為三時輩所二沮格一、其学業志節、必将レ有下風二靡一代一、而永伝二於後世一者上矣。

明治三十三年三月　土屋弘撰

頃者本会刊二行先生遺著一。首載二土屋鳳洲翁所レ撰伝一。因兹録下其辞二顧問官一以後事上、以補レ之。
明治三十三年二月、辞二宮中顧問官一。勅賜二菊花章七宝製花瓶一双一。皇后亦賜二銀盃並金若干一。蓋賞二往年侍講之功一也。明年授二文学博士一。三十五年八月十八日、薨二于江東寺島村私邸一。享年七十有五、其疾革也。陞二叙正三位勲一等一。其薨也、賜二賻金五百円一。皇太子亦賜二金若干一。二十二日葬二于駒籠千駄木林町養源寺一。法諡曰二宗徳院殿弘道泊翁大居士一。易レ簀前二日。命二其女某一展レ紙、仰臥書二詞二章一。是為二絶筆一。先生薨後、本会益致二隆盛一云。

明治四十二年五月　編者識

(読解)西村泊翁先生傳

吾が邦の経義は、載せて令典に在り。爾来紹述して、世〻名賢有り。慶元以降、則ち藤原惺窩、林羅山の若き有り。貝原益軒、伊藤仁齋、物徂徠の若き有り。中江藤樹、熊澤蕃山、山崎闇齋の徒の若き有り。率《おおむ》ね皆宋明の学説を闡発し、或は之を攻撃して、別に一幟を建つ。其の攻固り偉なり。然れども論ずる所漢学に止る。和漢洋の学説を融合して、卓然家を成し、侃々討議し力を国家に致し、知りて言はざる無く、言ひて謁さざる無く、要は国民道徳を振興し、百年の長計を規画すること在るに至っては、則ち吾れ泊翁西村先生を推さざるを得ず。而して人情遠きを崇びて邇《ちか》きを卑しめば、今人の古人に勝る者有るを知らず。此れ余の是の伝を著はす所以なり。

先生、氏は西村、幼名は平太郎、後鼎と改め、又茂樹と更む。泊翁は其の号なり。系は新羅三郎源義光自り出づ。世〻佐倉藩に仕ふ。祖は芳高君、徳行一藩に冠たり。考は芳郁君、性剛毅厳正、事に処して苟くもせず、材文武を具へ、経済の術に長ず。政績歴々観るべし。先生幼にして藩学に入り、文武の業を研修す。年十六、藤原基経論を作り、之を教官安井息軒に示す。息軒大に之を称す。是に於て専ら漢学に精す。既にして大塚同庵に就て、西洋砲術を学び、其の蘊奥を窮む。後佐久間象山に従ひ、兵法を学ぶ。象山曰く、砲技は兵法に如かず、兵法は洋学に如かずと。先生深く其の説に服す。是より大に力を西籍に用ゆ。年二十六、父祖の職を継ぎ、佐倉支藩佐野侯の附人と為る。附人とは猶ほ傅相のごときなり。時に支藩の主奸臣に惑ひ、藩士服せず。先生老臣某某と議し、諫諍頗る力む。支藩の主悔悟し、奸臣二人を退く。一藩帖然事無きを得たり。是の歳米国軍艦浦賀に来り、互市を乞ふ。先生意見を具し、之を藩主に上る。又海防策を作り、之を閣老阿部正弘に上る。凡そ数千言、皆機宜に合ふ。此の時に方り、海内擾擾、論議分派す。一に曰く開国説、一に曰く攘夷論、先生常に開国説を持す。而して時俗攘夷論を以て正義と為し、開国説を持する者は、往々其の排撃する所と為る。先生歎じて曰く、是れ海外の形勢を知らざるに坐す。吾以て此の輩を覚醒せざる可からずと。因て幕府に上書し、海外に遊学し、其の長技を伝習せんと欲す。藩老固執して可とせず。遂に果さず。安政元年十月、佐野侯堀田正衡卒す。嫡孫正頌後を承く。年甫めて十三、先生遺託を受け藩政を整理す。或は之を嘲りて曰く、牛刀鶏を割く。何ぞ意を用ゆるに足らんと。先生答へて曰く、獅子兎を搏つも、亦た全力を用ゆと。二年十月、藩主堀田正睦閣老と為り、尋で専ら外国事務を管す。先生支藩の老を以て、兼て機密文書を管勾す。慶応三年十月、大将軍徳川公慶喜に上書し、大いに時事を論ず。後徳川氏の為に三策を画す。是の月藩命を以て京師に至る。是より先大将軍職を辞し、京師を去りて、大阪に入る。先生も亦た大阪に赴く。明治元年一月三日、人有り報じて曰く、徳川氏の前鋒京師に向ふと。先生走り出て淀川を望めば、兵船鱗次、相ひ継で発す。夜に入りて天満橋に到り、遙に東方を望めば、火光天を燭す。先生曰く、是れ戦已に開けるなり。但だ火光一所に在りて移らず。嗟乎東軍敗れたりと。翌日敗報果して至る。先生窃に謂らく、東軍既に敗るれば、帰路必ず梗《ふさ》がれりと。乃ち去りて暗嶺を踰え、琵琶湖を航し、堅田に達す。堅田は佐野藩別邑たり。先生留りて京師の動勢を探り、且つ岩倉輔相に上書し、兵を弭《や》むこと勤む。省せられず。頃《しばら》くして東京に帰る。三年佐倉藩大参事に任ぜらる。四年三月上書して、印旛沼を開鑿せんことを欲す。計已に成るも、未だ手を下すに及ばざるに、廃藩の議起るを聞き、果さず。更に士族授産法を議し、大いに封邑を検す。閑地七百余町を得て、之を士族千二百余戸に分つ。毎戸地五段余歩を得たり。倉次某同志の士を募り、獲たる所の地を合せ、草莱を墾拓し、茶樹を栽培し、年〻茶葉数千貫を得て、之を海外に販し鉅利を得るに至る。蓋し先生の計画宜しきを得たるに因ると云ふ。八年兵部省先生を徴す。辞して出でず。十一月印幡県権参事に任ぜらる。固辞すれども允《ゆる》されず。五年三月、病を以て職を辞す。五月家熟を東京深川に開き、生徒に教授し、傍ら著述を務む。後築地に徙居す。六年時事に感ずる所ありて、貴族院を興さんと欲し、木戸参議、山田少将、及び毛利、池田、細川、越前の諸華族と謀るも、成らず。八月先生森有礼の説に賛し、明六社を剏《はじ》む。是れ本邦学会の始と為す。社員は則ち先生、及び福沢諭吉、加藤弘之等八人のみ。後文部省は之に本づきて学士会院を立つ。頗る後進を益すと云ふ。十一月文部省五等出仕に補せらる。七年後藤象次郎、副島種臣等建議して、民選議院を興さんとすると聞き、喜びて曰く、此れ極めて時勢に適する者なりと。因りて元老院に上書し、其の議を納るるを請ふ。八年四等出仕に進み、五月三等侍講を兼任し、従五位に叙せらる。爾来　聖上及び皇后を啓沃し、其の功尤も多しと云ふ。九年一月文部大丞に任ぜられ、三月修身学社を剏む。初め太政官の学制を頒布するや、先生読みて学問は身を立て生を治め産を興す所以に至り、曰く、論は則ち善きも、但だ未だ仁義忠孝の教に説き及ばず。今制を建ること是の如ければ、後恐くは其の弊に堪へざらんと。因て大に匡正する所有らんと欲す。而して当時の学者は、皆西欧の学術に眩惑し、道義を以て迂腐と為す。先生慨然大息して曰く、儒道漸く廃れて、修身の学、其の根抵を失ひ、人心肆然放逸し。将に流弊の届く所を知らざらんとすと。是に於て独力国民道徳維持せんと欲す。此に至り備中の阪谷素、土佐の丁野遠影、植松直久等、首《はじ》めて先生の説に賛し。遂に同志の士十五六人を得たり。是れ日本弘道会の始為り。十年一月文部大書記官に任ぜらる。是より先先生は編輯局長と為り、一時知名の士を挙げて、大いに須要の書籍を編纂す。古事類苑尤も浩瀚にして未だ成るを告げず。十八年十二月、朝議大に政体を革《あらた》む。海内新政を想望す。発するに及び、法律制度、及び礼儀風俗、一に泰西を模倣す。是に於いて舞踏会起り、仮装会剏まり、活人画会興れり。而して古来伝ふる所の忠孝節義、勇武廉恥、以て国家精神と為す者は、一切棄てて顧みざる者の如し。是に於て伶便慧儇諂佞軽浮の徒は、時に乗じ勢を得、質直剛毅の士は、常に屈抑轗軻す。先生憂憤して曰く、吾黙止す可らずと。乃ち親ら大学講義室に造《いた》り、衆人を会集して、談説すること三日、大に人心を警惕す。時十九年十二月十四日なり。明年春、其の演説稿本を印行す。日本道徳論是れなり。其の論ずる所、滔々数万言、反覆詳尽、痛切淋漓たり。其の帰を要するに、天地の真理を求め、以て世道を維持するに在り。即ち儒道及び哲学の精を取りて、一世を陶冶せんと欲するなり。初め道徳論の成るや、文部大臣森有礼、頗る之を賛称す。時相以為《おもえら》く此の書は新政を誹毀し、国歩を阻撓すと。因て有礼を詰責す。有礼先生を召して、書中数条を摘出し、命じて之を改めしめんとす。先生曰く、此の書は僕の精神の匯《あつ》まる所、縦令《たと》ひ此の中数十条を刪除するも、亦た諸公の意に充たざるを恐るれば、寧ろ之を火せんと。有礼曰く、何ぞ必ずしも然せん。唯甚しき者を去れば可なりと。幾《いくばく》も亡く奸商窃に之を印行す。是に於て先生已《や》むを得ず、語の過激に渉る者を去り、遂に再び発行す。二十一年七月、華族女学校長を兼任す。華族女学校は、皇后の創建する所なり。先生本邦古代の典令と欧米諸邦の学規とを参酌し、遂に其の教則を改定せんと欲す。而れども罷せられて果さず。是より先先生東宮輔導の命を受く。又有栖川、小松、北白河、伏見四親王の聘に応じ、西洋歴史を講ず。待遇優渥なりと云ふ。先生常に謂らく、西洋諸国は耶蘇教を以て其の国民道徳を涵養す。就中《なかんづく》魯西亜の如き、君主自ら政教二権を執る。臣民の君主を視ること、猶ほ大教主のごとし。今日猶ほ君主独裁政体を持するを得るは、職として是れ由るのみ。謹て惟ふに我が　皇室は、天祖以来、万世一系、宝祚の隆なる、神聖無比なりと。故に本邦道徳の教は、当に皇室を以て基礎と為すべし。其の知育体育の如きは、之を文部省に付して可なりと。時に先生宮中顧問官為り。因て此を以て同僚に語るに、皆之に賛す。遂に之を宮内大臣土方久元に謀るに、久元之を善とす。因て之を文部大臣森有礼に言ふに有礼誤解有り。事成らず。二十二年、先生宮内大臣に建議し、明倫院を宮内省中に設けんことを請ふ。其の略に曰く、事緩なるが如くにして甚だ急なる者有り。国民道徳の教是れなり。意《おも》ふに今後外国と交際滋密なるに、国民道徳修らずんば、則ち窃に　皇室の尊厳を保ち、以て国民の安寧を護ること能はざるを恐る。切に願ふ、今日大詔を発し、明倫院を設けんことを。果して請ふ所を得れば、則ち本邦道徳の教は、異日必ず観るべき者有らんと。事竟に行はれず。後又国家道徳論を著す。其の略に曰く、今日の世人は、道徳政事を分ちて二と為す。政に従ふ者は道徳を顧みず。国政の振はざる所以は、一に此に由る。蓋し上古の風俗は簡朴たり。故に政教を以て一と為す。後世人事日に繁く、勢ひ分れて二と為らざるを得ず。然れども是れ学問を以て之を言へば、其の実は則ち固より然らず。諸れを医術に譬ふれば、医家は必らず医術と化学とを兼修す。夫れ化学と医学とは、固より同じからず。然れども二者を併用するに非ざれば、則ち薬性の病症に適するを知ること能はず。又諸れを航海者に譬ふれば、必ず天文学と汽機学とを兼修す。夫れ天文学と汽機学とは、固より同じからず。然れども二者を併用するに非ざれば、則ち方位を弁じ風涛に駕すること能はず。今の政を談ずる者は、則ち猶ほ医にして化学を用ひず、航海者にして天文学を用ひざるがごとし。其の危殆果して何若《いかん》。然り而して余の所謂道徳は、固陋迂闊、膠柱守株の謂に非ざるなりと。又曰く、凡そ世界に国を立つる者は、必ず其の国是有り。魯国は疆域を拓開するを以て国是と為し、米国は利用厚生を以て国是と為す。本邦の執る所の国是は、当に如何にすべき。曰く、自然の天則に従ふのみ、夫れ天運循行、少しも息まざる者は、是れ天則なり。故に旧習を固守して変通を知らざる者は、天則に違ふなり。但だ万物の発育は、皆秩序有り。故に国政に任ずる者は、亦た躁進の弊を防がざるべからず。而して其の緩急取舎の権は、則ち活眼達識、時勢を洞観する者に非ざる自りは、未だ之を知ること能はずと。二十三年九月、貴族院議員に任ぜらる。職に在ること二年、議合はざるを以て之を辞す。後又大臣諸公に上書し、条約改定、内地雑居、及び学制改革等の事を論ず。其の他国家に事有れば、必ず上書して以て己が意見を陳述す。而して其の議率ね世人と合はず。三十三年二月、先生累進して、従三位勲二等に至る。而して齢七十三なり。先生躯幹豊偉、容温言厲、暇ある毎に輙《(すなわ)》ち海内を周歴し、諄々として道を講じ、士民を勧誘して、未だ嘗て一銭を人に資らず。士民信従する者日に多し。今や弘道会員、殆ど一万人。支会一百二十余所の多きに至る。先生編著する所、万国史略十一冊、西国事物紀原四冊、婦女鑑六冊、小学修身訓二冊、初学宝訓三冊、

心学講義十冊、日本道徳論二冊、徳学講義十冊、読書次第一冊、泊翁卮言三冊、往事録三冊、国家道徳論二冊、建言稿三冊、記憶録四冊、自識録二冊、言論叢、及び随筆二書、未定。其の訳述、防海要論三冊、経済要旨二冊、教育史二冊、西史年表三冊、泰西史鑑三十五冊、洛日克入門三冊。

土屋弘曰く、吾聞く道学宋に盛なれども、用を窮めず。甚しきは励禁有るに至る。識者之を惜む。吾れ先生の学説に於ても、亦た此の嘆莫からず。先生は平生経徳秉哲、品行端直。其の義に非ざれば、則ち一芥も以て人に取らず。其の道の若きは、則ち嚢を傾けて吝《やぶさか》ならず。所謂行ひ其の言ふ所に愧ぢざる者、先生焉れ有り。然らば則ち先生は時輩の沮格する所と為ると雖も、其の学業志節は、必ず将に一代を風靡して、永く後世に伝ふる者有らんとす。

明治三十三年三月　　土屋弘撰

頃《このごろ》者本会先生の遺著を刊行す。首に土屋鳳洲翁の撰する所の伝を載す。因て茲に其の顧問官を辞する以後の事を録し、以て之を補ふ。

明治三十三年二月、宮中顧問官を辞す。勅もて菊花章七宝製花瓶一双を賜ふ。皇后も亦た銀盃並に金若干を賜ふ。蓋し往年侍講の功を賞するなり。明年文学博士を授けらる。三十五年八月十八日、江東寺島村の私邸に薨ず。享年七十有五、其の疾革まるなり。正三位勲一等に陞叙す。其の薨ずるや、金五百円を賜賻せらる。皇太子も亦た金若干を賜ふ。二十二日駒籠千駄木林町養源寺に葬らる。法諡を宗徳院殿弘道泊翁大居士と曰ふ。簀を易ふ前二日、其の女某に命じて紙を展べしめ、仰臥して詞二章を書す。是れ絶筆為り。先生薨じて後、本会益〻隆盛を致すと云ふ。

明治四十二年五月　　編者識

日本弘道會創立紀事

日本弘道會創立紀事

日本弘道會創立紀事

西村茂樹録

明治五年ノ比《(コロ)》、余ハ野ニ在リテ文部省設立ノコトヲ聞キ心大ニ之ヲ喜ビ、又其時太政官ヨリ達セラレタル学制ノ序文ヲ読ミ、其言フ所能ク時勢ヲ達観シテ、固陋迂闊ノ見ヲ超脱スルコトヲ欽仰セリ、然レドモ其言フ所専ラ治産昌業ノミヲ主トシテ、一モ忠孝仁義ノ事ニ及ブ者ナシ、余心大ニ之ヲ疑ヒ、謂ヘラク此ノ如キ教育ハ応者後来恐クハ之ニ伴フノ弊害アラント、明年職ヲ文部ニ奉ジ、編輯ノ事ニ任ズ、因テ務メテ国民固有ノ道徳ヲ維持セント欲シタレドモ、政府ノ令スル所已ニ彼ノ如ク、且ツ余ノ地位僅カニ一局ノ長ニ過ギザルヲ以テ、一モ意ノ如クナルコト能ハズ、此時朝廷ノ大官多ク欧米ノ諸国ニ観光シ、其国ノ富盛ヲ観テ目眩シ気奪ハレ本邦固有ノ精華ヲ棄テ、百事則欧米ニ取ラントスルノ念ヲ発スル者多シ、民間凡庸ノ徒ハ惟彼国ノ華麗侈大ト工芸技術ノ巧妙トニ驚歎シ身心倶ニ彼ニ屈下スルノ傾トナレリ、是ヨリ上下ノ風俗軽薄浮華ニ流レ智術ヲ尊ンデ篤行ヲ後ニシ、法律ヲ以テ道徳ニ代ヘントシ、廉潔ニシテ貧賤ナル者ヲ侮リ、貪冒ニシテ富貴ナル者ヲ尊ブノ風トナレリ、余先輩ノ老成ニ逢フテ之ヲ語ル毎ニ、何レモ国家ノ為ニ之ヲ憂ヒザルハナシ、然レドモ一人モ自ラ奮ヒテ国民道徳ノ恢復ニ任ゼントスル者ナシ、余是ニ於テ自ラ其力ヲ揣ラズ、率先シテ人心風俗ノ改善ニ着手セント決セリ、

一、余ガ此意見ヲ定ムルト同時ニ胸中ニ二個ノ難問ヲ生ゼリ、其一ハ古ヨリ宗教家又ハ道徳家ガ志ヲ得テ其道ヲ行フハ、必ズ其時ノ有力者又ハ富豪者ノ助成スルアリテ、初メテ其成功ヲ見ルヲ常トス、然ルニ今日ハ全ク之ニ異ニシテ、有力者富豪者ハ多クハ品行修マラザル者ナリ、故ニ今日道ヲ行ハントスルニハ、先第一ニ有力者又ハ富豪者ノ意ニ協ハザル事ヲ説カザルベカラズ、或ハ時ニ依リテ大ニ之ヲ攻撃セザルベカラザルコトアリ、故ニ今日ハ惟有力者富豪者ノ助成ヲ得ザルノミナラズ却テ彼等ニ疾悪セラルゝノ患アリ、然レバ今日道ヲ説クノ便利ニ於テ全ク古人ト順逆相反スルノ地位ニ立テリ、其二ハ本邦古ヨリ道徳ノ教ハ皆儒教ニ従ヘリ、然ルニ今日ハ西洋ノ学問亦我邦ニ入来リ、儒教ノ未ダ言ハザル所ヲ言フ者多シ、且今日ハ世ノ識者頗ル儒教末派《(ハイ)》ノ迂遠ヲ厭ヒ、之ヲ郤《(シリゾ)》ケントスル者亦少ナカラズ、儒教ハ固ヨリ斥クベカラズト雖ドモ、亦単ニ儒教ノミヲ以テ国民ノ道徳ヲ教フルコト能ハズ、然レバ今日国民ニ道ヲ教ヘントスルニハ、東西ノ教ヲ混合融化シ、時勢ニ適スル一ノ新道徳学ヲ立テザルベカラズ、然レドモ此事タル高才卓識ノ人ト雖ドモ亦難シトスル所況ヤ余ノ如キ浅学短才ノ者ノ能ク為シ得ベキ所ニ非ズ、此ノ如ク自ラ(二字欠)シテ遅疑スルトキハ、終ニ手ヲ下スノ時ナキヲ如何セン、因テ自ラ信ズル所ニ憑リテ公衆ノ為メニ道ヲ説カンコトヲ決セリ(余ガ信ズル所ハ拙著徳学講義ニ出ズ)、

一、已ニ此ノ如ク決シタル上ハ有力者富豪者ノ助ヲ得ザルコト明白ナレバ毫モ是等ノ力ヲ假ランコトヲ欲セズ惟同

志ノ士ヲ会シテ飽クマデ正路ヲ踏ンデ道ヲ説キ、範馳駆シテ一禽ヲ得ザルモ、詭遇シテ十禽ヲ得ルコトヲ欲セズ、以テ其成功ヲ百年ノ後ニ期セント欲ス、是ニ於テ同志ノ士ヲ集合セントシ、先ヅ之ヲ阪谷朗廬君ニ語ル、朗廬君ハ儒学ニ邃ク、篤実謹厚ノ士ナリ、且ツ余ガ明六社ノ社友ニシテ、世界ノ状態ニモ通暁セリ、朗廬君大ニ余ガ言ヲ賛成シ、二三ノ同志ヲ勧誘センコトヲ約ス、明治九年三月十九日阪谷君、丁野遠影(土佐高知人)植松直久(同上)ノ二君ヲ携ヘテ日本橋区呉服町相済社ノ楼上ニ四人相会シテ道徳興起ノ事ヲ謀ル、是ゾ日本弘道会第一ノ会合トス、尋テ杉亭一、那河通高、辻新次、大井鎌吉四君ノ入社アリ、因テ京橋区銀座二町目ニアル幸福安全社ノ楼上ヲ以テ集会所トナシ、毎月一回会合シ、修身ノ道ヲ講究ス、社名ヲ東京修《ママ》身学社ト称シ、先ヅ在京ノ同志互ニ其身ヲ修ムルコトヲ主意トセリ、此時余ハ文部大丞ニシテ三等侍講ヲ兼テ、日ニ諸名士ト接シタレドモ、道徳ノ事ハ我身衆人ノ信用ヲ得ザルノ間ハ容易ニ人ニ説クコト能ハズ、是ヲ以テ只我身ヲ修ムルニ汲々トシテ妄リニ人ヲ勧誘スルコトナシ、且此比ハ世人大抵道徳ヲ重要視セザルヲ以テ入社スル者甚少ナシ、

一、此頃マデ世間ニ西洋道徳ノ書ヲ翻訳シタル者ハ惟文部省ニウエイランド氏ノ一小冊子アルノミ、其書亦耶蘇教ヲ以テ基礎トセルヲ以テ本邦人ノ習学ニ適セズ、余因テ米国人ヒコック氏ノ道徳書ヲ訳シ、之ニ己ガ意見ヲ附《(ツイ)》シ(ヒコック氏ノ書ハ耶蘇教ニ據ラズ)、求諸己齊講義ト名ク、之ヲ活版ニ付シ、実費ヲ以テ社員ニ頒チ、尋デ英国人ベイリイ氏ノ政治書、米国人ウオーカルノ経済書ヲ訳シ、同書ヲ以テ之ヲ頒行ス、然レドモ不幸ニシテ三書共ニ其結尾ニ至ラズシテ刊行ヲ廃セリ、

一、明治十年ノ春社員ノ数十二人ニ及ベリ、是ニ於テ初メテ約規ヲ作リテ社員ニ頒ツ、其文左ノ如シ、

東京修身《ママ》学社約規

第一条　本社ノ主意ハ人々先自ラ其身ヲ修メ兼テ人ニ及ボサントスルニアリ
第二条　入会ヲ望ム者ハ其族籍職業（官吏ナラバ官名）姓名年齢住所ヲ記シ社員ノ紹介ヲ以テ本社ニ申込ムベシ其人ノ品行ハ紹介者其実ニ任ズ
第三条　本社ハ固ヨリ天爵ヲ尊ブヲ以テ人爵ノ尊卑ハ之ヲ論ゼザルベシ
第四条　新ニ入社スル者ハ入社金トシテ金三拾銭又社費ニ供スルガ為ニ毎月金拾銭ヲ出スベシ
第五条　本社ヲ東京ニ置キ毎月第三ノ土曜日ヲ以テ会日トス
　但毎年七月八月ハ休会タルベシ
第六条　地方ニ於テ支社ヲ開クコトハ自由タリト雖ドモ本社ノ規則ニ抵触セザランコトヲ要ス
第七条　退社セント欲スル者ハ其事由ヲ略記シテ本社ニ通スベシ
第八条　社員中モシ本社ノ体面ヲ汚ス者アルトキハ先ヅ之ヲ忠告シ聴カザルトキハ其社籍ヲ削ルベシ
　又事務員ヲ置キ、野口貞一君ヲ以テ庶務員トシ、植原経徳君ヲ以テ会計員トセリ
一、此年五月余文部省ノ命ヲ受ケテ、静岡、愛知、三重、岐阜、石川五県下ノ学事ヲ巡視ス、此行固ヨリ官ノ為ナルヲ以テ本社ノ如キ私事ヲ説クコトヲ得ズ、然レドモ静岡県ニ於テ蜂屋定憲、名和謙次、置監藤四郎、松山若冲等ノ諸君ヲ得、岐阜ニ於テ石川昌三郎、野村彦四郎、土師双太郎、石川平藏等ノ諸君ヲ得タリ此年会場ヲ神田区美土代町共学社ノ講堂ニ移ス

一、明治十一、十二年ノ頃ハ西南大乱ノ後ヲ承ケテ人心尤モ縦弛シ、社勢其振ハズ、然レドモ常集会ハ猶之ヲ廃セズ、明治十三年ノ春ニ至リ、社員ノ数増シテ三十二人ニ至ル、是ニ於テ初メテ雑誌ヲ発刊シテ之ヲ修身学社叢説ト名ク、其時余ノ演説ハ左ノ如シ、

明治九年ノ春、茂樹始メテ修身ノ学社ヲ興サンコトヲ欲シ、之ヲ諸君ニ謀ル、諸君幸ニ同意ヲ賜ヒ、速ニ此会ヲ創メ、相與ニ道徳ノ旨ヲ講究スルコト数年、一昨年ノ頃ニ至リ、社運盛ヲ加ヘズシテ会員日ニ罕《(まれ)》ナリ、然レトモ諸君ノ志ヲ立ツルコト堅固ナルニ由リ、能ク維持シテ廃絶ニ及バズ、今年ニ至リ、社運将ニ隆盛ニ向ハントスルノ兆アリ、謹テ按ズルニ王政維新以来、百事皆挙リ、日ニ開化ノ域ニ進ム、独道徳ノ一事ニ至リテハ、之ヲ封建ノ時代ニ較ブルニ一歩ヲ譲ルニ似タリ、方今学校ノ設日ニ多シト雖ドモ其教育スル所率子開智ノ一偏ニ在リテ、徳修ノ事ニ至リテハ之ヲ講ズル者甚衆カラズ、夫レ道徳ノ教ハ樹木ノ根幹ノ如ク智識枝芸ハ樹木ノ枝葉ノ如シ、苟モ根幹無ケレバ、枝葉何レノ所ニカ着カン、瑞西ノ名儒北士達洛日《ペスタロッヂ》ガ曰ク才智ノミヲ養ヒ長ズルコトハ却テ人ノ害トナルコトナリ、故ニ凡百学問ノ根本ハ、端正ナル心志ノ田地ニ挿ミコレヲ修養スベシ、瑞典ノ学士惕呢爾《テグネル》ガ曰ク智識ノ発達善ヲ極ムト雖トモ、其心術不正ナル時ハ、猶賊巣ノ上ニ聖殿ヲ建ルガ如シト、二賢ノ言深ク思ハザルベカラザルナリ、殊ニ北氏ハ教育ノ新法ヲ創立シタル大家ニシテ、方今欧米諸国ノ教育法ハ大抵北氏ノ新法ニ依據セザル者少シ、此ノ如キ大儒、此ノ如キ教育家ニシテ其ノ言ウ所此ノ如シ、世人決シテ軽々ニ此語ヲ讀過スベカラザルナリ、夫レ外国トノ交際日ニ開クレバ、民ノ智識日ニ進ム、智識日ニ進メバ輕薄狡猾ノ風日ニ行ハル、苟モ道徳ノ教ヲ盛ンニシテ之レヲ鎮制セザル時ハ、民ノ風俗日ニ益々汚下ニ趨《(カタム)》キ、其禍言ウベカラザル者アルベシ、或ル人曰ク、方今ノ要ハ専ラ民ノ智識ヲ進ムルニ在リ、修徳ノ事ハ深ク意ヲ用フルコトヲ要セスト、是大ニ謬レリ、譬ヘバ蒸気車蒸気船ノ如シ、其走駛ノ力ヲ強クセント欲セバ、益蒸気ノ機関ヲ堅固ニセザルベカ

ラズ、若シ蒸気ノ機関ヲ堅固ニセズシテ、唯其快走迅駛ヲ欲スル時ハ、破裂摧壊ノ禍ニ遇フヤ必セリ、茂樹ガ諸君ノ力ヲ假リテ此会ヲ起シ、趣意ハ、世間ノ人ヲシテ陶朱猗頓ノ富ヲ得シメントスルニモアラズ極楽浄土ニ赴カシメントスルニモ非ズ、唯人ノ親タル者ヲシテ慈親ト為シ、人ノ子タル者ヲシテ孝子ト為シ、人ノ臣タル者ヲシテ忠臣ト為シ、人ノ婦タル者ヲシテ貞婦ト為シ、人ノ兄弟タル者ヲシテ友兄順弟ト為シ、士タル者ヲシテ善士ト為シ、農工商タル者ヲシテ良農工商ト為サシメントスルニ在リ、是茂樹ガ畢生ノ大願ニシテ想フニ諸君ノ大願モ亦必之ニ同ジカルベシ、然レドモ人ヲ善クセントスル者ハ先自ラ善クセザルベカラズ、茂樹浅学薄徳其過失固ヨリ甚ダ多カルベシ、諸君幸ニ警戒忠告ヲ吝マズ、以テ互ニ切磋琢磨シ、積ムニ歳月ノ久キヲ以テセバ、或ハ志願ノ一分ヲ遂グルコトヲ得ンカ、若シ然ルコトヲ得バ、上ハ天意ニ負カズ、中ハ本国ニ負カス下ハ吾身ニ負カザルノ人ト為ルコトヲ得ベシ、諸君旃ヲ勉メヨ、

修身学社叢説ハ爾後毎月一回発刊シ、三十八号ニ至リテ止ム、

一、明治十四年一月静岡県下沼津ノ社員江原素六、名和謙次ノ二君首唱トナリ、其地ニ沼津修身学社ヲ設置シ、其規則ハ東京修身学社ノ約規ニ依ル、是ヲ地方分社ノ首先トス、其社員ノ姓名ハ

江原素六　名和謙次　和田傳太郎　末吉孫藏
岡田　正　花田國三郎　末吉卓郎　中島　静
土戸翼忠　篠木如塊　尾江川知三　山田大夢
飯田　弘　小山範策　間宮喜十郎

一、同年二月編輯掛ヲ以テ南摩綱紀、野口之布、近藤鎮三ノ三君ニ、文書掛ヲ以テ水野遵、宮崎蘇庵、開藤成緒ノ三君ニ会計掛ヲ以テ大井謙吉、野口貞一、埴原経徳ノ三君ニ托ス、

一、同年三月近江国社員木村廣凱君等相謀リ、同国大津ニ於テ大津修身学社ヲ結ビ、専ラ本社ノ規約ニ准據シ、以テ修身道徳ノ教ヲ講明セントス、是ヲ地方ニ於ケル第二ノ分社トス、

一、此二分社連続スルコト各五六年ナリシガ、不幸ニシテ其首唱者及ビ数名他ニ転居セシヲ以テ遂ニ解散ニ及べリ、

一、同年同月毎会《ママ》道徳学ノ講義ヲ開キ、余ハ殷氏ノ道徳学ヲ講ジ、南摩君ハ易經ヲ講ズ、社員ノ外聴講ヲ望ム者ニハ証券ヲ與ヘテ聴講員タルコトヲ許ス、初メハ文部省附属昌平舘ヲ以テ会場トセシガ、後神田錦町学習院ノ講堂ヲ以テ会場トセリ、

一、本社ノ規模ヲ拡張セントノ目的ニテ、社員加納治五郎君ヨリ諸規則改正ノ案ヲ提出セラレタリ、依テ同十五年二月四日不忍池長酡亭ニ集合シテ之ヲ議ス、議案ノ第一条ハ社名ヲ改ムルコト、第二条ハ全社ヲ研究、誘導ノ二部ニ分ツコト、其他小細目数条アリ、先此二条ヨリ議セシニ、時期猶早シトノ説多数ニテ、原案ハ遂ニ廃棄トナリ、更ニ委員ヲ選ビテ之ヲ修正スルコトニ議決セリ、

一、明治十五年四月徳島、愛媛二県ノ学事巡視ノ命ヲ受ク、此行ニ於テ告森良、岡本斯文、三木整ノ三君ヲ得タリ、

一、十六年五月、余日本道徳史編纂ノコトヲ思ヒ立チ、是ヲ社員ニ謀ル、社員大抵同意ス、因リテ本邦ノ歴史ヲ十段ニ分チ、各一段ツヽヲ担当セントス、後事故ノ為ニ果サズ、

一、同九月山口広島両県下巡回ノ命ヲ受ク、山口県ニ於テ阪本協、上司淵藏、神代兼済、広島県ニ於テ大森敬之、大田瀧熊君等ノ諸社員ヲ得タリ、

一、明治十七年三月第一土曜日常集会ニ於テ、余本社ノ規模ヲ拡張スルノ案ヲ提出セシニ、來会員皆賛成ヲ表セリ、因テ第三土曜日ニ臨時会ヲ開キテ之レヲ細議シ、四月第一土曜日ニ於テ諸規則ヲ議了セリ、即チ左ノ如シ、

日本講道会約規

従来ノ東京修身学社ノ規模ヲ拡張シ其名称ヲ改メテ日本講道会トナシ其約規ヲ更定スルコト左ノ如シ
第一条　本会ノ主旨ハ形而上ノ理ヲ究メ以テ道徳ノ教ヲ弘ムルニ在リ
第二条　本会ノ事業ハ講義、演説、著述、翻訳、問答等トス但時宜ニ依リ訓化ノ為メ会員ヲ派遣スルコトアルベシ
第三条　本会ノ職員ハ会長一人、副会長一人、講師、訳司、編輯員、会計員、庶務員各若干人トス但会長、副会長ハ会員ノ投票ヲ以テ之ヲ定メ講師以下ハ会長之ヲ指名ス、
第四条　本会ヲ東京ニ開キ毎月第一、第三ノ月曜日ヲ以テ会日トス但毎年一月、八月、九月第一ノ月曜日、七月、八月第三ノ月曜日ハ休会タルベシ
第五条　地方ニ於テ支会ヲ設ケルコトハ自由タリト雖ドモ本会ノ規則ニ抵触セザランコトヲ要ス
第六条　入会ヲ望ム者ハ其族籍職業（官吏ナラバ官名）、姓名、年齢、住所ヲ記シ之ヲ本会ニ送ルベシ本会ニテ其入会ヲ認許シタルトキハ会員タルノ証票ヲ付與スベシ
第七条　本会ハ論説、紀事等ヲ輯メテ毎月雑誌ヲ印刷シ無代償ニテ之ヲ会員ニ分配スベシ
第八条　会員ハ其論説、紀事等ヲ本会ニ送リ以テ雑誌ノ材料ニ供ス
第九条　新ニ入会スル者ハ入会金トシテ金三拾銭ヲ出スベシ又会費トシテ東京ノ会員ハ毎月金拾銭宛地方ノ会員ハ金五銭宛六ヶ月分以上ヲ取纏メテ前納スベシ
第十条　会員ヲ辞セント欲スル者ハ其事由ヲ略記シテ本会ニ通シ証票ヲ返却スベシ

第十一条　本会ニ於テハ固ヨリ躬行ヲ重ンズルヲ以テ会員中若シ本会ノ体面ヲ汚スモノアルトキハ之ヲ謝絶シ其証票ヲ収ムベシ
第十二条　本会ノ講義演説ノミヲ聴カント欲スル者ハ聴講員タルコトヲ得ベシ其規則ハ別ニ之レヲ定ム

日本講道会聴講心得

第一条　本会約規第十二条ニ従ヒ毎月二回常会ニ於テ開ク所ノ講義演説ヲ聴カント欲スル者ハ聴講員タルコトヲ得ベシ
第二条　聴講員タラント欲スル者ハ其族籍姓名職業住所ヲ記シテ本会庶務員ニ通知スベシ本会ニ於テ之ヲ允可スルトキハ聴講票ヲ交付スベシ
第三条　聴講票ハ常会出席ノ節持参スベシ
第四条　常会出席ノ節ハ洋服若クハ袴ヲ着用スベシ
第五条　会場ニ在リテハ諸事会員ノ指示ニ従ヒ且聴講中ハ殊ニ静粛ヲ勤ムベシ
第六条　聴講員ハ講義演説ニ付キ席上ノ疑問ヲナスコトヲ得ズ
第七条　聴講員ハ会費トシテ毎月金拾銭宛ノ割ヲ以テ二ヶ月分以上ヲ取纏メテ前納スベシ但八月ハ休会ニ付会費ヲ収ムルニ及バズ
第八条　事故アリテ聴講員ヲ辞セントスル者ハ其旨ヲ庶務員ニ通ジ聴講証ヲ返却スベシ
○四月第一土曜日約規第三条ニヨリ会長副会長ヲ投票セシニ余会長ニ南摩綱紀君副会長ニ選挙セラレ各其任ヲ諾シ会

長ハ講師以下ノ職員ヲ指名セリ其ノ姓名左ノ如シ（講師著訳者ノ順序ハ年長ニヨリテ記セリ）

日本講道会職員姓名

会　長　西村茂樹
副会長　南摩綱紀
講師並著訳者　吉田賢輔
同　鈴木唯一
同　大井鎌吉
同　中江篤介
同　嘉納治五郎
編輯員　宮崎蘇菴
同　阿部弘藏
同　荒野文雄
会計員（員長）木村一歩
同（調度）野口貞一
同（同）黒川　龍

同　近藤鎮三
同　水野　遵
同　木村一歩
同　伊澤修二
同　井上　勤
同　神津専三郎
同（出納）羽島富三
同（同）河内保興
庶務員（員長）近藤鎮三
同　埴原経徳
同　飯澤耿介
同　水島慎次郎
同　新倉　蔚

余依テ日本講道会開会ノ演説ヲ為セリ

明治十七年四月同志諸友ノ議ヲ以テ東京修身学社ヲ改称シテ日本講道会ト為シ約規ヲ更正シ以テ斯道ヲ拡張セントス、回顧スルニ明治九年修身学社ヲ開創セシ時ニ方リ、全国ノ学問大抵開智ノ一方ニ傾キ、学士太夫口ヲ絶チテ修身ノ事ヲ言フ者ナキノ有様ナリキ、愚老道徳ノ地ニ墜チントスルヲ嘆キ、駑鈍ヲ度ラズ奮ヒテ該社ヲ興サント欲シ、先初メニ同志者三名ヲ得タリ、阪谷素君、丁野遠影君、植松直久君是ナリ、爾後同志ノ諸友日ニ増加シ、数年ナラスシテ百有余人ノ社友ヲ得タリ、已ニシテ朝廷教育令ノ改正ヲ発シ、修身ノ科ヲ以テ諸学科ノ最先トセリ、是固ヨリ本社ノ興リテ力アル所ニ非ズト雖モ、社友タル者ハ皆其志ノ行ハレタルヲ喜ハザルハナカリシナリ、爾来修身ノ教全国ニ行ハレ、山村海郷ノ野氓トイヘドモ亦修身ノ務メザルベカラサルコトヲ知ルニ至レリ、猗興亦盛ナリト云フベシ、本社ノ社員タル者宜シク益々修身ノ字ヲ己ガ頭ニ戴キ、社運ノ隆盛ヲ図ルベキニ、今卒然修身学社ノ名ヲ更メテ講道会トスル者ハ抑丶何ゾヤ、

夫レ名ニ大小アリ、時ニ緩急アリ、修身ハ道徳ヨリ小ニシテ、道徳ハ天理ヨリ小ナリ、天理ハ或ハ之ヲ大道ト云ヒ、或ハ之ヲ真理ト云フ、形而上形而下ヲ併セテ之ヲ包含スル者ニシテ、宇宙間ノ最大物ナリ、道徳ハ天理中ノ一分ニシテ、修身ハ、又道徳中ノ一分ナリ、譬ヘバ山城ハ日本ノ一分ニシテ、日本ハ又全地球ノ一分ナルガ如シ、地学ヲ以テ言ヘバ地球ヨリ大ナル者ナシ、学問ヲ以テ言ヘバ天理ヨリ大ナル者ナシ、爰ニ言フ所ノ道徳天理大道等ノ文字ハ、支那ノ儒道ニテ言フ所ト少シク其義ヲ異ニス、読者字義ニ拘泥シテ本文ノ意ヲ誤ルコト勿レ、初メ修身学社ヲ創立スルノ時ニ当リ、愚老ハ惟修身道徳ノ頽廃ヲ憂ヒテ之ヲ拯ハントスルノ念ノミ切ニシテ、大道ノ興廃ノ如キハ、未ダ之ヲ顧ミルニ遑アラザリシナリ、修身道徳ノ頽廃ヲ拯ハントスルニ、道徳ノ名ヲ以テセズシテ修身ノ名ヲ以テセシ者ハ何ゾヤ、修身ハ小ナレドモ人身ニ親切ニシテ道徳ハ差々大ナレドモ、人身ニ親切ナルコト少シク修身ニ及バザルヲ以テナリ、今日ニ至リテハ修身ノ教ハ朝廷ノ最モ意ヲ用フル所ニシテ、教育ノ官ニ在ル者、皆朝廷ノ盛意ヲ奉ジ、孳々トシテ勉メテ怠ルコトナケレバ、修身ノ事ハ、復タ私学社ノ心ヲ労スルニ及バザルコトトサレリ、惟惜ムベキ所ノ者ハ海内ノ修身ヲ説ク者、或ハ浅薄ノ学力ヲ以テ傲然自ラ大トシ、或ハ僻陋ノ見ヲ立テ他ノ教学ヲ詆《ソシ》リ、或ハ其身ノ品行

修マラズシテ、口ニノミ聖賢ノ教ヲ説クガ如キ、往々愚老ガ之ヲ見ル所ナリ、此ノ如キ者ハ皆大道ニ通ゼズ、真理ニ達セザルノ過ニシテ、譬ヘバ山城アルコトヲ知リテ日本アルコトヲ知ラズ、日本アルコトヲ知リテ地球アルコトヲ知ラザルノ類ナリ、蓋シ全地球ヲ知ラザレバ一国ヲ知ルコト能ハズ、大道ヲ知ラザレバ修身ヲ知ルコト能ハズ、然レバ今日大道ヲ知ラザルノ弊ハ、往年修身ヲ知ラザリシ弊ト、緩急ノ別アリト雖トモ、亦学問上ノ一大病ト言ハザルベカラズ愚老頑鈍ナリト雖ドモ、憂世ノ念自ラ止ムコト能ハズ、同志ノ諸友ト謀リ、大道ヲ講究シテ真理ヲ明カニシ以テ世ノ執迷者を救ハント欲ス、其志ハ往年修身学社ヲ創立シテ風俗ノ頽廃ヲ拯ハントセシト、毫モ異ナルコトナシ、是レ本会ニ於テ修身学社ヲ改称シテ日本講道会ト爲シタル所以ナリ、

夫レ道徳ノ教一ニ非ズ、進取ヲ以テ教トスル者アリ、退守ヲ以テ教トスル者アリ、己ガ教祖ノ遺言ヲ以テ教ノ基本トスル者アリ、造化ノ法則ヲ求メテ教ノ基本トスル者アリ、己ガ教義ヲ主張シテ他教ヲ排撃スル者アリ、広ク他教を採リテ己ガ教ヲ修正セントスル者アリ、孰レヲ是トシ孰レヲ非トセン、惟《タダ》真理ヲ究メ、大道ニ通シ、真理ノ鏡ヲ以テ其正邪ヲ照シ大道ノ秤ヲ以テ其軽重ヲ量ルニ在ルノミ、然レドモ、所謂真理ト云ヒ、大道ト云フ者ハ、虚無曠遠ニ聘セテ帰着スル所ナキ者ニ非ザルナリ、実理ニ拠リ、実行ヲ踏ミ、以テ之ニ達スルコトヲ得ベキ者ナリ、故ニ洒掃応対之ヲ為サザル可ラズ、仁義忠孝之ヲ勉メザル可ラズ、其他聖賢ノ訓誨ヲ垂レシ所ノ者ハ皆遵守セザルベカラザルナリ、故ニ真理大道ハ日用常知常行ノ間ニ存スル者ニシテ、常知常行ヲ離レテ、別ニ真理大道ナル者アルニ非ザルナリ、嗚呼真理豈見易カランヤ、大道豈到リ易カランヤ、偏僻ナル者ハ之知ルコト能ハズ、頑陋ナル者ハ之ヲ知ルコト能ハズ、懶惰ナル者ハ之ヲ知ルコト能ハズ、驕傲ナル者ハ之ヲ知ルコト能ハズ、本会ノ前途猶甚遙ナリト雖ドモ、善ク勉強怠ラズンバ真理ヲ発見シ大道ニ到達スルモ亦得難キコト非ザルベシ、是愚老ガ諸君ト與ニ当ニ務ムベキノ本分ナルベシ、

一、此時本会会員合セテ三百二十八人アリ、又小松宮彰仁親王、北白川宮能久親王ヲ以テ名誉会員トセンコトヲ請フ、両殿下之ヲ許ス、此秋ニ致リ又有栖川宮熾仁親王ヲ載キテ名誉会員トス、

○六月第一月曜日東京大学講義室ニ於テ始テ開講シタリ爾後引続キ同所ニ於テ講義スル筈ナリ其学科講師並ニ日割左ノ如シ

毎月第一月曜日午後三時ヨリ
（自著心学　西村茂樹
ハルリス氏文明論　木村一歩

毎月第三月曜日午後三時ヨリ
大学　南摩綱紀
科学論　嘉納治五郎

今回会事ヲ拡張シ事業ヲ興スニ付テハ多少ノ資金ヲ要スルヲ以テ在東京ノ旧社員等ヨリ左ノ通寄附セラレタリ又地方会員ヨリモ寄附セントスルモノアリ其金額姓名ハ更ニ登載スベシ

金百円	西村茂樹
金五拾円	南摩綱紀
同	石橋好一
同	丁野遠影
同	木村一歩
同	山縣悌三郎
金弐拾五円	大井鎌吉
金弐拾円	野口貞一
同	嘉納治五郎
金四拾八円	小林小太郎
金四拾円	水野遵
同	近藤鎮三
金拾五円	野口之布
同	飯澤耿介
同	青山勇
金拾弐円	加藤正矩

同　井上　勤　金拾円　阿部弘藏
金拾五円　南部義籌　同　宮崎蘇奄
同　開藤成緒　同　神津専三郎
同　荒野文雄　同　土屋政朝
同　佐原純一　同　西坂成一
同　横須賀安枝　金五円　大井和久

一、拡張ノ第一着トシテ著訳出版ニ従事セントシ、先ヅ予約法ヲ以テ左ノ三書ヲ翻訳出版セントス、

法国コント著
実理哲学二冊　会長　西村茂樹閲　会員　大井鎌吉訳

英国バゼホット著
物理政治相関論二冊　会長　西村茂樹閲　会員　井上　勤

明帰震川輯
諸子彙函廿六冊　会長　西村茂樹閲　会員　西坂成一校

是ニ続キテ徳国カントノ論理学、同国エッチンゲンノ道徳統計ノ翻訳ニ着手スル見込ナリ、然ルニ預約者意外ニ少ナク、其内翻訳者病気又ハ他方ニ移住スルヨリシテ其事遂ニ成ラズ、

一、雑誌ノ題号ヲ改メテ講道会叢説ト為シ、六冊ヲ以テ一編ト為シ、初編二編三編マデヲ発行ス、
一、明治十八年十二月、政府ニ大改革アリ、太政官ヲ廃シ、内閣ニ十大臣ヲ置キ、以テ従前ノ三大臣及ヒ参議ニ代ヘ、内閣総理大臣ヲ置キテ太政大臣ニ代フ、此時余文部ヲ去リテ全ク宮内ノ官トナル（是レマデハ文部ト宮内トヲ兼勤セリ）、講道会ノ会員ハ多ク文部ノ官員及ヒ教官ナリシヲ以テ、余ガ文部ヲ去ルノ後ハ自然ト疎遠ニナレリ、且此度ノ改革ニテ官途ヲ去リタル者モ多ク、又ハ他国ニ転任シタル者モアリ、是カ為ニ講道会ノ勢威大ニ挫折シ、例月ノ常集会ニモ出席者甚少ナク、数々休会ヲ為スニ至ル、
一、朝政改革以来、朝廷ノ法令、民間ノ風俗益ゝ欧米ノ風ヲ模倣シ、所謂文明国ノ所為ニ近似スルコトハ頗ル多シト雖トモ、人心ハ益々軽躁浮薄ヲ極メ、道徳ヲ以テ迂闊トシテ之ヲ唾棄スル者少ナカラズ、加フルニ大官貴人ハ首トシテ舞踏会假粧会活人画等ヲ勧奨スルヲ以テ、民風ノ破壊其底止スル所ヲ知ラズ、余国家ノ為メニ憂慮ニ堪ヘズ、明治十九年、十二月十一日十七日廿六日ノ三日ヲ以テ大学講義室ニ於テ、公衆ヲ会シテ、日本道徳ノ必要ヲ演説ス、初日ニハ聴衆二百人許ニ過ギザリシガ、第二日ハ五百人許トナル、第三日ニハ又減ジテ三百人許トナレリ、
一、同二十年二月、旧黌大学講義室ニテ為シタル演説ノ稿本ヲ出版シ、之ヲ日本道徳論ト名ク、然ルニ此書大ニ当路者ノ怒ニ触レ、一時ハ之ヲ絶版セントセシガ、終ニ絶版ヲ止メ、其文ヲ改刪シテ之ヲ発行スルコトト定ム、
一、昨十九年以来本会衰微極マリシヲ以テ之ヲ再興セント欲シ、二十年六月廿六日大ニ会員ヲ神田神保園ニ会ス、集マル者僅ニ二十六人ニ過ギズ、因テ本会ノ再興、会名ノ改称、規約ノ改正ヲ議ス、大森敬之、神田良邦、山田安栄ノ諸君進ンデ其任ニ当ラント謂フ、
一、同九月十一日大学講義室ニ於テ集会ヲ開キ、会名ヲ改メテ日本弘道会ト為シ、其約規ヲ改メテ左ノ如ク定ム、

日本弘道会約規

日本講道会ヲ改メテ日本弘道会ト称シ其約規ヲ更定スルコト左ノ如シ

第一条　本会ノ主旨ハ邦人ノ道徳ヲ高クシ兼テ道徳ノ真理ヲ講究スルニ在リ

第二条　凡ソ道徳ニ志アル者ハ身分ノ何タルト学派ノ何タルトヲ問ハズ皆会員タルコトヲ得ベシ

第三条　入会ヲ望ム者ハ其族籍職業（官吏ナラバ官名）姓名（爵位勲等アル者ハ之ヲ記ス）年齢住所ヲ記シ之ヲ本会ニ送ルベシ本会ニテ其入会ヲ認許シタルトキハ会員タルノ証票ヲ贈付スベシ

但住所ヲ転ジ官位ヲ進退シタルトキハ其度毎ニ本会ニ通報スベシ

第四条　会員ニハ名誉会員特別会員通常会員ノ三種アリ名誉会員ハ皇族ニ限リ特別会員ト通常会員トノ区別ハ本会ニ於テ之ヲ定ム

第五条　本会ノ職員ハ会長一人副会長一人幹事編集会計庶務諸員各若干人トス会長副会長ハ在京会員ノ投票ヲ以テ之ヲ定メ幹事以下ハ会長之ヲ指名ス

第六条　本会ヲ東京ニ開キ毎月第三ノ土曜日ヲ以テ会日トス

但毎七月八月ハ休会タルベシ

第七条　会員ハ会日ニ於テ或ハ談話或ハ演説又ハ討論等ヲ為スベシ

第八条　本会ハ論説記事等ヲ輯メ時々雑誌ヲ出版シ無代価ニテ会員に分配スベシ

第九条　会員ハ務メテ其論説記事等ヲ本会ニ送リ以テ雑誌ノ材料に供スベシ

第十条　特別会員通常会員ハ本会ノ費途ニ供センガ為メ毎月金二拾五銭以上ヲ出スベシ
第十一条　地方ノ会員ハ都合ニ依リ各地ニ支会ヲ開クコトヲ得ベシ
但各地適宜ノ規則を編成スルハ自由タリトイヘドモ本会ノ規則ニ抵触セザランコトヲ要ス
第十二条　退会セント欲スル者ハ其事由ヲ略記シテ本会ニ通シ證票ヲ返却スベシ
第十三条　本会ニ於テハ固ヨリ躬行ヲ重ンズルヲ以テ会員中若シ本会ノ体面ヲ汚ス者アルトキハ之ヲ謝絶シ其證票ヲ収ムベシ
又幹事、常議員、編集員、庶務掛、会計掛ノ諸員ヲ置キ、余ハ弘道会改称ニ付キ一場ノ演説ヲ為ス、其全文ハ弘道会雑誌初編第一冊ニ載ス
一、此年十二月廿六日弘道会雑誌ヲ発行ス右費途ヲ助ケン為ニ左ノ寄附金アリタリ、

当分ノ内毎月金壹円宛	堀田伯爵
金参円	西　周君
金五円	佐野常民君
金五円	報徳会誠励社
金貳円	遠藤　温君
当分ノ内毎月金三十銭宛	川瀬修三君
金弐拾五円　道徳論五部 当分ノ内毎月金壱円宛	西村茂樹

一、明治二十年十二月公衆ヲ開導スルノ目的ヲ、当会ノ外、別ニ通俗講談会ヲ設ケ、神田良邦、大島義濟、石井楳之助、

北村季林、川瀬修三、田中周平ノ六君ヲ以テ其委員ト為シ、同月十一日京橋区銀座二丁目向南学校ニテ第一会ヲ開ク、此会ハ漸々東京市十五区ニ各一会ヲ開設スルノ見込ナルヲ以テ、次ニ麻布区、次ニ下谷区、次ニ四谷区、次ニ深川区、次ニ牛込区、次ニ赤坂区、次ニ本郷区ト追々ニ之ヲ開キ、四五年間連続シタリシガ又漸々ニ衰微シテ、今日猶存スル者ハ独リ四谷区ノミ、

一、明治廿一年三月、日本弘道会章牌ヲ造リ、一ハ本会ノ会員タルノ標識トシ、一ハ会員互ニ相認識スルノ符ト為シ、一ハ各自言行ヲ反省スルノ具ト為ス、

一、同年五月日本弘道会支会ノ規約ヲ定ム、

第一条　日本弘道会ノ支会ヲ設立セント欲スルモノハ其規則書ヲ添テ本会ノ認許ヲ経ベシ

但支会ヲ設立スルハ本会員十名以上アル地ニ限ルベシ、

第二条　支会ハ日本弘道会何々地（大阪名古屋等ノ類）支会ト称スベシ

第三条　支会長ハ支会員ノ投票ヲ以テ定ムベシ副長ヲ置クト置カザルト及ビ支会長ノ年限ヲ定ムルト定メザルトハ倶ニ支会ノ適宜ニ任カス

第四条　支会ノ役員ハ支会ノ見込ヲ以テ定ムベシ

但支会長トナル者ハ本会ノ会員ニ限ルベシ

第五条　支会員ヨリ会費ヲ徴集スルト徴集セザルト及ビ其会費ノ額ヲ定ムルコトハ共ニ支会ノ適宜ニ任カス

但支会ニテ会費ヲ徴集シタルトキハ其会費ハ支会ニテ自由ニ遣ヒ払フベシ

第六条　本会員ニシテ支会員ヲ兼ヌルト兼ネザルトハ本人ノ随意タルベシ

第七条　本会ニテ発行スル雑誌ハ毎月一冊支会ニ交付スベシ

一、明治二十二年三月卅一日、余下野宇都宮会員ノ招キニ応ジテ同地ニ出張ス、余ガ本会ノ為ニ特ニ地方ニ出張セシハ是ヲ始トス(是マデ三四県ニ出張シタルコトアリシモ、或ハ旅行ノ途次、又ハ教育会ノ招キニ応シテ出張シタル者ナリ)会場ハ同所尋常師範学校ニシテ聴衆ハ五百人程アリタリ、会員何レモ篤志ニシテ講演後引続キ支会設立ノコトヲ議シ、同五月ニ至リ、支会開設ノコト定マリ、六月十一日之ヲ認許ス、是ヲ日本弘道会第一ノ支会トス(是ヨリ先キ沼津大津ニ修身社ノ分社設立アリシガ不幸ニシテ解散セシハ前文ニ記スルガ如シ)会員木間瀬柔三(本県書記官)海野景彰(判事)市川勝之助(法学士判事試補)渡辺輝之介(同上)若山茂雄(副典獄)原温恭(医師)ノ諸君尤モ此事ニ尽力セラレタリ、

一、此比政府ニテ欧米清国ト条約改正ノコト起ル、会員海野景彰君外人ニ土地所有権ヲ與フルノ可否ト云ヘル論文ヲ提出セラレ、之ヲ本会ノ雑誌第十一号に登載セリ、然ルニ其筋ノ忌ム所トナリ、出版法ニ依リテ発刊スルコトヲ禁ゼラル、

一、是ニ於テ雑誌ヲ作リ、之ヲ日本弘道会叢記ト名ケ、同年十月其初編ノ第一号ヲ発刊セリ、

一、十月十九日、神田斯文学会々堂ニ於テ会務改正ノコトヲ議シ、会長ヨリ十条ノ案ヲ出シ、其七条ヲ議定ス、

一、十一月十七日、遠江国城東郡高橋村ニ於テ弘道会第二ノ支会ヲ開ク余其招ニ応ジテ出張ス、郷人野賀郡平君ノ尽力ニ依リテ成リタル者ナリ、

一、十二月十五日拙著日本弘道会大意ヲ刊行ス

一、明治廿三年一月日本弘道会要領十条ヲ定ム

(一) 忠孝ヲ重ンズベシ神明ヲ敬フベシ

(二) 皇室ヲ尊ブベシ本国ヲ大切ニスベシ

(三) 国法ヲ守ルベシ国益ヲ図ルベシ
(四) 学問ヲ勉ムベシ身体ヲ強健ニスベシ
(五) 家業ヲ励ムベシ節倹ヲ守ルベシ
(六) 家内和睦スベシ同郷相助クベシ
(七) 信義ヲ守ルベシ慈善ヲ行フベシ
(八) 人ノ害ヲ為スベカラズ非道ノ財ヲ貪ルベカラズ
(九) 酒色ニ溺ルベカラズ悪シキ風俗ニ染マルベカラズ
(十) 宗教ヲ信ズルハ自由ナリト雖ドモ本国ノ害トナルベキ宗教ハ信ズベカラズ

又日本弘道会信者心得ヲ定ム、

一、同年三月、本会ニ女子部ヲ置キ、棚橋絢子平尾光子ノ二女史ヲ以テ幹事ト為シ、飯田町五丁目皇典講究所講堂ニ於テ隔月ニ集会ヲ開ク、因テ規約ニ左ノ追加ヲ為ス、

規約附則

第一条　婦人ハ男子ト其徳行ノ条目ヲ異ニスル者アルヲ以テ別ニ集会ヲ開クコトト定ム
第二条　男子ノ会員ニシテ婦人会ニ出席シ婦人ノ会員ニシテ男子会ニ出席セント欲スル者ハ会長ノ許可ヲ経ベシ
但名誉会員特別会員及ビ職員ハ此限ニアラズ
第三条　婦人会ニハ会員外ノ男子ノ傍聴ヲ禁ズ
但婦人ハ会員外ト雖ドモ会員ノ紹介アルトキハ傍聴ヲ許スベシ
第四条　幹事以下ノ職員ハ婦人中ニ於テ之ヲ選定スベシ

一、同年四月八日下総国匝瑳郡椿海村ニ本会ノ支会ヲ設ケ匝瑳支会ト称ス、菅治兵衛高野隆ノ二君尤モ尽力アリタリ、是ヲ本会第三ノ支会トス、此年七月余其地ニ至リ支会開会式ヲ挙グ、

一、同年四月廿二日相模国小田原ニテ弘道会第四支部ノ設立アリ、設立委員六名ニシテ、其ノ中福住正兄君（二宮尊徳翁ノ門人）尤モ尽力アリタリ、

一、同年五月二十日下総国香取郡栗源村ノ有志安藤定一君発起人トナリテ日本弘道会香取支会ヲ創立ス、是ヲ本会第五ノ支会トス、

一、同年六月十二日越後国中魚沼郡十日町ニ於テ根津音七君以下八名ノ企を以テ日本弘道会第八ノ支会ヲ創立ス、是ヲ中魚沼支会トイフ、

一、同年六月廿一日小田原支会ノ需ニ応ジ、余評議員田中登作君ヲ伴ヒテ出張シ、旧城内ノ高等小学校ニ於テ道徳ノ講話ヲ為ス、

一、同年七月廿九日越中国婦負郡東呉羽村ニ於テ田村民井庄司計太郎田村直喜ノ三君発起人トナリテ婦負支会ヲ設立ス、是ヲ本会第七ノ支会トス、

一、同年九月二日下総国香取郡東大戸村ニ於テ香取新右衛門君以下四名発起ニテ本会第八ノ東大戸支会設立セリ、

一、同年九月七日香取支会ノ招ニ応ジテ同郡栗源村ニ出張ス、

一、同年十月七日相模国三浦郡横須賀ニ於テ本会第九ノ支会ヲ開ク、発企人《ママ》ハ黒川龍、椙山壽雄、加納盛道、新妻融君等七名ナリ、初メ横須賀支会ト称セシガ、後改メテ三浦支会ト云フ、

一、同年十月廿一日駿河国志太郡焼津ニ於テ置監藤四郎、桜井健作、池谷鉱太郎君外二名ノ発企ニテ第十ノ支会ヲ開キ、是ヲ西駿支会ト称ス、

一、同年十一月十一日豊前国宇佐郡四日市ニ於テ熊野御堂真哉、渡辺完ノ二君首唱者トナリテ本会ノ支会ヲ設立シ、宇佐支会ト名ケ、是ヲ第十一ノ支会ト為ス、
一、明治廿四年一月十日ヨリ東京牛込区ニ道話会ヲ開ク、
一、同年一月廿四日東京々橋区ノ会員相会シテ茶話会ヲ開キ、爾後毎月一回開クコトヲ約ス、
一、同年三月騎兵第一大隊（営所上目黒村）ニ於テ騎兵副監駒澤保定、騎兵少佐大藏平三ノ両氏ノ発意ニテ、毎月弘道会ヨリ講師ヲ聴シ、忠君愛国ノ講話ヲ兵士ニ聴カシメント欲シ、三月廿二日其第一回ヲ開ク、本会ヨリ高瀬真卿、地引順治、神谷初之助三君出張ス、爾後毎月一回開会シ、連続スルコト一年余ニシテ止ム、
一、同年三月三十一日下総国香取郡佐原ノ会員大田壮太郎、久保龍石君等ノ発起ニテ同地ニ日本弘道会佐原支会ヲ創立ス、是ヲ第十二ノ支会トス、
一、同年四月十二日小田原支会ノ請求ニ由リ、西澤之助、地引順治二君ヲ巡回講師トシテ出張セシム、
一、同年五月巡回講師費用トシテ本会へ金円ヲ寄附セラレタル人名

本年ヨリ七年間　年々金拾円ヅヽ、　侯爵前田利嗣君
同　同　伯爵堀田正倫君
同　同　伯爵松平直亮君
当分ノ内　同　会長　西村茂樹

一、同年五月五日下総国香取郡大須賀支会ヲ設立ス、是ヲ第十三ノ支会トス、金岡仙之助、宮野忠次郎等ノ諸君創立ニ尽力セリ、
一、同年六月六日伊勢国度会郡山田町ニ度会支会ヲ設立ス、同地会員杉村議一郎君ノ発起ニ出ル者ナリ、之ヲ第十四

ノ支会トス、
一、同年七月五日宇都宮第一支会ノ招ニ応シテ西澤之助君ヲ伴ヒ、同地ニ出張シ、白峯館ニ於テ講演ス、
一、同年七月廿九日上総国望陀郡木更津会員ノ招ニ応ジテ同地ニ出張ス、
一、同年八月二日副会長南摩綱紀君城東郡ノ支会へ出張ス、
一、同年八月十五日木更津会員堀井正則、荻谷連四郎、八剣織太郎其他諸君ノ尽力ニテ木更津支会ヲ設立ス、是ヲ第十五ノ支会トス、
一、同年九月十八日余高瀬真卿、山田安栄ノ二君ヲ伴ヒ、大須賀、佐原二支会ノ開会式ニ臨ム、
一、同年十一月十日下総国豊田郡大花羽村ノ会員渡辺武助君等ノ発起ニテ豊岡支会ヲ設立ス、是ヲ第十六ノ支会トス、
一、同年十一月長野県下弘道会拡張ノ事ヲ評議員指原安三君ニ委託ス、安三君十二月二十四日東京ヲ発シ、明年一月十三日帰京ス、長野県ハ是マデ会員僅ニ一人ナリシガ、此時直チニ数十名ノ会員ヲ得タリ、
一、羽前国米澤ノ人栗林裕三郎君近年本会ニ入会セシガ、其郷里ニ支会ヲ設立センコトヲ計画シ、明治廿四年ノ秋一旦其国ニ帰リ、廿五年一月十九日ヲ以テ米澤支会ヲ設立ス、之ヲ第十七ノ支会トス、
一、明治廿五年一月、本会規約第五条中ノ評議員十五名ヲ廃シ、更ニ商議員十名ヲ置キ、会長ヨリ指名ヲ以テ其任ヲ委嘱ス、
一、同年二月廿三日、時田政一郎、中村梅藏二君ノ発起ニテ上総国市原郡市東村ニ支会ヲ設立シ、市原支会ト称ス、是ヲ第十八ノ支会トス、
一、是月余日本弘道会相助法ヲ草シテ之ヲ会員ニ頒ツ、
一、同年三月逓信省ニテ雑誌遞送ノ制限ヲ厳ニシ、従前ノ雑誌ニテハ一冊二銭ノ郵税ヲ払ハザルベカラザルコトトナ

レリ、然ルトキハ本会ノ費用ニ関スルコト大ナルヲ以テ已ムコトヲ得ズ日本弘道会叢記ノ名ヲ改メテ日本弘道叢記ト為シ、編輯ノ体裁モ頗ル従前ト異ニセリ、依テ本年五月日本弘道叢記第一号ヲ発行ス、
一、同年三月廿九日陸中国和賀郡黒澤尻ニ於テ、会員木村新太郎君外数名ノ発起ニテ黒澤尻支会ヲ開設ス、是ヲ第十九ノ支会トス、
一、同年六月七日京都会員河原林愛之助、田中義五郎、柴田寅三郎等諸君ノ発起ニテ京都支会ヲ開設ス、是ヲ第二十ノ支会トス、
一、同年同月佐原支会ニ於テ、余カ立案シタル弘道会相助法ヲ施行ス、是ヲ各支会ニ於テ此法ヲ行フ始トス、
一、同年七月商議員三輪田高房君ニ仙台地方ノ誘導ヲ托ス、同君、同月九日仙台に抵《イタ》リ、会員清水廣景、遠藤温、大槻文彦、佐藤運宣等ノ諸君ト会務ヲ謀リ、特ニ知事船越衛君ノ助成ニ籍《ヨ》リ、県内各郡長其他有力者ノ入会スル者多ク、神宮教院及中学校ニテ三輪田君ノ講話アリタリ、
一、同年八月五日余本会ノ為ニ北越地方ヲ巡遊シ廿二日帰京ス、岩代国白河、同国会津、越後国水原、同国新潟、同国地蔵堂、同国長岡、同国十日町、同国高田、信濃国長野ニ於テ公衆ノ為メニ道徳ノ講話ヲ為ス、
一、同年八月廿六日羽前国南置賜郡芳泉町ニテ千喜良與総君以下八名ノ発起ニテ芳泉町支会ヲ設立ス、是ヲ第廿一ノ支会トス、
一、同年十月八日陸前国仙台ニ於テ支会ヲ設立シ、国分平君ヲ支会長トシ、清水廣景、大槻文彦二君外三名ヲ理事トシ、氏家厚時君外十五名ヲ評議員ト為ス、是ヲ第二十二ノ支会トス、
一、同年十月神谷初之助、徳永昌文、平井正枝、根津音七等諸君ノ発起ニテ麹町道話会ヲ開ク、是ヨリ先キ市ヶ谷赤坂等ニモ前諸君ノ発起ニテ道話会ノ設立アリ、道話会ハ本会規約ニナキ所ナレドモ知識ノ低キ人民ヲ諭スニ頗ル益

アルコトト思ヒ、其開設ヲ許セリ、其後牛込区ニモ亦之ヲ開ケリ、市ヶ谷赤坂ノ二会ハ早ク中絶シ、麹町牛込ノミ数年連続セシカ、遂ニ牛込モ中絶シ、独リ麹町ノミ毎月開会シテ今日ニ至レリ、

一、同年十二月十七日下野国河内郡篠井村ニ第二十三ノ支会ヲ設立シ篠井支会ト称ス、藤沼寅次郎君外数名ノ発起ナリ、

一、本会ノ会費ハ唯日用ノ常務ヲ辦ズルニ止マリテ少シモ剰余アルコトナシ、然ルニ道徳ノ旨趣ヲ拡張セントスルニハ講師ヲ各地ニ派遣セザルベカラズ、依テ三輪田高房君ノ発案ニ由リ、講師ノ旅費に供センカ為ニ、全会員ヨリ一ヶ月金三銭、一ヵ年金三十六銭ノ寄附ヲ請求セリ、当時会員二千余人、姑ク二千人ト視テ金七百二十円ヲ得ベキノ予算ナリ、依テ全国ヲ九方面ニ分チ、一方面毎ニ出張員一人ヲ指定ス、然ルニ寄附者甚少ク、希望ノ半ヲ充タスコト能ハズ、

一、明治廿六年一月廿九日副会長南摩君ノ発意ニテ麹町部会ヲ開設ス元来本会ノ規約ニハ部会ノ名ナシト雖ドモ、会員ノ拡張ニハ亦必要ノコトナルヲ以テ試ミニ麹町区ニ之ヲ開ク、其結果良好ナラバ他ノ十四区ニモ之ヲ開設セントスルノ見込ナリ、

一、同年二月十日加賀美国光君外数名ノ発案ニテ甲斐国甲府ニ山梨支会ヲ設立ス是ヲ第廿四ノ支会トス、

一、同年三月三日商議員高瀬眞卿君ハ第一方面出張員トシテ茨木栃木群馬ノ三県ヲ巡回シ、各所ニテ道徳ノ講話ヲ為ス、

一、同年三月九日商議員三輪田高房君ハ第七方面出張員トシテ京都大阪河内伊予へ出張シ四月十一日帰京ス、

一、同年三月十八日上野国佐位郡赤堀村ニテ橋本文平、織田久吉君ノ発起ニテ赤堀支会ヲ設立ス、是ヲ第廿五ノ支会トス、

一、同年四月十七日下野国下都賀郡小山町ニ於テ天野十郎、小山小四郎、青木茂等諸君ノ発起ニテ小山支会ヲ設立ス、是ヲ第廿六ノ支会トス、
一、同年四月廿三日高瀬眞卿、日下部三之介ノ二君、香取郡四支会ノ連合会ニ出張ス、
一、同年五月六日余三浦支会開会式ニ出張ス、
一、同年六月十八日弘道会拡張ノ為メ第六方面(山陰山陽)ハ幹事樋田魯君出張ス、岡山、松江、兵庫其他所々ニテ講演シ、七月十九日帰京ス、
一、同年八月十四日上野国左波郡芝根村会員星野常吉、高橋志賀、今井保、小島太郎四君ノ発起ニテ芝根支会ヲ設立ス、是ヲ第二十七ノ支会トス、
一、同年九月一日出雲国松江市ニ於テ、西田千太郎、大野義就、神谷源五郎、渡辺寛一郎、勝部修、片山尚絅君等十四名ノ発起ニテ松江支会ヲ設立ス是ヲ第廿八ノ支会トス、
一、同年九月十一日武蔵国秩父郡ニ於テ、山田懿太郎、福島七兵衛、宮前藤十郎、山田倍吉君等十六名ノ発起ニテ秩父支会ヲ設立ス、是第廿九ノ支会ナリ、
一、同年十月十八日下総国千葉郡津田沼村会員三橋茂兵衛、村山駒之助君等九名ノ発起ニテ津田沼支会ヲ設立ス、是ヲ第三十ノ支会トス、
一、同年十月廿七日武蔵国北葛飾郡吉川村ニ於テ、中野新右衛門、高鹿新八、鈴木登齊君等二十六名ノ発起ニテ吉川支会ヲ設立ス、是レ第三十一ノ支会ナリ、
一、同年十一月一日余、山梨支会、婦負支会ノ招ニ応ジテ、商議員指原安三君ヲ伴ヒ出立、先ヅ甲府ニテ講演ヲ為シ、夫ヨリ信濃ニ入リ、松本ニ至リ中学校ニテ講話ヲ為シ、同十一日越中婦負郡五福村ノ支会ニ着シ、五福村、小

杉町、八ツ尾町及ビ富山市ニテ講演ヲ開キ、同十八日帰京ス、
一、同年十一月十九日下野国芳賀郡眞岡町会員藤崎康民、甲斐義喜、水島安太郎三君ノ発起ニテ芳賀支会ヲ設立ス、是ヲ第三十二ノ支会トス、
一、同年十一月十九日下総香取郡良文村会員渡邊操、布施亀次郎、繒鳩伊之吉三君ノ発起ニテ香取東部支会ヲ設立ス、是ヲ第三十三ノ支会トス、
一、同年同月同日武蔵国榛澤郡深谷会員北瓜義勝、望月久知君等十名ノ発起ニテ深谷支会ヲ設立ス、是ヲ第三十四ノ支会トス、
一、同年同月廿七日上野国那波郡玉村会員北山経乗、堀門桑四郎、佐竹約六等諸君ノ発起ニテ玉村支会ヲ設立ス、是ヲ第三十五ノ支会トス、
一、同年同月同日武蔵国南多摩郡八王子町会員大久保普行、原田稔甫及川真能君等十九名ノ発起ニテ南多摩支会ヲ設立ス、是を第三十六ノ支会トス、
一、明治廿七年一月二十日下総国東葛飾郡田中村会員総代寺田成憲君ノ名ヲ以テ田中支会設立ヲ請願ス、直ニ之ヲ許可ス、是ヲ第三十七ノ支会トス、
一、同年二月三日信濃国上伊那郡会員太田収藏、村山東治、野澤虎之助君等十四名ノ発起ニテ上伊那支会ヲ設立ス、是ヲ第三十八ノ支会トス、
一、同年二月十日越中国射水郡小杉町、会員藻谷伊太郎、片口安太郎、瀧脇重作君等十名ノ発起ニテ射水支会ヲ設立ス、是ヲ第三十九ノ支会トス、
一、同年三月七日越後国三島郡興板ニテ、肥田野長三郎、内藤弥、西方明三郎、竹内宇忠治君等十四名ノ発起ニテ三

島支会ヲ設立ス、是ヲ第四十ノ支会トス、
一、同年三月十三日阿波国徳島、会員岡本斯文、山田楽、齊藤久米次君等ノ発起ニテ徳島支会ヲ設立ス、是ヲ第四十一ノ支会トス、
一、同年三月十七日武蔵国高麗郡黒須ニテ発智庄平、繁田武平君等ノ発起ヲ以テ黒須支会ヲ設立ス、是ヲ第四十二ノ支会トス、
一、同年三月二十三日摂津国有馬郡三田村ニテ細木喜兵衛、林信敬君等発起人トナリ、有馬支会ヲ設立ス、是ヲ第四十三ノ支会トス、
一、同年四月一日下野国河内郡大桑、会員牧野啓太郎、阿久津周貞君等十六名ノ発起ニテ大桑支会ヲ設立ス、是ヲ第四十四ノ支会トス、
一、同年四月一日信濃国東筑摩郡松本、会員齊藤順、寄藤好実君等十六名ノ発起ニテ、松本支会ヲ設立ス、是第四十五ノ支会ナリ、
一、同年四月二十六日余商議員指原安三君ヲ伴ヒ、弘道ノ為メ九州ニ赴キ、豊前、筑前、筑後、肥前、肥後ノ五国ヲ巡回シ、六月十日帰京ス、偶々本会編輯主任山田安栄君、他事ヲ以テ福岡ニアリ、此度二人ニテ道徳ノ演説ヲ為シタルハ福岡(此時ハ山田君モ演説セリ)小倉、大宰府、久留米、柳河三池、熊本、島原、長崎、佐賀、宇佐、中津、京都、静岡等ナリ、
一、同年五月十二日岩代国安積郡ノ会員森田通治、大輪志津衛君等八名ノ発起ニテ第四十六安積支会ヲ設立ス、
一、同年六月十七日京橋区南鍋町一丁目一番地ニ家屋ヲ購入シ、本会ノ事務所トス、
一、同年六月十九日下総国東葛飾郡野田町ニ於テ会員大塚保太郎、茂木林藏君等四人ノ総代ヲ以テ野田支会ヲ設立ス、

是ヲ第四十七ノ支会トス、
一、同年六月十九日駿河国静岡市ニテ杉原正市、置監藤四郎、松山若冲、中上喜三郎君等九名ノ発起ニテ静岡支会ヲ設立ス、是ヲ第四十八ノ支会トス、同年七月二日筑前国福岡市会員緒方道平君外八十三名ノ発起ニテ福岡支会ヲ設立ス、是ヲ第四十九ノ支会トス、
一、同年六月廿九日筑後国久留米市会員細身保、水野光衛ノ二君総代トシテ支会設立ヲ乞フ、七月七日之ヲ允許ス、是ヲ第五十ノ支会トス、
一、同年七月十一日豊前国中津町ノ会員新庄開衛、奥平貞ノ二君総代トシテ中津支会設立ノ允許ヲ乞フ、七月廿二日認許ス、是ヲ第五十一ノ支会トス、
一、同年七月十三日筑前国大宰府町会員古川勝隆、梅岡厳謹ノ二君会員総代トシテ大宰府支会設立ノ認許ヲ乞フ、同月三十一日允許ス、是ヲ第五十二ノ支会トス、
一、同年八月六日越後国北蒲原郡水原町ノ会員三浦宗春、三橋介甫、妹尾利郷外三名ノ発起ニテ北蒲原郡支会ヲ設立ス、是ヲ第五十三ノ支会トス、
一、同年七月廿五日筑後国上妻郡福島町会員蒲瀬瀧千君総代トシテ上妻下妻支会設立ヲ乞フ、八月十三日認許ス、是ヲ第五十四ノ支会トス、
一、同年八月大阪市会員総代加島信成君大阪支会設立ノ允許ヲ乞フ、同二十日認可ス、是ヲ第五十五ノ支会トス、
一、同年九月七日肥前国佐賀市会員石丸勝一、広渡顕展、白浜和義君等六名ノ発起ニテ佐賀支会ヲ設立ス、是ヲ第五十六ノ支会トス、
一、同年九月十五日岩代国伊達郡会員志賀直政、渋谷正路君等五名ノ発起ニテ伊達支会ヲ設立ス、是ヲ第五十七ノ支

会トス、
一、同年九月十五日上総国武射郡千代田村会員中川隆三郎、平野丑松、小川忠次郎君等六名ノ総代ニテ千代田支会ヲ設立ス、是ヲ第五十八ノ支会トス、
一、同年十月八日信濃国上水内郡会員酒井弥作、山本幾久馬、野澤弥重、岩井熊藏君等ノ発起ニテ上水内支会ヲ設立ス、是ヲ第五十九ノ支会トス、
一、同年十月八日越後国新潟市会員大島多計比古、鈴木雄二郎、今井退藏君諸君発起人トナリテ新潟支会ヲ設立ス、是ヲ第六十ノ支会トス、
一、本会婦人部ハ廿三年以来別ニ集会ヲ開キ居リシモ、其雑誌ハ別ニ発行スルコトナク、本会叢記ノ中ニ登載シタリシガ、今回別ニ雑誌ヲ発行スルコトトナシ、廿七年十月第一号ヲ発刊シ、是ヲ婦人弘道叢記ト名ク、棚橋絢子君ヲ編輯主任トシ、指原乙子、藤野眞子、山田源子、亀井まき子、馬場菊子ノ五君ヲ編輯委員トス、
一、同年十二月廿一日下総国香取郡吉田村会員神澤佐太郎、越川常三郎、依知川栄太郎、大木源之助四君ノ発起ニテ吉田支会ヲ設立ス、是ヲ第六十一ノ支会トス、
一、明治廿八年二月九日播磨国印南郡会員関霊導、萩原栄吉、八杉慶次三君ノ発起ニテ印南支会ヲ設立ス、是ヲ第六十二ノ支会トス、
一、同年二月廿日信濃国諏訪郡富士見村会員樋口長兵衛、名取豊太郎、名取久吉諸君ノ発起ニテ第六十三富士見支会ヲ設立ス、
一、同年三月四日但馬国城崎郡湯島会員岩本藤吉、谷垣勝藏君ノ発起ニテ第六十四湯島支会ヲ設立ス、
一、同年三月二十日上総国武射郡会員藤田雅太郎、芥川信行、平野寅造、金子照夫君等十五名ノ発起ニテ武射支会ヲ

設立ス、是ヲ第六十五ノ支会トス、
一、同年四月廿七日大和国宇陀郡松山町会員山辺彦七、守本富藏君ノ総代ニテ宇陀支会ヲ設立ス、是ヲ第六十六ノ支会トス、
一、本年ハ兼テ計画ノ通リ日本弘道会第一回ノ総集会ヲ京都ニ開ク、其会日ハ五月三日四日五日ノ三日間ナリ、東京ヨリハ会長西村茂樹、商議員指原安三君出張ス、幹事樋田魯一君ハ去月ヨリ実業会ノ為ニ京都ニ出張アリシヲ以テ、直チニ総集会ノ事務ヲ勤ム、全国支会中代表者ヲ出席セシメタルハ城東支会(一人)匝瑳支会(二人)小田原支会(一人)中魚沼支会(一人)西駿支会(二人)宇佐支会(一人)佐原支会(二人)豊岡支会(一人)仙台支会(二人)松江支会(一人)南多摩支会(一人)香取東部支会(一人)射水支会(二人)三島支会(一人)有馬支会(二人)中津支会(二人)久留米支会(二人)宇陀支会(二人)又一個人トシテ東京府一人、愛知県一人、岐阜県一人、大阪府一人、広島県一人、奈良県一人、千葉県一人、滋賀県一人、茨城県一人、静岡県一人、埼玉県一人、外ニ特別会員前田正名、藤澤南岳ノ二君京都会員ハ宇田支会長水本理事以下四十六人、合計出席八十九人ナリ、五月三日京都府尋常師範学校講堂ニテ協議会ヲ開ク、其議題左ノ如シ、

(一) 弘道会ガ社会ニ重キヲ為スノ方法如何
(二) 国民ノ道徳及ビ社会ノ公徳ヲ進ムルノ方法如何
(三) 勤倹ヲ実行スルノ方法如何
(四) 各地ノ陋風ヲ矯正スルノ方法如何
(五) 社会ノ制裁ヲ作ルノ方法如何
(六) 現今ノ徳育法ハ欠点ナキカ、若シ欠点アリトセバ之ヲ改良スルノ方法如何

（七）小学校ノ卒業生及ビ不就学ノ少年ハ将来国民ノ大部分ヲ占ムル者ナリ是等ヲ導キテ益々善ニ向ヒ悪ニ遠ザカラシムルノ方法如何

（八）道徳家ハ実業家教育家政事家法律家ト相提携スルヲ宜シトスベキニ似タリ其可否及ビ方法如何

（九）本会ニ功労アル人ヲ待遇スルノ方法及ビ功労ノ度ヲ量ルノ方法如何

（十）土地ノ便宜ニ依リ各支会連合会ヲ開クノ可否及ビ其方法如何

（十一）此後更ニ全国総集会ヲ開クノ可否及ビ其方法如何

協議会ハ三日午前九時ニ開会シ、四日午後三時ニ終ル、夫ヨリ会員ハ直チニ南禅寺中金地院ニ赴キ、懇親会ヲ開ク、

同五日師範学校講堂ニ於テ演説会ヲ開ク講演者左ノ如シ、

戦争ノ勝敗ハ道徳ノ深浅ニ随フ　香取東部支会長　渡　還　操君

躬行実践　城東支会長　橋本孫一郎君

京都総集会演説　西駿支会長　広瀬令介君

世界ノ大勢ヲ論ジテ日本国民ノ道徳ニ及ブ　中津支会評議員　佐藤喜代吉君

易理ヲ論ズ　東京会員　池田謙藏君

弘道会ニ付テ所思ヲ述ブ　京都支会長　宇田　淵君

天人ノ参賛ヲ論ズ　大阪支会長　藤澤南岳君

実業道徳　特別会員　前田正名君

弘道会ノ義　本会長　西村茂樹

京都特別会員谷鐵臣君ハ出席演説アル積リナリシガ、昨夜来病気ニ付キ速記者吉木竹次郎氏同君宅へ参リ其談話

ヲ書取リ叢記ニ登録ス、
第一回総集会ノ全体ノ状ヲ言ハンニ、出席ノ会員ハ何レモ誠実熱心ノ人々ニテ其討議演説皆聴クベキ者多カリシハ其喜ブベキ所ナリ、殊ニ京都ノ会員ハ非常ノ煩労ヲ以テ開会ノ準備ヲ為シ百事都合宜シカリシハ大ニ謝スル所ナリ、只遺憾トスル所ハ、全国六十六支会中ニ於テ代表者ヲ出シタルハ十八支会ニ過ギズ、本会員三千余名ノ内出席セシ者八十九名ニ過ギザリシハ其物足ラヌ心地セリ、殊ニ出席ノ約束アリテ無断ニ欠席セシ支会モ少ナカザリシハ、道徳会ノ総集会トシテ少シク体面ニ関スル所アリ、爾後ノ総集会ニハ少ナクモ全支会ノ半数以上ハ出席アリタキコトナリ、
一、京都総集会ノ終リタル後、余ハ指原君ト同行シ、河内国茨田郡四宮村ニ至リ道徳ノ講話ヲ為ス、五月廿二日同地藤井健次郎、濱田経次郎、小森正敏、安井純夫諸君ノ発起ニテ河湯支会ヲ設立ス、是ヲ第六十七ノ支会トス、
一、其帰途余ハ三河国農会ノ需ニ応ジテ同国ニ至リ各地ニテ道徳ノ講話ヲ為ス、其場所ハ西尾、岡崎、豊川、田口、斯城ナリ、
一、同年六月十日磐城国石川郡小平村会員井上訥、中井重一、鈴木静信君等六名ノ発起ニテ第六十八東山支会ヲ設立ス、
一、同年七月廿八日余、樋田幹事同行ニテ下総国吉田匝瑳ノ両支会及ビ海上郡旭町ニ出張シ道徳ノ講話ヲ為ス、八月三日、旭町会員飯田節翁、伊藤亀之助君等七名ノ発起ニテ海上支会ヲ設立ス、是ヲ第六十九ノ支会トス、
一、同年八月十日三河国南設楽郡新城町会員丸山彌右衛門、丸山方作、西川象山君等六名ノ発起ニテ新城支会ヲ設立ス、是ヲ第七十ノ支会トス、
一、同年九月七日越後国古志郡栃尾町会員加藤武次郎、中川文造、河野虎治君等六名ノ発起ニテ栃尾郷支会ヲ設立ス、是ヲ第七十一ノ支会トス、

一、同年十月十二日下総国香取郡豊和村会員寺本省三郎、椿直太朗、鎌形元次郎、及川常吉君等四名ノ総代ニテ豊和支会ヲ設立ス、是ヲ第七十二ノ支会トス、
一、同年十月廿六日越後国西頸城郡木浦村会員石崎定保、伊藤秀吉、伊藤亘君等八名ノ発起ニテ第七十三木浦支会ヲ設立ス、
一、明治廿九年一月四日小笠原島母島会員菊池虎太郎、荻原轍君等六名ノ発起総代ニテ母島支会ヲ設立ス、是ヲ第七十四ノ支会トス、
一、同年一月十一日信濃国上水内郡長沼村会員総代住田信五君ノ請求ニ依リ、長沼支会設立ヲ許可ス、是ヲ第七十五支会トス、
一、同年二月一日信濃国上水内郡柳原村会員清水對治、井原文吉君等五名ノ発起ニテ上水内支会ヲ設立ス、是ヲ第七十六ノ支会トス、
一、同年三月十五日北海道上磯郡札苅村会員西山勝三郎、伊藤勝五郎二君ノ総代ニテ札苅支会ヲ設立ス、是ヲ第七十七ノ支会トス、
一、同年三月十九日小笠原島父島会員志村文次郎、宮内多平君等五名ノ発起総代ニテ第七十八父島支会ヲ設立ス、
一、同年四月七日下総国佐倉会員佐治濟、倉次亨二君ノ総代ニテ佐倉支会ヲ設立ス、是ヲ第七十九ノ支会トス、
一、同年七月四日美作国大庭郡徳田村会員篠塚繁、神田良一君等十五名ノ発起ニテ徳田支会ヲ設立ス、是ヲ第八十ノ支会トス、
一、同年十月一日余下野岩代磐城陸前ノ各支会巡回トシテ出立同十八日帰京ス、道徳ノ講話ヲ為シタル場所ハ、宇都宮、仙台(県会議事堂ニテ一回、神宮教会所ニテ一回)梁川、福島、二本松、郡山、小平、篠井、鹿沼、真岡、小山ナリ、

一、同年十一月九日岩城国安達郡二本松会員成田達尋、野地菊司、月岡吉則、槙不二夫ノ四名総代トナリ、二本松支会ヲ設立ス、是ヲ第八十一ノ支会トス、

明治九年三月、余ガ東京修身学社ヲ創立シテヨリ既ニ二十回ノ星霜ヲ経タリ、其得タル所ハ七千八百人ノ本支会員ト八十一所ノ支会トニシテ、最初ノ志望ハ未タ十分ノ一ヲモ達スルコト能ハズ、余ハ頑健ナリト雖ドモ尤馬ノ齢已ニ七十ニ及ベリ、本会ノ大目的ハ後進の道徳者ニ望マザルコトヲ得ズ、此紀事ヲ草シ畢リ、白髪ヲ掻テ自ラ忸怩タリ、

明治三十年二月十五日記ス

（明治三十一年八月十日　日本弘道会事務所（東京市京橋区南鍋町一丁目一番地）発行）

日本弘道會大意

日本弘道會大意

日本弘道會大意

西村茂樹述

日本弘道会ハ道徳ノ会ナリ、道徳ノ事ハ素ヨリ人々自身ノ心得ニ在ルコトナレバ、人々能ク其身ヲ修メ其徳ヲ厚クスレバ夫ニテ事足ルベキ訳ナリ、然ルニ故《コトサ》ラニ此ノ如キ会ヲ設クル所以ハ、凡ソ人々隔離シテ別々ニ徳ヲ行フトキハ其効少ナク、衆人合シテ一体トナリ徳ヲ行フトキハ其効大ナレバナリ、道徳ト云フモノハ、一人抽《ヌキ》ンデ、最高ノ徳ヲ行フヨリハ、全国一体ニ中等ノ徳ヲ行フヲ以テ勝レリトス、且ツ道徳ノ要ハ風俗ヲ変化スルニアリ、風俗変ジテ善良トナルトキハ、一二不徳ノ者アリト雖ドモ自然ニ其風ニ化セラレテ善良ノ民トナル、国民皆善良トナレバ其国ハ善良ノ国トナルナリ、古ノ聖賢ガ道ヲ弘ムルニ汲々タルハ之ガ為メニシテ、余ガ不敏ナルモ窃カニ之ニ倣ハント欲スルナ

リ、

道徳ノ教ニハ世教(又理教ト云フ)アリ、世外教(又宗教ト云フ)アリ、世教ハ専ラ現世ノ道理ヲ主トシテ教ヲ立テ、世外教ハ未来世ノ禍福ヲ主トシテ教ヲ立ツ、支那ノ儒道、欧州ノ哲学ハ世教ナリ、印度ノ仏教、欧州ノ耶蘇教ハ世外教ナリ、理教宗教ノ長短得失ヲ論ズルハ、極メテ重大ノ事ニシテ此書ノ如キ小冊ノ中ニ論ジ尽スベキ者ニ非ズ、然レドモ此ノ如キ困難ナル問題ハ、其深キニ就キテ之ヲ論ズルトキハ、論ズルニ随ヒ、益困難ニ陥レドモ、其浅キニ就キテ之ヲ論ズルトキハ、却テ明白ニ真理ヲ発見スルコトヲ得ル者ナリ、先ヅ宗教ノ事ヲ言ハンニ、総テ宗教ト云フ者ハ、仏教耶蘇教回教ヲ問ハズ、何レモ野蛮ノ民ヲ強化スルノ道ニシテ、文明ノ民ヲ教化スルノ道ニ非ズ、其過去ヲ説キ、未来ヲ説キ、地獄ヲ説キ、天堂ヲ説クガ如キハ、孰《イズ》レモ無知ノ民ヲ信ゼシムルノ術ニ非ザルハナシ、道理ノ知識一分ヲ増セバ宗教ノ信仰一分ヲ減ズ、宗教ノ時代去リテ道理ノ時代来ルハ、慧眼ノ士ノ輿ニ信ズル所ナリ、今日人智ノ開発往昔ニ数倍シ、猶開発シテ止マザルノ勢アレバ、宗教ノ運命モ永ク隆盛ヲ保ツコト能ハザルベシ、殊ニ耶蘇教ノ如キハ其説ク所ノ上帝ノ説、三位一体ノ説、天父ノ説、偶像ノ説ノ如キハ、皆我国体ニ協ハザル者ナレバ、之ヲ本邦ニ行フトキハ、後来大ナル国害ヲ生ズベキハ至テ明白ナルコトナリ、又理教ノ事ヲ言ハンニ、儒教ハ其道理ヲ論ズル所ハ、純然タル理教ニシテ、其人ヲ教化スル所ハ、宗教ニ似タル所アリ、故ニ此教ハ理教宗教ヲ兼タル如キ者ニシテ、其異ナル所ハ、独リ現世ノ事ヲ説キテ来世ノ事ヲ説カズ、平常ノ事ヲ説キテ奇怪ノ事ヲ説カザルニアリ、其現世ノ教訓ハ公正明白ニシテ邪僻ニ陥ルノ憂ナシ、惟其弊ヲ言ヘバ、後世ノ学者古経ヲ死守シテ之ヲ変通スルコトヲ知ラザルニ在リ、西国ノ哲学ハ、其理論ノ精微詳密ナルコト儒教ノ及ブ所ニ非ズ、且ツ現今モ猶考究ノ最中ナレバ、此上何処マデ進歩スルヤ料リ難シ、此点ヨリ見ルトキハ、道徳ノ教ハ悉ク他教ヲ棄テ、独リ哲学ヲ取ルベキニ似タリ、然レドモ哲学モ亦専ラ之ニ據リ難キ所アリ、即チ哲学ハ専ラ知識ヲ尊ビテ、深ク実行ヲ問ハズ、(全ク実行ヲ問ハザルニ非ズ深クノ二字ニ注意スベシ)、又其学派ニ依リテ各其意見ヲ異ニシ、唯物家ハ唯物論ノ極端ニ走リ、虚霊家ハ虚霊論ノ極端ニ走リ、後生ヲシテ奉持スル所ニ迷ハシムルノ憂アリ、

右ノ理由アルヲ以テ、余ハ本会ノ為メニ宗教ヲ棄テ、理教ヲ用フルコトヲ決セリ、已ニ理教ヲ用フルトキハ、儒学哲学ノ一ニ定メザルベカラズ、儒教ニ定メンカ、其固陋ノ病アルヲ如何セン、哲学ニ定メンカ、諸家各其意見ヲ主張シテ蹄宿スル所ナキヲ如何セン、余ハ之ニ付キ、数年来反覆熟考セシガ、終ニ一ノ断案を定メ得タリ、儒教ハ固陋ナリト雖ドモ、是其註釋ノ方法ノ拙ナル者ニシテ、若シ善ク註釋ヲ下ストキハ、十分今日ニ活用スルコトヲ得ベシ、哲学ハ諸家ノ説ニ就キテ別々ニ之ヲ見ルトキハ、千態万状ナルガ如シト雖ドモ、古今ニ通ジテ之ヲ観ルトキハ、亦諸家共ニ同一ニ帰スル所アリ、更ニ儒教哲学トヲ合セテ之ヲ観ルニ、其形迹ノ上ヨリ言フトキハ、表裏精粗甚其状ヲ異ニスレドモ、其精神ニ就キテ之ヲ見ルトキハ、二教初ヨリ大ニ相異ナル者ナシ、儒教天命ヲ説ク、哲学亦天命ヲ説ク(宗教家ノ言ニ同ジカラズ)、儒教道心克己修養ヲ説ク、哲学亦父子君民夫婦兄弟朋友処世接人ノ道ヲ説ク、儒道致知挌物誠意正心修身治国平天下ノ道ヲ説ク哲学亦格物正心修身治国社会交際ノ道ヲ説ク、儒道古人ノ異言怪行ヲ説カズ、哲学亦異言怪行ヲ説カズ、儒道地獄天堂ヲ説カズ、哲学亦地獄天堂ヲ説カズ、然レバ此二教ノ精紳ノ在ル所ハ知ルベキノミ、故ニ余ハ二教ノ精神ヲ採リテ其形迹ヲ略シ、是ヲ以テ本邦道徳ノ基礎ヲ立ント欲スルナリ、既ニ二教ノ精神ヲ採ルト定メタル上ハ、儒道哲学ノ如キ名目ハ固ヨリ之ヲ採ルコトナシ、既ニ其名目ヲ取ラザルトキハ、其據ル所ハ何物ナルカト問ハ丶、余輩ガ拠ル所ノ根拠ハ唯二個アルノミ、曰ク道理ナリ、曰ク事実ナリ、道理ハ古往今来流行シテ息マザルノ理ニシテ、或ハ真理ト稱シ、或ハ天理ト稱スル者是ナリ、事実ハ、人類ノ毀譽禍福興廃成敗ノ迹ニシテ、或ハ人事又ハ事迹ト称スル者是ナリ、此二者ヲ観ルコト明白確実ナルトキハ、世界ノ萬物萬事皆明白確実ナルコトヲ得ベクシテ、諸教ノ長短得失モ亦明カニ之ヲ領会スルコトヲ得べシ、然レドモ道理ト事実トハ自己ノ想像ヲ以テ之ヲ

定ムベキ者ニ非ズ、必ス諸教（殊ニ儒教ト哲学）ト歴史トノ力ニ頼リテ之ヲ知ルコトヲ得ベシ、蓋シ儒教（并ニ支那ノ諸子）ト哲学トハ道理ノ精粋ヲ聚メタル者ナレバ、今日ニ至ルマデ天地間ニ流行セル道理ハ尽《コトゴト》ク包括シテ漏ラスコトナシト言フモ可ナリ、殊ニ儒道ノ如キハ本邦ニ行ハルヽコト一千五百余年、国民ノ道徳ヲ造リテ国ノ位格ヲ保チタル者ナレバ、今日ニ当リテ其採ルベキ所大ニ他教ヨリ多キハ、亦理ノ宜シク然ルベキ所ナリ、学者能ク此二学ノ義ニ通ジテ、更ニ之ヲ古今ノ事実ニ照ラシテ黙想深思スルトキハ、天地ノ真理ヲ知ルコトヲ得ベク道徳ノ基礎ヲ立ツルコトヲ得ベシ、宗教ノ如キモ其奇怪ノ説ト未来世ノ説トヲ除クトキハ亦採ルベキノ言多ケレバ、是又其書ヲ熟読シテ、道理ト事実トニ合フ者ハ、之ヲ採リ以テ我考究ノ助ト為スベキナリ、

或人問フ、先生ノ道徳主義ハ、儒道ト哲学トノ形迹ヲ略シテ其精神ヲ採ルト言ハバ、世ニ所謂折中主義ト称スル者ナルカ、答テ曰ク、余ガ道徳ノ主義ニハ名目ナシ、単ニ之ヲ道徳ト称シテ可ナルベシ、若シ強テ其名ヲ命ゼント欲セバ、之ヲ帰納主義ト云フベシ、折中主義ト言フベカラズ、折中トハ長一尺ノ物ヲ中ヨリ折リテ五寸ヅヽトスルコトニテ、例ヘバ、甲ノ学士ハ人ノ性ハ善ナリト言ヒ、乙ノ学士ハ人ノ性ハ悪ナリト言フコトアランニ、折中家ハ両説ヲ半分ヅヽ採用シ、人ノ性ハ無レ善無二不善一ト言フガ如キ是ナリ、此性善ノ論ナドハ折中スルモ不都合ナケレドモ、或ハ折中セントスルモ事実為シ難キコトアリ、例ヘバ、甲論者ハ婦人夫死スレバ再嫁スベカラズト言ヒ、乙論者ハ夫死スルノ後ハ再嫁スルモ道ニ違フコトナシト言フガ如キハ、若シ両説ヲ折中スルトキハ、如何ナル説ヲ立テ可ナルベキヤ、又甲論ハ国ノ主権ハ君ニ在リト言ヒ、乙論ハ国ノ主権ハ民ニ在リト言フコトアランニ、之ヲ折中セバ如何ン、若シ国ノ主権ハ君ニモアラズ、民ニモアラズ、其中間ノ貴族ニ在リト言ハバ実ニ不条理ノ論トナルベシ、故ニ道徳ヲ説クニ折中主義ヲ取ルトキハ大ナル過誤ニ陥ルコトアルベシ、帰納ト云フハ之ニ異ニシテ、数多ノ事実ヲ聚合シ、其帰宿シタル所ヲ取リテ正当ノ道理ト定ムル者ニシテ西国ノ哲学家ガ最モ貴重スル所ノ論法ナリ、例ヘバ今若シ、我レ他人ヲ誹謗

スレバ他人亦我ヲ誹謗シ、我他人ヲ罵レバ他人亦我ヲ罵ル、古今東西ニ通ジ、人類ノ数ハ幾億万人ナルヲ知ルベカラズト雖ドモ一モ此法則ニ違フ者ナシ、此ノ如キ夥シキ事実ヲ収合シ、一言以テ之ヲ戒ムルノ訓語アリ、曰ク言悖而出者亦悖而入ト、以此訓語ノ真理ニ合フコトヲ悟ルベシ、又世間ニ貨財ヲ得ント欲スル者、正当ノ方法ニ依ラザルシテ、或ハ欺騙ヲ行ヒ、或ハ暴力ヲ用ヒ、一時鉅多ノ財ヲ攫取スルコトアルモ、衆人ノ怨怒其人ノ一身ニ聚マリ、遂ニ非常ノ損失ヲ為シ、其初メ心思ヲ労シテ為シタル欺騙暴力ハ、皆其身ニ禍スルノ種子トナルナリ、天下ノ広キヲ通覧スルニ、此ノ如キ事実証例幾千万アルヤ量リ難シ、此ノ如キ夥シキ事実ヲ一言ノ中ニ帰納シテ人ヲ戒ムルノ訓言アリ、曰ク貨悖而入者亦悖而出ト、以テ此訓語ノ真理ニ協フコトヲ領会スベシ、右二条ハ聖賢ノ千万言中ノ一二ヲ学テ之ヲ示シタル者ニシテ、此他諸教ノ経論中真理ニ協ヘルノ訓語ハ猶甚夥シキコトナリ、又孟子ノ語ニ以㆑大事㆑小者楽㆑天者也、以㆑小事㆑大者畏㆑天者也、楽㆑天者保㆓天下㆒。畏㆑天者保㆓其国㆒ト云ヘルガ如キハ或ハ事実ニ適合スルコトモアリ、或ハ適合セザルコトモアレバ帰納ノ法ヲ以テ言フトキハ、之ヲ完全ノ論法ト称スルコトヲ得ザルナリ、以上述ブル所ニ由リ、余ガ道徳ノ基礎ヲ立ツルニ、折中法ヲ取ラズシテ帰納法ヲ取リタル理由ヲ知ルベシ、

凡ソ道徳ニハ学ト教トノ二アリ、学ハ自身ニテ学問スルコトニシテ、教ハ他人ヲ教化スルコトナリ、先ヅ自身ニ道徳ノ道ヲ学ビ、天地ノ真理ニ洞徹シ、千古ノ人事ニ貫通シタル上ニテ、後ニ他人ヲ教化スルヲ以テ、正当ノ順序トスルコトナレドモ、天地ノ真理ト云フモノハ容易ニ窮メ盡スコトヲ得ベキ者ニ非ズ、既ニ西国ニテハ、希臘ノ時ヨリ以来二千余年ノ間哲学家代ル代ル出テ真理ヲ考究スレドモ、今日ニ至ルマデ其論未ダ一定ニ帰セズ、或ハ唯物ナリト言ヒ、或ハ虚霊ナリト言ヒ、或ハ有神ト言ヒ、或ハ無神ト言ヒ、或ハ一元ト言ヒ、或ハ数元ト言ヒ、其帰着スル所ヲ知ラズ、其帰着スル所ヲ得ザルハ、未ダ真理ヲ窮メ盡サザルノ證ナリ、故ニ真理ニ洞徹スルノ後ニ非ザレバ他人ヲ教化スルコト能ハズト言ハバ、独リ己ガ一生涯ノミナラズ、幾生ヲ易(カ)フルモ他人ヲ教化スルノ期ハナキコトナリ、果シテ

此ノ如クナラバ、道徳ノ学ハ実ニ迂闊ニシテ世間ニ益ナキ者ト云フモ可ナルベシ、是ヲ以テ余ハ道徳ノ学ト教トヲ分チテ二様ノ仕事ト為シ、学問ニ志ス者ハ、古今ニ貫穿シ、東西ニ博通シ、人智ノ到ル所ヲ極メ、以テ道徳ノ極致ニ達センコトヲ務ムベシ、教化ニ志ス者ハ此ノ如キ深淵ノ学問ヲ為スコトヲ要セズ、唯古聖賢ノ訓言ヲ尊奉シ、日夜孜々トシテ之ヲ我身ニ践行シ、兼テ公衆ノ民ヲ開諭シテ道徳ノ界域ノ内ニ入ラシメ、小ニシテ一身一家ヲ改善シ、大ニシテ一国一社会ノ風俗輿論ヲ改善センコトヲ務ムベシ、甲ノ事業ハ人々銘々ノ心掛ニ在ルコトニシテ、会員皆之ヲ為スベシト言フニ非ズ、乙ノ事業ハ専ラ弘道会ノ行フベキ事ニシテ、会員タル者ハ盡ク此心掛アランコトヲ要ス、故ニ本会大体ノ趣意ハ、敢テ精微博大ノ学問ヲ為スコトヲ要セズ(是ヲ為ス者アラバ更ニ善シ)、唯専ラ実行ヲ勉メ、兼テ社会ノ道徳ヲ高クスルコトヲ以テ目的トセンコトヲ要スルナリ、

古ヨリ東西ノ聖賢ガ教訓ヲ垂ル丶ノ名語ハ数千万言ニ下ラザルベシト雖ドモ、其帰スル所ヲ要スレバ(即チ帰納法)左ノ五条に過ギズ一ニ曰ク我身ノ位格ヲ高クス、二ニ曰ク一家ヲ和合ス、三ニ曰ク一郷ヲ輯睦ス、四ニ曰ク一国ヲ安全ニス、五ニ曰ク天下ヲ治平ス、善ク此五事ヲ行ヒ得レバ、道徳ノ事業ハ尽クセリト云フベシ、故ニ吾弘道会ニ於テモ、此五条ヲ目的トシテ、務メテ之ニ達センコトヲ求ムルナリ、先ツ第一ニ我身ノ位格ヲ高クセントスルニハ、先ツ位格ト云フ事ヲ知ラザルベカラズ、凡ソ人間ノ位格ハ智徳高下ニ依リテ定マル者ニシテ、智徳ノ高キ者ハ位格ノ高キ者ナリ、智徳ノ低キ者ハ位格ノ低キ者ナリ、官位爵禄ノ如キハ、人ノ位格ヲ高低スルコト能ハザル者ナリ、伊藤仁斎貝原益軒ノ如キ、夫ヨリ稍降リテ佐藤信淵二宮尊徳ノ如キハ、其人爵ヲ言ヘバ、無位無官ニシテ、至ツテ卑賤ナレドモ、其人ノ位格ノ高キコトハ王侯貴人ノ上ニ出デ、世ノ王侯貴人之ト肩ヲ比セント欲スルモ能ハザルナリ、彼平宗盛源頼家ノ如キ、又ハ足利義教豊臣秀次ノ如キハ、其人爵ヨリ云フトキハ、高位貴人ト称スベシト雖ドモ、其人ノ位格ヨリ言フトキハ、甚タ下等ニ在ルヲ以テ、匹夫モ之ト並べ称セラル丶ヲ恥ヅルナリ、是ヲ以テ人身位格ノ高下ハ如何ナル

物ト云フコトヲ知ルベキコトナリ、吾弘道会員ハ縦令伊藤等ノ四君子ニ及バザルモ、能ク其身ノ位格ヲ保持シ、一郷ニ在リテハ一郷ノ尊重ヲ受ケ、公衆ノ賤侮ノ受ケザル様心掛ケ度キコトナリ世ニ幸福ヲ以テ道徳ノ目的トスル者アリ、此言ハ輙《ヤヤ》モスレバ世人ノ誤解ヲ生ズル者ナレバ、余ハ此言ヲ取ラザルナリ、道徳者ハ固ヨリ幸福ヲ得ル者多ケレドモ、若シ幸福ノミヲ以テ道徳ノ目的トスルトキハ、世人己ノ徳ヲ修ムルコトヲ知ラズ、偏ニ幸福ヲ求ムルニ汲々トシ、或ハ投機ヲ以テ利ヲ得ント欲シ、或ハ賄賂ヲ以テ官ヲ得ント欲スル者ナキヲ保チ難シ、故ニ余ハ我身ノ位格ヲ高クスルヲ以テ道徳ノ目的ト為セリ、我身ノ位格衆人ニ勝レテ高崇ナルトキハ、一身ノ幸福之ニ過グル者ナシ、是幸福ヲ求メズシテ自然ニ幸福ヲ得ルノ道ナリ、利禄ヲ以テ幸福トスルガ如キハ真ニ俗人ノ見ニシテ、吾弘道会ノ取ラザル所ナリ、我身ノ位格ヲ高クセントセバ、先ヅ一身ノ道徳ヲ行ハザルベカラズ、一身ノ道徳ニハ八善アリ、八戒アリ、何ヲカ八善ト云フ、一ニ曰ク誠信、二ニ曰ク仁慈、三ニ曰ク正義(義侠之ヨリ生ズ)、四ニ曰ク堅忍、五ニ曰ク勤勉、六ニ曰ク剛毅、七ニ曰ク廉潔、八ニ曰ク節倹是ナリ(此八徳ノ中勤勉節倹剛毅堅忍ノ解ハ日本道徳論第五節ニ詳ナリ)、何ヲカ八戒ト云フ、一ニ曰ク虚偽、二ニ曰ク過酒、三ニ曰ク淫佚、四ニ曰ク忿怒、五ニ曰ク貪慾、六ニ曰ク妬忌、七ニ曰ク懦弱(怠惰之ヨリ生ズ)、八ニ曰ク傲慢是ナリ、此十六条ハ我身ノ位格ノ高低スル所以ニシテ、若シ八戒ヲ慎マザレバ、我身ノ位格甚タ卑低トナリテ公衆ニ賤侮厭忌セラル、八善ヲ行ヒ、八戒ヲ慎ムトキハ、我身ノ位格高崇トナリテ、公衆ニ敬重親愛セラル、道徳ニ志ス者ハ深ク之ヲ考ヘザルベカラザルナリ、

第二、一家ヲ和合スト云フハ、一家ハ社会ノ小ナル者ニシテ一家ノ和合スルハ一国ノ和合スル初ナリ、詩経ニ妻子好合、如ㇾ鼓㆓瑟琴㆒。兄弟既翕、和楽且耽、宜㆓爾室家㆒。楽㆓爾妻孥㆒トアリ、凡ソ人間ノ快楽ハ一家ノ和睦ニ及ブ者ナシ、縦令高位ニ登リ、鉅万ノ富ヲ擁スルトモ、一家和熟セザレバ幸福ノ人ト称スベカラズ、一家ノ和熟ヲ欲スレバ、一家ノ人皆道徳ヲ行ハザルベカラズ、一家ノ道徳ハ、父慈、子孝、兄愛、弟敬、夫和、妻柔、姑慈、婦聴ノ八徳

是ナリ、(此八徳ニ一々註釈ヲ下スベキナレドモ、長文トナルヲ以テ之ヲ略ス)、是ハ晏子春秋ニ出タル訓語ニシテ、原文ニハ此外ニ君令臣共ノ二徳アレドモ今之ヲ刪レリ、人ノ倫理ニ付キテハ、和漢ノ儒者多ク孟子ノ父子有レ親、君臣有レ義、夫婦有レ別、長幼有レ序、朋友有レ信ノ語ヲ以テ至極ノ良訓トシテ之ヲ尊奉スレドモ、之ヲ事実ニ徴スルトキハ晏子ノ言ノ却テ勝レルヲ覚ユ、故ニ余ハ孟子ノ言ヲ取ラズシテ晏子ノ言ヲ採レリ、現今本邦ノ社会ノ有様ニテハ、此外ニ尚家主ト僕婢トノ道徳ヲ加ヘザルベカラズ、方今国中ニ家主となり僕婢トナル者幾百万人ヲ下ラザルベシ、故ニ其人ノ為メニ訓戒ヲ設クルハ、極メテ必要ノ事ナルベシ、故ニ余ハ晏子ノ八句ノ外ニ更ニ家主恩僕婢忠ノ二句ヲ加ヘント欲スルナリ、支那ノ教ハ殊ニ家倫ヲ重ンジ、朱子ガ白鹿洞書院提示ニ五倫ノ目ヲ挙ゲ、学者学レ之而已矣ト言フニ至レリ、然レドモ博ク天下ノ道理ヲ考フルニ、学問ト云フ者ハ、決シテ倫理ヲ学ブノミニ止マラザルコトハ、今日ノ人ハ大抵領会セルナラン、然レドモ、倫理ハ実ニ大切ノ者ニシテ、孝弟其為レ仁之本歟ト言ヒ、求二忠臣一必於二孝子之門一ト言フガ如キハ、実ニ誤ナキノ訓語ト云フベシ、殊ニ近年本邦ニテハ人情軽薄ニ陥リタレバ、一層篤ク倫理ヲ講ズルコトハ道徳ニ志ス者ノ先務ナルベシ、惟支那ノ教ハ一方ニ偏重ニシテ一方ニ偏軽スルノ病アリ、例ヘバ、男子ハ妾媵数人ヲ置クモ之ヲ問フコトナクシテ、婦人は夫死不レ嫁ノ訓アリ、子甚宜二其妻一、父母不レ悦出、子不レ宜二其妻一、父母曰二是善事レ我、子行二夫婦之禮一焉、没レ身不レ衰ノ訓語ノ如キハ、之ヲ偏重偏軽ト言ハザルベカラズ、故ニ家倫ノ教ニ至リテハ宜シク東西の訓語を対照シ、之ヲ道理ト事実トニ考ヘ、以テ其宜キニ従ハザルベカラザルナリ、此正面ノ道理ノ外、余ハ今日ノ時勢ニ応ジテ、別ニ一家ノ不熟ヲ予防スルノ法ヲ案出セリ、其一ハ隠居の法ヲ廃ス、其二ハ父子其居ヲ異ニス、其三ハ蓄妾ノ風ヲ禁ズ、是ナリ(此事ハ日本道徳論ニ其大要ヲ言ヒタレドモ、其活法ニ至リテハ更ニ別ニ論述スルコトアルベシ、

第三、一郷トハ一家ト一国トノ間ニ在リテ、或ハ市ト称シ、或ハ町ト称シ、或ハ村ト称スル者ナリ(時ニ依リテハ郡

トモ称スルコトアリ）、一国ノ治安ハ、一郷ノ治安ノ集マリテ成ル所ナレバ、一郷ノ和睦ハ決シテ忽ニスベカラザルノコトナリ、一郷ヲ和睦スルノ法ハ、宋ノ藍田ノ呂氏ノ郷約法ヲ宜シトスベキニ似タリ、曰ク、凡同約者、徳業相勧、過失相規、禮俗相交、患難相卹、有レ善則書二于籍一、有レ過則若違レ約者亦書レ之、三犯而行レ罰、不レ悛者絶レ之トアリ、是其大綱ニシテ、之ニ附属セル詳細ノ解釈アリ、皆コレヲ実地ニ行フベシ、凡ソ一郷ノ為メニ利益ヲ謀リ、禍害ヲ防ガントスルハ、一体団結ニ非ザレハ、其効ヲ奏スルコト能ハズ、一郷ノ団結ヲ為サントスル者ハ、人々個々の小利害ヲ争フト、一郷全体ノ大利害ヲ目的ト為サザルベカラズ、人々一個ノ小利害ヲ争フト、一郷ノ大利害ヲ謀ルトハ是智者愚者ノ分ル、所ナリ、余嘗テ藍田呂氏ノ法ニ倣ヒ、今日ニ行フベキ一郷緝睦ノ法ヲ述ベタリ、其大要ハ先ツ之ラ禍害ヲ防グト、善事ヲ勧ムルトノ二綱ニ分チ、甲ノ綱ヲ四目ニ分ツ、其一、相談仲間ヲ定ム、其二、貯蓄ノ法ヲ定ム、其三、凶年ニ予備ス、其四、水火盗賊ニ備フ、乙ノ綱ヲ九目ニ分ツ、其一、国民ノ義務ヲ教フ、其二、教育ヲ勧ム、其三、貧人ニ施與ス、其四、公益ノ事業ニ出金ス、其五、人ノ患難ヲ救フ、其六、人ノ憂苦ヲ慰ム、其七、人ノ紛議ヲ解ク、其八、人ノ善事ヲ称揚ス、其九、国役ヲ勤ムル者ヲ優待ス、是ナリ（其詳ナルコトハ日本道徳論第百廿七丁ヨリ第百六十三丁に出ヅ）、近日政府ニテ市町村制ヲ布カレ、人民ノ自治ヲ許サレタレバ、道徳者ガ一郷和睦ノ事ヲ行フニハ極メテ大ナル便利ヲ得タリ、

其四、国ヲ安全ニス、凡ソ道徳ノ理ハ、千古ニ亘リテ変ズルコトナシト雖ドモ、時勢ノ変遷ニ応ジテ道徳中ノ条目ノ或ル部分ヲ軽クスルハ、自然の勢ニシテ、此ノ如クナラザレバ、道徳ハ時勢ト伴ハズシテ、竟(ア)ニ死物トナルコトヲ免カレザルナリ、本邦近年外国トノ交渉日ニ繁ク、西洋人ガ其欲望ヲ東洋ニ向ケタルノ事実モ漸々明白トナリシハ、国人ノ皆知ル所ナリ、況ヤ官吏学士ノ洋風ニ鎮酔スル者猶多ク、洋教ガ駸々トシテ国中ニ入ルノ勢日ニ甚シク、国民ガ奢侈ニ長ジテ、国貨ヲ外国に投スル者少シモ已マザルノ時ニ於テヲヤ、此ノ如キ時勢トナリタル上ハ、道徳ノ条目

中ニ於テ此第四条（一国ヲ安全ニス）ハ他ノ条目ニ勝レテ最モ重大ノ条目トナレリ、故ニ我日本人民タル者ハ、同舟海ヲ渉ルノ想ヲ為シ、親和結合シテ此険悪ナル世界ニ屹立シ、金甌無缺ノ皇国ヲ保護セザルベカラザルナリ、日本国民ヲ大別シテ二ト為ス、一ヲ官吏ト云ヒ、二ヲ衆庶ト云フ、官吏ハ官吏ノ道アリ、衆庶ハ衆庶ノ道アリ、然レドモ国民タル上ヨリ見ルトキハ、其国ニ対シテ盡スベキ道ハ、官吏モ衆庶モ共ニ同一ニシテ差異アルコトナシ、国民徳性ノ良善ナル者八アリ、其一ハ皇室ヲ尊戴ス、其二ハ愛国心、其三ハ進取ノ気、其四ハ信義、其五ハ忍耐、其六ハ剛毅、其七ハ節倹、其八ハ勤勉ナリ、凡ソ我国民タル者ハ官吏軍人衆庶ノ別ナク、共ニ此八徳ヲ勉メ行ハザルベカラザルナリ（八徳ノ解ハ日本道徳論百六十七丁ヨリ百九十四丁ニ出ヅ）国民ノ品性此ノ如クナレバ、小、其国ヲ保護安全ニスルコトヲ得ベク、大ニシテハ、其国ノ光輝ヲ四方ニ耀カスコトヲ得ベシ、又国民品性ノ不良ニシテ、其国ヲ腐敗セシムベキ者ハ、其一ハ、奢侈、其二ハ軽躁、其三ハ浮薄、其四ハ遊佚、其五ハ怠惰、其六ハ柔弱、其七ハ見ㇾ利忘ㇾ義、其八ハ尊ㇾ外賤ㇾ内是ナリ、国民ノ品性此ノ如クナレバ、小ニシテハ他国ノ軽侮ヲ受ケ、大ニシテハ其国ヲ削弱侵奪セラル、故ニ我国民タル者ハ、官吏軍人衆庶ノ別ナク、戒メテ之ヲ除キサランコトヲ求メザルベカラズ、

第五天下ヲ治平ス、又是ヲ世界ノ人民ヲ良善ニスト云フベシ、此條ハ空漠ナル妄想ナリト嘲ル人モアルベシ、然レドモ既ニ我国民ヲ教化シタル後、他国ノ民ノ邪説ニ惑フ者ヲ開諭シテ正道ニ帰セシムルハ、道徳拡張ノ順序ニシテ、亦決シテ為シ難キノ事ニ非ズ、已ニ宗教ノ如キハ何レモ其目的ヲ以テ其教ヲ拡張シ居レリ、若シ百年ノ後、日本ニ道徳学ノ豪傑出テ、道理教ヲ説キテ隣国ノ民ヲ教化スルコトアラバ、亦本会ノ志ナリ、萬一本会中ヨリ此ノ如キ豪傑ヲ出スコトアラバ、実ニ本会ノ欣喜ニ堪ヘザル所ナリ、

以上ハ道徳ニ関セル條目ノ大要ヲ挙ゲタリ、此外更ニ言ハザルベカラザルハ智ノ事ナリ、今日道徳ノ衰ヘタルハ、全ク人心ノ浮薄ニ赴キシニ因ルコトナレドモ、一ハ世ノ道徳家ト云フ者多クハ迂闊固陋ニシテ世事ニ通ゼザルヲ招ク

所ナリ、智ハ支那ノ三徳ニモ五常ニモ、希臘ノ四徳ニモ之ヲ挙げ、古来ヨリ至テ貴キ徳ト定メタル者ナリ、然ルニ後世ノ道徳家ト称セラル、者ハ、其行ハ端正ナルモ多クハ智慮ニ乏シク、家ニ在リテハ家産ヲ治ムルコト能ハズ、官ニ在リテハ職務ヲ理スルコト能ハザル者アルハ誠ニ歎息スベキコトナリ、吾弘道会ノ会員ハ能ク此短処ニ注意シ、身ヲ修メ、人ニ接シ、事ヲ処スルニ、一ニ道徳ヲ以テ本トシ、智ヲ以テ之ヲ助ケ、本末兼学タランコトヲ望ムナリ、

道徳ハ又信ト治心ト知命トヲ大切ノ事トス、世人信ヲ以テ独リ宗教ノコトトスルハ誤ナリ、宗教は不知而先信ズル者ナリ、理教ハ先知而後信ズル者ナリ、則チ信ズルベキノ理アルニ由リテ之ヲ信ズルナリ、孔子曰、篤信好レ学、守レ死善レ道ト云フハ是ナリ、古ノ賢人君子、富貴ヲ軽ンジ、身命ヲ軽ンジ、夷然トシテ道ヲ行ヒ、少シモ疑ハザル者ハ其道ヲ信ズルコト篤ケレバナリ、子張ノ語ニ、執レ徳不レ弘、信レ道不レ篤焉能為レ有、焉能為レ亡ト言ヘルガ如ク、道ヲ信ズルト雖ドモ、其信篤カラザレバ、亦堅ク之ヲ守ルコト能ハザルナリ、治心トハ俗ニ心肝ヲ錬ルト云フガ如キ是ナリ、孟子ノ四十不レ動レ心ト云ヒ、范文正公ガ、其於二富貴貧賤毀誉歓戚一不三一動二其心一ト云フガ如キハ、皆治心ノ功ノ成リタル上ノコトニテ、常人ハ容易ニ之ニ及ビ難キコトナレドモ、亦常ニ工夫シテ茲ニ至ランコトヲ求メザルベカラザルナリ、此信ト治心トハ一連帯ノ事ニシテ、道ヲ信ズルガ故ニ道徳ヲ以テ我心ヲ鍛錬スルヲ得ルコトニシテ、道ヲ信ゼザレバ我心ヲ治ムルコト能ハズ、心ヲ治メサレバ道ヲ信ズルコト篤キコト能ハサルベシ、知命トハ論語ニ不レ知レ命無三以為二君子一也ト云ヒ、孟子ニ莫レ非レ命也順受二其正一トアリ、実ニ知命と不知命と、順受ト不順受トハ賢者ト愚者トノ分カル、所ニシテ、道ヲ学ブ者ノ最モ審ニセザルベカラザル所ナリ、然レドモ孔子モ五十知二天命一トアレバ、此地位ハ学問ノ上乗ニシテ、容易ニ達シ得ベキノ境ニ非スト雖ドモ、道徳ニ志ス者ハ亦初ヨリ此心掛ナカルベカラザルナリ、

以上数章ハ、汎ク日本弘道会ノ会意ヲ述ベタル者ナリ、以下ハ専ラ弘道会会友ノ為メニ其心得トナルベキ者ヲ言ハ

ント欲ス、但シ其条目ノ整備ヲ要スルガ為メニ前文ト重複セル所アリ、

第一条　日本弘道会ハ宗教ヲ以テ根拠トセズシテ理教ヲ以テ根拠トス、理教ヲ根拠トスト雖ドモ、其名ヲ取ラズシテ其実ヲ取ル、名トハ儒教ト云ヒ哲学ト云フガ如キ是ナリ、実トハ道理(又天理トモ真理トモ言フ)是ナリ、道理ニ合フノ語ハ宗教ノ言ト雖ドモ亦之ヲ取ル、道理ニ合ハザルノ語ハ、儒哲ノ言ト雖ドモ亦之ヲ取ラズ、道理ヲ定ムルノ法如何ン、事実ヲ聚合シ、帰納ノ論理法ヲ以テ之ヲ定ム、

第二条　所謂道理即チ真理ハ之ヲ全世界ニ求ムベシ、或ハ支那或ハ印度或ハ欧羅巴ノ一局ニ偏シ、其知ル所ノミヲ以テ道理ヲ定ムルハ本会ノ取ラザル所ナリ、

第三条　国民ハ尊皇愛国ヲ以テ精神ト為シ常ニ本国ノ安危盛衰ヲ以テ己ガ任ト為スベシ、外国トノ交渉ニ於テハ殊ニ然リ、平日ニ於テ納税兵役等ノ義務ヲ盡スハ勿論ノコトナリ、

第四条　道徳ハ精神ノ如ク、学術工芸ハ手足ノ如シ、人タル者文明ノ学術工芸ヲ知ラザレバ、身ヲ立テ世ヲ利スルコト能ハズ、故ニ道徳ハ素ヨリ至重ナル者ナレドモ、文明ノ学術工芸ハ亦之ヲ貴重セザルベカラズ、

第五条　世人ノ事理ヲ論ズル、輙《(ヤヤ)》モスレバ一方ニ偏シ易シ、或ハ固陋ニ偏シ、或ハ躍進ニ走リ、或ハ高妙ニ失シ、或ハ卑近ニ陥ル、本会ノ如キハ務メテ中道ヲ守リ、一辺ニヘンセザランコトヲ求ムベシ、

第六条　道徳ハ智ヲ以テ之ヲ運用セザルベカラズ、道徳ニシテ智ナキトキハ食物ヲ調製スルニ塩ナキガ如シ、道徳ハ又信ト治心トヲ必要トス、道ヲ知ルノミニテ之ヲ信ゼザレバ金庫ヲ造リテ錠ヲ缺クガ如シ、道ヲ学ビタルノミニテ、心ヲ治メザレバ、鉄ヲ焼キテ之ヲ鍛錬セザルガ如シ、

第七条　道徳ハ生産と相伴ハザルベカラズ、何程道徳ヲ行ハントスルモ衣食足ラズシテハ其実効ヲ見ルコト能ハズ、故ニ会員タル者ハ道徳ヲ務ムルト同時ニ又殖産理財ノ事ヲ務メザルベカラズ、

第八条　本邦古ヨリ他国ノ凌辱ヲ受ケザルハ、武ヲ以テ国ヲ立テタル故ナリ、近年上下一般質武ノ風大ニ衰フ、今日ノ如キ呑噬《ドンゼイ》世界ニ立チ、質武ノ風ノ衰フルハ尤モ憂フベキコトナリ、本会々員ハ何レモ武風再興ノ事ヲ心掛ケザルベカラザルナリ、

第九条　国民ハ国法ヲシラザルベカラズ、故ニ本会会員ハ、道徳ヲ講究スルト與ニ亦国ノ諸法律を講明セザルベカラズ、町村ニ於テハ講明ノ方法ヲ設クルコト殊ニ必要ナリ、

第十条　本会ハ実行ヲ主トシテ空論ヲ忌ミ、平易ヲ本トシテ怪僻ヲ悪ム、其論何程高妙ナリトモ、之ヲ実際ニ行ヒテ害アル者ハ之ヲ取ラズ、近年政治法律ヲ論ズル者甚多ク、其中或ハ詭弁ヲ以テ庸人ヲ迷ハス者アリ、是本会ノ深ク恐ル丶所ナリ、

第十一条　国民ノ風俗ヲ改良スルハ、殊ニ道徳者ノ宜シク勉ムベキ所ナリ、現今国中風俗ノ改良スベキ者甚多シ、或ハ其易キ者ヨリスルカ、或ハ其甚シキ者ヨリスルカ、何レナリトモ人々ノ見込次第改良ニ着手センコトヲ要ス、

第十二条　本会ハ教化ヲ主トス、一人ヲ教化シテ道ニ向ハシムルモ其国益ヲ為スコト少カラズ、若シ一町一村ノ人民ヲ教化シ道徳ノ町村ト為サシムルトキハ其功甚大ナリト云フベシ、

第十三条　人心ノ同ジカラサルハ其面ノ如シ、同ジク道ヲ信ズル人ト雖ドモ其本源ヨリ枝葉ニ至ルマデ毫モ異論ナカランコトヲ望ムハ、決シテ能ハザル所ナリ、若シ本来大小盡ク異論ナキ者ニ非サレバ会友ナルコト能ハズト言ハバ到底道徳会ハ成立スルコト能ハザルベシ、故ニ世ノ君子若シ大体に於テ本会ノ旨趣ニ違フコトナクンバ、協同一致シテ道徳振興ノ業ニ従事センコトヲ望ム、

第十四条　本会固ヨリ宗教ニ従ハズ、又儒哲ノ名ヲ採ラズ、然レトモ孔子子思孟子瑣氏布氏亜立氏釈迦耶蘇ノ如キハ其智徳萬衆ニ卓越セル聖人ナレバ、之ヲ尊重敬称セザルベカラズ、若シ是等ノ聖人ヲ誹謗スル者アラバ、道徳ニ背

クノ人トシテ之ヲ擯斥セザルヲ得ズ、
第十五条　世間固ヨリ道徳ニ背ク者アリ、邪説ニ迷フ者アリ然レドモ余ハ是等ノ人ヲ悪マズシテ却テ之ヲ憐ムナリ、本会ノ会員ハ是等ノ人ノ行為ヲ攻撃スルコトナク、務メテ之ヲ開諭シテ正道ニ帰セシメンコトヲ求ムベキナリ、
第十六条　本会ノ会友ハ何レモ同志ノ友ナレバ、常ニ相親ミ、互ニ研究切磋シテ其身ノ益ヲ求ムベシ、然ルトキハ六条ノ利益アリ（六条ノ利益ハ日本道徳論ニ詳ナリ）、然レドモ其交際ハ淡如レ水ナルベシ、甘如レ醴ナルベカラズ、
第十七条　凡ソ国中ニ於テ道徳ヲ主トシテ建ル所ノ教学類ニシテ、其大意ニ於テ本会ノ旨趣ニ戻ルコトナキ者ハ、縦令之ト合併スルニ至ラザルモ、亦之ヲ助ケテ、国民道徳ノ高進ヲ謀ルベシ、些少ノ差異ヲ摘シテ之ヲ排撃スベカラズ、
以上日本弘道会ノ大意ナリ、近日会友及ビ其他ノ諸君ヨリ本会ノ大意ヲ記述センコトヲ乞ハル、者多キニ由リ、之ヲ筆録スルコト右ノ如シ、猶其詳ナルコトハ余ガ著述セル日本道徳論及ヒ修身学社叢説以下ノ雑誌ニ出タル諸説ヲ読ミテ之ヲ領会セラルベシ、（完）

明治二十二年十一月述

〔明治二十二年十二月十五日　日本弘道会（東京市麹町区飯田町六丁目十八番地）発行〕

日本弘道會婦人部設立の大意

日本弘道會婦人部設立の大意

日本弘道會婦人部設立の大意

会長西村茂樹述

維新以来、政府及び民間にても、婦人教育の必要あることを知り、女学校の設立甚多く、中等以上の家の女子は、大抵は学校に入り居る様に見ゆ、然らば女子の教育は是にて十分なるかといふに未だ十分に宜しと言ふこと能はず、其故は女子の教育は、本邦にては近年の新設なれば、其中或は其方法を誤れるやの疑ある者あり、又学校は唯年少き女子を教育する者にして、在学の年限は大抵四五年(小学校を除きて)に過ぎず、学校を出でて後、生涯幾十年の間は、道徳の談話を聞くの途なし、又婦人が身を処することに付き、自分に疑ひの起ることあるも(学校を出たる後は)是を質問するの人なし、又婦人の中には、邪教怪説に惑ひ居る人もあり、婦人社会には稀には宜しからざる風俗もあり、是等を矯正せんとするには、一人一個の力にては迚も及ばぬことなり、是に依り日本弘道会に於いて婦人部の道徳会を設け、衆人の力を併せ、一方には世の教育家を助けて女子の徳性を養ひ、一方には邪路に迷へる女子を救ひ、卑陋なる女子の風俗を改良せんと欲するなり、

歴史に拠りて考ふるに、本邦婦人の美質は、支那欧州の婦人に優ることもあるも劣ることなし、唯不幸にして昔より政府及び其他の有力者が、女子の為に公然の学校を開きて是を教育したることを聞かず、女子の為に公然の学校を開き、国費を以て女子を教育したるは、本邦国初以来の盛事にして、此際に生れたる女子は最も国家の大恩を謝せざるべからざるなり、惟《ただ》惜むべきは、当時上下挙げて欧米の開化を慕ふの意甚しかりしを以て、彼国の学校の法を取りて直ちに是を本邦の学校に用ひ、本邦婦人の特性と習慣とを考へて国家教育の基を建るの暇なかりしこと是なり、今日は教育家も大に悟る所ありて、古代の教育に復するの勢を生じたるは宜しけれども、或は其中には守旧の方に偏する者もなしといふべからず、

本邦古代には女子の為めに公然の教育なしと雖も、其中に貞女あり、烈婦あり、孝女あり、賢母あり、才女あり、勇婦あり、善く家計を治むる者あり、善く公益に志す者あり、是等は皆本邦婦人の天性の美質を発顕したるものにして、後世の婦人が師表とすべき者なり、古代の婦人は完全の教育を受けざるも、其美事の歴史を輝かすべき者甚多し、今日国家の教育を受たる婦人にして、古の婦人に及ばずとありては、何とも恥かしきことなるべし、現今女子の教育は能く行届きたるが如くなれども、猶教育の初歩なれば、是にて満足することなく、益〻其歩を進めて、十分に婦人天賦の知徳を開発せんことを務めざるべからず、元来本邦の婦人は其天性は甚美なれども其位格は猶未だ高からず、故に此上益〻徳行を修め、学問を勉め、才智を磨き、以て日本婦人の地位を高崇秀美にせられんことを望むなり、是本部設立の大意なり、其詳なることは追々申述ぶべし、

〔西村茂樹直筆稿　明治二十三年三月筆〕

日本弘道會要領

日本弘道會要領（甲號）

（一）忠孝ヲ重ンズベシ神明ヲ敬フベシ
（二）皇室ヲ尊ブベシ本国ヲ大切ニスベシ
（三）国法ヲ守ルベシ国益ヲ図ルベシ
（四）学問ヲ勉ムベシ身体ヲ強健ニスベシ
（五）家業ヲ励ムベシ節倹ヲ守ルベシ
（六）家内和睦スベシ同郷相助クベシ
（七）信義ヲ守ルベシ慈善ヲ行フベシ
（八）人ノ害ヲ為スベカラズ非道ノ財ヲ貪ルベカラズ
（九）酒色ニ溺ルベカラズ悪シキ風俗ニ染マルベカラズ
（十）宗教ヲ信ズルハ自由ナリト雖モ本国ノ害トナルベキ宗教ハ信ズベカラズ

西村茂樹□㊞□㊞

（明治二十三年一月制定）

日本弘道會要領（乙號）

一　世界ノ形勢ヲ察スル事
二　国家ノ将来ヲ慮ル事
三　政事ノ良否ヲ観ル事
四　国家ノ経済ヲ知ル事
五　教育ノ適否ヲ考フル事
六　無識ノ者ヲ教化スル事
七　道徳ノ団結ヲ固クスル事
八　正論ヲ張リ邪説ヲ破ル事
九　国民ノ風俗ヲ改善スル事
十　社会ノ制裁ヲ作ル事

西村茂樹□㊞□㊞

（明治三十三年十一月制定）

弘むべき道

弘むべき道

弘むべき道〔日本弘道會意〕

西村茂樹述

道徳会の必要

道徳の事は、素より人々自身の心得に在ることであるから、我々は能く其身を修め、其徳を厚うすれば夫にて事足るべき訳であるが、一体人々が離れて別々に徳を行ふときは、其効が少く、衆人合して一団となつて徳を行ふときは、其の効が偉大であるから、こゝに道徳会の必要がある。道徳といふものは、一人抽《ぬき》んでゝ最高の徳を行ふよりも、全国一体に中等の徳を行ふを以て勝れりとする、且つ道徳の要は風俗を変化するにある、風俗変じて善良となるときは、一二不徳の者があつても、自然に其風に化せられて善良の民となる、国民が皆善良となれば、其国は善良の国となるのである、古の聖賢が道を弘むるに汲々たる有様であつたのは是が為めである。

宗教と理教

道徳の教には世教(理教ともいふ)と世外教(宗教)とがある。世教は専ら現世の道理を主として教を立て、世外教は未来世の禍福を主として教を立てたものである。例へば支那の儒教、欧州の哲学は世教であるが、印度の佛教、欧州の基督教は世外教である。理教宗教の長短得失を論ずることは、極めて重大の事であつて、かゝる小冊子の中に論じ尽さるべきものではない。併し此の如き困難なる問題は、其深きに就いて之を論ずるときは、論ずるに随ひ益ゝ困難に陥るけれども、其浅きに就いて之を論ずるときは、却て明白に真理を発見することを得るものである。

先づ宗教についていへば、佛教・基督教・回教を問はず、総て宗教といふものは、何れも未開民を教化するの道であつて、文明の民を教化するの道ではない、其過去を説き、未来を説き、地獄を説き、天堂を説くが如きは、孰《いず》れも無智の民を信ぜしむるの術に外ならぬ。そこで道理の知識一分を増せば、宗教の信仰一分を減ずるのである。宗教全盛の時代は去つて、道理の時代が来るは具眼の士の信ずる所であつて、今日は人智の開発往昔に数倍し、猶ほ開発して止まぬ勢であるから、宗教の運命も永く隆盛を保つことは能きぬであらう。基督教の如きは平易で入り易いけれども其説く所の上帝の説、三位一体の説、天父の説、偶像の説の如きは皆我が国体に協はぬものであるから、之を我国に行ふ時は、後来大なる国害を生ずるであらうと思ふ。

さて理教に就いて見るに、儒教は其道理を論ずる所は、純然たる理教であつて、其人を教化する所は宗教に似た所がある。故に此教は理教と宗教とを兼ねた如きもので、其異る所は独り現世の事を説いて来世の事を説かぬ、平常の事を説いて奇怪の事を説かぬ所にある。其現世の教訓は公正明白であつて、邪僻に陥るの憂がない、唯其弊をいへば後世の学者は古経を死守して之を変通することを知らぬ点である。西洋の哲学は、其理論の精微詳密なること儒教の及ぶ所ではない、且つ現今も猶考究の最中であるから、此上何処まで進歩するか料り難い。此点から見ると道徳の教は悉く他教を棄てゝ独り哲学を採るが妥当であるやうに思はれるけれども、哲学も亦専ら之に拠り難き所がある、即ち哲学は専ら知識を尊んで深く実行を問はない、又其学派に依つて各其意見を異にして居る、唯物家は唯物論の極端に走り、唯心家は虚無論の極端に走り、後学をして拠る所に迷はしむる憂がある。

儒道と哲学の精神を採る

右の如き理由があるので、余は本会の為めに宗教を棄てゝ理教を用ふることゝした。既に理教を用ふる時は、儒学、哲学の一に定めねばならぬ訳であるが、前にも述べたやうに、儒教には固陋の病があるし、哲学には諸家各其意見を主張して帰宿する所がない。そこで余は之に就いて、数年来反覆熟考の上、終に一の断案を定め得たのである。儒教は固より註釈の仕方によつては、十分今日に活用することが能きる。哲学は諸家の説に就いて別々に之を見ると、千態万状の観があるが、古今に通じて之を観ると亦諸家共に同一に帰する所がある。更に儒教と哲学を合せて之を観ると、其形迹の上からいふ時は、表裏精粗甚だ其状を異にするけれども、其精神について見ると、二教は初から大に相異るものがない。

例へば儒教は天命を説いて居るが、哲学亦天命を説いて居る（宗教家の言と同じくはない）、儒教は道心を説いて居るが、哲学亦道心を説いて居る、儒道は仁義礼智を説いて居るが、哲学亦仁義礼智を説いて居る、儒道は克己修養を説いて居るが、哲学亦克己修養を説いて居る、儒道は君臣父子夫婦長幼朋友、処世接人の道を説いて居るが、哲学亦父子君民夫婦兄弟朋友処世接人の道を説いて居る、儒道は致知格物誠意正心修身治国平天下の道を説いて居るが、哲学亦格物正心修身治国社会交際の道を説いて居る。而して儒道は古人の異言怪行を説かない、哲学も亦異言怪行を説かない、儒道は地獄天堂を説かない、哲学亦地獄天堂を説かない、斯様なわけで此二教の精神の在る所がわかる。

そこで余は二教の精神を採つて其形迹を略し、是を以て日本道徳の基礎を立てんと欲する次第である。既に二教の精神を採ると定めた上は、儒道、哲学の如き名目は固より之を採らない、既に其名目を取らない時は、其拠る所は何であるかといふに、余が依る所の根拠は唯二つある、即ち道理と事実是である、道理は古往今来流行して息まざるの理であつて、或は真理と称し、或は天理と称するものである。事実は人類の毀誉禍福興廃成敗の迹であつて、或は人事又は事迹と称するものである。此二者を観ること明確なるときは、世界の万物万事皆明白確実なることを得られるのであつて、諸教の長短得失も亦明かに之を領会することが出来る。けれども道理と事実とは自己の想像を以て之を定むべきものでない、必ず諸教(殊に儒教と哲学)と歴史との力に頼つて之を知ることを得るのである。

思ふに儒教(並に支那の諸子)と哲学とは道理の精粋を聚めたるものであるから、今日に至るまで天地間に流行せる道理は尽く包括して漏らすことなしと言つてよい、殊に儒道の如きは我国に行はるゝこと一千五百余年、国民の道徳を造つて国の位格を保つたものであるから、今日に当つて其採るべき所大に他教よりも多きは、亦理の然るべき所である。学者能く此二学の義に通じて、更に之を古今の事実に照らして黙想深思するときは、天地の真理を知ることを得やうし、道徳の基礎を立つることが出来やうと思ふ。宗教の如きも其奇怪の説と未来世の説とを除けば、亦採るべきの言が少くないから、是又其書を熟読して道理と事実とに合ふ者は之を採つて我が考究の助と為すべきである。

正当の道理を定むる帰納法

かういふと或は折中主義であるといふものがあるかも知れないが、余の道徳の主義には名目はない、単に之を道徳と称して可い、若し強いて其名を命《なづ》けやうならば帰納主義ともいふべく、折中主義ではないのである。折中とは長一尺の物を中より折つて五寸づゝとすることで、例へば甲の学者は人の性は善なりといひ、乙の学者は人の性は悪なりといふ場合に、折中家は両説を半分づゝ採り人の性は善無く不善無しといふが如きものである、此性善の論などは折中しても不都合はないけれども、或は折中しやうとしても事実為し難きことがある。例へば或論者は婦人は夫が死んでも再嫁してはならぬといひ、或論者は夫が死んだ後は再嫁しても道に違ふことはないといふが如きは、若し両説を折中するときは、如何なる説を立てゝ可いであらうか。又甲論は国の主権は君に在りといひ、乙論は国の主権は民に在りといふ場合に之を折中せば如何なる説となるか、若し国の主権は君にもあらず、民にもあらず其中間の貴族に在りといふならば実に不条理の論となるであらう、故に道徳を説くに、折中主義を取るときは大なる過誤に陥ることがある。

之に反して帰納といふのは、数多の事実を聚合し其帰宿した所を取つて、正当の道理と定むるもので、西洋の哲学者が最も尊重する所の論法である。例へば今若し我れ他人を誹謗すれば、他人も亦我れを誹謗し、我れ他人を罵れば他人亦我れを罵るものである、これは古今東西に通じての法則であつて、人類の数幾億万人なるか知れないが一も此法則に違ふ者はない。かゝる夥しき事実を総合して一言にて之を戒むる訓語がある、「言悖而出者亦悖而入」といふのであるが、何人も此の訓語の真理に合ふことを覚るであらう。

又世間に貨財を得んと欲する者が、正当の方法に依らずして或は欺騙を行ひ、或は暴力を用ひて、一時巨万の財を獲得することがあるが、かゝる人の一身には、やがて衆人の怨が聚まり、遂には非常の損失を招き、其初め心思を労して為した欺騙暴力は、皆其身に禍するの種子となるのである、広き社会を通覧するに、此の如き事実証例、幾千万あるや量り難い、かくの如き夥しき事実を一言の中に帰納して人を戒むるの訓言がある、「貨悖而入者亦悖而出」といふのであるが、以て此訓語の真理に協ふことを領会すべきである。右二条は聖賢の千万言中の一二をあげて之を示したものであるが、此他諸教の経論中、真理に協つた訓語は猶甚だ夥しいことである、以上述ぶる所により余が道徳の基礎を立つるに折中法を取らずして帰納法をとつた理由を知るであらう。

社会の道徳を高くせよ

凡そ道徳には学と教との二がある、学は自身にて学問することで、教は他人を教化することである。先づ自身に道徳の道を学び、天地の真理に洞徹し、千古の人事に貫通した上にて、後に他人を教化するを以て正当の順序とすることであるけれども、天地の真理といふものは容易に窮め尽すことを得べきではない、既に西洋にては希臘の時より以来二千余年の間、哲学家代る〳〵出て真理を考究したけれども、今日に至るまで其論未だ一定しない、或は唯物論といひ、或は唯心論といひ、或は有神論、或は無神論、或は一元論等其帰着する所を知らないのである、これは未だ真理を窮め尽さぬ証拠であるが、真理に洞徹するの後でなければ他人を教化すること能はずといはゞ、独り己が一生涯のみならず、幾生を易ふるも他人を教化するの期はないのである、果して此の如くであるならば、道徳の学は実に迂濶にして世間に益なきものといふも過言ではない。

そこで余は道徳の学と教とを分ちて二様の仕事と為し、学問に志す者は古今を貫き東西に通じて人智の到る所を極めて道徳の極致に達することを務むるがよい。教化に志す者は此の如き深淵の学問を為すことを要しない、唯古聖賢の訓言を遵奉し、日夜孜々として之を我身に行ひ、兼て民衆を諭して道徳の界域の内に入らしめ、小にしては一身一家を改善し、大にしては一国一社会の風俗輿論を改善することを務めねばならぬ。此の事業は専ら弘道会の行ふべき事であつて、会員たる者は悉く此心掛を要する。故に本会の趣意は敢て精緻増大の学問を為すことを要しない、唯専ら実行を勉め、兼ねて社会の道徳を高くするを以て目的とすることを要するのである。

人格を高くするが道徳の目的

古から東西の聖賢が教訓を垂れた名語は、数千万言に下らないのであるが、其帰する所を要すれば、左の五条に過ぎないと思ふ。

一　我身の位格を高くすること
二　一家を和合すること
三　一郷を輯睦すること
四　一国を安全にすること
五　世界の和平を図ること

よく此五事を行ひ得るならば、道徳の事業は尽くせりといつてよい、故に吾が弘道会に於ても、此の五条を目的として、務めて之に達することを求めるのである。

先づ第一に我身の位格を高くしやうとするには、先づ位格といふことを知らねばならぬ。凡そ人間の位格は智徳の高下に依つて定まるもので、智徳の高き者は位格の高き者である、智徳の低きものは位格の低きものである。官位爵禄の如きは、人の位格を高低することの出来ぬものである、伊藤仁斎、貝原益軒の如き、夫より稍〻降りて佐藤信淵、二宮尊徳の如きは、其人爵をいへば、無位無官で至つて卑賤であるけれども、其人の人格の高きことは王侯貴人の上に出で、世の王侯貴人が之と肩を比べやうとしても出来ぬ話である。彼の平宗盛源頼家の如き、又は足利義教、豊臣秀次の如きは、其人爵からいふ時は、高位貴人と称すべき人であるが、其人の品格からいふ時は、甚だ下等で在るから、匹夫も之と並べ称せらるゝを恥ぢるのである。そこで人の位格の高下は如何なるものといふことを知るべきである、吾が弘道会員は能く其身の位格を保持し一郷に在りては一郷の尊重を受け、公衆の賤侮を受けぬ様心掛け度きものである。

世に幸福を以て道徳の目的とする者がある、此言は動もすると、世人の誤解を生ずる所であるから余は此言を取らない、道徳者は固より幸福を得る者多けれども、若し幸福のみを以て道徳の目的とする時は、世人は自己の徳を修むることを知らず、偏に幸福を求むるに汲々とし、或は投機を以て利を得ることを欲し、或は賄賂を以て官を得んと欲する者が無いとも保し難い、故に余は我身の位格を高くするを以て道徳の目的と為したのである。我身の位格衆人に勝つて崇高なる時は、一身の幸福之に過ぐるものはない、即ち幸福を求めずして自然に幸福を得るの道である、利禄を以て幸福とするが如きは真に俗人の見であつて、吾が弘道会の取らぬところである。我身の位格を高くしやうとするには先づ一身の道徳を行はねばならぬ、一身の道徳には八善と八戒があるが、八善といふは

(一)誠信　(二)仁慈　(三)正義(義侠は之から生ずる)　(四)堅忍　(五)勤勉　(六)剛毅　(七)廉潔　(八)節倹

八戒といふのは

(一)虚偽　(二)過酒　(三)淫佚　(四)忿怒　(五)貪欲　(六)妬忌　(七)懦弱(怠惰は之から生ずる)　(八)傲慢

是である、此の十六条は我身の位格を高低する所以であつて、若し八戒を慎まなければ、我身の位格甚だ卑低となつて公衆に賤侮厭忌せらるゝやうになる、八善を行ひ、八戒を慎む時は、我身の位格高崇となつて、公衆に敬重親愛せらるゝやうになる、道徳に志す者は深く之を考へねばならぬ。

一家の和合に及ぶ快楽はない

一家は社会の小なるもので、一家の和合するは、一国の和合する初である、凡そ人間の快楽は一家の和睦に及ぶものはない、縦令高位に登り巨万の富を擁しても、若し一家和楽せなければ決して幸福の人と称することは出来ぬ、一家の和楽を欲するならば、一家の人皆道徳を行はねばならぬ。

一家の道徳は父慈、子孝、兄愛、弟敬、夫和、妻柔、姑慈、婦聴の八徳是である、これは「晏子春秋」に出てゐる訓語であつて、原文には此外に君令臣共の二徳があるが今は之を削つた。人の倫理につきては、和漢の儒者多く「孟子」の父子有レ親、君臣有レ義、夫婦有レ別、長幼有レ序、朋友有レ信の語を以て至極の良訓として之を奉じてゐるけれども、之を事実に徴する時は「晏子」の言が却て勝つて居るのを覚えるので、余は孟子の言を取らずして晏子の言を採つた。現今の如き社会状態では、此外に尚ほ家主と僕婢との道徳を加へねばならぬ、方今国中に家主となり僕婢となる者、幾百万人に下らぬであらう、其人の為めに訓誡を設くるは極めて必要の事であるから、余は晏子の八句の外に更に、家主恩、僕婢忠、の二句を加へやうと思ふ。

支那の教は殊に家倫を重んずるのであるが、家庭に於ける倫理は実に大切のものであつて、孝弟其為レ仁之本歟といひ、求二忠臣一必於二孝子之門一といふが如きは、実に誤なきの訓語といつてよろしい。殊に近来我国にては人情軽薄に陥つたやうであるから、一層篤く倫理を講ずることは、道徳に志す者の先務であるが、唯支那の教は一方に偏重して一方に偏軽するの癖がある、例へば男子は妾数人を置くも之を問ふことなくして、婦人は夫死しても嫁せざるの訓がある、故に家倫の教に至りては、宜しく東西の訓語を対照し、之を道理と事実とに考へて、其宜しきに従はねばならぬ、此の正面の道理の外、余は今日の時勢に応じて、別に一家の不和を予防するの法を案出した、其一は隠居の法を廃すること、其二は父子其居を異にすること、其三は蓄妾の風を禁ずること是である。

一郷の親和を図れ

一郷とは一家と一国との間に在つて、或は市と称し、或は町と称し、或は村と称するものである(時によつては郡とも称することがある)。一国の治安は、一郷の治安の集まつて成る所であれば、一郷の和睦は決して忽《ゆるがせ》にすべからざるものである。

一郷を和睦するの法は、宋の藍田呂氏の郷約法を宜しとする、凡同約者、徳業相勧、過失相規、礼俗相交、患難相卹、有㆑善則書㆓于籍㆒。有㆑過則若違㆑約者亦書㆑之、三犯而行㆑罰、不㆑悛者絶㆑之とある、凡そ一郷の為めに利益を謀り、禍害を防がんとするは一致団結に非ざれば、其効を奏することは出来ぬ、一郷の団結を為すには、人々個々の小利害を棄て、一郷全体の大利害を目的と為さねばならぬ、人々が一個の小利害を争ふと、一郷の大利害を謀るとは、是れ智者愚者の分るゝ所である。余は曽て藍田呂氏の法に倣ひ、今日に行ふべき一郷輯睦の法を述べたことがある、其大要は先づ之れを禍害を防ぐのと、善事を勧めるとの二綱に分けた。

禍害を防ぐには
- 一　相談仲間を定める
- 二　貯蓄の法を定める
- 三　凶年に予備する
- 四　水火盗賊に備へる

- 一　国民の義務を教へる
- 二　教育を勧める
- 三　貧人に施与する
- 四　公益の事業に出金する

善事を勧めるには
五　人の患難を救ふ
六　人の憂苦を慰める
七　人の紛議を解く
八　人の善事を称揚する
九　国役を勤むる者を優待する

一国を安全にせよ

凡そ道徳の理は、千古に亘つて変ずることはないのであるが、時勢の変遷に応じて道徳中の条目の或る部分を重くし、或る部分を軽くするは、自然の勢である、此の如くならねば、道徳は時勢と伴はずして、竟に死物となることを免れないのである。我国は近年外国との交渉日に繁くなり、西洋人が其欲望を東洋に向けたるの事実も、漸く明かになつたのは人の皆知る所である、そして教養ある国民が洋風に沈酔する者頗る多く、洋教が駸々として国中に入るの勢日に甚だしく、国民が奢侈に長じて、国貨を海外に投ずること愈ゝ多くなつた。此の如き時勢となつた上は、道徳の条目中に於て此の一国を安全にするといふことは、他の条目に勝つて最も重大な条目となつた、故に我日本人民たる者は、同舟海を渉るの想を為し、親和結合して、此険悪な世界に屹立し、金甌無缺の皇国を保護せねばならぬのである。

日本国民を大別して二つとするならば、一は官吏で、一は衆庶である、官吏には官吏の道があり、衆庶には衆庶の道がある、けれども国民たる上から見る時は、其国に対して尽すべき道は、官吏も衆庶も共に同一で何等差異あることはない。

さて国民徳性の良善なる者は
（一）皇室を尊戴すること　（二）愛国心　（三）進取の気　（四）信義　（五）忍耐　（六）剛毅
（七）節倹　（八）勤勉
凡そ我国民たる者は官吏軍人民衆の別なく、共に此八徳を勉め行はねばならぬ、若国民の品性此の如くなれば、小にしては其国を保護安全にすることを得るし、大にしては其国の光輝を四方に輝かすことを得るであらう。
又国民の品性不良にして、其国を腐敗せしむべきものは（其一）は奢侈、（其二）は軽侮、（其三）は浮薄、（其四）は遊佚、（其五）怠惰、（其六）は柔弱、（其七）は利を見て義を忘れ、（其八）は外を尊んで内を賤むこと是れである、国民の品性此の如くなれば、小にしては他国の軽侮を受け、大にしては其国を侵略せられるのであるから、我国民たる者は、官吏軍人衆庶の別なく、戒めて之を除き去らんことを求めねばならぬ。

世界の平和

啻《ただ》に一国民の教化のみならず、又進んでは世界の人類を良善にするといふことを企図せねばならぬ、これは或は空漠なる妄想であると嘲る人もあらう、併し既に我が国民を教化したる後、他国の民の邪説に惑ふ者を開諭して正道に帰せしむるは、道徳拡張の順序であつて、亦決して為し難き事ではない。既に宗教の如きは何れも其目的を以て其教を拡めて居るのである、若し幾百年の後、日本に道徳学の豪傑出で、道理教を説いて隣国の民を教化することあらば、亦本会の志である、万一本会中から此の如き豪傑を出すことあらば、実に本会の欣喜に堪へぬ所である。

智、信、治心、知命

以上は道徳に関する条目の大要を挙げたのであるが、此外更に一言すべきは智の事である。今日道徳の衰へたるは、全く人心の浮薄に赴いたのに因ること勿論であるが、一は世の道徳家といふ者が多くは迂闊固陋であつて、世事に通じないからでもある。智といふことは支那の三徳にも五常にも、希臘の四徳にも之を挙げ、古来から至て貴き徳と定めたものである、然るに後世の道徳家と称せらるゝ者は、其行は端正なるも、多くは智慮に乏しく、家に在りては家産を治むることが出来ず、官に在りては職務を理することが出来ぬ者があるのは誠に歎息すべきことである、吾が弘道会の会員は能く此短所に注意し、身を修め、人に接し、事を処するに、一に道徳を以て本とし、智を以て之を助け、本末兼挙かることを望むのである。

道徳は又、信と治心と知命とを大切の事とする、世人は信を以て独り宗教の事とするは誤である、宗教は知らずして先づ信ずるものであるが、理教は先づ知つて後信ずるものである、則ち信ずべきの理あるに由つて之を信ずるもので、孔子が、篤信好レ学、守レ死善レ道といふは是である。古の賢人君子は、富貴を軽んじ身命を軽んじ、夷然として道を行ひ、少しも疑はなかつたのは、其道を信ずること篤いからである、たとへ道を信じても、其信が篤くないと、亦堅く之を守ることが出来ないのである。

治心とは俗に心膽を練るといふが如きことである、孟子が四十不レ動レ心といひ、范文正公が其於二富貴貧賤毀誉歓戚一不三一動二其心一といふが如きは、皆治心の功の成りたる上のことで、常人は容易に之に及び難いことであるけれども亦常に工夫して茲に至ることを求めねばならない。此信と治心とは一連帯の事であつて、道を信ずるが故に、道徳を以て我心を鍛錬するを得るのであつて、道を信ぜないならば、我心を治むることは能きぬ、心を治めなければ、道を信ずること篤いといふ訳にはいかぬ。

知命といふは、論語に不レ知レ命無三以為二君子一也といひ、孟子に莫レ非レ命也順受二甚正一とあるが、実に知命と不知命と順受と不順受とは賢者と愚者との分かるゝ所であつて、道を学ぶ者の最も審にせねばならぬ所である、併し孔子も五十知㆓天命㆒とあれば、此地位は学問の上乗であつて、容易に達し得べき境涯でないけれども、道徳に志す者は、また初めから此心掛がなければならぬ。

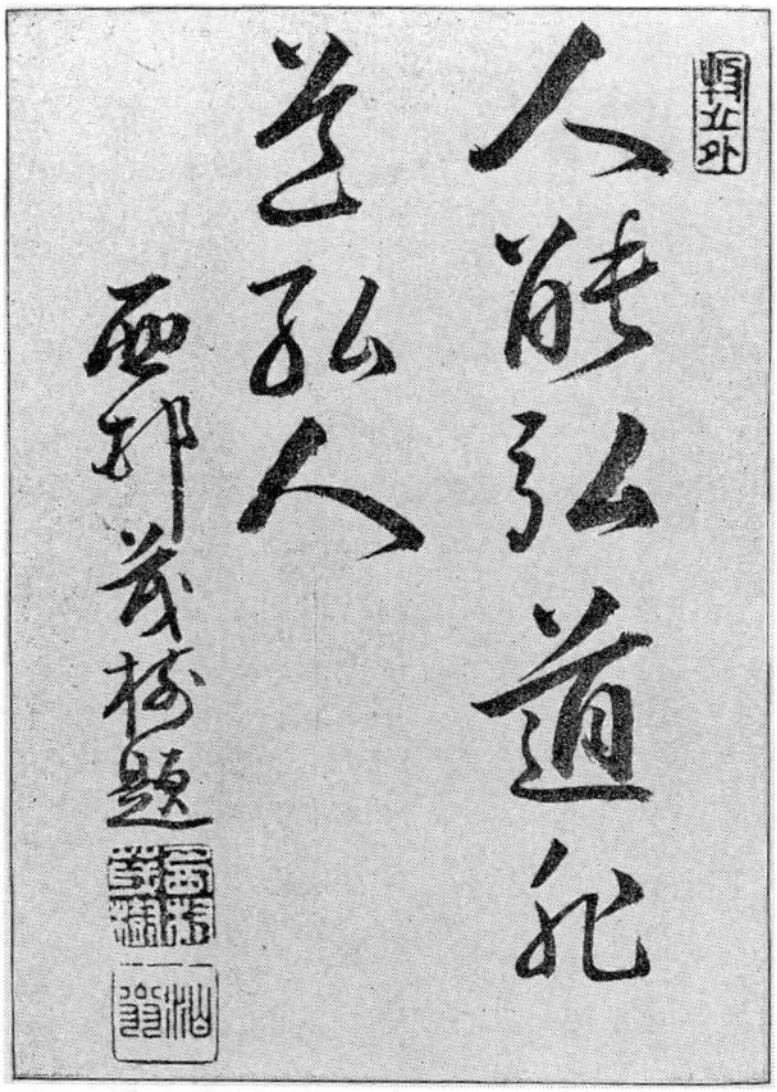

日本弘道会主旨

日本弘道会ハ明治九年故西村茂樹先生ノ創立ニシテ其主旨トスル所ハ邦人ノ道徳ヲ高クシ国家ノ基礎ヲ強固ニセントスルニアリ而シテ儒教哲学及宗教等ノ一方ニ偏倚セス諸教ノ長所ヲ採リ明治二十三年十月三十日ノ聖勅ヲ遵奉シ本会所定ノ要領ヲ実行スルヲ目的トス

日本弘道会主張

一　人格の完成に努力し以て家庭国家世界人類の為めに奉仕する所以の根本を樹立すること

二　物質的生活偏重の弊害を脱し精神的生活の向上発達を期すること

三　物質的生活を以て心を累《わずら》はさゞらんが為め各其の程度に応じて生活の簡易を図ること

四　生活の簡易を図ると同時に健全なる趣味の養成に努め一は以て生活の没趣味に陥るを防ぎ一は以て精神的生活の向上発達に資すること

五　唯物主義に本づく階級闘争の偏見を排し所謂階級の共存が社会的生活の必須条件たることを明にすること

六　人類共存の本義に拠り他国民に対する敬愛の精神を養成し彼我戮力して世界文化の発達と人類福祉の増進とに寄与せんことを期すること

七　社会的生活は国家の統制の下に於てのみ完全に遂げらるゝものなれば苟も言論行動にして国家の基礎を危くするの虞有るものは之を排すること

八　職業地位の如何に論無く一身の国家に繋ることを知り念々国家の二字を忘るべからざること

九　国家と一体不二にして至公至仁なる　皇室を奉戴し国民挙つて国体の尊厳を発揚するに努むること

十　祖先の遺志を継承し、列聖の大訓を遵奉し以て君民一徳の理想を実現し国運の隆昌を協翼せむことを期すること

日本弘道会沿革大要

吾が日本弘道会は、今より五十年前、泊翁西村茂樹先生の創立せられたる所に係る。其由来を按ずるに、明治五年、学制の発布せらるゝや、其主旨とする所治産昌業の事に偏し、忠孝仁義の道は、措いて之を問はざるを見、先生心窃に之を憂ひ、爾来一世風潮の趨勢に察し、其流弊誠に測り難きものあるを知り、玆に慨然として立ち、自ら斯道の振興に任じ、九年三月始めて同志の士と相謀り、東京修《ママ》身学社を興す、是れ即ち本会の創始なり。時に先生職を文部に奉じ、国民教育の事に当りしかば、一意専念、道徳の振興に苦心し、風俗の改善を企図し、傍ら京橋銀座二丁目なる幸福安全社の樓上を集会所と定め、毎月一回同志を会して修身の道を講ぜり。

爾来先生は、公務の余暇を以て、西洋道徳書の翻訳を企て、二三の著書を公にせり。十年春社員と謀りて、東京修身学社約規を定め、広く社員を募集する事とし、五月、静岡、愛知以下五県下巡回の序を以て、道徳振興の必要を説き各県に賛同者を得て、初めて各地方と気脈を通ずるに至れり。会々《たまたま》西南の役起り、戦後の経営多端にして、弘道の事意に任せず。十三年春、初めて雑誌を発行して、修身学社叢説と名け、之を社員に頒てり。十四年一月、沼津の社員等相謀りて、沼津修身学社を設立す。是を地方分社の嚆矢とす。次で大津、岐阜にも分社起る。同年三月より、毎月講筵を開き、西村先生はウヰンスロー氏の道徳学を講じ、南摩綱紀翁は易経を講じて、汎く聴講を許したり。

十七年四月に至り、東京修身学社を日本講道会と改称し、規約を定め、役員を置く。先生は会長に推され、南摩翁は副会長に挙げられたり。是に於て日本講道会は大に斯道の闡明振興に任じ、六月道徳の講演を東京大学講義室に開き同時に予約法を以て、著訳書を出版することゝし、教書を刊行し、又雑誌を講道会叢説と改称せり。

然るに翌十八年冬、政府に大改革行はれ、而も法律制度、風俗礼儀、悉く欧米に模倣するに至りてより、一世の人心益〻欧米の文物に心酔し、道義の如きは棄てゝ之を顧るものなく、国民の風俗只管軽躁浮薄に流るゝの勢を馴致せり。会長大に之を憂ひ、十九年十二月、大学講義室に於て、三日間に亘りて大演説を試み、大に世人の耳目を聳動したり。二十年二月、其演説草稿を印行す。是れ即ち日本道徳論なり。

同年九月会名を日本弘道会と改め、規約を更定し、事務所を日比谷神宮奉齋会内に置く。次で十一月、築地西村邸内に移す。同月弘道会雑誌を発行し、同時に常集会及び通俗講談会を開設す。二十一年五月、支会規約を定む。二十二年五月、宇都宮支会起る、之を第一支会となす、爾後遠江、匝瑳以下、各地支会相次で起る。同年十月、日本弘道会叢記を発行す。十二月日本弘道会大意を刊行せり。

二十三年一月、日本弘道会要領及び信者心得を定む。三月女子部を置き、別に常集会を開く。二十七年十月、婦人弘道叢記を発行して、大に婦徳の養成を鼓吹せり。後叢記は、本会雑誌に合併したり。二十五年二月、西村会長の立案に係る日本弘道会相助法を会員に頒つ。五月、雑誌を日本弘道叢記と改称す。是より先、十九年二月、会長は宮中顧問官に任ぜられ、次で二十一年七月華族女学校長を兼任し、二十三年九月貴族院議員に勅選せられたるが、感ずる所あり、二十五年十一月、貴族院議員を辞し、翌二十六年十一月、又華族女学校長を辞す。是より専ら力を弘道の事に尽し、入つては道徳書類の著述に精励し、出でては各地を巡教して、人倫道徳を講じ、本会主旨の普及に努む。是を以て会員日に増加す。二十七年五月、事務所を華族会館内に移す。翌六月、京橋区南鍋町に家屋を購入して、更に之に移る。二十八年五月、支会の数六十六に達し、始めて第一回総集会を京都に開く。以後隔年に一回、京都東京と交互に之を開催せるが、三十四年四月の総集会に於て、爾後毎年一回開催の事に定む。

三十三年十一月日本弘道会要領乙号を発表す。斯くて会勢益々盛大に赴けるが、三十五年八月に至り、西村会長は病を以て薨去す。此時各地支会は百三十を算じ、会員の数一万に達せり。十月、子爵谷干城君、先生の遺嘱により、推されて会長となる。三十六年六月、事務所を麹町区飯田町六丁目に移し、七月雑誌を弘道と改称せり。同月伯爵松平直亮君、南摩翁と併びて副会長に就任す。斯くて本会に於ては、常集会通俗講談会及び茶話会を開き、又各支会の為に講師を派出して、会旨の普及、道徳の振興を図れり。三十八年十一月、谷会長、南摩副会長老齢の故を以て共に辞任せしを以て、同月、松平（直亮）副会長推されて会長となり、伯爵徳川達孝君副会長に就任す。四十年八月、松平（直亮）会長、病の為に職を辞するや、同月徳川（達孝）副会長、会長となり、松平忠威君副会長に就任す。四十二年九月、松平（忠威）副会長、病を以て逝去せしを以て、同年十二月、子爵松平親信君副会長となる。大正三年十二月、任を辞し、其後暫く副会長を缺きしが三年十二月に至り、侯爵徳川頼倫君推されて其任に就く、会長を助けて鋭意斯道の振興に尽瘁されしが偶ゝ大正十四年六月病んで薨ず。

此間本会は、三十七八年戦役に際し、国民の志気を鼓舞する為め、『戦時国民の心得』を発行して、全国各町村に頒ち、又講師を各支会に派遣して、義勇奉公の実を挙げんことを期し、又『元気』と題する書を編して、之を恤兵部に寄せ、女子部にありては、義勇艦隊建設賛助会を開きて、其純益を海事協会に寄せ、又更に物品を恤兵部に贈れり。戦局の終了するや、直に『戦後国民の覚悟』を著し、以て国民勤倹の美風を養成せんことを唱導し、戦後人情浮薄、風俗頽敗せんとするや、大に之が匡正を以て任じ、常集会、通俗講談会等を開催して、救済の方法を講じ、専ら国民の元気を作興し、風教を維持せんことを図る。

四十一年五月、本会創立三十年紀念大会を開き、盛大なる式を挙げ、功労者の表彰、追祭を行ふ。四十二年五月、泊翁叢書第一輯を刊行し、四十五年七月、其第二輯を出版し、広く之を有志に頒ちて、本会主旨の普及に資す。又雑誌弘道を改善して、大に国民道徳の鼓吹に努む。同年二月、有志青年部興りて、連月講演又は講義会を開催し、斯道の振興に協力す。畏れ多くも、先帝崩御に際しては、特に雑誌を『聖徳余光』と題して、盛徳大業を欽仰し奉り、別に『明治の光』と題する冊子を編し、数万部を発行して、之を一般有志に頒布したり。大正改元早々の政変に際しては、『敢て天下同感の士に告ぐ』と称する一書を印行し、是れ亦広く天下の有志に寄せたり。

大正二年九月、弘道会館建設の議決し、爾来基本金併に会館建設費の募集に努む。三年三月、本会の組織を改めて社団法人となし、以て益〻本会の基礎を固うす。此月、神田区西小川町二丁目に会館建設敷地を購入す。四月、昭憲皇太后の崩御あらせらる〻や、雑誌六月号を、特に『坤徳余芳』と題して、至仁至慈なる懿徳を頌し奉れり。此年夏欧州に大戦乱起り、余勢東洋に波及し、我邦亦独墺に対して戦を宣するや、九月『時局と国民の覚悟』を印行し、屢〻時局講演会を開催して、国民の自覚を喚起し、義勇奉公の精神を作興するに努めたり。四年十一月、畏くも今上陛下、即位の大礼を京都に挙げさせ給ふや、特に『大礼記念号』を発行し、別に『皇国之精華』を印行して、奉祝の慶意を披瀝すると共に、国体の本義を闡明にし、皇室の尊厳を欽仰し奉れり。五年四月、事務所を会館敷地内に移す。六年四月、神武天皇祭当日を以て、敷地の地鎮祭を行ひ、六月会館の建築工事に着手し、八月上棟式を行ひ、七年三月に至り、全く落成を告ぐ。是に於て、四月を以て落成式併に創立四十年紀念会を挙行す。この事天聴に達し、特別の思召を以て金一千円御下賜の光栄を荷ふ。

同年二月、本会目的の達成に関する諸般の調査を為し、之が実行方法を攻究する為め、新に調査部を設く。同年秋十月、徳育に関する展覧会を本館階上に於て催し、一般徳育に関する先賢の遺墨、遺物等五百余点を陳列して公衆の観覧に供せり。八年十一月、第二回展覧会（教化より観たる夫人と家庭に関する）を開催す、賢母良妻、烈婦節婦、閨秀孝子等の遺品、遺著、書籍等凡三百点を陳列し、婦徳の涵養に資せり。

近年世界大戦の影響をうけて、一般国民の生活俄に膨脹し、倹素の風、分度の念漸く廃れ、浮華軽佻の風行はる〻

を看取し、乃ち八年一月「同胞に告ぐ」一篇を印行し、広く天下同憂の士に頒てり。

十一年の春、時代の趨勢に鑑み、社会事業、社会教育に従事すべき人士の養成が、刻下最も必要なる施設として、本会の力を致すべき事業なるを認め、同年四月より新に社会教化学院を設立せり、初は一期二年制なりしが、後改めて一年制となし以て今日に至る。

十二年七月、定款の変更成り、是より大に為すこと有らんとせしが、偶〻九月一日曠古の大震火災に遭ひ、活躍の舞台なる会館は一朝にして烏有に帰し、諸般の事業俄かに一頓挫を来せり、而も比の大変後幾《いくばく》もなくして詔書の渙発せらるゝを見るや、乃ち「国民精神作興に関する詔書釈義」を刊行して、国本の本義を説述し、聖旨の徹底を図れり、之が頒布の数実に六万部に及ぶ。十三年五月内務省より学院に対し復興資金二万円の交付あり。震災後事務所及学院を南葵文庫に移せしが、十四年十二月旧会館跡に仮建築成れるを以て、こゝに移る。本建築未だ工を起すに至らざるを憾むの時。日月の行くや健、本会正に半百年に達せるを以て、十五年五月本会創立満五十年記念大会を開き、盛大なる式を挙げ、追祭を行ひ、大講演会を催す。斯くて本会は我国に於ける道徳会の随一として、今後の使命愈〻重しと謂うべし、吾人は一に会祖の遺業を継ぎ、以て邦家の為めに尽瘁せんことを期す

〔大正十五年五月十五日　日本弘道会(東京市神田区西小川町二―一)発行〕

日本道徳論

日本道徳論

緒言

本篇ハ明治十九年十二月、余ガ帝国大学ノ講義室ニ於テ演説セシ所ノ稿本ナリ、抑余ガ日本国民ノ道徳ノ如何ニ関シテ、之ヲ憂慮スルコト一朝一夕ノ事ニ非ズ、去ル明治九年ノ春、始メテ東京修身学社ヲ興シ、以テ国民ノ道徳心ヲ喚起セント欲セシモ、余ガ学浅ク才鈍ナルヲ以テ大ニ其功ヲ奏スルコト能ハズ、爾来十年余、此学ニ於テ講究省察スル所少ナカラズ、因テ明年ニ至ラバ将ニ官暇ヲ以テ広ク此学ヲ唱へ、国民ノ為メニ人道ノ方向ヲ指導セントス、本論ニ述ブル所、頗ル粗略ナリト雖ドモ、聊カ余ガ意見ノ在ル所ヲ示スニ足ランカ、本邦東海ノ表ニ屹立シ、道徳ヲ以テ国ヲ定テ、[1]国民　皇室ヲ奉戴スルコト二千五百余年、国基ノ強固ナルコト天下比ナシ、道徳ノ功験此ノ如ク其レ隆ナリ、世間或ハ道徳ヲ以テ迂濶固陋《(ウカツコロウ)》ナリトシ、或ハ法律或ハ工芸ヲ以テ之ニ代ントスル者アリ、思ハザルノ甚ダシキ者ト云フベシ、今日以後益々　皇室ノ尊栄ヲ増シ国民ノ幸福ヲ長ゼンコトハ、道徳ヲ棄テヽハ他ニ求ムベキ者ナカルベクシテ、余輩ガ斯道ノ為メニ益〻勉メザルベカラザル所以ナリ、世ノ有志者余ノ語ヲ以テ頑陋《ガンロウ》ノ言ト為サヾランコトヲ望ムナリ。

明治十九年十二月二十七日　　泊翁道人　西村茂樹識

去年ノ末ヨリ余眼疾ニ罹リ、本年ノ初メニ至リ疾甚ダ劇ナリ、因テ医ニ就キ治療ヲ求ム、一時ハ失明ニモ至ラントスルノ恐アリシガ、近日ニ至リ漸ク快療ニ赴カントスルノ期ニ向ヘリ、然レドモ光線ニ当ルコト能ハズ、大気ニ触ルヽコト能ハズ、文字ヲ読ムコト能ハズ、終日闇室ニ閉座シ、空シク日月ヲ送過ス、是ニ依リ前文ニ記セル説道ノ語ハ殆ンド将ニ虚言トナラントス、因テ姑ク昨年演説ノ稿本ヲ印行シテ同志ニ頒チ、愚意ノ在ル所ヲ知ラシム、若シ幸ニシテ数月ノ後治癒スルコトヲ得バ必ズ前志ヲ行フコトヲ怠ラザルベシ。

明治二十年二月二十八日　　茂樹口述　門人代記

日本道徳論　東京　西村茂樹演説

今日ヨリ引続キテ為ス所ノ演説ハ、余ガ日本全国ノ為メ、日本国民各人ノ為メト思ヒ込ミテ、満身ノ力ヲ尽シテ講述スル所ナレバ、願クハ聴衆諸君ハ一場ノ閑言語ト看做スコトナク、若シ余ガ演述スル所道理ニ合ヘリト思ハヾ同心協力シ[2]テ斯道ヲ国中ニ拡メンコトヲ務メ、疑ハシキ条件アラバ十分ニ質問アランコトヲ、若シ又余ガ言フ所ヲ以テ道理ニ違ヘリト思フ者ハ、之ヲ攻撃スルモ駁論スルモ諸君ノ意ニ任カス、余ハ其人ニ対シ毫モ不平ヲ懐クコトハ決シテアラザルベシ[3]。

本論ハ固ヨリ重大ノ論題ニシテ、数千万言ヲ費サヾルベカラザルコトナレバ、一連ニ之ヲ演説スルトキハ、其主意却テ明白ナラザルコトアルベシ、因テ之ヲ数段ニ分チ、段ヲ逐ヒテ漸次ニ演述スベシ。

第一段　道徳学ハ現今日本ニ於テ何程大切ナル者ナルカ[4]

凡ソ天下ニ道徳ヲ説クノ教数多アレドモ、合セテ之ヲ見ルトキハ二種ニ過ギズ、一ヲ世教ト云ヒ、一ヲ世外教（又之ヲ宗教トイフ）ト言フ[5]。支那ノ儒道、欧洲ノ哲学ハ皆世教ナリ、印度ノ仏教、西国ノ耶蘇教ハ皆世外教ナリ。何故ニ之ヲ世教トイフ、儒道・哲学ハ共ニ現世ノ事ヲ説キ、此現身ヲ修ムルコトヲ説キ、此現在ノ邦国及ビ社会ヲ調和スル[6]コトヲ説ケバナリ。仏教ト耶蘇教トハ何故ニ之ヲ世外教ト言フ、其教タル現世ノ事ヲ言ハザルニ非ザレドモ、其帰着スル所ハ未来ノ応報ト死後魂魄《コンパク》ノ帰スル所ニ在ルヲ以テナリ。凡ソ世界万国既ニ国アルトキハ必ズ世教、世外教ノ一種アラザルハナシ、世教ハ道理ヲ主トシ、世外教ハ信仰ヲ主トス[7]、皆以テ人心ヲ固結シ、又人ヲシテ悪ヲ去リテ善ニ就カシムルニ非ザル者ナシ[8]、即チ道徳ヲ教フルニ非ザル者ナシ。西洋諸国ハ多ク世外教ヲ以テ中等以下ノ人心ヲ固結シ、世教（哲学）ヲ以テ中等以上ノ人智ヲ開発ス。又東洋ニ於テ支那ノ如キハ古来ヨリ世教（儒道）ヲ以テ上下共通ノ教ト為シ、世外教（仏教）ハ中葉ヨリ其国ニ入リ来レドモ、其勢力大ニ儒道ニ及バズ、以テ今日ニ至レリ。日本ノ如キハ、世教・世外教相継デ他国ヨリ入リ来リ、其中仏道ハ上下共ニ一般ニ行ハレ、儒道ハ独リ上等社会ニノミ行ハレタレドモ、其初メハ勢力大ニ仏教ニ及バズ、三百年以前ヨリ儒道大ニ武門ノ家ニ行ハレ、全国ノ大名士族ハ皆儒道ノ教育ニ依ラザルハナシ。此大名士族ト云フ者他ノ三民ノ上ニ立チ、全国ノ威権ハ皆此種族ノ手ニ帰セシヲ以テ、儒道ノ流行実ニ其盛ヲ極メ、何レノ大名モ大抵儒道ノ学校ヲ其国ニ建テ、政治・法律共ニ儒道ニ根拠シテ其制ヲ定メ、仏道ノ如キハ独リ下等人民ノ信仰スルニ止マリテ、其勢力大ニ儒道ニ及バズ、以テ徳川幕府ノ末ニ及べリ。

王政維新ノ初メ、旧物ヲ一洗シテ尽ク其面目ヲ改ム、是ニ由リ従来士人ガ尊奉シテ道徳ノ標準トスル所ノ儒道ヲモ廃棄シ、別ニ神儒混淆ノ教ヲ立テ、以テ之ニ代ヘントセリ(明治二年十二月大学ヲ置キ同三年二月学則六条ヲ制ス)[9]。然ルニ此教遂ニ成立スルコト能ハズシテ[10]、一旦廃棄セル儒道ハ復タ起スベカラズ、是ニ依リ日本中等以上ノ人士ハ道徳ノ根拠ヲ失ヒ、封建ノ時ニ比スレバ人心其固結力ヲ弛緩シ、民ノ道徳漸ク退廃ノ兆ヲ萌セリ、神道ト云フ者ハ一時(神祇官ヲ置テ之ヲ太政官ノ上ニ班セシ頃)政府ニテ大ニ之ニ助力シ、頗ル隆盛ニ向ハントスルノ勢アリシカドモ、到底其説ク所ハ当時人智開達ノ度ニ伴フコト能ハズ。仏教ハ久シク下等ノ民ノ間ニ行ハレ、中等以上ノ人士ハ之ヲ信仰スルコト極メテ罕《カン》ナルヲ似テ、共ニ人心固結ノ功力ヲ現ハスコト能ハズ、是ニ於テ道徳ノ一事ニ至リテハ、我国ハ世界中一種特別ノ国トナレリ、何則《ナントナレバスナワチ》世界何レノ国ニ於テモ、或ハ世教或ハ世外教ヲ以テ道徳ヲ維持セザル者ナキニ、我国独リ道徳ノ標準トナル者ヲ亡失シタレバナリ。其後ニ至リ或ハ耶蘇教ヲ説ク者アリ、或ハ西国ノ道徳学ヲ講ズル者アリトイエドモ、耶蘇教ハ仏教者力ヲ極メテ之ヲ排撃シ[11]、道徳学ハ唯学士ノ嗜好ヲ以テ之ヲ為スニ止マリテ、共ニ全国公共ノ教トナルコト能ハザルナリ。是ヲ要スルニ封建ノ時代ハ儒道ヲ以テ公共ノ教ト為シ政府人民皆之ヲ以テ標準ト為シヽモ、王政維新以来全ク公共ノ教トイフ者ナク、国民道徳ノ標準定マラズ、以テ今日ニ至レリ。独リ今日ニ至ルノミナラズ、此侭ニテ打棄テ置クトキハ猶日本国ノ道徳ノ標準定マラズシテ、此後何十年連続スルモ計リ難シ。仮令《タトイ》一定ノ主義ナキモ、道徳ノ教国中ニ盛ンナルトキハ、猶能ク国ヲ維持スルニ足ルベキコトナレドモ、既ニ一定ノ主義ナキトキハ人心道徳ヲ重ンズルノ心薄シ、既ニ道徳ヲ重ンゼザルトキハ之ヲ行フモ人之ヲ賞セズ、之ヲ破ルモ人之ヲ賤シマズ、此ノ如キトキハ久シカラズシテ道徳地ニ墜ツベシ、道徳地ニ墜ツルトキハ国ノ危亡日ヲ指シテ待ツベキナリ。[12]

近年西洋諸国、何レモ力ヲ東洋ニ伸サントスルノ意アラザルハナシ、法蘭西《フランス》ノ安南ヲ取リ、英吉利《イギリス》ノ緬甸《ビルマ》ヲ滅ボシ、兼テ朝鮮ノ巨文島ヲ略シ、徳逸《ドイツ》ノ南洋諸島ヲ併呑シ、魯西亜《ロシア》ノ地ヲ南方ニ拡メントスルハ、十目ノ共ニ見ル所ナリ。日本東海ノ表ニ屹立シ、地勢良好ニシテ物産饒多《ジョウタ》ナレバ、西洋諸強国ノ久シク此国ニ垂涎《スイゼン》スルハ至ツテ明白ナルコトナリ。比ノ如キ危殆《キタイ》ノ地ニ立チテ其独立ヲ保タントスルハ、決シテ容易ナルコトニ非ズ、世ノ論者偏ニ文明ノ風俗ヲ喜ビ、一日モ早ク之ニ遷ラント欲スル者多シ、文明開化ハ固ヨリ希望スベキコトナレドモ、国アリテコソ文明開化モ要用ナレ、若シ其国ヲ失フトキハ文明開化モ施ス所ナカルベシ。[13]故ニ今日ノ勢ニテハ、全国ノ民力ヲ合セテ本国ノ独立ヲ保チ、併セテ国威ヲ他国ニ輝カスヲ以テ必須至急ノ務ト為サヾルベカラズ、此ノ如キ希望ハ何ヲ以テ之ヲ達スルコトヲ得べキカト問ハヾ、余ハ之ニ答ヘテ国民ノ智徳勇、即チ道徳ヲ高進スルヨリ他ノ方法アルコトナシト曰フベシ。[14]仮令軍艦数百艘、大砲数千門アリトモ、国民ノ道徳ナキトキハ、此兵器ヲ使用スルコト能ハズ、仮令詩歌文章秀美ニシテ、理化ノ諸学奥妙ニ達シタリモ、国民ノ道徳ナキトキハ決シテ他国ノ畏敬ヲ受クルコト能ハズ。[15]徳逸ノ学士、往年普法ノ大戦ノ勝敗ヲ以テ道徳ノ勝敗ナリト言ヘリ、其故ハ徳逸ノ士ハ忠勇愛国ノ心至ツテ深キモ、[16]法蘭西ノ士ハ忠勇愛国ノ心大ニ之ニ及バザリシニ由レリト云ヘリ。[17]本邦今此ノ如キ危殆ノ地ニ立チテ国民ノ道徳ハ之ヲ教フルノ標準ナシ、国ヲ憂フル者安《イズク》ンゾ寒心セザルコトヲ得ンヤ。[18]

今言フ所ハ外国トノ関係ヨリシテ道徳学ノ大切ナルコトヲ述ベタルナリ、更ニ内国ノコトニ付キテ其必要ナルコトヲ言ハン。[19]凡ソ国ノ盛衰治乱トイフハ人心ノ聚散《シュウサン》離合ニ外ナラズ、[20]国中ノ人心聚合一致スルトキハ、其国力強盛ニシテ、外面ヨリ之ヲ望ミテ其状鬱然《ウツゼン》タリ、此ノ如キ時ハ其国治安ニシテ隆盛ナリ。若シ是ニ反シテ人心離散渙解スルトキハ、其国力衰弱シテ、外面ヨリ之ヲ望ミテ其状荒涼タリ此ノ如キ時ハ其国動乱シテ危亡ナリ。此ノ如ク人心ノ或ハ聚合シ、或ハ離散スルハ何ニ因リテ然ルカト問フニ、国民道徳ノ盛衰ニ因ラザルコトナシ、但シ人心ノ聚合離散ハ政府政令ノ可否ニ因ルコトモ少ナカラズト雖ドモ、若シ政府ノ政令悪クシテ人心離散スルトキハ、其悪シキ政令ヲ改ムルカ、又ハ悪政ヲ行ヒタル大臣ヲ黜《シリゾ》クル時ハ、[21]人心旧ニ依リテ再ビ聚合スベシ、然ルニ国民道徳ノ衰ヘタルニ因リテ人心ノ散渙セルハ所謂土崩ノ勢ニシテ、復タ之ヲ救ウコト能ハズ、往昔西羅馬ノ滅亡セシガ如キハ全ク其国民ガ道徳ヲ失ヒ、人心腐敗セシニ因レルコトハ歴史上ニ昭々タリ。又波蘭《ポーランド》国ノ如キハ、其人心ノ腐敗セシハ羅馬人ノ如ク甚ダシカラズト雖ドモ、人々各其意見ヲ主張シ、協合一致シテ其国ヲ守ルコトヲ知ラズ、或ハ魯西亜ニ通ジ、或ハ普魯斯ニ頼リ、以テ己ガ志謀[22]ヲ遂ゲント欲ス、魯普ノ二国其人心ノ分離ニ乗ジ、兵ヲ以テ其境ニ入リ、以テ己ガ党ヲ助ケテ他ノ党ヲ撃チ、遂ニ其国ヲ滅シ、魯普墺ノ三国ニテ之ヲ分奪シタルコトハ、近世史中最モ憫レムベキ事跡タルコトハ衆人ノ皆知ル所ナリ。然レバ国中人心ノ腐敗散渙セルト、国人ガ全国ノ大計ヲ思ハズシテ己ノ私見ヲ主張スルトハ共ニ其国ヲ滅ボスニ足ルベキ者ニシテ、是ヲ国民道徳ノ衰廃、即チ智徳勇ノ衰廃[23]ニ帰スベキコトナリ。

顧ミテ我邦現今道徳ノ状態ヲ観ルニ、農工商ノ三民ハ昔ヨリ教育ノ事ナキヲ以テ固ヨリ道徳ノ高下ヲ論ズルニ足ラズト雖モ、[24]士族以上ノ民ハ祖先以来数代ノ間儒学ノ薫陶ヲ受ケ、之ニ加フルニ、本邦一種固有ノ武道ト云フ者アリテ、能ク人心ヲ鍛錬シ、以テ護国ノ職ヲ尽サシムルニ足ルベキノ力量ヲ有セリ。王政維新以来国教トモ称スベキ儒道ハ大ニ其勢力ヲ失ヒ、武道ノ如キハ今日復タ之ヲ言フ者ナキニ至レリ。然レドモ現今四十歳以上ノ士族ニハ猶旧時ノ教育ヲ受ケタル者アリ。然ラザルモ、祖先ノ遺伝ヲ似テ人倫五常ノ道、又ハ忠君愛国ノ教ヲ肝ニ銘ジテ忘レザル者少ナカラズ、然レドモ此ノ如キ人ハ率《オオム》ネ文明ノ学術ニ乏シク、又多ク田里ニ住居シテ其交際甚ダ狭隘ナルヲ以テ、其見識固陋ニシテ当世ノ用ニ適セズ、又其常禄ヲ失ヒシヨリ家計窮蹙《キュウシュク》シ、衣服飲食等他ノ三民ヨリ粗悪ナル者亦少ナカラズ、是ニ由リ其人自然ニ重キヲ社会ニ為スコト能ハズシテ、其人ノ抱持スル所ノ道徳モ亦従ツテ人ニ軽ンゼラルヽニ至レリ。此ノ如ク政府ニハ一定ノ国教トイフ者ナク、民間ニモ亦全国ノ人心ヲ集攬《シュウラン》スベキ勢力ヲ有セル道徳ノ教アルコトナシ。[25] 是ニ由リ後進ノ士道徳ノ何者タルヲ知ル者少ナク、且ツ浅智ノ士ニ免カレ難キ軽躁ノ風大ニ行ハレ、道徳ヲ譏リテ固陋ト為シ迂濶ト為シ、文明ノ本家ナル欧米諸国ガ何レモ宗教ヲ以テ其国民ノ道徳ヲ維持スルコトヲ知ラズ。元来邦人ハ、其天資敏捷伶俐ナル者多シト雖ドモ、又思慮浅薄ニシテ遠大ノ識ニ乏シク、雷同ノ風アリテ自立ノ志弱シ。近来西国ノ学術ノ精妙ナルト其国力ノ強盛富饒ナルヲ見テ漫ニ之ニ心酔シ、己ガ足元ヲ踏固ムルコトヲ知ラズ、一モ西洋二モ西洋トシテ其美悪ヲ弁別スルノ識ナシ。夫レ学術政治法律ノ如キハ西人ガ許多ノ考索研究ヲ費シテ成リタル者ナレバ、東洋ノ学術政治法律ト比シテ其優等ニ居ルハ、理ノ宜シク然ルベキ所ナリ。然レドモ人情風土ノ異ナルアリテ西国ノ学術等ヲ其侭ニ之ヲ東洋ニ用フルコトハ能ハザルナリ、風俗習慣ノ如キハ、西人ト雖ドモ偶然ヲ以テ成ル者ニシテ、或ハ旧習ニ依リテ改メザル者ナレバ、東洋ノ風俗習慣ト比シテ優レルハ固ヨリ多キモ劣レルモ亦少ナカラズ。邦人タル者善ク活眼ヲ開キテ之ヲ見分ケ、其優レル者ハ之ヲ採リ其劣レル者ハ之ヲ棄テ、優劣相等シキ者ハ亦其自国ノ者ヲ採リテ他国ノ者ヲ棄ツベキナリ。然ルニ現今ノ軽薄者流ハ初メヨリ其優劣ヲ弁ズルノ眼ナク、西洋ノコトトサヘイヘバ其醜陋ノ風ヲモ之ヲ慕倣シ、得意ノ顔色ヲ為シテ傍人ニ誇ル者多シ。西洋諸国ノ人ハ何レモ自国ノ事ニ誇ルノ風アリテ、英人ハ自国ヲ以テ徳逸　法蘭西ニ勝レリトシ、法人ハ自国ヲ似テ徳逸　英吉利ニ勝レリトシ、徳人モ亦是ノ如シ、是邦人ノ欧洲ニ行キシ者ハ皆目撃スル所ニシテ、又其国々ノ人ノ著書ヲ見テモ之ヲ知ルコトヲ得ベシ、自国ヲ誇ルト云ヘバ、道徳ニ背クコトノ様ナレドモ、其実ハ愛国心ヨリ発スルコトニテ、極メテ称美スベキノ感情ナリ。[26] 邦人ハ全ク之ニ反シ、自国ノ事ハ善モ悪モ美モ醜モ尽ク他国(西洋)ニ如カズトシテ、祖先以来ノ旧風遺教ヲ棄テテ少シモ顧惜セズ、其心ハ公平ナルガ如ク見ユレドモ、其実ハ愛国心ノ浅キ者ト言ハザルコトヲ得ズ、是等ハ些細ノ事ノ如クナレドモ、其関係スル所ハ甚ダ大ナリ、凡ソ国ノ独立ト云フ者ハ単一ノ元質ヲ以テ成ル者ニ非ズ、種々ノ元質相聚合シテ独立ノ形体性質ヲ為ス者ナリ、即チ言語ノ如キ、文字ノ如キ、風俗ノ如キ、宗教ノ如キ、好尚ノ如キ、法律ノ如キ、文学ノ如キ、皆国ノ独立ヲ助ケ成ス所ノ元質ナリ。譬ヘバ人ノ形体ハ二十個ノ元質ヲ聚合シテ始メテ完全ヲ成スガ如シ、若シ其中ノ幾多ノ元質ヲ除キ去ルトキハ、人体ハ其完全ヲ保ツコト能ハズシテ、或ハ変性シ或ハ死亡スベシ。又城郭ノ如シ、三重五重ノ塀墻アリテ以テ其本城ヲ堅固ニス、若シ言語文字等ノ元質ヲ除キ去ルトキハ、独立ト不独立トノ境ハ、唯政治上ノ一元質ニ止マルナリ、自ラ独立ノ元質ヲ剥シ、其塀墻ヲ撤シテ独リ本城ノミヲ守ラントスルハ亦能ハザル所ナリ。往昔荷蘭《オランダ》ノ独立セシトキ（第一世拿破倫《ナポレオン》放流ノ後）其政府議シテ謂ヘラク、国ノ独立ヲ固フスルハ本国ノ言語文章ヲ一定スルニ在リト、因テ学士ニ命ジ文法ヲ定メ辞典ヲ撰バシメシコト荷蘭ノ史ニ見エタリ。此他欧洲諸国ハ何レモ自国ノ言語文章宗教風俗ヲ失ハザランコトヲ勉メザルハナシ、又往年本邦ニ駐在セシ魯国ノ公使某、我顕官某氏ニ謂テ曰ク、我邦（魯国）ハ国民ノ不軌ヲ謀ル者又ハ帝家ヲ危フセントスル者無キニ非ズト雖ドモ、其国家ノ必ズ安全ナルヲ得ルノ証拠アリ、一ハ全国宗旨ノ一定セルト、二ハ全国言語ノ一定セルト是ナリ、ト曰ヘリト聞ケリ。[27] 本邦言語文字ノ一定セルコト一千余年、其国家ヲ維持スルニ与カリテ力アルコト甚ダ多シ、然ルニ近年ニ至リ言語文字ヲモ改メント欲スル者アリト聞ク、実ニ其意ノ在ル所ヲ知ラザルナリ。

凡ソ国民ノ知識開進スルトキハ、文学工芸共ニ其精妙ヲ窮ムレドモ、人心ノ軽躁浮薄亦之ニ伴ヒテ起ル、苟《イヤシクモ》道徳ノ力ヲ以テ之ヲ維持セザルトキハ、奔逸流蕩《ホンイツリョウトウ》其至ル所ヲ知ラズ。世ノ西史ヲ読ミタル者ハ彼希臘《ギリシア》ノ事ヲ知リタルナラン、希臘ノ盛ンナル時ハ、其文学工芸固ヨリ精妙ナルガ上ニ、国民愛国ノ心甚ダ深ク、区々タル小国ヲ以テ波斯《ペルシア》ノ大敵ヲ破リ、以テ国威ヲ近隣ニ輝カセリ。其後許多ノ原因ヨリ国民ノ道徳大ニ衰ヘ、或ハ奢侈ニ耽リ、或ハ人心乖離《カイリ》シ、遂ニ羅馬《ローマ》人ニ併呑セラレテ忽諸《コッショ》トシテ亡ビタリ。其ノ滅亡ノ前ニ在リテ、文学工芸ノ精妙ハ往昔ニ減ゼザレドモ、其国ノ骨子トナルベキ道徳ヲ失ヒシヲ以テ終ニ其国ヲ失ヒ、其国ヲ失ヒタル上ハ、文学工芸ノミ独リ存スルコト能ハズ、遂ニ撕尽灰滅《シジンカイメツ》シテ余ナキニ至レリ、此ノ如キハ実ニ前古ノ鑑戒ト為スベキ者ナリ。

元来日本ノ人民（殊ニ教育ヲ受ケタル人民）ハ勇気アリテ愛国心ニ乏シカラズ、且ツ政府ニテモ近年ハ修身倫理ノ教ヲ重ンズルコトナレバ、今日ノ姿ニテハ、未ダ甚ダシキ道徳破壊ノ状ヲ見ズ（封建ノ時代ニ比スレバ其道徳ハ衰ヘタレドモ）、然レドモ国ニ一定ノ道徳ノ教ナキヲ以テ、[28]民心ノ向フ所定マラズ、是ニ由リ国民道徳ヲ重ンズルノ心薄ク、学士論者ヲ以テ自ラ任ズル者ニテモ、道徳ヲ謗リ、或ハ之ヲ愚弄スル者アルニ至ル（西洋ニテハ苟クモ学士ト称セラルヽ者ニシテ、教法ヲ愚弄スル者ナドハ夢ニモナキコトナリト云ヘリ）[29]。少年子弟ハ固ヨリ己ガ情欲ヲ恣ニスルコトヲ好ミ、道徳ノ検束ヲ厭フ者多キヲ以テ、学士論者ガ道徳ヲ軽侮スルヲ聞キテ大ニ喜ビ、浩浩《コウコウ》[30]相率ヰテ軽薄ノ淵ニ沈ム者甚ダ多シ、今日ノ状態ニ従ヒテ之ヲ改ムルコトヲ為サヾル時ハ、国民ノ道徳日ニ下流ニ赴キ、二十年ノ後ヲ想像スレバ実ニ憂慮ニ堪ヘザル者アリ。

或人問、国民ノ道徳衰替スルトキハ、其国ハ必ズ危乱滅亡スル者ナルカ。答、国民道徳ヲ失フトキハ、其国必ズ危乱滅亡スベキノ道理アリテ、又実ニ危乱滅亡スル者甚ダ多シ、然レドモ亦幸ニシテ危乱滅亡ヲ免カルヽ者モナキニ非ズ。仮令危亡敗滅ノ禍ニ罹ラザルモ、国民ノ道徳衰替シタルトキハ[31]其国ノ状態如何ン。今仮リニ其状態ヲ画キ出サンニ、官吏ハ賄賂ヲ貪リ、諂諛《テンユ》ヲ事トシ、貴族富民ハ奢侈ニ長ジ、淫佚《インイツ》ニ耽リ、商賈《ショウコ》ハ欺騙ヲ事トシ、農民ハ怠惰ニシテ田野荒蕪シ、工人ハ粗悪ノ器物ヲ作リ、書生ハ放蕩ニシテ学業ヲ修メズ、婦人ハ淫奔《インポン》ニシテ、盗賊ハ国中ニ横行ス、是道徳ノ衰廃セル社会ノ状態ナリ。若シ或ル国ニ於テ其国民ノ風俗、社会ノ状態此ノ如キ者アリテ之ヲ歴史ニ記シ地理書ニ載ルトキハ之ヲ読ム者ハ実ニ其国ノ醜陋ナルヲ悪ミ之ヲ賤侮軽蔑シ、其国人ヲ見ルトキハ、其面ニ唾キセント思フナルベシ。此ノ如キ国ハ仮令敵国ニ侵奪セラレズト雖ドモ、実ニ人心腐敗社会汚穢ノ国ニシテ、其国民ニ栄誉品格ハ毫髪モ存在セザルナリ。試ミニ本邦ノ今日ノ社会ノ状態ヲ見ヨ、決シテ此ノ如キ醜陋ナル者ニ非ズト雖ドモ、亦此中ノ分子ハ一分モ之ナシト明言スルコトヲ得ザルナリ、既ニ一分ニテモ此分子アルトキハ、草木禾穀《カコク》ニ毒虫ノ発生スルガ如ク、其蔓延スル所予メ測ルベカラザルナリ。本邦ノ如キ旧時ノ道徳学既ニ衰へ、新タナル道徳学未ダ起コラザルノ国ニ於テハ最モ警戒セザルベカラザル所ナリ。[32]

凡ソ世間ニ道徳ノ害ヲ為ス者四アリ。

其一ハ　知ラズシテ道徳ニ背ク者ナリ。

其二ハ　知リテ之ニ背ク者ナリ。

其三ハ　他辞ヲ設ケテ己ガ道徳ニ背クノ罪ヲ掩フ者ナリ。

其四ハ　公然ト道徳ヲ謗リテ忌憚《（イミハバカ）》ルコトナキ者ナリ。

第一ノ者ハ其罪至ツテ軽シ、其故ハ其道徳ニ背クハ己ガ不知ヨリ起ルコトニシテ、若シ之ヲ知レバ或ハ過ヲ改ルコトアレバナリ。第二以下ハ共ニ悪道ニ沈没シテ復タ救フベカラザル者ナレバ其罪何レモ第一ノ者ヨリ重シト雖ドモ、第二第三ハ其悪己ガ一身ニ止マリテ他人ニ及バザレバ、其中ニテハ猶軽科ニ属スルナリ、第四ノ者ニ至リテハ、吾身既ニ悪道ニ沈没シタル上ニ、又他人ヲ導キテ尽ク悪道ニ陥ラシメントスル者ニシテ、仏家ニテ言ハゞ、阿鼻地獄ニ落ルノ罪ナルベシ、本邦今日ノ状態ヲ見ルニ、第一ノ者固ヨリ多クシテ第四ノ者モ亦少ナカラズ。此邪説ヲ破ラズンバ道徳ノ伸張スル期ナシ、孟子ノ所謂欲㆘正㆓人心㆒息㆓邪説㆒距㆓詖行㆒放㆓淫辞㆒以承㆗三聖者㆖トハ亦此ノ如キコトヲ言ヒタルナルベシ。

以上段々論ズル所ニ依リテ之ヲ考フルトキハ、現今本邦ニ於テ道徳ノ至重至要ナルハ言フマデモナキコトニシテ、少シク思慮アル者ハ皆道徳ノ講明セザルベカラザルコトヲ知ルナルベシ、因テ以下其何ノ種類ノ道徳ヲ採用スベキカヲ論ゼントス。

第二段　現今本邦ノ道徳学ハ世教ニ拠ルベキカ、世外教ニ拠ルベキカ[33]

国ニ道徳ノ教衰ヘ、民ノ風俗頽敗スルトキハ、之ヲ小ニシテハ、国民奢侈ニ耽リ遊樂ヲ好ミ、欺詐ヲ行ヒ、争訟ヲ好ミ、淫風行ハレ、学術衰ヘ、盗賊多ク、似テ国ノ品位ヲ降シ、之ヲ中ニシテハ、人心或ハ浮薄トナリ、或ハ凶険トナリ、官民相悪ミ、党派相軋リ、以テ国ノ内乱ヲ起シ、之ヲ大ニシテハ、人心瓦解シ、国力衰弊シ、以テ他国ノ侵略ヲ受ケ、或ハ其地ヲ削ラレ、或ハ其国ヲ滅サルヽト云フコトハ前ニ段々述ベタル通リノ次第ニテ[35]、其事跡ハ世界ノ歴史ニ昭々タリ。偖、民心ノ頽敗ヲ救ヒ、風俗ノ壊悪ヲ療セントスルハ、何ノ薬剤ヲ用フベキカ、法律学モ其功ヲ奏スベカラズ、物理化学モ其益ナカルベシ、天文学算術モ其勲ヲ策スルコト能ハズ、美術モ其利アラザルベク、小説モ劇場モ之ヲ挽回スルコト能ハザルベシ[36]、然ラバ此ノ如キ国ノ大病ヲ救ヒ、健全強壮ノ体ト為サシムルノ大能力ヲ有スル薬剤ハ何ナリト問ハヾ、道徳学ナリト答フルノ外、他ノ語ナカルベクシテ、国中ノ識者ハ、決シテ一人モ否ノ字ヲ言フ者ナカルベシ。

但シ法律学ノ如キハ、他ノ学術ニ異ニシテ、此社会ノ大病ヲ療スルノ功アリト思フ者モアルベシ、実ニ法律学ハ国ノ治平ニ欠クベカラザル者ナレドモ、其物タル治平ヲ為スノ器械ニシテ、治平ヲ為スノ精神ニ非ズ、治平ヲ為スノ精神ハ独リ道徳学之ニ当ルベシ[37]。譬ヘバ汽車汽船ノ如シ、汽力ハ其精神ニシテ道徳ノ如ク、汽機ハ器械ニシテ法律ノ如シ、汽機ナケレバ、汽力モ其働ヲ為スコトヲ得ズト雖ドモ、本末軽重ノ分ハ明白ナリ。且ツ法律ハ人ノ悪ニ陥ルヲ防グノ力アレドモ、人ヲ勧メテ善ヲ為サシムルノ力ナシ、故ニ法律ハ何程完全ナリトモ、道徳ニ代リテ社会改良ノ功ヲ為スコト能ハザル者ナリ。

倚、国ノ風俗人心ヲ維持スルハ道徳ト定マリタルトキハ、其道徳ハ世教ニ依ルベキカ、世外教ニ依ルベキカト云フ一大問題ヲ生ズルナリ、西洋諸国ニテ国民ノ道徳ヲ維持スルハ一ニ宗教ニ依リ、支那ニテ国民ノ道徳ヲ維持スルハ一ニ世教ニ依ルハ世人ノ悉ク知ル所ナリ、欧洲諸国ト支那ト国ノ文化強弱ノ度ノ大ニ異ナルハ云フマデモナキコトナリ、若シ文明ニシテ強盛ナル国ニテ用フル教ハ優等ナリ、半化ニシテ強盛ナラザル国ニテ用フル教ハ劣等ナリト云フトキハ、国ノ道徳ハ宗教ヲ用フルヲ宜シトスベキニ似タリ。然レドモ其宗教ヲ用フルト世教ヲ用フルトハ、共ニ其国ノ開化ノ順序、教祖ノ生地、教義ノ民心ニ適不適、政治ト教法トノ関係[38]ニ由ル者ニシテ、即チ其国ノ自然ノ勢ニ従ヒタル者ナリ。支那ニテ世外教ヲ用ヒント欲スルモ、孔子(世教ノ始祖)ヨリ以前其国ニ世外教ナキヲ如何セン。孔子ノ後数百年後漢ノ時ニ至リ、世外教(仏教)支那ニ入リシト雖ドモ、儒道ハ既ニ君民ノ共ニ信ズル所ニシテ、且ツ支那人ノ気風、形而上ノ理ヲ考フルニ長ゼルヲ以テ、仏教何程高妙ナリト雖ドモ、儒道ニ代リテ全国公共ノ教トナルコト能ハザルナリ、欧洲ノ如キハ、其民智蒙昧ノ時、耶蘇教既ニ其国ニ入リ、此蒙昧ノ民智ヲ開キテ文明ノ前導ヲ為シタル者ニシテ、此時未ダ世教ノ此国ニ入ル者ナカリシヲ以テ、固ヨリ世教ノ何物タルヲ知ル者無カリシナリ。一千五六百年ノ頃、希臘ノ哲学初メテ欧州ニ行ハレシト雖ドモ、其頃ハ耶蘇教既ニ人心ニ浸染シ、加フルニ羅馬ノ教王ト云フ者アリテ、大ニ其教威ヲ奮ヒ、一切ノ政事人事ヲ挙ゲテ尽ク己ガ管轄ノ下ニ属セシメタリ、故ニ哲学ノ理何程精妙ナリトモ、宗教ヲ排除シテ之ニ代ルコト能ハズ、是欧洲ノ宗教ヲ以テ道徳ヲ維持セル所以ナリ。故ニ支那ニテ世教ヲ採リ、欧洲ニテ世外教ヲ採リシハ、其国ノ自然ノ勢ニ出タル者ニシテ、二教ヲ並列シ[39]、其優劣ヲ考ヘテ之ヲ取捨シタル者ニハ非ザルナリ。若シ宗教ヲ以テ世教ニ勝レリトスルトキハ、亜弗利加《（アフリカ）》・澳太剌利亜《（オーストラリア）》ノ野蕃ハ大抵宗教ヲ信ゼザルハナシ、然ルトキハ是等ノ蕃民ヲ以テ支那ノ民ニ勝レリト言ハザルコトヲ得ズ、是不通ノ論ナリ。支那欧洲ニテ、一ハ世教ヲ用ヒ、一ハ世外教ヲ用ヒタルノ理由ハ右ノ如シ、今我国ニテ道徳ノ教ヲ立テントスルニ両教何レガ可ナルヤ、余ハ両教ノ精粗優劣ヲ論ゼズ、唯本邦現今ノ時勢ニ適スルヤ否ヲ考ヘテ其用捨ヲ定メント欲ス。本邦ニハ固有ノ教法ナシ、世教ハ初メテ朝鮮ヨリ入リ、尋《ツイデ》世外教モ亦朝鮮ヨリ入リ、世教ハ道理ヲ説キ、世外教ハ禍福吉凶ヲ説クヲ以テ、甲ノ教法ニ比スレバ、乙ノ教法ハ早ク君民ノ間ニ信仰ヲ得、天皇親《ミズカ》ラ剃度シテ法皇ト称シ、宗教ノ高僧ニハ国師号ヲ賜ヒ、一時ハ仏教ヲ以テ国教トスルノ勢ナリシナリ。然ルニ王室ノ衰微ト共ニ仏教モ亦衰ヘ、爾後浄土、禅、法華等ノ諸宗新タニ起リシト雖ドモ、仏法ノ隆盛ハ往昔ノ奈良ノ朝ニ及バザリシナリ、其及バザリシト云フ者ハ、往昔ハ天皇以下公卿官人即チ上等社会ノ人物多ク之ヲ尊崇セシモ、此頃ニ至リテハ、其尊信者ハ大抵下等ノ人民ニシテ上等社会ノ人ハ之ヲ信ズル者多カラザリシナリ、足利氏ノ乱ヨリ仏法益々衰ヘ、信心者ハ全ク下等社会ノ人民ヲ以テ限リトスルニ至レリ。徳川幕府ノ初メニ至リ、儒道ニ豪傑ノ士輩出シ、是ニ由リ暫時ニ上等社会ニ其信用ヲ得、王侯貴人ニモ自ラ儒道ヲ学ブ者多ク、是ニ由リ[40]儒道ハ上等社会ニ行ハレ、仏法ハ下等社会ニ行ハレ、上等ノ人物ノ精神品行ハ尽ク儒道ヲ以テ陶冶シ、制度法律モ儒道ニ依リテ成ル者多シ、是ヨリ維新ノ時ニ至ルマデ、儒道常ニ勢力ヲ士人以上ノ社会ニ得、今日ニ至リ猶人民精神品行ノ善処アルハ、祖先以来ノ儒道ノ教育ニ由ル者ニシテ、今日ニ至リテモ士族以上ノ者ガ道理ヲ信ジテ神異ヲ信ゼザルハ、其教育ノ余徳ト云フベキナリ。方今国民中ニ道徳トサヘ云エバ、必ズ儒道ナリト思フ者多キハ、儒道ノ人心ニ浸染スルノ深キヲ徴スベキ者ナリ[41]。

然レバ現今本邦ニテ道徳ノ教ヲ立テントスルニハ、世外教ヲ棄テヽ世教ヲ用フルヲ以テ適当トスベキニ似タリ。更ニ詳ニ其義ヲ言ハンニ、今日世外教ハ下等社会ノ民ノミ之ヲ信ジテ、上等社会ノ信ヲ得ルコト能ハズ、政府ノ官吏トナリ[42]、学校ノ教員トナル者ハ、皆上等社会ノ人物ナレバ、上等社会ノ信ズル所ヲ以テ、下等社会ニ施スコトヲ得ベキモ、下等社会ノ信ズル所ヲ推シテ上等社会ニ及ボシ、之ヲシテ其信用ヲ同フセシムルコト能ハズ、所謂君子之徳風也、小人之徳草也ト云フ者是ナリ。況ンヤ人智益々開クルニ従ヒ、神異ヲ信ズルノ念ハ日ニ消シ、道理ヲ信ズルノ念ハ日ニ益ス者ナレバ、下等社会ノ信用モ或ハ其永続ヲ期スベカラザル者アリ、[43]且ツ宗教ハ同教相嫉ムノ性アル者カ、仏教ハ耶蘇教ヲ悪ミ、耶蘇教ハ仏教ヲ悪ミ、互ニ敵教ヲ亡ボサントノ志望絶ユルコトナシ、故ニ日本国中ニ於テ、仏教モシ滅亡スルカ、耶蘇教滅亡スルカニ非ザレバ其平和ヲ得ルコト能ハズ、而シテ此二教ノ滅亡ハ今日予メ期シ難キコトナレバ、其争ノ止ムモ亦期シ難キコトナルベシ。此ノ如キ教法ヲ以テ道徳ノ基本トセントスルハ、其不適当タルコト知ルベキナリ、[44]世教ノ如キハ之ニ異ニシテ上ニモ言ヘルガ如ク、三百年来上等社会ニ行ハレ、士人以上ノ精神品行ハ皆其鋳冶スル所ナレバ、其遺伝ノ力容易ニ消滅スベカラザル者アリ。又今日ノ軽薄者流ハ本邦旧来ノ世教ヲ詆リテ迂濶トシ固陋トシ、文明世界ニハ排除スベキ者ノ如ク言ヒ為セドモ、其実ハ深ク儒道ノ何物タルヲ知ラズシテ妄リニ之ヲ誹謗スル者ナリ。先ヅ儒道ノ性質ハ姑ク之ヲ言ハズ、其効験上ヨリ之ヲ言ハンニ、此教ハ人倫五常ノ道ヲ重ンジ、社会ノ秩序ヲ貴ビ、人ノ志操ヲ堅固ニシ、軽薄ノ風ヲ抑ユルノ益アリ。三百年ノ間此教ヲ学ブ者ノ中ヨリ幾多ノ人傑ヲ出シ、独リ学力深邃志行敦篤《ガクリョクシンスイシコウトントク》ナル人[45]ノミナラズ、熊澤伯繼・野中兼山ノ如キ経済ニ通ズルノ人ヲ出シ、徳川光圀・池田光政ノ如キ治国ノ材ヲ出シ、松平定信・新井君美ノ如キ政事家ヲ出シ、本居宣長・平田篤胤ノ如キ国典ニ明カナルノ人ヲ出シ、林子平・近藤重藏ノ如キ海外ノ事情ニ注目スル者ヲ出シ、山鹿素行・平山行藏ノ如キ兵学者ヲ出シ、小野蘭山ガ植物学ニ詳カニ、佐藤信淵・二宮尊徳ガ農学ニ長ゼル者ヲ出セルモ、[46]其本ハ皆儒学ニ因リテ得タル者ナリ。夫レノミナラズ覇府ヲ廃シ王政ヲ再興シタルモ亦皆儒士ヨリ出デ、今日外国ト交際ヲ為シテ甚ダシキ国辱ヲ取ラザルモ亦皆儒士ノ為ス所ナリ、殊ニ今日学校ヲ興シ、全国ノ士ヲシテ文明ノ教育ヲ受ケシメシ者モ亦皆儒道ヲ学ビタル士人ノ為ス所ナリ、然レバ吾邦ノ人士ガ三百年ノ太平ヲ維持シ、外国ノ交際開クルニ及ビ、甚ダシキ狼狽ヲ為スコトナク、以テ文明ノ基ヲ建テシハ、皆儒学ノ功ト言ハザルコトヲ得ズ、今日ヨリ之ヲ見テ其固陋迂濶ナルガ如ク見ユルハ、唯其文明ノ学術ヲ欠クニ在ルノミ。

以上論ズル所ノ趣意ニ依拠シ、余ハ日本ノ道徳ヲ立ツルニ、世外教ヲ棄テヽ世教ヲ用フベキコトヲ決定セリ。但シ世外教ノ中ニ於テモ、其嘉言善行ハ之ヲ採リテ道徳教ノ助ヲ為サントス、唯世外教ノ名目ト其全体ノ結構トヲ取ラザルノミナリ。或人問フ、先生儒道ノ利益ヲ説クコト甚ダ至レリ、然ラバ世教ヲ採ルトスルトキハ、儒道ヲ採ルノ意ナルカ、此答ハ下文ニ於テ之ヲ為スベシ。

第三段　世教ハ何物ヲ用フルヲ宜シトスベキカ[47]

日本国ノ道徳ヲ建ツルニ、世外教ハ不利多キニ由リ、世教ヲ用フベシト云フコトハ前論ニ於テ既ニ定マレリ、是ヨリ以下世教中ニ於テ、何物ヲ選用スベキカト云フ問題ニ及ブコトナリ、従来日本支那ノ世教ト云フ者ハ儒道ノ外ニハ何モナシ、故ニ旧来漢籍ノミヲ学ビタル人ハ道徳トイヘバ必ズ儒道ニ依ルコトナリト思ヘリ。然レドモ道徳ヲ説ク所ノ世教ハ、儒道ノ外ニ又西国ノ哲学アリ[48]、西国ノ哲学ハ耶蘇ヨリ早キコト三百年余ニシテ、其中傑出セルハ亜立士度徳《アリストートル》ナリ、亜氏ノ生レシハ支那ノ孔子ヨリ較《ヤヤ》ゝ後レテ孟子ト時ヲ同フセリ、希臘ノ哲学家其数多シト雖ドモ、亜氏ヲ以テ巨擘《（キョハク）》トスルコトハ、世論ノ既ニ定マル所ナリ、亜氏ノ道徳論、心性論、政治論、経済論、洛日克《ロジック》ノ如キハ、皆後世ノ法トナルベキ者ニシテ、今日ニ至リテハ、其中ノ小部分ハ修正シタル所アリト雖ドモ、其大体ニ至リテハ数千年ヲ経ルモ、廃滅スルコトナシ、故ニ余ハ孔子ト亜立士度徳《アリストートル》トヲ以テ世教中ノ東西ノ両聖人ト称セリ。希臘ノ哲学ハ是ヨリ羅馬ニ伝ハリ、羅馬ノ滅亡ト与ニ大ニ衰ヘシガ、西暦千六百年ノ頃ヨリ再興ノ運ニ向ヒテ幾多ノ大家ヲ出セリ。其説或ハ宗教ヲ離レテ獨立スル者アリ、或ハ宗教ニ基キテ説ヲ立テル者アリ、或ハ宗教ニ出入スル者アレドモ決シテ宗教ト同一ナル者ニ非ズ、即チ宗教ト哲学トハ其道統ノ伝ヲ異ニシテ、宗教ノ大家聖彼徳《セントペートル》、格勒革力《グレゴリイ》第七ノ如キハ、哲学ノ伝統ニ入ルコト能ハズ、哲学ノ大家倍格《ベーコン》・徳加耳《デカルト》的ノ如キハ宗教ノ伝統ニ入ルコト能ハズ。近代ニ至リ、哲学ノ進歩甚ダ著ルク、法国ノ哲家坤篤実理哲学《コントポジチーブヒロソフィー》ノ説ヲ唱ヘシヨリ、其考究一層精密トナリ、其学理ノ微妙ナルコト千古無比ノ地ニ達セリ。

然ルトキハ今日ニ方リテハ、哲学ヲ以テ日本道徳ノ基礎ト定ムルモ可ナルガ如シ、然ルニ哲学ノ日本ニ入リシハ日尚浅ク、此学ニ精通スルノ学士甚ダ乏シク、又此学ノ道徳説ヲ以テ之ヲ民間ノ実地ニ実用シタルノ例モ甚ダ少ナク、是ニ由リ世人此学ヲ以テ本邦道徳ノ基本トセンコトヲ疑フ者多シ、或ハ謂フ西洋ノ哲学ハ功利ヲ主トスルノ学ナリ、或ハ謂フ利己主義ノ学ナリ、或ハ謂フ君親ヲ軽蔑スルノ学ナリト。是ニ反シテ儒道ハ前ニ言ヒタルガ如ク、三百年来全国ノ上等社会ノ気風品行ヲ造成シタル者ニシテ、且ツ其教タル父子・君臣・夫婦・長幼・朋友ノ五倫ヲ主眼トシテ、致知格物ヨリ始メテ誠意・正心・修身・治国・平天下ニ至ル者ナレバ、現世ノ事ニ付キテハ、儒道ハアラユル天下ノ教法ヲ網羅スト云フモ可ナリ、且ツ儒学ノ如キハ猶国中ニ老成ノ宿儒少ナカラザレバ、教導ノ任ニモ乏シキコトナシ、況ンヤ忠孝ノ教ハ、[49] 万世一系ノ天位ヲ護シ、君臣ノ分ヲ正シ、国民ノ風俗ヲ美ニスルコト他ニ是ニ及ブベキ者ナカルベキニ於テヲヤ、此ノ如キノ道理アルヲ以テ、今日儒道ヲ以テ本邦道徳ノ基礎トスルハ、哲学ヲ以テスルニ勝レリト言フ者アリ、此言頗ル其理アリテ、儒道ノ如キハ余ノ甚ダ尊ブ所ナレドモ、専ラ儒道ノミヲ以テ本邦道徳ノ基礎ヲ立テントスルハ、今日ニ在リテハ亦能ハザル所ナリ、

今日専ラ儒道ヲ行フベカラザルハ其理由五アリ。

其一ハ　近年西国ノ諸学、殊ニ生器心性等ノ学ハ、其考究極メテ精微ニ至レリ、然ルニ儒道ノ理論ハ、是等ノ諸学ト相合ハザル所アルヲ以テ、互ニ相窒礙《（チツガイ）》スルヲ免カレズ。

其二ハ　儒道ハ禁戒ノ語多クシテ、勧奨ノ語少ナシ、是ヲ以テ人々退守ニ安ンジテ、進取ニ乏シキノ弊アリ、[50]今日ノ時勢、進取ノ気ヲ養ハザレバ、国威ヲ振張スルコト能ハズ。

其三ハ　儒道ハ尊属ノ者ニ利ニシテ卑属ノ者ニ不利ナリ、[51]尊属ニハ権理アリテ義務ナキガ如ク、卑属ニハ義務アリテ権理ナキガ如シ、国ノ秩序ヲ整フルハ、此ノ如クナラザルベカラズト雖ドモ、少シク過重過軽ノ弊アルガ如シ。

其四ハ　儒道ハ男尊女卑ノ教多ク、男女ノ際ヲ論ズルニ其平ヲ得ザルコトアリ、男子ハ妻妾数人ヲ置クモ之ヲ咎メズシテ、婦人ハ夫死不嫁ノ教アリ、今日以後ノ時勢ニ於テ甚ダ牴牾《(テイゴ)》多キ者ニ似タリ。

其五ハ　儒道ハ古ヲ是トシ今ヲ非トシ事毎ニ唐虞三代ノ治ニ倣ハンコトヲ求ム、蓋シ孔子孟子ガ唐虞三代ヲ説キシハ深意ノアルコトナルベシト思ハルレドモ、後世ノ儒者其意ニ達セズ、数千年ノ後ニ生レテ実ニ唐虞ノ治ニ倣ハント欲スル者多シ、今日本邦時勢ノ如キハ、固ヨリ唐虞三代ニ倣フコト能ハズシテ、又之ニ倣フベキ者ニ非ザルナリ。

以上ノ五条ハ儒道ノ専ラ今日ニ用フベカラザルノ主モナル条目ナリ、然レドモ此言ハ唯儒道[52]ヲ以テ日本道徳ノ基礎トスルニ不適当ナリト言ヒタルコトニテ、儒道トイヘル教ニ瑕疵アリト言フニハ非ザルナリ、儒道ハ固ヨリ世界大教ノ一ニシテ至正至醇ノ理ヲ具ヘタル者ナレバ、其道ニ於テハ、決シテ後生ノ喙ヲ容ルベキ者ニハ非ザルナリ、[53]又儒道ヲ学ブ者ハ孔子ヲ推尊シテ其道ノ教主トシ、称シテ聖人ト言ヒ、孔子ノ言行ハ至善至美ニシテ、万理ヲ包括シテ漏ラスコトナキ者トシ、後世ノ人、モシ其言孔子ノ意ノ外ニ出レバ異端ト称シテ之ヲ擯斥ス、此事固ヨリ儒道ヲ推シ立テ、是ヲ以テ全国ヲ教化セントスル為メニハ頗ル必要ノコトナレド、今日我邦ニテ其教ヲ取ラントスルニハ、此ノ如ク拘泥スルハ甚ダ不可ナリ、孔子ハ聖人ナリト雖ドモ、亦同ジク人類ナリ、其言フ所至善至美ナリト雖ドモ、其外ニ至善至美ノ言ナシト云フベカラズ、已ニ『中庸』ニモ及二其至一也、雖二聖人一亦有レ所レ不レ知焉ト言ヒタリ。然ルニ今日儒道ヲ信ズル者ハ多ク西国ノ哲学ニ通ゼズ、孔子ノ外世界ニ聖人ナシト思フハ、井蛙ノ見タルコトヲ免カレズ、亞立士度徳ノ如キ釈迦ノ如キ耶蘇ノ如キ馬哈変《(マホメット)》ノ如キ、其論説スル所孔子ト同ジカラズト雖ドモ、亦聖人ト称セザルベカラザルノ人々ナリ、総テ儒道ニ限ラズ、人ヲ以テ師トスルノ教ハ(人ヲ以テ師トスルトハ、教組ノ一人ノミヲ以テ至善至美[54]ノ極トシ、其人ノ言行ハ細大共ニ瑕疵ナキ者トシ、学問ノ目的ハ唯其人一人ヲ推尊シテ之ニ模倣セントスル者ヲ云フ)何レモ弊害アルコトヲ免カレズ。宗教ノ弊害多キモ、一ハ其教組一人ノ言行ヲ以テ天下独尊ノ者トナシテ之ヲ信奉スルヨリ、遂ニ幾多ノ牽強附会ヲ免カレザルニ由ル者ナリ。

西国ノ哲学ノ如キハ、之ヲ支那ノ儒道ニ比スレバ左ノ長処アリ、理ヲ以テ師トシ人ヲ以テ師トセザルニ由リ、卓識ノ士出ル毎ニ、古人ノ所見ノ上ニ、更ニ一層ノ発明ヲ為シ、歳月ヲ経ルニ従ヒテ、其学問漸々精微深遠トナルナリ、而シテ其教タル固ヨリ宗教ニ非ズシテ世教ナレバ、之ヲ以テ本邦道徳ノ基礎トセバ可ナルニ似タリ、然ルニ是ニ就キテ猶熟考スルニ、哲学ハ他ノ三教(儒教・仏教・耶蘇教)ニ比スレバ極メテ勝レル所アリト雖ドモ、専ラ之ヲ以テ本邦道徳ノ基礎トセントスルトキハ亦欠失ノ所アルコトヲ免カレズ、先ヅ其大ナル者ヲ言ハヾ、

其一ハ　知ヲ論ズルニ重クシテ、行ヲ論ズルニ軽キナリ。道徳ノ学ハ其初メハ固ヨリ知ニ在リト雖ドモ、其重ンズル所ハ行ニ在リ、故ニ古語ニモ知レ之非レ難行レ之実難トイヘリ、一二ノ学士何程深ク道徳ノ理ニ通ゼリト雖ドモ、国民皆之ヲ奉行セザルトキハ、道徳ノ益ナカルベシ、国民ノ品行風俗ヲ作ルト云フモ皆行ノ上ヨリ之ヲ言フナリ、已ニ西国ニテモ天文・算術ノ如キ[55]ヲ知識《ノウレヂ》ノ学ト称シ、道徳・政治ノ如キヲ実行《プラクチス》ノ学ト称スルハ是ヲ以テナリ、然ルニ其実際ハ是ニ異ニシテ、哲学ヲ為ス者ニテモ深ク己ノ品行ニ注意セズ、故ニ著名ナル哲学家ニシテ其品行ノ観ルニ足ラザル者アリ。

其二ハ　哲学ニハ治心ノ術ナシ。支那ノ儒道ニハ古来ヨリ誠意正心ノ語アリ、孟子ニ養気ノ説アリ、宋儒ニ至リテハ治心ノ術ヲ習練シ、（宋儒ノ治心ノ術ハ禅学ヨリ来レルトイフ説アリ、其言一理アルニ似タリ）窮苦ニ処シテ其楽ヲ改メズ、天命ニ安ンジテ外慕ノ念ナシ、『中庸』ニ所謂素㆓富貴㆒行㆓乎富貴㆒、素㆓貧賤㆒行㆓乎貧賤㆒、素㆓夷狄㆒行㆓乎夷狄㆒、素㆓患難㆒行㆓乎患難㆒、君子無㆔入而不㆓自得㆒焉、トイフ如キ者アリ、又其心ノ鎮定シテ動揺セザルヨリシテ、利ニ誘セラレズ、害ヲ怕レズ、自反シテ正理ナリト信ズルトキハ、刑死ノ場ニ臨ンデ顔色不㆑変陽々如㆓平生㆒モノ甚ダ多シ、是皆儒道治心ノ功ナリ、耶蘇教ヲ信ズル者ハ此ノ如キ類甚ダ多シト雖ドモ、哲学ヲ為ス者ニハ此ノ如キ者甚ダ多カラズ、是養心ノ教ナキ所以ナリ。[56]

其三ハ　哲学家ハ皆古人ノ上ニ出ンコトヲ求メ、故《コトサ》ラニ異説ヲ立テヽ古人ノ説ヲ排撃ス。然レドモ其古人ト異ナル所ハ些少ニシテ、古人ヲ排撃スルノ語ハ甚ダ苛刻ナリ、儒者ノ病ハ聖賢ノ言ニ拘泥スルニ在リ、哲学ノ病ハ古人ノ言ヲ排撃スルニ在リ、二者共ニ其中ヲ失フ者タルコトヲ免カレズ。

其四ハ　哲学ニハ幾多ノ学派アリ、其学派ノ異ナルニ従ヒテ道徳ノ原理トスル者同ジカラズ。利益ヲ主トスル者アリ、良知ヲ主トスル者アリ、天命ヲ主トスル者アリ、為己ヲ主トスル者アリ、為人ヲ主トスル者アリ、其原理ノ異ナルニ従ヒテ其実行ノ条目モ亦同ジカラズ、今哲学ヲ以テ道徳ノ基礎ヲ立テントスルトキハ、其何レノ学派ニカ拠ラザルベカラズ、其一学派ニ拠ルトキハ、一偏ニ倚《カタヨ》ルノ患アリ、以上四ケ條ノ如キ、尤モ日本道徳ノ基礎トスルニ不適当ナル者ナリ。然レドモ哲学ハ固ヨリ至精至妙ノ学ニシテ、其広大深遠ナルニ至リテハ、容易ニ其蘊奥《ウンノウ》ヲ窺ヒ得ベキ者ニ非ズ、故ニ余ガ哲学ヲ批評スルハ儒道ニ於ケルト同ジク、其学ノ本体ヲ可否スル者ニ非ズシテ、特ニ之ヲ用ヒテ日本道徳ノ基礎トスルノ可否ヲ論ジタル者ナリ。

凡ソ諸教ノ中ニテ殊ニ完全ナルハ哲学ナリト聞ク、然ルニ哲学ニモ猶不適当ノ処アリトシテ之ヲ採ラザルトキハ、先生ノ立テント欲スル道徳ハ何ノ教義ニ依拠スル者ナリヤ。曰ク、天下ノ理ハ一教義ヲ似テ尽クスベキ者ニ非ズ、教義ニ種々ノ学派アルハ、道理ヲ見ルニ種々ノ方法アルノ徴ナリ、然ルヲ其中ノ一個ヲ採リテ他ノ数個ヲ棄ツルトキハ、天下ノ道理ニ遺漏アル者多カルベシ、道理ニ遺漏アル者多キトキハ之ヲ完全ノ教ト言フベカラズ、若シ其完全ナランコトヲ欲セバ、諸教ヲ採リテ之ヲ集成セザルベカラズ。故ニ余ガ道徳ノ教ノ基礎トセントスル者ハ儒教ニ非ズ、哲学ニ非ズ、況シテ仏教ト耶蘇教トニ非ザルハ勿論ナリ、然レドモ亦儒道ヲ離レズ、哲学ヲ離レズ、仏教耶蘇教ノ中ヨリモ亦之ヲ採ルコトアリ。曰ク、先生ノ言ノ如クナルトキハ、諸教ノ教義錯雑混淆シテ、胸中ニ骨董店ヲ列スルガ如キ観ヲ為スベシ、何如ン。答曰ク、一定ノ主義ナクシテ妄リニ諸教ヲ採ルトキハ、吾子ノ言フガ如キノ弊アリ、然ラズシテ一定ノ主義ヲ確立シテ後ニ諸教ノ説ヲ採ルトキハ、諸教ノ説何程多シト雖ドモ、皆我主義ノ註脚トナリテ益々其本義ヲ明カニスルニ足ルベシ、譬ヘバ大将ノ規律厳然タルトキハ兵士百万アリト雖ドモ、尽ク其指揮ニ従ヒ、臂《ウデ》ノ指《ユビ》ヲ使フガ如キト一様ナルベシ、曰ク、然ラバ先生ノ一定ノ主義ト云フ者ハ聞クコトヲ得ベキヤ。曰ク(前日ヨリノ講説漸々道理ノ中点ニ進ミ来リ、此一問答ハ全ク其焼点ニ達シタル者ナリ)吾ガ一定ノ主義ハ二教(儒教・哲学)ノ精粋ヲ採リテ、其粗雑ヲ棄ツルナリ、二教ノ精神ヲ採リテ其形跡ヲ棄ツルナリ、二教ノ一致ニ帰スル所ヲ採リテ其一致ニ帰セザル所ヲ棄ツルナリ。此ノ如キ者ハ何ゾヤ。曰ク、天地ノ真理是ナリ、真理ハ儒道ニ言フ所ノ誠ニシテ(又天理トモ天道トモ言フ)、[57]『中庸』ニ誠者天之道也トイフ者是ナリ、余ガ日本ノ道徳ノ基礎トセントスル者ハ即チ此真理ニシテ、真理ノ外ニハ天地間ニ一モ完全無欠ナル者ハ非ズ。真理ハ其高キヨリシテ、之ヲ言ヘバ、三千年来ノ哲学モ、五千余巻ノ仏経モ其上ニ出ルコト能ハズ、其卑キヨリ之ヲ言ヘバ愚夫愚婦モ皆ヨク之ヲ理解シ、之ニ遵行スルコトヲ得ベシ、宗門モナク学派モナク、世界万国何レノ地ニモ行フベカラザルノ処ナシ、『中庸』ニ所謂舟車所レ至、人力所レ通、天之所レ覆、地之所レ載、日月所レ照、霜露所レ隊、凡有二血気一者、莫レ不二尊親一、ト言フハ、独リ真理ノミ之ニ当ルコトヲ得ベシ、然ルニ真理ト云フ者ハ固ヨリ無形無臭ノ物ニシテ、人々ノ想像ニ由リテ、是ハ真理ナリト定ムルヲ以テ其真理ナリトスル者、人ニ依リテ異ナラザルコトヲ得ズ、是ヲ以テ真理ノ至善ナルハ人々之ヲ知ルト雖ドモ、其定メテ真理トスル者ニ或ハ誤謬ナキコト能ハズ、然ルニ真理ハ此ノ如ク無形無声ナル物ナレドモ、夢幻泡影ノ如キ物ニ非ズシテ、確乎ト之ヲ了識把持スルコトヲ得ベキ者ナリ。之ヲ了識把持スルニ一ノ要訣アリ、曰ク、凡ソ事物ノ真理ヲ知ラント欲セバ、必ズ之ヲ事実ニ求ム、事物ノ事実ニ合フ者ハ尽ク真理ニシテ、事実ニ合ハザル者ハ真理ニ非ズ、事実ハ真理ヲ試ムルノ測量器ナリ、今、古訓中ニ於テ一二ノ例ヲ出シテ之ヲ示サン。[58]

『大学』ニ物有二本末一、事有二終始一、知レ所二先後一近二於道一矣トアリ、此言ハ誰人モ知リタル所ニシテ、其義モ極メテ平易ナルコトナリ。然ルニ古今来英雄豎子《ジュシ》ノ成敗スル所以ハ此言ニ関スル者多シ、仮令其謀ハ良善ナリト雖ドモ、先後スル所ヲ失ヘバ、其事ヲ敗ルハ、其例甚ダ多シ。但シ事ニ一時ノ先後アリ、永年ノ先後アレドモ、其成敗ハ皆同ジ、東西ノ歴史ニ記スル所ノ事実ヲ挙ゲテ此言ニ比較スルトキハ、此言ノ事実ニ適当ナルハ至ッテ明白ナルコトナリ(今日本邦ノ如キ総テ外国ノ開化ヲ模倣スル者ハ、其採用ノ先後ハ最モ深ク注意セザルべカラズ)、又人々一身上ノ事ニ付キテ考フルモ、先ニスベキコトヲ後ニシ、後ニスベキコトヲ先ニシ、以テ後日ノ悔ヲ来タス者其数一ニシテ足ラズ、故ニ此一節ノ訓言ノ如キハ事実ニ合フコト極メテ適切ナルヲ以テ、之ヲ真理ニ合フノ言ト称スベシ。又『礼記』ニ、古者天子后立二六宮一、三夫人・九嬪・二十七世婦・八十一御妻、以聴二天下之内治一、又蔡邕《サイヨウ》『独断』ニ、天子三夫人・九嬪、諸侯一妻・八妾、卿大夫一妻・二妾、士一妻一妾トアリ、此言ノ真理ニ合フヤ否ヲ知ラント欲セバ之ヲ事実ニ験スルニ如クハナシ。凡ソ天下ノ諸国、何レノ地ニ於テモ男女生産ノ数ハ大抵相均シクシテ、男子ノ数較々女子ヨリ多キヲ常トス、是事実ナリ。此事実ニ拠リテ推ストキハ、一男以テ一女ニ配スルヲ真理即チ天理ニ協フ者トスベキコトハ至ッテ明白ナリ、若シ一男ニシテ妻妾数人ヲ娶ルトキハ、国中ニ於テ妻ヲ娶ルコトヲ得ザルノ男子許多アルノ理アリ、是豈ニ天理トイフコトヲ得ンヤ。故ニ此言ノ如キハ是ヲ真理ニ合ワザル者ト定ムルコトヲ得ベシ。又仏書ヲ以テ言ハンニ、『四十二章経』ニ、財色於レ人、人之不レ捨、譬如下刀刃有レ蜜、不レ足二一餐之美一、小児舐レ之、則有中割舌之患上トアリ、今世間ノ人ヲ観ルニ、大抵ハ色ト財トニ惑溺シ、悩乱煩躁シテ之ヲ求メント欲ス、是ニ由リテ己ガ霊智ヲ暗マシ、殆ンド盲者ノ険路ヲ行クガ如ク、其得ル所ハ其望ム所ノ十分一ニモ達スルコト能ハズシテ、舌ヲ割クノ禍ニ逢フ者比々《ヒヒ》皆是ナリ。独リ今時ノ人ノミナラズ、古来ノ歴史ヲ閲スルニ、比ノ如キ実跡甚ダ多シ、然レバ此言古今ノ事実ニ合フ者ナレバ、之ヲ真理ニ協フノ言ト定ムベシ。[59] 又『阿弥陀経』ニ、従レ是西方過二十万億仏土一有二世界一、名曰二極楽一、其土有レ仏、号二阿弥陀一、今現在説法、其国衆生無レ有二衆苦一、但受二諸楽一、故名二極楽一云々、此国土ハ昔ヨリ往テ之ヲ見、帰リテ其状ヲ報告シタル者ナシ。北極ノ近傍ノ地ニハ夜国アリ、南洋ノ海中ニハ珊瑚ノ島アリト云フガ如キモ、往テ実験シ帰リテ人ニ語ルコトヲ得ルヲ以テ其事実タルコトヲ知ルナリ、往クコトヲ得レドモ帰ルコトヲ得ズトイヘル国土アルコトヲ聞カズ。故ニ此経文ヲ解スル者ハ、種々ノ説ヲ附シテ之ヲ道理ニ合センコトヲ求ムレドモ、要スルニ牽強ノ説タルコトヲ免カレズ、故ニ極楽ハ事実ニ験スベキコトナキヲ以テ、之ヲ真理ナリト認ムルコトヲ得ザルナリ。[60]

　真理ヲ求ムルノ法ハ事実ニ験スルノ外ニ猶五法アリ、一ヲ推度法ト云ヒ、二ヲ折中法ト云ヒ、三ヲ権衡法ト云ヒ、四ヲ良心判断法ト云ヒ、五ヲ多聞闕疑法ト云フ、此五法ハ何レモ間接ニハ事実ト相契合スル者ナリ。推度法トハ、流水ヲ見テ、必ズ其源アルコトヲ推度スルガ如シ。折中法トハ、東西二端ノ論アリテ共ニ各一理ヲ具フトキハ、其中ヲ探リテ真理ト定ムルナリ、譬ヘバ性善性悪ノ両端ノ理論アルトキハ、真理ハ其中央ニ在ルコトヲ知ルナリ。権衡法トハ二者反対ノ意見アリテ共ニ道理ヲ有スルトキハ、其軽重ヲ権リテ其重キ者ヲ採ル、『孟子』ニ、紾二兄之臂一而奪レ之食則得レ食、不レ紾則不レ得レ食トイフ比喩ノ如キ是ナリ。良心判断法ハ吾良心ヲ以テ直接ニ判断シ得ルノ真理ニシテ、譬ヘバ途中ニテ壮大ノ男子、幼弱ノ童子ヲ打擲シテ其所持セル物ヲ奪ハントスルヲ見ルトキハ、吾良心ヲ以テ直チニ其曲直ヲ判断スルコトヲ得ルナリ。多聞闕疑法トハ道理ニ疑フベキ者アリテ決スルコト能ハズ、此ノ如キ時ハ広ク名家ノ言ニ拠リ、其信ズベキ部分ノミヲ採リ、其信ズベカラザル分ハ姑ク之ヲ後日ニ譲ル者ニシテ、現今ノ達因《ダーウヰン》ノ学派ノ諸説ノ如キ是ナリ。[61]

真理ハ至高至妙ナル者ナレドモ、此法ニ依リテ之ヲ度ルトキハ、真理ヲ確認スルコトモ、必ズ之ヲ能クスルコトヲ得ベシ、既ニ真理ヲ確認シタル上ニテ、[62]世教中ニ於テ其教義ノ真理ニ協フ者ヲ採リテ是ヲ日本道徳ノ基礎ト為スベシ。但シ世外教ノ中ヨリモ、真理ニ協フ者ハ固ヨリ之ヲ採ルト雖ドモ、宗教ハ元来未来世ノ事ヲ主トシテ説ヲ立テタル者ナレバ、現世ノ事ヲ論ズルニ至リテハ、其説ノ事実ニ合フ者ハ世教ニ及ブコト能ハズ、故ニ之ヲ採ルコト甚ダ多カラズ。此ノ如クシテ定メタル所ノ道徳ノ基礎ハ天理ニ合ヒ、人情ニ協ヒ、至醇至精ナル者ニシテ、此人類ノ精神ト身体トノ構造ノ変ゼザル間ハ、其道理モ変ズルコトナキ者ト信ズルナリ。[63]此ノ如キ教ヲ何ト名ヅクトナレバ別ニ名ヅクベキノ名ナシ、唯之ヲ道ト言ヒテ可ナランノミ、此道ハ天地ノ道、人類ノ道ナレバ、吾輩深ク之ヲ信ジ、死ニ至ルモ誓ヒテ他ナカランコトヲ欲スルナリ、『論語』ニ篤信好㆑学守㆑死善道ト云フハ此事ナリ。[64]

或人曰ク、道徳ノ教ハ、人類以上ノ神異ナル物ヲ立テ、其信仰スル所ヲ定メザルベカラズ、又死後魂魄ノ帰着スル所ヲ説キテ、其安心ノ地ヲ定メザルベカラズ、然ラザルトキハ世人道ヲ守ルノ心堅固ナラズ、是西国ノ宗教ヲ以テ道徳ノ基本トスル所以ナリ、今漠然タル道理ヲ以テ道徳ノ基本トスルトキハ、信ズベキ上帝モナク死後魂魄ノ帰着スル所モ明白ナラズ、此ノ如キ事ニテハ、恐ラクハ学者ヲシテ道ヲ信ズル篤カラシムルコト能ハザルベシト。余謂ヘラク然ラズ、宗教ヲ信ズル者ハ固ヨリ以㆑身徇㆑道者甚ダ多ケレドモ、世教ヲ信ズル者ニモ亦以㆑身徇㆑道者甚ダ多シ。支那ニテ宋ノ文天祥・明ノ方孝孺ノ如キハ、死ヲ以テ道ヲ衛リタレドモ、共ニ宗数ヲ信ズルノ人ニ非ズ。又本邦ニ於テ徳川家ノ参河ニ在リシトキ、一向宗ノ門徒反乱ヲ起シヽニ、徳川譜代ノ士、身ヲ捨テ之ヲ防戦シ、遂ニ世教ノ力ヲ以テ宗教ノ熱心ニ打勝チタリ。又赤穂四十七士ノ死ヲ以テ君主ノ志ヲ成シタルガ如キハ、共ニ宗教ヲ信ズルノ人ニ非ズ。又西洋諸国ニテモ、学術ニ専心ナルノ人ハ、生命ヲ以テ其学術ニ徇ズル者少ナカラズ、近年仏蘭格林《(フランクリン)》（避雷杆ヲ創造セシニ非ズ）ガ北氷洋ニ餓死シ、李並士敦《リビングストン》ガ熱帯ノ地ニ客死セシガ如キハ、共ニ地学研究ノ為メニ身ヲ徇ジタル者ニシテ、決シテ宗教ノ為メニ非ザルナリ。然レドモ人或ハ謂ハン、二子ハ元来教法ヲ信ズルノ人ナリ、其学術ヲ研究スルノ熱心ハ教法ノ養成セル所ナリト、果シテ然ラバ更ニ他ノ例ヲ出スベシ、伽利略《ガリレオ》ノ如キハ、其発明セル地動説ノ宗教ノ意ニ背クトイフヲ以テ、羅馬教徒ノ為メニ残酷ノ訊鞠《(ジンキク)》ヲ受ケシコト二回ナリ。又伯路那《ブリユノー》ノ如キハ万物ヲ以テ上帝トスルノ説ヲ立テタルニ由リ、耶蘇教徒ノ怒ニ逢ヒ、遂ニ焚殺ノ刑ニ処セラレシモ、其説ヲ改メザリシナリ。是等ハ共ニ宗教ニ抵抗シテ其説ヲ立テタル者ナレドモ、其志ノ堅固ナルコト此ノ如シ、然ラバ道理ヲ根礎トシテ道徳ノ教ヲ建ツルモ決シテ篤信者ヲ出サヾルノ理ナシ、否篤信者ノ必ズ多キヲ信ズルナリ。[65]

第四段　道徳学ヲ実行スルハ何ノ方法ニ依ルベキカ[66]

道徳ノ原理ハ既ニ定マリタリ、然レドモ原理ノミニテハ道徳ハ之ヲ施行スルコトモナラズ、又遵守スルコトモナラヌ者ナレバ、必ズ之ガ条目ヲ定メザルベカラズ。例ヘバ法律ノ如シ、法律ノ原理ヲ定ムルハ固ヨリ肝要ナルコトナレドモ、原理ノミ定マリテ条目ナキトキハ法律ノ用ヲ為サズ、偖道徳ノ条目ハ儒道ニ五倫アリ、哲学ニ対己、対人、対国、対上帝ノ条アリ、耶蘇教ニ天主ノ十誡アリ、仏道ニ五戒アリ十戒アリ十善アリ、是皆条目ヲ立テヽ教フルノ義ナレドモ、其中宗教ノ分ハ其宗旨ヲ行ハントスルノ意ヨリ出デ、一般人民ノ道徳ニ関係薄キ者ナレバ、今之ヲ採ラズ、条目ハ必ズ世教ノ中ニテ之ヲ採ルコトト定メタリ。儒道ハ五倫ノ外ニ又六徳ノ目アリ、六行ノ目アリ、五常ノ目アリ、三戒ノ目アリ、三省ノ目アリ、何レモ道徳ニ切要ナルコトナレドモ、或ハ聖賢一時ノ語ニ出ル者アリ、或ハ道徳ノ全体ヲ尽サヾル者アリ、或ハ古ニ適シテ今ニ適セザル者アリ。凡ソ道徳ノ教ハ其条目ノ完全ヲ要スルノミナラズ、全体ノ結構整然トシテ、太厦高楼《タイカコウロウ》ノ構造ノ如ク、梁棟柱楹《リョウトウチュウエイ》ヨリ基礎ニ至ルマデ、百材皆其順序ニ従ヒテ整備セザルベカラズ。然ルニ支那儒道ノ教義ニハ此ノ如キ結構ニ乏シク、其条目モ諸書ヲ合セテ始メテ其完備ヲ見ルコトヲ得ベク、或ハ前後其義ヲ異スル者モ無キニ非ズ。但シ此事ハ独リ儒道ノミナラズ、仏教ニテモ耶蘇教ニテモ、古代ノ経典ハ大抵同様ノ者ニシテ、其教義ハ前後錯出シ、或ハ複出スルヲ以テ後世之ヲ学ブ者、其順序ヲ考ヘ、其脈絡ヲ正シ、以テ其教ノ全体ヲ考定シタル者ナリ、支耶ノ儒道ニテ、後世ノ物ナレドモ、朱子ノ『小学』ノ書ハ其結構頗ル完全ニシテ、其条目モ亦能ク選択シタル者ナリ、然レドモ今日ヨリ之ヲ見レバ、猶未ダ不足ナル所アリテ、之ヲ其侭ニ用ヒテ、今日ノ道徳ノ条目トスルコト能ハズ。又西国ノ哲学ハ古代ノ教、即チ希臘時代ノ教ハ支那ノ古代ノ儒道ノ如ク其条目ハ仁智[67]勇節トイフガ如ク、人ノ徳ヲ以テ区別ヲ立テタリシモ、近代ニ至リテハ人ノ一身ヲ始メトシ、其他、人ノ遭遇スル所ノ境界ニ由リテ其教ヲ建テシヲ以テ、其目ハ簡易ニシテ、遠近ヲ網羅シテ遺漏アルコトナク、且ツ其結構モ極メテ整斉ニシテ混雑ノ患ナシ、故ニ道徳学実施ノ仕組ト其条目ノ大意トハ全ク西国哲学ノ法ニ従フベキコトト定メタリ。然レドモ西国ノ哲学ハ其学者ノ意見ニ由リ、人々多少ノ異同アリテ衆人同一ニ帰スルコト能ハズ、又之ニ他ノ教義ノ真理ニ協フ者ヲ加ヘテ我邦ニ採用セントスルニハ、多少之ヲ折衷増減セザルベカラズ。此ノ如ク論ジ来レバ道徳ノ条目ト云フ者ハ甚ダ六カシキ者ノ様ニ聞ユレドモ、其実論ジテ其極ニ至レバ、少シモ不思議ナルコトモナク、奇妙ナルコトモナク、誠ニ平々凡々タルコトニテ、誰人ニモ理会シ得ラルヽ者ナリ。即チ其大体ノ区分法ハ、

第一　我身ヲ善クシ

第二　我家ヲ善クシ

第三　我郷里ヲ善クシ

第四　我本国ヲ善クシ

第五　他国ノ人民ヲ善クス[68]

右五ヶ条ノ外何モ言フベキコトナシ、第一第二第四ハ直チニ其義ヲ了解スルコトヲ得ペシ、第三ハ無クテモ宜シキ様ナレドモ、其住居セル一町一村(殊ニ一村)ノ関係ハ、家ト国トノ間ニ在リテ一種ノ方法ヲ立テザルベカラザル者ナレバ、一ヶ条トシテ之ヲ挙ゲタルナリ、第五条ハ、或ハ言フベクシテ行フベカラザルノ条目ナリト謂フ者アルベシ、然レドモ真理ノ覆フ所ハ此国彼国ノ差別ナク、上帝ヨリ之ヲ見レバ、[69]全世界ノ人民ハ一視同仁ナルベシ、故ニ吾儕力能クスルコトヲ得バ、道理ニ通ゼズ邪説ニ迷フ所ノ外国人ヲ教化シテ善良ノ民ト為サンコトハ、固ヨリ此学ノ目的ノ中ニ在リ。然レドモ事ニ緩急遠近ノ別アレバ、先ヅ第一ヨリ第四ノ条目ヲ勉行シ、其功ヲ奏シタル上ニテ第五条ニ及ブベキコトナリ。凡ソ儒道ト云ヒ、哲学ト云ヒ、仏教ト云ヒ、耶蘇教ト云フモ、其道徳ノ教トイヘル者ハ一モ此外ニ出ルコト能ハズ、故ニ天下衆教ノ道徳ノ条目ノ数ハ是ニテ尽キタリト云フモ可ナルベシ。(其虚無荒誕ノ説ハ之ヲ数ヘズ)

此ノ如ク区分ヲ立テタル上ニテ尚詳細ニ道徳ノ条目ヲ挙ゲントスルトキハ、一条毎ニ数十ノ条目ヲ要スルコトニシテ、其条目ノ立テ方、其条目ノ解説ノ為シ方等ニ付キテ、尚許多ノ精察考究ヲ要スルコトニシテ、一々之ヲ述ブルトキハ、此五ケ条ノ解釈ノミニシテ少ナクモ更ニ三日程ノ演説ヲ為サヾルベカラズ。然レドモ此度ノ演説ハ唯日本道徳論ノ大要ヲ説クノミナレバ、此ノ如キ詳細ノ事ハ悉ク之ヲ略シ、直チニ実行ノ順序ニ及バント欲ス、但シ五条ノ細目ノ如キハ実行上ニ於テ極メテ要用ノコトナレバ、他日別ニ之ヲ記録シテ同志ノ士ニ示スベシ。

以上解説スル所ニ於テ、余ガ云フ所ノ道徳ノ大意ハ既ニ了解セシナラン、即チ道徳ノ何物タルヲ知リシナラン、然レドモ道徳ハ唯之ヲ知リタルノミニテハ何ノ益ヲモ為サズ、之ヲ実行シテ始メテ道徳ノ用ヲ為ス者ナリ。法律ノ如キ医術ノ如キ亦皆是ニ同ジ、是等ノ学ハ知行両方[70]ヲ要スル者ナレドモ、其知ルトイフハ、行フ為メニ知ルコトニシテ天文学ヤ算術ノ如ク知リタルノミニテ其学ニ達シタリト云フコトヲ得ザルナリ。儒道ニモ君子欲下訥二於言一而敏中於行上トイヒ、又載二之空言一者、不レ若下顕二之行事一之親切著明上也ト云フガ如キ其類甚ダ多シ、何程善ク知リ善ク言ヒタリトモ之ヲ実行ニ顕ハサヾレバ画ケル食物ノ如ク、其外貌ハ美ナリトモ食物ノ用ハ為サヾルベシ。偖是ヲ実行スルトイフハ、儒哲ノ諸書ニ見ヘタルガ如ク、先ヅ其身ヲ修メ、仁義礼智孝悌忠信等ノ徳行ヲ務ムルハ勿論ノコトナレドモ、今言フ所ノ実行トイフハ道徳ノ教ヲ国中ニ弘メントスルノ主意ニシテ、吾輩一個々々ニ自己ノ徳ヲ修ムレバ、夫レニテ事足レリトイフニ非ズ、尤モ自身能ク其徳ヲ修ムレバ天下自然ニ之ニ化スルノ理ナルベケレドモ、今日ノ実際上ヨリ言フトキハ、未ダ必シモ然ルコト能ハザルニ似タリ、既ニ宗教ノ開祖ノ如キハ、何レモ布教ニ尽力シ、種々ノ方便ヲ用ヒテ人民ヲ教化センコトヲ務メタリ。今日道徳ノ教ヲ国中ニ布カントスルニ、其方法ハ何ヲ以テ最モ宜シトスベキカ、生徒ヲ聚メテ講義ヲ為シタリトテ、其及ブ所ハ甚ダ狭シ、書籍ヲ著ハシテ人ニ示サントスルモ、歳月ヲ費スコト多クシテ之ヲ読ム人ハ甚ダ多カラズ、蓋シ目今ノ良法ハ、他ノ学術ニ於テ行フガ如ク、学会即チ協会ヲ開キテ其教ヲ弘ムルヲ最良法トスベキガ如シ。余ハ明治九年以来、修身学社ヲ開キ、今日ニ至ルマデ十年ノ星霜ヲ経タリト雖ドモ、其効験ハ至ッテ小ナレバ、或ハ学会ノ無益ナルコトヲ疑フ者アルベシ、然レドモ従前ハ聊カ慮ル処アリテ道徳ノ主義ヲモ明白ニ演ベタルコトナク、同志相会スルモ唯空言ニ止マリテ実行ヲ試ミタルコトナシ、今日以後ハ其方法ヲ改メ、同志ノ士ト共ニ実行ヲ励マントスレバ、其効験ハ必ズ旧日ニ異ナル所アルベシ。

方今文運大ニ開ケ、諸学諸術ノ学会協会ノ国中ニ起ル者其数ヲ知ラズ、斯文学会アリ、大日本教育会アリ、独逸協会アリ、仏学会アリ、地学協会アリ、大日本農会アリ、東洋哲学会アリ、衛生会アリ、法律会アリ、医学会アリ、数学会アリ、政談会アリ、化学会アリ、物理学会アリ、統計学会アリ、地震学会アリ、其他此ノ如キ類ハ指ヲ屈スルモ数ヘ尽クスコト能ハズ。然ルニ独リ人道ノ大本、邦国ノ基礎トモナルベキ道徳学[71]ニ至リテハ国中ニ一ノ会ヲ見ザルハ(本会ノ外ニ)実ニ奇々怪々ノコトト云フベシ。或人謂フ修身道徳ノ事ハ文部省ニテ厚キ注意アリ、諸学科ノ先ニ之ヲ置キテ深ク之ヲ講究セシムルコトナレバ、夫レニテ事足ルコトニテ、別ニ私立ノ学会ヲ要スルコトナカルベシト、此言大ニ然ラズ、既ニ現今開ケ居ル所ノ衛生、医学、化学、物理、数学、法律等ノ如キモ、亦皆文部省ニテ大ニ官校ヲ開キ教育スル所ノ科目ニ非ザルハナシ、然ルニ何レモ私ノ学会ヲ開キ、各其学術ヲ拡張セント欲ス、何ゾ独リ道徳学ノミ私会ヲ開クベカラザルノ理アランヤ、且ツ学校ニテ教フル所ノ道徳ハ、其在学ノ生徒ニ止マリテ、退校後ノ生徒及ビ学校ニ入ラザルノ人ニ及ボスコト能ハズ。目今中年以上ノ国民ニテ、学校ノ教育ヲ受ケザル者幾百万アルヤ計リ難シ、又学校ノ教育ヲ受ケタル者ト雖ドモ、其在学ノ期ハ永キモ十年ニ過ギズ、短キハ二三年ニシテ退ク者アリ。人類中等ノ生命ヲ五十年トスルトキハ、其四十年又ハ四十七八年ハ道徳ノ教ヲ聞クコトナキノ時ナリ、然レバ道徳会ノ挙ハ日本国民ノ為メニ止ムベカラザルノ事ニシテ、又実ニ必要ノ事ナリ。

凡ソ学術ト職業トハ其種類ニ依リテ、互ニ相窒碍スル者ナキニ非ズ、例ヘバ医術ヲ業トスル者ハ法律学ノ会ニ入ルトモ其益ナク、博物学ヲ為ス者ハ統計学会ニ入ルモ其詮ナシ、其他商業ヲ為ス者ハ農会ニ入ルモ其利ナク、地学協会ニシテ斯文学会ニ加ハルモ亦益少ナカルベシ、是等ノ類ハ唯其利益ナキノミナラズ、又為ニ本業ノ時間ヲ徒費スルノ患ナキニ非ズ、独リ道徳学ハ是ニ異ニシテ何レノ学術何レノ職業ニモ適応セザルコトナシ。是ヲ譬フルニ道徳ハ堅固ナル基礎ノ如シ[72]、其上ニ宮殿モ建ツベシ、神社仏閣モ建ツベシ、観象台モ建ツベシ、燈明台モ建ツベシ、又良性ノ土地ノ如シ、其上ニ五穀モ成熟スベシ、樹木モ成長スベシ、故ニ道徳学ハイカナル学術ヲ修ムル者ニテモ、イカナル職業ヲ為ス者ニテモ是ニ従事シテ少シモ其本業ニ障碍ヲ為スコトナシ、唯障碍ヲ為サヾルノミナラズ、何レノ学術職業モ、道徳ヲ根拠トシテ之ヲ為ストキハ、皆安全堅固[73]トナリ、又其職業学術ノ位格ヲ高崇[74]ニスルコトヲ得ベシ。

既ニ道徳会ノ社会ニ利益アリト定マルトキハ、苟クモ道徳ニ志アルノ士ハ、相与ニ協同聚合シテ此道ヲ国中ニ弘メンコトハ余ガ諸君ニ希望スル所ナリ。諸君或ハ謂ハン、吾儕皆已ニ道徳ノ要ヲ知リ、其身ニ於ケル、家ニ於ケル、国ニ於ケル、共ニ自ラ其道ヲ行ヘリ、何ゾ必シモ学会ヲ結ブコトヲ要センヤト。然レドモ道徳ノ要ハ、一人高ク其道ヲ行ヒタリトテ、是ヲ以テ全国ノ人ヲシテ良善ノ民タラシムルコト能ハザルナリ、独リ其身ヲ善クシテ他ニ及ブコトヲ務メザルハ道徳ノ本意ニ非ズシテ、仏家ニテハ此ノ如キ者ヲ指シテ少乗ト言フナリ、道徳ノ教モ亦小乗ニ安ンズベカラズシテ、必ズ仏家ノ所謂大乗(救人)ト同様ナル目的ヲ立テザルベカラザルナリ。孟子言ハズヤ、天之生㆓此民㆒也、使㆓先知㆒覚㆓後知㆒、使㆓先覚㆒覚㆓後覚㆒也、然ラバ即チ道徳ニ志アルノ士ハ、後学者ヲ覚スヲ以テ其任ト為サヾルベカラザルナリ、且ツ学会ヲ結ブトキハ、独修ニテ得ベカラザルノ利益六条アリ。

其一　朋友ヲ得ルコト多シ[75]

凡ソ学問ニ朋友ヲ得ルヨリ楽シキハナク、又其道ノ弘マルモ朋友ノ力ヲ以テ第一トス、『論語』ニ有㆑朋自㆓遠方㆒来、不㆓亦楽㆒乎トアリ、朋友トハ同志ノ人ヲ言フナリ。凡ソ人ノ我ト相親シキハ、一家親戚ノ外ハ、其業ヲ同フスル者、其官ヲ同フスル者、又其郷里ヲ同フスル者ニ如クハナシ、然レドモ是等ノ中ニモ或ハ気風ノ合ハズシテ甚ダ親シカラザル者アリ、或ハ同業ノ競争、同官ノ妬忌等ニ由リテ、反ツテ甚ダシキ憎怨ヲ懐ク者アリ。独リ其志ヲ同フスルノ朋友ハ、其同業同官同郷タルト否トヲ問ハズ、其相親シキコト殆ンド兄弟ノ想アリ、所謂四海之内皆兄弟也トハ、蓋シ同志ノ朋友ヲ言フナリ。今上文ノ主意ヲ以テ道徳会ヲ立テ、此会ヲ賛成シテ入会スル者ハ皆同志ノ人ナリ、即チ一家親戚ヲ除ケバ国中最モ親シキノ人ニシテ、又其志ノ変ゼザル間ハ、生涯其友情ヲ変ズルコトナキノ人ナリ、国民中ニ於テ容易ニ此ノ如キ人ヲ得ルハ、豈ニ愉快ナルコトニ非ズヤ。

其二　知識ヲ交換スルノ便ヲ得ベシ[76]

凡ソ人ハ各々其職業ニ依リテ相交際スル者ニシテ、官吏ハ官吏ト相交際シ、学士ハ学士ト相交際シ、農工商ハ農工商ト相交際スルヲ以テ、其知識ヲ得ルモ、多クハ其同業中ニ止マリテ其他ニ及ブコト少ナシ、故ニ官吏ニシテ農工商ノ事ヲ知ラント欲シ、農工商ニシテ官吏ノ事ヲ知ラント欲スルコトアルトキハ、之ヲ知ルノ途ヲ得ザルコト多シ。然ルニ此会ハ官吏ニテモ学士ニテモ、農工商ニテモ共ニ一会ノ中ニ加ハリテ朋友トナルヲ以テ、道徳上ノ相談ハ勿論、其他職業ノ事、財産ノ事、学術ノ事、何ニテモ親シク相談シテ相資益スルコトヲ得ベシ。

其三　善事ヲ行フニ易シ[77]

善事ヲ行フハ固ヨリ己ガ心ヨリ発スルコトニテ、他人ノ力ヲ仮ルベキ者ニ非ズ、支那ノ歴史ニハ『独行伝《ドクコウデン》』ト云フアリテ、世間ノ毀誉ニ関セズ、独リ自ラ信ジテ其道ヲ行フ者ノ事跡ヲ挙ゲタリ。然レドモ此ノ如キハ非凡ノ人ノ為シ得ル所ニシテ、常人ノ能ク為ス所ニ非ズ、常人ノ情ハ免角世ノ風潮ニ従ヒテ進退スル者ニテ、単独ニ善ヲ行フハ頗ル為シ難キ者ナリ、然ルニ既ニ学会ヲ結ブトキハ、会友相互ニ競ヒテ善行ヲ修シ、一人善ヲ為セバ衆人之ニ倣ヒテ善ヲ為シ、モシ不善ヲ為サントスルモ会友ノ誹譏ヲ恐レ、又自ラ愧ルノ心ヲ生ジ、自然ニ省察シテ善人トナルノ益アリ。凡ソ天下ニ至善ノ人ハ、固ヨリ多カラズト雖ドモ、至悪ノ人モ亦甚ダ少ナシ、大抵ハ中等ノ位ニ在リテハ善ヲモ為スベク悪ヲモ為スベキ人ナリ、此ノ如キ人ヲ棄置ケバ悪人トナリ、教育スレバ善人トナル者ナリ。今道徳ノ会ニ入ル者ハ、会友ノ善事ヲ見習ヒ、悪事ヲ為スコトヲ恥ヂ、此中等多数ノ人ハ皆善人ノ部ニ入ルコトヲ得ベシ。又善事ヲ行フニ、一人ニテハ為シ難キコトアリ、公衆ノ為メニ公益ヲ興スコトノ如キハ、多力ニ頼ラザレバ功ヲ為スコト能ハズ、然ルニ学会ノ会友アル上ハ、忽チ相談ヲ遂ゲ、協力シテ大善事ヲ為スコトヲ得ルノ益アリ。

其四　名ヲ成シ易シ[78]

支那ノ後世ノ儒道ニテハ名ヲ好ム者ヲ譏リ、好レ名猶レ好レ利ト云ヒ、名利ノ心ト称シテ悪シキコトトセリ、然レドモ是ハ窮屈ニ過ギタル教ニシテ、中等ノ人ノ善事ヲ行ヒ難キ所以ナリ、好名ハ人ノ固有ノ天性ニシテ、善ク之ヲ用フルトキハ、決シテ悪事ニ非ザルナリ。世ニ善言善行アリテ人ニ知ラレザルハ士ノ悲シム所ナリ、孔子曰、君子病二没レ世而名不レ称焉トアリ、世ノ君子タル者、或ハ善言アリ、或ハ善行アリ、或ハ著述アリ、或ハ世ノ為メニ良計アルモ、山野僻郷ニ住居シ、交際スル者少ナキ時ハ、其名世間ニ顕ハレズ、其著書良計モ人ニ知ラレズシテ終ル者少ナカラズ。仮令此ノ如ク甚ダシキ者ナラズトモ、一己ノ力ヲ以テ世間ニ名ヲ知ラルヽト云フハ決シテ容易ナルコトニ非ズ、今学会ヲ結ブトキハ其会友ノ善言善行ハ、尊卑都鄙ノ別ナク種々ノ方法ヲ以テ之ヲ世間ニ表白スルガ故ニ、若シ善言ヲ発シ善行ヲ為ストキハ、其善言善行ハ全国ニ聞エ、其人ハ善美ノ名ヲ揚ゲ、世間ノ人ハ其言行ヲ師トスルコトヲ得ベシ。

其五　善良ノ風俗ヲ造ル[79]

一郷ニ一二人ノ卓越ノ善行者アルモ、数十人ノ不善者アル時ハ、其郷ヲ善美ノ郷ト称スベカラズ、一国ノ如キモ亦然リ、故ニ一二人ノ良善ノ行ヲ為スハ、其人一己ニ取リテハ、如何ニモ称スベキコトナレドモ、一郷ヨリ見ルトキハ之ニ異ニシテ、一二人ノ卓越ノ善行者アルモ、全郷悪人ナキニハ如カザルナリ、故ニ一郷ニテモ一国ニテモ、風俗ノ善美トナルヲ以テ最美事ト為ス、風俗美ナルトキハ、善人ハ固ヨリ善ニシテ、悪人モ亦自然ニ化シテ善ニ向フ者ナリ。今学会ヲ結ブトキハ、会中ノ人ハ皆善人トナリ、一村ノ人学会ニ入レバ一村ノ風俗良善トナリ、一都府ノ人学会ニ入ルトキハ、一都府ノ風俗良善トナリ、会員百人アレバ百人ダケ、千人アレバ千人ダケノ好風俗ヲ作リ、推シテ全国ニ及ブトキハ全国ノ風俗皆良善トナルナリ、人々単独ニ善行ヲ修ムルノミニテハ、此ノ如キ偉功ヲ奏スルコト甚ダ難シ。

其六　国民ノ心ヲ一ニス〔80〕

凡ソ国ノ患フベキハ、国民ノ心ノ一致セザルヨリ甚ダシキハナシ、『書経』ノ泰誓ニ紂有㆓臣億万㆒、惟億万心、朕有㆓臣三千㆒惟一心トアルハ、実ニ殷周ノ興亡スル所以ナリ。印度ハ人口二億ヲ有シ、東洋第二ノ大国ナリシモ、国民ノ心ノ一致セザルヨリシテ、竟《ツイ》ニ英国ノ侵掠ヲ受ケ分裂滅亡ノ惨禍ニ罹レリ。凡ソ何レノ国ニテモ、官吏ハ租税ヲ取ルノ職ニシテ、国民ハ租税ヲ出スノ職ナリ、取ル者ハ其多カランコトヲ欲シ、出ス者ハ其少ナカランコトヲ欲スルハ人情ナリ、是官民ノ一和セザル所以ナリ。又国民ガ宗旨ノ同ジカラザル、学問ノ信ズル所ノ同ジカラザル、政治上ノ意見ノ同ジカラザル(保守改進)等ハ、何レモ民心ノ一和ヲ妨グル者ナリ。然ルニ今道徳ノ学会ヲ開キ、同志ノ者ハ官民ヲ論ゼズ、宗旨ノ異同ヲ問ハズ、政治ノ意見ノ如何ニ関セズ、尽ク合シテ会友トナリ、道ヲ論ジ教ヲ説キ、公道ニ従ヒテ私見ヲ去リ、愛国心ヲ先ニシテ、一身ノ利害ヲ後ニシ、胸襟ヲ開キテ互ニ相結ブトキハ、国民ノ一和ヲ固フスルノ方法是ヨリ善キハ無カルベシ。

以上ハ学会ヲ建ツルニ由リテ生ズル所ノ利益ナリ、学会ノ方法ノ如キハ従前既ニ慣行スル所アリト雖ドモ、更ニ熟議改正シテ、益々良善ニ赴クコトヲ期スベシ。

第五段　道徳会ニテ主トシテ行フベキハ何事ゾ

道徳会ヲ建立スルノ利益ハ、上ニ既ニ言ヒタルガ如シ、既ニ学会ヲ結ビタル上ニテ其主トシテ行フベキハ何事ゾト問フニ知ト行トノ二者ニ過ギズ、知ハ道徳ヲ知ルノ事ナリ、行ハ道徳ヲ行フノコトナリ。道徳ノ原理ハ前日来ノ演説ニテ言フ通リノコトナレドモ、道徳ノ事ハ其浅キヨリ言ヘバ、日常衣服飲食ヲ始メ起居動作ノ事ニ過ギズト雖ドモ、其深遠ナルニ至リテハ、古来ヨリ幾多ノ聖賢ヲ出スト雖ドモ、未ダ之ヲ尽スコト能ハズ。故ニ今日以後益々此道ヲ隆ンニセントスルニハ、益々其道理ヲ研究考察シテ、至精至微ノ地ニ達セシメザルベカラズ、又行ノ上ヨリ言フトキハ、先ヅ道徳ヲ其身ニ行ヒ、夫レヨリ推シテ他人ニ及ボシ、種々ノ方便ヲ用ヒテ国民ノ風俗ヲ改良シ、国民ノ品性ヲ造成シ、其教化ノ広クシテ普ネカランコトヲ欲スルナリ。其目的ヲ以テ学会ヲ組織スルトキハ、会員中ニ自然ニ甲乙ノ二類ヲ生ズベシ、甲ハ自ラ奮ツテ国民ヲ教化センコトヲ勉ムル者ナリ（之ヲ導士ト称ス）、[81] 乙ハ学会ノ趣意ヲ賛成シ、直接間接ニ道徳弘張ノ助ヲ為ス者ナリ（単ニ之ヲ会員ト称ス）。此ノ如ク二類ニ分レタル所ニテ、甲ノ会員ハ専ラ教化ニ尽力スルハ勿論ノコトナレドモ、先ヅ其身ヲ修ムルヲ以テ第一トセザルベカラズ、所謂其身不レ正如正レ人何トイフ理ニシテ、仏教耶蘇教ニテモ、教化ニ任ズル者ハ其身ヲ持スルコト厳正ナラザルハナシ。故ニ本会ノ導士トナル者ハ左ノ六戒ヲ守ラザルベカラズ、六戒トハ何ゾヤ（一）ニ曰ク虚言、（二）ニ曰ク渦酒、（三）曰ク淫佚、（四）曰ク忿怒《フンド》、（五）ニ曰ク貪欲、（六）ニ曰ク傲慢、是ナリ。又是ニ五善ヲ加フレバ更ニ可ナリ、（一）ニ曰ク誠信、（二）ニ曰ク公平、（三）ニ曰ク堅忍、（四）ニ曰ク剛毅、（五）ニ曰ク仁慈、是ナリ。但シ此五善ハ専ラ世人ヲ教化スル上ヨリ言ヒタル者ニシテ、広ク人ノ行フベキ美徳ヲ言フトキハ猶ホ此外ニ数多アルベシ、乙ノ会員ハ直接ニ教化ノ責任ナシト雖ドモ、既ニ道徳ヲ以テ自ラ任ズルトキハ、六戒五善ハ亦能ク之ヲ守ラザルベカラザルナリ。[82]

道徳会ニテ国民ヲ教化セントスルニ其要五アリ、其一ハ妄論ヲ破ス、其二ハ陋俗ヲ嬌正ス、其三ハ防護ノ法ヲ立ツ、其四ハ善事ヲ勧ム、其五ハ国民ノ品性ヲ造ル、是ナリ。[83]

第一　妄論ヲ破ス

道徳ヲ弘ムルニ第一ニ着手スベキハ妄論ヲ破スルコトナリ、妄論ノ真理ヲ掩フコトハ雲霧ノ太陽ヲ蔽フト同様ノコトニシテ、妄論ノ雲霧ヲ抉開《ケッカイ》セザレバ決シテ太陽ノ真理ノ光輝ヲ見ルコト能ハザルナリ、妄論ニ五アリ。

其一ハ無知文盲者ノ妄論　　是ハ妄論中ノ最下等ノ者ニシテ、固ヨリ歯牙ニ掛クルニ足ラザレドモ、其人既ニ無知文盲ナルトキハ、其己ガ善シト思フ説ヲ頑守シテ之ヲ変ズルコトヲ知ラズ、之ヲ覚サントスルハ甚ダ難シ、是等ハ直チニ其謬迷《ビュウメイ》ヲ告グルモ入ルコト能ハザル者ナレバ、他ニ知識ヲ得ルノ途ヲ与ヘテ自然ニ開諭スルヲ宜シトスベシ。

其二ハ宗教ヲ迷信スルノ妄論　　是ハ大抵上ノ種類ト相混合シ、無知文盲ナル者ハ宗教ヲ迷信シ、宗教ヲ迷信スル者ハ無知文盲ナルヲ常トス。然レドモ少シク学問知識アリテ宗教ヲ迷信スル者モ亦無キニ非ズ、無知文盲ナル者ハ何事ニテモ妄論ヲ唱フレドモ、宗教ヲ迷信スル者ハ宗教ニ関スルコトニノミ妄論ヲ発シテ、其他ノ事ニハ頗ル聡明ナル者アリ。

其三ハ自己ヲ過信スルノ妄論　　是ハ少シク学問アリテ自ラ一見識ヲ立テタル心持ナレドモ、其学力狭隘ニシテ広ク事物ノ理ニ達セズ、古人ハ既ニ其非ヲ知リテ論説スル所アルモ、己其説ヲ見ザルヲ以テ其非タルコトヲ知ラズ。又他ニ之ヨリ勝リタル説アルモ己之ヲ知ラザルヲ以テ、猶己ガ説ヲ是ナリトスルノ類ニシテ、此妄論ヲ発スル者ハ多クハ田舎ニ住居シ、其交際甚ダ狭ク其与ニ交ハル所ハ其知識己ガ下ニ在ル者ノミニテ、一人モ己ガ説ヲ攻駁スル者ナキヲ以テ、自然ニ自己ヲ信ズルコト其度ニ過ギ、以テ此妄論ヲ発スル者ナリ。

其四ハ己ガ学ビタル所ヲ偏信スルノ妄論　是ハ国学漢学宗教ノ如キハ勿論、其他一技一芸ノ小道ト雖ドモ、己ガ学ビ知ル所ノ者ノミヲ以テ、至極ノ道理ヲ具ヘテ他ノ学問ニ勝ル者トナシ、是ニ由リテ妄論ヲ発スルナリ。国学者ガ本朝ノ古史ヲ偏信スルヨリシテ発スル所ノ妄見、漢学者ガ尭舜三代ノ治ヲ偏信スルヨリシテ発スル所ノ妄見、宗教家ガ其教祖ノ事跡ヲ偏信スルヨリシテ発スル所ノ妄見ノ如キハ、何レモ其真理ヲ失フニ非ザル者ナシ。国学ハ本邦ノ古実ヲ知ルニ必要ノ学ナリ、[84]漢学ハ東洋道徳ノ之ニ依テ樹立シタル学問ナレバ、固ヨリ至ツテ貴キ者ニシテ、其教義ハ至正至公ナリ、宗教ノ如キハ、其全体ニ就キテハ今日採用スルコト能ハズト雖ドモ、其中ニ於テ採ルベキノ妙理亦少ナカラズ。故ニ是等ノ学ハ固ヨリ学習セザルベカラザルノ学問ナリト雖ドモ、唯己ガ学ブ所ノ一偏ニ泥《ナズ》ムトキハ妄見ヲ発スルコトトナルナリ。仮令何程良善ナル学問ナリトモ独リ夫レノミヲ信ジテ他ノ学問ニ通ゼズ(少シク其一端ヲ窺ヒタル位ニテハ之ニ通ジタリト言フベカラズ)、禅家ノ所謂担板漢《タンパンカン》トナルトキハ、其学問ハ道理ヲ知ルノ用ヲ為サズシテ、却テ偏僻《ヘンペキ》ノ見ヲ助長スル者ナリ。

其五ハ文明ヲ過信スルノ妄論　是ハ今日上等ノ知識ヲ具ヘタル者ノ発スル妄論ニシテ、政府ノ高官トナリ、又ハ学士ノ名誉ヲ得タル人ニモ亦免カレザル者アリ。[85]故ニ此種ノ妄論ハ最モ道理ニ近ク、人ヲ誤ルコト最モ多キヲ以テ殊ニ深ク考察シテ之ヲ看破セザルベカラザルナリ。此妄論ノ中ニモ亦数種ノ別アリ、其一ハ親ラ西洋諸国ヲ遍歴シ、其盛大ヲ観テ之ニ眩惑シ、判断選択ノ力ヲ失ヒ、一モ二モ悉ク西洋ニ倣ハントスル者ニテ、即チ目ヨリ眩惑セラレテ其妄論ヲ発スル者ナリ。其二ハ西洋ノ書ヲ読ミ、事物ヲ観、其理ノ精密ナルニ驚キ、和漢ノ学問道理ハ一モ之ニ及ブ者ナシトシテ(此ノ如キ人ハ大抵ハ和漢ノ学ニ通ゼズ)只管之ニ拘泥シ、一向ニ西洋ノ説ノミヲ信奉スル者ナリ、此ノ如キハ心ヨリ眩惑セラレテ其妄論ヲ発スル者ナリ。其三ハ西洋ニ遊ビタルコトモナク、西洋ノ書ヲ読ミタルコトモナク、一二ノ翻訳書ヲ読ミ、又世人ノ誇言スル所ヲ聞キ、一意ニ西洋ニ倣ハントスル者ニシテ、此ノ如キハ耳ヨリ眩惑セラレテ、其妄論ヲ発スル者ナリ。夫レ西洋人ノ学問、知識、気力、智巧、固ヨリ東洋人ニ勝レルニ相違ナシ、然レドモ其道徳、風俗、習慣、生計ノ事ニ至リテハ、東洋ノ西洋ニ勝レル者亦少ナカラズ、東洋人タル者ハ努メテ其長処ヲ養成シテ益々其長ヲ現ハスベキナルニ、己ガ長処アルヲ少シモ顧ミズ、悉ク之ヲ棄擲シテ徹頭徹尾西洋人ノ所為ヲ学バント欲ス、荘子ガ所謂寿陵余子ノ歩ヲ邯鄲ニ学ブニシテ、遂ニ匍匐シテ還ルニ至ルベキコトナリ。凡ソ世上ノ妄論ハ其数幾千万アルカヲ計リ難シト雖モ、其ノ帰ヲ要スレバ、蓋シ此五種ニ過ギザルナリ。偖妄論ヲ破スルト言ヒタリトテ、妄論ヲ言フ人ニ向ヒテ一々之ヲ論破セヨト言フニハ非ズ、是ハ実際トテモ為シ難キ事ニシテ、若シ之ヲ為サントスレバ、徒ラニ弁舌ト時間トヲ費シテ、一モ成功ヲ見ザルコトアリ、唯吾会員タル者ハ心ニ其妄論タルコトヲ看破シ、好期会アラバ或ハ言辞ヲ用ヒ、或ハ他ノ方法ヲ用ヒ、遂ニ其妄論ノ破滅センコトヲ求ムベキコトナリ。

第二　陋俗ヲ矯正ス

国民ノ風俗ト云フ者ハ、古代ニ聖賢出デ此ノ如キ風俗ヲ為スベシト定メタルコトニ非ズ、国民ノ人情、習慣等ニ由リテ自然ニ定マリタル者ナレバ、決シテ完美ナル者ニ非ズ、故ニ時運ノ開クルニ従ヒテ漸々ニ之ヲ改良スベキハ先覚者ノ義務ナリ。蓋シ風俗ノ力ハ至ツテ強盛ナル者ニシテ、或ハ政府ノ法律モ之ニ及バザルコトアリ、故ニ国民ノ風俗全体ニ壊ルヽトキハ、一二ノ賢者出デ之ヲ矯メント欲スルモ能ハザル所ニシテ、終ニハ己モ亦其風俗ニ混合スルカ、又社会外ニ排出セラレテ後止ムコトナリ。是弥爾《ミル》氏ガ所謂多数ノ圧制ニシテ、其力ハ反テ政治ノ圧制ニ勝ルコトアリ、故ニ本国ノ為ニ忠義ヲ致サント欲スル者ハ、風俗ノ矯正ニ力ヲ用ヒザルベカラザルナリ。余ハ東京ノ人ナレバ全国ノ風俗ヲ知ルコト能ハズ、姑《シバラ》ク東京ノ風俗中ニ就テ、其矯正セザルベカラザル者数条ヲ挙ゲテ之ヲ示ス、他国ノ人ハ之

ニ倣ヒテ各其地方ノ風俗ヲ矯正センコトヲ冀望《キボウ》スルナリ。今其目ヲ挙ゲンニ、

其一　子ニ掛ルノ風　本邦民間ノ一般ノ風ニ子ニ掛ルトイフコトアリ、此事ハ支那朝鮮ヨリ伝来セシカ、又ハ本邦固有ノ風俗カハ知ラザレドモ、兎モ角モ東洋ノ風俗中ノ愚ナル者ナリ。凡ソ農工商ニ限ラズ、其家ノ主人タル者年四五十ニ至レバ、其家事ハ一切其子ニ任カセ、我身ハ隠居ト称シ、或ハ自己ノ余財ニ依リ、或ハ其子ノ養育ヲ受ケ、吾一生ヲ安逸ニ畢ラントスル者甚ダ多シ、是其人ノ怠惰心ヨリ出ルコトナレドモ、畢竟《ヒッキョウ》ハ風俗ノ然ラシムル所ナリ。西洋諸国ニハ帝王大臣ヨリ以下庶民ニ至ルマデ一切隠居ト云フコトナシ、徳逸皇帝ハ八十余歳ニテ猶政事ヲ親ラシ、比斯馬克《ビスマルク》ノ如キ額拉士敦《グラッドストン》ノ如キ、皆七十有余ニシテ、繁劇ノ職務ヲ執リ、倦怠ノ色アルコトヲ見ズ、天稟ノ強健ニ出ル者ナルベケレドモ、一ハ其国ニ隠居ノ風ナキヨリ起リタル者ナルベシ。其他欧米諸国ノ一般ノ風俗ハ、人々何レモ畢生其業ニ勉励シ、晩年ニ至レバ、其子ノ為メニ修学ノ費用ト職業ノ資本トヲ分限ニ応ジテ給与シ、己ハ自己ノ勉力ヨリ得タル貯蓄ヲ以テ、其生涯ノ幸福ヲ買ハンコトヲ求ムル者ニシテ、本邦ノ如ク年老ユレバ、子ノ養育ヲ受クルヲ以テ適当ノコトナリト思フ者ナシ。人生七十八十マデ生クル者トスルトキハ、四十五十ハ猶壮年トイフベシ、然ルニ既ニ自ラ廃然トシテ其子ノ養育ヲ受クルコトトナルトキハ、人生ノ半分ハ坐食自ラ甘ンズルノ人トナルコトニシテ、一身ノ養生ニ付キテモ、快楽ニ付キテモ、一国ノ経済ニ付キテモ此上モナキ損失ナリ。又東京市中ノ下等社会ニ至リテハ、女子ヲ以テ掛リ子ト称シ、之ニ遊芸ヲ習ハセ、或ハ妾或ハ妓ノ如キ醜悪ノ業ヲ営マシメ、其余潤ヲ以テ老年ヲ過活セントスル者多シ、実ニ歎息ニ堪ヘザルコトナリ、何卒此子ニ掛ルトイフ風ハ速ニ廃絶シタキ者ナリ。然ルニ本邦ニテ此風ノ廃シ難キハ父子同居ノ風アレバナリ、一家同居ト云フコトハ支那ノ後世ノ道徳ニ至ツテ貴ブ所ナレドモ、其実ハ何ノ用ニモ立タズ、有為ノ才力アル少年子弟ヲ束縛スルノ害アリテ少シモ世益ヲ為スコトナシ。故ニ今日子ニ掛ルノ風ヲ止メントスルニハ先ヅ同居ノ風ヲ止メ、其子既ニ長ジ、学業既ニ成リタルトキハ、其ノ力ニ応ジ資本ヲ与

へテ別居セシメ、其父母タル者ハ決シテ其子ノ養育ヲ受ケザル様ニ心掛クベキコトナリ。

其二　早婚ノ風　早婚ノ害ハ支那人早ク已ニ之ヲ言ヘリ、『小学』ノ書ニ引ケル漢ノ王吉ガ上疏《ジョウソ》ノ文ニ言フ通リ、未レ知二父母之道一而有レ子。是以教化不レ明而民多レ夭矣トイヘルハ、実ニ明白ノ議論ナリ。本年（明治十九年）一月四日ノ官報ニ、諸国結婚者年齢ノ比例ヲ載タリ、其文ニ拠ルニ、欧州ニテ最モ晩婚ナルハ比利時《ベルギー》ニシテ、其年齢ノ平均数ハ男三十一歳零三、女子二十八歳零五、魯西亜ハ最モ早婚ニシテ、男子ハ二十五歳零二、女子ハ二十一歳零五、徳逸・法蘭西・英吉利ハ皆此間ニ在リ。日本ハ更ニ早クシテ男子二十二年一零、女子十九年零四ナリ、此早婚ト云フコトハ一身一家ノ為メニ又一国ノ為メニ其害少ナカラザルコトナレバ、今其個条ヲ略述スベシ。

第一ハ男女共ニ身体未ダ十分ニ充実セザルヲ以テ、是ヨリ幾多ノ病ヲ生ジ、然ラザルモ亦早ク衰フルノ原因トナルベシ。

第二ハ王吉ノ謂フガ如ク、男女共ニ未ダ父母タルノ道ヲ知ラザルヲ以テ、児子ヲ挙グルモ其養育ノ法ヲ知ラズ、輙《ヤヤ》モスレバ其子ノ天然ヲ損ジテ、或ハ疾病ヲ起サシメ、或ハ病身トナスコトアリ。

第三ハ男子タル者、未ダ其妻子ヲ養フニ足ルベキ資産ヲ有セザル内ニ、妻ヲ迎ヘ子ヲ産スルヲ以テ、忽チ困窮ニ陥リ後悔スルトモ及バザルコトアリ。往昔ハ窮民ト云ヘバ鰥寡孤独《カンカコドク》ト言ヒタリシモ、今ハ家族多ク子供ノ多キ者殊ニ困窮ヲ極ムルコトトナレリ。

第四ハ国民ノ体格ヲ悪クス、早婚ニテ生レタル子ハ、前ニモ言フ通リ、父母ノ身体堅実ナラザルヲ以テ、其子ノ身体ハ自ラ尫弱《オウジャク》トナリ、其子モ亦早婚スルヨリ、其子ノ身体モ尫弱トナリ、此ノ如クシテ代々連続スルトキハ、終ニハ強壮ナル国民モ変ジテ尫弱不具ノ民トナルベシ。本邦ノ人種古代ハ、其体格頗ル偉大ナリシモ、近代此ノ如ク矮小トナリシハ、其原因許多アルベシト雖ドモ、早婚モ亦必ズ其中ノ一ニ居ルベシ。此四ヶ条ハ其大ナル者ニシテ、其細目ハ猶甚ダ多カルベシ、西洋諸国ノ如キハ、男女共ニ必ズ一学一術ニ達シタル上ニテ、男子ハ夫々ノ産業ニ就キ、妻子ヲ養育スルニ足ルベキノ財産ヲ貯ヘタル上ニテ妻ヲ娶ルヲ常トス(悉ク此通リニハアラザルベケレドモ、是ヲ普通ノ風俗トスレバ、此ノ如キ者蓋シ多カルベシ)。女子モ一学一術ヲ通ジタル上ニテ、男子ノ人物及ビ其資産共ニ其身ヲ托スルニ足ルベキヲ見定メタル後ニ於テ婚嫁スルコトナリト、西人ノ智略、人ニ勝レタルヨリ自ラ此風俗ヲ為シタル者ナルベシ、故ニ今ヨリ邦人早婚嫁ノ風ヲ改メ、専ラ西洋人ノ風ニ従ハンコトヲ希望スルナリ、亜米利加ノ現今ノ大統領ハ[86]、年四十八ニシテ初メテ妻ヲ迎ヘタリト云フ、是等ハ晩婚ニ過グルノ疑ナキニ非ズト雖ドモ、亦邦人ノ早婚ニ勝ルコト万々ナルベシ。

其三　吉凶ノ礼ノ弊風　凡ソ人間社会ニ於テ吉凶ノ礼ナカルベカラザルハ世界万国皆同一ノコトナリ、然ルニ此吉凶ノ礼ニ付キテ、悪シキ習慣ノアルハ何レノ国ニモアルベキコトナレドモ、他国ノ事ハ之ヲ論ズルニ及バズ、我邦ニ於テ此礼ニ付キ兎角悪風習アルハ歎ズベキコトナリ。尤モ地方ニ依リテ其風俗モ一様ナラザルベケレドモ、先ヅ東京近傍ノ風俗ニ付キテ其改良ヲ望ムノ点少ナカラズ、今先ヅ吉礼ヨリ説キ始ムベシ。人間ノ吉礼ハ数多アリト雖ドモ、殊ニ婚礼ヲ以テ重シトス、此婚礼ニ付キ(夫婦ノ択ミ方ハ別ニ之ヲ論ズベシ)何レノ土地ニモアル弊風ハ、費用ノ多クカヽルコトナリ、其費用モ夫妻ノ財産ノ為メ、又ハ学問職業ノ為メニ要スルコトナラバ猶可ナレドモ、婚礼ノ時ノ費用ハ大抵ハ浮費ナリ。即チ婦ヲ娶ル家ニ於テハ、婚礼ノ宴席ニ数多ノ客ヲ招キ数日ヲ連ネテ大酔飽食ス、若シ之ヲ為サヾルトキハ隣保相誹リテ吝嗇ト為ス。是ニヨリ中産以下ノ民ハ婦ヲ娶ルガ為メニ其家産ヲ傾クル者アリ、但シ吉礼ノコトナレバ身分相応ニ酒宴ヲ開クハ敢テ議スベキコトニ非ズトイヘドモ、余ガ見ル所ヲ以テスレバ、大抵ハ身分不相応ニ見ユルナリ、夫レヨリ里開キ、婿入、舅入等ノ式アリテ何レモ身分不相応ノ奢侈ヲ為サヾルハナシ、此ノ如キ事ヲ為シテ何ノ益ヲ為スヤ、実ニ愚ノ至リト謂フベシ。然レドモ既ニ風俗トナリタル上ハ、己一人之ニ背クコト能ハズ、迷惑ナガラ衆人ニ従ヒテ之ヲ行フナリ、是風俗ノ大切ナル所以ニシテ、悪風俗ノ速ニ改良セザルベカラザル所以ナリ。又凶礼ノ如キハ殊ニ死喪ヲ以テ重シトス、一家ニ一人ノ死亡者アルトキハ、其家人ハ皆悲歎ニ沈ムヲ以テ、他人ノ親シキ者来リテ其葬事ヲ営ムハ、交際上至極相当ノコトナリ。然ルニ吾国ノ風俗ニテ、其親類朋友ノ来リテ葬事ヲ営ム者ノ為メニ、酒食ヲ給スルヲ以テ常トシ、又一七日ノ頃ニハ頗ル盛饌ヲ具ヘ、其人ヲ招キテ之ヲ宴ス、此事ハ実ニ歎息ニ堪ヘザル悪風俗ナリ。酒ハ固ヨリ歓ヲ協ハセ、人ニ愉快ノ心ヲ生ゼシムル者ナレバ、吉礼ニ之ヲ用フルハ相当ノコトナレドモ、凶礼ニ之ヲ用フルハ抑モ何事ゾヤ、喪家ハ悲歎ノ中ニテ、未ダ坐敷ニ柩ノ在ル間ニ於テ、客人ノ為ニ酒食ヲ供スルニ忙ハシ、又一七日位ノ間ハ悲愁ノ情猶益ンナルニ、盛宴ヲ張リテ客ニ供セザルベカラザルトハ実ニ無情千万ノコトナリ。其来リテ喪ヲ助クル者ハ、皆親切ノ心ヲ以テ来ル者ナルベクシテ、其中或ハ死者血縁ノ端ニ具ハル人モアルベケレバ、真実喪家ノ不幸ヲ憫レミ、誠心ニ之ヲ助ケザルベカラズ。此ノ如キ人ハ、柩前又ハ一七日ノ間ニ於テ酒ヲ飲ミ肉ヲ食フモ、決シテ旨キヲ覚ヘザルベキ筈ナルニ、今時ノ風俗ハ是等ノ時ニ必ズ酒食ヲ供スルヲ常トシ、若シ酒食ノ設ナキトキハ、相与ニ其家ヲ誹リテ鄙吝トシ、甚ダシキハ爾後此家ニ喪事アルモ再ビ来ラジト言フニ至ル、其初メ親切ヲ以テ来リ会シ、後ニ酒食ナキヲ以テ怒ル、然レバ其親切ハ酒食ノ為メニ親切ナル者ノ如シ、奇怪ノ至リト言フベキナリ、婚礼ニ酒宴ヲ開クハ唯其奢侈ニ流ルヽヲ以テ之ヲ戒ムル者ニシテ、其身分ノ度ヲ守レバ、敢テ不可ナルコトナシ、死喪ニ酒ヲ用フルト云フコトハ実ニ言フベカラザルノ悪俗ニシテ、之ヲ行フ者ハ何レモ道徳ノ罪人タルコトヲ免カレズ。昔、宋ノ伊川之家有㆑喪、有㆑客索㆑酒、門人告㆑之、伊川曰、不㆑可㆑使㆑陥㆓人於悪㆒ト、伊川ノ言実ニ寛ニシテ栗《リツ》ナリト言フベシ。

其四　奢侈ノ風　従来都下ノ風ハ奢侈ニ流ルヽヲ常トスレドモ、外国ト貿易ヲ開キシ以来、其奢侈一層増長シ、底止スル所ヲ知ラズ、加フルニ、軽薄者流、西洋人ノ風ヲ見、西洋ニ赴キタル人ノ話ヲ聞キ、一向ニ之ヲ信ジ、衣食住ヲ美ニスルヲ以テ人間第一ノ智者ノ如ク喚ビ做シ、無知ノ徒其説ニ眩シ、己ガ力ヲ料ラズ、競ヒテ奢侈ヲ行ヒ、以テ自ラ貧困ニ陥ルコトヲ知ラズ、憫レムベキノ至リトイフベシ。凡ソ衣食住ハ自己ノ財産ノ多少ニ准ズル者ニシテ、西洋人ノ美衣美食スルハ、必ズ数万又ハ数十万ノ富アル者ナルニ、邦人ハ全ク無資産ノ身ヲ以テ彼ト同様ノ衣食住ヲ為サントスルハ、愚モ亦甚ダシキモノトイフベシ、既ニ西洋ニテモ有志ノ学士ハ、皆其奢侈ヲ憂ヒテ之ヲ遏絶《アッゼツ》センコトヲ務メザルハナシ、近年出版ニナリタル『奢是吾敵論《シャゼゴテキロン》』[87]・『西洋節用論』[88]ヲ見テ之ヲ知ルベシ。近年地方モ亦奢侈ニ流レタリトノ話ハ余ガ常ニ耳ニ聞ク所ナリ、仮令民間ニテ何程農業工業ニ勉強ストモ、奢侈ヲ禁止スルコトヲ知ラザレバ布嚢ニ水ヲ盛ルガ如ク、入ルニ従ヒテ脱出スベシ、又此奢侈ニ附属シテ、互ニ害ヲ為スノ一風アリ、即チ金銭ヲ浪費スル者ヲ称美スルノ風是ナリ。此風ハ都会ノ地ニ最モ甚ダシク、例ヘバ彼人ハ何々ノ祝ニ何十金ヲ費シタリトカ、何々ノ饗応ニ何百金ヲ費シタリトカ、何地ノ湯治ニ何百金ヲ遣ヒタリトカ、又ハ演劇ヲ見テ何十金ヲ投ジ、俳優芸妓ニ何十金ノ纏頭《テントウ》ヲ与ヘタリトカ云ヒテ之ヲ称賛シ、其身モ許多ノ金ヲ浪費セシヲ以テ人ニ誇ルノ風アリ、実ニ愚ヲ極メタル風俗ト云フベシ。夫レ金銭ハ天下ノ至宝ナリ、其用法宜シキヲ得ルトキハ、己ヲ利シ、人ヲ利シ、社会ヲ利スル者ナレドモ、若シ之ニ反シテ其用法宜シキヲ得ザル時ハ、己ヲ損シ、人ヲ損シ、社会ヲ損スルニ至ル者ナリ、此ノ如キ浪費家若シ其一日演劇ヲ見ルノ費用ヲ止メテ之ヲ貧民ニ施与セバ、幾多ノ窮民ニ衣食ヲ与フル事ヲ得ベキカ、実ニ広大ナル慈仁ト云フベシ。然ルニ此ノ如キ浪費家ハ多クハ吝嗇ナル者ニシテ、門前ニ飢餓ノ人アルモ、之ヲ救フコトヲ為サヾル者ナリ、己ガ一身ニ金銭ヲ浪費シ世間ノ窮苦ヲ顧ミザルハ、実ニ人間ニ於テ甚ダシキ不徳ニシテ、此ノ如キ人ハ其面ニ唾スルモ猶足ラザル者アリ。然ルニ世人ノ愚昧ナル、此ノ如キ人ヲ称シテ及ブベカラザル者トナシ、其人ニ敬服スルノ意アリ、憫笑《ビンショウ》ニ堪ヘザルコトナリ。此ノ如キ人ノ費ス処ノ金銭ハ、大抵ハ其祖先ノ辛苦シテ貯ヘ得タル者ナレバ、其祖先ニ対シテハ不幸ノ人ト云フベシ、又其散ズル所ハ割烹店、俳優、娼妓、妓楼等ノ不正ノ業ヲ為ス者ノミニ在ルヲ以テ、正業ノ者ニ利アラズシテ、不正業ノ者ニ利アリ、即チ己ヲ損シ人ヲ損シ社会ヲ損スル者ナリ、是等ノ事ハ一二人ノ所為ニ非ズ、一般ノ風俗トナリタルコトナレバ、衆人ノ力ヲ合セテ之ヲ医治スルニ非ザレバ、其根ヲ抜クコト能ハザルナリ。

其五　会飲ノ風　酒ハ固ヨリ利少ナク害多キ者ナレドモ、己ノ家ニ在リテ独リ飲ムトキハ、酗酒《クシユ》ノ外ハ、害ヲ他人ニ及ボスコトナシト雖ドモ、衆人会飲ヲ為スニ至リテハ、大ニ風俗ニ関係ヲ為ス者ナレバ、今之ヲ論ゼザルベカラズ。方今本邦ニテ会飲ノ風ヲ為セル者ハ、彼ノ親睦会、懇親会、送別会、開業式等ノ節ニ開ク者ニシテ、近代西洋ノ文明ヲ真似ルヨリシテ起リタル者ナリ、其会飲ハ東京ニテ上等社会ト称スル間ニ盛ンニ行ハルヽコトナレドモ、其弊多クシテ其利アルヲ見ザルナリ。其弊ヲ挙グレバ、

第一　無益ノ財ヲ浪費ス。

第二　貴顕ノ威儀ヲ失フ。

第三　一人之ヲ行ヘバ、他人モ之ヲ行ハザルベカラザル事トナリ、遂ニ都会ヨリ地方ニ及ボシ、全国酒食ニ耽ルノ悪風ヲ醸ス。

第四　平生飲酒ヲ好マザル者モ止ムコトヲ得ズ之ニ臨ミ、身体ノ健康ヲ傷ル(但シ大酒家ハ猶更健康ヲ損ス)。

第五　在上者之ヲ行フトキハ其風ヲ下ニ及ボシ、貧書生ノ如キモ相応ニ其真似ヲ為シ、学資ヲ浪費シ、遂ニハ身ヲ放蕩ニ陥ル。是其大略ニシテ、其細目ハ猶多カルベシ、此ノ如クシテ懇親ヲ結ビタル人々ハ、我患難ノ時来リテ我ヲ救フカ、我思慮ニ決スルコト能ハザル事アルトキ相談相手トナルコトヲ得ルカ、決シテ然ラザルナリ、又此ノ如キ開業式ヲ為ス時ハ、其事業ハ、必ズ成就シテ盛大ヲ致スコトヲ得ルカ、是甚ダ覚束ナキコトナリ。其利益ト云フハ、唯新聞紙ニ記シテ、何々ノ会ニ会スル者幾百人、当地未曽有ノ盛会ナリト云フニ過ギズ、頗ル愚ニ近キコトナルベシ。

或ル県ニテハ其地ノ或ル開業式又ハ開道式等ニ東京ノ貴顕ヲ招待シ、角力、芸妓等ヲ東京ヨリ召シテ之ヲ饗応シ、其費用ハ何々トカノ内ニテ支消シタリト聞ケリ。[89] 今親睦会ノ状態ヲ見ルニ、殊ニ其日本料理ヲ用フル者ハ飲食酔飽スルニ定度ナク、夜半ニ至ルモ止マズ、杯盤ハ畳ノ上ニ狼籍シ、主客互ニ酒ヲ強ヒ、大酔泥ノ如クナラザレバ止マズ、芸妓其他ノ婦人席上ニ徘徊シ、客ト相戯レ、互ニ嫚言醜語《マンゲンシュウゴ》ヲ吐テ恥トセズ、如何ナル高貴ノ人ト雖ドモ、此席ニ在ル間ハ、下等社会ト称スル力役ノ徒ト少シモ異ナルコトナシ。右ノ次第ナレバ、以上ノ諸会ノ如キ、其名ハ尤モラシク聞ユルコトナレドモ其実ハ害アリテ益ナキコトナレバ、漸ヲ以テ之ヲ廃絶シ、不得已ノ場合ニハ厳正ナル西洋晩餐ノ饗応ヲ為シ、以テ其礼ヲ完ウセンコトヲ望ムナリ、但シ同志ノ友、花晨月夕《カシンゲッセキ》ニ文事ヲ以テ相会シ、又ハ共ニ春郊秋野ニ散歩シテ、旗亭ニ一杯ヲ傾クルガ如キハ、頗ル高尚ノ風味アル者ナレバ、此ノ如キハ固ヨリ禁止ノ限ニ非ザルナリ。

其六　妓楼ヲ壮大ニスルノ風　妓楼ノ弊害ハ余ガ喋々スルヲ須ヒズ、既ニ世人ノ熟知スル所ナリ、凡ソ妓楼アルガ為メニ、世間ノ少年ヲ誤リ、学問職業ヲ画餅ニスル者、又ハ一家ノ財産ヲ蕩尽シテ赤貧ノ身トナル者、又ハ之ガ為メニ悪道ニ陥リテ盗賊トナル者、全国ニテハ幾十万人ナルカ、実ニ夥シキコトナルベシ。凡ソ国ノ損害ヲ為ス者種々アリト雖ドモ、其大害ヲ為ス者、妓楼ノ上ニ出ルハナカルベシ、此ノ如キ大害物ナレドモ、今日ノ民智ノ度ニテハ、未ダ断然之ヲ掃除シ尽スコト能ハザルハ、甚ダ歎息ノ至リナリ。余ハ固ヨリ其廃絶ヲ望ム者ナレドモ、今日ノ処ニテハ姑ク因循説ヲ主持シ、唯官許ノ妓楼ヲ廃センコトヲ望ムノミナリ、今日ニ至リテモ猶妓楼廃スベカラズト云フ者アレドモ、其論旨ノ当否ハ姑ク閣キ、此ノ如キ人ヲ観ルニ、何レモ元来好色家ナルカ、妓楼ニ縁故アルカ、然ラザレバ妓楼主張者ノ論ニ眩惑セラレ居ル者ナリ。[90] 凡ソ妓楼トハ如何ナル物ゾ、人民ノ品行ヲ壊リ、身体ヲ損シ、財用ヲ費シ、風俗ヲ悪クスルノ処ナリ、政府ガ鋭意ニ教育ヲ奨励シ、人民ノ品行ヲ正クシ、知識ヲ開キ、身体ヲ強健ニシ、風俗ヲ良善ニセントスルヲ観レバ、決シテ好ンデ妓楼ヲ公許スル者ニ非ズ、蓋シ勢ノ已ムヲ得ザルト、之ヲ禁ズルノ良法ヲ見出サヾルトニ依レル者ナルベシ、若シ之ヲ禁ズルノ良法ヲ得ルカ、或ハ人民自ラ奮ヒテ之ヲ禁止スル例ヲ出サバ、政府ハ必ズ喜ンデ之ニ従フナルベシ。余故ニ地方ノ諸君ニ望ム、若シ断然妓楼ヲ廃スルコトヲ得べケレバ之ヲ廃スベシ、若シ廃スルコト能ハズンバ、公許ヲ廃シテ黙許ニ付シ、以テ人民道徳ノ高昇スルヲ待ツベシ。或人ハ謂フ、公許ト黙許ト何ノ異ナルコトアラン、黙許スルトキハ、黴毒検査ノ法行ハレズシテ、益々風俗ヲ悪クスル者ナリト、是想像ノ説ニシテ、要スルニ妓楼ノ弁護人タルニ過ギザルノミ。夫レ野蛮ト文明トノ異ナル所以ハ、野蛮ハ禽獣ニ近クシテ文明ハ禽獣ニ遠キナリ、野蛮ハ恥ヅベキコトヲ恥ヂズ、是禽獣ニ近キ所以ナリ、文明ハ恥ヅベキコトヲ恥ヅ、是禽獣ニ遠キ所以ナリ、売淫ノ所行ハ、恥ヅベキモノカ恥ヅベカラザル者カ、苟クモ人心アル者ハ必ズ能ク之ヲ弁ゼン。既ニ其恥ヅベキヲ知ルトキハ、之ヲ公然ニスルハ、恥ヅベキヲ恥ヂザル者ニシテ、之ヲ隠密ニスルハ恥ヅベキヲ恥ヅル者ナリ、裸体ハ野蛮ノ風ナリ、衣冠ハ文明ノ風ナリ、裸体ハ醜体ヲ発露シテ、衣冠ハ醜体ヲ覆ヘバナリ、若シ此義ヲ知ラバ、妓楼ノ公許ト黙許トハ野蛮ト文明トノ分ルヽ所以ナルコトヲ知ルベシ、堂々タル帝都ノ中ニ其高崇美麗ナルコト、諸官衙学校ニモ勝ルホドノ妓楼ヲ建テヽ自ラ恥ヅルコトヲ知ラザルハ、蓋シ我日本ニ限ルコトナルベシ、夫レ故ニ地方偏僻ノ土地ニ在リテモ、皆妓楼ヲ高大ニ建造シテ、恥ヲ識者ニ暴ラスコトヲ知ラズ、又日本ノ近国、支那ノ如キ、朝鮮ノ如キ、苟クモ日本人ノ行クコトヲ得ル所ニハ、必ズ日本ノ売淫女其地ニ至リテ醜業ヲ営マザルハナシ、支邦朝鮮人ハ其開化ハ日本ノ下ニ在リト雖ドモ、未ダ両国ノ婦女日本ニ来リテ売淫ノ業ヲ為ス者アルコトヲ聞カズ、日本ノ婦人独リ其淫乱ナルカ、必シモ然ラザルベシ。

蓋シ国中ニテ妓楼ヲ公許シ、又貴神ノ徒モ妓楼ニ登ルヲ以テ深ク恥トセザルヨリシテ、此弊風ヲ醸シタルコトナルベシ。又梅毒検査ノ実際ニ益ナキコトハ、西洋諸国ノ学士ガ近頃組立テタル道徳会ノ報告中ニ詳ニ之ヲ述べタリ、（其文ハ修身学社叢説第三四号ニ在リ）、猶此外ニ此法ノ無益タルヲ証スベキ事実アレドモ今之ヲ略ス、[91]又公許ノ妓楼アレバ、密売淫スル者ナシト思フハ、甚ダ事実ニ暗キ考ナリ、凡ソ東京其他二府ノ如キ公許ノ妓楼アルノ地ハ、密売淫ノ数甚ダ多ク、之ヲ駆レドモ意ニ其根ヲ去ルコト能ハザル者ナリ。又娼妓ハ決シテ禁止スルコト能ハズ、之ヲ禁止スルトキハ、許多ノ弊害起ルトイフ者アレドモ、是又大ナル誤ナリ、[92]現ニ日本ニテモ埼玉岐阜ノ二県ハ知事ノ勇断ニ由リテ全ク娼妓ヲ禁ジ、已ニ十数年ナルモ、少シモ他ニ弊害ノ出ルヲ見ズ、此二県ノ学事勧業ノ他県ニ勝レタルハ世人ノ知ル所ナリ。先年陸軍省ニテ微兵ノ検査ヲ為シタリシニ、岐阜県ノ民ハ梅毒ニ罹リシ者甚ダ少ナシ、之ニ反シテ隣県ノ某々県ハ公許ノ妓楼アリテ梅毒検査ノ法備ハリ居レドモ、梅毒ニ罹ル者岐阜県ニ幾倍セルヲ知ラズ、陸軍ノ官吏モ禁娼ノ効験ノ大ナルニ驚キタリト言ヘリ。余故ニ曰ク、今日地方ニ於テ娼妓ヲ禁止スルハ、甚ダ難キコトニ非ザルベケレバ、之ヲ断行センコト固ヨリ希望ニ堪ヘズト雖ドモ、若シ之ヲ断行スルコト能ハザレバ、姑ク公許ヲ廃シテ之ヲ黙許ニ付スベキコトナリ。

其七　町村ノ習慣　町村ノ習慣ハ其町村ノ風俗ヲ為ス者ニシテ、至テ大切ナル者ナリ、此習慣ニ善キ者アリ、悪シキ者アリ、善キ者ハ少クシテ悪シキ者ハ多シ、凡ソ何レノ土地ニテモ古代ノ人民ハ皆野蛮ナリ、其野蛮ノ時ノ習慣ヲ襲用シ来リテ改良スルコトヲ知ラザル者ハ是レ習慣ノ悪シキ者ナリ、又中古ノ時ニ其町村ニ勝レタル人物出ルカ、又ハ経験ニ富メル老練家出テ其業務ニ改良ヲ加ヘ、以テ其町村ノ習慣ヲ作リタル者ハ其習慣善良ナリ、併シ善良ナル習慣ハ、其人ノ一家又ハ或ル事業ヲ限リテ行ハルヽ者多クシテ、一町村全体ニ行ハルヽ習慣ハ大抵悪シキ者ナリ、若シ一町村ノ習慣甚ダ悪キトキハ、善事ヲ為サントスルモ、之ガ為メニ妨ゲラレテ、其事ヲ或スコト能ハズ、故ニ悪シキ習慣ハ力ヲ極メテ之ヲ廃絶セシメザルベカラズ、先ヅ従前ノ習慣中ノ悪シキ者ノ一二ヲ挙クレバ、第一ニ町村ニハ若者トイフアリテ、少年無頼ノ徒、党ヲ結ンデ一団結トナリ、或ハ飲酒賭博シ、或ハ女色ヲ挑ミ、或ハ祭礼戯場等ノコトヲ主宰シ、事物ノ道理ヲ弁ゼズ、専ラ客気ヲ以テ村中ニ横行シ、長老ノ言ヲ用ヒズ、町村ノ約束ニ従ハズ、以テ其土地ノ患ヲ為ス者アリ、偶々少年謹飭《キンチョク》ノ者[93]アルモ、此党ニ入ラザル時ハ、人前ニ出ルコト能ハズ、初メハ已ムコトヲ得ズシテ此党ニ入ルモ、遂ニハ之ニ慣レテ、己モ亦悪党ノ一人トナルコトアリ、方今小学ノ設ケ国中ニ普キヲ以テ、此輩ノ行事モ漸ク改マリシト雖ドモ、猶風俗ヲ敗リ良民ノ害ヲ為スコト多シ、第二ハ婬風《インプウ》[94]ノ習慣其多シ、地方ニテ行ハルヽ婬風ノ習慣ノ中ニハ其所行実ニ禽獣ニ斉クシテ、之ヲ公言スルトキハ口吻ヲ汚スニ足ルベキ者多シ、[95]是等ハ皆野蛮ノ時ノ其侭ノ有様ニシテ、其町村ニ之ヲ改良セントスル道徳家無キヨリ、今日ニ至ルモ猶古代ノ陋風ヲ存スル者ナリ。

此二者ハ町村ノ習慣ニテ、何レノ国ニモ有リト聞ケル悪風俗ナリ、此外婚礼ノ時ニ石ヲ抛ゲ、死葬ノ時ニ会飲(此事ハ前ニ之ヲ述ベタリ)スルガ如キモ、亦諸国ニ行ハルヽ悪風俗ノ小ナル者ナリ、此外其地々々ニ従ヒテ各異ナル悪習慣ハ許多アルベケレバ(関東諸国ニテ三人以下ノ子ヲ拉殺シ、越後ニテ女子ヲ販売シ、八戸ニテ娼妓ヲ養成スルガ如キ)、有識ノ士ハ早ク之ヲ察シ、種々ノ方法ヲ用ヒテ之ヲ除キ去ルコトヲ務メザルベカラザルナリ。

第三　防護ノ法ヲ立ツ

人類ガ此世ニ生活スルノ目的ハ、利ヲ求メ害ヲ避クルニ外ナラズ、利ヲ求ムルコトハ人々其業ヲ勉励シ、之ニ智力ヲ加フルトキハ、世間相応ノ利益ヲ享クルコトヲ得ベシ、害ヲ避クルニ至リテハ、一人一己ノ力ニテハ之ヲ為シ得ベカラザルコトアリ。今幸ニ道徳会ノ挙アレバ其会ニ入リタル者ハ、相共ニ協力シテ害ヲ避クルノ方法ヲ講究セザルベカラズ、害ヲ避クルノ方法ヲ講究スルトキハ、利ヲ得ルノ方法モ、其中ニ幾分ヲ発見スルコトヲ得ベシ。

其一　町村内ニ於テ相談仲間ヲ定ム　凡ソ人類ハ単独ニシテ此世ヲ渡ルコトヲ得ベキ者ニ非ズ、必ズ相交ハリ相親シミテ、此世ニ生活スルコトヲ得ル者ナリ。人タル者ハ何程知識ニ富ムトモ今日社会万般ノ事ヲ悉ク知リ尽スコト能ハズ、学問ニ長ズレバ世事ニ短ナル事アリ、道徳ニ深ケレバ法律ニ粗ナル所アリ、是ガ為メニ生活上ノ間々不便ヲ覚ユル事アリ、因テ防護法ノ第一ニ相談仲間即チ親友会ヲ立テント欲ス。其法ハ一町内又ハ一村内ニ於テ殊ニ同志ノ人ヲ選ビテ之ヲ組織スベシ、我道徳会ノ会員ノミニテ組織スレバ十分ナレドモ、夫レモ今日ハ六カシキコトナルベケレバ、会員外ノ者ニテモ宜シ、唯其見込ヲ話シ合ヒ、其見込ノ大ニ異ナラザル者ノミヲ以テ組織スベシ。既ニ親友会トナリタラバ、仲間同士何レモ専ラ信義ヲ以テ相交ハリ、他人ノ為メニ利ヲ求メ害ヲ除クハ、即チ吾身ノ為メニ利ヲ求メ害ヲ除クコトナレバ、何程人ノ為メニ労シタリトモ、決シテ報酬ヲ望ムコトナク、以テ己ノ義務ヲ尽サンコトヲ務ムベシ。此会友ハ平日ハ妄リニ相往来セズ(妄リニ往来スレバ互ニ其ノ業務ヲ妨グ)、何カ相談事ノアル時、例ヘバ官府ニ対セル法律上ノ事トカ、請願ノ事トカ、租税ノ事トカ、土木ノ事トカ、又一家ノ事ニ付キテハ、其業務ノ事トカ、婚姻ノ事トカ、病気死喪ノ事トカ、負債訴訟ノ事トカ、何レモ一人ノ意見ニ決シ難キ時、又ハ一人ニテ手ノ廻ラザル時ハ、遠慮ナク往来シテ相談ヲ遂ゲ、以テ不慮ノ過失、又ハ災害ニ罹ラザル様ニスベシ、其相談ヲ為スモ、務メテ他人ノ業務ヲ妨ゲザル様、他人ニ費用ヲ掛ケザル様、注意専要ナルベシ。然レドモ此会友ハ意見又ハ労力ヲ相助クルノミニテ、決シテ金銭ノ貸借ヲ為スベカラズ、書籍器物等ノ貸借モ成ルタケ為サヾルヲ善シトス、若シ是等ノ物ヲ貸借シテ、其返済ノ滞ルコトアルトキハ、夫レガ為メニ会友ノ間ニ互ニ不快ノ念ヲ生ジ、終ニ交情ノ破裂ニ至ルノ恐アレバナリ。

其二　貯蓄ノ法ヲ定ム　人類ハ何レノ時、如何ナル疾病ニ逢フカ、災難ニ逢フカ死亡スルカ計リ難キ者ナレバ、予メ貯蓄ヲ為スベキハ必然ノ理ナリ。然レドモ世上金銭ニ余裕アル人少ナク、余裕アル人ハ之ヲ浪費スル等ニテ、之ヲ貯蓄シテ不慮ニ備ヘントスル者ハ、誠ニ少ナシ、近年政府ニテモ貯蓄法ノ奨励アルハ、国民ノ為メニ賀スベキコトナリ。然レドモ人々一己ニ奮発シテ貯蓄セントスルハ、容易ナラザルコトナルヲ以テ、今此道徳会アルヲ幸トシテ、セメテ此会ニ在ル者ハ互ニ申合セテ多少ノ貯蓄ヲ為サヾルベカラザルナリ。今其法ノ大略ヲ言ハンニ、先ヅ一町一村内ニテ同志申合セ、投票ヲ以テ、世話掛ヲ公選シ(人員ハ土地ノ大小ニ従ヒテ二人ヨリ三四人ニ至ル)、此世話掛ハ三年目位ニ交代シ、在任ノ間ハ、専ラ会友中ノ貯蓄金ヲ集メテ之ヲ駅逓局ニ預クルコトヲ務トスベシ。但シ人々自身其金ヲ持参スルヲ須ヒズ、世話掛自ラ人々ノ家ニ赴キ之ヲ取リ集ムベシ、駅逓局ニ預クルト引出ストハ、是又人々自身ニ之ヲ為サズ、必ズ世話掛ノ手ヲ経テ之ヲ為スコトト定ムベシ。偖人々貯蓄ヲ為サントスルニ方リ、第一ニ知ラザルベカラザルハ、己ガ所得金ノ内ニテ幾分ヲ消費シ幾分ヲ貯蓄ストイフ割合ヲ定メテ之ヲ守ルコト肝要ナリ、但シ中等以下ノ産業ノ者ハ貯蓄スベキ金トテ別ニ剰余アルベキ者ニ非ズ、必ズ[96]二法ニ由リテ貯蓄ヲ行フコトヲ得ベシ。其(一)ハ自ラ節倹シテ貯蓄スル者ニシテ、三盃飲マントスル酒ヲ二盃ニ減ジテ其一盃分ヲ貯蓄スルガ如シ。其(二)ハ臨時ニ入金ノアリシ時、之ヲ浪費セズシテ貯蓄スルコトナリ、是等ハ皆世話掛ノ者ノ深ク注意シテ、其事功ノ挙ランコトヲ望ム所ナリ。

其三　凶年ニ予備ス　市街ノ地ハ凶年ニテ米穀不熟ナルモ、格別難義スルコトハ無カルベシト雖ドモ、田舎ニ至リテハ、凶年ニ逢フトキハ、実ニ甚ダシキ惨酷ニ罹ルコトアリ、故ニ農家ハ殊ニ[97]凶年ノ予備ナカルベカラザルコトナレドモ、今日民間ノ状ヲ見ルニ、日々ノ生計ニ逐ハルヽ者多数ナレバ、凶年ノ予備マデ手ノ届ク者ハ甚ダ罕ナルベシ。殊ニ凶年予備ノコトハ、其事大ナルヲ以テ、古来ヨリ政治中ノ要件トナリ居リ、守土ノ吏ハ皆之ヲ為サヾルベカラザルノ義務アルコトナレドモ、去リトテ農人自己ノ食物ヲ自分ニテ工夫セズ、之ヲ政府ノ仕事ナリトテ打棄置キ、万一凶年ノ時ニ方リ、政府ノ恵政不行届ノ事アルトキハ、其災害ヲ被ブル者ハ農民自己ノ身ナレバ、苟クモ智慮アルモノハ、之ヲ平日ニ講究シ、其準備ヲ為シ置カザルベカラザルナリ、之ヲ為サントスルニハ、貧民ハ何程心配スルモ迚モ事功ヲ奏スルコトヲ得ザル者ナレバ、到底富民ノ有志者ニ之ヲ望マザルコトヲ得ザルナリ。其法ハ支那ノ常平倉《(ジョウヘイソウ)》ノ法最モ良善ナルベケレバ、今其法ニ倣ヒ、米麦ノ価ノ廉ナルトキニ之ヲ買入レ、価ノ貴キ時ニ之ヲ売出シ、凶年ノ時ニハ廉価ヲ以テ民ノ飢餓ヲ救フコトナリ。是ハ独リ富民ニノミ委托セズ、其他ノ者ニテモ少シク余裕アル者ハ、協力シテ其事ヲ成就セシムベシ、又貧民ノ如キハ己等ノ為ニ此美挙アルコトナレバ、力ノ及ブダケハ労働奔走シテ以テ其事ヲ助クベシ、其事成ルトキハ決シテ他人ノ利ニ非ズシテ、全ク自己ノ利トナルコトナレバナリ。

其四　水火盗賊ニ備フ　民間平素ノ災害ハ此三者ヲ以テ第一トス、此三者ヲ防ギ民ヲ安全ニスルハ、政府職分中ノ事ナレドモ、政府ニテハ、全国ヲ見渡シテ為スコトナレバ、一局部ニハ或ハ行届カザルコトモアルベシ。素々是ハ何レモ人民自己ノ災害ノコトナレバ、仮令政府ノ世話ナクモ、銘々自己ニ注意シテ其防備ヲ為サゞルベカラザルナリ。先ヅ水難ノコトハ、海水ノ難アリ、川水ノ難アリ、海水ノ難ハ津浪又ハ大風雨ノ時ニ在ル者ニシテ、非常ノ災難ハ人力ヲ以テ之ヲ避クベカラズト雖ドモ、海浜ニ住居スル者ハ、予メ津浪ノ時ノ立退場ヲ定メ置キ、又ハ家ヲ造ルニ、潮水ノ衝ニ当ラザル所ヲ択ブトカ、風雨ノ強ク当ラザル所ヲ択ブトカノ工夫ナカルベカラズ。又平日海浪ノ強キ所ハ石堤ヲ築クトカ、其他ノ防禦法ヲモ施シ置カザルベカラズ、河水ノ難アル処ハ堤防ノ用最モ大切ニシテ、是等ハ政府ノ民政中ノ要件ニシテ、夫々修築ノコトモアルベキナレドモ、民間ニテモヨク之ニ注意シ、平日堤防ヲ損壊セザラン様ニシ、堤防ノ害ニナル物ハ之ヲ除キ、少シノ破損アレバ、大事ニ至ラザル前ニ之ヲ修理スル等ノ法モアルベシ、又家ヲ造ルニ善ク其地勢ヲ察シ、決シテ危険ノ地ニ家作セザル様ニスベシ。又水利ノコトハ、自身直接ノ利害ヲ受クル者ナレバ、水辺ニ住ム者ハ平生善ク其理ヲ考究シ、成ルタケ害ニ罹ラザル様工夫スベシ。但シ是等ノコトハ何レモ単身ニテハ功ヲ奏シ難キ者ナレバ、同志聚合シ、各誠実ヲ以テ互ニ其力ヲ助クベシ。又火災ノコトハ水災ヨリモ尤モ不意ニ起ル者ナレバ、殊ニ平日其防禦ノ方法ヲ講究シ、事ニ臨ンデ狼狽セザルコト肝要ナリ、其法ハ

第一ハ銘々自己ニ火ノ用心スルコト、是ハ田舎ハ火ノ用心極メテ疎漏ニシテ、藁茅等ヲ積ミ置ケル傍ニテ火ヲ焚

キ、藁火ノ未ダ全ク消エザルヲ納屋ニ入ルヽ等ハ屡々耳聞スル所ナリ。

第二ハ防火ノ具ヲ備フルコト、是ハ火ノ起リタル時、何程多人数集合シタリトモ防火ノ具ナキトキハ、消防ノ功ヲ奏スルコト能ハズ、防火ノ具ハ其種類甚ダ多ケレバ、善ク実地ニ考究シテ無用ノ贅物ヲ作ラザル様心掛クベシ。

第三ハ町村内申合セ、一家火起ラバ、隣傍急ニ来リ救フノ法ヲ立テ置クベシ、是ハ何レノ家ヨリ発火スルモ計リ難ク隣家ノ災難ハ我家ノ災難ナレバ、近隣ノ人ハ務メテ之ヲ救護セザルベカラズ。

第四ハ、風烈ノ時ハ特別ノ巡視法ナカルベカラズ、風烈ノ時火起ル時ハ、其災ノ及ブ所料リ難シ、故ニ冬夏ヲ論ゼス、風烈ノ時ハ当番ヲ立テヽ巡視シ、以テ非常ヲ警ムベシ、此他猶政事上ニテ防火ノ法モアルベキコトナレバ、其及バザル所ヲ助ケ、以テ自己ノ安全ヲ謀ルベシ。又盗賊ノ防禦ハ政府ノ管スル所ナレドモ、自己銘々ニモ其用心ナカルベカラズ、先ヅ第一ニ家々ノ戸締リヲ厳重ニスルハ勿論ノコトニシテ、其他隣保相談シテ相互ニ援助スルノ法ヲ設ケザルベカラズ。市街ノ如キ人家稠密ノ所ハ、家ト家トノ間ニ電信ヲ通ズルカ、銅線ヲ貫キテ物響ヲ発セシムルカ、種々ノ方法アルベシ、人家ノ離隔シタル所ニテハ此法ヲ行ヒ難キヲ以テ、家々ニ鳴響ノ器物ヲ用意シ置キ、盗財入リタラバ之ヲ鳴ラシテ互ニ相報ズベシ。近隣ニテ其報ヲ得レバ、直チニ出テ之ヲ救フカ、又ハ巡査ノ交番所ニ馳テ之ヲ報ズベシ、苦シ強盗ニシテ凶器ヲ携ヘテ手向ヒセバ、之ヲ殺シテ社会ノ為メニ禍根ヲ絶ツベシ、又人家ニハ銘々武器ヲ用意シ置キ、盗財入リタラバ、之ヲ以テ防禦スベシ、是ガ為メニ平日武器ノ使用ダケハ練習シ置カザルベカラズ。

第四　善事ヲ勧ム

凡ソ善事ト言ヘバ誰ニモ大抵分カリタルコトナレドモ、学問ノ力ニ因ラザレバ、或ハ其善事ヲ誤解スルコトアリ、既ニ誤リナク其善事ナルコトヲ知ラバ、人ヲ勧奨シテ善ク之ヲ行ハシムルハ、亦本会ノ貴ブ所ナリ。善事ニ二アリ。

其一ハ一身ニ付キテノ善事、其二ハ一家ニ付キテノ善事、其三ハ社会ニ付キテノ善事ナリ、一身ノ善事トハ人々之ヲ行ヘバ善人トナリ、又其身ノ幸福トナルノ事ナリ。今之ヲ戒ムベキ者ト勧ムベキ者トニ分ツベシ、其戒ムベキノ主要ナル者ハ虚言、過酒、淫佚、忿怒、貪欲、懦弱、傲慢、怠惰ノ八戒ニシテ、其勧ムベキノ主要ナル者ハ誠信、公平、堅忍、剛毅、仁慈、勤勉、節倹、廉潔ノ八善ナリ。一家ニ付キテノ善事ハ、是ヲ行ヘバ一家内快楽和合スルノ事ナリ、其大要ヲ挙グレバ父母タル者ハ慈愛ヲ行ヒ、子タル者ハ孝ヲ行ヒ、夫ハ婦ニ恩アルベク、婦ハ夫ニ順ナルベク、兄弟姉妹ハ互ニ相愛スベキガ如キ是ナリ。一身ノ善事ト一家ノ善事トハ詳細ノ解説ヲ要スベキ者ナレドモ、其甚ダ長文ニ渉ルヲ以テ今之ヲ言ハズ、他日別ニ述ブル所アルベシ。社会ニ付キテノ善事ハ是ヲ九条ニ分ツ、以下説ク所ノ者即チ是ナリ。

其一　国民ノ義務ヲ教フ　凡ソ国中ニ在ル者ハ、上一人ノ外ハ皆国民ナリ、国民ノ義務ニ付キテハ和漢ノ古訓ニハ別ニ之ヲ述ベタル者ナケレドモ、西国ノ道徳書ニハ大抵之ヲ掲載セリ、人人ノ記スル所ニ依リテ其条目ニ些少ノ異同アレドモ、法律ヲ遵奉ス、租税ヲ納ム、国役ニ服スルノ三条トスル者尤モ多クシテ、余亦同意スル所ナリ。此三条ハ目今我国人ハ大抵能ク之ヲ奉ズルガ如クナレドモ、其実ハ或ハ然ルコト能ハザル者アリ、即チ法律ニ触レテ軽罪ノ処分ヲ受クル者アリ、租税ノ怠納ニ由リテ警官ニ引致セラルヽ者アリ、又国役中ニ於テ徴兵ノ如キハ人民ノ最モ嫌悪スル所ニシテ種々ノ計ヲ以テ之ヲ避ケントシテ却テ刑辟ニ陥ル者アリ。此ノ如キハ畢竟国民ノ無知ナル所以ニシテ、此三者ハ何レノ国ニ往クトモ免カルヽコト能ハザル者ナレバ、甘ンジテ之ニ服従スルヨリ他法アルコトナシ、此ノ如キ避クベカラザルコトヲ避ケントシテ罪ニ陥ルガ如キ愚昧ナルコトニテハ、決シテ民権ノ拡張ナドノコトハ成シ難キコトニシテ、到底屈辱ノ地位ヲ免カルヽコト能ハザルベシ。故ニ道徳ノ会員ハ能ク国民ヲ勧メテ此三義務ヲ執行セシメ、以テ国民ノ分ヲ尽サシムベシ、若シ政府ニ不良ノ吏アリテ或ハ不法ノ法律ヲ立テ、或ハ過重ノ租税ヲ課スルガ如キコトアラバ、之ヲ除クハ又別ノ手段ニ依リテ之ヲ行フベキコトニシテ、其為メニ国民ノ義務ヲ怠ルコトハ能ハザルナリ。

其二　教育ヲ勧ム　教育ハ大ニシテ、邦国ノ為メ、小ニシテ、一個人ノ為メニ必要ナルコトハ、衆人ノ皆知ル所ナリ、故ニ文明ノ政府ニテハ、何レモ教育ニ力ヲ尽サヾルハナシ。蓋シ教育ハ国民ノ品性ヲ造ルニ大功力アル者ニシテ、教育ノ法良善ナルトキハ良善ナル結果ヲ得、不善ナルトキハ不善ナル結果ヲ得、教育ノ良否ハ何レノ学科ニモ其結果ヲ現ハス者ナレドモ、修身道徳ノ教育ハ、其善悪ノ結果殊ニ畏ルベキ者アリ。故ニ吾道徳会ニ於テハ、固ヨリ国民ヲ勧メテ教育ニ従事セシムベシト雖ドモ、唯盲行シテ教育ヲ勧ムルニ非ズ、必ズ教育法ノ良否ヲ審カニシ、道徳ノ主義ヲ精究シ、其可ナル者ヲ勧メ、其不可ナル者ハ之ヲ制抑セザルベカラズ。方今国中ニ教育会ノ設甚ダ多キハ、教育ノ為メニ賀スベキコトニシテ、其会員タル者大抵学務官吏学校教員等ナレバ、其論旨モ称賛スベキモノ少ナカラズ、然レドモ許多ノ教育会ノ中ニハ、或ハ一二ノ議スベキ所ナキニ非ズ、今其欠処ヲ挙グレバ、

其一ハ　其時々ノ風潮ニ従ヒテ其説ヲ為シ、例ヘバ儒教主義ノ流行スル時ハ儒教主義ヲ称賛シ、兵式体操ノ流行スル時ハ兵式体操ヲ称賛シ、[98] 教育ノ原理ニ依拠シテ一定ノ主義ヲ立ツルコト能ハズ。

其二ハ　本末軽重ノ理ニ暗ク、些末ノ事ヲ事々シク論ジ立テ（例ヘバ小児ニ教フルニ平仮名ヲ先トスベシトカ、片仮名ヲ先トスベシトカ、又ハ腰掛ガ高過ギルトカ、低過ギルトカ云フノ類）国民ノ品性ヲ造ルコトニ至リテハ之ヲ問ハザル者ノ如シ。

其三ハ　教育者其身ニ自得ト云フコトナク、唯西洋ニ此ノ如キ法アリト聞クトキハ、只管ニ之ニ倣ヒテ、其我邦ニ適スルト適セザルトヲ考フルコトナシ。

其四ハ　当今民間ニ教育ノ行ハルヽノ難キハ、国民生計ノ貧ニシテ、其費用ヲ出スノ難キニ在リ、教育者ハ其貧民

ヲシテ、教育ヲ受クルコトヲ得セシムベキ活法ヲ考フルコトヲ知ラズ、唯学校教授法等ノ完美ヲ求メテ、其費用ノ多キヲ顧ミザル者アリト聞ケリ、吾道徳会ノ会員ハ能ク是等ノ短処ヲ除キテ民間ノ教育ヲ勧メンコトヲ希望スルナリ。又国民ニ摂生ヲ勧ムルハ教育ヲ勧ムルニ次グノ善事ニシテ、道徳会ノ忽ニスベカラザル所ナリ、偖摂生ト言ヘバ世上ノ流行ニテ、牛肉ヲ食ヒ牛乳ヲ飲ムトカ、鶏卵ヲ食フトカ、或ハ高燥ノ地ニ住ムトカ、或ハ毛布ノ襯衣ヲ着ルトカノ類ヲ以テ、摂生ナリト思フ者多ケレドモ、余ガ言フ所ノ摂生ハ左ニ非ズ、尤モ身体非常ニ虚弱ナルカ、或ハ疾病ニ罹リタル者ナラバ、右等ノ方法ヲ用フベキ者ナレドモ、尋常無病ノ身体ナラバ飲食衣服ナドニ深ク心配スルニ及バズ、唯大酒大食過房ヲ謹ミ、身体ヲ労働シ、筋骨ヲ鍛錬シ、風雨寒暑ニ堪フル様ニスベシ、是第一ノ摂生法ナリ、近年衛生ノ論大ニ起リ、所々ニ衛生会ノ設アリテ、盛ンニ演説ノ行ハルヽハ至極美事ナリ、然レドモ許多ノ演説者ノ中ニハ、或ハ未ダ深ク衛生ノ理ニ達セズ、或ハ経験未ダ足ラズ、唯雷同ヲ以テ衛生論ヲ説ク者アリ、或ハ些細ノ事ヲ大事ノ如クニ言ヒ倣シテ聴人ノ心ヲ惑ハス者アリ、或ハ国民生活ノ度ヲ知ラズシテ、妄リニ費用多キ衛生法ヲ談ズル者アリト聞ケリ、全体ハ余ハ衛生講談ハ賛成ノコトナレバ、何卒右等ノ欠点ヲ修正シテ一般人民ノ幸福ヲ為シタキ者ナリ。

其三　貧人ニ施与ス　人ノ貧富ハ或ハ其人ノ勤ト惰トニ因ルコトモアレドモ、何レモ皆然リト云フニ非ズ、或ハ無知無能ナルモ、祖先ノ遺産ニ由リテ豊富ナル者アリ、或ハ才能アルモ不幸ニシテ幾多ノ禍災ニ逢ヒ貧窮ヲ極ムル者アリ、且ツ貧富ニ常主ナシ、今日ノ富人モ忽然ト産ヲ落シ、貧人トナルモ計リ難シ、故ニ人ハ己ガ資産ノヤヽ余裕アル時ニ於テ仁恵ヲ施サヾルベカラザルナリ、世間ニ或ハ施与ハ人心ヲ怠惰ニスルモノナレバ之ヲ行ハザルヲ可トストト言フ者アリ、此言甚ダ誤レリ、世間ノ貧人皆怠惰ノ結果ナラバ此言或ハ当ルベシト雖ドモ、怠惰ニ出ヅル者ハ反テ少ナク、不幸ニ出ル者甚ダ多キヲ如何セン、蓋シ此ノ如キ論ヲ立ツル者ハ、多クハ吝嗇者ニシテ、己レノ財ヲ出スヲ厭ヒ、故ラニ此ノ如キ言ヲ設ケテ己ガ吝嗇ヲ覆フ者ナリ、夫レ施与ノ事ハ道徳ノ教ニテ一モ之ヲ説カザルハナク、宗教ニ於テモ何レモ之ヲ善事トセリ、仏法ニテハ檀那波羅密[99]ヲ以テ菩薩ノ六度中ノ第一トシテ殊ニ之ヲ貴ヒ、回教ニテハ、人ハ其財産ノ四十分一ヲ余シテ施与ニ供スベキ者ト定メタリ、蓋シ人ノ仁心ハ草木ヨリハ動物ニ対シテ強ク発シ、他ノ動物ヨリハ同ジ人類ニ対シテ強ク発シ、人類中ニモ不幸災難ニ罹ル者ニ対シテ殊ニ強ク発スル者ナリ、是人類ノ天性ニシテ世界万国人タル者ハ皆同様ニ此徳ヲ有シ居ルナリ、然ルニ此徳ノ発動スルモ、之ヲ抑ヘテ良心ヲ満足セシメザルハ、実ニ上帝ニ対セル罪人[100]ト言フベキナリ、故ニ本会ニ於テ、務メテ世ノ富人ニ勧メテ施与ヲ行ハシメ、会員中ニテ財産ノヤヤ豊カナル者ハ亦自ラ施与ヲ行フベキコトナリ、施与ハ固ヨリ此ノ如ク善事ナリト雖ドモ、己ガ財ヲ量ラズ際限ナク施与シテ自ラ窮迫ニ陥ルハ愚ナリ、因テ施与ヲ為スニハ、同志ノ者相謀リ、積金ノ法ヲ行フヲ良善トスベシ、積金ノ額ハ、人々其己ガ収入ノ百分ノ一ヲ積ミ立ツルヲ以テ宜シトスベキニ似タリ、此積金ハ前ノ駅逓局ニ預クル者ト混淆スベカラズ、彼ハ我身ノ為メノ貯蓄ニシテ、此ハ他人ノ為メノ貯蓄ナリ、此積金ヲ預カルハ同志中ニテ投票ヲ以テ委員ヲ定メ、年番ヲ以テ之ヲ預カルベシ、此ノ如クシテ会員中ハ勿論、同町同村ニ窮乏ノ者アラバ、此金ヲ出シテ直チニ之ヲ与フルカ、又ハ此金ヲ以テ他ノ方法ヲ立テヽ之ヲ救フカ、何レトモ其時ノ適当ノ取計ニ由ルベシ。

其四　公益ノ事業ニ出金ス　公益ノ事業ニ出金スルハ国民ノ職分ナリ、但シ是ハ第三条ノ施済ノ金ヲ以テスル者ニ非ズ、町村中ノ相応ニ資力アル者各自己ノ力ヲ量リテ出金スルコトナリ、偖此事ハ至極ノ美事ニシテ固ヨリ本会ニテ勧奨スベキ事ナレドモ、近年公益ヲ興スコトハ、政府殊ニ地方官ニテ専ラ注意シ、人民ニ先チテ夫々ノ事業ヲ工夫スルコトナレバ、人民ハ自ラ工夫スルコトヲ須ヒズ、唯其命令ニ従ヒ応分ノ出金スレバ、夫レニテ事済ムノ姿ナリ、凡ソ公益ノ事業ハ其名ノ如ク公衆ノ利益トナルコトナレバ、己ガ資力ノ能ク之ニ堪ユルコトヲ計リテ之ヲ為スハ、道徳ノ本意ナルベシ、且ツ公益ノコトニ出ス所ノ金ハ、必シモ消費スル者ニ非ズシテ、終ニハ己ノ利益ニモナルコトナレバ、一身ノ為メニ謀リテモ亦智アルコトト言フベシ、然レドモ邦人ノ軽躁ナル、唯公益トサヘ唱フレバ深ク其利害ヲ考ヘズシテ、倉卒ニ之ニ着手スル者亦頗ル多シ、故ニ世上ニテ公益ト称スル事ニテモ、能々考察シテ、果タシテ実ニ公益ナルカ、其名ハ美ナレドモ其実ハ然ラザルカ、又公益ハアレドモ其費用多ク掛リテ得失相償ハザル者ナルカト云フコトヲ精究スベシ、然ラズシテ漫然トシテ出金スルトキハ、自ラ損シテ反テ公益ヲ損スルコトアルモ計ルベカラズ、今日公益ノ顕著ナル者ハ港湾ノ築埠、河身、河堤ノ修築、溜池溝渠ノ開掘、道路ノ修繕及ビ開鑿、荒蕪地ノ開墾、電信鉄道ノ私設、其他学校病院ノ建築等ナリ、学校ノ事ハ政府ノ干渉スル所ニシテ、精密ナル法則マデ発令アルコトナレバ、民間ニテ別ニ方法ヲ設クルコトヲ要セズ、全ク政府ノ命令ニ従フヲ宜シトスベシ、但シ方今ノ学校ニハ、或ハ外見ヲ修飾シ、又ハ左程費用ヲ掛ケズトモ済ムベキヲ、故ラニ多ク費用ヲ掛クル等ノ弊アル者ナレバ、能ク精査シテ無益ノ冗費ナキ様ノ工夫肝要ナルベシ、病院ノ如キハ殊ニ此弊多キ者ニシテ、無用ナル巨大ノ建築ヲ為シ、以テ県下ノ文飾ト為スハ比々見ル所ナレバ、最モ能ク注意セザル可ラザルコトナリ。

其五　人ノ患難ヲ救フ　人ノ患難ハ甚ダ多シ、其中尤モ通常ニシテ多ク見ル所ノ者ハ水火、盗賊、疾病、死喪、孤弱、誣枉《フオウ》、貧乏ノ七者トス、水火盗賊ノ予防ノコトハ前ニ既ニ之ヲ言ヘドモ、爰ニ言フ所ハ其事後ヲ救助スル事ナリ、其救助ノ法ハ、吾智力ト財用トノ二者ヲ施スノ外ナシ、盗賊ハ其訴訟又ハ探偵等ノコトニモ力ヲ尽サヾルベカラザルコトアリ、疾病ハ或ハ医ヲ求メ或ハ看病シ、或ハ言語ヲ以テ其心ヲ引立ル等種々ノ方法アルベシ、死喪ハ或ハ人ヲ遣ハシテ其喪事ヲ助ケシメ、貧人ナレバ財ヲ以テ其葬儀ヲ助クル等ノコトアリ、又言語ヲ以テ其生者ヲ慰諭スル等猶其余ノ方法モアルベシ、孤弱ハ大抵其親戚中ニ後見トナルベキ者アレドモ、若シ之ナキ時ハ、其宜シキヲ料リテ之ヲ世話シ、流離死亡ノ惨ニ陥ラザル様ニ注意スベキコトナリ、[101] 誣枉ハ我力ヲ尽シテ之ヲ官ニ訴フルトカ、其他之ヲ伸張スルノ方法ヲ求メテ之ヲ行ハザルベカラズ、殊ニ孤児寡婦ノ誣枉ノ如キハ、最モ力ヲ尽シテ之ヲ救援セザルベカラズ、貧乏ハ之ヲ救フハ財ヲ施スノ外他法アルコトナケレバ、其事ハ第三条ニ記スル通リニスベシ、然レドモ或ハ家計ノ立テ方ノ宜シカラザルカ、又ハ其人ノ不経済ナルヨリ起ルコトアラバ、又之ヲ匡正スルノ法ヲ行ハザルベカラズ、然ルニ今全国中是等ノ患難ニ罹ル者ハ其数莫大ナルベケレバ、迚モ一々救助スルハ能ハザルコトナルベシ、故ニ是ハ先ヅ同郷同村同町ノ人ノミニ之ヲ施シテ可ナリトス、或ハ時宜ニ依リ同会員ノ者ノミヲ救フモ可ナルベシ、是等ハ其時ニ臨ミテ適当ノ取計アルベキナリ。

其六　人ノ憂苦ヲ慰ム　凡ソ人タル者ハ憂ナキ者ハナシ、蓋シ人生一生間ノコトヲ考フルニ、憂ハ常ニ多クシテ楽ハ常ニ少ナシ、然ルニ憂ハ人心ヲ萎縮セシメ、前途ノ望アルモ、之ガ為メニ其望ヲ失ヒ、活発ナル精神ノ人モ其活発ヲ失ヒ、剛強ナル人モ其剛強ヲ失ヒ、甚ダシキハ其身体ヲ衰弱セシメ、其生命ヲ短縮セシムルコトアリ、道徳ニ深キノ士ハ己ガ心ヲ存養スルノ功ニ因リテ、能ク其憂ヲ制シテ吾身体ト精神トヲ害セシムルニ至ラズト雖ドモ、養気ノ学ナキ者ハ憂ヲ制スルノ方ヲ知ラズ、為メニ一身ノ不幸ヲ招ク者多シ、憂ニ二ツアリ、(一)ハ我身及ビ親戚ノ疾病死亡ニシテ、(二)ハ我身ノ貧窮患難ナリ、世間ノ人大抵此二患ニ罹ラザルハナクシテ、又此二患ノ為メニ心ヲ痛マシメザル者ナシ、然レドモ此二憂ハ共ニ天命ノ然ラシムル所ニシテ、人力ヲ以テ之ヲ如何ントモスルコト能ハズ、故ニ道徳ノ会員ハ、深ク世人ガ此二憂ニ罹ルヲ憫レムト雖ドモ、亦其力ヲ以テ之ヲ救フコト能ハズ、然レドモ其貧窮患難ノ如キハ、或ハ之ヲ救フノ途アルトキハ、為メニ計画謀議シ、務メテ其憂ヲ軽クセンコトヲ求メ(前条ヲ参看スベシ)、若シ免カルルコト能ハザレバ、古ノ賢人又ハ豪傑ノ士ガ困難患苦ニ遭ヒテ其志ヲ屈セザリシ例証ヲ引キ、又人ハ患難困阨《コンヤク》ニ逢ヒテ益々其志節智力ヲ砥礪《シレイ》スルノ益アルコト等ヲ説キ、以テ其志ヲ挫屈セザラシムベシ、疾病死亡ノ如キモ之ヲ慰諭開導シテ甚ダシキ憂ニ沈マシメザル様ニシ、其慰諭ノ法ノ如キハ、其人ノ知識ノ高低ニ依リ、其法ヲ一定シ難シト雖ドモ、或ハ其人ノ心ヲ他事ニ転ゼシメ、或ハ古今ノ例ヲ引キ、其人ヨリ更ニ不幸ナル者ト比シテ自ラ慰サマシメ、或ハ後来ノ大事ヲ語リテ其心ヲ奮起セシムルノ類種々アルベシ。

其七　人ノ紛議ヲ解ク　凡ソ小ニシテ一家内、中ニシテ一町一村内、大ニシテ一国内ニ在リテ人民ノ紛議ハ兎角絶エザル者ナリ、一家内ニ於テハ父子、夫婦、兄弟ノ間ニ動モスレバ争論起リ、是ガ為メニ天倫ノ親和ヲ失フ者数々之アリ、是等ノ争論ハ大抵ハ其初メハ些細ノ事ヨリ起リ、漸々増進シテ遂ニハ一家ノ幸福ヲ損スルニ至ル者ナリ、凡ソ一家内ノ忿争ハ罕ニハ一方ニ大不善ノ者アリテ、夫レヨリ起ルコトアレドモ、大概ハ甲乙共ニ甚ダシキ正邪アル者ニ非ザレバ、善ク之ヲ調停スルトキハ、双方共ニ道徳ヲ傷フコトナクシテ風波全ク平グ者ナリ、又朋友間社会間ノ争論ノ如キモ、一方ニ甚ダシキ悪事ヲ巧ム者アリテ起ルハ至ツテ罕ナルコトニテ、大抵ハ少々ノ行違ヒヨリ起リ、互ニ負ケジト思ヒ、強テモ相手ニ勝タント欲スルヨリシテ、其紛議甚ダ固結スルニ至ル者ナリ、余儕道徳者ハ此ノ如キコトアルヲ見バ、速ニ其中間ニ立チ、双方ヲ慰諭シテ、其争論ヲ鎮定センコトヲ務ムベシ、然レドモ一家内ノ争論ニ他人ヨリ挿口スルハ却テ彼ノ怒リヲ激スルノ恐レモアルコトナレバ、宜シク其事機ヲ測リ、無謀ノ挙トナラザル様ニ注意スベシ、又朋友間社会間ノ争論ノ如キモ宜シク其事機ヲ察シ、仲裁ニ由リテ反テ其争論ヲ増スカ、又ハ仲裁ヲ為シテ余ガ身反テ其人ニ悪マルヽノ機アルヲ見バ、速カニ手ヲ引キテ其事ニ関セザルベシ、凡ソ人ノ争論ニ仲裁ヲ試ムルハ、吾身ト其人トノ親疎及ビ吾身分ノ何ノ地ニ在ルカヲ考ヘテ後チ口ヲ其間ニ容ルベシ、然ラザレバ、争論ヲ鎮メントシテ却テ争論ヲ大ニスルコトアリ、然レドモ吾身ニ一点ノ悪意ナク、満腹ノ誠信ヲ以テ之ヲ行フトキハ、彼レ必ズ之ニ感ジテ、決シテ吾ヲ怨怒スルガ如キノ挙ニ出ヅルコトハナカルベシ。

其八　人ノ善事ヲ称揚ス　善事ヲ行ヒテ人ノ称揚ヲ求メザルハ盛徳ノ君子ノ事ニシテ、常人ノ能クスベキコトニ非ズ、名誉ノ為メニ善ヲ行フハ、至極ノ上等ノ人品ニ非ズト雖ドモ、名誉ヲ顧ミズシテ悪事ヲ行フ者ニ比スレバ、之ニ勝ルコト万々ナリ、大都会ノ中ニ在リテ善事ヲ行フモ、人或ハ之ヲ知ラザルコトアリ、況ンヤ僻郷寒村ニ在リテ其品行衆人ニ卓越スル者アルモ、遂ニ世人ニ知ラレズシテ、草莱《ソウライ》ニ埋没セル者亦少ナカラズ、此ノ如キ者ヲ発揚シテ其美ヲ人ニ知ラシムルハ、亦道徳者ノ任ズベキ所ナリ、此ノ如キハ独リ其人ニ対シテ慈善ノ徳ヲ表スルノミナラズ、又他人ニ勧メテ善ヲ為サシムルノ助トナル者ナリ、其称揚ノ方法ハ一ナラズ、其時ノ模様ニ随ヒ、或ハ地方官ニ告グヘシ、或ハ新聞記者ニ報ジテ広告セシムベシ、或ハ本会ノ雑誌ニ登録シテ世人ニ公示スベシ、然レドモ又偽善者アルコトナレバ、妄リニ人言ヲ信ズルコトナク、必ズ其事実ヲ審カニシ、愈々相違ナキヲ見極メタル上ニテ之ヲ行フベシ。

其九　国役ヲ勤ムル者ヲ優待ス　現今国役ヲ勤ムル者ノ中ニテ、最モ人ノ厭フ所ニシテ、又尤モ国ノ為メニ必要ナルハ兵役ナリ、近年兵役ヲ勤ムル者ニ対シテ、夫々ノ優待法ヲ諸府県ニテ行フコトヲ聞ク、至極ノ美事ニシテ間然スベキコトナシ、大抵現今府県ニテ行フ所ニテ可ナルガ如ク見ユレドモ、金ヲ費シテ優待スルコトハ余程熟考セザルベカラザルコトナリ、蓋シ兵役ノ事ハ幾百年ヲ経ルモ止ム時ナキ者ナレバ、各々己ノ力ヲ量ラズ、妄リニ多金ヲ与フル等ノ法ヲ立テル時ハ、遂ニハ之ヲ供給スルコト能ハズシテ、此ノ如キ良法モ反テ怨ヲ招クノ基トナルモ計リ難シ、故ニ兵役者ヲ優待スルハ、先ヅ世間ニテ行フガ如ク、出立ノ時ニ夫々見送リノ式ヲ定メ、兵役中ハ人々相代リテ其家ノ農耕ヲ助ケ、帰郷ノ時ハ出迎ノ式ヲ行ヒ、爾後村中ニテハ、兵役ヲ勤メタル者ハ尋常平民ノ上座ニ着ク等ノ法アルベシ、満期帰郷ノ時ニ金ヲ当人ニ与フルハ、前ニモ言フ通リ、余程勘弁アルベキコトナリ、本人固ヨリ金ニ事欠クニ非ズ、尤モ金ヲ与フレバ喜悦スルニハ相違ナシト雖ドモ、其為メニ年中村内ニ余分ノ積金ヲ為シ置カザルベカラズ、傍々之ヲ永続セントスルトキハ、衆人ノ苦情モ起ルベキコトナレバ、成ルベクダケ金ヲ与ヘザルヲ宜シトスベシ。

右ハ善事中ノ大要ニシテ、随分常人ノ力ニテ行ヒ得ベキコトナリ。其外善事ニハ猶許多ノ種類アリ、棄児ヲ養育シ、貧病人ヲ救養シ、悪童ヲ教訓シ、廃人ヲ教育シ、罪人ヲ慰諭開悟セシメ、又罪人ノ満期放免セラレタル者ニ職業ヲ与フル等ハ、社会上ノ善事ニシテ、願クハ之ヲ行ヒタキ者ナレドモ、是等ハ皆多分ノ費用ヲ要スル者ナレバ、容易ニ手ヲ下スコト能ハズ、唯徐々ニ心掛ケテ其行ヒ易キ者ヨリ之ヲ施行セバ、竟ニハ全ク其目的ヲ達スルノ日モアルベシ。

第五　国民ノ品性ヲ造ル

此条ハ本会ノ最後ノ目的ニシテ本国ノ為メニ最モ必要ノ条目ナリ、凡ソ国ノ政治法律何程完全ナルモ、海陸軍備何程強盛ナルモ、教育何程普キモ、国中ニ一二ノ俊才アルモ、国民全体ノ品性良善ナルニ非ザレバ、決シテ国威ヲ海外ニ輝カスコト能ハズ、故ニ余ハ全国ノ人ニ望ム、若シ実ニ此国ヲ大切ナリト思ハヾ、人々自ラ奮ツテ其品性ヲ良善ニセザルベカラズ、而シテ吾道徳ノ会員タル者ハ殊ニ力ヲ尽シ、種々ノ方便ヲ用ヒテ国民ノ品性ヲ良善ニセンコトヲ求メザルベカラザルナリ、英人斯邁爾士《スマイルス》ノ『品行論』[102]ニ曰ク、人民ノ品行ノ性質ハ如何ナルヲ優等ト為スベキヤ、曰ク心思高尚、曰ク真実、曰ク忠直、曰ク有徳、曰ク勇毅、人民ノ性質此ノ如クナレバ、其国爛然トシテ光采アリ、他国ヨリ仰望シテ尊敬セラルベシ、盤石ノ重キガ如ク、四方ヲ鎮圧スルノ威アルベシ、以上ニ言ヘル性質ノ外ニ要須ナル者ハ曰ク敬慎、曰ク規則整斉、曰ク自ラ能ク統治ス、曰ク心ヲ職分ニ尽ス、此等ノモノ人民ノ品行ヲ植ツルニ於テ亦欠クベカラズ、若シ夫レ人民ノ或ハ専ラ歓楽ニ耽リ、或ハ偏ヘニ嗜欲ヲ事トシ、是ヲ無上ノ尊ト為シ、別ニ気象ノ更ニ高キヲ有セザル者ハ其国ノ陋劣ナルコト曾テ野蛮ノ国ニダモ若カザルナリ、斯邁爾士《スマイルス》ノ言至極道理アリト言フベシ、近年本邦人、西洋開化ノ風ヲ生マ聞キシ、唯財富ミ、美食美衣スレバ、夫レニテ国民ノ品性ハ十分ナリト思フ者少ナカラズ、今日本邦財用困難ニシテ其富裕大ニ西洋ニ及バザルヲ以テ、是等ノ妄見者其志ヲ達スルニ由ナク、徒ラニ熱中ニ日ヲ送ル者多シト雖ドモ、仮令是等ノ人ノ望ノ如ク、財貨富裕ナルコト西洋諸国ノ如クナルコトヲ得ルモ、夫レノミニテ諸国ノ尊敬ヲ受クルコト能ハザルベシ、唯受ケザルノミナラズ、今日ノ如キ我国民ノ品性ニシテ、万一財貨富饒ナラバ、却テ国ヲ亡スノ媒トナルベシ、何トナレバ古ヘヨリ国民柔懦ニシテ富裕ナルトキハ必ズ他国ノ呑噬《(ドンセイ)》ヲ免カルヽコト能ハザル者ナレバナリ、然ルニ斯邁爾士《スマイルス》ノ言フ所ヲ見レバ、富豪奢侈ヲ以テ国民ノ良品性ト言ハズ、心思高尚以下ノ諸件ヲ挙ゲテ国民ノ模範ト為ス、西人既ニ此言アリ、吾儕安ンゾ倣フテ之ニ遵ハザルベケンヤ、斯邁爾士《スマイルス》ノ言フ所ノ品性ハ、何レモ善ク選択シタル者ニシテ、間然スベキコトナシト雖ドモ、東西其国ヲ異ニスルヲ以テ、其中或ハ我国ニ的切ナラザル条目アルニ似タリ、余ハ因テ東西ノ学ヲ折衷シ、古今ノ異同ヲ考ヘ、本邦国民ノ品性ヲ造ルニ左ノ八条ヲ以テ必要ナリト定メタリ、(其一)勤勉、(其二)節倹、(其三)剛毅、(其四)忍耐、(其五)信義、(其六)進取ノ気ニ富ム、(其七)愛国ノ心盛ン、(其八)万世一統ノ天皇ヲ奉戴ス、是ナリ。

其一　勤勉　勤勉ハ通語ノ勉強ノコトニテ、誰モ知リタル事ナレドモ、之ヲ行フ人ハ甚ダ少ナキヲ見ルナリ、凡ソ勤勉ハ学問スルニモ、官途ニ在ルモ、職業ヲ為スニモ、何レモ必要ノコトニテ、若シ勤勉ノ字ヲ忘ルヽトキハ何事モ成就スルコト能ハザルナリ。勤勉ヲ為スニ二個ノ要件アリ、(一)ハ立志ニシテ(二)ハ専一ナリ。初メニナニヲ為サントイフ志ヲ立テザルトキハ、仮令勤勉セントスモ的ナキ所ニ矢ヲ放ツガ如ク、其勤勉スル目当ナカルベシ、故ニ人ノ此世ニ在ルヤ、先ヅ其志ヲ立ツルヲ肝要トス、或ハ学士トナラントカ、或ハ工人トナラントカ、或ハ農人トナラントカ、或ハ商人トナラントカ、已ガ見込ヲ確ト立テザルベカラズ、尤モ世間ニハ官員トナラント志ス人モアレドモ、官員ハ其成ルト成ラザルトハ他人ノ心ニ在ル者ナレバ、此ノ如キコトヲ頼ミテ目当ヲ定メントスルトキハ、大ニ狼狽スルコトアルベシ、故ニ志ヲ立ツルニハ、必ズ己ガ一身ノ力ヲ以テ為シ得ベキコトノミヲ以テ之ヲ定ムベシ、既ニ其志ノ定マリタル上ハ、学士ナリ農工商ナリ、夫々ノ事業ニ就キテ飽クマデモ勉強スベシ、是ヲ立志トイフ、専一トハ心ヲ一方ニ向ケテ外ニ散乱セザルコトナリ、心ヲ散乱スルコトハ、例ヘバ学問ヲ為シナガラ商業ヲ心掛クルトカ、商業ヲ為シナガラ他ノ遊芸ヲ心掛クルトカイフハ、皆心ノ散乱セルナリ、今仮リニ人心ヲ以テ千斤ノ力アリト仮定スルトキ、心ヲ一業ニ専用スルトキハ千斤ノ力ハ皆其業ノ上ニ注グナリ、然ルヲ之ヲ他ノ業ニ分ツトキハ、其本業ヲ為スノ力或ハ七百斤トナリ或ハ五百斤トナリ、甚ダシキハ他ニ散乱スルノ量甚ダ多クシテ、其本業ニ向フノ力ハ三百斤ニ過ギザルコトアリ、然ルトキハ、何ホド英才ノ者ニテモ其業ヲ仕遂グルコト能ハザルベシ、故ニ立志ト専一トノ二者ハ、勤勉ノ為メノ二大要法ナリ、今世間ノ人、大抵ハ勤勉ノ善ナルコトヲ知レドモ、之ヲ行フ者ノ少ナキハ、之ヲ妨グル者アルニ由ル、勤勉ノ妨ヲ為ス者ニ其大ナル者五アリ、(一)ニ酒、(二)ニ色、(三)ニ懦弱、(四)ニ厭倦、(五)ニ人言是ナリ、此五者ヲ去ラザルトキハ、立志専一ノ二良法ヲ行フモ、亦全ク勤勉ノ功ヲ奏スルコト能ハザルナリ。

其二　節倹　節倹ノ美徳タルコトハ、諸教皆之ヲ説カザルハナシ、節倹ハ徳ヲ養ヒ財ヲ養フノ益アル者ニシテ、其身ノ幸福ヲ得ントスルニ、此徳ニ頼ラザレバ能ハザルナリ、羅馬ノ西塞禄《シセロ》ガ節倹ヲ以テ自主ノ母ト名付ケシハ、蓋シ節倹スルトキハ貯蓄スルコトヲ得、貯蓄スレバ人ニ依頼セズシテ独立ノ生活ヲ為スコトヲ得、独立ノ生活ヲ為シタル後ニ初メテ自己ノ志ヲ行フコトヲ得ルノ義ナリ、之ニ反シテ財用ヲ浪費スレバ貧窮ニ陥ル、一村財用ヲ浪費スレバ一村貧窮トナリ、一国財用ヲ浪費スレバ一国貧窮トナル、近時友人中村敬宇翁ガ訳セル『西洋節用論』ニ、節倹ノ徳ヲ論ズルコト極メテ詳カナリ、節倹ノ此ノ如ク美徳ナルニ、本邦民間ノ風俗ハ兎角之ヲ忌ミ嫌ヒ節倹ヲ行フ者アレバ相聚リテ之ヲ詆毀《(テイキ)》ス、是ヲ以テ仮令節倹ヲ行ハント欲スル者アルモ、其志堅固ナラザルトキハ、他人ノ言ニ動カサレテ其志ヲ果タスコト能ハズ、又節倹ヲ行フ者モ人言ヲ憚リテ窃カニ之ヲ行ヒ、外面ハ節倹ヲ行ハザルノ様子ヲ為シテ之ヲ装フ、誤レリト云フベシ、蓋シ俗人ガ此ノ如ク節倹ヲ忌嫌フハ、(一)ハ節倹ト吝嗇トノ区別ヲ知ラザルニ由リ、(二)ハ節倹者ガ財ヲ蓄フルヲ見テ、之ヲ妬忌スルノ念アルニ由ルナリ、節倹ハ浪費ヲ謹ミ、労力ノ一分ヲ貯蔵シテ、他日有益ノ事ニ用ヒントスル者ナリ、(前ニ述ベタル人ノ患難ヲ救ヒ、公益ノ事ニ出金スルガ如キハ、其初メ節倹ヲ為サヾレバ之ヲ行フコト能ハズ)吝嗇ハ、有益ノ事アルモ之ヲ用ヒズ、専ラ財ヲ積ムヲ以テ心トスル者ナリ、節倹者ハ己ヲ立テ又人ヲ立テントスル者ナリ、吝嗇者ハ人ヲ倒シテ己ヲ立テントスル者ナリ、節倹者ノ多キ土地ハ其民皆富裕ナリ、吝嗇者ノ多キ土地ハ、其人ノミ富裕ニシテ、其他ノ民ハ皆貧困ナリ、是第一条ノ弁ナリ、第二条ハ論ズルニ及バズ、節倹ハ此ノ如キ美徳ナレバ、吾儕道徳者ハ務メテ世ノ妄論ヲ破シ、人々ヲ勧メテ節倹ノ風ヲ養成セシメザルベカラズ。

其三　剛毅　凡ソ人ノ此世ヲ渡ルハ、宛モ猛烈ナル風雨ノ中ヲ行クガ如キ者ニシテ、或ハ計ヲ以テ我ヲ欺カントスル者アリ、或ハ威力ヲ以テ我ヲ脅カサントスル者アリ、或ハ甘言ヲ以テ我ヲ誘セントスル者アリ、千態万状何レモ我ヲ吹倒サントスルニ非ザル者ナシ、此ノ如キ世路ヲ渡リテ其身ヲ立テ其志ヲ行ハントスルニハ、剛毅ノ徳ニ非ザレバ之ニ堪フルコト能ハズ、殊ニ外国人ニ対シテノ挙動ハ、尤モ剛毅ノ力ニ頼ラザルベカラズ、今人々ノ身分ニ付キテ言ハンニ、官吏ト為リ政務ニ管スル者ガ、本国ヲシテ、他ノ強盛国ト比肩シテ国ノ光栄ヲ保タシメントスルニハ、其方法ハ許多アルベシト雖ドモ、一ニ剛毅ノ徳ヲ以テ之ヲ貫カザレバ、其事ヲ成スコト能ハズ、殊ニ武官タル者ノ剛毅ナラザルベカラザルハ言フ迄モナシ、又学士タル者ガ其学ヲ精究シテ文明国ノ学士ニ恥ヂザラントスルニハ、尤モ剛毅ノ徳ヲ奮ヒ、或ハ北極ノ氷海ニ航シ、或ハ砂漠ノ熱地ニ旅シ、或ハ言語不通危難難測ノ野蛮ノ境ニ入リ、或ハ高山深谷猛獣毒蛇ノ栖ヲ犯シ、以テ其学術ヲ錬磨セザルベカラズ、又農人ノ如キハ前人ノ陋習ヲ脱シ、或ハ新規ノ農器ヲ造リ、或ハ荒蕪磽确《（コウブコウカク）》ノ地ヲ開墾シ、或ハ外国ニ出デヽ耕植ヲ試ムル等ノ如キ、又工人ガ従前ノ工業ノ外ニ新ナル工夫ヲ以テ更ニ巧妙ナル器械ヲ作リ、又ハ古来ノ美術ノ上ニ更ニ一層ノ美妙ナル工芸ヲ興スガ如キ、商人ガ目今ノ小利ニ安ンゼズ、自ラ航海シテ広ク貿易ノ業ヲ営ミ、世界ノ市場ヲ以テ己ガ市場トセントスルガ如キハ、何レモ剛毅ノ徳ニ頼ラザレバ、他ノ才能アリトモ、決シテ成功ヲ見ルコト能ハザルベシ、実ニ剛毅ト懦弱トハ事業ノ成敗ノ関鍵ト云フベシ、剛毅ハ右ノ如キ事業ヲ為スニ必要ノ徳ナルノミナラズ、己ガ身ヲ修ムルニモ亦必要ノ徳ナリ、例ヘバ酒色貪冒《（シュショクタンボウ）》ノ欲ニ惑ハサルヽ者ノ如キ、其人ハ全ク酒色貪冒ノ悪シキコトヲ知ラザルニ非ザレドモ、断然之ヲ斥逐スルノ剛気ナキニ由リ、柔懦遷延、遂ニ深キ不徳ノ淵ニ陥ルナリ、又悪友抔ヨリ悪事ノ相談ヲ仕掛ラレタルトキ、剛毅ノ徳ナキ者ハ其悪シキト云フコトヲ知リナガラ、断然之ヲ謝絶スルコト能ハズ、遂ニ其人ト与ニ悪事ヲ為シ、其事発覚シ、友人刑罰ニ逢フトキハ、己モ共ニ其罪ニ罹ルコトモアリ、是剛毅ナキノ致ス所ナリ、又他人ノ患難ヲ拯ヒ、他人ノ冤抑《エンヨク》ヲ伸べ、衆人ノ公害ヲ除キ、衆人ノ公益ヲ与サントスルモ、剛毅ノ力ナキ者ハ之ヲ仕遂グルコト能ハズ、凡ソ人タル者生涯他人ノ軽蔑ヲ受ケ、光栄モナク名誉モナク、以テ其生ヲ畢ラントスルニハ、剛毅モ不用ノ者ナレドモ、苟クモ一身ノ名誉光栄ヲ保タントセバ、剛毅ノ徳ハ一日モ欠クベカラザル者ナリ、世人或ハ剛毅ヲ誤解シ、或ハ体貌ヲ勇壮ニ見セカケ、目ヲ瞋ラシ、肩ヲ張リ、大声以テ人ヲ圧シ、人ヲ罵リ、人ヲ殴打スル者アレドモ、此ノ如キハ粗暴ニシテ剛毅ニ非ザルナリ、剛毅ハ心ニ在リテ形ニ在ル者ニ非ズ、剛毅ハ沈着ナルベシ、浮躁ナル者ニ非ズ、心ハ何程剛毅ナリトモ、外貌ハ温和寛裕ニシテ、疾言遽色《シツゲンキヨシヨク》セザランコトヲ務ムベシ。

其四　忍耐　忍耐ハ俗ニ辛抱強キトイフ事ニシテ、支那ニテ堅忍不抜ト言ヒ、百敗不挫トイフモ皆是ナリ、此徳ハ多ク勤勉ト相伴フ者ナレドモ、又勤勉ヲ離レ独立シテ現ハルヽ事アリ、凡ソ人間ノ事業ハ何事モ袖手シテ得ベキ者ナシ、路傍ニ五穀ノ生ズルコトナク、樹木ニ金銀ノ実ノル事ナシ、人間ノ名誉トイフ者ハ皆辛苦ヲ為シ上ゲタルノ結果ナリ、古ヘヨリ大事ヲ成シ大業ヲ立テタル人ハ何レモ此徳ナキ者ナシ、夫レハ代々ノ歴史ヲ読ムトキハ自ラ之ヲ知ルコトヲ得ベシ、其他西国ニテ一学ヲ発明シ、一芸ヲ創立セルハ、何レモ非常ノ忍耐力ヲ有セル人ニ非ザルハナシ、格倫波《コロンブス》ガ亜米利加ヲ発見シ、瓦徳《ワット》ガ蒸気機関ヲ完成シ、古克《クーク》ノ航海学ノ如キ林娜斯《リンニュース》ノ博物学ノ如キ、皆忍耐力ノ他ニ勝レルニ由リテ其事業ヲ為シ得タル者ナリ、西洋人ト東洋人トノ性質ヲ比較スルニ、東洋人ノ忍耐力ハ大ニ西洋人ノ忍耐力ニ及バザルニ似タリ、東洋諸国ノ富強開花、大ニ西洋諸国ニ及バザルハ、其原因種々アリト雖ドモ、殊ニ忍耐力ノ及バザルハ、其原因ノ多分ヲ占ムルナルベシ、近年邦人モ口々ニ勉強忍耐トイフ事ヲ言ヘドモ、其人ノ行事ヲ見ルニ、未ダ著シキ忍耐ノ功績アラズ、何卒以来ハ此徳ヲ以テ事業ヲ為スノ大徳トシテ人々ノ服膺センコトヲ希望スルナリ、実ニ忍耐ノ力ハ一人ニ取リテハ豪傑ト凡人トノ分ルヽ所、一国ニ取リテハ強盛国ト貧弱国トノ分ルヽ所ナレバ、決シテ等閑ニ付スベキ者ニ非ズ、凡ソ忍耐ノ志ヲ堅フセントスルニ、其害ヲ為ス者三アリ、（一）ヲ畏怖ト云ヒ、（二）ヲ他志ト云ヒ、（三）ヲ厭倦トイフ、総テ忍耐ノ力ヲ要スルハ、平居安楽ノ時ニ非ズシテ必ズ困難窮厄ノ地ニ立ツトカ、志謀敗壊セントスル時ニ臨ムトカ、八方ヨリ障碍物来リ襲フ時カニ有ルベシ、此ノ如キ時ニ当リテハ、或ハ己ガ財産ヲ陥没スルノ恐レアリ、或ハ一身ノ安全ヲ保チ難キノ恐アリ、其逢フ所ノ一モ畏怖ノ心ヲ動カスニ非ザル者ナシ、故ニ稟性怯懦ナル者ハ、初メハ忍耐ノ志アリト雖ドモ、其畏怖ノ情ニ堪ヘ難クシテ遂ニ其守ヲ失フコトアリ、故ニ忍耐ノ志ヲ堅フセントスルニハ、第（一）ニ畏怖ノ念ヲ去ラザルべカラズ、第（二）他志トイフハ、志ヲ他ニ転ズルコトニシテ、是又大ニ忍耐ノ害ヲ為ス者ナリ、例ヘバ格倫波《コロンブス》ガ亜米利加ヲ覓ムル時ニ方リ、迚モ新国ハ尋ネ得難ケレバ先ヅ此度ハ船ヲ返シ、地中海浜ノ諸国ト貿易シテ富ヲ求メンナドヽ考ヘタナラバ、前功ハ皆廃スベシ、此他志ハ其人敢テ怯懦ナルニ非ザルモ、其志ノ専一ナラザルヨリシテ終ニ虻モ取ラズ、蜂モ収ラザル者トナルナリ、第（三）厭倦ハ勤勉ノ条ニモ其目ヲ挙ゲタル者ニテ、何等ヲ為シテモ、久シキニ耐ヘズシテ中廃スル者ニシテ、俗ニ三日坊主トイフ、此厭倦ノ性アル人ニハ、罕ニハ才気アル者アレバ、其志ヲ堅フスレバ、必ズ事ヲ成スベキニ、厭倦ノ為メニ其業廃絶スルナリ、凡ソ忍耐ノ上ニ生ズル厭倦ハ、多ク苦痛ヨリ生ズルナリ、今許多ノ困難ヲ犯シテ事業ヲ持続スルモ、只困難ナルノミニシテ成功ヲ見ル事能ハザリシヨリシテ厭倦ヲ生ズルナリ、然レドモ忍耐ノ徳ハ困難ヲ犯スヲ常トスル者ナレバ、其為メニ厭倦ヲ生ズル様ニテハ迚モ事功ヲ成シ遂グルコトハ能ハザルナリ。

其五　信義　人間社会ノ交際ハ信義ニ依リテ立ツナリ、若シ全ク信義ヲ失フトキハ禽獣世界ト異ナルコトナシ、幸ニシテ人類ハ天与ノ良心アルヲ以テ、仮令良善ノ教育ナキモ全ク信義ヲ廃スルニハ至ラザルナリ、然レドモ之ヲ奨励スルト之ヲ委棄スルトニ由リテ信義ノ強弱ニハ大ニ異同ヲ生ズルコトナリ、又信義ハ国中一二ノ人善ク之ヲ行フトキハ、其人ハ信義ノ人タルコトヲ得ルト雖ドモ、唯其人一個ノ徳ニ止マリテ、一国ノ徳トナルコト能ハズ、又社会ノ風俗、信義ヲ重ンゼザルトキハ、一二ノ人ニテ信義ヲ行ハントスルモ、亦行ハレ難キノ勢アリ、故ニ一二ノ人ニ止マラズ、国民ノ風俗ヲシテ尽ク信義ヲ重ンズルニ至ラシムルトキハ、実ニ国民ノ光輝ニシテ、又其国ノ光輝ナリ、信トハ虚偽ノ背面ニシテ欺カザルノ義ナリ、古人信ヲ以テ人ノ脊骨ナリト言ヘリ、脊骨無ケレバ人立ツコト能ハズ、『論語』ニ民無レ信則不レ立トイフ者是ナリ、又言忠信、行篤敬、雖二蛮貊之邦一行トアルモ、信ノ貴ブベキヲ言ヒタルナリ、凡ソ己ノ発言シタルコト、人ト約束シタルコトハ、決シテ之ニ背クベカラズシテ、又売買貸借ニ付キテ其期日ヲ誤マリ、又品物ノ如キモ初メニ良品ヲ約シテ、後ニ悪品ヲ与フル等ノコトヲ為スベカラズ、又全ク約ニ背クニ非ズト雖ドモ、前約ダケノ約ヲ十分ニ履行セザルモ、亦不信ニ属スルナリ、最初ヨリ人ヲ欺カントシテ為シタル不信ノ如キハ、固ヨリ道徳上ノ大悪ナレバ爰ニ論ズルマデモ無キコトナリ、又人ヨリ秘密ノ依頼ヲ受ケ、之ヲ許諾シタル後ニ、他人ニ之ヲ漏ラスガ如キハ、事ニ依リテハ両人ノ身ニ大ナル禍害ヲ受クルニモ至ルベキコトナレバ、殊ニ之ヲ慎ムベキコトナリ、義ハ常ニ信ト相連ナリテ行ハルヽ所ノ徳ニシテ、或ハ他人ノ患難ヲ拯ヒ、或ハ他人ノ委託ヲ受ケテ之ヲ成就シ、或ハ報酬ノ目当ナキ人ヲ救助シ、或ハ目前ニ万金ヲ積ムモ、取ルベキ理由ナキ時ハ之ヲ受ケズ、此ノ如キ類ハ皆義ニシテ、之ニ反セル行為ハ皆不義ナリ、国民ノ風俗何レモ能ク信義ヲ守リ、軽薄ノ行ナキトキハ、他国ノ民モ之ヲ信用シ之ヲ敬愛シ、是ニ由リテ他国トノ交際ニ困難ヲ生ゼザルノミナラズ、自然ニ他国ヨリ敬重ヲ受クルニ至ルベシ、従来外国ト貿易スルノ民ハ、輒モスレバ欺詐ヲ事トシ或ハ約束ヲ履行セズ、或ハ贋物ヲ造リテ売買スルノ弊ナキニ非ズ、此ノ如キハ一身ノ不利ノミナラズ、実ニ一国ノ不利ニシテ、又他国ヨリ軽蔑ヲ受クルノ一端ナリ、試ニ看ヨ我近隣ノ某国ノ如キハ、其民欺詐百出、吾国民之ト交際スル者ハ如何ナル感覚ヲ起スヤ、然ラバ吾国民ノ如キハ、他国ヲシテ吾国民ガ支那朝鮮ニ対シテ発スルガ如キ感覚ヲ生ゼシメザルコトヲ欲スルナリ、[103] 然レドモ所謂信義ト云フハ、独リ外国ト貿易スルコトニ限ルニ非ズ、平常国民ノ気風ヲシテ信義ヲ重ンゼシムルトキハ、随ツテ外国ト交際スルニ至リテモ、亦信義ヲ重ンズルニ至ルベキコトナリ。

其六　進取ノ気ニ富ム　凡ソ世界ノ強弱盛衰ノ状ヲ見ルニ、欧米ノ国勢ハ日ニ進歩強盛ニ赴キ、亜細亜ノ国勢ハ、日ニ退歩衰弱ニ赴クハ十目ノ共ニ視ル所ナリ、其原因ハ固ヨリ一二ニ止マラザルコトナレドモ、其眼目ハ西洋ノ国民ハ進取ノ気盛ンニシテ、東洋ノ国民ハ進取ノ気乏シキニ在リ、此ノ如キ者ハ元来其国民ノ気風ノ異ナルノミナラス、其教育ト政治ト時勢ノ変遷ト共ニ之ヲ助ケ成シタル者ナルベシ、天下之勢不ㇾ進則退、苟モ進取ヲ事トセザレバ必ズ退歩スルハ自然ノ理ナリ、本邦ノ如キハ、今日以後ハ益々萬国トノ交通親密トナルコトナレバ、国民ハ従来ノ退守ニ安ンゼズ、大ニ進取ノ気ヲ奮ヒテ国威ヲ万国ニ輝カサンコトヲ務メザルベカラズ、此進取退守トイフコトハ、一身ヲ守ル上ニモ、一家ヲ治ムル上ニモ、農業ノ上ニモ、工業ノ上ニモ、商業ノ上ニモ、学問ノ上ニモ、政治ノ上ニモ、皆アルコトニテ、総テ従前ノ事業ニ安ンゼズ、益々改良進歩ヲ謀リテ止マザルハ進取ノ気ニシテ、之ニ反セルハ退守ノ気ナリ、吾邦人ノ気風ヲ察スルニ、支那人朝鮮人ヨリハ勇気モアリ、又敏捷ニモアリ、若シ能ク之ニ加フルニ進取ノ気ヲ以テスルトキハ、雄ヲ亜細亜ニ振フハ難キコトニ非ザルベシ、然レドモ進取ヲ貴ブトテ、無法ニ躁進スルヲ言フニ非ズ、己ガ力ヲ量リ、智ヲ料リ、富ヲ量リ、時勢ヲ度リ、然ル後ニ事ニ従フベキコトニシテ、若シ軽躁ニ進取ヲ試ミントスルトキハ、一身ヲ誤リ一家ヲ失フニ至ルベシ、凡ソ軽躁ト進取トハ極メテ混淆シ易ク、殊ニ邦人ノ性ハ軽躁ニ流レ易キヲ以テ、務メテ此区別ヲ明カニセザルベカラズ、今一例ヲ挙ゲテ之ヲ示サンニ、他国ト貿易ヲ為スニ貨物ヲ舶載シ、他国ニ出テ販売スル者ハ、進取ノ気ノ盛ンナル者ナリ、他国ノ船ノ来ルヲ待チ、吾貨物ヲ交易スルハ進取ノ気ニ乏シキ者ナリ、サレバトテ、今急ニ堅牢ノ商船モナク、操船ニモ熟セズ、資本モ少ナク、外国ノ市場ノ様子モ知ラズシテ、卒然トシテ他国ニ押シ出サントスルハ軽躁ナリ、今日止ムコトヲ得ズ、居交易ヲ為セドモ、常ニ出交易ノ事ヲ忘レズ、百事調整シタル後ハ直チニ出交易ヲ為シ、外人ニノミ大利ヲ占領セシメザラントスルハ、進取ノ気ニ乏シカラザル者ナリ、幾年モ此姿ニ安ンジテ出交易ノ念ナキ者ハ、進取ノ気ニ乏シキ者ナリ、是進取ト軽躁ト退守トノ別ナリ、然レドモ進取ノ気モ強ク、出交易ノ準備モ整ヒタレドモ、世界ノ貿易ノ状ヲ通観シテ為出交易ヨリハ居交易ノ方利益アリト見定メテ居交易ヲ為スハ又別ノ事ナリ。

其七　愛国心盛ン　人タル者ハ、第一ニ其身ヲ愛シ、第二ニ其家ヲ愛シ、第三ニ其本国ヲ愛ス、是人類固有ノ天性ニシテ、教育ヲ須タズシテ存スル所ノ者ナリ、然ルニ或ル宗教家或ハ哲学者ハ愛国心ヲ以テ良善ノ心ニ非ズトシテ之ヲ抑制スベシト論ズル者アリ、世界ノ上ヨリ見レバ、己ガ本国ヲノミヲ愛スルガ如キハ、イカニモ狭隘ノ意見ニシテ、上帝教ヲ奉ズル者ハ之ヲ喜バザルハ一理アルコトナリ、然レドモ世界合シテ一国トナリタル時ハイザ知ラズ、今日ノ如ク萬国峙立シテ雄ヲ争フノ間ハ、愛国心ナキトキハ、決シテ其国ヲ保ツコト能ハザルナリ、況ンヤ此心ハ人造ノ者ニ非ズシテ天賜ノ者ナレバ、之ヲ養ヒ之ヲ盛ンニシテ以テ其国ヲ保護スルハ、人道ノ要務ト言ハザルベカラザルナリ、本邦・支那ノ如キハ、古ヘヨリ他国トノ交渉甚ダ少ナキヲ以テ、古訓中ニモ愛国ノ事ヲ説キタル者ナシ、然レドモ元世組ノ日本ニ寇セシ時、豊太閤ガ朝鮮ヲ伐チシ時ノ如キハ、国人大ニ愛国ノ精神ヲ発揚セリ、又王政維新ノ前、攘夷論ヲ主張スル者所々ニ起リ、或ハ外国人ヲ殺シ、又ハ外国人ト貿易スル者ヲ斬ル等ノコトアリ、其事ハ短慮粗暴ニシテ取ルベキ所ナシト雖ドモ、其精神ハ全ク愛国心ヨリ出タル者ナリ、然レバ邦人ハ概シテ愛国心ニ富ムトイヒテ可ナル者ノ如シ、然ルニ近年外国トノ交際開ケ、人々利ヲ重ンジ、義ヲ軽ンズルヨリシテ、愛国ノ精神大ニ昔ニ及バザルヲ覚ユ、既ニ先年支那招商局ノ汽船、日本ノ郵船会社ト競争ヲ試ミシ際、本邦人ニシテ招商局ノ為メニ尽力シ、大ニ郵船会社ノ妨ヲ為シタル者アリ、往昔ナラバ決シテ此ノ如キ者ハアルマジキニ、此ノ如キ忘義ノ徒ノ処々ニ現出セシハ、国人愛国心ノ衰ヘタル徴候ニシテ、甚ダ歎息ニ堪ヘザルコトナリ、此ノ如キ人物ハ、若シ外国人ヨリ利ヲ以テ誘セラルヽトキハ、如何ナルコトヲ為スモ計リ難シ、実ニ寒心スベキコトナリ、亜米利加人ガ独立ノ戦ヲ起シヽ初メノ如キ、亜人ハ英人ノ茶税ノ不当ナルヲ嫉ミ、国中一人モ茶ヲ飲ム者ナシ、叉英国ヨリ輸入セル綿布ノ国民ニ必要ナルモ、決シテ之ヲ服スル者ナシ、国中ノ婦女相曾シ、各々綿布ヲ織リテ英国ヨリノ輸入ヲ防ギシコトハ、当時ノ歴史ニ記スル所ニシテ、其愛国心ノ盛ンナル、実ニ感称スベシ、其他欧州ノ諸国民ハ、皆何レモ愛国ノ精神強ク、治世ニ在リテ、之ヲ以テ能ク国権ヲ維持シテ外国ノ軽侮ヲ防ギ、乱世ニハ之ヲ以テ能ク武威ヲ奮ヒテ他国ヲ震慴《シンシヨウ》セシムル者多シ、本邦ノ如キハ四面敵ヲ受クルノ国ニシテ、又西人ガ東洋ヲ侵略セントスルノ気運ニ際シタレバ、国民ノ愛国心ヲ奮起スルハ、一日モ忘ルベカラザルコトナリ、昔シ荷蘭ハ掌大ノ地ヲ似テ西班牙ニ抵抗シ、瑞西ハ狭小ノ山国ヲ以テ墺地利ニ敵シ、共ニ独立ノ基業ヲ開キシハ、全ク国民ガ愛国心ノ強盛ナルニ由ル者ナリ、況ンヤ本邦ハ人口ハ仏蘭西ニ近ク、土地ノ面積ハ英吉利ヨリ大ナレバ、国民ノ愛国心強盛ナルトキハ、必ズ雄ヲ東洋ニ振フコトヲ得ベシ、豈ニ啻ニ自国ノ境界ヲ守リテ已ムノミナランヤ。

其八　皇室ヲ尊戴ス　以上七ケ条ノ外ニ、我日本ニ限リテ特別ニ加ヘザルベカザルノ条目アリ、即チ本条是ナリ、本邦ノ皇室ノ尊キコトハ、古来ヨリ世人ノ皆知ル所ニシテ、今更申スモ愚ナルコトナレドモ、神武創業以来　皇位一系ニシテ、少シモ他系ヲ交ヘズト云フコトハ、誠ニ世界無比ニシテ、邦人ガ万国ニ対シテ誇ルニ足ルベキハ実ニ此一事ナリ、我等ノ祖先ヨリ以来二千五百余年、此国ノ民ト為リテ一姓ノ　天子ヲ戴クトイフコトハ、誠ニ深キ因縁ニシテ、我国民ガ此　皇室ニ対シテ忠誠ヲ尽スベキノ道理ト情義トヲ兼備ヘタル者ナリ、是等ノ事ハ、本居平田ノ両学士ガ精詳剴切《セイシヨウガイセツ》ニ論ジタルコトモアレバ、今蝶々之ヲ説クコトヲ要セザレドモ、或ル学派ニ於テハ、此大事ヲ粗略ニ付スル者モアリト聞ケバ、世人ノ既ニ領解セルニ関セズ、之ヲ提出シテ、以テ本会ノ趣旨ノ在ル所ヲ示サントスルナリ、欧州諸国ノ帝王ノ如キハ、固ヨリ万世一統ノ家ナク、又其民ニ功徳アルコト、我　皇室ニ及バザル者多シト言ドモ、国民皆其王家ヲ奉戴シテ衰エルコトナシト云ヘリ、況ンヤ本邦ノ　皇室ハ本国ト共ニ悠久ナル者ニシテ、万一　皇家ニ変動アラバ、即チ本国ノ変動ニシテ、皇家ノ安泰ナルハ即チ本国ノ安泰ナル者ニ於テヲヤ、夫レ民心ノ向フ所一定スレバ、其国堅固ニシテ、民心ノ向フ所一定セザレバ其国堅固ナラズ、西洋諸国ノ政府ニオイテハ宗教ヲ尊崇スルハ、蓋シ民心ヲシテ其向フ所ヲ一定セシムルニ在リ、本邦ノ如キハ既ニ至貴至尊ノ　皇室アリ、民心ヲシテ悉ク此　皇室ニ帰向セシメバ、国ノ鞏固安全求メズシテ自ラ得ベシ、何ゾ宗教ノ力ヲ假ルコトヲ須ヒン、近年民心ノ　皇室ヲ尊ブコトノ薄キ者アルハ、人心浮薄ノ致ス所ニシテ、最モ国ノ為メニ憂フベキノコトナリ、然レドモ世ノ尊王ヲ唱フル者ニモ亦多少ノ弊風アルヲ見ル、其弊ニ二種アリ、其(一)ハ識見陋隘ニシテ世界ノ大ナルコトヲ知ラザル者ナリ、其(二)ハ尊王ノ名ヲ假リテ己ガ名利ヲ求メントスル者ナリ、本会ノ如キハ固ヨリ世ノ尊王家ニ雷同スル者ニ非ズ、広ク天地ノ真理ニ基キ、国民ノ品性中、殊ニ我日本国民ノ品性ニ於テハ、此一条ノ最大切ナルコトヲ信ゼリ、因テ此条ヲ以テ国民八徳ノ義ヲ結バントスルナリ、以上八徳ノ外猶国民ニ肝要ノ徳アリ、智是ナリ、智ハ進ンデ大小ノ事業ヲ成シ、退キテ我一身ヲ保ツノ徳ニシテ、人類ガ弱小ノ膂力《リヨリヨク》ヲ以テ、強猛ノ野獣ヲ制シ、山ヲ鑿《サク》シ海ヲ煮、其他天地間ノ万物ヲ以テ、盡ク己ガ利用ニ供スル者ハ、此智アルガ為メナリ、智ノ功用実ニ洪大ナリト言フベシ、然ルニ智ハ此八徳ヲ離レテ独立スル者ニ非ズ、此八徳中ニ尽ク智ヲ以テ之ヲ通貫スルコトナリ、八徳ハ譬ヘバ竪柱ノ如シ、智ハ横貫ノ如シ、既ニ柱ヲ竪立シタル後ニ、横ニ貫木ヲ通ストキハ、其柱皆堅固トナルナリ、又割烹ニ用フル塩ノ如シ、魚鳥菜類夫々ノ、味アリト雖ドモ、塩ヲ以テ調和セザレバ真ノ美味ヲ発スルコト能ハズ、道徳ニ智ヲ用フルモ、亦此ノ如シ、イカナル徳行ニテモ智ヲ以テ之ヲ活用セザレバ其実功ヲ収ムルコト能ハズ、此八徳ノ如キハ何レモ国民ノ美徳ナレドモ、若シ智ヲ以テ之ヲ助ケザルトキハ、或ハ偏僻トナリ、或ハ矯激トナリ、反テ人ヲ損シ自ラ害スルノ事ナシトモ言ヒ難シ、昔ヨリ道徳ヲ修ムル者ヲ指シテ或ハ迂闊ナリト言ヒ、或ハ固陋ナリト言ヒシハ、多クハ其人道徳ノ一偏ニ倚リ、少シモ智ヲ用フルコトヲ知ラザリシニ由リテ此過アリシナリ、然レドモ、徳ハ自ラ勤メテ到ルコトヲ得ベシ、智ハ天禀ニ属シ勉メテ到ルコト能ハズ、之ヲ得ルノ道如何ン、唯能ク知識ヲ博シ、前人成敗ノ跡ヲ鑒ミ、又之ヲ世間ノ人情事変ニ験シ、毎時観察ヲ怠ルコトナク、能ク深思熟慮シテ後之ヲ事ニ発スルトキハ、智ヲ得ルコトモ、甚ダ難キニハ非ザルベシ。

右演説スル所ハ、余ガ二十年来考究シタル所ノ意見ニシテ、日本道徳ノ此ノ如クナラザルベカラザルコトヲ考定シタル者ナリ、世間或ハ日本ニ公行ノ宗教ナキヲ以テ道徳ノ為ニ不幸ナリト言フ者アレドモ、余ハ之ニ反シテ之ヲ以テ日本道徳ノ幸ナリト思ヘリ、又右言フ所ハ唯道徳ノ大要ヲ述ベタル者ニシテ、之ヲ実際ニ行ハントスルニハ、猶許多ノ条目ト又其方法トアルベシ、諸君若シ日本後来ノ運命ヲ思フトキハ、必ズ道徳ノ教ヲ振起セザルベカラザルコトヲ知ルナルベシ、若シ実ニ道徳ノ教ヲ振起セザルベカラザルコトヲ知ラバ、余ガ言ニ於テモ必ズ採ル所アルベシ、仮令採ル所ナキモ、亦余ガ言ニ依リテ自ラ考案省察スル所アルベシ、本論ニ言フ所ノ事業ノ如キハ、決シテ一個人又ハ十数人ノ力ヲ以テ能クスベキ所ニ非ズ。多力ノ助ヲ待テ初メテ其功ヲ奏スベキ者ナリ、諸君若シ余ガ言ヲ以テ信ズベキ者トセバ、願クバ本国ノ為ニ協心戮力《キヨウシンリクリヨク》シテ此事業ヲ成サンコトヲ、余ガ言モシ諸君ノ意ニ満タズンバ或ハ疑問シ、或ハ駁論シ以テ真理ヲ敲《タタ》キ出サンコトハ余ガ諸君ニ望ム所ナリ。

〔明治二十年二月二十八日口述〕

【注記】

初版は(初)、訂正二版は㊁、訂正三版は㊂と表記する。

［1］(初)「定テ」、㊁㊂「定メ」

[2] ㊂「願ハクハ同心協力シテ」

[3] (初)「余ハ其人ニ対シ毫モ不平ヲ懐クコトハ決シテアラザルベシ」、㊁㊂「若シ正当ノ攻撃アラバ、余ハ益反省シテ自ラ顧ミル所アルベシ」

[4] (初)㊁「道徳学ハ現今日本ニ於テ何程大切ナル者ナルカ」、㊂「道徳ノ教ハ現今本邦ニ於テ何程大切ナル」

[5] (初)「一ヲ世教ト云ヒ、一ヲ世外教（又之ヲ宗教トイフ）、㊁「一ヲ世教ト云ヒ、一ヲ世外教（又之ヲ宗教トイフ）、㊂「一ヲ世教（又之ヲ理教ト云フ）ト云ヒ、一ヲ世外教（又之ヲ宗教トイフ）

[6] (初)「調和スルコト」、㊁㊂「安全保持スルコト」

[7] (初)「世教ハ道理ヲ主トシ、世外教ハ信仰ヲ主トス」㊁㊂「世教ハ道理ヲ主トシ、世外教ハ信仰ヲ主トス」

[8] (初)㊁「就カシムルニ非ザル者ナシ」、㊂「就カシムルノ趣意ニ非ザル者ナシ」

[9] 『東京大学百年史　通史』（昭和六一年）一三七頁「大学規則の制定」参照

[10] (初)㊁「能ハズシテ」、㊂「能ハズシテ止ミ」

[11] (初)㊁「耶蘇教ハ仏教者力ヲ極メテ之ヲ排撃シ」、㊂「耶蘇教ハ東洋諸国就中本邦ノ国体ニ適セズ」

[12] 「独リ今日ニ至ルノミナラズ、……道徳地ニ墜ツルトキハ国ノ危亡日ヲ指シテ待ツベキナリ、㊁㊂「近年政府ニテモ深ク道徳ノ教育ニ注意シ、夫々適当ノ法令規則ヲモ発シタルコトナレバ、遠カラザル内ニ道徳恢復ノ功ヲ奏スベキカナレドモ、元来国民道徳ノコトハ、我儕人民ガ自ラ担当シテ之ヲ行ハザルベカラザルコトナレバ、政府ノ注意ノミニ依頼シテ止ムベキコトニ非ズ、政府ハ政府ダケニ注意スレバ、人民ハ人民ダケニ尽力セザルベカラズ、此ノ如クナラザレバ、今日ノ如ク動揺枯燥セル道徳ノ根幹ヲ堅固ニシ、其枝葉ヲ繁茂セシメ以テ国ノ安全ヲ保持スルコト能ハザルナリ」

[13] (初)「国アリテコソ」、㊁㊂「国ノ独立堅固ナル上ニテコソ」

[14] (初)「其国ヲ失フトキハ」、㊁㊂「其国ノ独立堅固ナラザルトキハ」

[15] (初)「知徳勇」、㊁「知徳勇」、㊂「智仁勇」

[16] (初)㊁「徳逸ノ学士」、㊂「欧州ノ学士」

[17] (初)㊁「道徳ノ勝敗ナリト云ヘリ、其故ハ徳逸ノ士ハ忠勇愛国ノ心至ツテ深キモ」、㊂「教育ノ勝敗ナリト云ヘリ、其故ハ徳逸ノ教育ハ専ラ国民ノ道徳ヲ高進スルニ在リシヲ以テ、其民皆忠勇愛国ノ心至ツテ深キモ」

[18] (初)「本邦今此ノ如キ危殆ノ地ニ立チテ」、㊁㊂「本邦今此ノ如キ可畏ノ地ニ立チテ」

[19] (初)「今云フ所ハ……其必要ナルコトヲ云ハン」、㊁㊂「国民道徳ノ大切ナルコトハ独リ外国トノ関係ニ於テ之ヲ見ルベキノミナラズ、内国ノ事ニ付キテモ其必要ナルコト之ニ劣ラズ」

[20] 「凡ソ国ノ盛衰治乱トイフハ人心ノ聚散離合ニ外ナラズ」、㊁㊂「凡ソ国ノ盛衰治乱トイフハ人心ノ聚散離合ニ外ナラズ」

[21] (初)「又ハ悪政ヲ行ヒタル大臣ヲ黜クル時ハ」、㊁㊂「又ハ新タニ良善ナル法律ヲ立ツル時ハ」

[22] (初)「以テ己ガ志謀ヲ遂ゲント欲ス」㊁㊂「以テ己ガ私見ヲ遂ゲント欲ス」

[23] (初)㊁「智徳勇」、㊂「智仁勇」

[24] (初)㊁「論スルニ足ラズト雖モ」、㊂「論スルニ暇アラズト雖モ」

[25] (初)「武道ノ如キハ今日復タ之ヲ云フ者ナキニ至レリ、然レドモ……道徳ノ教アルコトナシ」、㊁㊂「……今日復タ之ヲ言フ者ナク遂ニ国中ニ復タ全国ノ人心を集攬スベキ勢力ヲ有セル道徳ノ教ナキニ至レリ」

[26] (初)「極メテ称美スベキノ感情ナリ」、㊁㊂「本国ヲ護ルニ必要ノ精神ナリ」

[27] (初)「又往年本邦ニ駐在セシ魯国ノ公使某、……ト曰ヘリト聞ケリ」の文言は㊁及び㊂では削除されている。

[28] (初)「然レドモ国ニ一定ノ道徳ノ教ナキヲ以テ」、㊁「然レドモ一方ナル功利ノ説甚強キヲ以テ」㊂「功利ノ説甚強キヲ以テ」

[29] (初)「(西洋ニテハ……夢ニモナキコトナリト云ヘリ)」の文言は、㊁及び㊂では削除されている。

[30] (初)「浩浩」、㊁㊂「滔々」

[31] (初)「其国ノ状態如何ン……実ニ人心腐敗社会汚穢ノ国ニシテ」の文言ハ㊁及び㊂では削除されている。「国民ノ道徳衰退シタルトキハ其国は汚穢ノ国ニシテ」

[32] (初)「試ミニ……最モ警戒セザルベカラザル所ナリ。」の文言は㊁及び㊂では削除されている。

[33] (初)㊁「現今本邦ノ道徳学ハ世教ニ拠ルベキカ、世外教ニ拠ルベキカ」、㊂「現今本邦ノ道徳ノ教ハ世教ニ拠ルベキカ、世外教ニ拠ルベキカ」

[34] (初)㊁「欺詐ヲ行ヒ、争訟ヲ好ミ」、㊂「欺詐ヲ行ヒ、賄賂ヲ貪リ、争訟ヲ好ミ」

[35] (初)「前ニ段々述ベタル通リノ次第ニテ」、㊁㊂「天地自然ノ法則ニシテ」

[36] (初)「道徳学」、㊁「道徳ノ教」、㊂「道徳ノ教」

[37] (初)㊁「道徳学」、㊂「道徳ノ教」

[38] (初)㊁㊂とも「管係」という文字が使われている。

[39] (初)「二教を並列シ」、㊁㊂「初メニ二教ヲ並列シ」

[40] (初)㊁「是ニ由リ」、㊂「是ヲ以テ」

[41] (初)「方今国民中ニ道徳トサヘ云エバ、必ズ儒道ナリト思フ者多キハ、儒道ノ人心ニ浸染スルノ深キヲ徴スベキ者ナリ」の文言は、㊁及び㊂では削除されている。

[42] (初)㊁「政府ノ官吏トナリ、学校ノ教員トナル者ハ」㊂「政府ノ官吏トナリ、議員トナリ、学校ノ教員トナル者ハ」

[43] (初)「況ンヤ……期スベカラザル者アリ」の文言は㊁及び㊂では削除されている。

[44] (初)「……期シ難キコトナルベシ。」のあとに、㊁「凡ソ人智ノ時世ヲ遂ヒテ開進スルハ天地ノ法則ニシテ、争フベカラザルノ事実ナリ、野蛮ノ民ハ多ク神異ヲ信ジ、半化ノ民ハ多ク空理ヲ信ジ、文明ノ民ハ多ク実理ヲ信ズルハ是ガ為ナリ、故ニ宗教ナル者ガ人智未開ノ世ニハ勢力ヲ社会ニ得タルモ人智ノ開クルニ及ビ漸々ニ其勢力ヲ失フハ自然ノ勢ナリ、西洋諸国ニテハ耶蘇教ハ既ニ其実力ヲ失ヒ、惟古来ノ習慣ノミヲ以テ僅ニ其勢ヲ維持セルコトハ識者ノ知ル所ナリ、（仏教ノ盛衰ハ衆人ノ知ル所ナレバ復之ヲ云ハズ） 此ノ如キ教法ヲ以テ本邦道徳ノ基礎トセントスルハ其不適当タルコト言ヲ須タザルナリ、況ンヤ耶蘇教ハ西洋諸国ノ国体風俗ニ適スベキモ、本邦ノ国体風俗ニ適セザル者ナレバ早晩人心擾乱ノ禍ニ逢フベキノ恐アルニ於テヲヤ」が続く。さらに㊂では、「本邦ノ国体風俗ニ適セザル者ニシテ、西洋諸国ガ之ヲ以テ他国ヲ攻略スルノ具ト為シタルコトハ前史ニ昭々タレバ、若シ国民深ク之ヲ信ズルトキハ、早晩国家擾乱ノ禍ニ逢フベキノ恐アルニ於テヲヤ」と書き直されている。

[45] (初)「学力深邃志行敦篤ナル人」、㊁㊂「……ナル碩学醇儒《セキガクジュンジュ》」

[46] (初)「熊沢伯継・野中兼山……長ゼル者ヲ出セルモ」、㊁㊂「其他ノ人材モ頗ル多ク、或ハ治国政事ノ器ヲ出シ、或ハ理財経済ノ材ヲ出シ、或ハ国典精通スルノ士ヲ出シ、或ハ海外ノ事情ヲ知ル者ヲ出シ、或ハ物産ノ学ニ明ナル者ヲ出シ、或ハ農事水利ニ長ズル者ヲ出シ、或ハ文明ノ先導タル洋学者ヲ出セルモ」

[47] (初)㊁「世教ハ何物ヲ用フルヲ宜シトスベキカ」、㊂「世教ハ何物ヲ用フルヲ宜シトスベキ」

[48] (初)「西国ノ哲学アリ」、㊁㊂「西国ノ哲学アリ」

[49] (初)㊁「忠孝の教」、㊂「忠孝ノ教」

[50] (初)「進取ニ乏シキノ弊アリ」、㊁「進取ニ乏シキノ弊ヲ生スルノ恐アリ」、㊂「其二ハ儒道ハ人ヲ固陋狭隘ニ陥ルノ弊アリ、是ヲ以テ学者往々退守ニ安ンジテ、進取ニ乏シキノ病アルヲ見ル」

[51] (初)「其三ハ　儒道ハ尊属ノ者ニ利ニシテ尊属ノ者ニ不利ナリ」、㊁㊂「其三ハ　儒道ハ尊属ノ者ニ利多クシテ卑属ノ者ニ不利多シ」

[52] (初)㊁「此言ハ惟儒道ヲ以テ……」、㊂「此言ハ惟純然タル儒道ヲ以テ……」

[53] ㊂「(余ハ純然タル儒道ヲ採ラズト雖モ、亦儒書ヲ以テ日本徳育ノ教科書ト為スベシト定メタリ、其事ハ別ニ論ズベシ、)」

[54] (初)「至善至美」、㊁㊂「至美至善」

[55] (初)㊁「哲学ヲ為ス者」、㊂「哲学（西国ノ道徳学ハ哲学ノ中ニ属ス）ヲ為ス者」

[56] (初)㊁「是養心ノ教ナキ所以ナリ」、㊂「是養心ノ教乏シキ故ナリ」

[57] (初)「(又天理トモ天道トモ云フ)」、㊁㊂「(又天理トモ天則トモ云フ)」

[58] (初)「事実ハ真理ヲ試ムルノ測量器ナリ、今、古訓中ニ於テ一二ノ例ヲ出シテ之ヲ示サン。」、㊁「事実ハ真理ヲ試ムルノ測量器ナリ、真理ニハ天地ノ真理アリ、一事一物ノ真理アリ、道徳ノ真理アリ、理財ノ真理アリ、此類猶太《ハナハ》ダ多シ、天地ノ真理ハ其他ノ真理ヲ包括シテ漏ラスコトナシ、其他ノ真理ハ其指ス所各同シカラズト雖モ何レモ天地ノ真理ノ中ニ在リテ之ニ戻ルコトナシ、今余ガ講ゼント欲スル所ハ固ヨリ道徳ノ真理ニ在ルヲ以テ其余ノ真

理ハ姑ク置テ論ゼズ、所謂道徳ノ真理ハ何ニ就テ之ヲ求ムベキヤ、曰ク道徳ノ真理ヲ求メント欲セバ、先ツ道徳ノ大主意ヲ定メザルベカラズ、道徳ノ大主意五アリ、其一ハ天地ノ法則ニ従フ、其二ハ我身ノ位格(人爵ノ位格ニ非ズ)ヲ高クス、其三ハ一家ヲ和合ス、其四ハ一国ヲ安全ニス、其五ハ天下ヲ治平ス(此第五条ハ実際ニ行フコトハ極メテ難事ナリト雖モ道徳ノ主意ハ此ノ如ク定メザルベカラズ)、此言ハ余ガ一家ノ私言ニ非ズ、儒哲二教ノ諸聖賢ノ訓語ヲ帰納シテ之ヲ得タル者ニシテ、仏耶二教ノ主意モ亦之ニ戻ルコトナシ、古来ヨリ賢人哲士ノ道徳ヲ説クノ言甚多シト雖モ此主意ニ合フ者ハ真理ニシテ此主意ニ合ハザル者ハ真理ニ非ズ、是ヲ事実ニ験シテ其当ヲ得タル者ハ真理ニシテ、其当ヲ得ザル者ハ真理ニ非ズ、仮令議論ノ広大精微ナルコト六合ニ亘リ毫毛ニ入ルトモ、一身一家一国天下ノ益ヲ為サザル者ハ空誕迂疎ノ論ニシテ、道徳ノ真理ニ協フ者ト云フベカラザルナリ、今マ古訓中ニ於テ一二ノ例ヲ出シテ之ヲ示サン」、㊂「事実ハ真理ヲ試ムルノ測量器ナリ、事実ヲ以テ真理ヲ測ルノ法如何、数多ノ事実ヲ合セテ其原因結果ヲ考フルトキハ必ズ同一ノ理ニ帰宿スルナリ、其帰宿シタル所ヲ採リテ真理ノ在ル所ト定ム、是ヲ帰納法ト云フ、此帰納法ハ西国ノ論理家ガ今日モ猶尊重スル所ニシテ、従来ノ論理法中最モ精確ナル者ナリ、古来ヨリ賢人哲士ノ道理ヲ説クノ言甚多シト雖モ、此主意ニ合フ者ハ真理ニシテ此主意ニ合ハザル者ハ真理ニ非ズ、今マ古訓中ニ於テ一二ノ例ヲ出シテ之ヲ示サン」

[59] (初)「然レバ此言古今ノ事実ニ合フ者ナレバ、之ヲ真理ニ協フノ言ト定ムベシ」、㊁㊂「然レバ此言ハ修身ニ切要ニシテ人間ノ事実ニ合フ者ナレバ、之ヲ道徳ノ真理ニ協フノ言ト定ムベシ」

[60] (初)「又阿弥陀経ニ……云々」、㊁㊂「又法華経普門品ニ、設復有レ人、若有レ罪若無レ罪杻械枷鎖検二繫其身一、称二観世音菩薩名一者、皆悉断壊、即得二解脱一、又或遭二王難苦一、臨レ刑欲二寿終一、念二彼観音力一、刀尋段々壊トアリ、試ミニ東西古今ノ歴史ニ閲スルニ、此ノ如ク事実アリシコトヲ聞カズ(仏者ガ私ニ作レル記録ハ之ヲ採ラズ)、又此ノ如キ事実アルベシトイヘル想像ヲ発スル者アルコトナシ、若シ実ニ此ノ如キ事アラバ、観世音ヲ念ズル者ニハ国家ノ法律ヲ施スコト能ハズ、天下豈此ノ如キノ道理アランヤ、然ラバ此言ハ道徳ノ主意ニ協ハズ、又事実ニ徴スベカラザルヲ以テ、之ヲ道徳ノ真理ト認ルコト能ハザルナリ」、㊂「(但シ仏教家ノ解釈余ノ解釈ト大ニ異ナル所アルハ余モ之ヲ知レリ、然レドモ今之ヲ論セズ)」

[61] ㊀「真理ヲ求ムルノ法ハ事実ニ験スルノ外ニ猶五法アリ……現今ノ達因《ダーウィン》ノ学派ノ諸説ノ如キ是ナリ」、㊁では㊀のこの文言削除、㊂では代りに「又『中庸』ニ中庸其至矣乎、民鮮㆑能久矣トアリ、『論語』ニ過猶㆑不㆑及トアリ、中トハ偏ナラズ倚ラズ過不及ナキノ義ニシテ、庸ハ平常ノ義ナリ、蓋シ天稟ノ高キ者ハ其知識行為共ニ高遠ニ偏シ、天稟ノ卑キ者ハ浅薄ニ偏ス、能ク其中ヲ執リテ一端ニ偏セザルハ聖人ノ貴ブ所ナリ、希臘ノ亜立士度徳《アリストートル》曰ク、徳ハ両極端ノ中央ニ在リ、例ヘバ怯懦ト狂暴トノ中間ニ勇剛アルガ如シ、(Each virtue is at the middle between the extremes; as fortitude between cowardice and rashness;)　此ノ如キハ東西ノ両聖人ノ説ク所一ニ帰シタル者ニシテ、且ツ之ヲ事実ニ徴スルニ、確然ナル論証ヲ得ルコトアレバ、明カニ之ヲ定メテ真理ト為スコトヲ得ベシ、又希臘ノ耶卑古路《エピクルス》ハ純然タル利己主義ヲ執リ、快楽ヲ以テ至善ト為シ、福祉ヲ以テ徳トナス、(A purely selfish system in which pleasure is put as the chief good, and personal enjoyment the only virtue.)　然ルニ、儒教ニテハ利己ヲ以テ不徳ノコトトナシ、『論語』ニ子絶㆑四、毋㆑意毋㆑必毋㆑固毋㆑我トアリテ、孔子ハ私意、期必、固陋、私己、ナシト説ケリ、又『孟子』ニ大舜有㆑大㆑焉、善与㆑人同、舎㆑己従㆑人、楽㆘取㆓於人㆒以為㆖善トアリ、是又大ニ利己主義ニ同ジカラズ、又仏教ニテハ我、我所ト云フコトヲ破シ、人無我、法無我ト云フコトヲ以テ其教ノ妙処ト為ス、然レバ耶氏ノ利己ノ主義ハ、東西ノ説互ニ抵牾シテ相容レズ、又之ヲ事実ニ徴スルモ、未タ完然ナル論証ヲ得ルコト能ハズ、故ニ此ノ如キハ真理ニ協ハザル者ト視テ之ヲ採ラザルナリ」

[62] ㊀㊂「真理ハ至高至妙ナル者ナレドモ、此ノ法ニ依リテ之ヲ度ルトキハ、真理ヲ確認スルコトモ、必ズ之ヲ能クスルコトヲ得ベシ、既ニ真理ヲ確認シタル上ニテ、」、㊁「道徳の大主意既ニ立チ、真理ヲ求ムルノ法既ニ定マルトキハ」

[63] ㊀「……信ズルナリ」の後に、㊁㊂「韓退之ガ所謂以㆑之為㆑己則順而祥、以㆑之為㆑人則愛而公、以㆑之為㆑心則和而平、以㆑之為㆓天下国家㆒則無㆑所㆓処而不㆑当ト云フ是ナリ、」(韓退之ハ専ラ儒道ニ就テ云タルコトナレドモ、総テ人類道徳ノ大旨ハ此ノ如キニ外ナラズ)」が加筆されている。

[64] ㊀「此道ハ天地ノ道、人類ノ道ナレバ、吾輩深ク之ヲ信ジ、死ニ至ルモ誓ヒテ他ナランコトヲ欲スルナリ、『論語』ニ篤信好㆑学守㆑死善道ト云フハ此事ナリ、」の文言は、㊁㊂では削除されている。㊁㊂では、これに続いて次のよ

うな加筆がある。「世教ハ道理ヲ主トシ、世外教ハ信仰ヲ主トスルト云フコトハ前ニ之ヲ云ヘリ、然レドモ是ハ惟其主トスル所ノミヲ云タルコトニシテ、世教ニテモ亦信仰ヲ重ンゼザルコトナシ、即チ道徳ヲ行ハントスルニハ、教フル者モ学ブ者モ、共ニ深ク其道ヲ尊信セザルベカラズ、『論語』ニ篤信好レ学、守レ死善レ道ト云フハ此事ナリ、但シ世教ハ道理ヲ明カニシテ後其教ヲ信ジ、世外教ハ初メヨリ道理ヲ明カニセズシテ其教ヲ信ズル者ナリ」

[65] (初)「信ズルナリ」の後に、㊁㊂では次の文言が続く。「道徳ハ又治心ノ学ヲ必要トス、『大学』ニ誠レ意正レ心ヲ以テ修レ身斉レ家ノ前ニ置キシハ是ガ為ナリ、凡ソ道徳ハ皆行為ニ顕ハルル者ナレドモ、其行為ヲ制スル者ハ心ナリ、故ニ治心ノ習練ナキトキハ、其行為ハ或ハ正路ヲ誤リ、或ハ私欲ニ妨ゲラルルコトアリ、治心ノ功善ク熟スルトキハ、平日ハ和平楽易ノ気象アリテ、若シ窮苦ニ逢フ時モ憂憤ヲ生ズルコトナク、危難ニ遇フモ其節ヲ変ズルコトナシ、治心ノ事ハ儒道ニ於テ緊要ノ事トナシ、仏教ニ於テハ殊ニ治心ヲ以テ其学ノ要旨ト為スニ似タリ、西国ノ哲学ハ知ヲ主トシテ行ヲ主トセザルヲ以テ道徳上ニ此一要務ヲ欠ケリ、凡ソ慎独ト云ヒ、懲レ忿窒レ欲ト云ヒ、去レ人欲レ存二天理一ト云ヒ、不レ愧二屋漏一ト云ヒ、楽レ天知レ命ト云フハ何レモ治心ノ習練ト功果トニ非ザルハナシ、然レドモ治心ノ事ハ其理頗ル高妙ニシテ其工夫ヲ下スコト頗ル難シ、初学者或ハ入リ易カラズシテ、又動モスレバ日用ノ当務ヲ後ニスルノ誤アリ、故ニ初学ノ間ハ已ガ良心ト聖賢ノ格言ト、及ビ社会ノ経験トニ拠リテ、善悪邪正ノ分ヲ定メ、奮勉シテ善ニ就キ悪ニ遠ザカランコトヲ務ムレバ可ナルベシ」

[66] (初)㊁「道徳学ヲ実行スルハ何ノ方法ニ依ルベキカ」㊂「道徳ヲ実行スルハ何ノ方法ニ依ルベキ」

[67] (初)「仁智勇節」、㊁㊂「仁智勇節」

[68] (初)㊁の五ヶ条に対し、㊂では、第一　我身ヲ善クス　（我身ノ位格ヲ高クス）　第二　我家ヲ善クス　（一家ヲ和合ス）　第三　我郷里ヲ善クス　（一郷ヲ輯睦《シュウボク》ス）　第四　我本国ヲ善クス　（一国ヲ安全ニス）　第五　他国ノ人民ヲ善クス　（天下ヲ治平ス）　となっている。

[69] (初)㊁「上帝ヨリ之ヲ見レバ」、㊂「上帝（儒道ニテ云フ所ノ上帝ナリ）ヨリ之ヲ見レバ」

[70] (初)「知行両方」、㊁㊂「知行両方」

[71] (初)「然ルニ独リ人道ノ大本邦国ノ基礎トモナルベキ道徳学」、㊁㊂「然ルニ独リ人道ノ大本邦国ノ基礎トモナル

ベキ道徳学」、(三)「……道徳の教」

[72] (初)「道徳ハ堅固ナル基礎ノ如シ」、(二三)「道徳ハ堅固ナル基礎ノ如シ」

[73] (初)「安全堅固」、(二三)「安全堅固」

[74] (初)「位格ヲ高崇ニ」、(二三)「位格ヲ高崇ニ」

[75] (初)「朋友ヲ得ルコト多シ」、(二三)「朋友ヲ得ルコト多シ」

[76] (初)「知識ヲ交換スルノ便ヲ得ベシ」、(二三)「知識ヲ交換スルノ便ヲ得ベシ」

[77] (初)「善事ヲ行フニ易シ」、(二三)「善事ヲ行フニ易シ」

[78] (初)「名ヲ成シ易シ」、(二三)「名ヲ成シ易シ」

[79] (初)「善良ノ風俗ヲ造ル」、(二三)「善良ノ風俗ヲ造ル」

[80] (初)「国民ノ心ヲ一ニス」、(二三)「国民ノ心ヲ一ニス」

[81] (初二)「(之ヲ導士ト称ス)」、(三)「(之ヲ講師ト称ス)」

[82] (初二)「故ニ本会ノ導士トナル者ハ……能ク之ヲ守ラザルベカラザルナリ」(三)「故ニ本会ノ講師トナル者ハ、殊ニ学力ヲ深淵ニシ、行為ヲ厳正ニシ、以テ衆人ノ師表タラザルベカラズ、乙の会員ハ直接ニ教化ノ責任ナシト雖モ已ニ道徳ヲ以テ自ラ任スルトキハ道徳ノ教訓ハ亦罷ク之ヲ守ラザルベカラザルナリ」

[83] (二三)「道徳会ニテ国民ヲ教化セントスルニ其要五アリ、其一ハ妄論ヲ破ス、其二ハ陋俗ヲ嬌正ス、其三ハ防護ノ法ヲ立ツ、其四ハ善事ヲ励ム、其五ハ国民ノ品性ヲ造ル、是ナリ。」

[84] (初二)「国学ハ本邦ノ古実ヲ知ルニ必要ノ学ナリ」、(三)「国学ハ本邦ノ国体ニ通ジ、兼テ古実ヲ知ルニ必要ノ学ナリ」

[85] (初)「是ハ今日上等ノ知識ヲ具ヘタル者……亦免カレザル者アリ」、(二三)「是ハ今日世ニ識者ヲ以テ称セラルヽ所ノ人ニモ亦免レザル所ノ誤見ナリ」

[86] (初)「亜米利加ノ現今ノ大統領」、クリーヴランド (Stephen, Grover, Cleveland (1837～1908) 一八八四年大統領に就任、一八九二年に再度就任した。)

[87] 『奢是吾敵論《シャゼゴテキロン》』ビュフォン著・井上毅訳、明治十八年九月、大日本農会発行

[88]『西洋節用論』サミュエル・スマイルズ著・中村正直訳、明治十九年二月、同人社発行、原著は Samuel Smiles (1812～1904)；*Thrift* (1875)

[89] (初)「或ル県ニテハ……支援シタリト聞ケリ」の文言は、㊁では削除され、この文言に続いて、「古人曰ク君子之交以レ徳、小人之交以二酒食一ト、世人自ラ儆《イマシ》ムル所ヲ知ラザルベカラズ」が加えられている。

[90] (初)「其論旨ノ当否ハ姑ク閣キ……眩惑セラレ居ル者ナリ。」、㊁㊂「其論旨一モ取ルニ足ル者ナシ」

[91] (初)「猶此外ニ此法ノ無益タルヲ証スベキ事実アレドモ今之ヲ略ス」の文言は、㊁及び㊂においては削除されている。

[92] (初)「知事ノ勇断」、㊁㊂「県令の勇断」

[93] (初)「少年謹飭《キンチヨク》ノ者アルモ」、㊁㊂「少年謹敕《キンチヨク》ノ者アルモ」

[94] (初)「婬風《インプウ》」、㊁㊂「嬌風《ヨウフウ》」

[95] (初)㊁「口吻ヲ汚スニ足ルベキ者多シ、」の後に、㊂では「然ルニ無知ノ村民ハ猶此ノ如キ淫風ノ中ニ沈溺シテ其恥ヅベキコトタルヲ知ラズ」と続けている。

[96] (初)㊁「必ズ二法ニ由リテ貯畜ヲ行フコトヲ得べシ」、㊂「必ズ三法ニ由リテ貯畜ヲ行フコトヲ得べシ」。三法とは、「其一ハ自ラ節倹シテ貯畜スル者ニシテ、三盃飲マントスル酒ヲ二盃ニ減ジテ其一盃分ヲ貯畜スルガ如シ、其二ハ手内職ヲ為シ、其得タル金ヲ預クルコトニシテ、其三ハ臨時ニ入金ノアリシ時、之ヲ浪費セズシテ貯畜スルコトナリ、」

[97] (初)㊁「故ニ農家ハ殊ニ……」、㊂「故ニ農家ハ常ニ……」

[98] (初)㊁㊂「其一ハ其時々ノ風潮ニ従ヒテ其説ヲ為シ、例へバ儒教主義ノ流行スル時ハ儒教主義ヲ称賛シ、兵式体操ノ流行スル時ハ兵式体操ヲ称賛シ、教育ノ原理ニ依拠シテ一定ノ主義ヲ立ツルコト能ハズ。」。「例へバ……兵式体操ヲ称賛シ」の文言は、㊁及び㊂では削除されている。

[99] (初)㊁「檀那波羅密」、㊂「檀那波羅密(布施)」

[100] (初)㊁「上帝ニ対セル罪人」、㊂「道徳ニ背ケル人」

〔101〕 ㊀㊁㊂「惨ニ陥ラザル様ニスベシ」の後に、㊂では「又遺産ヲ有セル孤児ハ、其後見人タル者反テ其遺産ヲ奪ハントスルコトナキニ非ザレバ、是等モ深ク注意セザルベカラザルナリ」の文言が続いている。

〔102〕 原著は、Samuel Smiles；Character（1871）。これを中村正直は『西洋品行論』と訳し、明治十一年から十三年にかけて珊瑚閣から出版した。

〔103〕 ㊀「試ニ看ヨ我近隣ノ某国ノ如キハ……感覚ヲ生ゼシメザルコトヲ欲スルナリ」の文言は、㊁及び㊂では削除されている。

國民訓

國民訓題言

余壮年ノ時ヨリ貝原益軒先生ノ十訓ヲ読ミ、之ヲ信奉スルコト年アリ、余ガ今日ニ至ルマデ身ヲ修メ世ニ処シテ大過ナキ者ハ、力ヲ先生ノ訓言ニ得ル者甚多シ、因テ余ハ其書ヲ以テ数々青年子弟ヲ教訓センコトヲ試ミタリ、然ルニ今日ハ先生ノ時ト時勢大ニ変ジ、内ニハ　皇室ノ中興アリ、外ニハ外国ノ交際アリ、先生ノ十訓以外ノ訓誨ヲ要スル者亦少ナカラズ、余是ニ於テ自其固陋ヲ忘レ、先生ノ十訓ニ倣ヒテ国民訓一冊ヲ草ス、蓋シ国民ヲ訓誨スルコトハ先生ノ時ニハ用ナクシテ今日ハ必要ナレバナリ、余春秋已ニ六十九、世人或ハ此書ヲ以テ余ガ耄《ぼう》言ト為ス者アラン、然レドモ余ハ此書ニ於テ一モ自ラ責任ヲ負ハザル者ナシ、若シ此書ニ依リテ一人ニテモ、国民ノ職分ヲ知リ得ル者アラバ、余ガ国恩ニ報ズルノ微志ノ万一ヲ達スルコトヲ得タリト云フベシ。

明治二十九年四月泊翁道人西村茂樹墨堤下ノ修静居ニ題ス

國民訓

○国民とは華士族平民を論ぜず渾《すべ》て我天皇陛下の臣民を指すの語なり、凡そ国と云ふは土地と民とを合せたる名にして、土地のみにては国を成すこと能はず、国の高崇鄙《ひ》劣貧富強弱は皆国民の為す所にして、国民の智徳高ければ其国の品格貴く、国民の智徳低くければ其国の品格低し、若し国民の知徳甚しく欠乏する時は、其国は或は危亡に陥ることあり、貧富強弱も亦之に同じ、富国と云へるは国民の富めるなり、強国と云へるは国民の強きなり、貧国と云へるは国民の貧きなり、弱国と云へるは国民の弱きなり、国民が国家に大関係を有すること此の如し、国民たる者、決して其身に大切なる責任あることを忘るべからざるなり。

第一　学問

○国民が第一に心掛けざるべからざるは学問なり、封建時代には、国民は士農工商の四つに分かれ、学問は士たる者のみ之を心掛け、農工商は之を心掛くる者少なし、或は農工商にて学問すれば、却て其家を敗るなどと云へる謬論も行はれたり、今日は既に四民の別なく、全国民の力を以て此国を富強隆盛の地位に進めざるべからざる時となりたれば、国民たる者は何の業たるを論ぜず、学問は決して怠るべからざるなり、古語に曰く、玉不レ琢無レ光、人不レ学不レ知レ道と、人は天地間の粋美の気を稟けて生れたる者なれども、学問の力を以て其知徳を磨き上げざれば、生涯其粋美を発すること能はず、譬へば如何なる名玉も之を琢磨せざれば瓦石と異なることなきと相同じ、古は学問せんとするも師を得ること難く、書を得ることも易からざりしが、今日は政府の奨励保護に因りて教育の道大に開け、志だにあらば如何なる卑賤の者にても十分学問することを得るの時となれり。

○学問には知育徳育体育の三通りありて其中徳育を最も大切なりとす。凡そ人たる者は誰人も皆自然に良善の性を受けて生れ出たる者なれども、物欲の為に其本心を晦《くら》まされて邪道に陥り、禽獣にも劣る所の悪行を為して恥ざる者少なからず、此の如き不徳の人民増加するときは、小にして一国の安寧を失ひ、大にして他国の侮辱を受け、甚きは其国滅亡の禍に罹《あ》ふ者も亦少なからず、故に学問の第一は能く善悪正邪の別を明かにし、良心の力を以て物欲の私を制し、以て其天稟の美質を全うするにあり、元来我日本国民は其道徳心の厚きこと他国に勝り、善行美跡の歴史に存する者甚多し、然るに近年国民知識の進むと倶に人心浮薄に流れ、其品行の修まらざる者、其心術の正しからざる者日に滋々多きを加ふるの観あり。

○今上陛下深く之を憂ひ給ひ、二十三年十月三十日大詔を煥発せられ、日本国民の道徳の基礎を定め給へり、巻頭に掲ぐる所のもの「この版本では省略された教育勅語をいう」是なり、是より以前は徳育の基礎定まらず、教育を為す者は十人十種の説を唱へたりしが、此 聖詔の下るに及び、暗夜に日月を得たるが如く、十方光明にして盲者と雖も道徳の道路に迷ふ者なきに至れり、今日より徳育の教育を為す者は、此聖詔を遵奉して怠らざるときは、国民の道徳は必ず完全の地位に達することを得べし、然れども　聖勅は文意簡潔にして意義深奥なれば、全国の民庶をして悉く之を奉行せしめんとするには、教育の任に当る者能く之を解釈敷衍し、国民をして智愚倶に其恵を被らしめざるべからざるなり。

○知育は人の知識を拡むるの学問にして、読書、習字、算術、地理、歴史、物理、化学、博物、生理、図画等の類なり、往昔は知育の学問甚不完備にして人の知識を十分に発達すること能はざりしなり、現今の知育は法を西洋に取る者にして、其教授法には猶議すべきの点なきに非ざれども、全体の学科は皆必要不レ可レ欠の者なり、惟徳育との本末軽重を審にし、常に徳育を本とし、知育を末とし、何程知育の学科に長ずるも、徳育の点に於て闕失ある者は、之を善く学問したる者と言ふべからず、又知育は生徒の脳力を労すること頗る多き者なれば、能く其身体の強弱を審にし、過度の知育を施さざる様にすべし、仮令知育何程進みたりとも、身体羸弱《るいじゃく》となりては一身の為にもならず、又国家の用をも為さざるべし。

○知育の中に於て殊に大切なるは、読書、習字、算術の三科なり、此三科の学問は其高深遠大の地位に至らんとするには、際限もなきことにて、生涯之を学ぶも容易に其極に達すること能はざる者なり、然れども一般国民たる者が必ず習学せざるべからざるの程度を言ふときは、読書は点の付きたる漢文、西洋の翻訳書、政府の法律文を可なりに読みて解釈することを得ば、先ず夫にて宜しとすべし。読書に属して作文を為さざるべからず、作文は通常の書簡文、官府への願書届書、及び自分の記憶を記録し得るに至らば先づ宜しとすべし、算術は加減乗除、分数少数、比例百分算までを学び得たらば、先づ可なり間に合ふ者と為すべし、但し算術は熟練を要する者なれば、常に練習して達者に働くことを務むべし、又地理歴史物理化学博物生理等も一通り覚え居れば猶更宜しきことなり、図画も大略出来居れば猶更都合宜し、以上の諸科は高等小学まで卒業したらば大抵は覚ゆることを得べし、是だけの学科に通ぜざれば文明国の国民と称すること能はず。故に今日以後の国民は是非とも高等小学を卒業するだけは学問せざるべからず、其中に於ても読書習字算術の三科を特別に力を込めて勉強すべし、是までの学問は凡そ日本国中四千万の人民は尊卑貧富の別なく、尽く習学せざるべからざる者なり。

○以上の学問を為したりとも、只普通の国民となり得るの学力あるに止まり、或は町村の役員議員よりして郡県の役員議員、又は政府の官員学校の教員国会の議員とならんと欲する者、又は農工商の実業を以て世に顕はれんと欲する者は、以上の学問にては甚不足なれば、是非とも中学校の学科を卒業せざるべからず、（学校の教員とならんと欲する者は中小の師範学校を卒業せざるべからず）故に国中に於て中等以上の資産ある者は、其子弟をして尋常中学の学科だけを卒業せしむるを必要とす、又是より以上高等の専門学を為さんと欲せば、大学に入りて夫々の学科を修めざるべからず。

○体育も亦至て大切なることなり、凡そ勤学するも、大事業を為すも、身体強健ならざれば其事を成就すること能はず、まして近来西洋諸国と雄を競はざるべからざるの時勢となりたれば、国民の身体軟弱にては、とても国家を強壮にすることは能はざるなり、世人或は学校にて唖鈴棍棒などを振廻はすを以て体育なりと思ひ、或は高燥なる家屋に住み、滋養物を多く食ふを以て体育なりと思ふは皆誤なり、体操は体育中の一法には相違なきも、未だ之を以て直ちに体育と為すべからざるなり、滋養物を食するは悪きことに非ざれども、多く滋養物を食ひて其身を安逸にするときは、其害あること粗物を食ふより甚し。現に貴族高官豪富等の常に滋養物を多く食ひて安逸する者は、其身の健康は粗物を食ひて善く運動する賤民に及ばず、高燥の土地、通風のよき家屋、滋養の多き食物は固より可ならざるに非ず。然れども今日より世界に雄飛せんとする日本国民は冰海の沍《ご》寒赤道の酷熱にも触れざるべからず、飢渇をも忍ばざるべからず、瘴癘《しょうれい》毒悪の境にも入らざるべからず、此の如き危害に逢ふも毫も其健康を失はずして、初めて之を体育の教育を受得たる人と称することを得べし、故に余が所謂体育は常に(殊に少壮)の時酒色を慎み、身体を運動し、其食物は粗に過ぐるも美に過ぐることなく、衣服は寒に過ぐるも温に過ぐることなく、平日風雨寒暑に触れ、険阻を跋渉して労苦に慣れしむべし、然らざれば優勝国民の体格を具へたる者と云ふべからざるなり。

○今日の体操法は、西洋の教育家が研究して定めたる所にして、固より良善の法なれども、我邦は従前より槍剣等の武術と云ふものありて、体操の用に適するのみならず、兼て勇気を養ひ技術を煉磨するの益あり、故に余が考ふる所にては、体操は剣術を用ふるを宜しとすべきに似たり、然れども近年流行する剣術は、徒らに勝負を争ひ、其刀法軽浮にして、剣術の本意に協はず、宜く此の如き華法を廃し、専ら身体を運用し、腕力を強健にするを目的とすべし、肥後熊本の済々黌にて行ふ所の剣術は、流行の風に倣はずして、剣術と体操との本意を得たる者の如し、又剣術のみならず、槍術柔術にても宜し、但此の如き武術は互に勝負あるを以て覚えず過度の労働を為すことあり、教師能く之を注意せざるべからず、又水辺に近き学校にては遊泳操艣《ろ》の二術をも兼ね学ばしむべし。

○我邦国民の教育は前に記したるが如く、小学校に初まりて大学校に終る、小学校の教育は、国民たる者は貧富貴賤を論ぜず、義務として必ず受けざるべからざるは勿論のことなれども、今後の国民は決して小学校の教育を以て満足すべからず、貧賤の者は已むことを得ず小学校の教育を以て之を可とすることあるべきも、中産より以上の民は必ず中学校の程度だけの教育は之を受けざるべからず、然らざれば第一に国民の職分を知ること能はず、第二に競走世界に立て己が生業を営むこと能はず、第三は国家の公職に任ずること能はず、合せて之を言へば中等以上に立つべき国民の資格を得ること能はざるなり、大学は専門高等の学科を教ふる所なるを以て、国民盡《ことごと》く之に入学すべしと云ふに非ず、惟其教ふる所は何れも文明世界に必要の学科にして、高等の知識を得んとするには此学校に非ざれば能はず、又政府の高等官となり、高等の教員となり、国会の議員となり、実業社会の発明者とならんとするには、大学を卒業せざれば完全の資格を得ること能はず、故に国民中少壮有志の輩は、共家の財産と其家業との許す限りは、大学に入りて習学するを宜しとすべし。

○宗教と云ふものは、古代人智の未だ開けざる時代には甚必用のものにして、因果応報、地獄極楽、魂魄《こんぱく》永存等の方便説を以て、人の悪に陥るを防ぎ善に入るを導きたる者なれども、世運の進むに従ひ、人智も大に開けたる上は、人々皆学問の力に依りて、己が履行すべき道を知るに至りたれば、今日に至りては宗教は全く不用の物なりと云ふも不可なかるべし。且宗教は互に相悪むの性質ある者なれば、是が為に人心の乖離を生ずるの恐なきに非ず、歐羅巴《ヨーロッパ》諸国にて古来よりの大戦争は、宗教より起りたる者多し、又宗教は人を愚に導くの弊あるものなれば、近来は歐羅巴諸国の学校にても宗教を廃したる国も少なからずと聞けり、本邦は幸にして中等以上の人民は、宗教に熱心なること西洋の如く甚しからず、故に宗教の禍も、西洋に比すれば甚少なし。

○仏教は古代は随分迷信の人も多かりしが、近代は人智の開くると共に迷信者少なくなりたれば、害を為すことも亦多からず、此宗教は早く我国に入り、我国風人情に同化したれば、国民之を崇奉するも、国憲にさへ抵触せざれば少しも、差支なきことなるべし、但し今日教育を受けたる人民は、已に道理を知り居れるを以て、敢て仏教の力を仮るに及ばざることなれども、無知蒙昧の人民は、猶仏教に頼りて悪を去り善に入るの道を会得する者なきに非ざれば、是等蒙昧の民の猶世に在るの間は、仏教は猶少しは世に益ある者と云ふも可なるべし。

○神道は近代に起りたる者なれども、其尊奉する神々は皆我　皇室の御祖先、又は　皇室に忠義を尽したる名臣なれば、我国民が之を崇奉すべきは勿論のことにして、決して仏法と同一に視るべき者に非ざるなり、唯神道の中には蓮門教天理教など云へる邪教ありて無知の民を欺くと聞けば、神道を信ぜんと欲する者は、能く識者に問ひ、其教の正邪を明らめて後に信奉すべきなり。

○耶蘇教は仏教に類せる宗教にして、西洋諸国に於ては何れも善美の宗教なりとして之を信奉すれども、我邦にては徳川氏の初め之を厳禁し近年初めて其信仰を許されたる者にして、其教を信ずる者も亦甚だ多からず、其教たる我神道仏法と相容れざる者なれば、若し之を信奉する者多きときは、恐くは国の治安を擾《みだ》すことあらんも料り難し、且つ其教義を聞くに我国体と両立すること能はざる者なれば、我国民は之を信仰せざるを宜しとすべし。

第二　道　徳

○徳育は固より教育中のことなれども、国民の道徳に付きては之を詳述せざるべからざることなれば、別に其目を掲げて之を言ふを宜しとすべし、凡そ道徳には一身の道徳あり、一家の道徳あり、一国の道徳、即ち国民の道徳あり、此書は其名の如く国民を教ふるの趣意を以て作りたる者なれば、殊に国民の道徳を主として之を説くべし、蓋し一身一家一国と云ふも、道徳に別段の差異あるに非ず、只其身の立場に依りて道徳の條目中に軽重する所あるなり、凡そ人の道徳は仁義礼智信と云ひ、忠孝節義と云ひ、何れも人たる者に大切なる道徳なり、然れども国民と云へる資格より言ふときは、左の諸徳殊《こと》に勝れて大切なるを見る、其一忠君愛国、其二信義、其三剛毅、其四勤勉、其五忍耐、其六進取、其七智慮なり。

○我日本国民の第一の心得は、皇室を尊ぶと本国を愛するとの二者なり、世界の各国多くは帝王を立て之を治むれども、或は共和政体を立て、大統領を以て其国を治めしむる者もあり、共和政治の国の事は姑《しばら》く置き、帝王を立て之を治むる国は其国民何れも其帝王を尊戴せざるはなし、即ち其王室を尊ばざるはなし、然れども世界の帝王国は支那を始め、大抵革命の国にして、時々其王室に変換あり、故に其王室は国と与に終始すること能はずして、若し闇弱不徳の君出るときは、或は賢者に其国を譲らざる可らざることあり、或は英傑の人出て、其王室を亡ぼして己れ之に代ることあり、是を以て其王室を尊戴するの心も自ら純然ならざる者あり、独り我邦は　天祖　天孫より一系の　皇統連綿として千万世に至るも変換あることなし、現今の日本の国民は　皇室と三千年来の君臣にして、其名分の正しきこと、恩義の深きこと、世界に其比類を見ず、故に日本の国民が　皇室を尊戴すべきことは、決して他国の例を以て之を論ずべき者に非ざるなり、本国とは己れが出生し住居する国にして、英吉利《イギリス》人なれば英吉利を本国とし、支那人なれば支那を本国とす、其本国を愛すると云ふは、もと人類の天性に出たる者にして、何人にても自己の出生し自己の住居せる国を大切と思はざる者はなし、此自国を大切なりと思ふ心は即ち国家の存立に必要なる原素にして、若し国民に此心なきときは、何れの国も成立すること能はざるなり、故に西洋諸国にても愛国心を養ふを以て国民の第一の務とせり、然るに前にも言たる通り世界の各国は、多くは革命の国か共和政治の国なるを以て、尊王と愛国と合して一体となること能はず、或は愛国者にして其王を殺する者あり、或は尊王家にして国の不利を為す者あり、独り我日本帝国は往昔より　皇室と国家と合して一体となり、皇室を離れて別に国家と云ふものなし、故に　皇室を尊ぶ者は即ち本国を愛する者にして、本国を愛する者は、即ち　皇室を尊ぶ者なり、是を以て我国民の宜しく守るべき道は、西洋諸国の如く王室と国家との両岐に分かるゝの患なく、単一純全、尊王と愛国とを合せて一団と為して之を守れば可なることなり、此一事は実に我国民が世界に対して誇るに足るべき者なり。

○第二信義とは信は信実にして欺かざるの謂なり、信実に二あり、一は口に言ふ所と心に存する所と異ならざるなり、二は一旦発言したる事は必ず之を実行するなり、凡そ如何なる美徳にても信実ならざれば虚偽なり、虚偽なれば美徳に非ずして悪徳なり、又人間の交際は全く信実を以て成る、もし信実を失ふときは、人間の交際は全く破壊するなり、孔子の言に、人而無レ信不レ知二其可一也、大車無レ輗《げい》小車無レ軏《げつ》、夫何以行レ之哉とあり、輗と軏とは車の木材にして大小の車を牛馬に付くる所なり、此二者無ければ車を以て牛馬に付くること能はず、然るときは車は一歩も行くこと能はざるなり、信は人と人と相交はるの関鍵なり、若し信なきときは車の輗軏《げいげつ》なきが如く、人と人との交際は断絶するなり、又信は交際の為のみならず、人として其身を立つるに最上の徳にして、我身屹《きつ》然として社会に独立し完全の人とならんとするには信に非ざれば能はず、故に孔子又曰く、民無レ信則不レ立と、西国立志編に曰く、言語の信実、行為の信実は人の品行に於て身体の脊骨あるが如く、是なければ立つこと能はずと、よく信の意味を説きたる者と云ふべし、義は取るべきを取り、取るべからざるを取らざる者にして、其内に正理と決断との意を含めり、凡そ義に拠りて取捨すべきは、財貨生命とを以て第一とす、此二者は孟子、善く之を釈きたり、孟子曰、魚我所レ欲也、熊掌亦我所レ欲也、二者不レ可レ得レ兼、舍レ魚而取二熊掌一者也、生亦我所レ欲也、義亦我所レ欲也、二者不レ可レ得レ兼、舍レ生而取レ義者也と、生命の取捨に付きて、義は生命より重きを言ひたる者なり、孟子又曰、伊尹耕二於有莘之野一、而楽二尭舜之道一焉、非二其義一也、非二其道一也、禄レ之以二天下一弗レ顧也、繫馬千駟弗レ視也、非二其義一也、非二其道一也、一介不二以與一レ人、一介不三以取二諸人一と、是財禄に付きて義の重きを言ひたる者なり、信義の二つは実に国民の脊骨にして、国民皆信義に篤ければ世界各国の尊敬を得、兼て又其信用を得、若し之に反して国民詐偽を行ひ、不義を行ふときは、その結果も反対にして、世界の軽侮を受け、又其信用を失ふなり、信と義とは別物なれども、之を信義と連用したる者は、信は義に依りて其信益々正しく、義は信に依りて其義益々堅し、是信義の字を連用したる所以なり。

○第三剛毅とは剛は柔の反対にして、強きなり屈せざるなり、毅もつよきことにして動かざるの意を含む、此二徳は亦国民の道徳として甚だ必用なる者なり、凡そ剛毅と云ふことは己が身を修むるにも、事業を為すにも、倶に欠くべからざるの徳なり、先づ身を修むる方にて言はんに、人の酒色に溺れたり、賄賂を貪りたり、怠惰に日を送りたりするは、其人決して之を善事なりと思ひ居るには非ず、是を悪きことと知りながら、其心の懦弱なるよりして、断然と其悪事を拒絶すること能はず、遂に其誘惑を受けて醜陋《ろう》卑猥の人となるなり、能く其身を修めんと欲する者は、若し其初めに此の如き誘惑に出逢ひたらば、其剛毅の力を以て一刀両断に之を切り離して、悪行の淵に沈まざる様にせざるべからず、又事業を為す上に就て言ふときは軍事は勿論学問にても、政事にても、農工商にても、人に勝れたる事を為さんとするには、必ず許多の艱難を凌がざるべからず、艱難を凌がずして得たる功名は之を僥倖と云ひて識者の賤しむ所なり、剛毅の徳なき者は艱難に抵抗すること能はず、少しく難儀に出合へば、忽ち趦趄《ししょ》逡巡して、或は其業を廃し、或は其身を退くなり、此の如きことにては、生涯決して人に勝れたることは為し得ざるなり、今日よりして外国との競走益々盛んになることなれば、国民たる者は益々剛毅の気を養はざるべからず、剛毅ならざれば柔弱なり、国民柔弱なれば、或は其土地を削られ、或は其国を奪はる、畏れざるべけんや。

○第四に勤勉とは世間に言ふ勉強のことなり、凡そ人間の富は勤勉に非ざれば得べからず、今日徒らに西洋諸国の富を説きて之を羨むも何の詮かあらん、宜しく我亦進んで彼の如く富まざる可らず、富を求むるの道は勤勉を以て唯一の法と為す、是余の私言に非ず、西洋の経済家が皆言ふ所にして決して誤なきの語なり、米国の賢士仏蘭格林《フランクリン》の遺書に曰く、富を得るの道は其平易なること市に行く道の如し、唯二言を以て之を盡くすべし、勤勉と倹約となり、時を費すこと勿かれ、金を費すこと勿かれ、此二者を巧みに用ふべし、勉強は恰も幸福を生む母の如し、天は万物を人に与へずして勉強に与ふるものなりと、今日我国民の状態を見るに、中産以下の貧民は大率其業を勉強すれども、中産以上の富民は多くは懶《らん》惰なり、蓋し貧民は其衣食に逼《せ》まらゝるを以て勢ひ勉強せざるを得ざるの有様となり居れり、富民は何れも日々の衣食に差支へざるを以て、自ら怠惰に流れ行くなり、貧民の勉強は至極善き事なれども、只其身が飢渇せざるに止まることにて、未だ以て国の富を増すに足らず、国家の富を増すは富民の勉強にあり、今日国家に富の必要なることは、貧民が衣食に必要なるより甚し、富民は直接に其身に迫らざるより之を感ずること深からずと雖も、其感ずることの深からざるは即ち国の富まざる所以なり。又勉強は独り富を得るの道なるのみならず、政事と云ひ学問と云ひ、勤勉に非ざれば一も其事を成就すること能はず、興国の民たる者安《いずく》んぞ勤勉せずして止むべけんや。

○第五に忍耐とは辛抱強きことなり、元来本邦の人は其性の敏捷なることは他国の民に勝り居れども、忍耐力は大に西洋人に及ばず、凡そ物事の成就すると成就せざるとは大抵忍耐力の強弱にあり、総て物事は初めより見込通りに成就するといふは甚稀なることなり、必最初は失敗して労力と費用とを損失するを常とす、忍耐力なき者は、其失敗に由りて落膽《たん》し、再び起て之を継がんとするの気力なし、忍耐力強き者は少しも其失敗を恐れず、其失敗に鑒みて種々の工夫を為し、最初に倍せる気力を以て再び其事を為す、二敗三敗するも敢て屈せず遂に其事を成就するに至る、是欧米人が能く大事を成す所以なり、惹迷士瓦徳《ゼームスワット》は縮密蒸汽機器を創造せんと思ひ立ち屢ゝ成らず、然れども其志益ゝ堅く三十年の歳月を積みて、遂に其機器を成就することを得たり、力査阿克来《リチャードアークライト》は、英国の貧民の子にして剃頭工を以て業と為しゝが、紡績機器を創造せんことを思ひ立ち、僅少の資本を以て其事を始めしが、忽ち之を費し盡し、遂に其妻をも出すに至る。然れども其志少しも屈せず、十数年の工夫を積み終に其機器を完成することを得たり。昔し蒙古の豪傑帖木兒《テモル》は蜘蛛が屢ゝ地に墮ちて屢ゝ還るを見て忍耐の力を悟り、本邦にも小野道風が蟇《かえる》の柳枝に飛び付くを見て書学を為し遂《とげ》たりと云ふは俗話なれども好比喩と云ふべし。

○第六には進取の気なり、昔の教訓書には進取と云ふことを説きたる者なし、是は昔は世界の交通なきを以て進取のことは、あまり必要ならざりし故なり、然れども進取と云へる文字は儒書に出たる語にて、孟子に狂者進取、狷《けん》者有レ所レ不レ為とあり、儒教の進取は専ら修身上の進取なれども、猶有レ所レ不レ為と云へる狷者よりは之を上等に置けり、今日は昔日に異にして、四海交通、生存競争の世となりたれば、国民たる者は、是非とも他国に対しては、我より進んで取るの気象なかるべからず、西洋諸国の民は何れも此進取の気甚強き者なれば、是と対抗するに、我より十分進取の気を奮《ふる》ひ、彼に先鞭を着けられざる様、常に心に掛けざるべからず、例へば我邦の南洋の鯨猟、北海の臘虎猟の如きは、元来我国民の利すべき所なるに、我国民に進取の気乏しかりしに由り、遂に彼に先鞭を着けられ、彼等が年々我南北の近海に於て得る所の利は莫大なれども、我は袖手して如何んともすること能はず、此の如きことにては将来彼等と世界の競争場裡に角逐するは、六けしきことなれば、今より我国民は従前の怠惰の根性を抛《ほう》棄して、十分に進取の気を奮はざるべからざるなり。

○第七は智なり、智は俗に云ふ所の智慧《チエ》にして心の働なり、西洋にて言ふ所の所識《ノウレジ》又知性《インテレクト》と同じからず、智は古人も仁義禮智と云ひて、仁義禮と並べ称したりと云へども、余の考ふる所にては、智は他の三徳と並行すべき者に非ずして、他の三徳の中を通貫する者なりと謂《オ》もへり、今此書に云ふ所の国民の道徳に於ても、尊王愛国等の六徳の中を貫く者にして、委《くわ》しく言へば尊王愛国の徳も智なければ、或は固陋となり、或は驕慢となりて、竟に国の益をなさざるのみか、却て国の害を為すも料り難し、其他信義の如き、剛毅の如き、勤勉の如き、忍耐の如き、進取の如き、何れも智を以て之を運用せざれば、或は拘泥となり、頑傲となり、徒労となり、遅鈍となり、軽躁となり、此の如き最高等の美徳も、下りて最劣等の陋徳となるべし。智は此の如き大勇力の者なれども、亦大なる弱点ありて動もすれば、物欲の為に役せらるる者なり、若し物欲の為に役せらるるときは、或は貪欲の為に働き、或は詐偽の為に働き、或は奸謀の為に働き、或は淫欲の為に働き、人を導きて罪悪の深阬に陥るるの恐あり、禅家に言ふ所の殺人刀活人剣とは我等が智を称したる者ならんか。

第三　生業

○人たる者は裸体にして此世に生れ、又身に羽毛なく、飲食せざれば飢渇するの患あり、故に人は衣食住の三者なければ此世に生活すること能はず、衣食住の原料は天より賜ふ所なれども、是を製作して、衣食住と為すは人力にあり、此衣食住を営むの道を生業と云ふ、人は其良知を以て生業の道を知れることなれば、他より之を訓導するを要せざる者の如し、然れども生業には巧拙あり、勤惰あり、巧にして勤むる者は衣食住豊裕にして其身富み、拙くして惰なる者は衣食住不足にして、其身貧なり、人民皆富むときは其国を富国と云ひ、人民皆貧きときは其国を貧国と云ふ、国富む者は威勢を世界に張ることを得べくして、国貧なる者は世界に威勢なきのみならず、或は衰亡の恐あり、故に国民の生業の盛衰は、国家盛衰の基する所なれば、決して軽忽《こつ》に之を視るべからざるなり。

○生業を営むは独り今日の生活を求むるの道のみに非ず、又国民の志操を高くし、道徳を進むるの道なり、管子曰、倉廩実則知二礼節一、衣食足則知二栄辱一、孟子曰、無二恒産一而有二恒心一者惟士為レ能、若レ民則無二恒産一因無二恒心一、苟無二恒心一放僻邪侈無レ不レ為と、管子孟子の時より今に至るまで既に二千余年を経。而るに其言ふ所猶今日の民情に的切なり、然れば則ち国民を勧奨して生業を勤めしめ、其衣食充足するを待ち、之を道徳に導くは治国者の要務にして、亦国民たるの職分なるべし、惟古代の生業と云ふものは仰足三以事二父母一、俯足三以畜二妻子一。楽歳終身飽、凶年、免二於死亡一位のことにて、是れより以上巨多の富を要せざりしなり、此事独り支那のみならず、我日本も亦同様のことなり、然るに時世の変化するに従ひ、世界に国を立つる者は、其政府の費用大に増加して古に幾十倍するを知らず、教育普及せざるべからず、審院増加せざるべからず、陸軍の軍兵、海軍の兵艦、共に許多の増加を為さざるべからず、大小の議会を開かざるべからず、世界の各国と互に相交親せざるべからず、殊に海陸軍の兵器兵艦の如きは、日に益々精鋭を極むると共に、其費用は往時の物に幾十倍せざるべからず、是等の費用を供給するは皆国民の租税に出づることなれば、国民の生業は日に益々勤勉と巧妙とを極めざるべからざるなり、又国民自身の衣食住も、他の国民と交際する上は独り粗糲弊衣に安んずべからざるなり。

○生業の主要なる者は、農工商の三業なるは皆人の知る所なり、本邦気候温和にして地味肥沃なり、五穀を始めとして、桑麻茶楮漆櫨の如き有用の植物に富み、山林には松杉桧柏樒欅等の良材多く、農業国として実に世界に冠たる者なり、故に古代より農業早く開け深山幽谷の如きも大抵已に開墾に就けり(北海道を除き)古代に在りては、国内の物産は、国民の用に供するに不足なければ、まづ夫にて満足すべきなれども、今日の如く世界の各国と相交通するに至りては、物産の多しと云ふも其品の良好なりと云ふも、農民の富めると云ふも、是を世界の各国就レ中欧米の諸国と相比較して之を観ざるべからず、本邦の農民は年久しき経験に富み、又皆其業に勉強せり、惟惜むべくは、昔より農業の学問なきを以て、新なる発明を為すこと能はず、旧来の弊習を改むること能はず、是を以て此の如き良好の時候、肥沃の土地を有しながら其農産の富、大に欧米諸国に及ぶこと能はず、英国法国徳国は其面積人口我邦と伯仲の間にありて、英国の農産は我邦の五倍、法国は八倍、徳国は七倍、伊国の如きは面積人口共に我邦の十分の八に過ぎずして、農産の価格は殆ど我に三倍せり、以て彼等が能く学術を応用したると、新なる発明を為したるの効を見るべし、故に我邦の農民も其産物を彼等と均しくせんとするには、勉強節倹は勿論のことなれども、其外更に文明の学術に通じ、農業経済の法を明かにし、良善の種子を選び、有力にして廉価なる肥料を作り、農具を改作して益々便利ならしめ、用水悪水の灌漑排除を考究し、害虫を駆除し、土性を改良し、同一の田地より数倍の収穫を得んことを心掛けざるべからず、殊に養蚕と製茶とは本邦国富の源なれば、農民は一層之に力を盡さざるべからず。此二業は共に近年追々進歩したれども、毎年春霜の為に桑茶の新芽を損し又蚕病の為に此両業者の損失常に少なからず、是等は更に一層の工夫を為さば多少之を救ふの術を見出すことあるべし、又此の如き大利ある産物は、他国に競争者を生ずるは自然の勢にして、既に此の二業の如きも頗る有力の競争者あり、今日の勢、我一歩を退けば彼一歩を進むるの有様なれば、此業に従事せる者は前に記せる進取と忍耐との二力を奮ひて益々此国産の拡張を務めざるべからず。

○我国の地勢七分は山地にして平地は三分に過ぎずと云ふ、此の如き国に在りては山林の栽培尤も勉めざるべからざるに、我国人の山林に意を用ひざること甚しと云ふべし、官林は官の監督保護あるに由りて相応に樹木の繁茂を見ることなれども、民有林に至りては大抵は伐採したるままにて跡に苗木を植付くることなし、近年大小の建築鉄道の敷設処々に起るを以て、木材を用ふること甚多く、殊に養蚕製茶の如き事業の起るに従ひて薪材を費すことも亦少なからず、故に養林のことは実に目今の急務なり、然るに今日の如く山林に意を用ふること親切ならざる時は、数十年の後は山々皆禿して外国より木材を買入るるが如き不幸に陥るも亦料り難し、又山林の濫伐は河川の暴漲を基《もと》すと云へるは、已に世人の公認する所となり居れり、実に今日本邦山林の状態は識者をして寒心に堪へざらしむる者あり、又漁業の事は、本邦四面海を帯び、魚類を産すること夥《おお》し、故に古来より漁業は頗る発達し、漁業を以て生活する者百七十余万人の多きに至れり、惟漁船の製作脆弱にして、動もすれば風濤の為めに覆没の難に遇ふは甚憫《びん》然のことなり、又本邦は皆小漁にして大漁を知らず、故に欧米の漁人が大船に乗じ、我近海に来り、臘虎《ラッコ》、膃肭臍《おっとせい》、鯨魚の類を密猟するも、我漁人は之と競争すること能はず、徒らに沿海の漁利を外人に失ふは、遺憾千万なることなり、幸に政府の保護を以て水産会も設立になりたることなれば、一は漁舟の製を改造して堅強とし、一は大漁の法を起して外国の密猟船を駆逐せんことを望むなり。

○農業は生業の本にして、殊に我国の土性と民力とに適応する者なれば、之を進歩発達せしむるは、国家経済上固より必要のことなれども、農業は必ず多少の土地を要する者なれば、我邦の如き人口多くして地面に限りある国に於ては、更に工業を以て国を富まさんことを工夫せざるべからず、工業は人の知識と技術との進むに従ひ、方寸の大きさにして、数百金に値すべき物を作ることをも得べき者なれば、富国の策を講ぜんと欲する者は、殊に工業に力を用ひざるべからず、然れども工業の原料は農業と採鉱とより出る者なれば、農業を棄てて専ら工業を務めんとするは亦能はざる所なり、工業は其包括する所甚広し、今之を分つて三種とす、其一は土木建築採鉱の工業なり、凡そ河身を修め、堤防を築き、港埠を作り、家屋を建て、道路を開き、橋梁を架し、鉄道を敷き、電線を架し又は之を沈め、鉱山を開掘して金類を製煉する等の工事は皆是にして、軍艦商船を造り、大砲弾薬を鋳造することも亦此中に加ふ、是等の工業は何れも専門の学術を要し、其費用も莫大にして、且多く政府の事業に属せるを以て今之を言はず、其二は酒、醤油、塩、味噌、油、陶器、漆器、木器、銅器、鉄器、織物、染物、紙、蠟、砂糖、皮革、煉瓦、衣装、筆墨、小間物、袋物、傘、下駄の類にして、国民が日用の物を製作する所の工業なり、是は国民たる者に甚必要の工作にして、若し其製作する所不足なるか、或は粗悪なるか、或は甚高価なる時は、外国品続々入り来りて、国内の工作を圧倒し、貿易上に出入の権衡を失ひ、先づ国内の正貨を外国に駆逐せられ、尋で国内の工業家の職業を奪ひ去られ、大なる国家の不利を来す者なり、故に国民は日々需用する所の物品は務めて内国人民の力を以て之を供給し、其不足を生ぜざる様にせざる可らず、又羅紗の如き、綿毛混合の織物の如き、帽子の如き、靴の如き、石鹸の如き、洋酒の如き、薬品の如き、製造食物の如き、邦人にて外国の製造品を使用すること多き物は此方にて模造の工作を起し、務めて彼の国の物と其品位を斉うせしめ、以て国人が正貨を外国に失ふの患を予防すべし、又近日諸方に勃興する紡績の如きは、至極の美事なりと雖も、又此事に付きて他の弊害を生じ、国家の為に利害並び起るの観あり、其事は別に論ずべし、第三は外国に輸出する貿易品にして、生糸製茶、(此二品は農産物なれども、工業によりて益々其品を精良にす)織物、陶器、漆器、摺附木《すりつけぎ》、地蓆、麦稈真田《むぎわらさなだ》、樟脳、其他諸種の海産物の類なり、是等は輸出入の平均を保ち、国家の富を致す所の工業なれば、国民大に奮ひて益々之を勉めざるべからざる者なり、是等の工業を為すに三つの心得あり、其一は其物を十分善良に作るべし、良品を作るときは、初めは其労を人に知られずと雖も、年久しく之を用ふるときは、其堅固なると耐久なるとを知らざる者なし、是則ち信用を得るの基なり、凡実業を盛んにするの基は信用の二字に在ることは、東西の経済者が共に言ふ所なり、若し之に反して目前の小利に心を奪はれ、或は其品の外面を美にして其内を粗にするとか、良品の間に粗品を混合するか等の事を為すときは、目前には利あるが如くなれども、竟に其信用を失ひ、其相場下落するか又は其売先支へて、大なる失敗を致したること、是まで其例甚だ多し、然るに実業家の中には、今日猶此弊を襲ふ者ありと聞く、甚だ残念なることなり。是前に言へる信義を闕きたる者にして、要するに道徳を失ふ結果、遂に貿易上の損失となることなり。其二には原価を廉に作ることを工夫せざるべからず、今日は物品の相場は、世界の相場を見較べて売買する時となりたれば、何れの品物にても、其品の良善にして其価の廉なる物、竟に全勝を占むるは明白なる道理なり、故に今日工産を作る者、生糸製茶の類は勿論、其他の諸品に於ても、務めて元を安く作らざるべからず、生糸製茶の如きは、或は其利益の多きに乗じて、高価の工人とか製茶師とかを雇ひ、或は其工場を広大にし、或は役員の給料を豊にするときは、其品は自然に廉価となること能はずして、相応の高価に売らざるときは引合はざるなり、然るに外国の市場の相場は常に一様なること能はず、或は大に相場の下落することあり、或は彼是の事情にて市場の不景気なることあり、此の如きことは外国と貿易する者の常に出逢ふ所なれども、其物品の原価廉なるときは、低価に売却するも損失なけれども、若し其原価貴きときは、大なる損失を受けざることを得ず、生糸製茶を作る者が損失を為すと云ふは、常に原価の高きに座する者なり、此外に世界の流行を察し、外国人の嗜好を知ると云ふも大切なることなれども、先づ良品を作ると原価を廉にするとの二者を必要とするなり、又外国に輸出するに、農産を輸出するよりは、工産を輸出すること数倍の利あることなれば、生糸も織物と為して輸出せざるべからず、生銅熟銅は銅器と為さざるべからず、其他総て農産鉱産は変じて工産と為さざるべからず、然れども今日急に之を行はんとするは、亦能はざる所なり、只国民は今日の有様に安んぜず、進んで工産を増さんことを求めざるべからず、又第一条に述べたる造船鋳砲の如き大工事は今日未だ十分に為し能はずと雖も、後来は国内にて用ふる船砲だけは、必ず国民の事業と為さざるべからず。

○農業は原料を作り工業は之を以て物品を作ると雖も、之を貿易して、金銀と為すは商人の事業なり、農工の二業何程発達すと云へども、商業拙なからんには、農産工産も其物相応の価値を得ること能はず、亦之を広く世界の需用に供給すること能はずして、為に国家の利益を為すこと能はず、故に商業の大切なることは決して農工二業の下に在らずして、其智力を要することは、却て二業の上に出ることあり、現今本邦の商業を分ちて三種とす、其一は国民の作れる農産工産を国内諸所に運送して国民の需用を充たす者、其二は、内外の物品を店頭に排列して顧客に売る者、所謂小売商なり、其三は、或は国内の貨物を外人に売り、或は外国の貨物を買ひて之を国人に売る者、所謂貿易商なり、第一第二の者は国家の為に必要の者なれども、今言はんと欲するは特に第三種の貿易商にあり、第三種の商業を為す者は、第一第二の者に比すれば、学問も多からざるべからず、世界の大勢をも知らざるべからず、膽《たん》勇も無かるべからず、智略も無かるべかざる、従前我国の商人と云ふ者は皆第一第二の者なりしを以て、学問も左程に必要にあらず、世界の大勢などは固より知る者なし、且封建時代には商を以て四民の最下等に置き、士流よりは頗る之を軽蔑して取扱ひたり、商賈《こ》も亦自ら其身を軽んじ、学問道徳などは敢て意とする者なく、只狡猾に立廻り、売買の間に於て利益を得れば足れりと思へる者多し、然るに世界の諸国と通商するに及び、農工の造れる貨物を以て直接に外人と貿易を営む者は、独り商業者のみなれば、封建時代の商人とは全く其知識品行を一変し、高等勇邁の人とならざるべからず、然るに商人の多数は猶旧時の素町人の陋習を改むること能はず、外人と貿易するの有様は歎息に堪へざる者あり、今実業奨励の大熱心家前田正名氏が明治二十八年越後国長岡にて為したる演説を仮りて其状を言はんと欲す。

○(前略)商品たる者は、其国の誠を現はすべきものである、売るも買ふも決して其間に地位の高下を置くべきものでない、然るに我から御買上を願ひたいと頭を下げて御機嫌を取り、奴隷の如き有様を為す、我は斯《かく》の如き有様で売りに往くけれども、彼はろく〳〵挨拶もしない、シヤツポも取らない、夫は何故であるか、詰りは日本の衣食住の有様が不充分の為で、彼等は飽まで日本人を軽蔑して、まるで礼節と云ふ様なことは、日本人に対しては入用のないものとして居る、(中略)我商人はいつも先の御機嫌を取て、味方打の裏切で御座います、御承知ですか、生糸はいつでも計算すると年三百八十弗を、不規則の為にかん〳〵とか何とか云ふことで、利益を彼等に取られるので御座います、此方にて一円と云ふ、一方は八十銭と云ふ、又他の一方では七十銭と云ふ、彼等は黙つて居て安いものを買ふ、一円高いペケである、七十銭に売る者があると言ふ、仕方がないから夫ではどうぞ七十銭にて願ひますといふことになる、斯《かか》る有様で日本は四十年間辱かしめられて居る、其上彼等には日本人は不正な働をする、日本人は約束の出来ない者共と言はれて居る、(中略)中には近年我貿易が大に進歩したと喜ぶ人もあるけれども、なる程税関の表を見れば、輸出の額は増加して居る、収入の金高も増加して居る、夫れは増加して居るには違いないが、其品物の値段は非常の下落で御座います、紙にしろ、糸にしろ、茶にしろ、価に至ては以前の半分さへしない、是は抑もなぜであるか、皆日本商人が自分から相場を崩した為である、自分で相場を崩して買方の外国商館が値段を立るといふ有様になつたからである、是でも貿易が進歩したと云ふことが出来ますか、此商権を我に回復しない以上は、迚《とて》も立派な貿易の進歩と云ふことは出来ぬ。

○前田氏の言は少しく激する所あるが如しと雖も、貿易商の弊を言ひたる所、実に其急所に中りたる者と云ふべし、併し全国の貿易商皆此の如しと云ふには非ざれども、仮令少数にても此の如き商人が外人と引合ひて貿易を営み居るは、国損と云ふべく、国辱と云ふべし。畢竟此の如き有様を為し居るは、何れも学問の力なく、又旧時の素町人の気風の脱せざる者なれば、今日より断然として陋習を蛻蟬《ぜいせん》とし、壮年の者は先づ第一に学問せざるべからず、官立公立の商業学校も建ち居ることなれば、是に入校するは勿論のことなれども、今日は其校数も少きことなれば、必しも入校することを要せず、独学にても他の学校にても其大略は学ぶことを得べし。其必要の科目は筆読算を首として、経済学の大意、内外の地理、内外の物産、内外の商法、貨幣、会社、海運、陸運、銀行、税関、倉庫、為換、手形、簿記、保険等にして、成るべくは英語に通じ、外人と談話し、外国の新聞を読むことを得ば更に宜し。然る後世界の形勢と他国の人情と外国の著名なる都府の好尚及び商業の習慣、流行の変化等を察し、剛毅忍耐を以て事に従はゞ、大なる誤なかるべし。今日の如き商業上の屈辱は一日も早く洗雪せざるべからざるなり。

○又外国との商業を為すに、居交易と出交易と云ふことあり、居交易は我は常に国内に居て、他国の顧客を待ち、以て彼我の貨物を売買する者にして、我邦の貿易法を初めとして、亜細亜諸国の貿易は大抵是なり、出交易は我より世界の各港に出張し、其国人と相談して貨物を売買する者にして、欧米諸国民の為す所是なり、居交易を為す者は世界の大都府の模様を知らず、大市場の相場を知らず、価値の高低は、来航せる外人の意を以て勝手に上下し、売買の権常に彼に在り、我輸出物に付きて言へば、例へば茶の如きは我邦の相場高ければ彼は支那に往て買ひ、支那の相場高ければ、印度に往きて買ふ。輸入物の如きも亦同一の理にして、彼れ日本にて売れざれば、支那に往きて売り支那にて売れざれば印度に往きて売る、彼は此の如く常に千万里の上に伸び我は跼促して一国の内に屈す、又貨物の運賃の如きは、出入全く彼の利となる。故に居交易出交易は其利害明白にして誰人も之を知らざる者なし、然るに今日出交易の未だ能く行はれざる者は、其準備整はざればなり。準備とは何ぞや、堅牢の船舶と熟練の海員なり、資本に富て大志ある商人なり、其商人は剛毅忍耐にして智略なかるべからず、外国の商業に関する法律及び習慣を知らざるべからず、各国の要港に前以て我国人の居留する者なかるべからず、此準備なくして漫然として他国に出て商売せんとするときは却て大なる損失を受くべし。故に今日の所は已むことを得ず姑く居交易を以て満足し、今日より出交易の準備を為し、後年に至らば必ず我より乗出し、世界の各港を巡歴し、大いに諸国の信用を博し、以て商売の権を我手に握らんことを心掛けざるべからざるなり。

○余は更に商業家の為に言はざるべからざる事あり、凡そ農工商の三業の中に於て殊に利益の多きは商業にあり。然るに商業家は之を以て満足せず、更に種々の奸詐を行ひ、或は不正の物品を売り、或は計を以て物価を騰貴せしめ、或は他人を倒して自ら利せんとし、或は粗悪の建築をなして其破壊を顧みず、或は賄賂を行ひて要路の人を欺き、或は同業言合せて物品の〆売を為し、或は外人と結託して本国の損害を為す者少なからず。此の如きは農工省に、少なくして商業者に多し、故に古より奸商の称ありて、奸農奸工の称なし、商業者もし此の如きことを為して私利を得たらんには、己の利益は同胞の損失となり、一個人の富は数十人の貧人を生じ、畢竟は国家の大損害を為し、併せて国民の気風を壊乱す、実に国家の取りて悪むべきの毒虫なり、商業を為す者は、進取活発の働を為すと共に亦此奸利を戒めざるべからざるなり。

○農工商の外に於て航海の業は、殊に国民の膽気を強くし、進取の力を増す者なれば、少壮者は進んで此業に就き、其建造法よりして、其使用法にも熟し、常に世界の各国を巡航し、其形勢人情を察し、治世に在りては是を以て国の富源を助け、乱世に在りては、国威を張らんことを務むべし、西洋諸国が今日の富強を致したるは、多く航海の業に頼りたりしことは、衆人の知る所なり。本邦旧来の富豪者（農工商を論ぜず）は多くは祖先の遺産を以て其富を成せる者なれば、何れも労苦を厭ひて安佚を好み、退守に安んじて進取の気に乏しく、其心怯懦《きょうだ》にして驚瀾怒濤を犯し、赤道氷海を渉るの勇気なし、今日以後の時勢に於て、此の如き富豪のみなるときは、遂には自己の財産を保つこと能はず、併せて国家の富をも失ふに至るべし。

○開砿の事は、国土の宝蔵を開きて人民の利用とすることなれば、力の及ぶだけ之を採掘するは敢て不可なることなし、独り石炭のみは他の鉱物と異にして、一たび之を用ふるときは、灰燼となりて復世界に存在することなし。社会の進歩するに従ひ、石炭の需要は日に益々多くして、地下の石炭は日に益々其量を減ず、故に今日に方《あた》り、最も浪費を慎まざるべからず。国内の用は已むを得ざることなれども、石炭を其儘外国に輸出することは速かに之を禁止せざるべからず、若し国内の炭坑已に尽くるときは如何、其輸入を外国に仰がざることを得ず、然るときは其国損たること実に計算の及ぶ所にあらず、我国民は目前の私利に汲々として国家の大計を知る者少なし。遠識の士に非ずんば、余が言を信ずる者はなかるべし。

○凡そ実業は農工商を論ぜず一致結合するを必要とす、昔より実業家には組合等のことありしが、今日に至りては其組合の法も従前より広大に為さざるべからず、殊に外国人に対せる実業に至りては、連合に非ざれば、利害共に敵に當るに足らず、世に伝ふ藤原秀衡が三子に遺言して矢を折らしめしと云ふは、独り一家の事のみに非ざるなり、連合の要は小利を棄てゝ大利を取り、私見を去りて公論に従ふに在り、此二言を守らざるときは連合は成らざるなり、又連合は極めて堅固ならざるべからず、若し堅固ならざるときは、一方より破壊して終に全部の破壊に至るなり、是まで我商人が外商に対し事を為さんとするに、其連合の堅固ならざるが為に遂に彼が為に打破せられたることは其例甚多し。

○本邦人の長処は敏捷伶俐なるにありて、其短処は軽躁浮薄なるに在り、軽躁浮薄は百事を敗るの本にして、政事と云ひ、学問と云ひ経済と云ふも、何れも軽躁浮薄に由りて事を敗らざるはなし、殊に利害に関する実業の如きは、動もすれば、目前の小利害のみに迷ひて後来の大利害を考ふることを知らず、敏捷伶悧固より貴ぶべしと雖も、今日以後外国人と競争し、国家千年の富を興さんとするには、深謀遠慮に非ざれば其功を奏すること能はず、我日本国民たる者は深く自ら省みざるべからざるなり。

第四　家倫

○家は国の小なる者なり、故に国を保たんと欲する者は、亦家を保つ所以を知らざるべからず、凡そ人の家には父母あり、夫婦あり、兄弟あり、子孫あるを常とす、而して其中枢に在りて之を調和する者は我身なり、家倫の教は、東洋の教即ち支那の儒教を以て最も正しく且厳なる者とす、其経典なる論孟孝経及び朱子の小学の書の如き、其説く所明詳にして本末大小遺す所なし、能く之を奉じて身に行ふときは、孝悌婦幼の道に於ては、或は過度の教訓あるも不足するの患なし、唯支那の教は我身が子たる時の教は詳かなれども、我身が父たる時の教は甚だ闕如す、人の妻たるの教は頗る厳なれども、人の夫たる者の教は之を示すことなし、我身父母に対しては子道を尽さざるべからざるは勿論なりと雖も、子に対しては父道を行はざるべからず、妻たる者は其夫に対して婦道を尽さざるべからずと雖も、夫たる者も亦妻に対して夫道を尽さざるべからず、凡そ人たる者は夫々の身分に応じて皆夫々の道あり、即ち職分あり、人の子たり妻たり弟たる者は固より宜く守るべき道ありと雖も、父たり夫たり兄たる者も亦守るべきの道なしと言ふべからず、然るに儒教には父夫兄たる者の道を説きたる者甚少なし、（惟論語孔子の言に君々臣々父々子々、及び大学に為二人父一止二於慈一の語あるのみ）是支那の教の一方に偏して、後世人の議論を免かれざる所以なり、余因て自ら其力を揣《はか》らず、父道夫道をも、述べて儒教の及ばざる所を補はんと欲す、又子婦たる者の教の如きも、儒書に説く所は種々の教訓を雑陳して体統を立てず、故に初学の者は、如何なる事だけを行ひ得れば子婦の道に於て遺漏なき者か、之を詳にすること能はず、余因て東西の道徳の教を基本とし、我国の国勢人情に照して家倫の教に左の條目を立つ、僭踰の罪は免かれずと雖も、初学の為に、小補なしと云ふべからざるなり。

○父母たるの道

(一) 児子の幼少なる間、之を給養保持すること
(二) 児子の身体を強壮健康にすること
(三) 児子の知識を発達せしむること
(四) 児子の徳性を養成すること
(五) 児子の為に生活の道を指導すること
(六) 児子の為に婚姻を求むること

○子たるの道

(一) 父母の命に服従すること
(二) 父母を親愛すること
(三) 父母を尊敬すること
(四) 父母の恩を知ること
(五) 父母の心を養ふこと
(六) 父母に禍を及ぼさしめざること
(七) 父母の老を養ふこと
(八) 喪祭のこと

○夫婦たるの道

(一) 夫婦は互に愛情を篤くすべし
(二) 夫婦は互に恭敬を失ふべからず
(三) 夫婦は互に清貞を守るべし
(四) 夫婦は相互に協力すべし

○夫が其婦に対するの道

(一) 夫は其婦に対し親切ならざるべからず
(二) 夫は其婦を保護せざるべからず
(三) 夫は其婦を侮嫚《まん》すべからず
(四) 夫は其婦を給養せざるべからず

○婦が其夫に対するの道

（一）婦は柔順にして其夫を恭敬すべし　（二）婦は家政を勤めて其夫を助くべし

（三）婦は貧富共に夫家の分に安んずべし　（四）婦は堅く嫉妬を戒むべし

（五）夫の不幸又は疾病の時は殊に懇切を尽くすべし

又兄弟姉妹の間にも夫々の道あり、又舅姑ある家に嫁したらば、舅姑と婦との道あり、是又能く心得ざるべからず、又婢僕は家倫には非ざれども、常に一家の内に居り、一家の事を勤め、家人に類する者なれば、亦其道を講究せざるべからず。

○主人が婢僕に対するの道

（一）仁恕の心を以て僕婢を仕ふべし　（二）寛縦に過ぎて侮嫚《まん》を受くべからず

（三）主人は僕婢の安身に注意すべし　（四）主人は僕婢の過失を宥恕すべし

○僕婢が主人に対するの道

（一）僕婢は誠実を以て主人に事ふべし　（二）僕婢は主人の命に違戻すべからず

（三）主人の為に節約を心掛くべし　（四）主家の災難の時は殊に力を竭《つく》すべし

以上は其標目たるに過ぎず、其詳なることは拙著徳学講義に載す就て見るべし。

○倩加様に父子夫婦主僕何れも双方の道即ち職分を挙げたるが、是を読む人に第一に戒め置きたきことは、人々己の職分を棄置て、他人の職分を責ることなき様にしたきことなり、例へば人の子たる者は子たる者の道を盡せば夫にて宜し、父母が我に対して如何様の取扱を為すも、夫は我の関《あず》かる所に非ず、然るにもし心得違の子ありて、父母は我に対してかく〳〵せざるべからずと言ひて之を責むるは、是子道を失ふの甚しき者にて、之を不幸の子と称すべし、其他夫婦の如き、姑婦の如き、兄弟の如き、主僕の如き、何れも己が務むべき道を捨てて、彼の道を行はざるを咎むるときは、彼亦道を行はざるを以て我を咎め、一家の和合を破ること是より甚しきはなし。

○凡そ人間の楽みは一家の和合より楽しきはなし、孟子が君子の三楽を言ひて、第一は父母倶存、兄弟無レ故一楽也と云ひ、詩経に妻子好合、如レ鼓二瑟琴一兄弟既翕、和楽且耽、宜二爾室家一楽二爾妻子一と云へるは実にしかあるべきことなり、仮令外に如何様の歓楽あるも、一家不和にては、人生の快楽は甚不十分の者と云ふべし、一家の快楽を得んと欲せば、家族何れも温柔敦厚を以て旨とし、刻薄残忍を戒め、以て天倫の楽みを全うすべきなり。

○凡そ世間の人家を見るに、其不和を起す所以一ならずと雖も、其最も主もなる者三あり、其一は一夫一婦の法を守らざるなり、其二は婦姑の間の不熟なり、其三は兄弟財を争ふなり、今第一より序を逐ひて之を述べん、夫れ一夫一婦の天理に協へることは、道理に於ても利害に於ても甚明白なることなり、西洋の教には昔より一男多娶を禁ずれども、東洋の教には之を禁ぜず、此一点は東洋の教、遥に西洋の教に及ばず、然れども孔子孟子又は程子朱子の如きは、嘗て妾を畜へしことを聞かざれば、聖賢は心に於て之を不可と為したる者なるべし、本邦にても古より畜妾を禁ぜず、近年に至りて益々其盛んなるを見る、血統存続の為など言へるは真の口実にして、全く己が情欲を制すること能はず、以て此醜行を為せる者なり、已に妻あるが上に又妾を置く、一家の風波は必ず是より起る、已に風波の起りたる後、或は妻に罪あり、或は妾に罪ありなどと言ひて之を論ずれども、其本は畜妾を為したる主人の罪なり、第二に婦姑の不熟は、世の儒者は皆婦の不孝を責むれども、人の婦たる者皆悪人なるに非ず、人の姑たる者皆善人なるに非ず、独り婦のみを責むるは公平の論に非ざるなり、支那の教は常に尊属を掲げて卑属を抑ゆる者なれば、婦姑の関係の如きも其説多くは公平ならざる者あり、然れども晏子春秋には姑慈婦聴の語あり、姑たる者の慈ならざるべからざるは、婦たる者の聴ならざるべからざると同一の理なり、若し婦が舅姑に対し聴順ならざるを以て道に違ふとせば、姑が婦に対して慈愛ならざるも、同じく道に違へる者なり、婦姑の不和を予防せんと欲せば、父子別居を以て宜しとすべきなれども(父子別居は婦姑の不和を予防するのみならず、其他に猶利益多し)現今我邦社会の有様は、未だ遽《すみや》かに之を行ふこと能はざるの勢あれば、今日の所にては、婦に聴順を責むると同様に、姑にも慈愛を責めて、以て一家の調均を求むべきなり。

　第三に、兄弟財を争ふことは、世間数々有ることにて、畢竟兄弟たる者利欲の為に其良心を失ひ、金銭の為に再び得べからざる骨肉を失ふに至るは何とも歎息に堪へざることなり、此事は方法を以て之を防ぎ得べき者に非ず、唯少年の時能く学問して道理を知るときは自然に此の如き罪悪を犯すことは無かるべし、北魏の蘇瓊《ケイ》が天下難レ得者兄弟、易レ求者田地仮令得二田地一失二兄弟一心如何と言ひしは実に兄弟財を争ふ者の為の良訓誡なるべし。

○凡て世界の教にて家倫を重んずるは儒教を以て第一とす、本邦昔より儒教を尊びしを以て、亦家倫を重んずるの風甚厚し、家倫を重んずるときは、自然に人を温厚に導き、刻薄の風に遠ざかる者なれば、国家の為に極めて良善の効果を収むる者なり、但儒教は家倫を重んずること少しく甚しきに過ぎ、孝悌の道を尽せば天下の能事畢ると思へる者少なからず、孟子曰道在レ邇而求二諸遠一、事在レ易而求二諸難一、人々親二其親一、長二其長一而天下平と云ひ、朱子が五教之目を挙て学者学レ之而已矣と云ひたるが如きは、其言皆家倫を重んずるに過ぎたりと言はざるべからず。家倫固より重んずべしと云へども、一身の学問、社会の交際、一国の政事等猶家倫の外に研究せざるべからざること多し、世人宜く之を知らざるべからざるなり。

第五　国役

○人民が国家に対して為さざるべからざるの役は、納税と兵役との二者を最大とす。凡そ国家が国を立つるに闕くべからざる者は、立法・行政・司法の三衙門なり、陸海軍なり、教育なり、鉄道航海電信駅逓《てい》なり、他国に公使を派出するなり、民業を奨励補助するなり、是等の器械備はらざれば完全なる独立の国を立つること能はず、是を備ふるの費用は、国民の租税より他に頼るべきものあらず、又国民より言ふときは、政府に此の如き設なき時は、自己の生命財産(国の内外を問はず)を安全にすること能はず、自己の智徳を発達すること能はず、外国人の侵掠を防禦すること能はず、他人より枉屈を受たるとき之を洗雪すること能はず、災害を被ぶりたるとき救助を受くること能はず、通信運搬を迅速安穏にすること能はず、故に己が得たる所の利益中の幾分を出し、以て政府の費用に供するは、国民たる者の通義にして、古今東西を通して変ずることなき者なり。租税に二種あり、一を直税と云ひ、一を間税と云ふ、直税とは直ちに其人より納むる者にして、間税とは国民が日々用ふる所の物産の上に課する者なり。直税とは地税、家屋税、動産税、営業税、登録税、所得税の類なり、間税は酒、煙草(今は其税法変ず)醤油、売薬、印紙等の類なり。又他国より輸入する物に課するを輸入税と云ふ、租税は又之を国税と地方税とに分つ、国税は全国の用に供する者にして、地方税は一地方の用に供する者なり、又市税村税あり、市及び町村の費途に供する者なり。

○本邦古代は国家の供給は主として農税に採りたる者にして之を年貢と称す、故に農税独り重くして工商の税は甚軽かりしなり、封建時代の農税は四公六民(四分を官に納め六分を民の有とす)を以て通法とし、其納租は米納なりしなり、維新以来、農税も米納を廃して金納と為し、其定度は地価百分の二分五厘と為す。封建の時と名義は大に変じたれども、其実は大に異なることなし、工商の税は種々の名義を附して、漸々に之を増収することとなり、往時に比すれば大に増加せり。故に国民全体より納むる所の税額は封建の時に比すれば大に増加せり、此の如き所以は世の文明に進むに従ひ、政府の事業複雑繁冗と為り、是が為に費用の増加する者にして、亦勢の止むを得ざる所なり。

○立憲政体となりしより、国税は国会(帝国議会)之を議定し、地方税は府県会之を議定し市町村税は市町村会之を議定することと為り居れば、一二長官の私見を以て擅に租税を賦課増減することを得ず、此の如きは実に立憲政治の美事と云ふべし。然れども其弊を言へば、或は政党の偏見より、或は多数議員の政府に阿諛《あゆ》するより、意外の重税を人民に課することなしとも言難し。此の如きは其時に当りては如何んともすること能はず、唯教育を盛んにし、人民の知徳の増進するを待つの外に良法あることなし。

○輸入税は外国の貨物に課する者なれば、納税者が其苦痛を感ずること最も少なし、西洋諸国は此の税を以て船舶を造り、海防を為し灯台礁標を設け、以て航海を安全にし、貿易を利するの用に供するを常とす。然るに本邦にては、種々の縁故に由りて此税の収入甚少なく、以て是等の用に供するに足らず、去年以来欧米諸国と通商条約の改正あり、今日に比すれば、将来は何程か其税額を増すべしと雖ども、未だ大に彼に及ばざる者あり。蓋し収税の権我に在らざるを以てなり、我国民は爾後大に奮発して此権を我に収めざるべからず、然らざれば貿易上に永久の損失を免かるること能はざるなり。

○国役の第二は兵役に服せざるべからざることなり、国民が兵役に服するは万国普通の法にして、何れの国に往くも納税と兵役とは決して免かるること能はず、往昔は兵役は武士の専任なりしかども、今日は四民同一の負擔となりたることなれば、凡そ生を此国に禀《う》けたる者は、甘んじて兵役の義務に服せざるべからざるなり。兵役の法に就きては、欧州諸国にも全国皆兵と、或る部分の民に兵役を免ずると、軍費を納めて兵役を免ずるとの諸法あり、本邦にても最初は此第二第三の法を行ひしが徳逸国が全国皆兵の制を行ひて其武備最も厳整なるに由り之に倣ひて第一の法を行ふこととなれり。此三法の優劣は姑《しばら》く之を論ぜず、本邦の如きは古来より武を以て国を立て、武威の盛んなるときは其国も盛んに、武威の衰へたるときは、其国も衰へしは歴史の明示する所なり。況や今日狼貪虎噬の世界に立ちて、国威を堕さざらんとするには、武備の如きは益々之を強盛にせざるべからず。元来本邦の人民は其忠勇の気の大に近国に勝れたることは、二十七八年の征清役に於て確証する所なれば、全国皆兵の制は、本邦の国勢人情に適当することは甚だ明白なり。

○凡そ秩序、服従、勇気、忍耐等の如きは国民たるに必要の諸徳なり、然るに是等の事は通常の学校にて之を習学すべからず、能く之を習学練磨することを得べきは独り兵役のみなり。此外に又身体を強健にし、尊王愛国の精神を奮起するは、兵営の教育を第一とす。今日農工商の三民(殊に商)は言ふに及ばず、士族の如きも、身体軟弱志気柔懦の者少なからず、之を煉燬《れんき》して堅剛勇毅の国民とするには、一たび此学校(兵営)の教育を受けしめざるべからざるなり。

○国民中甚しき怯懦なる者は大に兵役を恐れ、或は自ら其身体を毀傷して軍役に不適当ならしめ、或は偽りて身体虚弱なりと云ひて、此義務を免かれんとし、或は遁逃して迹を晦ます者もありと聞く、此の如きは何れの国にも厳法ありて、決して之を赦すこと能はざる者なれば、遂には却て甚しき苦役を受くるのみならず、又恥を衆人に曝して其父母一家をも辱かしむるに至る者なり。

○軍人は国家保護の大任を負ひ、其力に頼りて此帝国を安全にする者なれば、他の人民は宜く軍人を敬重せざるべからざるなり。徴兵令の行はれし初めは、世人未だ軍人を重んずることを知らず、或は之を軽蔑する者あり、軍人も亦身を律すること厳正ならず、或は乱酔し、或は暴行争闘する者ありて、自ら他人の侮りを招くこともありたり。征清の大役以後、世人大に軍人を敬重するの心を起し、軍人も身を律すること正しく、酗《く》酒暴行する者甚少なし、是誠に国家の美事にして、此風の永く衰へざらんことを希望するなり。

第六　交際

○凡そ人と云ふ者は単身孤立して此世を渉ることを得べき者に非ず、必ず他の人類と相交はり相助けて、初めて此生を遂げ此身の幸福を得べき者なり。此理より言ふときは、全世界の人は皆相交はり相親むべきことなれども、今日の勢、未だ此の如き運に至らず、唯同じ国土、即ち同一の君主を戴き同一の政治の下に生活せる人は必ず相交はり相親みて、安楽患難を与にせざるべからざるなり。是を社会の交際と云ふ、交際とは今俗間に云ふ所の常に音問を通じ、相与に飲酒歓娯するの謂に非ざるなり。

○交際は其事柄の広きを以て其教訓すべき条目も亦多し、今其要件を挙ぐれば

（一）人と交はるは第一に恕と云ふことを知らざるべからず。

恕は俗言に思ひやりと云ふことにして、我心を推して他人の心を忖度《そん》することなり、論語に己所レ不レ欲勿レ施二於人一とあるは、恕の字の正解なり。すべて己が心に於て好まざることは、他人も必ず好まざるべきことなれば、其事を他人の上に施さざることを言ふなり、例へば人に軽蔑さるるは我が甚不快に思ふ所なれば亦決して人を軽蔑すべからず、無益に財を費すは、我が好まざる所なれば、他人にも決して無益の財を費さしむべからず。偏頗の取扱を受くるは、吾甚だ好まざる所なれば、他人に対して決して偏頗の取扱を為すべからず、我身に功労あるを、他人より之を埋没さるるは我不快に思う所なれば、我亦決して他人の功労を埋没すべからず、比の如き類甚だ多し。何れも同一の理なれば、人に対するには、決して恕の徳を忘るべからず、凡て他人と交際する上に於て種々の不和又は争論を起す

は皆恕の徳を失へるに出る者なり。恕の事は儒教西教共に之を以て人に接する第一の要義と立たることなれば、宜しく謹みて之を守るべきなり。

(二) 人と交はるには、自他両立と云ふことを忘るべからず。

人に接《まじ》はるに、己のみ名利を専にして他人に構はざるを利己主義と云ふ、是に反して、己の名利を捨て全く他人の名利のみを謀るを利他主義と云ふ。利己主義は社会争乱の基にして、固より道徳の禁ずる所なり、利他主義は道徳上の善事なりと雖も、其善の高きに過ぐるを以て、今日の人に望み難し、今日の所に於て、身の為にもなり、社会の為にもなるは、自他両立主義なるべし、即ち己れも正当の道を以て名利を得べく、他人にも亦正当の道を以て名利を得しむべし、例へば己れ山林を植ゑて利益を得しならば、他人にも勧めて山林を植ゑて利益を得しむべし、己れ善良の教育を行ひて名誉を揚げたらば、他人にも之に類する善事を行ひて名を揚げんことを勧むべし、論語に夫仁者己欲レ立而立レ人、己欲レ達而達レ人と云ふは、此事にして、近年西国の道徳家にも自他両立の説を立つる者多し、蓋し人に接《まじ》はるに百世無弊の教なるべし。

(三) 信義を以て人に接《まじ》はるべし。

信義のことは前の修徳の篇に於て既に之を言へり、前篇にては専ら信義と云へる徳を論じ、此篇に於ては人に接はる上に於て信義の缺くべからざることを言はんとす、我より信義を以て人に交れば、人亦信義を以て我に酬ゆ、凡そ愉快にして且つ安心なる者は、信義の交はりに如くはなし、我の言ふ所常に真実にして虚偽なきときは、衆人皆我を信用し、相談の如き約束の如き皆容易にして堅固に成立することを得べし。殊に実業を為す者に至りては、信用の価値は其重き幾何なることを知らず、信用の根元は我より信義を尽すに在りて、己に信用を得たる上は、物品の精粗なり価値の高低なり、我言ふがままに通行して少しも差支《さしつかえ》あることなし、西洋の経済家が信用を以て商業の基本と定めたるは実に其理あることなり、若し之に反して一時の利欲の為に良心を晦《くら》まし、欺詐の言を吐き、欺詐の行を為すときは、他人は言ふに及ばず、親戚朋友も皆我を疑ひ、約束も容易に成らず、製作品も之を顧みる者少なく、売買の間に於ても人々我言を信ぜず、殊に銀行業の如きに至りては、信用一たび破るるときは、如何なる大家も忽ち瓦解すべし、初めは僅の奇利を得んと欲するよりして生涯の大損を来たし、遂に己が人品を降して卑劣陋悪の人となる、又人に対して信義を守らんと欲する者は、務めて借金を為すべからず、立志編に曰く、金を借る人は住々債主に向ひて金を返す期限を延さんが為に虚誕のことを捏《ねつ》造して托辭とすることあり、故に借債に於て一足進むときは欺偽に於て亦一足を進むと、又平生虚言を吐く人は罕に信実の言を発するも、人之を信ずることなし、昔或人亜立士度徳《アリストートル》に問て曰く、虚言を発して益あることありや、答て曰く有り、若し誠実の言を発するとも人之を信ぜず、是虚言を発するの益なりと、人々宜く自ら戒むる所を知るべし。

（四）人を誹謗すべからず。

人の交際中に於て殊に忽《ゆる》がせにし易きは人を誹謗することなり、道徳の教より言ふときは、人たる者は宜しく人の善事を称揚して人の悪事を隠匿すべきことなれども、世間の人情は之に反して、人の善事は之を称揚することを好まず、人の悪事は却て之を暴露することを好む者なり。荻生徂徠の如きも猶炒《いり》豆を噛みて宇宙間の人物を詆毀《ていき》することを好むと言ひたることありと云へば、徂徠の如き大儒にても猶人を誣るの病は免かれ難き者と見ゆ、然れども人を誹るは我身に禍を招くの本にして、古来より之が為に禍に罹りたる者甚多ければ人を誹ることは慎みて之を為すことなかるべし。西語に曰く人を誣るの言は矛戟《ぼうげき》より甚しと、宜しく深く戒しむべき所なり。然れども人を誣るにも亦差別あり、其人実に誣るべきの悪行あるに由りて之を誹るは、道徳上の罪は少しく軽しと雖も、若し誹るべきの悪事なきに之を誘るは道徳上の罪甚大なり。事実の有無に由りて、誹る者に在りては道徳上の罪に軽重の別ありと雖も、誹らるる者之を聞くときは、其我を怨むことは事実の有無に由りて異ならざれば、其禍を招くことも亦異なることなし。然れば人を誹ることは仮令事実に於て誣るべきことありとも、智者は之を為さざるなり、但し本文に言ふ所の誹謗は陰謗を指す者にして其人の面前に於て之を誣謗することに非ず。

（五）　慈善の行は交際上に於て最も貴ぶ所なり。

凡そ社会には数十万の金を貯へ、数百町の田畠を有し、生涯豊かに之を用ふるも猶余りある者あり、是に反して日々の衣食に乏しく、明日の飢餓を計り難き者あり、固より富者は富むべきの道理あり、貧者は貧なるべきの道理あるべきことなれども、我身は衣食余りありて、同郷又は同国の人の窮乏を見て惻隠の心を起さざるは人に非ざるなり。己に惻隠の心を起さば、其身の貲《し》産に応じ之を救助するは国民の義務なり、又貧民中に於て五官不具の者、又は老衰重病の者などは殊に意を用ひて生活を遂げしめんことを図るべきなり。其他同郷人又は同国人が水旱震火等の災害に罹《かか》ることあらば、是又賑卹《じゅつ》を怠るべからざるなり。慈善の事は、独り富者のみならず、衣食可なりに足る者は、己の力量に応じて救卹《じゅつ》を務むべきことなり、又金銭を以て人を救ふこと能はざる者は其他の方法を以て人を救ふことを得べし。例へば悪人の為に襲撃劫掠《ごうりゃく》に逢ふ者を救ひ、奸人の為に産業を失はんとする者を助け、孤独にして病に罹る者あれば、或は往て看護し、或は看病する人を雇ひ、或は其人の為に医を求め、又正直にして愚なる者が、有力者の壓抑を受け、其屈を伸ぶること能はざるときは之を救ひ、孤児寡婦などが、枉屈を受くることあるときは、力めて其寃《えん》を伸張せしめんことを謀るが如し。蓋し慈善の事は己が良心の賞誉する所なるを以て、之を行ひたる後に於て大に其心に愉快を感ずる者なり。然るに世間の富者の中に於て、或は小民の田地を質として金を貸し、遂に其田地を没収するが如き、或は人造の相場を設けて、米穀其他日用物品の価を騰貴せしめ、以て小民を苦しましむる者ありと聞く、此の如きは実に衆民の敵にして国家の蠹《と》害なり。

(六)　人の恩に感ずべし。

人より恩を受けたるときは、深く其恩に感じ、必ず之に報いんことを思ふべし。然れども人より受けたる恩と我より報ずる所の事とは、必しも同一の事を為すこと能はざるなり。例へば我貧にして、他人より金銭の恵を受くることあるも、竟に金銭を以て之に報ゆること能はざるなり。我無知にして他人より教育の恩を受くることあるも、竟に知識を以て之に報ゆること能はざるを常とす。我零落《れい》したるとき、他人より抜擢の恩を受くることあるも竟に抜擢を以て其恩を報ゆる能はざることあり。惟其恩を念々忘るることなきときは、我地位と力量とに応じて、之に報ゆるの機会あるべきことなり、春秋左氏伝に記する所の結草の老人と、翳《えい》桑の餓人との如きは其一例として見るべし。仮令其恩を報ずるの機会を得ずとも、念々其恩を忘るることなく、常に言語挙動を以て其感恩の誠を表するときは彼能く我の恩を忘れざるを好みし、我亦心に於て自ら安んずる所あるべし。若し之に反して他人より恩を受けて之を忘郤《きゃく》し、其人を視ること路人と異なることなく、甚しきは利害の己れに関することあるときは、却て不利を其人に加へて顧みざる者あり、此の如きは残忍刻薄の徒にして、此心を以て事に当らば、如何なる悪事をも忍んで之を為すべきの人なり、西国の道徳学に於て深く忘恩の人を悪むは其故あることなり。

(七)　報復の念あるべからず。

人我に対して無礼を行ひたりとも、我無礼を以て報復すべからず、人我を誹謗したりとも、我誹謗を以て之に報復すべからず、蓋し彼が無礼を為し誹謗を為せるは、彼自ら道徳に背きたる者にして、我の関する所に非ず。我之を容れて咎めざるときは、彼の道徳には缺失あるも、我の道徳には毫も缺失なし、我心は泰然として和平なり、若し一時の忿怒に堪へず、我より無礼誹謗を以て之に報復するときは、我亦彼と同様に道徳缺失の人となるなり。且つ此の如く互に無礼誹謗を以て相加ふるときは、遂には相互に憤怨層々相重り、如何なる禍害を生ぜんも料り難し、故に此の如き事に報復の念を懐くは、不徳にして又不智なる者と云ふべし。

（八）傲慢なるべからず。

傲慢は高ぶるの義にして、言語の傲慢あり、挙動の傲慢あり、共に他人を見下《さ》ぐるより生ずる悪徳にして、殊に世人に嫌忌せらるる者なり、故に社会の交際に於ては尤も戒むべきことなり。凡そ同一の事柄を述立つるにも、其言語傲慢なるときは、聞く人皆心に快しとせず、其心中には深き悪意なきも、其挙動傲慢なるときは、衆人之を避け嫌ひ、成就すべき相談も傲慢の言語に由りて成らざることあり、和熟すべき懇親も、傲慢の挙動に由りて破るることあり。故に傲慢は前の報復に似て、不徳にして又不智を兼たる者なり、是に反して謙遜は交際上の美徳にして、人たる者の必ず守らざるべからざるの徳なり。謙遜は傲慢と全く反対の結果を生ずる者にして、争論も謙遜に由りて鎮定し、軋轢《あつれき》も謙遜に由りて和解することあり、周易に天道虧レ盈而益レ謙、地道変レ盈而流レ謙、人道悪レ盈而好レ謙とあるは能く謙の徳を言ひたる者なり。

（九）他人の権理を尊重すべし。

凡そ人たる者は皆己れの生命、財産、栄誉、自由を保護する権理あり、我に此権理あれば、他人にも亦此権理あり、故に他人の権理を尊重して之を損害せざるは、社会に対する交際の道なり。西洋諸国にては、古より是等の権理は皆法律を以て之を保護するを以て、若し之を損害するときは必ず法律上の責罰あり、本邦にても、近年は西洋に倣《なら》ひて同じく人の権理を保護するの法律あり、権理に関する不法を犯すときは直ちに法律の問ふ所となるを以て、道徳の上にては之を研究せざるも可なるが如くなれども、決して然るに非ず、夫れ道徳は法律の先に於て之を禁ずる者にして道徳に於て已に其非を知りて之を戒むるときは、敢て法律の罪に罹《かか》ることなし。もし道徳にて之を戒むるときは、敢て法律の罪に罹ることなし、もし道徳にて之を戒めざるときは、已に道徳に於て之を犯して道徳の罪人となり、再び法律に於て之を犯して法律の罪人となり、遂に二重の罪人となるなり。人の権理の中に於て、生命の権理を犯すは人を殺傷することにて、是等は誰人も其罪悪なるを知ることなれば、今之を言はず、財産の権理を犯す中に於て強盗窃盗詐欺取財の悪事たるも、皆人の知る所なれば是亦之を言はず、只売買借貸授受の間に於て動《やや》もすれば他人の権理を犯すことあれば、宜く深く之を慎むべし。人の栄誉に対する権理の侵犯は誹謗を以て最も重しとす、（誹謗の事は前に記したるを以て今之を言はず）人の自由の権理とは、身体の自由、財産の自由、言論の自由の如き是なり、他人が是等の自由を行ふことを妨害せざるは、是他人の自由の権理を尊重したる者なり。

（十）　約束の事。

約束は社会の交際上必要のことにて、如何なる野蛮の国にも約束のなき土地なし。社会の進歩するに従ひ、約束の種類も漸々に増加することなれども、其要は、已に約束を結びたる以上は、双方互に堅く之を守り如何なる事情あるも決して之を破ることなきは、約束の約束たる所以なり。故に約束を為すの骨子は信の一字にあり、善く約束を守るときは、最初の目的を達して彼我共に其信用を保つことを得べし。もし之に反して中途にて約束を破るときは第一に我信徳を損し、遂に是より幾多の紛紜《うん》を生じ、或は禍を其身に及ぼすことあるべし。○約束は固より厳に之を守らざるべからずと雖も、或る場合に由りては之を履行せざるも可なることあり。其一は悪事を為さんとする約束、其二は欺かれて結びたる約束、其三は法律に背ける約束、其四は誤謬の約束、其五は脅迫せられて結びたる約束、是等の約束は之を履行せざるも、道徳に於て之を禁ぜざるなり。

第七　選　挙

現今の制に依れば衆議院議員の選挙人は直接国税十五円以上を納むる者、市町村議員の選挙人は、其市町村内に於て地租を納め、直接国税年額二円以上を納むる者とす。凡そ独立の生産を立つる者にして二円の国税を納めざる者は罕《まれ》なるべし。然れば選挙の事は、独立の国民が心得ざるべからざるの条目なり、本邦古代には議員を選挙する事なし、明治十一年府県制発布の時に於て、初めて之を施行せり、其選挙の法は法文に詳に之を記すれども、法文に記する所は其外形に止まりて、其精神は之を伝ふこと能はず、然れども其初は人民未だ其事に熟せざるより、其挙動には拙劣なる所ありしかども、却て之に付きて弊害を生ずることなかりき、其後漸々選挙の事に練熟するより、投票売収等のこと起り、明治二十二年、国会議員選挙の時に至り、其弊大に長じ、賄賂贈遺、投票売買、威力脅迫盛んに行はれ、加ふるに政党等各其党勢を張らんとするの意よりして、此弊益々甚しく、今日に至りては殆んど其底止する所を知らざるに至れり。此の如きは其罪固より被選挙人に在りと雖も、選挙人たる者己が国家に対する職分如何を知らば、恐くは此の如く流弊を長ぜしむるには至らざりしなるべし。不幸にして選挙人たる者政治の智識に乏しく、道徳の素養なきを以て、心に主持する所なく、唯世間の様子を見て、蕩々として其悪風に陥りて自ら知らざるなり。

○凡そ人を選挙せんと欲せば(被選挙人の資格は法文に明示しあり)市町村に在りては、先づ其人の性質と品行とを見、其性質果して忠実にして愛国の念深く、其品行は方正にして遊蕩過酒等の過失なきか、議員に相応せる学力あるか、其従前の事業は公平慈善にして能く其市町村の公益を為したるか、偏頗私欲の行為なきか、是等の諸件を詳細に見定めたる上に於て選挙の投票を為すべし。衆議院議員を選挙するも大低是と同一の目安を以て之を選ぶべしと雖も、衆議院は市町村会に比すれば其関係する所大にして、一国の安危存亡に係る事を決議する事もあることなれば、議員たる者の資格は更に一層高等ならざるべからず。即ち市町村会議員の資格の外に於て、世界の大勢に通ぜる知識あるか、我邦は勿論西洋強盛国の法律の大要にも通じ居るか、其心精忠純一にして、絶て私利を営むが如き不良心なきか、全国民の利害休戚を憂慮するの実意あるか、是等の条件を具有せる人物ならば、固より完全なる議員の資格ある者なれば、遅疑なく其人を選挙すべし。政党の如何は問ふ所に非ざるなり、然れども今日の場合にて、此の如き全材を得るは極めて難きことなれば、此中些《すこし》の闕失あるも、其大分に於て誤なき者は之を選挙するも亦已《や》むを得ざるのことなるべし。但し人を観るは極めて難事なれば、己の眼にて已に十分なりと思ひたりとも、猶識者に問ひて己が意見を確定すべし。若し此の如き一定の見識なく、或は政党の脅迫に由り、或は被選挙人の賄賂に迷ひ、不適当の議員を選挙するときは、小にして一市町村の害を為し、大にして国家の災を為す者にして、選挙人が国家と市町村に対する罪決して軽からざるなり。

○凡そ選挙権ある者は平日に於て預じめ議員たるべき者を心の内に選び置くべし。選挙の期に臨み、急に誰彼を選ばんとするときは心中匆忙《そう》にして選定を誤ることあるべし。又市町村議員は其選挙の区域小なれば、其人を知ることも難からざれども、国会議員は其選挙の区域大なるを以て、其人物を知ること甚難し、故に平日に於て選挙区内の輿論を聞き(然れども世論にも誤りあることあれば)更に他の方法を以て其人の知徳を鑑定し、又自ら其人と交を結びて其人物如何を知り、又其政事上の意見の果して実用に適し国家の進運を助くるに足るべきかを考察し置くべし。又議員を選挙するには固より己れ一人の意見を以て行ふべきものなれば、決して他人の説に雷同すべからず。若し己が眼中に適当の人物なしと思ふときは、選挙権を抛《ほう》棄するも可なり。是を庸衆に雷同し、金銭に目を眩まし、又は党人に籠絡せられて不適当の人物を選挙し、以て国家の不利を為す者に比すれば之に勝ること万々なり。

第八　対　外

○対外は外国人に対するの義なり、世間に対外硬、対外軟又は対外自主等の語あれども、夫等は皆政府が外国に対する政策に就て言ふ所なり。今爰《ここ》に言ふ所は、夫とは異にして、日本国民が外国人に対するときの心得を云ふなり。三十年前までは、我邦の有志者が外国人に対するは皆攘夷を以て惟一《ゆい》の主義とせり、攘夷とは外国人は皆夷狄禽獣なれば是を内地に置くは、神州を汚すの恐れあり。故に之を殺戮放逐して、一人も此国に足を留めしめずと云へる義なり、然るに時勢全く一変し、今より三年の後には、外国人を許して此国に居住せしめ、邦人と雑居して其生業を営ましむると云ふこととなれり。然る時は外人の我邦に来る者漸々増加し、之と交際すること日に益々繁多となることなれば是に対するの道を講究し置くは、国民たる者の最も大切なる職分なり。

○道理より言へば、外国人と雖も、同じく天地の間に生れたる同一の人類なれば、之を親愛し、之を尊敬すること我邦人と同一にして差異あるべからざるの理なり。然るに今日の世界は各国八方に分立し、互に雄長を争ひ、富強を競ふの時なれば、未だ外国人を以て我同国人と同一に親交すべきの時に非ざるなり。今我常に多く交際し、此後も多く交際せざるべからざるは欧米の文明国民を第一とす。文明国と云ふは彼等が自称する所にして、即ち富盛強大なる国を云ふなり。彼等が今日の如く富盛強大となりたる所以を考ふるに、其国々に自然に富盛強大を致すべき利源を具備したるに非ざるなり。其富盛なるは他国の財を吸取したるに由り、其強大なるは他国の土地を奪略したるに由る者なり。彼等の祖先既に其攘奪の計を以て其国を興す、其子孫(現今強盛国)決して礼譲謙退の主義を執る者に非ざるなり、否今日猶智勇の劣等なる国に対し、其攘奪の計を実行しつつあるなり。彼等近年、安南緬甸《ビルマ》暹羅《シャム》土耳其《トルコ》支那に対するの挙動歴々として證すべき者あり、然らば邦人が彼等を待するは深く慎重警戒して之を待すべし、漫然たる意思を以て之と交際すべからざるなり。

○凡そ国と国との交際は和好を以て主とするが如く、国民と国民との交際も亦和好を以て主とすべし、彼れ心中に悪意ありとも未だ表面に発せざるに、我之に敵意を表すれば、一身の害にして亦国家の害なり、今外人に対する心得の主要なる者を挙ぐれば左の如し。

（一）信義を重んずべし。信義は国内の交際に於て最も大切なるが如く、（交際の篇に出づ）外人との交際に於ても亦甚だ大切なり、総て外人との交際には深く虚言を慎むべし、商品の如きも精品は精品として之を売り、粗品は粗品として之を売るべし、若し精品と称して粗品を売り、或は精品の間に窃に粗品を混入し、或は精良の見本を示して粗悪の品を売るが如きは皆信義を失ふ者なり、国内の交際も信義を重んずれども、内外人の交際は、全く信義のみを以て成立つ者なり、故に若し信義を破るときは、彼の信用を失墜して遂に我の大損失となるなり、本邦の商人の狡猾浅智なる、従前数々外人を欺罔せんと欲して、却て其の欺罔を看破せられ、通商上の大不利を来したること甚多し、爾後は宜く深く之を戒めざる可らざるなり、又約束の如きは内外人の別なく堅く之を守らざるべからずと雖も、殊に外人に対しては決して之を破らざる様にすべし、若し約束を守らざるよりして法廷を煩はすに至り、其極終に我の敗訴となるが如きことあらば、実に国民の面目を汚辱することとなるなり、又外人の中不幸にして災害に罹《かか》り困苦に陥る者あらば、我力の能する限りは之を救助して我義侠心を顕はすべし、此の如くするときは、一は我身、彼等の敬重を得、一は我国民の良品性を示すの一端となるべし。

（二）内外の別を明かにすべし。彼も我も同じ人類なれども、内外の別あることは明白なり、現に欧米諸国の民は其内外の別を立ること甚厳なり、北米合衆国及び濠洲に於て支那人及我邦人を排斥せんとする者は、内外の別を立つること甚しきより出たる者なり、世の洋風に迷溺する者は、内外の別を立つることを知らず、外人を信用すること、国人を信用するより甚しく、外人を愛すること国人を愛するより甚しき者あり、是の如きは今日狼貪《たん》虎噬《せい》する世界の形勢を知らざる者なり、外人にも信用すべき者少なからざるべし。然れども之を我同胞に比すれば間《かん》あり、外人にも親愛すべき者多かるべし、然れども之を我大和民族に比すれば同等に論ずべき者に非ざるなり、彼は固より我　皇室を尊戴する人に非ざるなり、彼は其祖先以来、我国の恩を蒙《こうむ》りたる者に非ざるなり、我邦の治乱盛衰は彼等の痛痒を感ぜざる所なり、此の如き外人を以て我国人と同一に信用し、同一に親愛せんとするは、内外親疎を混淆する者にして、無智無識の甚しき者と云ふべし、世間或は外人と密約して我土地を外人に売り、或は外人と連合して工商の業を営み、以て我同業者を苦しむる者ありと聞く、此の如きは実に獅子身中の虫と云ふべし、又彼此物産の如き、我の物品彼より良善ならば、勿論我の物品を用ふべく、又彼我同等なるも、同く彼品を捨て我品を用ふべし、若し彼品優等にして我品劣等なるも、国家経済の点より考へ、姑く我の不便を忍びて我物品を用ふべし、然るときは農工家の奮励に依りて、或は我物品の位格を進めて彼と同等の地位に達するも、為し難きに非ざるなり、是を要するに外国人と雖も尊敬親愛倶に之を行はざるべからずといへども、内国人に比すれば親疎軽重の差別あり、若之を顚《てん》倒するときは国民たるの道に背く者なり。

(三) 競争の意を忘るべからず。競争と云ふ語は、元来良好の字面に非ず、然れども今日優勝劣敗の世界に立ち、彼等と交際するには一日も忘るべからざるの語なり、凡そ我の利とする所は彼も亦之を利とし、我の美とする所は彼も亦之を美とす、航海の業は、国と民とに利ある所なり、彼十隻の船を以て万里の航海を為し、我五隻の船を以て五千里の航海を為すときは、其利彼に及ばざること明かなり、我これに倍するの船隻を以て彼と同一の航路を航せば其利彼に斉《ひと》しかるべきか、未だ然ること能はざるなり、其船は彼より堅牢壮大ならざるべからず、其駛《し》走は彼より迅速ならざるべからず、其運賃は彼より低廉ならざるべからず、其船客積荷を取扱ふこと、彼より懇切ならざるべからず、此の如きは即ち航海の競争なり、能く此競争に勝ち得て、初めて大に航海の利を占むることを得べし、又貿易に用ふる貨物を造らんに、(農産工産共に)其品質は彼より善良ならざるべからず、其製作は彼より精緻ならざるべからず、其技術は彼より巧妙ならざるべからず、其用法は彼より便利ならざるべからず、其価は彼より低廉ならざるべからず、其保存は彼より永久ならざるべからず、此の如きは即ち貨物の競争なり、此競争に勝を制して、始めて本国の貨物に大利を生ずることを得べし。是只其一例を挙たる者にして、百般の事皆此の如き競争を免かるること能はず、若し一々競争に失敗せば、我国の経済に大挫折を生じて、国の勢力も大に衰減すべし、然るに欧米諸国の民は其財産我に勝り、其智力我に優り、(平均上にて)且早く富国の業に志して何事にも先鞭を着け、世界の要港に彼の船舶を見ざる所なし、我後進の民を以て、其智力財産彼に及ばず、是を以て彼と競争して勝利を得んとするは、極めて難事なるが如し、然れども、審かに之を考ふるときは、敢て難事に非ざることを知る、我が彼に対して競争に勝たんとせるには天然の助多し、其一は気候温和なり、其二は地味肥沃なり、其三は良善の港湾多し、其四は米麦蚕茶の如き特別の物産あり、其五は魚族及び其他の水産物多きなり、其六は人民の手芸に巧みに、殊に模造に長ぜるなり、其七は人民生計の容易なるあり、其八は工人の賃銀廉なるなり、其九は海辺の民に良海員となるに適する者多し、其十は近隣の諸国に遺利《いり》多きなり、此の如き許多の天助あり、国民大に進取忍耐剛毅の力を奮ひ、彼の財産を資《と》りて我助と為し、彼の智力を仮りて我師となすときは、富強の競争に於て彼を圧倒するは敢て為し難きの事に非ざるべし、既に近年北米諸国に於て日本の工芸を畏るることは諸人の知る所なり、邦人豈勉めざるべけんや。

(四) 国辱になることを戒むべし。凡そ外国人に対して鄙《ひ》劣詐偽、反覆軽薄等の悪事を為すは其人一個の悪事の如く思ふべけれども、彼より之を見れば、日本人の所行と云ふことになり、即ち日本の国辱となることとなり、其他総て世界各国の人民が認めて不道徳、又は蛮風なりとする所の事は、務めて之を戒しめざるべからず、其中殊に甚しきは醜業を営む処の婦人が続々と他国に渡航することとなり、是等は実に日本国民の面目を汚す者にして、外人より之を以て我国人を誹謗するときは甚だ弁解に苦しむことなり。此事は政府人民と力を合せて之を禁止するに非ざれば、終に絶滅の期なかるべし、是を絶滅すること能はざるときは、日本人の面目は全く清浄となること能はざるべし。

（五）妄りに屈下すべからず。従前本邦の商人は官吏士人に屈下して其営業を為したる者なり、故に今日外人に対しても猶之に屈下することを免かれず、又今日の官吏学士は多くは西洋の文明を尊崇する者なり、故に欧米人に対しては自然に之に屈下することを免かれず、此の如きは頗る国家の体面に関することなり、元来洋人は其体格長大にして其面貌も一曲《くせ》あり、其家屋は壮大にして其衣服も整斉せり。邦人之と対するに、平等の礼を以てするも、猶彼は昂然たるが如く、我は縮然たるが如きの観あり、況んや我先づ屈下して彼に対す、外人をして之を見せしめば、其卑陋《ひろう》笑ふべき者あらん、此の如く先づ屈下するよりして、政事及び商業の談判の如きも、彼は動もすれば、其威力を恃みて其不理屈を主張し、或は道理を有しながら却て彼に屈従すること多し、総て我商人が外人に物を売るの状は其醜陋言ふに忍びざる者あり、（前の生業篇に出づ）此の如き卑屈の風を改めざれば到底外国に向ひて対等の威権を得ること能はざるなり。

（十六）彼に不法の事あらば、連合の力を以て之を破らざるべからず、従来西洋人は其国の富強を恃むと、我国民を軽蔑することより、我に対して不法の事多し、然るに政府及び人民共に務めて無事を欲するを以て、彼の不法を其儘に為し置くこと少なからず、其不法は交際上の事のみならず、貿易の上にも亦屢《しば》々之を見る、此の如きは国の不利たること、勝《あげ》て数ふべからず、此後益々国威を張らんとするには、些細の事にても彼の不法を許すべからず、必ず理非を明かにして其曲直を正しくすべし、其不法を正さんとするには、一個人の力にては之に敵すること能はず、必ず同業又は同志の人相連合して之に当らざるべからず。又之を為さんとするには、其連合を鞏固にし、十分の忍耐力を持せざるべからず。従前本邦の商人が外国商人の不法を矯正せんとしたること屢々ありしかども、或は其連合鞏固ならずして、中途にて曖昧となり、或は其連合中に私利を巧《たくら》む者ありて、窃に彼に内通するよりして其事遂に瓦解に帰せるは残念なることなり。畢竟は忍耐力の乏しきと、永遠の思慮なきとよりして爰に至れる者なり。此事は独り欧米人に対して敗北するのみならず。支那人に対しても亦敗北することあり、甚恥辱のことと云ふべし。

以上六ヶ条は外国人に対せる心得の要目なり、此外日本国人が対外の事に付きて至緊至切なるは今日より三年以後に及びて外国人が内地に雑居することなり。余は元来内地雑居を以て、今日本邦の民智民富の度に比し、猶甚だ早しと思ひ居れども、既に外国と改正条約の交換ありし上は、今更其可否を言ふべきの時に非ず、但善後の策を考究するを以て最緊の要務と為すべし、凡そ外人と雑居したる後に於て、国民の心得に積極と消極との二者あり、積極は固より之を望むべきことなれども、今日の民度にては能く之を言ふも之を行ふこと能はず、世の内地雑居を以て国家に害なしとする者は、何れも大言放論にして、今日の民智民富に適せざる者なり。故に余は之に反し、先づ消極論を以て国民を警戒せんと欲するなり、孫子曰、昔之善戦者、先為レ不レ可レ勝以待二敵之可一レ勝、不レ可レ勝在レ己可レ勝在レ敵と、外人と交際するも亦此訣を用ふべし、則ち先づ敵に勝たれざる様に陣を堅くし備を厳にして以て時を観る、若し敵に乗ずべきの釁《ひま》あらば直ちに攻めて之に勝つべし。此の如くするときは、仮令敵に勝つこと能はざるも、敵に敗らるるの患なし。然るに己が陣を堅くせず。漫然強敵と戦を挑むときは、恐くは一敗地に塗《まみ》れて救ふこと能はざるに至るべし、是余が先づ消極論を以て国民を警《いま》しめ、其力を充実するを待ちて、奮進して敵を破らしめんと欲する所以なり。

○此度の改正条約は二十七年八月二十八日発布になりたる英国との条約を第一とし、夫より次第々々に他の諸国とも条約を結びたるなり、其条約は調印の日より少くとも五箇年の後までは実施せられざる者とあれども、両国の都合に依り、五箇年を経れば直ちに実施するも計り難し、調印の日は二十七年七月十六日なれば、三十二年七月後は、已に満五年となることとなり、此改正条約に依りて明白に我国利となりたるは海関税の増したることゝ領事裁判を撤去したること是なり、其国害となるべき事は国民が智徳の度の如何に在ることにして、国民の智徳優勝なれば国害も変じて国利となるべく、国民の智徳劣等なるときは、国利も変じて国害となるべし。是に付き、先づ消極の方より国民の心得を挙ぐれば左の如し。

（一）土地を失はざらんことを務むべし。新条約には土地所有権を彼に与ふるの文なしと雖も、住居及び商業の為に土地を借受くることを得と云へる文あり、今日未だ新条約を施行せざるに已に窃に土地を売る者ありと聞けり。然らば公然借受を許したる後は、其の売買を為すは明白のことなり、国民宜く今より愛国の正義を守り、神州の土地は一寸たりとも外人に与へざるの覚悟なかるべからず、然らざれば数十年の後本邦の国土中、其利益多き土地は外人の所有となり、邦人は小作人又は地借人の悲境に陥り、臍《ほぞ》を噬《か》むとも復及ばざるべし。

（二）実業家は其業を奪はれざらんことを力《つと》むべし。先づ農業に付きて言はんに、彼は我国に於て土地を得たる後、其学術の力と富饒の資本とを以て、土性を改良し、肥料を改造し、穀物の種を選び、駆虫の方法を考究するときは、我旧習に安んぜる農民は、恐くは其農業の利を彼に奪はるべし。次に工業に就て言はんに、是亦同じく彼が学術の力と資本の富とを用ひ、加ふるに熟練の工人と精巧の器械とを以て、工業を我国内に営まば、我国人の造る工産物は大《おお》率《むね》彼に及ばずして、従前の工業者は多く其業を失ひ、然らざるも厚利は大抵彼の手に帰すべし、商業に就て言はば彼は学問の力と莫大の資本を用ふること農工に同じく、加ふるに彼は世界の通商に熟練し、世界に通信の便利を得、商会の法堅固にして、為替手形の法自由を極めたり、我邦の商人が手薄なる資本と浅薄なる知識を以て之と対抗せんは甚だ難事なるべし。今日既に商権を彼に失ひ居れり、此後の事は益々憂慮に堪へざるなり。

○以上の二件は内地雑居以後の事を推測せるが余想像のみ、将来の事固より確言すること能はざれども、余が言ふ所全く杞人の憂となり、世間より先見なきの人と譏《そし》られんは余が国家の為に喜ぶ所なり。恐くは余が想像或は中《あた》ることありて国民大に其害を受くるあらんことを。然らば之を如何せば可ならん、上篇に記せる国民の道徳を十分に修養し、尊王愛国の精神を堅固にし、剛毅、勤勉、進取、忍耐の力を奮ひ、以て生業篇と此篇に記せる対外の諸条とを守りて、撓まず怠らず、遂行するときは終に禍を転じて福と為すことを得、内地雑居は却《かえつ》て国家福利の源となるべし。然らずして国民皆安閑として今日の有様に安んじ、以て内地雑居の暁に至るときは、余は決して其可なることを知らざるなり。蓋し内地雑居の利害如何は国民智徳の度に由りて定むべき者にして国民の智徳彼に比して優等なるときは内地雑居は国利となるべく、国民の智徳彼より劣等なるときは内地雑居は国害となるべし。余は現今本邦国民の度を観て未だ彼より優等なりと云ふこと能はざるを悲しむべし。

○内地雑居に付き積極の心得を言はんに、締盟諸国とは已に彼我対等の権利(完全なる対等には非ざるも)を得たるを以て

(一) 彼国民が我国に来住し、種々の生業を営むと同時に我国民も亦彼国に赴き倫敦なり巴黎なり伯林《ベルリン》なりに住居し彼国民と競争して農工商を営むべし。

(二) 彼国の通貨は利息甚低廉なるを以て、巧みに之を使用して我農工商の資本と為すべし。

此二事十分に行はるるときは、内地雑居は大に我国民の利にして、我実業家が世界に雄飛することを得るは此機会に乗ずるにあり、然れども余は此事の空想に帰せんことを恐るるなり。

○内地雑居の後に至りて、消極積極に関せず、猶国民の心得ざるべからざることあり。

(一) 国際法の大略に通ずべし、国内の交際は或は情誼に依りて行ふことを得べきも、外国人との交際は法律の外情誼は決して行はるべき者に非ず、西国には国際法(又万国公法と云ふ)ありて国と国との理非曲直を判するの根拠となる者なり、国際法に公法と私法との二種あり、公法は主として国と国とに関することを論じ、私法は主として国民と国民とに関することを論ずる者なり、今日国民が外国人と交際せんとするには国際法殊に其私法を知らざるべから

ず、尤も西人の所謂国際法は、基督教を奉ずる諸国の間にのみ行ふべき者にして、其以外の国に行ふべき者に非ずと雖も、国と国との交際の法は是に拠るの外他に方法なきを以て姑く之を以て規矩と為さゞるべからず、国際私法は其条目繁多にして其全部に通ずることは、法律家に非ざれば能はざる所なれども、其大要だけを知るは敢て難きことに非ざるべし。

（二）実業家殊に商業家は宜しく外国語に通ずべし。昔豊太閤が朝鮮征伐の時外人をして我邦語を用ひしむべしと言ひたるは世人の称道する所なれども、畢竟豪傑の大言にして、決して事実に行ふべからざるの語なり、元来言語は交通を便利にするの能力なれば、広く世界の人に交際せんとするには、広く世界に通用するの言語を用ひざるべからず、教育の上より言へば、内地雑居の後は益々邦語の研究を怠るべからざることなれども、商業を以て外国人に交はらんとする者は、外国語、殊に英語に通ずるを最も便利なりとす、其故は英語は其通用の区域尤も広ければなり、又英語に通ずれば、自然に英国の学問にも通ずるの途なれば其智識を拡むるに於ても頗る利益あり、然れども外国の学問に通ずれば動もすれば其国の学問風俗に溺れ、我本国を軽んずるの弊を生ずるの恐あり、是又深く戒めざるべからざるなり。

○此外猶雑居後の心得は訴訟の事なり、内外人相交際すること繁きときは、外人の我に対して不法を為す者多く、（本邦人を軽蔑するよりして）已むことを得ず訴訟を起すことあるべし、外人との訴訟は尤も謹慎して之を行はざるべからず、元来邦人は法律に通ずること概ね外国人に及ばず、若し一時の憤激に乗じて軽々しく訴訟するときは、卻《かえっ》て敗訴となりて益々屈辱を受くることあるべし、故に外人を相手に訴訟を起さんと欲せば、先初めに法律家に問ひて十分に其勝訴たるべきを確定し、然る後訴訟に及ぶべし、些細の事に訴訟を起して数々敗訴となるときは、漸々彼の軽侮を重ねて益々我の不利益となるなり、又雑居の後は耶蘇教の宣教師及び其信者等も多数入込むべきことなれば、従前の神道仏道儒道を信ずる者或は之と争論詬罵《こうば》することなしと云ふべからず。然れども此の如きは国家の為、一身の為にも甚不利なることなれば、決して彼を詬罵すべからず。又彼に対して暴拳を為すべからず。彼は彼の教を信じ我は我の教を信ず。我其教を信ぜざれば可なり。之を詬罵し之に乱暴を加ふるは我先づ道徳に背くなり。文明国民の決して行ふべからざることなり。

○以上八篇は余が本邦国民の青年者を訓誡せんとするの老婆心を以て編述したる者なり。蓋し本邦国民は其天性に於て大に亜細亜諸国の民に勝る所あるは世界各国の公認する所なり。此上更に一大奮発を為すときは、欧米諸国の民と並行連馳するは敢て難き所に非ざるなり。惟維新以後教育の基礎未だ堅立せざるに先ち、欧米の文明富饒《ふじょう》に精神を奪はれ、軽薄狡猾の風日に増し、道義堅実の心日に衰ふ、是国家の識者が後来我国家の為に深く憂慮する所なり。世人或は言ふ本邦の　皇室は世界統一の帝たるべしと、或は言ふ我邦は東洋の盟主たるべしと、其言壮ならざるに非ず。然れども此の如きは今日未だ期望すべきの時に非ざるなり。世は明治四年詔勅の萬国対峙の聖語を以て、今日我国民が目的とすべき一階段と為し、日夜勉励して此階段に上らんことを希望する者なり。已に此階段に上ることを得ば、更に進んで其上を求むるは固より適当の順序なるべし。今此書に述ぶる所は、平凡の庸言なれども、是等近易の訓誨《かい》を本とし、務めて其智徳を修養するときは、終には其目的地に達するも敢て為し難きのことに非ざるべし、諸子之を懋《つと》めよや。

〔明治三十六年三月十五日　日本弘道会事務所発行〕

國民訓對外篇

緒《しよ》言《げん》

明治三十二年七月は、正《まさ》に改正条約実施《かいせいでうやくじつし》の期《き》にして、爾後《じご》は内地《ないち》を開放《かいはう》して、外人《ぐわいじん》の住居《ぢゆうきよ》するを許《ゆる》すものとす、蓋《けだ》し我国《わがくに》未曾有《みぞうう》の、一大変革《だいへんかく》にして民情風俗《みんじやうふうぞく》、或《あるひ》は将《まさ》に変《へん》ずる所《ところ》あらんとす、国家休戚《こくかきうせき》の因《よつ》て分《わか》るゝ所《ところ》、実《じつ》に此《こ》の際《さい》にあり、国民たる者、豈恬熙偸安《あにてんきとうあん》の秋《とき》ならんや、今《いま》や優勝劣敗《ゆうしようれつぱい》の世《よ》に処《しよ》し、四方強国《しはうきやうこく》の人種《じんしゆ》と、対等《たいとう》の地位《ちゐ》を保《たも》ち、之と交接《かうせつ》して、毫《がう》も屈辱《くつじよく》を受《うく》る所無《な》からんと欲《ほつ》せば、予《あらかじ》め之が準備《じゆんび》を為《な》さゞるべからず、若夫《もしそ》れ漫然旧慣《まんぜんきうくわん》を墨守《ぼくしゆ》し、只《たゞ》一身《しん》一家の私利《しり》にのみ汲々《きう〳〵》として、国家の利害《りがい》を顧《かへり》みず、彼《かれ》をして一《ひと》たび侮慢《ぶまん》の心《こゝろ》を生《しやう》ぜしめば、後来何《こうらいなに》を以《もつ》てか、我国権《わがこくけん》を拡張《くわくちやう》することを得《え》んや、凡《およ》そ国民の行為《かうゐ》は、一挙一動《いつきよいちどう》、直《たゞ》ちに国家の体面《たいめん》に係《かゝ》り、国家の利害は、即ち国民の利害たることを忘《わす》るべからず、然《しか》れは即《すなは》ち、我々国民の此《こ》の際《さい》に処《しよ》するや、自《みづか》ら実力《じつりよく》を養《やしな》ひ、其《そ》の品位《ひんゐ》を高《たか》うし、而《しか》して我の結合《けつがふ》を鞏固《きようこ》にし、専《もつぱ》ら公益《こうえき》を図《はか》り、公害《こうがい》を除《のぞ》き、国家と休戚《きうせき》を共《とも》にするを以て、本文《ほんぶん》と為《な》さゞる可《べ》からさるなり、爰《こゝ》に我《わ》が日本弘道会々長《にほんこうだうくわい〳〵ちやう》、西村茂樹先生《にしむらしげきせんせい》の著述《ちよじゆつ》(明治二十九年四月)に係《かゝ》る、国民訓《こくみんくん》は、我帝国臣民《わがていこくしんみん》たる者の、必読欠《ひつどくか》くべからざるの良書《りやうしよ》たり、而して全編《ぜんぺん》を、学問《がくもん》、道徳《どうとく》、生業《せいげふ》、家倫《かりん》、国役《こくえき》、交際《かうさい》、選挙《せんきよ》、対外《たいぐわい》の、八篇《へん》に分《わか》ち、其の対外の一篇《いつぺん》は、外人に対する国民の心得《こゝろえ》を、指導《しだう》せられたるものにて、内地雑居準備《ないちざつきよじゆんび》として最《もつと》も適切《てきせつ》なる訓誡《くんかい》なり、因《よつ》て今回《こんくわい》先生の許諾《きよだく》を得《え》て、右《みぎ》対外の一篇を抄録《せうろく》し、仮字《かな》を附《ふ》して印行《いんかう》し、未《いま》だ本書《ほんしよ》を読《よ》まざる者の為《た》め、広《ひろ》く之を部内《ぶない》に頒《わか》つ、読者幸《どくしやさいはい》に本会《ほんくわひ》の婆心《ばしん》を咎《とが》むること無《な》く、着々《ちやく〳〵》之を実行《じつかう》に施《ほどこ》すことを得ば、寔《まこと》に国家の為め慶《けい》する所なり

明治三十一年十月

日本弘道会四谷部会

國民訓《こくみんくん》對外篇《たいぐわいへん》

対外《たいぐわい》は、外国人《ぐわいこくじん》に対《たい》するの義《ぎ》なり、世間《せけん》に対外硬《たいぐわいかう》、対外軟《たいぐわいなん》、又《また》は対外自主《たいがいじしゆ》等《とう》の語《ご》あれども、夫等《それら》は皆政府《みなせいふ》が外国《ぐわいこく》に対《たい》する政策《せいさく》に就《つき》て言《い》ふ所《ところ》なり、今爰《いまこゝ》に言《い》ふ所《ところ》は、夫《それ》とは異《こと》にして、日本国民《につぽんこくみん》が外国人《ぐわいこくじん》に対《たい》するときの心得《こゝろえ》を云《い》ふなり、三十年前《ねんまへ》までは、我邦《わがくに》の有志者《いうししゃ》が外国人《ぐわいこくじん》に対《たい》するは、皆攘夷《みなじやうい》を以《もち》て惟一《ゆゐいち》の主義《しゆぎ》とせり、攘夷《じやうい》とは外国人《ぐわいこくじん》は皆夷狄《みないてき》禽獣《きんじゆう》なれば、是《これ》を内地《ないち》に置《お》くは神州《しんしう》を汚《けが》すの恐《おそ》れあり、故《ゆゑ》に之を殺戮放逐《さつりくはうちく》して、一人も此国《このくに》に足《あし》を留《とゞ》めしめずと云《い》へる義《ぎ》なり、然《しか》るに時勢全《じせいまつた》く一変《いつぺん》し、今《いま》より三年《ねん》の後《のち》（明治三十二年七月）には、外国人《ぐわいこくじん》を納《い》れて此国《このくに》に居住《きよじゆう》するを許《ゆる》し、邦人《はうじん》と雑居《ざつきよ》して其生業《そのせいげふ》を営《いとな》ましむること丶なれり、然《しか》る時《とき》は外人《ぐわいじん》の我邦《わがくに》に来《きた》る者漸々《ものぜん〳〵》増加《ぞうか》し、之《これ》と交際《かうさい》すること日《ひゞ》に益々《ます〳〵》繁多《はんた》となることなれば、是《これ》に対《たい》するの道《みち》を講究《こうきう》し置《お》くは、国民《こくみん》たる者の最《もつと》も大切《たいせつ》なる職分《しよくぶん》なり、

○道理《だうり》より言《い》へば、外国人《ぐわいこくじん》と雖《いへども》、同《おな》じく天地《てんち》の間《あひだ》に生《うま》れたる同一《どういつ》の人類《じんるい》なれば、之《これ》を親愛《しんあい》し、之《これ》を尊敬《そんけい》すること、我《わが》邦人《はうじん》と同一《どういつ》にして、差異《さい》あるべからざるの理《り》なり、然《しか》るに今日《こんにち》の世界《せかい》は、各国八方《かくこくはつぱう》に分立《ぶんりつ》し、互《たがひ》に雄長《いゆうちやう》を争《あらそ》ひ、富強《ふきやう》を競《きそ》ふの時《とき》なれば、未《いま》だ外国人《ぐわいこくじん》を以《もち》て我同国人《わがどうこくじん》と同一《どういつ》に親交《しんかう》すべきの時《とき》に非《あら》ざるなり、今我常《いまわがつね》に多《おお》く交際《かうさい》し、此後《このご》も多《おお》く交際《かうさい》せざるべからざるは、欧米《おうべい》の文明国民《ぶんめいこくみん》を第一《だいいち》とす、文明国《ぶんめいこく》と云《い》ふは、彼等《かれら》が自称《じしよう》する所《ところ》にして、即《すなはち》富盛強大《ふせいきやうだい》

なる国《くに》を云《い》ふなり、彼等《かれら》が今日《こんにち》の如《ごと》く富盛強大《ふせいきやうだい》となりたる所以《ゆゑん》を考《かんが》ふるに、其国々《そのくに〴〵》に自然《しせん》に富盛強大《ふせいきやうだい》を致《いた》すべき利源《りげん》を具備《ぐび》したるに非《あら》ざるなり、其富盛《そのふせい》なるは他国《たこく》の財《ざい》を吸取《きうしゆ》したるに由《よ》り、其強大《そのきやうだい》なるは、他国《たこく》の土地《とち》を奪略《だつりやく》したるに由《よ》る者《もの》なり、彼等《かれら》の祖先既《そせんすで》に其攘奪《そのじやうだつ》の計《はかりごと》を以《もち》て其国《そのくに》を興《おこ》す、其子孫《そのしそん》(現今《げんこん》の強盛国《きやうせいこく》)決《けつ》して禮譲謙退《れいじやうけんたい》の主義《しゆぎ》を執《と》る者《もの》に非《あら》ざるなり、否《いな》、今日猶智勇《こんにちなほちゆう》の劣等《れつとう》なる国《くに》に対《たい》し、其攘奪《そのじやうだつ》の計《はかりごと》を実行《じつかう》しつゝあるなり、彼等近年《かれらきんねん》、安南《あんなん》、緬甸《びるま》、暹《しや》羅《む》、土耳其《とるこ》、支那《しな》に対《たい》するの挙動《きよどう》、歴々《れき〴〵》として證《しやう》すべき者《もの》あり、然《しか》らば邦人《はうじん》が彼等《かれら》を待《たい》するは、深《ふか》く慎重警戒《しんちようけいかい》して之《これ》を待《たい》すべし、漫然《まんぜん》たる意思《いし》を以《もち》て、之《これ》と交際《かうさい》すべからざるなり、

○凡《およ》そ国《くに》と国《くに》との交際《かうさい》は、和好《わかう》を以《もち》て主《しゆ》とするが如《ごと》く、国民《こくみん》と国民《こくみん》との交際《かうさい》も、亦和好《またわかう》を以《もち》て主《しゆ》とすべし、彼心中《かれしんちう》に悪意《あくい》ありとも、未表面《いまだへうめん》に発《はつ》せざるに、我之《われこれ》に敵意《てきい》を表《へう》するは、一身《いつしん》の害《がい》にして亦国家《またこくか》の害《がい》なり、今外人《いまぐわいじん》に対《たい》する心得《こゝろえ》の主要《しゆよう》なる者《もの》を挙《あ》ぐれば左《さ》の如《ごと》し、

一　信義《しんぎ》を重《おも》んずべし

信義《しんぎ》は国内《こくない》の交際《かうさい》に於《おき》て、最《もつと》も大切《たいせつ》なるが如《ごと》く、(交際《かうさい》の篇《へん》に出《い》づ)外人《ぐわいじん》との交際《かうさい》に於《おき》ても亦甚《またはなは》だ大切《たいせつ》なり、総《すべ》て外人《ぐわいじん》との交際《かうさい》には、深《ふか》く虚言《きよごん》を慎《つゝし》むべし、商品《しやうひん》の如《ごと》きも、精品《せいひん》は精品《せいひん》として之《これ》を売《う》り、粗品《そひん》は粗品《そひん》として之《これ》を売《う》るべし、若《も》し精品《せいひん》と称《しよう》して粗品《そひん》を売《う》り、或《あるひ》は精品《せいひん》の間《あひだ》に窃《ひそか》に粗品《そひん》を混入《こんにふ》し、或《あるひ》は精良《せいりやう》の見本《みほん》を示《しめ》して粗悪《そあく》の品《しな》を売《う》るが如《ごと》きは、皆信義《みなしんぎ》を失《うしな》ふ者《もの》なり、国内《こくない》の交際《かうさい》も信義《しんぎ》を重《おも》んずれども、内外人《ないぐわいじん》の交際《かうさい》は、全《まつた》く信義《しんぎ》のみを以《もち》て成立《なりた》つ者《もの》なり、故《ゆゑ》に若信義《もししんぎ》を破《やぶ》るときは、彼《かれ》の信用《しんよう》の失墜《しつゝい》して遂《つひ》に我《われ》の大損失《だいそんしつ》となるなり、本邦《ほんぱう》の商人《しやうにん》の狡猾浅智《かうくわつせんち》なる、従前数《じうぜんしば》〻外人《〴〵ぐわいじん》を欺罔《きまう》せんと欲《ほつ》して、却《かへり》て其欺罔《そのきまう》を看破《かんぱ》せられ、通商上《つうしようじやう》の大不利《だいふり》を来《きた》したること甚《はなは》だ多《おお》し、爾後《じご》は宜《よろし》く深《ふか》く之《これ》を戒《いまし》めざ

る可《べか》らざるなり、又約束《またやくそく》の如《ごと》きは内外人《ないぐわいじん》の別《べつ》なく、堅《かた》く之《これ》を守《まも》らざるべからすと雖《いへど》も、殊《こと》に外人《ぐわいじん》に対《たい》しては決《けっ》して之《これ》を破《やぶ》らざる様《やう》にすべし、若約束《もしやくそく》を守《まも》らざるよりして法廷《はふてい》を煩《わづら》はすに至《いた》り、其極終《そのきよくつひ》に我《われ》の敗訴《はいそ》となるが如《ごと》きことあらば、実《じつ》に国民《こくみん》の面目《めんもく》を汚辱《をじよく》すること、なるなり、又外人《またぐわいじん》の中不幸《うちふかう》にして、災害《さいがい》に罹《か》り困苦《こんく》に陥《おちい》る者《もの》あらば、我力《わがちから》の能《よく》する限《かぎ》りは之《これ》を救助《きゆうじよ》して我義侠心《わがぎけふしん》を顕《あら》はすべし、此《かく》の如《ごと》くするときは、一《いつ》は我身《わがみ》、彼等《かれら》の敬重《けいちよう》を得《え》、一《いつ》は我国民《わがこくみん》の良品性《りやうひんせい》を示《しめ》すの一端《いつたん》となるべし、

二　内外《ないぐわい》の別《べつ》を明《あきらか》にすべし

彼《かれ》も我《われ》も同《おな》じ人類《じんるゐ》なれとも、内外《ないぐわい》の別《べつ》あることは明白《めいはく》なり、現《げん》に欧米諸国《おうべいしよこく》の民《たみ》は其内外《そのないぐわい》の別《べつ》を立《たつ》ること甚《はなは》だ厳《げん》なり、北米合衆国及《ほくべいがつしうこくおよ》び濠洲《がうしう》に於《お》きて、支那人及我邦人《しなじんおよびわがはうじん》を排斥《はいせき》せんとする者《もの》は、内外《ないぐわい》の別《べつ》を立《た》つること甚《はなは》だしきより出《いで》たる者《もの》なり、世《よ》の洋風《やうふう》に迷溺《めいでき》する者《もの》は、内外《ないぐわい》の別《べつ》を立《た》つることを知《し》らず、外人《ぐわいじん》を信用《しんよう》すること、国人《こくじん》を信用《しんよう》するより甚《はなは》だしく外人《ぐわいじん》を愛《あい》すること、国人《こくじん》を愛《あい》するより甚《はなは》だしき者《もの》あり、是《かく》の如《ごと》きは今日狼貪虎噬《こんにちらうたんこせい》する世界《せかい》の形勢《けいせい》を知《し》らざる者《もの》なり、外人《ぐわいじん》にも信用《しんよう》すべき者少《ものすく》なからざるべし、然《しか》れども之《これ》を我同胞《わがどうはう》に比《ひ》すれば間《かん》あり、外人《ぐわいじん》にも親愛《しんあい》すべき者多《ものおほ》かるべし、然《しか》れとも之を我大和民族《わがやまとみんぞく》に比《ひ》すれば同等《どうとう》に論《ろん》ずべき者《もの》に非《あら》ざるなり、彼《かれ》は固《もと》より我《わが》　皇室《くわうしつ》を尊戴《そんたい》する人《ひと》に非《あら》ざるなり、彼《かれ》は其祖先以来我国《そのそせんいらいわがくに》の恩《おん》を蒙《かうむ》りたる者《もの》に非《あら》ざるなり、我邦《わがくに》の治乱盛衰《ちらんせいすい》は彼等《かれら》の痛痒《つうやう》を感《かん》ぜざる所《ところ》なり、此《かく》の如《ごと》き外人《ぐわいじん》を以《もち》て我国人《わがこくじん》と同一《どういつ》に信用《しんよう》し、同一《どういつ》に親愛《しんあい》せんとするは、内外親疎《ないぐわいしんそ》を混淆《こんかう》する者《もの》にして、無知無識《むちむしき》の甚《はなは》だしき者《もの》と云《い》ふべし、世間或《せけんあるひ》は外人《ぐわいじん》と密約《みつやく》して我土地《わがとち》を外人《ぐわいじん》に売《う》り、或《あるひ》は外人《ぐわいじん》と連合《れんがう》して工商《こうしやう》の業《げふ》を営《いとな》み、以《もち》て我同業者《わがどうげふしや》を苦《くる》しむる者《もの》ありと聞《き》く、此《かく》の如《ごと》きは実《じつ》に獅子《しゝ》身中《しんちう》の虫《むし》と云《い》ふべし、又彼此物産《またかれこれぶつさむ》の如《ごと》き、我《われ》の物品彼《ぶつぴんかれ》より良善《りやうぜん》ならば、勿論《もちろん》

我《われ》の物品《ぶつぴん》を用《もち》ふべく、又彼我同等《またかれわれどうとう》なるも、同《おなじ》く彼品《かのしな》を捨《す》て我品《わがしな》を用《もち》ふべし、若彼品優等《もしかのしないうとう》にして我品劣等《わがしなれつとう》なるも、国家《こくか》経済《けいざい》の点《てん》より考《かんが》へ、姑《しばら》く我《われ》の不便《ふべん》を忍《しの》びて我物品《わがぶつぴん》を用《もち》ふべし、然《しか》るときは、農工家《のうこうか》の奮励《ふんれい》に依《よ》りて、或《あるひ》は我物品《わがぶつぴん》の位《い》格《かく》を進《す》めて、彼《かれ》と同等《どうとう》の地位《ちゐ》に達《たつ》するも、為《な》し難《がた》きに非《あら》ざるなり、是《これ》を要《よう》するに外国人《ぐわいこくじん》と雖《いへど》も尊敬親愛倶《そんけいしんあいとも》に之《これ》を行《おこな》はざるべからずといへとも、内国人《ないこくじん》と比《ひ》すれば、親疎軽重《しんそけいぢう》の差別《しやべつ》あり、若之《もしこれ》を顚倒《てんとう》するときは、国民《こくみん》たるの道《みち》に背《そむ》く者《もの》なり、

三　競争《きやうそう》の意《い》を忘《わす》るべからず

競争《きやうそう》と云《い》ふ語《ご》は、元来良好《ぐわんらいりやうかう》の字面《じめん》に非《あら》ず、然《しか》れども今日優勝劣敗《こんにちいうしようれつぱい》の世界《せかい》に立《た》ち、彼等《かれら》と交際《かうさい》するには一日も忘《わす》るべからざるの語《ご》なり、凡我《およそわれ》の利《り》とする所《ところ》は彼《かれ》も亦之《またこれ》を利《り》とし、我《われ》の美《び》とする所《ところ》は彼《かれ》も亦之《またこれ》を美《び》とす、航海《かうかい》の業《げふ》は、国《くに》と民《たみ》とに利《り》ある所《ところ》なり、彼十隻《かれじつせき》の船《ふね》を以《もち》て万里《ばんり》の航海《かうかい》を為《な》し、我五隻《われごせき》の船《ふね》を以《もち》て五千里《り》の航海《かうかい》を為《な》すときは、其利彼《そのりかれ》に及《およ》ばざること明《あきらか》なり、我《われ》これに倍《ばい》するの船隻《せんせき》を以《もち》て彼《かれ》と同一《どういつ》の海路《かいろ》を航《かう》せば其利彼《そのりかれ》に斉《ひと》しかるべきか、未然《いまだしか》ること能《あた》はざるなり、其船《そのふね》は彼《かれ》より堅牢壮大《けんらうそうだい》ならざるべからず、其駛走《そのしそう》は彼《かれ》より迅速《じんそく》ならざるべからず、其運賃《そのうんちん》は彼《かれ》より低廉《ていれん》ならざるべからず、其船客積荷《そのせんきやくつみに》を取扱《とりあつか》ふこと、彼《かれ》より懇切《こんせつ》ならざるべからず、此《かく》の如《ごと》きは即《すなは》ち航海《かうかい》の競争《きやうそう》なり、能《よ》く此競争《このきやうさう》に勝《か》ち得《え》て、初《はじ》めて大《おほい》に航海《かうかい》の利《り》を占《し》むることを得《う》べし、又貿易《またばうえき》に用《もち》ふる貨物《くわぶつ》を造《つく》らんに、(農産工産共《のうさんこうさんとも》に)其品質《そのひんしつ》は彼《かれ》より善良《ぜんりやう》ならざるべからず、其製作《そのせいさく》は彼《かれ》より精緻《せいち》ならざるべからず、其技術《そのぎじゆつ》は彼《かれ》より巧妙《こうめう》ならざるべからず、其用法《そのようはふ》は彼《かれ》より便利《べんり》ならざるべからず、其價《そのあたい》は彼《かれ》より低廉《ていれん》ならざるべからず、其保存《そのほぞん》は彼《かれ》より永久《えいきう》ならざるべからず、此《かく》の如《ごと》きは即《すなは》ち貨物《くわぶつ》の競争《きやうそう》なり、此競争《このきやうそう》に勝《かち》を制《せい》して、始《はじ》めて本国《ほんごく》の貨物《くわぶつ》に大利《たいり》を生《しよう》ずることを得《う》べし、是《これ》

只其《たゞその》一例《れい》を挙《あげ》たる者《もの》にして、百般《ひやくぱん》の事皆此《ことみなかく》の如《ごと》き競争《きやうさう》を免《まぬ》かるゝこと能《あた》はず、若《もし》一一競争《きやうさう》に失敗《しつぱい》せば、我国《わがくに》の経済《けいざい》に大挫折《だいざせつ》を生《しやう》じて、国《くに》の勢力《せいりよく》も大《おほい》に衰減《すいげん》すべし、然《しか》るに欧米諸国《おうべいしよこく》の民《たみ》は其財産我《そのざいさんわれ》に勝《まさ》り、其智力我《そのちりよくわれ》に優《まさ》り、(平均上《へいきんじやう》にて)且早《かつはや》く富国《ふこく》の業《げふ》に志《こゝろざ》して、何事《なにごと》にも先鞭《せんべん》を着《つ》け、世界《せかい》の要港《いよかう》に彼《かれ》の船舶《せんぱく》を見《み》ざる所《ところ》なし、我後進《わがこうしん》の民《たみ》を以《もち》て、其智力《そのちりよく》財産彼《ざいさんかれ》に及《およ》ばず、是《これ》を以《もち》て彼《かれ》と競争《きやうさう》して、勝利《しようり》を得《え》んとするは、極《きは》めて難事《なんじ》なるが如し、然《しか》れども審《つまびら》かに之《これ》を考《かんが》ふるときは、敢《あへ》て難事《なんじ》に非《あら》ざることを知《し》る、我《わ》が彼《かれ》に対《たい》して競争《きやうさう》に勝《か》たんとするには天然《てんねん》の助多《たすけおほ》し、其《その》一は気候温和《きこうおんわ》なり、其二は地味肥沃《ちみひよく》なり、其三は良善《りようぜん》の港湾多《こうわんおほ》し、其四は米麦蠶茶《べいばくさんちや》の如《ごと》き特別《とくべつ》の物産《ぶつさん》あり、其五は魚族及其他《ぎよぞくおよびそのた》の水産物多《すいさんぶつおほ》きなり、其六は人民《じんみん》の手芸《しゆげい》に巧《たくみ》に、殊《こと》に模造《もざう》に長《ちやう》ぜるなり、其七は人民生計《じんみんせいけい》の容易《ようい》なるなり、其八は工人《こうじん》の賃銀廉《ちんぎんれん》なるなり、其九は海辺《かいへん》の民《たみ》に、良海員《りやうかいゝん》となるに適《てき》する者多《ものおほ》し、其《その》十は近隣《きんりん》の諸国《しよこく》に遺利多《ゐりおほ》きなり、此《かく》の如《ごと》き許多《きよた》の天助《てんじよ》あり、国民大《こくみんおほい》に進取忍耐剛毅《しんしゆにんたいがうき》の力《ちから》を奮《ふる》ひ、彼《かれ》の財産《ざいさん》を資《と》りて我助《わがたすけ》と為《な》し、彼《かれ》の智力《ちりよく》を假《か》りて我師《わがし》となすときは、富強《ふきやう》の競争《きやうさう》に於《おい》て、彼《かれ》を圧倒《あつたう》するは、敢《あへ》て為《な》し難《がた》きの事《こと》に非《あら》ざるべし、既《すで》に近年北米諸国《きんねんほくべいしよこく》に於《おい》て、日本《につぽん》の工芸《こうげい》を畏《おそ》るゝことは、諸人《しよじん》の知《し》る処《ところ》なり、邦人豈勉《はうじんあにつと》めざるべけんや、

四　国辱《こくじよく》になることを戒《いまし》むべし

凡《およ》そ外国人《ぐわいこくじん》に対《たい》して鄙劣《ひれつ》、詐偽《さぎ》、反覆《はんぷく》、軽薄等《けいはくとう》の悪事《あくじ》を為《な》すは、其人一個《そのひといつこ》の悪事《あくじ》の如《こと》く思《おも》ふべけれども、彼《かれ》より之《これ》を見《み》れば、日本人《につぽんじん》の所行《しよぎやう》と云《い》ふことになり、即《すなは》ち日本《につぽん》の国辱《こくじよく》となることとなり、其他総《そのたすべ》て世界各国《せかいかくこく》の人民《じんみん》が、認《みと》めて不道徳《ふだうとく》、又《また》は蛮風《ばんふう》なりとする所《ところ》の事《こと》は務めて之《これ》を戒《いま》しめざるべからず、其中殊《そのうちこと》に甚《はなは》だしきは、醜業《しうげふ》を営《いとな》む処《ところ》の婦人《ふじん》が続々《ぞく〴〵》と他国《たこく》に渡航《とかう》することなり、是等《これら》は実《じつ》に日本国民《につぽんこくみん》の面目《めんもく》を汚《けが》す者《もの》にして、外人《ぐわいじん》より之《これ》を以《もち》て我国人《わがこくじん》を誹謗《ひばう》すると

きは、甚《はなは》だ弁解《べんかい》に苦《くる》しむことなり、此事《このこと》は政府人民《せいふじんみん》と力《ちから》を合《あは》せて、之《これ》を禁止《きんし》するに非《あら》ざれば、終《つひ》に絶滅《ぜつめつ》の期《き》なかるへし、是《これ》を絶滅《ぜつめつ》すること能《あた》はざるときは、日本人《につぽんじん》の面目《めんもく》は、全《まつた》く清浄《せいじやう》となること能《あた》はざるべし、

五　妄《みだ》りに屈下《くつか》すべからず

従前本邦《じやうぜんほんはう》の商人《しやうにん》は、官吏士人《くわんりしじん》に屈下《くつか》することを免《まぬ》かれず、又今日《またこんにち》の官吏学士《くわんりがくし》は、多《おほ》くは西洋《せいやう》の文明《ぶんめい》を尊崇《そんすう》する者《もの》なり、故《ゆゑ》に欧米人《おうべいじん》に対《たい》しては、自然《しぜん》に之《これ》に屈下《くつか》することを免《まぬか》れす、此《かく》の如《ごと》きは頗《すこぶ》る国家《こくか》の体面《たいめん》に関《くわん》することなり、元来《ぐわんらい》洋人《やうじん》は其体格長大《そのたいかくちやうだい》にして、其面貌《そのめんばう》も一曲《ひとくせ》あり、其家屋《そのかたく》は壮大《さうだい》にして、其衣服《そのいふく》も整斉《せいせい》せり、邦人之《はうじんこれ》と対《たい》するに、平等《へいとう》の礼《れい》を以《もち》てするも、猶彼《なほかれ》は昂然《かうぜん》たるが如《ごと》く、我《われ》は縮然《しゆくぜん》たるが如《ごと》きの観《くわん》あり、況《いは》んや我先《われま》づ屈下《くつか》して彼《かれ》に対《たい》す、外人《ぐわいじん》をして之《これ》を見《み》せしめば、其卑陋笑《そのひろうわら》ふべき者《もの》あらん、此《かく》の如《ごと》く先《ま》づ屈下《くつか》するよりして、政事及《せいじおよ》び商業《しやうげふ》の談判《だんぱん》の如《ごと》きも、彼《かれ》は動《や》もすれば、其威力《そのいりよく》を恃《たの》みて、其不理屈《そのふりくつ》を主張《しゆちやう》し、我《われ》は道理《だうり》を有《いう》しながら、却《かへつ》て彼《かれ》に屈従《くつじゆう》すること多《おほ》し、総《すべ》て我商人《わがしやうにん》が外人《ぐわいじん》に物《もの》を売《う》るの状《じやう》は其醜陋言《そのしうろうい》ふに忍《しの》びざる者《もの》あり、(前《まへ》の生業篇《せいげふへん》に出《い》づ)此《かく》の如《ごと》き卑屈《ひくつ》の風《ふう》を改《あらた》めざれば、到底《たうてい》外国《ぐわいこく》に向《むか》ひて、対等《たいとう》の威権《いけん》を得《う》ること能《あた》はざるなり、

六　彼《かれ》に不法《ふはふ》の事《こと》あらば連合《れんがふ》の力《ちから》を以《もち》て之《これ》を破《やぶ》らざるべからず

従来西洋人《じうらいせいやうじん》は、其国《そのくに》の富強《ふきやう》を恃《たの》むと、我国民《わがこくみん》を軽蔑《けいべつ》することより、我《われ》に対《たい》して不法《ふはう》の事多《ことおほ》し、然《しか》るに政府及人民《せいふおよびじんみん》、共《とも》に務《つと》めて無事《ぶじ》を欲《はつ》するを以《もち》て、彼《かれ》の不法《ふはう》を其儘《そのまゝ》に為《な》し置《お》くこと少《すく》なからず、其不法《そのふはう》は交際上《かうさいじやう》の事《こと》のみならず貿易《ぼうえき》の

上《うへ》にも亦屢之《またしば〲これ》を見《み》る、此《かく》の如《ごと》きは国《くに》の不利《ふり》たること、勝《あげ》て数《かぞ》ふべからず、此後益々《このゝちます〱》国《くに》を張《は》らんとするには些細《さゝい》の事《こと》にても、彼《かれ》の不法《ふはふ》を許《ゆる》すべからず、必《かなら》ず理非《りひ》を明《あきら》かにして其曲直《そのきよくちよく》を正《たゞ》しくすべし、其不法《そのふはふ》を正《たゞ》さんとするには、一個人《いつこじん》の力《ちから》にては之《これ》に敵《てき》すること能《あた》はず、必《かなら》ず同業又《どうげふまた》は同志《どうし》の人相連合《ひとあひれんがふ》して之《これ》に当《あた》らざるべからず、又之《またこれ》を為《な》さんとするには、其連合《そのれんがふ》を鞏固《きようこ》にし、十分《じふぶん》の忍耐力《にんたいりよく》を持《ぢ》せざるべからず、従前本邦《じうぜんほんはう》の商人《しようにん》が外国商人《ぐわいこくしやうにん》の不法《ふはふ》を矯正《けうせい》せんとしたること屢《しば〲》ありしかども、或《あるひ》は其連合鞏固《そのれんがふきようこ》ならずして中途《ちうと》にて曖昧《あいまい》となり、或《あるひ》は其連合中《そのれんがうちう》に私利《しり》を巧《たく》む者《もの》ありて、窃《ひそか》に彼《かれ》に内通《ないつう》するよりして其事遂《そのことつひ》に瓦解《ぐわかい》に帰《き》せるは残念《ざんねん》なることなり、畢竟《ひつきやう》は忍耐力《にんたいりよく》の乏《とぼ》しきと、永遠《えいえん》の思慮《しりよ》なきとよりして爰《こゝ》に至《いた》れる者《もの》なり、此事《このこと》は独《ひと》り欧米人《おうべいじん》に対《たい》して敗北《はいぼく》するのみならず支那人《しなじん》に対《たい》しても亦敗北《またはいぼく》することあり、甚《はなは》だ恥辱《ちじよく》のことゝ云《い》ふべし

以上六ヶ条《いじやうろくかでう》は外国人《ぐわいこくじん》に対《たい》せる心得《こゝろえ》の要目《やうもく》なり、此外日本国人《このほかにほんこくじん》が対外《たいぐわい》の事《こと》に付《つ》きて、至緊至切《しきんしせつ》なるは今《いま》より三年以後《さんねんいご》に及《およ》びて外国人《ぐわいこくじん》が内地《ないち》に雑居《ざつきよ》することとなり、余《よ》は元来内地雑居《ぐわんらいないちざつきよ》を以《もつ》て、今日本邦《こんにちほんぽう》の民智民富《みんちみんぷ》の度《ど》に比《ひ》し猶甚《なほはなは》だ早《はや》しと思《おも》ひ居《を》れども、既《すで》に外国《ぐわいこく》と改正条約《かいせいでうやく》の交換《かうくわん》ありし上《うへ》は、今更其可否《いまさらそのかひ》を言《い》ふべきの時《とき》に非《あら》ず、但善後《たゞぜんご》の策《さく》を考究《かうきう》するを以《もつ》て最緊《さいきん》の要務《やうむ》と為《な》すべし、凡《およ》そ外人《ぐわいじん》と雑居《ざつきよ》したる後《のち》に於《おい》て、国民《こくみん》の心得《こゝろえ》に積極《せきゝよく》と消極《せうきよく》との二者《にしや》あり、積極《せきゝよく》は固《もと》より之《これ》を望《のぞ》むべきことなれども、今日《こんにち》の民度《みんど》にては能《よ》く之《これ》を言《い》ふも之《これ》を行《おこな》ふこと能《あた》はず、世《よ》の内地雑居《ないちざつきよ》を以《もつ》て国家《こくか》に害《がい》なしとする者《もの》は、何《いづ》れも大言放論《たいげんはうろん》にして、今日《こんにち》の民智民富《みんちみんぷ》に適《てき》せざる者《もの》なり、故《ゆゑ》に余《よ》は之《これ》に反《はん》し先消極論《まづせうきよくろん》を以《もつ》て国民《こくみん》を警戒《けいかい》せんと欲《はつ》するなり、孫子曰《そんしいはく》、昔之善戦者《むかしのよくたゝかふものは》、先為レ不レ可レ勝以待二敵之可一レ勝《まづかつべからざるをなしてもつててきのかつべきをまつ》、不レ可レ勝在レ己可レ勝在レ敵《かつべからざるはおのれにありかつべきはてきにあり》と、外人《ぐわいじん》と交際《かうさい》するも亦此訣《またこのけつ》を用《もち》ふべし、則《すなは》ち先《ま》づ敵《てき》に勝《か》たれざる様《やう》に陣《ぢん》を堅《かた》くし備《そなへ》を厳《げん》にし以《もつ》て時《とき》を観《み》る、若敵《もしてき》に乗《じよう》すべきの釁《ひま》あらば直《たゞち》に攻《せ》めて之《これ》に勝《か》つべし。此《かく》の如《ごと》くするときは、仮令敵《たとへてき》に勝《か》つこと能《あた》はざるも、敵《てき》に敗《やぶ》らるゝ患《うれひ》なし、然《しか》るに己《おのれ》が陣《ぢん》を堅《かた》くせず、慢然強敵《まんぜんきやうてき》と戦《たゝかひ》を挑《いど》むときは、恐《おそら》くは一敗地《いつぱいち》に塗《まみ》れて救《すく》ふこと能《あた》はざるに至《いた》るべし、是余《これよ》が

先消極論《まづせうきよくろん》を以《もつ》て国民《こくみん》を警《いま》しめ、其力《そのちから》の充実《じふじつ》するを待《ま》ちて、奮進《ふんしん》して敵《てき》を破《やぶ》らしめんと欲《ほつ》する所以《ゆゑん》なり、

○此度《このたび》の改正条約《かいせいでうやく》は廿七年《ねん》八月《ぐわつ》二十八日発布《にちはつぷ》になりたる英国《えいこく》との条約《でうやく》を第一《だいいち》とし、夫《それ》より次第々々《しだい〴〵》に他《た》の諸国《しよこく》とも条約《でうやく》を結《むす》びたるなり、其条約《そのでうやく》は調印《てういん》の日《ひ》より少《すく》くとも、五箇年《ごかねん》の後《のち》までは実施《じつし》せられざる者《もの》とあれども、両国《りようこく》の都合《つがう》に依《よ》り、五箇年《かねん》を経《ふ》れば直《たゞち》に之《これ》を実施《じつし》するも計《はか》り難《がた》し、調印《てういん》の日《ひ》は二十七年《ねん》七月《ぐわつ》十六日《にち》なれば、三十二年《ねん》七月後《ぐわつご》は、已《すで》に満《まん》五年《ねん》となることとなり、此改正条約《このかいせいでうやく》に依《よ》りて明白《めいはく》に我国利《わがこくり》となりたるは海関税《かいくわんぜい》の増《まし》したること、、領事裁判《りやうじさいばん》を撤去《てつきよ》したること、是《これ》なり、其国害《そのこくがい》となるべき事《こと》は国民《こくみん》が智徳《ちとく》の度《ど》の如何《いかん》に在《あ》ることにして、国民《こくみん》の智徳優勝《ちとくいうせう》なれば、国害《こくがい》も変《へん》じて国利《こくり》となるべく、国民《こくみん》の智徳劣等《ちとくれつとう》なるときは国利《こくり》も変《へん》じて国害《こくがい》となるべし、是《これ》に付《つ》き、先消極《まづせうきよく》の方《はう》より国民《こくみん》の心得《こゝろえ》を挙《あ》ぐれば左《さ》の如《ごと》し

(一) 土地《とち》を失《うしな》はざらんことを務《つと》むべし

新条約《しんでうやく》には土地所有権《とちしよいうけん》を彼《かれ》に与《あた》ふるの文《ぶん》なしと雖《いへど》も住居及《じうきよおよ》び商業《しやうげう》の為《ため》に土地《とち》を借受《かりう》くることを得《う》と云《い》へる文《ぶん》あり、今日未《こんにちいま》だ新条約《しんでうやく》を施行《しかう》せざるに已《すで》に窃《ひそか》に土地《とち》を売《う》る者《もの》ありと聞《き》けり、然《しか》らば公然借受《こうぜんかりうけ》を許《ゆる》したる後《のち》は、其売買《そのばい〴〵》を為《な》すは明白《めいはく》のことなり、国民宜《こくみんよろし》く今《いま》より愛国《あいこく》の正義《せいぎ》を守《まも》り、神州《しんしう》の土地《とち》は一寸《いつすん》たりとも外人《ぐわいじん》に与《あた》へざるの覚悟《かくご》なかるべからず、然《しか》らざれば数十年《すじふねん》の後本邦《のちほんはう》の国土中《こくどちう》、其利益多《そのりえきおほ》き土地《とち》は外人《ぐわいじん》の所有《しよいう》となり、邦人《はうじん》は小作人又《こさくにんまた》は他借人《たしやくにん》の悲境《ひきやう》に陥《おちい》り、臍《ほぞ》を噬《か》むとも復及《またおよ》ばざるべし

(二) 実業家《じつげふか》は其業《そのげふ》を奪《うば》はれさらんことを力《つと》むべし

先《ま》づ農業《のうげう》に付《つ》きて言《い》はんに、彼《かれ》は我国《わがくに》に於《おい》て土地《とち》を得《え》たる後《のち》、其学術《そのがくじゆつ》の力《ちから》と富饒《ふねぜう》の資本《しほん》とを以《もつ》て、土性《どせい》を改良《かいりやう》し、肥料《ひりやう》を改造《かいざう》し、穀物《こくもつ》の種《たね》を選《ゑら》び駆蟲《くちう》の方法《はうはふ》を考究《かうきう》するときは、我旧習《わがきうしう》に安《やす》んぜる農民《のうみん》は、恐《おそら》くは其農業《そののうげふ》の利《り》を彼《かれ》に奪《うば》はるべし、次《つぎ》に工業《こうげふ》に就《つき》て言《い》はんに、是亦同《これまたおな》じく彼《かれ》が学術《がくじゆつ》の力《ちから》と資本《しほん》の富《とみ》とを用《もち》ひ、加《かわ》ふるに熟練《じゆくれん》の工人《こうじん》と精巧《せいこう》の

器械《きかい》とを以《もつ》て、工業《こうげふ》を我国内《わがこくない》に営《いとな》まば、我国人《わがこくじん》の造《つく》る工産物《こうさんぶつ》は大率彼《おおむねかれ》に及《およ》ばずして、従前《じうぜん》の工業者《こうげふしや》は多《おほ》く其業《そのげふ》を失《うしな》ひ、然《しか》らざるも厚利《こうり》は大抵彼《たいていかれ》の手《て》に帰《き》すべし、商業《しやうげふ》に就《つき》て言《い》はば彼《かれ》は学問《がくもん》の力《ちから》と莫大《ばくだい》の資本《しほん》を用《もち》ふることは農工《のうこう》に同《おな》じく、加《かは》ふるに彼《かれ》は世界《せかい》の通商《つうしやう》に熟練《じゆくれん》し、世界《せかい》に通信《つうしん》の便利《べんり》を得《え》、商会《しやうくわい》の法堅固《はふけんご》にして、為替手形《かわせてがた》の法自由《はふじいゆう》を極《きは》めたり、我邦《わがくに》の商人《しやうにん》が手薄《てうす》なる資本《しほん》と浅薄《せんはく》なる智識《ちしき》を以《もち》て之《これ》と対抗《たいかう》せんは甚《はなは》だ難事《なんじ》なるべし、今日既《こんにちすで》に商権《しやうけん》を彼《かれ》に失《うしな》ひ居《を》れり、此後《このご》の事《こと》は益々《ます〱》憂慮《いうりよ》に堪《た》えざるなり

○以上《いじやう》の二件《にけん》は内地雑居以後《ないちざつきよいご》の事《こと》を推測《すいそく》せる余《よ》が想像《さうざう》のみ、将来《しやうらい》の事固《こともと》より確言《くわくげん》すること能《あた》はざれども、余《よ》が言《い》ふ所《ところ》全《まつた》く杞人《きじん》の憂《うれい》となり、世間《せけん》より先見《せんけん》なきの人《ひと》と譏《そし》られんは余《よ》が国家《こくか》の為《ため》に喜《よろこ》ぶ所《ところ》なり、恐《おそら》くは余《よ》が想像或《さうざうあるい》は中《あた》ることありて国民大《こくみんおほひ》に其害《そのがい》を受《う》くることあらんことを、然《しか》らば之《これ》を如何《いかん》せば可《か》ならんや、上篇《じやうへん》に記《しる》せる国民《こくみん》の道徳《だうとく》を十分《じふぶん》に修養《しうやう》し、尊王愛国《そんのうあいこく》の精神《せいしん》を堅固《けんご》にし、剛毅《がうき》、勤勉《きんべん》、進取《しんしゆ》、忍耐《にんたい》の力《ちから》を奮《ふる》ひ以《もち》て生業篇《せいげふへん》と此篇《このへん》に記《しる》せる対外《たいぐわい》の諸條《しよでう》とを守《まも》りて撓《たわ》まず怠《おこた》らず遂行《すいかう》するときは終《つい》に禍《わざはひ》を転《てん》して福《さいはひ》と為《な》すことを得《う》、内地雑居《ないちざつきよ》は却《かへ》りて国家福利《こくかふくり》の源《みなもと》となるべし、然《しか》らずして国民皆安閑《こくみんみなあんかん》として今日の有様《ありさま》に安《やす》んじ、以《も》ちて内地雑居《ないちざつきよ》の暁《あかつき》に至《いた》るときは、余《よ》は決《けつ》して其可《そのか》なることを知《し》らざるなり蓋《けだし》、内地雑居《ないちざつきよ》の利害如何《りがいいかん》は国民智徳《こくみんちとく》の度《ど》に由《よ》りて定《さだ》むべき者《もの》にして、国民《こくみん》の智徳《ちとく》彼《かれ》に比《ひ》して優等《いうとう》なるときは内地雑居《ないちざつきよ》は国利《こくり》となるべく、国民《こくみん》の智徳彼《ちとくかれ》より劣等《れつとう》なるときは内地雑居《ないちざつきよ》は国害《こくがい》となるべし、余《よ》は現今本邦国民《げんこんほんはうこくみん》の度《ど》を観《み》て未彼《いまだかれ》より優等《いうとう》なりと云ふこと能《あた》はざるを悲《かな》しむなり

○内地雑居《ないちざつきよ》に付《つ》き、積極《せききよく》の心得《こゝろえ》を言はんに、締盟諸国《ていめいしよこく》とは已《すで》に彼我対等《かれわれたいとう》の権利《けんり》(完全《くわんぜん》なる対等《たいとう》に非《あら》ざるも)を得《え》たるを以《もち》て、

㈠ 彼国民《かのこくみん》が我国《わがくに》に来住《らいぢゆう》し種々《しゆ〲》の生業《せいげふ》を営《いとな》むと同時《どうじ》に我国民《わがこくみん》も亦彼国《またかのくに》に赴《おもむ》き倫敦《ろんどん》なり巴黎《ぱり》なり伯林《べるりん》なりに住居《ぢゆうきよ》し、彼国民《かのこくみん》と競争《きやうそう》して農工商《のうこうしやう》を営《いとな》むべし

(二) 彼国《かのくに》の通貨《つうくわ》は利息《りそく》甚《はなは》だ低廉《ていれん》なるを以て巧《たく》みに之を使用《しよう》して我農工商《わがのうこうしやう》の資本《しほん》と為《な》すべし

此二事《このにじ》十分《じふぶん》に行《おこな》はるゝときは内地雑居《ないちざつきよ》は大《おほい》に我国民《わがこくみん》の利《り》にして、我実業家《わがじつげふか》が世界《せかい》に雄飛《いうひ》することを得《う》るは此機会《このきかい》に乗《じよう》ずるにあり、然《しか》れども余《よ》は此事《このこと》の空想《くうそう》に帰《き》せんことを恐《おそ》るゝなり

○内地雑居《ないちざつきよ》の後《のち》に至《いた》りて、消極積極《せうきよくせきゝよく》に関《くわん》せず猶国民《なほこくみん》の心得《こゝろえ》ざるべからざることあり

(一) 国際法《こくさいはふ》の大略《たいりやく》に通《つう》ずべし

国内《こくない》の交際《かうさい》は或《あるひ》は情誼《じやうぎ》に依《よ》りて行《おこな》ふことを得《う》べきも、外国人《ぐわいこくじん》との交際《かうさい》は法律《はふりつ》の外情誼《ほかじやうぎ》は決《けつ》して行《おこな》はるべき者《もの》に非《あら》ず、西国《せいこく》には国際法《こくさいはふ》(又万国公法《またばんこくこうはふ》と云《い》ふ)ありて国《くに》と国《くに》との理非曲直《りひきよくちよく》を判《はん》するの根拠《こんきよ》となる者《もの》なり、国際法《こくさいはふ》に公法《こんはふ》と私法《しはふ》との二種《にしゆ》あり、公法《こうはふ》は主《しゆ》として国《くに》と国《くに》とに関《くわん》することを論《ろん》じ、私法《しはふ》は主《しゆ》として国民《こくみん》と国民《こくみん》とに関《くわん》することを論《ろん》ずる者《もの》なり、今日国民《こんにちこくみん》が外国人《ぐわいこくじん》と交際《かうさい》せんとするには国際法《こくさいはふ》殊《こと》に其私法《そのしはふ》を知《し》らざるべからず、尤《もつと》も西人《せいじん》の所謂国際法《いはゆるこくさいはふ》は基督教《きりすとけう》を奉《ほう》ずる諸国《しよこく》の間《あひだ》にのみ行《おこな》ふべき者《もの》にして、其以外《そのいぐわい》の国《くに》に行《おこな》ふべき者《もの》に非《あら》ずと雖《いへど》も国《くに》と国《くに》との交際《かうさい》の法《はふ》は是《これ》に拠《よ》るの外他《ほかた》に方法《はうはふ》なきを以ちて姑《しばら》く之《これ》を以《も》ちて規矩《きく》と為《な》さゞるべからず、国際私法《こくさいしはふ》は其条目繁多《そのでうもくはんた》にして其全部《そのぜんぶ》に通《つう》ずることは法律家《はふりつか》に非《あら》ざれば能《あた》はざる所《ところ》なれども、其大要《そのたいやう》だけを知《し》るは敢《あへ》て難《かた》きことに非《あら》ざるべし

(二) 実業家《じつげふか》殊《こと》に商業家《しやうげふか》は宜《よろ》しく外国語《ぐわいこくご》に通《つう》ずべし

昔豊太閤《むかしほうたいかふ》が朝鮮征伐《てうせんせいばつ》の時《とき》、外人《ぐわいじん》をして我邦語《わがはうご》を用《もち》ゐしむべしと言《い》ひたるは、世人《せじん》の称道《しようだう》する所なれども、畢竟豪傑《ひつきようごうけつ》の大言《たいげん》にして、決《けつ》して事実《じじつ》に行《おこな》ふべからざるの語《ことば》なり、元来言語《ぐわんらいげんご》は交通《かうつう》を便利《べんり》にするの能力《のうりよく》なれば広《ひろ》く世界《せかい》の人《ひと》に交《かう》際《さい》せんとするには広《ひろ》く世界《せかい》に通用《つうよう》するの言語《げんご》を用《もち》ゐざるべからず、教育《けういく》の上《うへ》より言《い》へば、内地雑居《ないちざつきよ》の後《のち》は益々邦《ますますはう》[語《ご》]の研究《けんきう》を怠《おこた》るへからざることなれども、商業《しやうげふ》を以ちて外国人《ぐわいこくじん》に交《まじ》はらんとする者《もの》は、外国語《ぐわいこくご》、殊《こと》に英語《えいご》に通《つう》ずるを最《もつと》も便利《べんり》なりとす、其故《そのゆゑ》は英語《えいご》は其通用《そのつうよう》の区域尤《くゐきもつと》も広《ひろ》ければなり、又英語《またえいご》に通《つう》ずれば、自然《しぜん》に英国《えいこく》の学問《がくもん》にも通《つう》ずるの

途《みち》なれば其智識《そのちしき》を拡《ひろ》むるに於《おい》ても頗《すこぶ》る利益《りえき》あり、然《しか》れども外国《ぐわいこく》の学問《がくもん》に通《つう》ずれば動《やゝ》もすれば、其国《そのくに》の学問風俗《がくもんふうぞく》に溺《おぼ》れ、我本国《わがほんごく》を軽《かろ》んずるの弊《へい》を生《しやう》ずるの恐《おそれ》あり、是亦深《これまたふか》く戒《いまし》めざるべからざるなり

○此外猶雑居後《このほかなほざつきよご》の心得《こゝろえ》は訴訟《そしよう》の事《こと》なり、内外人相交際《ないぐわいじんあいかうさい》すること繁《しげ》きときは、外人《ぐわいじん》の我《われ》に対《たい》して不法《ふはふ》を為《な》す者多《ものおほ》く（本邦人《ほんはうじん》を軽蔑《けいべつ》するよりして）已《や》むことを得《え》ず訴訟《そしよう》を起《おこ》すことあるべし、外人《ぐわいじん》との訴訟《そしよう》は尤《もつと》も謹慎《きんしん》して之《これ》を行《おこな》はざるべからず、元来邦人《ぐわんらいはうじん》は法律《はうりつ》に通《つう》ずること概《おほむ》ね外国人《ぐわいこくじん》に及《およ》ばず、若一時《もしいちじ》の憤激《ふんげき》に乗《じよう》じて軽々《かろ〴〵》しく訴訟《そしよう》するときは、却《かへ》りて敗訴《はいそ》となりて益々屈辱《ます〳〵くつじよく》を受《う》くることあるべし、故《ゆゑ》に外人《ぐわいじん》を相手《あひて》に訴訟《そしよう》を起《おこ》さんと欲《ほつ》せば、先初《まづはじ》めに法律家《はふりつか》に問《と》ひて十分《じふぶん》に其勝訴《そのしようそ》たるべきを確定《くわくてい》し、然《しか》る後訴訟《のちそしよう》に及《およ》ぶべし、些細《ささい》の事《こと》に訴訟《そしよう》を起《おこ》して数、敗訴《しば〴〵はいそ》となるときは、漸々彼《ぜん〴〵かれ》の軽侮《けいぶ》を重《かさ》ねて益々我《ます〳〵われ》の不利益《ふりえき》となるなり、又雑居《またざつきよ》の後《のち》は耶蘇教《やそけう》の宣教師及《せんけうしおよ》び其信者等《そのしんじやら》も多数入込《たすういりこ》むべきことなれば従前《じゆうぜん》の神道仏道儒道《しんだうぶつだうじゆだう》を信《しん》ずる者或《ものあるひ》は之《これ》と争論詬罵《さうろんこうば》することなしと云《い》ふべからず、然《しか》れども此《かく》の如《ごと》きは国家《こくか》の為《ため》、一身《いつしん》の為《ため》にも甚《はなは》だ不利《ふり》なることなれば、決《けつ》して彼《かれ》を詬罵《こうば》すへからず、又彼《またかれ》に対《たい》して暴挙《ばうきよ》を為《な》すへからず、彼《かれ》は彼《かれ》の教《おしへ》を信《しん》じ我《われ》は我《われ》の教《をしへ》を信《しん》ず、我其教《われそのをしへ》を信《しん》ぜざれば可《か》なり、之《これ》を詬罵《こうば》し之《これ》に乱暴《らんぼう》を加《くは》ふるは我先《われま》づ道徳《だうとく》に背《そむ》くなり、文明国民《ぶんめいこくみん》の決《けつ》して行《おこな》ふへからざることなり、

〔明治三十一年十月三十日　日本弘道会四谷部会発行〕

儒門精言

儒門精言

西村茂樹輯

道体類

周濂渓曰、無極而太極、太極動而生レ陽、動極而静、静而生レ陰、静極復動、一動一静、互為二其根一、分レ陰分レ陽、両儀立焉、陽変陰合、而生二水火木金土一、五気順布、四時行焉、五行一陰陽也、陰陽一太極也、太極本無極也、五行之生也、各一二其性一、無極之真、二五之精、妙合而凝、乾道成レ男、坤道成レ女、二気交感、化二生万物一、万物生生、而変化無レ窮焉、惟人也、得二其秀一而最霊、形既生矣、神発知矣、五性感動、而善悪分、万事出矣、聖人定レ之以二中正仁義一、而主レ静、立二人極一焉、故聖人与二天地一合二其徳一、日月合二其明一、四時合二其序一、鬼神合二其吉凶一、君子修レ之吉、小人悖レ之凶、故曰立二天之道一、曰陰与レ陽、立二地之道一、曰柔与レ剛、立二人之道一、曰仁与レ義、又曰、原レ始反レ終、故知二死生之説一、大哉易也、斯其至矣、

程明道曰、蓋上天之載、無レ声無レ臭、其体則謂二之易一、其理則謂二之道一、其用則謂二之神一、其命二于人一則謂二之性一、

率レ性則謂二之道一、修レ道則謂二之教一、孟子去二其中一、又発二揮-出浩然之気一、可レ謂レ尽矣、故説下神如レ在二其上一、如レ在二其左右一、大小大事上、而只曰二誠之不レ可レ揜如レ此夫一、徹上徹下、不レ過レ如レ此、形而上為レ道、形而下為レ器、須レ著二如レ此説一、器亦道、道亦器、但得レ道在、不レ繋二今与レ後・己与一レ人、

程伊川曰、乾・天也、天者乾之形体、乾者天之性情、乾・健也、健而無レ息之謂レ乾、夫天専言レ之則道也、天且弗レ違、是也、分而言レ之、則以二形体一謂二之天一、以二主宰一謂二之帝一、以二功用一謂二之鬼神一、以二妙用一謂二之神一、以二性情一謂二之乾一、

又曰、動静無レ端、陰陽無レ始、非二知レ道者一、孰能識レ之、

又曰、離二陰陽一則無レ道、陰陽・気也、形而下也、道・太虚也、形而上也、

明道曰、論レ性不レ論レ気不レ備、論レ気不レ論レ性則不レ明、二レ之則不レ是、

又曰、中者天下之大本、天地之間、亭々当々、直上直下之正理、出則不レ是、惟敬而無レ失、最尽、

伊川曰、冲漠無朕、万象森然已具、未レ応不二是先一、已応不二是後一、

又曰、鬼神者、造化之迹也、

問、時中如何、伊川曰、中字最難レ識、須二是黙識心通一、且試言二一庁一、則中央為レ中、一家則庁中非レ中、而堂為レ中、言二一国一、則堂非レ中、而国之中為レ中、推二此類一可レ見矣、如下三過二其門一不レ上入、在二禹稷之世一為レ中、若居二陋巷一、則非レ中也、居二陋巷一、在二顔子之時一為レ中、若三過二其門一不レ入、則非レ中也、

張横渠作二訂頑一曰、乾称レ父、坤称レ母、予茲藐焉、乃混然中処、故天地之塞、吾其体、天地之帥、吾其性、民吾同胞、物吾与也、大君者吾父母宗子、其大臣・宗子之家相也、尊二高年一、所三以長二其長一、慈二孤弱一、所三以幼二其幼一、聖其合レ徳、賢其秀也、凡天下疲癃残疾惸獨鰥寡、皆吾兄弟之顛連而無レ告者也、于レ時保レ之、子之翼也、楽且不レ憂、

純二乎孝一者也、違曰レ悖レ徳、害レ仁曰レ賊、済レ悪者不才、其践レ形惟肖者也、知レ化則善述二其事一、窮レ神則善継二其志一、不レ愧二屋漏一、為レ無レ忝、存レ心養レ性、為レ匪レ懈、悪二旨酒一、崇伯子之顧レ養、育二英材一、頴封人之錫レ類、不レ弛レ労而底レ豫、舜其功也、無レ所レ逃而待レ烹、申生其恭也、体二其受一而帰レ全者参乎、勇二於従一而順レ令者、伯奇也、富貴福沢、将レ厚二吾之生一也、貧賤憂戚、庸玉二汝於成一也、存吾順事、没吾寧也、

又曰、鬼神者、二気之良能也、

朱元晦曰、天地之間、有レ理有レ気、理也者、形而上之道也、生レ物之本也、気也者、形而下之器也、生レ物之具也、是以人物之生、必稟二此理一、然後有レ性、必稟二此気一、然後有レ形、

又曰、人之所二以為一レ人、其理則天地之理、其気則天地之気、理無レ迹、不レ可レ見、故於レ気観レ之、

又曰、理気本無二先後之可一レ言、然必欲レ推三其所二従来一、則須レ説三先有二是理一、然理又非三別為二一物一、即存二乎是気之中一、無二是気一、則是理亦無二掛搭処一、気則為二金木水火一、理則為二仁義礼智一、

又曰、太極只是一箇理字、

又曰、万物四時五行、只是従二那太極中一来、太極只是一箇気、迤邐分做二両箇気一、裏面動底是陽、静底是陰、又分做二五気一、又散為二万物一、

真西山曰、万物各具二一理一、万事同出二一原一、所謂万物一原者太極也、太極者、乃万理統会之名、有レ理即有レ気、分而為レ二、則為二陰陽一、分而為レ五、則為二五行一、万物万事、皆原二於此一、人与レ物得レ之則為レ性、性者即太極也、仁義・即陰陽也、仁義礼智信・即五行也、万物各具二一理一、是物物一太極也、万理同出二一原一、是万物統体一太極也、太極非二有レ形有レ器之物一、只是理之至者、故曰二無極而太極一、

陳北渓曰、太極之所三以為二極至一者、言下此理至中至正、至精至粋、至神至妙、至矣尽矣、不レ可二以復加一矣上、

故強名曰レ極、

朱元晦曰、鬼神只是気、屈伸往来者気也、天地間莫レ非レ気、人之気与二天地之気一、常相接、無二間断一、人自不レ見、人心纔動、必達二於気一、便与二這屈伸往来者一相感通、如二卜筮之類一皆是、心自有二此物一、只説二爾心上事、纔動必応一也、

又曰、鬼神死生之理、定不レ如二世俗所一レ見、然又有下其事昭昭、不レ可二以レ理推一者上、此等所且莫レ要二理会一、

又曰、自二天地一言レ之、只是一箇気、自二一身一言レ之、我之気、即祖先之気、亦只是一箇気、所一レ以纔感必応一、

又曰、理者天之体、命者理之用、性是人之所レ受、情是性之用、

伊川曰、称二性之善一謂二之道一、道与レ性一也、以二性之善如一レ此、故謂二之性善一、性之本謂二之命一、性之自然者謂二之天一、自二性之有レ形者一謂二之心一、自二性之有レ動者一謂二之情一、凡此数者皆一也、聖人因レ事以制レ名、故不レ同若レ此、而後之学者、随文析レ義、求二奇異之説一、而去二聖人之意一遠矣、

又曰、在レ天曰レ命、在レ人曰レ性、貴賤寿夭・命也、仁義礼智・亦命也、

横渠曰、富貴貧賤者、皆命也、今有レ人、均為二勤苦一、有二富貴者一、有二終レ身窮餓者一、其富貴者、即是幸会也、求而有レ不レ得、則是求無レ益二於得一也、道義則不レ可レ言レ命、是求二在レ我者一也、人一己百、人十己千、如レ此不レ至者、猶難レ罪レ性、語レ気可也、同行報異、猶難レ語レ命、語レ遇可也、気与レ遇、性与レ命、切近矣、猶未レ易レ言也、

朱元晦曰、性者万物之原、而気稟則有二清濁一、是以有二聖愚之異一、命者万物之所二同受一、而陰陽交運、参差不レ斉、是以五福六極、値遇不レ一、

問、先生説三命有二両種一、一種是貧富貴賤死生寿夭、一種是清濁偏正智愚賢不肖、一種属レ気、一種属レ理、以レ某観レ之、両種皆似レ属レ気、蓋智愚賢不肖清濁偏正、亦気之為也、元晦曰、固然、性則命之理而已、

伊川曰、道未㆔始有㆓天人之別㆒、但在㆑天則為㆓天道㆒、在㆑地則為㆓地道㆒、在㆑人則為㆓人道㆒、

又曰、天之自然、謂㆓之天道㆒、

又曰、道之外無㆑物、物之外無㆑道、是天地之間、無㆓適而非㆒㆑道也、一為㆓明道言㆒

横渠曰、天地之道、無㆑非㆘以㆓至虚㆒為㆖㆑実、人須㆘於㆓虚中㆒求㆗出実㆖、聖人虚之至、故択㆑善自精、心之不㆑能㆑虚、由㆓有㆑物榛礙㆒、金鉄有㆑時而腐、山岳有㆑時而摧、凡有㆑形之物則易㆑壊、惟太虚処無㆓動揺㆒、故為㆓至実㆒、

胡五峯曰、道不㆑能㆓無㆑物而独道㆒、物不㆑能㆓無㆑道而自物㆒、

晦庵曰、這道体浩浩無㆑窮、

又曰、聖人之道、有㆓高遠処㆒、有㆓平実処㆒、

又曰、合㆓内外㆒、平㆓物我㆒、此見㆑道之大端、蓋道只是致一公平之理而已、

又曰、道之常存、初非㆔人所㆓能預㆒、只是此箇、自是亘古亘今、常在不㆑滅之物、雖㆑被㆓人作壊㆒、終殄ヿ滅他㆓不㆑得、

又曰、道通㆓天下㆒、只是一箇天機活物、流行発用、無㆓間容㆒㆑息、挹㆓其已発者㆒而指㆓其未発者㆒、則已発者人心、而凡未発者、皆其性也、亦無㆓一物而不㆒㆑備矣、夫豈別有㆘一物拘㆓於一時㆒限㆓於一処㆒而名㆖㆑之哉、即夫日用之間、渾然全体、如㆓川流之不㆑息、天運之不㆒㆑窮耳、此所㆘以体用精粗、動静本末、無㆓一毫之間㆒、而鳶飛魚躍、触処朗然㆖也、存者存㆑此而已、養者養㆑此而已、

又曰、道即理也、以㆔人所㆓共由㆒而言、則謂㆓之道㆒、以㆔其各有㆓条理㆒而言、則謂㆓之理㆒、其目則不㆑出㆓乎君臣父子兄弟夫婦朋友之間㆒、而其実無㆓二物㆒也、

陸象山曰、此道充㆓塞宇宙㆒、天地順㆑此而動、故日月不㆑過、而四時不㆑忒、聖人順㆑此而動、故刑罰清而民服、古人所ヿ以造次必於㆑是、顛沛必於㆒㆑是也、

伊川曰、万物各具二一理一、而万理同出二一原一、所二以可レ推而無㆑不レ通也、凡一物之理即万物之理、

又曰、物物皆有レ理、如下火之所二以熱一、水之所中以寒上、至二於君子父子間一、皆是理、

或問二太虚一、曰亦無二太虚一、遂指レ虚曰、皆是理、安得レ謂二之虚一、天下無下実二於理一者上、

又曰、天理自然之理也、

又曰、莫二之為一而為、莫二之致一而致、便是天理、

問、万理粲然、還同不レ同、晦庵曰、理只是這一箇、道理則同、其分不レ同、君臣有二君臣之理一、父子有二父子之理一、

問、性即理、如何、曰、物物皆有レ性、便皆有二其理一、曰枯槁之物、亦有レ理乎、曰、不レ論二枯槁一、他本来都有二道理一、因指二案上花瓶一、便有二花瓶道理一、書灯便有二書灯道理一、水之潤下、火之炎上、金之従革、木之曲直、土之稼穡、一一都有レ性、都有レ理、人若用レ之、又着下順二他理一始得上、若把レ金来削做レ木用、把レ木来鎔做レ金用、便無二此理一、

又曰、天下之理、至虚之中、有二至実者一存、至無之中、有二至有者一存、夫理者寓二於至有之中一、而不レ可二以目撃而指数一也、然而挙二天下之事一、莫レ不レ有レ理、

或問、心也、性也、天也、一理也、何如、許魯斎曰、便是一以貫レ之、又問、理出二於天一、天出二於理一、曰、天即理也、有則一時有、本無二先後一、

伊川曰、徳者得也、須三是実到二這裏一始得、

又曰、存二諸中一為レ徳、発二於外一為レ行、徳之成、其可レ見者行也、

晦庵曰、存二之於中一謂レ理、得二之於心一謂レ徳、発二見於行事一為二百行一、

陳北渓曰、道与レ徳不二是判然二物一、道是公共的、徳是実得二於身一為二我所㆑有的、

或問、性中具二仁義礼智一、道徳如何、陳潜室曰、行二是四者一、即為レ道、得二是四者一、即為レ徳、

伊川曰、天地之大徳曰レ生、天地絪縕、万物化醇、生之謂レ性、万物之生意最可レ観、此元者善之長也、斯所レ謂仁也、

又曰、非レ仁則無三以見二天地一、

晦庵曰、天地以レ生レ物為レ心者也、而人物之生、又各得二夫天地之心一以為レ心者也、故語二心之徳一、雖下其総摂貫通、無上所レ不レ備、然一言以蔽レ之、則曰仁而已矣、

又曰、仁是根、愛是苗、不レ可二便喚レ苗做一レ根、然而這箇苗、却定是従二那根上一来、

或問レ仁、伊川曰、此在二諸公自思一レ之、将二聖賢所レ言レ仁処一、類聚観レ之、体認出来、孟子曰、惻隠之心仁也、後人遂以レ愛為レ仁、愛自是情、仁自是性、豈可二専以レ愛為一レ仁、孟子言、惻隠之心、仁之端也、既曰二仁之端一則不レ可三便謂二之仁一、退之言、博愛之謂レ仁、非也、仁者固博愛、然便以二博愛一為レ仁則不可、

問、仁義体用動静何如、晦庵曰、仁固為レ体、義固為レ用、然仁義各有二体用一、各有二動静一、

問、仁義礼智、立レ名還有二意義一否、曰、説レ仁便有二慈愛底意思一、説レ義便有二剛果底意思一、声音気象、自然如レ此、

黄直卿云、六経中専言レ仁者包二四端一也、言二仁義一而不レ言二礼智一者、仁包レ礼、義包レ智、

又曰、仁只是一箇渾然天理、義字如二一横剣一利刃一相似、凡事物到レ前便両分去、胸中許多労労擾擾、到レ此一斉割断了、君子義以為レ質、義以為レ上、義不レ食也、義弗レ乗也、精レ義入レ神、以到レ用也、此是義十分精熟、用便見也、礼者節文也、智主二含蔵分別一、有二知覚一、無二運用一、信是義理之全体、本質不レ可二得而分析一者、故明道言、四端不レ言レ信、

伊川曰、無妄之謂レ誠、不レ欺其次也、

又曰、動以レ天為二無妄一、動以二人欲一則妄矣、無妄者至誠也、天之道也、

又曰、信不レ足二以尽一レ誠、猶二愛不レ足二以尽一レ仁、

横渠曰、誠者、虚中求二出実一、

晦庵曰、誠者実二有此理一、

問、誠与レ信如何分、曰、誠是箇自然之実、信是箇人為之実、中庸説誠者天之道也、便是誠、若二誠レ之者人之道也一、便是信、

又曰、誠者実有之理、自然如レ此、忠信以レ人言レ之、須二是人体出来一方見得、

陸象山曰、道外無レ事、事外無レ道、

又曰、道理只是眼前道理、雖レ見二到聖人田地一、亦只是眼前道理、

又曰、天理人欲之言、亦自不二是至論一、若是天是理・人是欲、則是天人不レ同矣、此其原蓋出二於老氏一、

又曰、此道与下溺二於利欲一之人上言、猶易、与下溺二於意見一之人上言、却難、

又曰、宇宙不三曾限二隔人一、人自限二隔宇宙一、

又曰、人共生二乎天地之間一、無レ非二同気一、扶二其善一而沮二其悪一、義所レ当レ然、安得レ有二彼我之意一、又安得レ有二自為之意一、

又曰、千古聖賢、若同レ堂合レ席、必無二尽合之理一、然此心此理、万世一揆也、

又曰、此理塞二宇宙一、誰能逃レ之、順レ之則吉、違レ之則凶、其蒙蔽則為二昏愚一、通徹則為二明知一、昏愚者不レ見二是理一、故多逆以致レ凶、明知者見二是理一、故能順以致レ吉、

又曰、道在二天下一、加レ之不可、損レ之不可、取レ之不可、舎レ之不可、要二人自理会一、

明道曰、只是一箇誠、天地万物鬼神本無レ二、

陸象山曰、道大人自小レ之、道公人自私レ之、道広人自狭レ之、

又曰、古者勢与レ道合、後世勢与レ道離、何謂二勢与レ道合一、蓋徳之宜レ為二諸侯一者、為二諸侯一、宜レ為大夫一者、為二大夫一、宜レ為レ士者、為レ士、此之謂二勢与レ道合一、後世反レ此、賢者居レ下、不肖者居レ上、夫是之謂二勢与レ道離一、勢与レ道合則是治世、勢与レ道離則是乱世、

又曰、道譬如レ水、人之於レ道、譬則蹄涔汚沱百川江海也、海至大矣、而四海之広狭深浅、不二必斉一也、至二其為レ水、則蹄涔亦水也、

薛敬軒曰、天地間只有二理気一而已、其可レ見者気也、其不レ可レ見者理也、故曰君子之道、費而隠、

又曰、教本二於道一、道本二於性一、性本二於命一、命者天道之流行、而賦二於物一者也、故曰道之大原、出二於天一、

又曰、大而六合、小而一塵、気無レ不レ貫、而理無レ不レ具、故曰、君子語レ大、天下莫二能載一焉、語レ小、天下莫二能破一焉、

又曰、遠遊篇曰、道可レ受兮而不レ可レ伝、其小無レ内兮、其大無レ垠、形二容道体一之言也、

又曰、人心一息之頃、不レ在二天理一、便在二人欲一、未レ有下不レ在二天理人欲一而中立者上也、

又曰、道本無レ名、姑以二万物万事必由レ是以行一、故強名レ之曰レ道耳、

又曰、理一乃所三以包二乎分殊一、分殊即所三以行二夫理一一、分殊固在二乎理一之中一、而理一又豈離二分殊之外一哉、

又曰、人性分而言レ之有レ五、合而言レ之則一、一不レ可レ見、而五則因発見者、可二黙識一耳、

又曰、生レ天、生レ地、神レ鬼、神レ帝、太極也、

又曰、曰レ命、曰レ性、曰レ誠、曰レ道、曰レ理、曰二太極一、一也、

又曰、暑不レ生二於暑一、而生二於寒一、寒不レ生二於寒一、而生二於暑一、動不レ生二於動一、而生二於静一、静不レ生二於

静一、而生二於動一、治不レ生二於治一、而生二於乱一、乱不レ生二於乱一、而生二於治一、盛衰相根之理微矣、

又曰、理気本不レ可レ分二先後一、但語二其微顕一、則若三理在二気先一、其実有則倶有、不レ可下以二先後一論上也、

又曰、己与二人物一、本同一理一気、而或不レ能レ公二好悪於天下一者、蔽三於有二己之私一也、

又曰、無二限量一、無二欠缺一、無二間断一、此果何物邪、推而上レ之、莫レ究二其始一、引而下レ之、不レ見二其終一、測レ之而無レ窮、資レ之而不レ竭、離レ之而不レ開、断レ之而不レ絶、此果何物邪、意不二得而名一也、

又曰、万物一年生一番、是得二一年之気一、万物雖二銷落泯滅無一レ余、而気之滾滾日新者、自無二窮已一、而所ヨ以無二窮已一者、豈非三太極為二之体一与、

又曰、孰為レ始乎、気之息其始乎、始之前為レ終、終之前復為レ始、殆不レ可レ知二其孰為レ終・孰為一レ始、蓋必有三能始能終者居二其間一、而卒莫二之始終一也、

又曰、気有レ形、理無レ迹、気載レ理、理乗レ気、二者渾渾乎無二毫忽之間一也、

又曰、謂レ有乎、則視レ之無レ形也、謂レ無乎、則其来有レ本也、有レ本而無レ形、則有而無矣、無レ形而有レ本、則無而有矣、有而無、無而有、非下真知三有無為二一体一者上、不レ足二以語一レ之、

王陽明曰、区区所レ論致知二字、乃是孔門正法眼蔵、於レ此見得真的、直是建二諸天地一而不レ悖、質二諸鬼神一而無レ疑、考二諸三王一而不レ謬、百世以俟二聖人一而不レ惑、知レ此者方謂二之知一レ道、得レ此者方謂二之有徳一、異レ此而学、即謂二之異端一、離レ此而説、即謂二之邪説一、迷レ此而行、即謂二之冥行一、雖三千魔万怪、眩コ瞀-変-幻於前一、自当二触レ之而砕、迎レ之而解一、如二太陽一出、而鬼魅魍魎、自無一レ所レ逃二其形一矣、

問、道之精麤、王陽明曰、道無二精麤一、人之所レ見有二精麤一、

又曰、万象森然時、亦冲漠無朕、冲漠無朕、即万象森然、冲漠無朕者一之父、万象森然者精之母、一中有レ精、精

中有レ一、

為学類

程明道曰、君子之学、莫レ若二廓然而大公、物来而順応一、

又曰、須下是大二其心一使中開闊上、譬如レ為二九層之台一、須二大做一レ脚方得、

又曰、論レ学便要レ明レ理、論レ治便須レ識レ体、

又曰、不レ学、便老而衰、

又曰、大抵学不レ言而自得者、乃自得也、有二安排布置一者、皆非二自得一也、

又曰、董仲舒謂、正二其義一、不レ謀二其利一、明二其道一、不レ計二其功一、孫思邈曰、胆欲レ大、而心欲レ小、智欲レ円、而行欲レ方、可二以為一レ法矣、

程伊川曰、学之道、必先明二諸心一、知レ所レ養、然後力行、以求レ至、所レ謂自レ明而誠也、誠レ之之道、在二乎信レ道篤一、信レ道篤、則行レ之果、行レ之果、則守レ之固、仁義忠信、不レ離二乎心一、造次必於レ是、顚沛必於レ是、出処語黙、必於レ是、久而弗レ失、則居レ之安、動容周旋中レ礼、而邪僻之心無二自生一矣、

又曰、経・所二以載一レ道也、誦二其言辞一、解二其訓詁一、而不レ及レ道、乃無用之糟粕耳、

又曰、志レ道懇切、固是誠意、若迫切不レ中レ理、則反為レ不レ誠、蓋実理中自有二緩急一、不レ容二如レ是之迫一、観二天地之化一、乃可レ知、

又曰、学莫レ貴二於自得一、得・非レ外也、故曰二自得一、学而不二自得一、則至レ老而益衰、

又曰、自得者、所レ守不変、自信者所レ守不レ疑、

又曰、古之学者、優柔厭飫、有二先後次序一、今之学者、却只做二一場話説一、務レ高而已、

又曰、多二聞識一者、猶三広儲二薬物一也、知レ所レ用為レ貴、

又曰、今之学者、如レ登二山麓一、方二其迤邐一、莫レ不二闊歩一、及レ到二峻処一、便逡巡、須三是要二剛決果敢以進一、

又曰、君子之学、必日新、日新者日進也、不二日新一者必日退、未レ有二不レ進而不レ退者一、惟聖人之道無レ所二進退一、以二其所レ造者極一也、

又曰、百工治レ器、必貴二於有一レ用、器而不レ可レ用、工不レ為也、学而無レ所レ用、学将二何為一也、

又曰、学不レ貴レ博、貴二於正一而已、正則博、言不レ貴レ文、貴二於当一而已、当則文、

又曰、莫レ説下道将二第一等一、譲コ与別人一、且做中第二等上、才如レ此説、便是自棄、雖乙与下不レ能二居レ仁由一レ義者上、差等不甲レ同、其自小一也、言レ学便以レ道為レ志、言レ人便以レ聖為レ志、

又曰、学者須二是務一レ実、不レ要レ近レ名、方是、有レ意レ近レ名、則是偽也、大本既失、更学二何事一、為レ名与レ為レ利、清濁雖レ不レ同、然其利心則一也、

又曰、仁者先レ難後レ獲、有レ為而作、皆先レ獲也、古人惟知レ為レ仁而已、今人皆先レ獲也、

有レ人説二無心一、伊川曰、無心便不レ是、只当レ云レ無二私心一、

張横渠曰、為二天地一立レ心、為二生民一立レ道、為二去聖一継二絶学一、為二万世一開二太平一、

又曰、不レ知レ疑者只是不二便実作一、既実作則須レ有レ疑、必有二不レ行処一、是疑也、

又曰、心大則百物皆通、心小則百物皆病、

又曰、既学而先有下以二功業一為レ意者上、於レ学便相害、既有レ意、必穿鑿創レ意、作コ起事端一也、徳未レ成而以二功

業一為レ事、是代二大匠一斲、希レ不レ傷レ手也、

又曰、為レ学大益、在三自能変コ化気質一、不レ爾卒無レ所二発明一、不レ得レ見二聖人之奥一、故学者先須レ変コ化気質一、

司馬君実曰、学者所コ以求レ治レ心也、学雖レ多、而心不レ治、安以レ学為、

問蘧伯玉五十而知二四十九年非一、信乎、君実曰、何啻其然也、古之君子好レ学者、有下垂レ死而知二其未レ死之前所レ為非一者上、況五十乎、夫道如レ山也、愈升而愈高、如レ路也、愈行而愈遠、学者亦尽二其力一而止耳、自レ非二聖人一、有三能窮二其高遠一哉、

朱晦庵曰、聖門日用工夫、甚覚二浅近一、然推二之理一、無レ有レ不レ包、無レ有レ不レ貫、及二其元広一、可下与二天地一同中其広大上、故為レ聖為レ賢、位二天地一育二万物一、只此一理而已、

又曰、為レ学、須下先立コ得箇大腔一当了、却旋去二裏面一、修コ治壁落一、教中綿密上、今人多是未三曾知コ得箇大規模一、先去修コ治二一間半房一、所コ以不レ済レ事、

伊川曰、学者不レ泥二文義一者、又全背却遠去、理コ会文義一者、滞泥不レ通、若レ此之学、徒費二心力一、

又曰、如レ読二論語一、旧時未レ読、是這箇人、及二読了一、後来又只是這箇人、便是不二曾読一、

又曰、学者先須レ読二論孟一、窮コ得語孟一、自有二要約処一、以レ此観二他経一、甚省レ力、論孟如二丈尺権衡一相似、以レ此去レ量コ度事物一、自然見コ得長短軽重一、

問、且将二語孟緊要処一看如何、伊川曰、固是好、然若有レ得、終不二浹洽一、蓋吾道非レ如下釈氏一見了、便従二空寂一去上、

游定夫問、陰陽不レ測之謂レ神、伊川曰、賢是疑了問、是揀難底問、

又曰、五経之有二春秋一、猶三法律之有二断例一也、律令唯言二其法一、至二於断例一、則始見二其法之用一也、

又曰、凡読レ史、不三徒要二事迹一、須レ要レ識二其治乱安危興廃存亡之理一、且如レ読二高帝紀一、便須レ識ヨ得漢家四百年終始治乱、当二如何一、是亦学也、

晦庵曰、為レ学、極要レ求下把二箇処一著上レ力、到下工夫要二断絶一処上、又更増二工夫一著レ力、不二放令倒一、方是向進処、為レ学正如レ撑二上レ水船一、方二平穏処一、儘行不レ妨、及レ到二灘脊急流之中一、舟人来二這上一、一篙不レ可二放緩一、直須二著レ力撑上一、不レ得二一歩不一レ緊、放コ退一歩一、則此船不レ得レ上矣、

又曰、人気須二是剛一、方作コ得事一、如下天地之気剛、故不レ論二甚物事一、皆透過上、人気之剛、其本相亦如レ此、若只遇コ著一重薄物事一、便退転去、如何作コ得事一、

又曰、入レ道之門、是将二自家身一己入二那道理中一去、漸漸相親、久レ之与レ己為レ一、而今人道理在二這裏一、自家身在レ外、而全不二曾相干渉一、

又曰、今之学者、多好説得高、不レ喜レ平、殊不レ知二這箇只是合当レ做底事一、

又曰、譬如レ登レ山、人多要レ至二高処一、不レ知自二低処一不二理会一、終無下至二高処一之理上、

又曰、未レ有二耳目狭而心広者一、其説甚好、

又曰、学問須二厳密理会、銖分毫析一、又曰、愈細密、愈広大、愈謹確、愈高明、

又曰、学者須三養教二気宇開闊弘毅一、

又曰、虚心順レ理、学者当レ守二此四字一、

又曰、今学者之於二大道一、其未レ及者、雖レ有二遅鈍一、却須三終有二到時一、唯過レ之者便不二肯復回来一耳、

又曰、世間万事、須臾変滅、皆不レ足レ置二胸中一、惟有三窮レ理修レ身為二究竟法耳一、

又曰、聖人千言万語、只是要レ教二人做一レ人、

又曰、為レ学之実、固在二践履一、苟徒知而不レ行、誠与レ不レ学無レ異、然欲レ行而未レ明二於理一、則所二践履一者、又未レ知二其果何事一也、故大学之道、雖下以二誠意正心一為上レ本、而必以二格物致知一為レ先、

又曰、学必貴二於知一レ道、而道非二一聞可レ悟・一超可一レ入也、循二下学之則一、加二窮理之功一、由レ浅而深、由レ近而遠、則庶二乎其可一矣、

又曰、人無二英気一、固安二於卑陋一、而不レ足二以語一レ上、其或有レ之、而無二以制一レ之、則又反為レ所レ使、而不三肯遜二志於学一、此学者之通患也、

又曰、窮理涵養、要当二並進一、蓋非二稍有一レ所レ知、無三以致二涵養之功一、非二深有一レ所レ存、無三以尽二義理之奥一、正当三交相為レ用、而各致二其功一耳、

又曰、大抵思二索義理一、到二紛乱窒塞処一、須下是一切掃去、放教二胸中空蕩蕩地了一、却挙起一看上、便自覚二得有二下落処一、此説向見二李先生曾説来一、今日方真実験得如レ此、非二虚語一也、

又曰、平日工夫須三是做二到極時一、四辺皆黒、無二路可一レ入、方是有二長進処一、大疑則可二大進一、若自覚レ有二此長進一、便道二我已到了一、是未レ足三以為二大進一也、

陸象山曰、学者且当二大綱思省一、平時雖三号為二士人一、雖レ読二聖賢書一、其実何曾篤二志於聖賢事業一、往往従レ俗浮沈、与レ時俯仰、徇レ情縦レ欲、汨没而不レ能二以自振一、日月逾邁、而有下泯然与二草木一倶腐之恥上、即此能有二愧懼一、大決二其志一、乃求二涵養磨励之方一、若有二事役一、未レ得レ読レ書、未レ得レ親レ師、亦可二随処自家用一レ力検点一、見レ善則遷、有レ過則改、所レ謂心誠求レ之、不レ中不レ遠、若事役有レ暇、便可レ親二書冊一、無二不レ有レ益者一、

陳北渓曰、道之浩浩、何処下レ手、聖門用レ工節目、其大要亦不レ過レ曰二致知力行一而已、致者推レ之而至二其極一之謂、致二其知一者、所下以明二万理於心一、而使中之無上レ所レ疑也、力者勉焉而不二敢怠一之謂、力二其行一者、所下以復二万

善於己一、而使中之無上不レ備也、

真西山曰、学問之道有レ三、曰省察也克治也存養也、是三者不レ容二以一闕一也、夫学者之治レ心、猶二其治一レ疾然、省察焉者、視レ脈而知レ疾也、克治焉者、用レ薬以去レ疾也、而存養者、則又調虞愛護、以杜二未レ形之疾一者也、

陸象山曰、学者大病、在二於私心自用一、私心自用、則不レ能レ克レ己、不レ能レ聴レ言、雖レ使下羲黄唐虞以来群聖人之言、畢聞二於耳一、畢熟二於口一、畢記中於心上、祗益二其私一、増二其病一耳、為レ過益大、去レ道愈遠、非レ無レ益而又害レ之、

朱晦庵曰、学問亦無二箇一超直入之理一、直是銖積寸累作将去、某是如レ此喫二辛苦一、従レ漸作来、若要レ得レ知、亦須下是喫二辛苦一了作上、不下是可中以二坐談僥倖一而得上、

陸象山曰、夫子以レ仁発二明斯道一、其言渾無二罅縫一、孟子十字打開、更無二隠遁一、蓋時不レ同也、

又曰、此道非二争競務レ進者能知一、惟静退者可レ入、

又曰、千虚不レ博二一実一、吾平生学問無レ他、只是一実、

又曰、六経註レ我、我註二六経一、

又曰、秦不三曾壊二了道脈一、至レ漢而大壊、蓋秦之失甚明、至レ漢則迹似情非、故正理愈壊、

又曰、学者不レ可二用レ心太緊一、深山有レ宝、無レ心二於宝一者得レ之、

又曰、夫人幼而学レ之、壮而欲レ行レ之、今之論レ学者、所レ用非レ所レ学、所レ学非レ所レ用、

又曰、読レ書固不レ可レ不レ暁二文義一、然只以レ暁二文義一為レ是、只是児童之学、須看二意思所一レ在、

又曰、学者不二長進一、只是好二己勝一、出二一言一、作二一事一、便道二全是一、豈有二此理一、古人惟貴二知レ過則改、見レ善則遷一、今各自執二己是一、被二人点破一便愕然、所以不レ如二古人一、

周濂渓曰、君子以二道充一為レ貴、身安為レ富、故常泰無レ不レ足、而銖二視軒冕一、塵二視金玉一、其重無レ加焉爾、

陸象山曰、此是大丈夫事、幺麼小家相者、不レ足二以承当一、
又曰、一実了、万虚皆砕、
又曰、大世界不レ享、却要レ占二領小蹊小径子一、大人不レ作、却要レ為二小児態一、可レ惜、
又曰、学者大率有二四様一、一雖レ知二学路一、而恣レ情縦レ慾、不二肯為一、一畏二其事大且難一而不レ為、一求而不レ得二其路一、一未レ知レ路而自謂二能知一、
又曰、学者須下是打二畳田地一浄潔上、然後令二他奮発植立一、若田地不二浄潔一、則奮発植立不レ得、
又曰、道塞二天地一、人以自私レ之、身与レ道不二相入一、人能退歩自省、自然相入、
又曰、人生二天地間一為レ人、自当レ尽二人道一、学者所二以為一レ学、学レ為レ人而已、非レ有レ為也、
又曰、学問須下論二是非一、不上レ論二効験一、如下告子先二孟子一不上レ動レ心、其効先二於孟子一、然畢竟告子不レ是、
朱晦庵曰、無レ事静坐、有レ事応酬、随時随処、無レ非二自己身心運用一、但常自提撕、不二与倶往一、便是工夫、事物之来、豈以二漠然不一レ応為レ是耶、
又曰、為レ学正如レ撑二上レ水船一、一篙不レ可二放緩一、
呉草廬曰、格物者覚夢之関、誠意者人獣之関、実悟為レ格、実践為レ誠、物既格者、醒レ夢為レ覚、否則雖レ当二覚時一亦夢也、意既誠者、転レ獣為レ人、否則列二人群一亦獣也、
胡敬斎曰、窮レ理非二一端一、所レ得非二一処一、或在二読書上一得レ之、或在二講論上一得レ之、或在二思慮上一得レ之、或在二行事上一得之、読書得レ之雖レ多、講論得レ之尤速、思慮得レ之最深、行事得レ之最実、
又曰、学者第一怕二見得不一レ真、第二怕二工夫間断一、若志在レ務レ名、所レ学雖レ博、与二自己性分一、全無二干渉一、済二得甚事一、今人有二聡明一、都不レ会レ用、只去二雑駁上一学、或記二誦辞章一、或渉二猟史伝一、或泛観二諸子百家一、用レ心

一差、其聡明反為二心害一、高者入二於空虚一、卑者流二於功利一、

薛敬軒曰、見得理明、須二一一践履過一、則其事与レ理相安、皆有二著落処一、若見レ理雖レ明、而不二一一践履過一、則理与レ事不二相資一、終無下可二依拠一之地上、會点所三以流二於狂一也、

又曰、学力未レ能レ勝二旧習一、正如二薬力未一レ能レ除二旧病一、頃刻学力未レ到、則旧習仍在、一日不レ服レ薬、則旧病復作、学力勝則無二此病一矣、

呉康斎曰、大抵学者践履工夫、従二至難至危処一試験過、方始無二往不一レ利、若舎二至難至危一、其他践履不レ足レ道也、

陳白沙曰、人要レ学二聖賢一、若只是希慕之心、却恐末梢未レ易二輳泊一、卒至二廃弛一、若不レ希コ慕聖賢一、我還肯如レ此学否耶、思量到レ此、見コ得不レ容レ己処一、雖レ使四古無三聖賢為二之依帰一、我亦住不レ得、如レ此乃自得之学也、

薛敬軒曰、経書・形而下之器也、其理・形而上之道也、滞二於言詞之間一、而不レ会二於言詞之表一者、章句之徒也、

又曰、読書当下出二己之口一、入中己之耳上、

又曰、謹言乃為レ学第一工夫、言不レ謹、而能存レ心者鮮矣、

又曰、有二人為レ学者一、徒曰二講レ道学一レ道、不レ知レ所ヨ以体コ認之一、則所レ講所レ学者、実未レ知レ為二何物一也、

王陽明曰、吾人為レ学、当下従二心髄入レ微処一用上レ力、自然篤実光輝、雖二私欲之萌一、真是洪濾点雪、天下之大本立矣、若就二標末一、粧綴比擬、凡平日所レ謂学問思弁者、適足三以為二長レ傲遂一レ非之資一、自以為レ進二於高明光大一、而不レ知レ陥二於狠戻険嫉一、亦誠可レ哀也已、

又曰、学問之道無レ他、求二其放心一而已、蓋一言而足、至二其功夫節目一、則愈講而愈無レ窮者、孔子猶曰、学之不レ講、是吾憂也、

又曰、使三在レ我果無二功利之心一、雖二銭糧兵甲・搬柴運水一、何往而非二実学一、何事而非二天理一、況子史詩文之類乎、

使三在レ我尚存二功利之心一、則雖三日談二道徳仁義一、亦只是功利之事、況子史詩文之類乎、一切屏絶之説、是猶泥二於旧習一、平日用レ功、未レ有二得レ力処一、故云爾、

又曰、只存二得此心一常見在、便是学、過去未来事、思レ之何益、徒放レ心耳、

王少湖曰、学者須乙於下人情所二甚難一処上打得過甲、方是学問、若平日雖二説得一、至レ臨レ時、却打不レ過、則亦無レ貴二乎学問一矣、

薛敬軒曰、張子曰、当レ知三天下国家無二皆非之理一、蓋人能仁、必実仁、自足二以得一レ親、義必実義、自足二以得一レ君、礼必実礼、自足二以事一レ長、知必実知、自足二以治一レ人、信必実信、自足二以得一レ友、如レ是而不レ得者命也、亦何責レ人之有、若在レ己者、皆不レ能レ尽、一有レ不レ得、即懐二責レ人之心一、是豈君子之道哉、故学至二於不一レ責レ人、則其道進矣、

王陽明曰、君子之学、務求レ在レ己而已、毀誉栄辱之来、非四独不三以動二其心一、且資レ之以為二切磋砥砺之地一、故君子無二入而不一レ得正、以三其無二入而非一レ学也、

又曰、勿三以レ無レ過為二聖賢之高一、而以レ改レ過為二聖賢之学一、勿下以二其所レ有未レ至者一為中聖賢之諱上、而以下其常懐二不満一者上為二聖賢之心一、

或問、上智与二下愚一、如何不レ移、曰、不二是不一レ可レ移、只是不レ肯レ移、

鄒東廓曰、気質用レ事、雖レ美必有レ偏、得レ力処与二受レ病処一便不二相離一、故謹朴者多不二振抜一、而爽敏者多不二鎮定一、須下是自易二其偏一、自至中其中上、方是礼楽成レ人之学、

敖英曰、或問レ鈍、予曰、有二天之鈍一、有二人之鈍一、心求レ通而未レ得、口欲レ言而未レ能、鈍之命二於天一者也、大弁若レ訥、大巧若レ拙、鈍之習二於人一者也、君子之処レ世也、敏二於天一者必求レ鈍レ之、君子之為レ学也、鈍二於天一者必求レ敏レ之、敏二其鈍一者困レ心衡レ慮、不二冥頑一也、純二其敏一者、蔵レ鋒剣レ鍔、不二揮霍一也、不二冥頑一者不二自棄一也、

不二揮霍一者不二自傷一也、

鄒南皐曰、吾道於二忙処辱処一難レ処、能鎮静寛裕、此即入レ道之門、

呂叔簡曰、聖人所ヨ以異二於人一者、非レ謂二其無レ所レ不レ知、無ヒ所レ不レ能也、謂二其不レ知而能問・不レ能而能学一也、若恥二不レ知不ヒ能、而掩護自欺、強弁以求レ勝、欲レ掠下無レ不二知能一之名上、而自棄二于不知不能之実一、豈欲レ求レ勝二聖人一也歟、噫、聖人不レ恥二不レ知不ヒ能、此所ヨ以無レ不レ知無ヒ不レ能也、

又曰、事事有二実際一、言言有二妙境一、物物有二至理一、人人有二処法一、所レ貴二乎学一者学レ此而已、無二地而不ヒ学、無二時而不ヒ学、無二念而不ヒ学、不レ会二其全一、不レ詣二其極一不レ止、此之謂二学者一、今之学者、果如レ是乎、留二心於浩瀚博雑之書一、役二志於靡麗刻削之辞一、耽二心於鑿レ真乱レ俗之技一、争二勝於煩労苛瑣之儀一、可レ哀矣、而酔夢者、又貿貿昏昏、若レ痴若レ病、華衣甘食、而一無レ所レ用レ心、不二尤可ヒ哀哉、是故学者貴レ好レ学、尤貴レ知レ学、

又曰、身不レ修而惴惴焉毀与之是恤、学不レ進而汲汲焉栄辱之是憂、此学者之通病也、

又曰、人生気質、都有二箇好処一、都有二箇不好処一、学問之道無レ他、只是培ヨ養那自家好処一、救ヨ正自家不好処一、便了、

洪自誠曰、耳中常聞二逆レ耳之言一、心中常有二払レ心之事一、纔是進レ徳修レ行的砥石、若言言悦レ耳、事事快レ心、便把二此生理一在二鴆毒中一矣、

朱晦庵曰、大抵観レ書先須二熟読一、使二其言皆若ヒ出二於吾之口一、継以二精思一、使二其意皆若ヒ出二於吾之心一、然後可二以有ヒ得耳、

又曰、病中信レ手、抽ヨ得通鑑一両巻一看、正値下難二処置一処上、不レ覚骨寒毛悚、心胆堕レ地、向来只作二文字一看過、全不二自覚一、直是枉読ヨ了他一、

薛敬軒曰、読レ書常体認、如レ読二天命之謂レ性、便当レ求三天命之謂レ性的在二何処一、読二明徳親民止至善一、便求三三者的為二何事一、如レ此則道理躍如、皆在二心目之間一、自不レ為三言語文字所二纏牽一矣、読レ書不二体貼一、向二自家身心上一作二工夫一、雖レ読ヿ尽古今天下之書一無レ益也、将二聖賢言語一作二一場説話一、学者通患、

又曰、読レ史最有レ益、古人多有下明ヿ見於事幾之先一者上、如二事之成敗、人之賢否一、皆預ヿ言於前一而具ヿ応於後一、此等殊開二人見識一、

又曰、不レ察二理之有無一、而泛読二一切不経駁雑之書一、務以二聞見該博一取二勝於人一、吾知二其訛愈多、而心愈窒、志愈荒、而識愈昏一矣、如レ此読レ書、非二徒無一レ益、是又適所ヨ以為二心術之病一也、

蔡虚斎曰、吾置レ書亦甚難、子孫宜レ念レ之、善読レ之則忠臣孝子碩徳奇才之士、皆自レ此出、不レ負下吾所ヿ以積一レ書之意上也、不二善読一レ之、或僅足レ謀二禄利一而已、行業無レ聞、物論不レ与、書与二汝意一何有哉、

胡敬斎曰、読レ書雖レ多、若不二精熟一、不レ若二少而精熟一、書雖二精熟一、又要三実体二於身一、方能有レ得、常謂読二得十章一熟、不レ如下作ヿ得一章一来上、作ヿ得一章一来、那幾章亦将二湊得来一、

劉時卿曰、学者読レ書、貴二於能用一、若読レ書而不レ能レ用、則与レ未二常読一同、孔光不レ識二進退字一、張禹不レ識二剛正字一、許敬宗不レ識二節義字一、彼蓋一無レ所レ得也、所謂能読而不レ能レ用者也、臨淮郭登詠二蠹魚一詩曰、瑣瑣如何亦賦レ形、雖レ無二鱗甲一有二魚名一、元来全不レ知二文意一、乾向二書中一過二一生一、今之学者、其殆蠹魚之類也乎、可レ慨已、

陳子兼曰、読レ書須レ知二出入法一、始当レ求レ所ヿ以入一、終当レ求レ所ヿ以出一、見得親切、此是入レ書法、用得透脱、此是出レ書法、蓋不レ能レ入ヿ得書一、則不レ知二古人用レ心処一、不レ能レ出ヿ得書一、則又死在二言下一、惟知レ出知レ入、得レ尽二読レ書之法一也、

陳幾亭曰、善読レ書者不レ肯二汎読一、非二聖賢之書一弗レ読、非二切要之書一弗レ読、合二古今無レ限聖賢英俊一、与相晨昕几席、厭飫有下不レ可レ勝レ言者上矣、書之為レ物、不レ読則疎、強読則苦、漫読則労、善読則楽、

立志類

張横渠曰、有レ志二於学一者、更不レ論二気質之美悪一、只看二志如何一、匹夫不レ可レ奪レ志也、惟患二学者不一レ能レ勇、

朱晦庵諭二学者一曰、書不レ記、熟読可レ記、義不レ精、細思可レ精、惟有二志不一レ立、直是無二著レ力処一、只如下而今貪二利禄一、而不レ貪二道義一、要レ作二貴人一、而不上レ要レ作二好人一、皆是志不レ立之病、直須丁反復思量、究見二病痛起処一、勇猛奮躍、不復作二此等人一、一躍躍出、見得聖賢所レ説千言万語、都無丙一字不乙是実語甲、方始立ヿ得此志一、就レ此積ヿ累功夫一、迤邐向レ上去、大有二事在一、諸君勉レ旃、不二是小事一、

又曰、陽気発処、金石亦透、精神一到、何事不レ成、

陸象山曰、人要レ有二大志一、今千百年、無二一人有一レ志、也是怪レ他不レ得、常人汨ヿ没於声色富貴間一、良心善性、都蒙蔽了、如何便解有レ志、須三先有二知識一始得、

真西山訓二其子一曰、昔者夫子以二天縦之聖一、猶必十五而志二於学一、蓋志者進レ徳之基、若聖賢、莫レ不レ発二軔乎此一、志之所レ趣、無二遠弗一レ達、窮山鉅海、不レ能レ限也、志之所レ嚮、無二堅不一レ入、鋭兵精甲、不レ能レ禦也、然則汝之志、将焉従而可耶、蓋吾聞レ之、善悪二途、惟道与レ利而已、志二乎道一、則理義為二之主一、而物欲不レ能レ移、志二乎利一、則物欲為二之主一、而理義不レ能レ入、此堯桀舜蹠之所二由以異一也、可レ不レ謹乎、

謝上蔡曰、人須二先立一レ志、志立則有二根本一、譬如二樹木一、須三先有二箇根本一、然後培養、能成二合抱之木一、若無二根

本一、又培ヿ養箇甚一、

程明道曰、所レ見所レ期、不レ可レ不二遠且大一、然行レ之、須二量レ力有一レ漸、志大心労、力小任重、恐終敗レ事、

横渠曰、学者大不レ宜二志小気軽一、志小則易レ足、易レ足則無レ由レ進、気軽則以レ未レ知為二已知一、未レ学為二已学一、

許魯斎曰、雲従レ竜、風従レ虎、気従レ志、竜虎所レ在、而風雲従レ之、志之所レ在、而気従レ之、

王塘南曰、為二天地一立レ心、為二生民一立レ命、為二往聖一継二絶学一、為二万世一開二太平一、横渠語学者発レ心之初、便須レ立二此大志願一、有二此大志願一、然後能量包二宇宙一、度ヿ越古今一、終日乾乾、務欲レ充ヿ満此志願一、則必念念無二滲漏一、事事無二愆違一、満腔惻隠之心、貫ヿ徹於天地万物一、無二少虧欠一、乃為二尽レ性之実功一、此聖門求レ仁之学也、

薛敬軒曰、匹夫之志、未三必皆出二於正一、猶不レ可レ奪、況君子志二於道一、孰得而奪レ之哉、

又曰、挺特剛介之志常存、則有下以起二懈惰一而勝中人欲上、有二頽靡不レ立之志一、則甘為二小人一、流二於卑汚之中一、而不レ能二振抜一矣、

陳白沙曰、人所レ得光陰有レ幾、不レ知二愛惜一、漫浪虚擲、卒レ之与レ物無レ異、造物所レ賦二於人一、豈徒具二形骸一、喘ヿ息天地間一、与二虫蟻一並活而已哉、浮屠氏雖二異学一、亦必以レ到二彼岸一為二標準一、学者以二聖人一為レ師、其道為二何如一、彼文章功業気節、未二嘗乏一レ人、要在二人立一レ志大小一、歳月固不レ待レ人也、

王陽明曰、志不レ立、天下無二可レ成之事一、雖二百工技芸一、未レ有下不レ本二於志一者上、今学者曠廃隳惰、玩レ歳愒レ時、而百無レ所レ成、皆由二於志之未一レ立耳、故立レ志而聖則聖矣、立レ志而賢則賢矣、志不レ立、如二無レ舵之舟、無レ銜之馬一、漂蕩奔逸、終亦何所レ底乎、

鄒東廓曰、吾輩通患、只是未レ有二大志一、故程門之教、言レ学以レ道為レ志、言レ人以レ聖為レ志、而纔説二第二等一、

便以為二自棄一、所レ謂第二等者、豈遂没ヿ溺於卑汚一乎、或博通二今古一為二文章一、或忠信原愨、不レ為二不義一、而学不レ聞レ道、則与二聖人作用一、無二毫髪相似一、

又曰、志二於富貴一、則敗レ度敗レ礼、不レ足三以語二功名一、志二於功名一、則求レ可求レ成、不レ足三以語二道徳一、志二於道徳一、則居二広居一、立二正位一、行二大道一、達則為二伊周一、窮則為二顔閔一、何常無二功名一、何常不二富貴一、富貴不レ由二於道徳一、則播間酔飽、祗為二妻妾之泣一、功名不レ出二於道徳一、雖二一匡功烈一、童子且恥レ称レ之、故学者莫レ先二於弁一レ志、

又曰、学者所レ患、在二志向弗一レ専、不レ在二才力不一レ足、目不二両視一而明、耳不二両聴一而聡、耳目非レ無二聡明一也、二二用レ之則其才必眩、語曰、賁育之狐疑、不レ如二童子之必至一、賁育之視二童子一懸矣、而狐疑反不レ逮焉其果由レ志耶、由レ才耶、

王少湖曰、君子亦求二諸己一而已矣、己誠是矣、雖二衆皆非一レ之、無レ傷也、若夫志二於古一畏レ譏二於今一、遂俯而従レ之、所謂豪傑之士乎、夫不レ畏レ得二罪於聖賢一、而畏レ得二罪於流俗一、亦多見二其不智一也、

呉康斎曰、事必有レ志而後可レ成、志必加レ励而後不レ怠、蓋志乃心所レ向、而励則自強之謂也、農之於レ耕、工之於レ芸、商之於レ貨、莫レ不二皆然一、況士之為レ学乎、

鄒南皐曰、丈夫生二世間一、具二耳目口鼻之形一、所三以異二於物一者、以レ有二此学一耳、学莫レ先二於立一レ志、千古聖人、俱是一箇肉身漢子、只是志不三肯作二凡夫一、単刀匹馬、所レ向無レ前、何聖域之難レ臻、唐人詩云、語不レ驚レ人死不レ休、吾以為不レ至レ聖死不レ休也、

又曰、学者有レ志二於道一、須レ要二鉄石心腸一、人生百年転盻耳、貴二乎自立一、

呂叔簡曰、心不二堅確一、志不二奮揚一、力不二勇猛一、而欲二徙レ義改一レ過、雖二千悔万悔一、竟無レ補二於分毫一、

又曰、義所レ当レ為、力所二能焉一、心欲レ有レ為、而親友挽得回、妻孥勧得止、只是無レ志、

陸道威曰、象山先生云、此是大丈夫事、幺麼小家相者、不レ足二以承当一、又云、大世界不レ享、却要レ占二箇小蹊径一、大人不レ作、却要レ為ヿ作小児態一、直是可レ惜、又云、上是天、下是地、人居二其間一、須三是作ヿ得人一、方不レ枉、読二以上数語一、皆令三人感発興起、志二於聖人之道一、

又曰、人多以二鋭志功名一為レ有レ志、非也、此只是貪ヿ慕富貴一、人若従二此処一認差、便終身不レ得二長進一、須レ有二箇千乗敝屣、三公不レ易的意思一、方可二与レ之言一レ志、

又曰、人不レ学二聖賢一、即富貴功名受用、至二老死一、終不レ成二一箇人物一、念及レ此、豈可レ不二奮然立一レ志、

李緝敬曰、心切レ匡レ時、何地非二安危之所一レ繫、志存レ衛レ道、何在有二升沈之可一レ言、

欧陽南野曰、為二小人一而有二忌憚一、則不レ能レ為二真小人一、為二君子一而有二忌憚一、則不レ能レ為二真君子一、

又曰、学者無二精一志向一、未レ免下以二意気一為二発憤一、以二談説一為二問弁一、以二億度一為二思睿一、以二把捉一為中躬行上、与二真志作用一、尚隔二一層一、

鄧定宇曰、古人之於レ志也、皆立二之一旦一、守二之終身一、竭二精神一而求、是故所レ為而成、今之学者能如レ彼耶、見二先哲之事一、則感発而思レ斉、感発者一時也、聞二汚濁之行一、則忿激而自省、忿激者一時也、其気少衰、初心復昧、見レ利則争、見レ害則畔、忽而淵隕、忽而天飛、其何以言レ志、

逸叟王紀曰、吾輩当二衆論揺奪之時一、能硬ヿ起脊梁一、立ヿ定脚根一、以二淑レ世覚一レ人為二己任一、出則為二蒼生之霖雨一、処則為二学者之斗山一、此正大丈夫以二百年一為二千秋一者也、不レ然、躋二盛時一、操二名器一、徒快二一時之富貴一、与二草木一同腐、如下入二宝山一空レ手回上、甚足レ惜矣、

王陽明曰、立レ志之説、已近二煩瀆一、然為二知己一言、竟亦不レ能レ舎レ是也、志二於道徳一者、功名不レ足三以累二其心一、

志二於功名一者、富貴不レ足三以累二其心一、但近世所レ謂道徳・功名而已、所レ謂功名・富貴而已、

心性類

程伊川曰、自レ性而行、皆善也、聖人因二其善一也、則為二仁義礼智信一以名レ之、以二其施之不一レ同也、故為二五者一以別レ之、合而言レ之皆道、別而言レ之、亦皆道也、

又曰、在レ天為レ命、在レ物為レ理、在レ人為レ性、主二於身一為レ心、其実一也、心本善、発二於思慮一、則有レ善有二不善一、若既発則可レ謂二之情一、不レ可レ謂二之心一、譬如レ水、只可レ謂二之水一、若流而為レ派、或行二於東一、或行二於西一、却謂二之流一也、

朱晦庵曰、性即理也、在レ心喚ヿ做性一、在レ事喚ヿ做理一、

又曰、性是実理、仁義礼智皆具、

又曰、性者道之形体、心者性之郛郭、康節這数句極好、蓋道即理也、如二父子有レ親、君臣有一レ義、是也、然非レ性・何以見二得理之所一レ在、故曰二性者道之形体一、仁義礼智性也、理也、而具二此性一者、心也、故曰二心者性之郛郭一、

又曰、人生而静、天之性、未二嘗不一レ善、感レ物而動、性之欲、此亦未二是不一レ善、至二於物至知誘一、然後好悪形焉、好悪無レ節二於内一、知誘二於外一、不レ能レ反レ躬、天理滅矣、方是悪、故聖賢説ヿ得悪字一煞遅、

伊川曰、無妄・天性也、万物各得二其性一、一毫不二可損一矣、

又曰、禽獣与レ人絶相似、只是不レ能レ推、然禽獣之性、却自然、不レ待レ学、不レ待レ教、如二営レ巣養レ子之類一、是也、人雖二至霊一、却斲喪極多、只有二一件嬰児飲乳一、是自然、非レ学也、其他皆誘レ之也、

晦庵曰、天下無二無レ性之物一、蓋有二此物一則有二此性一、無二此物一則無二此性一、

問、人物之性一源、何以有レ異、晦庵曰、人之性論二明暗一、物之性只是偏塞、暗者可レ使二之明一也、偏塞者不レ可レ使二之通一也、

伊川曰、気之所レ鍾、有二偏正一、故有二人物之殊一、有二清濁一、故有二智愚之等一、

問、人性本明、其有レ蔽、何也、伊川曰、性無二不善一、其偏蔽者、由二気稟清濁之不一レ斉也、

朱晦庵曰、有二天地之性一、有二気質之性一、天地之性、則太極本然之妙、万殊之一本也、気質之性、則二気交運而生、一本而万殊也、

又曰、天命之性、若無二気質一、却無二安頓処一、且如二一勺水一、非レ有二物盛一レ之、則水無二帰著一、程子云、論レ性不レ論レ気不レ備、論レ気不レ論レ性不レ明、二レ之則不レ是、所三以発二明千古聖賢未一レ尽之意一、甚為レ有レ功、

又曰、人之所コ以生一、理与レ気合而已、天理固浩々不レ窮、然非二是気一、則雖レ有二是理一、而無レ所二湊泊一、故必二気交感、凝結生聚、然後是理有レ所二附著一、凡人之言語動作、思慮営為、皆気也、而理存焉、然就二人之所一レ稟而言、又有二昏明清濁之異一、

又曰、人所レ稟之気、雖二皆是天地之正気一、但衮来衮去、便有二昏明厚薄之異一、蓋気是有形之物、纔是有形之物、便有レ美有レ悪也、

伊川曰、心一也、有二指レ体而言者一、寂然不レ動是也、有二指レ用而言者一、感而遂通二天下之故一是也、惟観二其所レ見如何一耳、

又曰、一人之心、即天地之心、

朱晦庵曰、惟心無レ対、

又曰、心比レ性則微有レ迹、比レ気則自然又霊、

問、霊処是心、抑是性、曰、霊処只是心、不二是性一、性只是理、

問、心是知覚、性是理、心与レ理、如何得二貫通為レ一、曰、不レ須レ去二貫通一、本来貫通、問、如何本来貫通、曰、理無レ心則無二著処一、

又曰、知覚・便是心之徳、

問、心有二善悪一否、曰、心是動底物事、自然有二善悪一、

又曰、胡文定公所レ謂、不起不滅、心之体、方起方滅、心之用、能常操而有、則雖二一日之間・百起百滅一、而心固自若者、自是好語、

問、心之為レ物、衆理具足、所レ発之善、固出二於心一、至二所レ発不レ善、皆気稟物欲之私、亦出二於心一否、曰、固非二心之本体一、然亦是出二於心一也、又問、此所レ謂人心否、曰、是、問人心亦兼二善悪一否、曰亦兼説、

又曰、心定者、其言重以舒、言発二於心一、心定則言必審、故的確而舒遅、不レ定則内必紛擾、有二不レ待レ思而発一、故浅易而急迫、此亦動レ気之験也、

陸象山曰、人心至霊、此理至明、人皆有二是心一、心皆具二是理一、

朱晦庵曰、性猶二太極一也、心猶二陰陽一也、太極只在二陰陽之中一、非三能離二陰陽一也、然至レ論二太極一、自是太極、陰陽自是陰陽、惟性与レ心亦然、所レ謂一而二、二而一也、仁義礼智・性也、惻隠羞悪辞譲是非・情也、以レ仁愛、以レ義悪、以レ礼譲、以レ智知者、心也、性者心之理也、情者性之動也、心者性情之主也、

又曰、未レ動為レ性、已動為レ情、心則貫二乎動静一而無レ不レ在焉、

又曰、性対レ情言、心対二性情一言、合レ如レ此是性、動処是情、主宰是心、

又曰、性是未レ動、情是已動、心包ニ得已動未動一、蓋心之未レ動則為レ性、已動則為レ情、所謂心統ニ性情一者也、

横渠語 欲是情発出来底、心如レ水、性猶ニ水之静一、情則水之流、欲則水之波瀾、但波瀾有ニ好底一、有ニ不好底一、

問、情意如何体認、曰、性情則一、性是不レ動、情是動処、意則有ニ主向一、如ニ好悪一是情、好ニ好色一、悪ニ悪臭一、便是意、

又曰、未レ動而能動者理也、未レ動而欲レ動者意也、

問、志意之別、伊川曰、志自レ所ニ存主一言レ之、発則意也、発而当、理也、発而不レ当、私也、

晦庵曰、性者・即天理也、万物稟而受レ之、無ニ一理之不一レ具、心者一身之主宰、意者心之所レ発、情者心之所レ動、志者心之所レ之、比ニ於情意一尤重、気者即吾之血気、而充ニ乎体一者也、比ニ於他一、則有ニ形気一而較粗者也、

又曰、志是公然主張要レ作レ事底、意是私地潜行間発処、志如レ伐、意如レ侵、

伊川曰、思慮不レ得、至ニ於苦一、

又曰、不ニ深思一則不レ能レ造ニ於道一、不ニ深思一而得者、其得易レ失、

又曰、人多ニ思慮一、不レ能ニ自寧一、只是作ニ他心主不一レ定、

晦庵曰、人心無下不ニ思慮一之理上、若当レ思而思、自不レ当レ苦、苦排抑、却反成レ不レ静也、

明道曰、操則存、舎則亡、出入無レ時、非ニ聖人之言一也、心安得レ有ニ出入一乎、

又曰、善固性也、然悪亦不レ可レ不レ謂ニ之性一也、蓋生之謂レ性、人生而静以上、不レ容レ説、纔説レ性時、便已不ニ是性一也、凡人説レ性、只是説ニ継レ之者善也一、孟子言ニ人性善一、是也、

伯敏云、如何是尽レ心、性才心情、如何分別、陸象山曰、如ニ吾友此言一、又是枝葉、雖レ然此非ニ吾友之過一、蓋挙世之弊、今之学者読レ書、只是解レ字、更不レ求ニ血脈一、且如ニ情性心才一、都只是一般物事、言偶不レ同耳、伯敏云、

莫二是同出而異名一否、曰、不レ須レ得レ説、説著便不レ是、将来只是滕二口説一、為レ人不レ為レ己、若理ヨ会得自家実処一、他日自明、

王陽明曰、夫在レ物為レ理、処レ物為レ義、在レ性為レ善、因レ所指而異二其名一、実皆吾之心也、心外無レ物、心外無レ事、心外無レ理、心外無レ義、心外無レ善、吾心之処二事物一、純二乎理一、而無二人偽之雑一、謂二之善一、非下在二事物一有中定処之可上求也、処レ物為レ義、是吾心之得二其宜一也、義非三在レ外可二襲而取一也、格者格レ此也、致者致レ此也、必曰事事物物上求二箇至善一、是離而二レ之也、伊川所レ云纔明レ彼、即暁レ此、是猶謂二之二一、性無二彼此一、理無二彼此一、善無二彼此一也、

又曰、良知者心之本体、即前所レ謂恒照者也、心之本体、無レ起無二不起一、雖二妄念之発一、而良知未二嘗不一レ在、但人不レ知レ存、則有レ時而或放耳、雖二昏塞之極一、而良知未二嘗不一レ明、但人不レ知レ察、則有レ時而或蔽耳、雖二有レ時而或放一、其体実未二嘗不一レ在也、存レ之而已耳、雖二有レ時而或蔽一、其体実未二嘗不一レ明也、察レ之而已耳、若謂三良知亦有二起処一、則是有レ時而不レ在也、非二其本体之謂一耳、

又曰、心無二動静一者也、其静也者、以言二其体一也、其動也者、以言二其用一也、故君子之学、無レ間二於動静一、其静也、常覚而未二嘗無一也、故常応、其動也、常定而未二嘗有一也、故常寂、常応常寂、動静皆有レ事焉、是之謂レ集レ義、集レ義故能無レ祇レ悔、所レ謂動亦定、静亦定者也、

又曰、定者心之本体、天理也、動静所レ遇之時也、

又曰、良知是造化的精霊、生レ天生レ地、成レ鬼成レ帝、皆従レ此出、真是与レ物無レ対、人若復得レ他、完完全全、無二少虧欠一、自不レ覚二手舞足蹈一、不レ知三天地間更有二何楽可一レ代、

又曰、天理在二人心一、亘レ古亘レ今、無レ有二終始一、天理即是良知、千思万想、只是要レ致二良知一、良知愈思愈精明、

若不二精思一、漫然随レ事応去、良知便粗了、

存養類　持敬・省察

程明道曰、学レ之而不レ養、養レ之而不レ存、是空言也、

又曰、学在下知二其所レ有、又養中其所上有、

程伊川曰、慎二言語一以養二其徳一、節二飲食一以養二其体一、事之至近、而所レ繫至大者、莫レ過二於言語飲食一也、

又曰、学者須三敬守二此心一、不レ可二急迫一、当三栽培深厚、涵二泳於其間一、然後可二以自得一、但急迫求レ之、只是私己、終不レ足二以達レ道、

又曰、人只有二一箇天理一、却不レ能二存得一、更作二甚人一也、

又曰、静後見二万物一、自然皆有二春意一、

又曰、不レ愧二屋漏一、則心安而体舒、

又曰、心要レ存二腔子裏一、只外面有二些罅隙一、便走了、

又曰、人心常要レ活、則周流無レ窮、而不レ滞二於一隅一、

又曰、大凡人心不レ可二二用一、用二於一事一、則他事更不レ能レ入者、事為二之主一也、事為二之主一、尚無二思慮紛擾之患一、若主二於敬一、又焉有二此患一乎、

又曰、主レ一之謂レ敬、無レ適之謂レ一、

又曰、敬只是主レ一也、主レ一則既不レ之レ東、又不レ之レ西、如レ是則只是中、

又曰、徳盛者物不レ能レ擾、而形不レ能レ病、形不レ能レ病、以二物不一レ能レ擾也、故善学者、臨二死生一而色不レ変、疾痛惨戚而心不レ動、由二養レ之有一レ素也、非二一朝一夕之力一也、

又曰、執レ事須二是敬一、又不レ可二矜持太過一、

朱晦庵曰、聖賢千古万語、只要二人不一レ失二其本心一、

又曰、心若不レ存、一身便無レ所二主宰一、

又曰、心在、群妄自然退聴、

又曰、人只一心、識二得此心一、便無二走作一、雖レ不レ加二防閑一、此心常在、

又曰、未レ有二心不レ定、而能進レ学者一、人心万事之主、走レ東走レ西、如何了得、

又曰、大抵是且収二斂‐得身心一在二這裏一、便已有二八九分一了、却看三道理有二窒礙処一、却於二這処一理会、

又曰、存二得此心一、便是要下在二這裏一常常照管上、若不二照管一、存養要レ作二甚麼用一、

問、静中常用二存養一、曰、説得有レ病、一動一静、無二時不一レ養、

又曰、人能操二存此心一、卓然而不レ乱、亦自可二与入一レ道、況加二之学問探討之功一、豈易レ量耶、

又曰、大抵心体通二有無一、該二動静一、故工夫亦通二有無一、該二動静一、方無二透漏一、若必待二其発一而後察、察而後存、則工夫之所レ不レ至多矣、惟涵二養於未発之前一、則其発処自然中レ節者多、不レ中レ節者少、体察之際、甚明審、易レ為レ著レ力、

又曰、以レ敬為レ主、則内外粛然、不レ忘不レ助、而心自存、不レ知二以レ敬為一レ主、而欲レ存レ心、則不レ免下将二一箇心一、把中‐捉一箇心上、外面未レ有二一事一時、裏面已是三頭両緒、不レ勝二其擾擾一矣、就使二実能把‐捉得住一、只此已大病、況未二必真能把‐捉住一乎、

又曰、涵養須レ用レ敬、進レ学則在レ致レ知、無レ事時且存養、在二這裏一提撕警覚、不レ要二放肆一、到二講習応接時一、便当レ思コ量義理一、

又曰、敬者主一無適之謂、

又曰、敬字工夫、乃聖門第一義、徹頭徹尾、不レ可二頃刻間断一、

又曰、敬不二是万慮休置之謂一、只要三随レ事専一謹畏・不二放逸一耳、非下専是閉目静坐・耳無レ聞・目無レ見・不レ接二事物一、然後為上レ敬、整コ斉収ヨ斂這身心一、不二敢放縦一、便是敬、嘗謂敬字似二甚字一、恰与二箇畏字一相似、

又曰、敬只是此心自作二主宰一処、

問、持敬与二克己一工夫、曰、敬是涵養操持不二走作一、克己則和レ根打併了、教二他尽浄一、

又曰、敬有二死敬一、有二活敬一、若只守コ着主一之敬一、遇レ事不三済レ之以レ義、弁二其是非一、則不レ活、若熟後、敬便有レ義、義便有レ敬、静則察三其敬与二不敬一、動則察二其義不義一、

陸象山曰、古先聖賢、未下嘗艱コ難其途径一、支中離其門戸上、夫子曰、吾道一以貫レ之、孟子曰、夫道一而已矣、曰塗之人可二以為一レ禹、曰人皆可三以為二堯舜一、曰人有二四端一、而自不レ能者、自賊者也、人孰無レ心、道不二外索一、患在下人戕コ賊之一耳、放コ矢之一耳上、古人教レ人、不レ過三存レ心養レ心求二放心一、此心之良、人所二固有一、惟不レ知二保養一、而反戕コ賊放ヨ矢之一耳、苟知二其如レ此、而防コ閑其戕賊放矢之端一、日夕保養灌漑、使四之暢茂条達、如三手足之捍二頭面一、則豈有二艱難支離之事一、今曰レ向レ学、而又艱難支離、遅回不レ進、則是未レ知二其心一、未レ知二其戕賊放失一、未レ知レ所コ以保養灌漑一、此乃為レ学之門、進レ徳之地、得二其門一、不レ得二其門一、有二其地一、無二其地一、両言而決耳、

朱晦庵曰、明道教二人静坐一、李先生亦教二人静坐一、蓋精神不レ定、則道理無二湊泊処一、

又曰、心於二未レ遇レ事時一、須是静一、及レ至レ臨レ事時、方用有二気力一、如当レ静時不レ静、思慮散乱、及レ至レ臨レ事、已先倦了、

問、動静両字、人日間静時殺少、動時常多、曰、若二聖人一、動時亦未二嘗不一レ静、至二衆人一、動時却是膠擾乱了、

曰、人不三自知二其病一者、是未三嘗去二体察警省一也、

許魯斎曰、庸人之目、見レ利而不レ見レ害、見レ得而不レ見レ失、以二縦レ情極一レ欲為レ益レ己、以二存レ心養一レ性為二桎梏一、不二喪レ徳殞一レ身而不レ已、惟君子為二能見レ微而知一レ著、遏二人欲於将一レ萌、

伊川曰、学始二於不一レ欺二闇室一、

又曰、行二践其言一而人不レ信者、有矣、未レ有二不レ践レ言而人信一レ之者一、

司馬君実曰、言而無レ益、不レ若レ勿レ言、為而無レ益、不レ若レ勿レ為、余久知レ之、病レ未レ能レ行也、

尹和靖曰、莫大之禍、起二於須臾之不一レ忍、不レ可レ不レ謹、

李延平曰、凡蹈レ危者、慮深而獲レ全、居レ安者、患生二於所一レ忽、此人之常情也、

又曰、古之徳人、言句皆自二胸襟一流出、非下従二領頰一拾来上、如二人平居談話一、不レ慮而発、後之学者、譬如三鸚鵡学二人語言一、所レ不レ学者不レ能耳、

伊川曰、凡立レ言欲レ涵二蓄意思一、不レ使二知レ徳者厭、無レ徳者惑一、

又曰、学者患三心慮紛乱、不二能寧静一、此則天下公病、学者只要レ立二箇心一、此上頭儘有二商量一、

又曰、人之生也、小則好二馳騁弋猟一、大則好レ建二立功名一、此皆血気之盛、使二之然一耳、故其衰也、則有二不レ足之色一、其病也、則有二可レ憐之言一、夫人之性至大矣、而為三形気之所二役使一、而不二自知一、哀哉、

又曰、造レ道深後、雖レ聞二常人語言浅近事一、莫レ非二義理一、

或問、惟閉目静坐、為レ可二以養一レ心、伊川曰、豈其然乎、有レ心三於息二思慮一、則思慮不レ可レ息矣、
陸象山曰、有二一段血気一、便有二一段精神一、有二此精神一、却不レ能レ用、反以害レ之、非二是精神能害一レ之、但以二此精神一居二広居一、立二正位一、行二大道一、

又曰、既知レ自ヿ立此心一、無レ事時須レ要二涵養一、不レ可二便去レ理ヿ会事一、如四子路使三子羔為二費宰一、聖人謂レ賊二夫人之子一、学而優則仕、蓋未レ可也、初学者能完ヿ聚得幾多精神一、纔一霍便散了、某平日如何様完養、故有二許多精神離散一、

又曰、悪能害レ心、善亦能害レ心、如二済道一、是為二善所一レ害、

又曰、風恬浪静中、滋味深長、人資性長短雖レ不レ同、然同進二一歩一則皆失、同退二一歩一則皆得、

又曰、有レ己則忘レ理、明レ理則忘レ己、艮二其背一、不レ獲二其身一、行二其庭一、不レ見二其人一、則是任レ理、而不二以レ己与レ人参一也、

或問二周濂渓一曰、聖可レ学乎、曰、可、有レ要乎、曰、一為レ要、一者無欲也、無欲則静虚動直、静虚則明、明則通、動直則公、公則溥、明通公溥、庶矣乎、

朱晦庵曰、持守之要、大抵只是要レ得二此心常自整頓、惺惺了了一、即未発時不二昏昧一、已発時不二放縦一耳、

又曰、涵二養本原一之功、誠易二間断一、然纔覚ヿ得間断一、即是相続処、只要二常自提撕、分寸積累将去一、久レ之自然接続、打成二一片一耳、

又曰、舜告レ禹曰、人心惟危、道心惟微、惟精惟一、允執二厥中一、夫心之虚霊知覚、一而已矣、而以為レ有二人心道心之別一者、何哉、蓋以下其或生二於形気之私一、或原中於性命之正上、而所レ為二知覚一者不レ同、是以或危殆而不レ安、或精微而難レ見耳、然人莫レ不レ有二是形一、故雖二上智一不レ能レ無二人心一、亦莫レ不レ有二是性一、故雖二下

愚二不レ能レ無二道心一、一者雑二乎方寸之間一、而不レ知レ所二以治一レ之、則危者愈危、微者愈微、而天理之公、卒無三以勝二乎人欲之私一、矣、精則察二夫二者之間一而不レ雑也、一則守二其本心之正一而不レ離也、従コ事於斯一、無二少間断一、必使下道心常為二一心之主一、而人心毎聴上レ命焉、則危者安、微者著、而動静云為、自無二過不及之差一矣、

或問レ存レ心、曰、居処恭、執レ事敬、与レ人忠、此是存レ心、而今与レ人説話、覚コ得不一レ是、便莫レ説、作二件事一覚コ得不一レ是、便莫レ作、只此便是存レ心之法、

又曰、世衰道微、人欲横流、若不下是剛介有二脚跟一底人上、定立不レ住、

呂東萊曰、多レ欲者畏レ人亦多、少レ欲者畏レ人亦少、無レ所レ不レ欲者無レ所レ不レ畏、無レ所レ欲者無レ所レ畏、

范忠宣戒レ子曰、人雖二至愚一、責レ人則明、雖レ有二聡明一、恕レ己則昏、爾曹但当下以二責レ人之心一責レ己、恕レ己之心恕上レ人、不レ患レ不レ到二聖賢地位一也、

趙清献曰、凡不レ可下与二父兄師友一道上者、不レ可レ為也、凡不レ可下与二父兄師友一為上者、不レ可レ道也、

陳潜室曰、胡五峯云、天理人欲、同行異情、此語儘当二玩味一、飲食男女之欲、堯舜与二桀紂一同、但中レ理中レ節、即為二天理一、無レ理無レ節、即為二人欲一、

真西山曰、一事有二一事之理一、人能安コ定其心一、順二其理一以応レ之、則事既得レ所、心亦不二労苦一、擾擾焉以二私心一処レ之、則事必不レ得二其当一、而其心亦無二須臾之寧一、人徒知二為レ事之累一レ心、不レ知二乃心之累一レ事也、

薛敬軒曰、万起万滅之私、乱二吾心一久矣、今当二一切決去、以全二吾湛然澄然之体一、

又曰、有レ欲則人得而中、惟無レ欲則彼無二自而入一、

又曰、心体無量虚明広大気象、到二人欲尽処一自見、匪三言所二能喩一、

又曰、心本広大無辺、一有二己私一、則不レ勝二其小一、

又曰、雖二上知一、不レ能レ無二人心一、聖人所レ謂無欲者、非レ若三釈氏尽去二根塵一、但人心之得二其正一者、即道心、以二其不一レ流二于人欲之私一、所レ謂無欲也、

又曰、外物得亦不レ喜、失亦不レ怒、則心定矣、得失而喜怒生焉、是猶繫二於外物一、而心未レ定也、

又曰、斯須照管不レ至、則外物有二潜勾窃引之私一、不レ可レ不レ察、人欲如二寇敵一、専以窺二我之虚実一、斯須防閑不レ密、則彼乗レ間而入矣、

又曰、酔二於欲一者汲汲如レ狂、而心莫レ知レ所レ止、

又曰、人当三大著二眼目一、則不レ為二小小者所一レ動、如二極品之貴一、挙世之所二歆重一、殊不レ知自レ有二天地一来、若レ彼者多矣、吾聞二其人一亦衆矣、是奚足レ動二我念一耶、惟仁義道徳之君子、雖レ願二為レ之執一レ鞭可也、

胡敬斎曰、学者去二レ得一箇計レ功謀レ利之心一、則心下自然坦夷安泰、

陳白沙曰、一番覚悟、一番長進、又曰、纔覚レ退、便是進、纔覚レ病、便是薬、

又曰、人具二七尺之躯一、除二レ了此心此理一、便無レ可レ貴、渾是一包膿血、裹二一大塊骨頭一、飢能食、渇能飲、能著二衣服一、能行二慾淫一、貧賤而思二富貴一、富貴而貪二権勢一、忿而争、憂而悲、窮則濫、楽則淫、凡百所レ為、一信二気血一、老死而後已、則命レ之曰二禽獣一可也、

又曰、人生幾何、徒以二難レ得之歳月一、供二身外無益之求一、弊弊焉終二其身一而不レ知レ悔、惜哉、

袁君載曰、人之処レ事、能常悔二往事之非一、常悔二前言之失一、常悔二往年之未一レ有二知識一、其賢徳之進、所レ謂長日加益、而人不二自知一也、古人謂行年六十而知二五十九年之非一者、可レ不レ勉哉、

薛敬軒曰、人当二自信自守一、雖二称・誉レ之・承・奉一レ之・亦不二為レ之加一レ喜、雖二毀・謗レ之・侮・慢一レ之、亦不二為レ之加一レ沮、

又曰、至誠以感レ人、猶有二不レ服者一、況設レ詐以行レ之乎、
又曰、己未レ善、人誉レ之、不レ足レ喜、己有レ善、人毀レ之、不レ足レ怒、
又曰、吾於二静時一、亦頗識二是理一、但動有二与レ静異者一、由二存養省察之不一レ至也、
又曰、多言最使二人心志流蕩一、而気亦損、少言不下惟養二得徳一深上、又養二得気一完、而夢寐亦安、
又曰、斯須心不レ在而動、則妄矣、
程伊川曰、君子役レ物、小人役二於物一、今見二可レ喜可レ怒之事一、自家著二一分陪二奉他一、此太労矣、聖人之心如二止水一、
湛甘泉曰、吾常観二吾心於無物之先一矣、洞然而虚、昭然而霊、吾常観二吾心於有物之後一矣、窒然而塞、憒然而昏、其虚焉霊焉、非二由レ外来一也、其本体也、其塞焉昏焉、非レ由二内往一也、欲蔽レ之也、其本体固在也、日月蔽二於雲一、非レ無二日月一也、鑑蔽二於塵一、非レ無レ明也、人心蔽二於物一、非レ無二虚与一レ霊也、一朝而覚焉、蔽者撤、虚而霊者見矣、
高景逸曰、食無レ求レ飽、居無レ求レ安、不レ作二居食想一、彼以レ富、我以レ仁、彼以レ爵、我以レ義、不レ作二富貴想一、不レ怨レ天、不レ尤レ人、不レ作二怨尤想一、用則行、舎則蔵、不レ作二用舎想一、行二一不義一、殺二一不辜一、得二天下一不レ為、有二甚動・得一レ我、知レ之囂囂、不レ知亦囂囂、有二甚苦・得一レ我、非レ仁無レ為、非レ礼無レ行、有二甚恐・得一レ我、江漢濯レ之、秋陽暴レ之、有二甚染・得一レ我、鳶則于レ天、魚則于レ淵、有二甚局・得一レ我、既喚二做箇人一、須二是両手頂レ天、両脚挂一レ地、巍巍嶠嶠、還二他本来面目一、一二洗世界一、万里無レ塵、此之謂レ洗レ心、
薛敬軒毎夜就レ枕、必検二点一日所レ行之事一、所行合レ理、則恬然安寝、倘有レ不レ合、即夜展転不レ寧、猶恐二始動終怠一、常書以自警、公持守最厳、毎呼二此心一曰主人翁在否、
或問、用レ功収レ心時、有二声色一在レ前、如二常聞見一、恐不二是専一一、王陽明曰、如何欲レ不二聞見一、除是槁木死

灰耳聾目瞎則可、只是雖二聞見一、而不二流去一、便是、

呂叔簡曰、謹レ言、不二但外面一、雖二家庭間一没下箇該二多説一的話上、不二但大賓一、雖二厚友一没二箇該レ任レ口的話一、

何垣曰、世俗之愛二其身一、曾不レ如下愛二其子一之至上也、遣二子入一レ学、必励以勤、教二子治一レ身、必導以為二君子一、逮レ迹二其自為一、則因循惰弛、罕二克自強一、措レ心積レ慮、甘心為二小人一、而不二以為一レ病、茲非レ惑歟、有乙能即下其所ヿ以為レ子謀一者上、而為レ己謀甲、則思過レ半矣、

鄒南皐曰、人之於レ事、有レ欲則繁、無レ欲則簡、人之処レ事、有レ欲則難、無レ欲則易、人之観レ人、有レ欲則昏、無レ欲則明、人之待レ人、有レ欲則偽、無レ欲則真、欲之利害、介然如レ此、

陳幾亭曰、嗜慾萌生、遂後必悔、忍過必楽、

又曰、無欲之謂レ聖、寡欲之謂レ賢、多欲之謂レ凡、徇レ欲之謂レ狂、用レ力寡レ之、斯寡矣、其治本在レ敬、不二用レ力寡一レ之、則必至二於徇一矣、其病本在レ怠、

薛敬軒曰、人心一息之頃、不レ在二天理一、便在二人欲一、未レ有下不レ在二天理人欲一、而中立者上也、

羅一峯曰、凡治レ己、必先治レ心、心者舟之舵也、欲レ正二其舟一、而不レ正二其舵一、可乎、治レ人亦然、不三先治二其心一、則一病去一病生矣、気質有レ偏則有レ病、偏二於剛一者病二躁急一、病二褊狭一、病二麁疎一、因二其病一而克レ之、可也、躁急者克レ之以二詳緩一、褊狭者克レ之以二寛容一、麁疎者克レ之以二謹審一、然非二心存一焉、則已熄而復然、已抑而復長、病証雖レ退、病根尚在、安在二其為一レ可也、一日子而亥、一歳春而冬、一生少而老、持ヿ守此心一、如レ過二独木橋一、如レ御二逸馬一、如レ俯二懸崖一、如下見二大賓一而対中上帝上、使二主心常存、客気聴一レ命、則病根自除、而病証不形、如レ是用レ功、方為二第一流人一也、若徒務制二其外一、而不レ従二事於其中一、譬下操二万斛之舟於長江大河一、遇二狂颶巨浪一、舎レ舵而惟篙櫓是仗上、吾見二其危一矣、

克己類　力行・改過

程明道曰、義理与二客気一常相勝、只看二消長分数多少一、為二君子小人之別一、義理所レ得漸多、則自然知コ得客気消散得漸少一、消尽者、是大賢

又曰、治レ怒為レ難、治レ懼亦難、克レ己可二以治一レ怒、明レ理可二以治一レ懼、

又曰、責レ上責レ下、而中自恕レ己、豈可レ任二職分一、

又曰、舎レ己従レ人、最為二難事一、己者我之所レ有、雖二痛舎一レ之、猶懼二守レ己者固、而従レ人者軽一、

程伊川曰、顔淵問二克己復礼之目一、夫子曰、非レ礼勿レ視、非レ礼勿レ聴、非レ礼勿レ言、非レ礼勿レ動、後之学二聖人一者、宜二服膺而勿一レ失也、因箴以自警、視箴曰、心兮本虚、応レ物無レ迹、操レ之有レ要、視為二之則一、蔽交二於前一、其中則遷、制二之於外一、以安二其内一、克レ己復レ礼、久而誠矣、聴箴曰、人有二秉彝一、本二乎天性一、知誘物化、遂亡二其正一、卓彼先覚、知レ止有レ定、閑レ邪存レ誠、非レ礼勿レ聴、言箴曰、人心之動、因レ言以宣、発禁二躁妄一、内斯静専、矧是枢機、興レ戎出レ好、吉凶栄辱、惟其所レ召、傷レ易則誕、傷レ煩則支、已肆物忤、出悖来違、非レ法不レ道、欽哉訓辞、動箴曰、哲人知レ幾、誠二之於思一、志士厲レ行、守二之於為一、順レ理則裕、従レ欲惟危、造次克念、戦兢自持、習与レ性成、聖賢同レ帰、

問、人語言緊急、莫二是気不一レ定否、伊川曰、此亦当レ習、習到言語自然緩時、便是気質変也、学至二気質変一、方是有レ功、

伊川曰、罪レ己責レ躬、不レ可レ無、然亦不レ当下長留在二心胸一為上悔、

又曰、君子役レ物、小人役二於物一、今見二可レ喜可レ怒之事一、自家著三一分陪コ奉他一、此亦労矣、聖人之心如二止水一、

又曰、難レ勝莫レ如二己私一、学者能克レ之、非二大勇一乎、

横渠曰、悪二不仁一、故不善未二嘗不一レ知、徒好レ仁而不レ悪二不仁一、則習不レ察、行不レ著、

又曰、責レ己者、当レ知レ無二天下国家皆非之理一、故学至二於不一レ尤レ人、学之至也、

又曰、目者人之所二常用一、且心常託レ之、視之上下且試レ之、己之敬傲、必見二於観一、所コ以欲一レ下二其視一者、欲レ柔二其心一也、柔二其心一、則聴レ言敬且信、

謝上蔡曰、克レ己須下従二性偏難レ克処一克将去上、

尹和靖曰、克レ己唯在レ克二其所一レ好、便是下レ手処、

朱晦庵曰、克レ己亦別無二巧法一、譬如三孤軍猝遇二強敵一、只得二尽レ力舎一レ死向一レ前而已、尚何問哉、

又曰、克レ己固学者之急務、亦須下見コ得一切道理一、了了分明上、方見二日用之間、一言一動、何者是正、何者是邪一、便於二此処一立コ定脚跟一、凡是己私不二天理一者、便克将去、

許魯斎曰、責レ己者可三以成二人之善一、責レ人者適以長二己之悪一、

朱晦庵曰、若不レ用二躬行一、只是説得便了、則七十子之従二孔子一、只用二両日説一便尽、何用下許多年随コ著孔子一不上レ去、不レ然孔門諸子皆是獃無能底人矣、恐不レ然也、

又曰、学問亦無二箇一超直入之理一、直是銖積寸累、做将去、某是如レ此喫二辛苦一、従レ漸做来、若要レ得レ知、亦須下是喫二辛苦一了做上、不下是可中以二坐談一僥僥而得上、

又曰、務レ実一事、観二今日学者不一レ能二進歩一、病痛全在二此処一、但就レ実做二工夫一、自然有レ得、未レ須三遽責二効験一也、

司馬君実曰、去レ悪而従レ善、捨レ非而従レ是、人或知レ之而不レ能レ従、以為下如レ制二馯馬一如レ斡二礌石一之難上也、静而思レ之、在レ我而已、如レ転二戸枢一、何難之有、

朱元晦曰、所レ謂一剣両段者、改レ過之勇、固当レ如レ此、改レ過貴レ勇、而防レ患貴レ怯、二者相須、然後真可下以修レ慝弁レ惑、而成中徙レ義崇レ徳之功上、自レ今以往、設使二真能一剣両段一、亦不レ可二以レ此自恃一、而平居無レ事、常存二祗畏警懼之心一、以防二其源一、則庶二乎其可一耳、

又曰、凡一事、便有二両端一、是底即天理之公、非底乃人欲之私、須下事事与剖判、極処即克治、拡コ充工夫一、随レ事著見上、然人之気稟有レ偏、所レ見亦往往不レ同、如二気稟剛底人一、則見二剛処一多、而処レ事必失二之太剛一、柔底人則見二柔処一多、而処レ事必失二之太柔一、須下先就二気稟偏処一克治上、

陸象山曰、資稟之高者、義之所レ在、順而行レ之、初無レ留レ難、其次義利交戦、而利終不レ勝レ義、故自立、

又曰、七重鉄城、私心也、私心所レ隔、雖レ思非レ正、小児亦有二私思一、

明道曰、人之情、易レ発而難レ制者、惟怒為レ甚、第能於二怒時一、遽忘二其怒一、而観二理之是非一、亦可三以見二外誘之不一レ足レ悪、而於レ道亦思過レ半矣、

朱晦庵曰、因二其良心発見之微一、猛省提撕、使二心不一レ昧、則是做二工夫一的本領、本領既立、自然下学而上達矣、若不レ察二良心発見処一、渺渺茫茫、終無二下レ手処一也、

又曰、人須下将二那不レ錯底心一、去験中他那錯底心上、不レ錯底是本心、錯底是失二其本心一、

又曰、学問須二是儆醒一、且如二瑞巌和尚一、毎日間常自問曰、主人翁惺惺否、又自答曰惺惺、今時学者、却不レ如レ此、

薛敬軒曰、人心一息之頃、不レ在二天理一、便在二人欲一、未レ有下不レ在二天理人欲一而中立者上也、

又曰、人所コ以千病万病一、只為レ有レ己、為レ有レ己、故計較万端、惟欲二己富一、惟欲二己貴一、惟欲二己安一、惟欲二己

楽一、惟欲ニ己生一、惟欲ニ己寿一、而人之貧賎危苦死亡、一切不レ恤、由レ是生意不レ属、天理滅絶、雖レ曰レ有ニ人之形一、其実与ニ禽獣一奚以異、若能克ニ去有レ己之病一、廓然大公、富貴貧賎安楽生寿、皆与レ人共レ之、則生意貫徹、彼此各得ニ分願一、而天理之盛、与ニ万物一為ニ一体一矣、

又曰、軽当ニ矯レ之以一レ重、急当ニ矯レ之以一レ緩、褊当ニ矯レ之以一レ寛、躁当ニ矯レ之以一レ静、暴当ニ矯レ之以一レ和、麤当ニ矯レ之以一レ細、察ニ其偏甚者一而悉矯レ之、久則気質変矣、

又曰、人之克レ己、或能克ニ於此一、不レ能レ克ニ於彼一、此是克之有レ未レ尽也、能推ニ其所一レ能、以及ニ其所一レ不レ能、則克無レ不レ尽矣、

又曰、淤泥塞ニ流水一、人欲塞ニ天理一、去ニ其塞一則沛然矣、

又曰、一念之欲不レ能レ制、而禍流ニ於滔一レ天、

又曰、勢無ニ両重之理一、此重則彼軽、此軽則彼重、故道義重則外物軽、道義軽則外物重、為レ学之士、常使ニ外物不一レ能レ勝ニ其道義一、則此日重、彼日軽、積久惟見ニ道義一、而不ニ復知一レ有ニ外物一矣、

又曰、気質極難レ変、十分用レ力、猶有ニ変不レ能レ尽者一、然亦不レ可三以為レ難レ変、而遂懈ニ於用一レ力也、

又曰、気質之偏、自レ生来便有レ此矣、若自レ幼至レ長、歴歴曾用ニ変化之功一、則亦無ニ不レ可レ変之理一、若気質既偏、自レ少至レ長、所レ習又偏、一旦驟欲レ変ニ其所一レ習、非ニ百倍之功一不レ能也、

又曰、無欲非レ道、入レ道自ニ無欲一始、

或問ニ周濂渓一曰、聖可レ学乎、曰可、有レ要乎、曰一為レ要、一者無欲也、無欲則静虚動直、静虚則明、明則通、動直則公、公則溥、明通公溥、庶矣乎、

顧涇陽曰、看来看去、吾人千病百痛、只是欲為ニ之胎一、做来做去、吾人所三以趕ニ上聖賢一、只是欲為ニ之祟一、周

子特提二出無欲二字一、正従二咽喉下一著レ力、

邵康節曰、是知言二之於口一、不レ若レ行二之於身一、行二之於身一、不レ若レ尽二之於心一、言二之於口一、人得而聞レ之、行二之於身一、人得而見レ之、尽二之於心一、神得而知レ之、人之聡明、猶不レ可レ欺、況神之聡明乎、是知無レ愧二於口一、不レ若レ無レ愧二於身一、無レ愧二於身一、不レ若レ無レ愧二於心一、無二口過一易、無二身過一難、無二身過一易、無二心過難、既無二心過一、何難之有、吁安得下無二心過一之人上而与レ之語レ心哉、是故知聖人所ヨ以能立二於無レ過之地一者、謂下其善事二於心一者上也、

張無垢曰、快意事、孰不レ喜レ為、往往事過、不レ能レ無レ悔者、於二他人一有二甚不レ快者一焉、豈得レ不レ動二於心一、君子所ヨ以隠忍詳復、不二敢軽易一者、欲二彼此両得一也、

何垣曰、欲レ為二君子一、非二積レ行累㆑善、莫二之能致一、一念私邪、一事悖戻、立見三其為二小人一、故曰終身為レ善不レ足、一日為レ悪有レ余、

羅大経曰、朱文公告二陳同父一云、真正大英雄人、却従二戦戦兢兢・臨レ深履レ薄処一做将出来、若是血気麤豪、却一点使不レ著也、此論於二同父一可レ謂二頂門上一鍼一矣、余観二今之世一、残忍刻核、能聚斂能殺戮者、則謂二之有㆑才、閙レ鄰罵レ坐、無二忌憚一、無二顧藉一者、則謂二之有㆑気、計レ利就レ便、善二捭闔一、善二傾覆一者、謂二之有㆑智、一旦臨二利害得喪死生禍福之際一、鮮レ有下不三顛沛錯乱震懼隕越、而失二其守一者上、況望下其立二大節一、弭二大変一、撐コ拄乾坤一、昭中洗日月上乎、此無レ他、任二其気禀之偏一、安二其識見之陋一、驕恣放誕、不レ知二所レ謂戦戦兢兢臨レ深履レ薄之工夫一故也、

王陽明曰、金之在レ冶、経二烈燄一受二鉗鎚一、当二此之時一、為レ金者甚苦、然自二他人一視レ之、方喜二金之益精煉一、而惟恐二火力鍾煆之不㆑至、及二其出㆑冶、金亦自喜二其煆煉之有㆑成矣、某平日亦毎有下傲コ視行輩一、軽コ忽世故一之心上、

後雖三稍知二懲創一、亦惟支-持-抵-塞於外一而已、及下謫二貴州一二三年上、百難備嘗、然後能有レ所レ見、始信下孟氏生二於憂患一之言、非上レ欺レ我也、

又曰、変-化気質一、居常無レ所レ見、惟当二利害一、経二変故一、遭二屈辱一、平時憤怒者、到レ此能不二憤怒一、憂惶失レ措者、到レ此能不二憂惶失一レ措、始是能有二得レ力処一、亦便是用レ力処、

又曰、務レ実之心重二一分一、則務レ名之心軽二一分一、全是務レ実之心、即全無二務レ名之心一矣、務レ実之心、如二飢之求一レ食、渇之求レ飲、安得三更有二工夫功名一、

鄒東廓曰、聖門之学、以二憂勤一為二正脈一、以二逸豫一為二痼疾一、唐虞君臣儆戒曰レ罔レ遊於逸一、曰レ無レ教二逸欲一、故兢兢業業、為二万世法程一、其在二洙泗一、発レ憤忘レ食、楽以忘レ憂、非二特少年一、老而弥篤、至下能伝二其道一者上、拳拳服レ膺、戦兢知レ免、不下以二箪瓢易簀一有上レ所二揺奪一、吾輩自省何似、乃好レ逸自居、只此一念、改レ過必不レ勇、徙レ義必不レ純、因循包謾、千罪万失、皆由二此淵藪一、若不二猛省痛改一、終不レ可二以語一レ学、

又曰、近与二同士一切磋、大行二窮居之旨一、以為学者未レ能レ実-見吾性本体一、故於二外物得失一、妄加二欣戚一、試使下見-得吾頭一真上、則或以二軒冕一、或以二篛笠一、而頭之本体、未二嘗加損一也、見-得吾脚一真、則或以二赤舄一、或以二敝履一、而脚之本体、未二嘗加損一也、仮有レ人焉、毀レ頭傷レ足、以争二冕舄一、而脱二笠履一、則衆且将二以為一レ智乎、

高景逸曰、胡致堂曰、事在二勉強一而已、意欲レ如レ是、少忍而思レ之曰、如レ是不レ善、終忍而不レ為、斯善矣、意不レ欲レ如レ是、少思而克レ之曰、不レ如レ是不レ善、終克而為レ之、斯善矣、此勉強之道也、意動即行、不二復加一レ思、其入二於不善一、如二丸之下一レ坂、誰能禦レ之、此語於二学者一極有レ益、

呂叔簡曰、慎二言動於妻子僕隷之間一、検二身心於食息起居之際一、這箇工夫便密了、

又曰、有レ過是一過、不二肯認一レ過又是一過、一認則両過都無、一不レ認則両過不レ免、彼強弁以飾レ非者、果何為也、

来道之曰、悔レ過者要尋二過之起頭一、遷レ善者要尋二善之著落一、

呉懐野曰、吾性甚躁、識甚遅、以二遅識一馭二躁性一、鮮レ不レ敗矣、心之官則思、思則躁可レ使レ緩、遅可レ使レ敏、其省レ身克レ己之要訣乎、

陳幾亭曰、行不レ力、不レ知二為レ善之難一、省不レ深、不レ知二入レ悪之易一、

又曰、君子有二二恥一、矜レ所レ能、恥也、飾レ所レ不レ能、恥也、能則謙以居レ之、不レ能則学以充レ之、君子有二二悪一、嫉二人所一レ能、悪也、形二人所一レ不レ能、悪也、能則若二己有一レ之、不レ能則教レ之、

又曰、莫レ悪三於言二人過一、急止レ之、悔已不レ可レ追矣、莫レ陋三於言二其所一レ長、急止レ之、赧已其矣、

又曰、莫レ不レ甘二於人之我棄一、自棄則甘レ之、莫レ不レ甘二於人之我暴一、自暴則甘レ之、莫レ不レ甘二於人之我欺一、自欺則甘レ之、有下不二一旦幡然一者上、非二丈夫一也、

朱晦庵曰、自覚二是病一、便自治レ之、不レ須レ問レ人、亦非三人所二能預一也、

王陽明曰、凡人言語、正到二快意時一、便截然能忍黙得、意気正到二発揚時一、便翕然能収斂得、忿怒嗜欲正到二沸騰時一、便廓然能消化得、非二天下之大勇者一不レ能、

又曰、今人病痛、大段只是傲、千罪万悪、皆従二傲上一来、傲則自高自是、不レ肯レ屈二下一レ人、象之不仁、丹朱之不肖、皆只是一傲字、結果一生、傲之反為レ謙、謙字便是対症之薬、非二但是外貌卑遜一、須二是中心恭敬、撙節退譲一、常見二自己不是一、真能虚レ己受レ人、堯舜之聖、只是謙、到二至誠処一、便是允恭克譲、温恭允塞也、

呂叔簡曰、人之視二小過一也、愧怍悔恨、如犯二大悪一、夫然後能改、無レ傷二二字、修レ己之大戒也、

王少湖曰、学者事無二大小一、纔覚二心所一レ不レ安、便斬絶勿レ為、如レ此乃得レ遂二其本心一、不レ挫二其浩然之気一、即此謹独之学、若優柔不断、終焉内省之疚、悔レ之不二亦遠一乎、

高景逸曰、滋味入レ口、経二三寸舌間一耳、自レ喉以下、珍羞麁糲、同二於冥然一、奈何以二三寸之爽一、軽二戕物命一乎、豈惟口腹、百年光景、三寸滋味耳、有下以二須臾之守一、垂中芳百世上、有下以須臾之縦一、遺中臭万年上、亦可レ思矣、

王陽明示二竜場諸生一教条曰、夫過者、大賢所レ不レ免、然不レ害三其卒為二大賢一者、為二其能改一也、諸生自思二平日一、亦有下欠二於廉恥忠信之行一者上乎、亦有下薄二於孝友之道一、陥二於狡詐偸刻之習一者上乎、不幸或有レ之、皆其不レ知而誤蹈、素無二師友之講習規飭一也、諸生試内省、万一有下近二於是一者上、固亦不レ可三以不二痛自悔咎一、然亦不レ当三以レ此自歉・遂餒二於改レ過従レ善之心一、但能一旦脱然、洗二滌旧染一、雖三昔為二寇盗一、今日不レ害レ為二君子一矣、若曰下吾昔已如レ此、今雖二改レ過而従一レ善、将中人不上レ信レ我、且無レ贖二於前過一、反懐二羞渋疑沮一、而甘二心于汚濁一終焉、則吾亦絶レ望爾矣、

陸桴亭曰、己有レ過、不レ当レ諱、朋友有レ過、決当二為レ之諱一、諱者正所下以勧二其改一、玉中成其改上也、故曰、君子成二人之美一、不レ成二人之悪一、彼以二過失相規一為レ名、而亟三亟於成二人之悪一者、真刻薄小人耳、故子貢曰、悪二訐以為レ直者一、

魏叔子曰、人極重二一恥字一、即盗賊倡優、若有二些恥意在一、便可二教化一、若其人雖レ未二大悪一、或遇二羞恥之事一、恬然可レ安、肆然不レ畏、則終身必無二向レ善之日一、推二到極不善事一、亦所二肯為一、恥字是学人喉関、聖人教人与小人、転為二君子一、皆従二恥上一導引激発過去、人一無レ恥、便如二病者閉一レ喉、雖レ有二神丹一、不レ得レ入レ腹矣、

史搢臣曰、人言果属レ有レ因、深自悔責、返レ躬無レ愧、聴レ之而已、古人云、何以止レ謗、曰、無レ弁、弁愈力則謗者愈巧、又曰、嗜慾正濃時能斬断、怒気正盛時能忍納、此皆学問得レ力処、

致知類　知行・智慮

程明道曰、人要レ明レ理、若止一物上明レ之、亦未レ済レ事、須三是集二衆理一、然後脱然自有二悟処一、

又曰、至顕者莫レ如レ事、至微者莫レ如レ理、而事理一致微顕一源、古之君子、所ヿ以善学一者、以三其能通二於此一而已、

程伊川曰、知者吾之所二固有一、然不レ致則不レ能レ得レ之、而致レ之必有レ道、故曰致レ知在レ格レ物、

又曰、閲二天下之事一、至二於無一レ可レ疑、亦足レ楽矣、

又曰、心通二乎道一、然後能弁二是非一、如下持二権衡一以較中軽重上、孟子所レ謂知レ言是也、心不レ通二乎道一、而較二古人之是非一、猶下不レ持二権衡一而酌中軽重上、竭二其目力一、労二其心智一、雖レ使二時中一、亦古人所レ謂億則屢中、君子不レ貴也、

又曰、欲レ知二得与一レ不レ得、於二心気上一験レ之、思慮有レ得、中心悦予、沛然有レ裕者、実得也、思慮有レ得、心気労耗者、実未レ得耳、強揣度耳、

又曰、凡一物上有二一理一、須三是窮ヿ致其理一、窮レ理亦多端、或読レ書講ヿ明義理一、或論二古今人物一、別二其是非一、或応ヿ接事物一、而処二其当一、皆窮レ理也、

或問、格レ物須二是物物格一レ之、還只格二一物一、而万理皆知、曰、怎得便会貫通、若只格二一物一、便通二衆理一、雖二顔子一、亦不二敢如レ是道一、須下是今日格二一件一、明日又格中一件上、積習既多、然後脱然自有二貫通処一、

又曰、思曰レ睿、思慮久後、睿自然生、若於二一事上一思未レ得、且別換二一事一思レ之、不レ可三専守ヿ著這一事一、

蓋人之知識、於二這裏一蔽著、雖二強思一亦不レ通也、

張横渠答二范巽之一曰、所レ訪物怪神姦、此非レ難レ語、顧語未二必信一耳、孟子所レ論、知レ天知レ性、学至二於知一レ天、則物所二従出一、当二源源自見一、知レ所二従出一、則物之当レ有当レ無、莫レ不二心諭一、亦不二待レ語而後知一、諸公所レ論、但守レ之不レ失、不レ為二異端所一レ刧、進進不レ已、則物怪不レ須レ弁、異端不二必攻一、不レ逾二期年一、吾道勝矣、若欲下委二之無窮一、付レ之以上レ不レ可レ知、学為レ疑撓、智為レ物昏、交来無レ間、卒無二以自存一、而溺二於怪妄一必矣、

朱晦庵曰、致知格物、只是一事、非二是今日格レ物、明日又致一レ知、格物以レ理言、致知以レ心言、

又曰、万事皆在二窮レ理後一、経不レ正、理不レ洞、看如何地持守也只是空、

又曰、心包二万理一、万理具二于一心一、不レ能レ存二得心一、不レ能レ窮二得理一、不レ能レ窮二得理一、不レ能レ尽二得心一、

問、窮二事物之理一、還当レ窮二究箇総会処一、如何、曰、不レ消レ説二総会一、凡是眼前底、都是事物、只管恁地逐レ段窮、教レ到二極至処一、漸漸多自貫通、然為二之総会一者心也、

又曰、大著二心胸一、不レ可下因二一説一相碍上、看教二平闊一、四方八面都見、

又曰、看二道理一、須二是見得実一、方是有二功効一処、若於二上面一添二些玄妙奇特一、便是見二他実理一未レ透、今之学者、不二曾親功見得一、而臆度揣摸為レ説、皆助長之病也、道理止平看、意思自見、不レ須二先立一レ説、

程明道曰、須三是識在二所レ行之先一、譬如レ行レ路、須二得レ光照一、

程伊川曰、力行先須レ要レ知、非二特行難一、知亦難也、

又曰、君子以レ識為レ本、行次レ之、今有レ人焉、力能行レ之、而識不レ足二以知一レ之、則有二異端者出一、彼将二流蕩而不一レ知レ反、内不レ知二好悪一、外不レ知二是非一、雖レ有二尾生之信一、吾弗レ貴矣、

又曰、未レ有下知レ之而不レ能レ行者上、謂二知レ之而未一レ能レ行、是知之未レ至也、

朱晦庵曰、学レ之之博、未レ若二知レ之之要一、知レ之之要、未レ若二行レ之之実一、

論二知之与レ行曰、方二其知レ之而行未レ及レ之、則知尚浅、既親歴二其域一、則知レ之益明、非二前日之意味一、

又曰、見不レ可レ謂二之虚見一、見無二虚実一、行有二虚実一、見只是見、見了後却有レ行有レ不レ行、若不レ見後、只要二硬作一、便所レ成者窄狭、

又曰、士患レ不レ知レ学、知レ学矣、而知レ所レ択之為レ難、能択矣、而勇足二以行一レ之、内不レ顧二於私己一、外不レ牽二於俗習一、此又難也、

程明道曰、大凡出レ義則入レ利、出レ利則入レ義、天下之事、惟義利而已、

又曰、利者衆人之所二同欲一也、専欲レ益レ己、其害大矣、貪レ之甚、則昏蔽而忘二理義一、求レ之極、則争奪而致二怨仇一、

程伊川曰、所レ謂利者、不二独財利之利一、凡有二利心一便不可、如作二一事一、須レ尋二自家穏便処一、皆利心也、聖人以レ義為レ利、義安処便為レ利、

又曰、雖下公二天下一事上、若用二私意一為レ之、便是私、

又曰、公則同、私則異、同者、天心也、

朱晦庵曰、人只有二箇天理人欲一、此勝則彼退、彼勝則此退、無下中立不二進退一之理上、凡人不レ進便退也、譬如三劉項相ヿ距於滎陽成皐間一、彼進ヿ得一歩一、則此退二一歩一、此進二一歩一、則彼退二一歩一、初学者則要下牢劄ヿ定脚一、与レ他捱上、捱得一毫去、則逐旋捱将去、此心莫レ退、終須レ有二勝時一、勝時甚気象、

又曰、利是那義裏面生出来底、凡事処制得レ合レ宜、利便随レ之、所ヿ以云二利者義之和一、蓋是義便兼ヿ得利一、若只理ヿ会利一、却是従二中間半截一做レ下去、遺ヿ了上面一截義底一、小人只理ヿ会後面半截一、君子従レ頭来、

陸象山曰、事不レ可二以逆料一、聖賢未二嘗預料一、由也不レ得二其死然一、死矣盆成括、其微言如レ此、

又曰、人不レ弁二箇小大軽重一、無二鑑識一、些小事便引得動レ心、至二於天来大事一、却放下看、

定夫挙二禅説一、正人説二邪説一、邪説亦是正、邪人説二正説一、正説亦是邪、象山曰、是邪説也、正則皆正、邪則皆邪、正人豈有二邪説一、邪人豈有二正説一、此儒釈之分也、

又曰、神以知レ来、智以蔵レ往一、神・蓍也、智・卦也、此是人一身之蓍、

又曰、内無レ所レ累、外無レ所レ累、自然自在、纔有二一些子意一、便沈重了、徹レ骨徹レ髄、見得超然、於二一身一自然軽清、自然霊、

程伊川曰、君子所レ見者大且遠、小人所レ見者小且近、君子之志、所レ慮者豈止二其一身一、直慮及二天下千万世一、小人之慮、一朝之忿、曾不レ遑レ恤二其身一、

張子韶曰、用二明於内一者、見二己之過一、用二明於外一者、見二人之過一、見二己之過一者、視二天下皆勝一レ己也、見二人之過一者、視二天下皆不一レ知レ己也、此智愚所二以分一与、

或問、人之処レ己、当二以レ何為一レ先、張無垢曰、操守欲レ正、器局欲レ大、識見欲レ遠、三者有レ一、便可レ立レ身、兼レ之者極難、雖レ然有二識見一者自別、当下以二識見一為上レ先、

徐学謨曰、当二得レ意時一、須レ尋二一条退路一、然後不レ死二於安楽一、当二失レ意時一、須レ尋二一条出路一、然後可レ生二於憂患一、

薛敬軒曰、凡禍患伏二於無形之中一、惟聖人則知レ幾而防二之於未然一、故能消二其禍一、衆人不レ知レ幾、而図二之於已著一、則已無レ及矣、

又曰、所レ貴二於智一者、為下能別二賢否一分中是非上也、是非賢否不レ能レ弁、焉足二以言一レ智、

王少湖曰、凡見レ幾、乃謂二其理之先見者一、人心至霊、故自能覚、但纔見二其幾一、便当二立断一、乃為レ有レ益、最怕二怠惰因循一、反生二狐疑一、不レ能二勇決一、則幾雖レ善而終無二成就一、幾之不レ善者、雖二能見一而禍終難レ避、此

与下不レ見レ幾者上同耳、何足レ貴哉、故聖人不二徒曰一レ見レ幾、而必曰下見レ幾而作、不上レ俟レ終レ日、其意懇切如レ此、

周元甫曰、素信而卒離者、疑レ我也、漸離而急合者、嘗レ我也、

徐愛問、古人説二知行一做二両箇一、亦是要二人見箇分暁一、一行做二知的功夫一、一行做二行的功夫一、即功夫始有二下落一、王陽明曰、此卻失二了古人宗旨一也、某嘗説知是行的主意、行是知的功夫、知是行之始、行是知之成、若会得時、只説二一箇知一、已自有二行在一、只説二一箇行一、已自有二知在一、

王陽明曰、這些子、看得透徹、些子指良知随二他千言万語一、是非誠偽、到レ前便明、合得的便是、合不レ得的便非、真是個試金石、指南針、

崇一曰、先生致知之旨、発二尽精蘊一、看来這裏再去不レ得、王陽明曰、何言之易也、再用レ功半年、看如何、又用レ功一年、看如何、功夫愈久、愈覚レ不レ同、此難二口説一、

又曰、知来本無レ知、覚来無レ覚、然不レ知則遂淪埋、

呂叔簡曰、福莫レ美二於安一レ常、禍莫レ危二於盛満一、天地間万事万物、未レ有二盛満而不レ衰者一也、而盛満各有二分量一、惟智能知レ之、是故卮以二勺一為二盛満一、甕以二数石一為二盛満一、有二甕之容一而懐二勺之懼一、則慶有レ余矣、

又曰、十分識見人、与二九分者一説、便不レ能二了悟一、況愚智相去、不二啻倍蓰一、而有二一不一レ当レ意、輒怒而棄レ之、則皐陶稷契伊傅周召、棄レ人多矣、所レ貴三乎有レ識而居二人上一者、正以下其能就二無識之人一、因二其微長一而善用上レ之也、

呉懐野曰、人情孰不下喜レ安而悪レ危、喜レ順而悪上レ逆、安不レ忘レ危則常安矣、順不レ忘レ逆則常順矣、在二識レ微知一レ著者、早見而予待一焉、

毛還樸曰、凡人小見識不レ可レ有、大見識不レ可レ無、然有二小見識一者、必不レ能レ為二大見識一、有二大見識一者、必不レ屑レ為二小見識一、此君子小人所二由分一也、

王耐軒曰、客有レ問二於余一曰、処二順境一易、処二逆境一難、信乎、余白、両者倶難、惟智者処レ之則無レ難矣、順境者、人易レ縦之時也、縦レ之不レ已、則天奪二其魄一、故曰、小人福薄、福過禍生、逆境者、動而有レ悔時也、悔レ之痛切、天必祐レ之、故曰、弔者在レ門、慶者在レ閭、是故処二順境一而知レ懼、処二逆境一而知レ悔、則禍患不レ能レ及焉、

又曰、人之病、在三乎好談二其長一、長二於功名一者、動輒誇二功名一、長二於文章一者、動輒誇二文章一、此皆露二其所レ長、而不レ能レ養二其所レ長者也、唯智者不レ言、故能保二其長一、

又曰、世人坑阱在在有レ之、要二人惺惺一耳、眼一少昧、足一少偏、則堕二落其中一、安能出哉、及二其堕一也、乃悔二前日之所レ為晩矣、此君子貴二乎知レ微、

陳眉公曰、有二済世才一者、自宜二韜歛一、若声名一出、不幸而為二乱臣賊子所レ刼、或不幸而為二権奸佞倖所レ推、既損二名誉一、復掣二事機一、所二以易之無レ咎無レ誉、荘生之才与二不才一、真明哲之三窟也、

陳幾亭曰、智慮僅同二一世之人一、聖者不レ然、智慮蓋尽二一世之人一、聖者又不レ然、惟意見争出、而定二其所レ帰、議論千百、而取二其所レ是、則非二大聖一不レ能耳、聖者用レ衆、非レ廃レ衆、択レ衆、非レ勝レ衆、

又曰、知之所レ係、大矣哉、盛徳大業、戒慎恐懼為二其根一、戒慎恐懼、知為レ根、知レ天故畏レ天、知レ人故畏レ人、昏愚則無レ不二狎侮一、一動一言、皆獲二罪於天一矣、久将レ不レ可レ悔、

又曰、迷者之於レ道、不レ啻千里一、坐而守レ之、則終身不レ至、背而去レ之、則日遠二一日一矣、一念自反、大路在レ前、反而後能識、反而後能修、

王褘曰、利者害之基、福者禍之媒、乗除倚伏、灼如二蓍亀一、夫唯明二炳幾先一、乃能洞二其幽一燭二其微一、世之饕レ利溺レ福、入而不レ出者、有下不二蹈レ災而襲レ危者上乎、

呂叔簡曰、事必要二其所レ終、慮必防二其所レ至、若見二眼前快意一便了、此最無識、故事有レ当レ怒、而君子不レ怒、

当レ喜而君子不レ喜、当レ為而君子不レ為、当レ已而君子不レ已者、衆人之智浅、而君子之識遠也、

又曰、智者不二与レ命闘一、不二与レ法闘一、不二与レ理闘一、不二与レ勢闘一、

又曰、将レ事而能弭、当レ事而能救、既レ事而能挽、此之謂レ達レ権、此之謂レ才、未レ事而知二其来一、始レ事而要二其終一、定レ事而知二其変一、此之謂二長慮一、此之謂レ識、

又曰、昧者知二其一一、不レ知二其二一、見二其所一レ見、而不レ見二其所一レ不レ見、故於レ事鮮二克有一レ済、惟智者能柔能剛、能円能方、能存能亡、能顕能蔵、挙世惧且疑、而彼確然為レ之、卒如二所レ料者一、見先定也、

又曰、善用レ力者就レ力、善用レ勢者就レ勢、善用レ智者就レ智、善用レ財者就レ財、夫是之謂レ乗、乗者知レ幾之謂也、失二其所一レ乗、則倍レ労而功不レ就、得二其所一レ乗、則与レ物無レ忤、於レ吾無レ困、而天下享二其利一、

又曰、蔵二莫大之害一、而以二小利一中二其意一、蔵二莫大之利一、而以二小害一疑二其心一、此愚者之所二必堕一、而知者之所二独覚一也、

又曰、明二義理一易レ識、時勢難レ明、義理腐儒可二能識一、時勢非二通儒一不レ能也、識レ時易、識レ勢難、識レ時凡有レ見者可レ能、識レ勢非二先見者一不レ能也、識レ勢而早図レ之、自不レ至二於極重一、何時之足レ憂、

又曰、無用之朴、君子不レ貴、雖レ不レ事二機械変詐一、至二於徳慧術智一、亦不レ可レ無、

又曰、計二大事一者、只在二要緊処一著一、留レ心用レ力、譬二之奕棋一、只在二輸贏上一留レ必、一馬一卒之間、得レ之不レ足レ喜、失レ之不レ足レ憂、若観者以レ此預計二其高低一、奕者以レ此預乱二其心目一、便不レ済レ事、況善籌者以レ与為レ取、以レ喪為レ得、善奕者餌レ之使レ呑、誘レ之使レ進、此豈尋常識見所二能策一哉、乃見二其小失一、而遽沮二撓之一、擯二斥之一、英雄豪傑可二為窃笑一矣、可二為扼腕一矣、

又曰、驟制則小人未二必帖服一、以レ漸則天下無二豪傑一、皆就二吾羈靮一矣、明制則愚者亦生二機械一、黙制則天下無二智

巧一、皆入二吾範囲一矣、此御二豪傑一待二小人一之微権、舎レ是未レ有二能済者一也、或曰、何不下以二至誠一行上レ之、曰、此何嘗不二至誠一、但不二浅露軽率一耳、孔子曰、幾事不レ密則害成、此之謂歟、

又曰、応二大事一者、固貴レ有二前聞一、而臨レ事斟酌、尤貴二於当一レ機、有下一事在二一人一、而彼此互異者上、有下一人処二一事一、而朝暮不レ同者上、是故度レ徳量レ力、因レ時随レ勢、要在レ当レ機而已、何可レ膠也、膠必悔吝、

又曰、当レ需不レ怕レ久、久不レ可レ厭、久時与二得時一相隣、若憤二其久一也、而決二絶之一、是不レ能レ忍二於斯須一、而甘棄二前労一、坐失二後得一也、此従レ事者之大戒也、若看二得事体不一レ妥、則不二必需一、則需レ之久、亦当二速去一、

又曰、天地間礼義大防、綱紀大体、断断不レ可二分毫出入一、若二其応レ変当レ卒、定レ難決一レ疑、須レ要下破二拘攣之見一、斥中迂腐之談上、情有下重二於礼一者上、或先レ情而後レ礼、卑有下急二於尊一者上、或先レ卑而後レ尊、所レ貴下識二時務一之俊傑上也、

陳玉塁曰、処二天下事一、有下等二先レ事而躁動一者上、有下等二後レ事而遅緩一者上、有下等三不レ先不レ後、適投二機会一者上、常見世有二迂濶者一、徒知二躁動為一レ非、而臨レ事狐疑、儼然自附二於投レ機之人一、及レ至二機会已過一、尚不二覚悟一、其壊二天下事一、不レ在二躁動為一レ非、而臨レ事狐疑、儼然自附二於投レ機之人一、及レ至二機会已過一、尚不二覚悟一、其壊二天下事一、不レ在二躁競者之下一、当レ機者、識明而意定後レ事者識昏而意擾、

陳幾亭曰、有二一定之識一、事理当レ前、是非如レ睹、出二平日学力之所一レ至、不下待二擬議一而後得上レ之、有二徐出之識一、事変倏来、一時未レ能レ断、深思而後得レ之、有二取資之識一、雖二深思一未二必得一也、合二衆人之心思一、其間必有二当者一、択二其是一而従レ之、此三者在二衆人一固然、在二聖人一亦然、所下以周公有二継レ日之思一、堯舜亦曰中疇咨稽上レ衆、惟能取二于衆一、能竭二其心思一、所三以為二聖人一耳、

来斯行曰、事上見得徹、則一時之浮議不レ能レ惑也、胸中持得定、則一時之浮気不レ能レ動也、

教学類

周濂渓曰、剛善為レ義、為レ直、為レ断、為二厳毅一、為二幹固一、悪為レ猛、為レ隘、為二強梁一、柔善為レ慈、為レ順、為レ巽、悪為二懦弱一、為二無断一、為二邪佞一、惟中也者和也、中レ節也、天下之達道也、聖人之事也、故聖人立レ教、俾下人自易二其悪一、自至中其中上而止矣、

程伊川曰、古人生レ子、能食能言而教レ之、大学之法、以レ予為レ先、人之幼也、知思未レ有レ所レ主、便当下以二格言至論一、日陳中於前上、雖レ未二暁知一、且当三薫聒、使二盈レ耳充一レ腹、久自安レ習、若レ固二有之一、雖下以二他言一惑上レ之、不レ能レ入也、若為レ之不レ予、及二乎稍長一、私意偏好、生二於内一、衆口弁言、鑠二於外一、欲二其純完一、不レ可レ得也、

程明道曰、凡立レ言、欲レ涵二蓄意思一、不レ使二知レ徳者厭、無レ徳者惑一、

又曰、語二学者一以二所レ見未レ到之理一、不三惟所レ聞不二深徹一、反将レ理低看了、

程伊川曰、孔子教レ人、不レ憤不レ啓、不レ悱不レ発、蓋不レ待二憤悱一而発、則知レ之不レ固、待二憤悱一而後発、則沛然矣、学者須二是深思一レ之、思レ之不レ得、然後為レ他説、便好、初学者須二是且為レ他説一、不レ然非二独他不一レ暁、亦止二人好レ問之心一也、

張横渠曰、世学不レ講、男女従レ幼便驕惰壊了、到レ長益凶狠、只為レ未三嘗為二子弟之事一、則於二其親一已有二物我一、不二肯屈下一、病根常在、又随レ所レ居而長、至レ死只依レ旧、為二子弟一則不レ能レ安二洒掃応対一、在二朋友一則不レ能レ下二朋友一、有二官長一則不レ能レ下二官長一、為二宰相一則不レ能レ下二天下之賢一、甚則至下於徇二私意一、義理都喪上、也只為下病根不レ去、随二所レ居所一レ接而長上、人須三一事事消二了病一、則義理常勝、

又曰、人教二小童一、亦可レ取レ益、絆レ己不二出入一、一益也、授レ人数数、己亦了二此文義一、二益也、対レ之必正二衣冠一、尊二瞻視一、三益也、常以三因レ己而壊二人之才一為レ憂、則不二敢堕一、四益也

朱晦庵曰、天生二斯人一、而予レ之以二仁義礼智之性一、而使三之有二君臣父子兄弟夫婦朋友之倫一、所レ謂民彝者也、惟其気質之稟、不レ能レ一二於純秀之会一、是以欲動情勝、則或以陥溺而不二自知一焉、古先聖王為レ是之故、立二学校一以教二其民一、而其為レ教、必始二於灑掃応対進退之間、礼楽射御書数之際一、使下之敬恭朝夕、脩二其孝弟忠信一而無上レ違也、然後従而教三之格レ物致レ知以尽二其道一、使下之所二レ以自レ身及レ家、自レ家及レ国、而達二之天下一者、蓋無中二理上、其匡直輔翼、優柔漸漬、必使下天下之人、皆有中以不レ失二其性一、不上レ乱二其倫一、而後已焉、此二帝三王之盛、所四以化行俗美、黎民醇厚、而非三後世之所二能及一也、

陸象山曰、凡物必有二本末一、且如就二樹木一観レ之、則其根本必差大、吾之教レ人、大概使二其本常重、不レ為二末所一レ累、然今世論レ学者、却不レ悦レ此、

又曰、人各有レ所レ長、就二其所一レ長而成一レ就之一、亦是一事、此非三拘儒曲士之所二能知一、惟明道君子無レ所二陥溺一者、能達レ此耳、

銭緒山曰、教与レ学、只是一事、我誠心為レ善、人自起二同レ善之心一、則教亦行二乎其中一矣、要二人為一レ善、誠心委曲以導レ之、則学亦在二其中一矣、今人只要レ求一レ責於人一、不レ知下未レ能レ寡二人之過一、而反益中己之過上、

史搢臣曰、父母教レ子、当丙於下稍有二知識一時上、見乙生動之物甲、即昆虫草木、必教レ勿レ傷、以養二其仁一、尊長親朋、必教二恭敬一、以養二其礼一、然諾不レ爽、言笑不レ苟、以養二其信一、稍有レ不レ合、即正言厲色以諭レ之、不三必暴戻鞭撲以傷二其忍一、

陸桴亭曰、古人云レ教レ孝、愚謂亦当レ教レ慈、慈者所二以致一レ孝之本也、愚見二人家一、儘有二中才子弟一、却因二父

母不慈一、打コ入不孝一辺一、遇二頑嚚一而成レ底レ予者、古今自二大舜一後、能有二幾人一、

帳楊園曰、雖レ肆二詩書一、不レ可レ不レ令レ知二稼穡之事一、雖レ秉二耒耜一、不レ可レ不レ令レ知二詩書之義一、

賀陽亨曰、子弟必有二知賢愚不肖之不一レ同、順二其性一而教レ之、使三各適二其用一足矣、何必強レ之使レ一、且性已生定、強亦不レ能レ従、徒両苦耳、

又曰、教レ子有レ五、導二其性一、広二其志一、養二其材一、鼓二其気一、攻二其病一、

陳榕門釈レ之曰、導レ性、導二其義理之性一、非二気質之性一也、広レ志養レ材、広下其可二以有一レ為之志上、養下其可二以有一レ為之材上、鼓レ気、母レ使二委靡而変遷一也、攻レ病、先攻二其大者一、次攻二其小者一、長レ善救レ失四字、不レ可レ欠レ一、所コ以人楽一レ有二賢父兄一也、

湯潜庵曰、教二子弟一、只是令二他読一レ書、他有三聖賢句話在二胸中一、有レ時借二聖賢言語一、照二他行事一開コ導之一、他便易レ有二省悟処一、

家道類　師友・治家

程伊川曰、正二倫理一、篤二恩義一、家人之道也、

又曰、人無二父母一、生日当レ倍二悲痛一、安忍二置レ酒張レ楽以為一レ楽、若二具慶者一可矣、

問、孀婦於レ理似レ不レ可レ取、如何、曰然、凡取以配レ身也、若取二失レ節者一以配レ身、是已失レ節也、又問、或有二孤孀貧窮無レ託者一、可二再嫁一否、曰、只是後世怕二寒餓死一、故有二是説一、然餓死事極小、失レ節事極大、

程子葬レ父、使二周恭叔主一レ客、客欲レ酒、恭叔以告、先生曰、勿レ陥二人於悪一、

問、事レ兄尽レ礼、不レ得二兄之歓心一、奈何、曰、但当三起レ敬起レ孝、尽二至誠一、不レ求レ伸レ己、可也、曰、接レ弟之道如何、曰、尽二友愛之道一而已、

司馬君実曰、受二人恩一而不レ忍レ負者、其為レ子必孝、為レ臣必忠、

朱晦庵曰、人之所ヨ以有二此身一者、受二形於母一、而資ヨ始於父一、雖レ有二強暴之人一、見レ子則憐、至二於襁褓之児一、見レ父則笑、果何為而然哉、初無レ所レ為而然、此父子之道、所ヨ以為二天性而不ヒ可レ解也、然父子之間、或有下不レ尽二其道一者上、是豈為レ父而天性有レ不レ足二於慈一、亦豈為レ子而天性有下不レ足二於孝一者上哉、人心本明、天理素具、但為二物欲所レ昏、利害所ヒ蔽、故小則傷レ恩害レ義・而不レ可レ開、大則滅レ天乱レ倫・而不レ可レ救也、

又曰、君臣父子之大倫、天之経、地之義、而所レ謂民彝也、故臣之於レ君、子之於レ父、生則敬養レ之、歿則哀送レ之、所三以致二其忠孝之誠一者、無レ所レ不レ用二其極一、而非二虚加ヒ之也、以為不レ如レ是則無三以尽二吾心一云爾、

問、父母之於レ子、有二無レ窮憐愛一、欲二其聡明一、欲二其成立一、此之謂二誠心一邪、曰、父母愛二其子一、正也、愛レ之無レ窮、而必欲二其如ヒ此、則邪矣、此天理人欲之間、正当二審決一、

問、与二朋友一交後、知二其不善一、欲レ絶則傷レ恩、不二与レ之絶一、則又似三匿レ怨而友二其人一、曰、此非二匿レ怨之謂一也、心有レ怨二於人一、而外与レ之交、則為レ匿レ怨、若二朋友之不善一、情意自是当レ疏、但疏レ之以レ漸、若無二大故一、則不三必峻コ絶之一、所レ謂親者毋レ失二其為ヒ親、故者毋レ失二其為ヒ故者也、

伊川曰、学者必求二其師一、記問文章、不レ足三以為二人師一、以二所レ学者外一也、故求レ師不レ可レ不レ慎、所謂師者何也、曰理也義也、

問、某与レ人居、視二其有ヒ過而不レ告、則於レ心有レ所レ不レ安、告レ之而人不レ受、則奈何、曰、与レ之処而不レ告二其過一、非レ忠也、要使三誠意之交通、在二於未レ言之前一、則言出而人信矣、不レ信誠不レ至也、

范革陽曰、与下賢二於己一者上処、則自以為レ不レ足、与下不レ如レ己者上処、則自以為レ有レ余、自以為レ不レ足則日益、自以為レ有レ余則日損、

問、人倫不レ及レ師、朱晦庵曰、師与二朋友一、同レ類而勢分等二於君父一、唯其所レ在則致レ死焉、或云、如在二君旁一、則為レ君死、在二父旁一、則為レ父死、曰、也是如レ此、如在レ君、雖二父有一レ罪、不レ能二為レ父死一、又曰、人倫不レ及レ師者、朋友多而師少、以二其多者一言レ之、問、服中不レ及レ師何也、曰、正是難レ処、若論二其服一、則当下与二君父一等上、故礼謂若レ喪レ父而無レ服、又曰、平居則経、

陸象山曰、吾嘗謂楊子雲韓退之、雖レ未レ知レ道、而識度非二常人所一レ及、其言時有下所二到而不一レ可レ易者上、楊子雲謂、務レ学不レ如レ務レ求レ師、師者人之模範也、模不レ模、範不レ範、為レ不レ少矣、韓退之謂、古之学者必有レ師、師者所二以伝レ道授レ業解二レ惑也、人非二生而知一レ之、孰能無レ惑、惑而不レ求レ師、其為レ惑也終不レ解矣、近世諸儒、反不レ及レ此、然後知二二公之識不一レ易レ及也、吾亦謂、論レ学不レ如レ論レ師、得レ師而不レ能二虚レ己委一レ己、則又不レ可二以罪一レ師、

許相郷曰、諺云、富貴怕レ見二開花一、此語殊有レ意、言已開則謝、適可レ喜、正可レ懼、今有下方値二豊亨一、便生二驕溢一、侈二筵慶賞一、過二飾婚喪一、伎楽声容、沸騰傾動、光二映門戸一、勝中絶郷邦上、則是花開矣、夫無レ徳而富貴、謂二之不祥一、宜レ加二省懼一、何用二誇侈一、子孫有レ是、亟為二斂抑一、差緩二傾敗一、

呂叔簡曰、樸素渾堅、聖人制レ物利レ用之道也、彼好レ文者、惟樸素之恥、而靡二麗夫易レ敗之物一、不智甚矣、或曰、靡二麗其渾堅者一可乎、曰、既渾堅矣、靡麗奚為、是故君子作二有益一則軽二千金一、作二無益一則惜二一介一、仮令無二一介之費一、君子亦不レ作二無益一、何也、不下敢以二耳目之玩一、啓中天下民窮財尽之源上也、

倪正父曰、倹而能施、仁也、倹而寡レ求、義也、倹以為二家法一、礼也、倹以訓二子孫一、智也、倹而慳吝、不仁也、倹復貧求、不義也、倹二於其親一、非礼也、倹二其積一以遺二不肖子孫一、為二酒色資一、不智也、

陳幾亭曰、慳与レ倹、慷慨与二奢侈一、判然人我之分、何嘗相似、世人認レ慳為レ倹、認レ奢為二慷慨一、殊可レ笑也、希文食不レ重レ味、死無二殮具一、然膏腴千畝、以贍二通族一、慷慨無二以加一、東坡切二百文一為二三段一、毎日用二一段一、而傾嚢五百金、臨レ終焚レ券、真倹之人、決然不レ慳也、

又曰、楽レ周レ人者、自奉必薄、奢二於身一者、恵不レ及二其親一、

袁君載曰、家不レ和、由二於婦構一、其原又多出二婢妾一、蓋此輩愚賤無識、以レ言二他人之短長一為レ忠二於主母一、稍一聴信、必日造二虚妄一、使二主母与レ人深讐一、而彼始揚揚得レ意、自匿処二於心腹一也、惟僕隷亦然、主翁聴信、則戚族故旧皆失レ歓、而良善佃僕、反致二譴責一矣、

又曰、人之至親、莫レ過二於父子兄弟一、而父子兄弟、有二不レ和者一、蓋因下人之性、或寛緩、或褊急、或剛暴、或柔懦、或厳重、或軽薄、或持検、或放縦、或喜二閑静一、或喜二紛拏一、或所レ見者小、或所レ見者大、所レ稟自是不上レ同、父必欲三子之性合二於己一、子之性未二必然一、兄必欲三弟之性合二於己一、弟之未二必然一、性不二相合一則凡臨レ事之際、必致二於争論一、争論不レ勝、至二於再三一、不和之情、自レ茲而起、或至二於終身失上レ歓者有レ之矣、若悉悟二此理一、為二父兄一者、通二情於子弟一、而不レ責三子弟之同二於己一、為二子弟一者、仰一レ承於父兄一、而不レ望二父兄惟己之聴一、則処レ事之際、必相和協、無二乖争之患一矣、

又曰、自レ古人倫賢否相雑、或父子不二皆賢一、或兄弟不二皆令一、或夫流蕩、或妻妬悍、鮮レ有下一家尽無二此患一者上、雖二神聖一亦無二如レ之何一、譬如三身有二瘡痍疣贅一、雖二甚可上レ悪、不レ可二決去一、惟当下寛懐処レ之、従容諭レ之、俟中其自化上、則胸中泰然矣、

又曰、骨肉失レ歓、有下本至微而至二終不上レ可レ解者上、止由三失レ歓之後、各自負レ気不二肯相下一焉耳、有二能先下レ気、与レ之趨レ事、与レ之話言一、則彼此酬復、豈不三漸如二平日一耶、

又曰、有下兄弟不レ和・而致二争訟一破レ家者上、或由二於父母憎愛之偏一、衣服飲食、言辞動静、必厚二於所レ愛、而薄二於所レ憎、見レ愛者意気日横、見レ憎者心不レ能レ平、苟積久レ之、遂成二深讐一、所レ謂愛レ之適以害レ之也、

又曰、凡人家有三子弟及婦女好伝二逓言語一、則雖二聖賢同居一、亦不レ能二泰然一、蓋凡人作レ事、不レ能三皆合二人意一、寧免二其背後評議一、人不二伝逓一、則彼不二聞知一、若此言彼聞、必積成二怨恨一、況両逓二其言一、或従而増二易之一、両家之怨、且レ至二牢不レ可レ解、惟高明之人、有レ聞而亦不レ聴、則此輩自不レ能レ離二間我所レ親、

司馬君実曰、凡為二家長一、必謹守二礼法一、以御二羣子弟及家衆一、分レ之以レ職、授レ之以レ事、而責二其成功一、制二財用之節一、量レ入以為レ出、称二家之有無一、以給二上下之衣食・及吉凶之費一、皆有二品節一、而莫レ不二均一一、裁二省冗費一、禁二止奢華一、常須下稍存二贏余一、以備中不虞上、

顔之推曰、父母威厳而有レ慈、則子孫畏慎而生レ孝、吾見二世人一、愛而不レ教、飲食云為、恣二其所レ欲、宜レ戒翻奨、応レ訶反笑、至レ有二識知一、謂法尚爾、驕慢已習、方復制レ之、捶撻至レ死而無レ威、忿怒日隆而増レ怨、逮二於成長一、終為二敗徳一、俗諺云、教レ婦初来、教レ児嬰孩、信哉、

方正学曰、為レ家以下正二倫理一別中内外上為レ本、以二尊レ祖睦レ族為レ先、以二勉レ学脩レ身為レ教、以二樹芸牧畜一為レ常、守以二節倹一、行以二慈譲一、足レ己以済レ人、習レ礼而畏レ法、亦可二以寡レ過矣、

袁君載曰、子孫有レ過、父祖多不二自知一、或自以二子孫一為レ賢、而人言為レ誣、故子孫有二弥天之過一、父祖不レ知也、間有下家誡稍厳、而母氏又庇二子之悪一、不上レ使二其父知レ之、富家之子孫不肖、不レ過レ耽二酒色博戯破レ家之事一、而貴官之子孫、不レ止二於此一、仮レ勢淩レ人、飾レ詞妄訟、以レ曲為レ直、滅レ倫絶レ理、誤二其父祖一、陥二於刑憲一、凡為二人父祖一者、宜三毎レ事関防、時加二詢訪一、或庶幾焉、

許相郷曰、生子質敏才俊、可レ憂勿レ喜、便思予加二防検一、陶二習謙晦一、沈二厚性情一、禁二絶浮誇傲誕者与レ之遊処一、

庶可レ成二遠大之器一、

方定之曰、語云、家有二常業一、雖レ饑不レ餓、夫無二常業一者遊民也、豈惟不レ免二於餓一、放僻邪侈無レ不レ至、而刑戮随レ之矣、可レ不レ戒哉、古之志士帯レ経而鋤、負レ薪而読、固貧者之業也、奚足レ恥也、士之恥レ貧、不レ足二以為レ士矣、貪而無レ恥、不レ可二以為レ人矣、

薛千仞曰、士大夫家年少子弟、必不レ宜レ使レ読二世説一、未レ得二其雋永一、先習二其簡傲一、不レ可レ不レ慎、

倪正父曰、子弟傚法、必観二父兄一、蓋有二父兄節倹・而子弟淫侈、父兄謙勤・而子弟傲慢者一矣、今父兄日為二傲慢一、而責二子弟一以二謙勤一、無二是理一矣、雖二痛責レ之、彼将レ曰下夫子教レ我以レ正、夫子未レ出二於正一也上、其肯卒服乎、故為二父兄一者、不レ可レ不二先自脩飾一、

姚弱侯曰、父母生レ子、早不レ過二三十歳一、子能成レ家自立、自登二貴顕一、早亦必待二三十歳一、然則為二人父母一者、待レ子能養、已是五六十歳、譬如下持二短燭一行中長路上、奔趨投レ店、尚恐二燭滅一、況敢逍ヿ遥於中路一哉、為二人子一者、擁レ妻抱レ子、飽食安眠、豈知三堂上髪白眼暗之人又復芟ヿ除一日一耶、妻子之年方少、享用之日正長、況妻可二再続一、子可二再生一、而生レ身父母、一去不レ復、上天下地尋覔無レ門、言念及レ此、能無レ懼乎、

黄山谷曰、法昭禅師詩云、同気連枝各自栄、些些言語莫レ傷レ情、一回相見一回老、能得三幾時為二弟兄一、兄弟同居忍便安、莫下因二毫末一起中争端上、眼前生レ子又兄弟、留ヿ与児孫一作レ様看、此語最堪二感悟一、

呂叔簡曰、家人之害、莫レ大下於卑幼各恣二其無レ限之情一、而上之人阿二其意一而不中之禁上、尤莫レ大二於婢子造レ言而婦人悦レ之、婦人附会而丈夫信レ之、禁二此二害一、其家不二和睦一者鮮矣、

又曰、家人不レ睦、其所二相責一者皆相似也、苟以二其相似者一自責、則翕然睦矣、

又曰、一家之中、要レ看ヿ得尊長尊則家治一、若看ヿ得尊長不レ尊、如何斉得、其要在二尊長自脩一、

王陽明客坐私祝曰、但願下温恭直諒之友、来レ此講レ道論レ学、示以二孝友謙和之行一、徳業相歓、過失相規、以教二訓我子弟一、使上レ毋レ陥二於非僻一、不レ願下狂躁惰慢之徒来レ此、博奕飲レ酒、長レ傲飾レ非、導以二驕奢淫蕩之事一、誘以二貪レ財黷レ貨之謀一、冥頑無レ恥、扇惑鼓動、以益中我子弟之不肖上、嗚呼、由二前之説一、是謂二良士一、由二後之説一、是謂二凶人一、我子弟苟遠二良士一而近二凶人一、是謂二逆子一、戒レ之戒レ之、

王少湖曰、凡子女雖二幼小一、亦不レ可レ使二同一処一、飲食游戯居処、不レ問二自己親生及婢僕一、皆然、漸成二褻涜無レ恥、他日有二不レ可レ言者一、

陸道威曰、人家教二子弟一、固是要事、教二女子一尤為二至要一、蓋子弟失レ教、至二長大一、読レ書知二世事一、猶有下変二化気質一之時上、若女子失レ教、終身無レ可二挽回一、大則得二罪姑嫜一、敗二壊風俗一、小則隳二壊家事一、貽二譏親党一、豈細故哉、

張晴湖曰、夫婦人倫之始、聖王所レ重、惟尚レ財而不レ論レ行、取レ勢而不レ論レ年、因レ之敗レ徳蠹レ家、離二間骨肉一者多矣、人能思三良婦為二起レ家之本一、務在レ配レ徳、勿レ援二権門一、必求二貞賢一、勿レ貧二富利一、苟得二貧家勤慎之女一、彼必安レ貧守レ富、孝レ親和レ家、尤為二生レ福之源一也、

祝無功曰、持レ家者持二一字一、曰勤曰倹、夫孳二孳乎種レ徳布レ恵而後為レ勤、淡二淡乎声利百好一而後為レ倹、今之所レ謂勤倹貧耳吝耳、

胡五峯曰、能攻二人実病一者、至難也、能受二人実攻一者、為二尤難一、人能攻二我実病一、我能受二人実攻一、朋友之義其庶幾乎、不レ然其不三相陥而為二小人一者幾希矣、

許魯斎曰、正二倫理一、篤二恩義一、家人之道也、人之処レ家、在二骨肉父子之間一、大抵以レ情勝レ理、以レ恩奪レ義、惟剛立之人、則能不下以二私愛一失中其王理上、故家人卦、大要以レ剛為レ善、

呉懐野曰、夫厳似㆓乎寡㆒㆑恩、然礼法之中、恩義攸㆑生、寛似㆓乎近㆒㆑情、然縦恣之極、子不㆑知㆑敬㆓其父㆒、弟不㆑知㆑敬㆓其兄㆒、婦不㆑知㆑敬㆓其夫㆒、恩義従㆑茲大壊矣、若相反而相成、与㆓其寛㆒寧厳也、

胡師蘇曰、奴婢小人、最是難㆑処、凡衣食疾病労苦之事、皆須㆓体悉周密、莫㆒㆑使㆓嗟怨㆒、則彼感㆓吾之恩㆒、其有㆓犯処㆒、無心小過、或可㆓容恕㆒、若故意違犯、軽則軽責㆑之、重則重責㆑之、必不㆑可㆑縦、然亦不㆘必先㆑期発㆓於声色㆒、使㆗之畏而逃㆖、不㆘必過後追㆓‐称其失㆒、使㆗之疑而畏㆖、庶為㆑得㆑体、

袁君載曰、父母見㆔諸子中有㆓独貧者㆒、往往念㆑之、常加㆓憐恤㆒、飲食衣服之分、或有㆑所㆓偏私㆒、子之富者、或有㆑所㆑献則転以与㆓其貧者㆒、此正父母均一之心、而子之富者、或以為㆑怨、此殆未㆓之思㆒也、誠使㆓我貧㆒、父母亦移㆓此心於我㆒矣、

鄒南皐曰、澹薄是士人禔㆑身要領、後生不㆑省㆑事、走入㆓繁華路㆒去、如何得㆓長進㆒、衣冠飲食、俱従㆓倹樸㆒始、斯人也可㆓以進㆒㆑徳、可㆓以凝㆒㆑福、

李元衡曰、与㆓其貧饕以招㆒㆑辱、不㆑若㆓倹而守㆒㆑廉、千請以犯㆑義、不㆑若㆓倹而全㆒㆑節、侵牟以聚㆑讐、不㆑若㆓倹而養㆒㆑福、放肆以逐㆑欲、不㆑若㆓倹而安㆒㆑性、

史搢臣曰、父慈子孝、兄友弟恭、縦到㆓極尽処㆒、只是合㆓‐当如㆒㆑此、著㆓不㆑得㆔一毫感激居㆑功念頭㆒、如施者視為㆑徳、受者視為㆑恩、便是路人、便成㆓市道㆒矣、

又曰、少年子弟、不㆑可㆑令㆓其浮間無㆒㆑業、必察㆓其資性才力㆒、無㆑論㆓士農工売㆒、授㆓一業㆒与㆑之習、非㆓必要㆒㆑得㆑利也、拘㆓‐束身心㆒、演㆓‐習世務㆒、諳㆓‐練人情㆒、長㆓‐進学識㆒、這便是大利益、若任㆓其間游㆒、飽食終日、必流入㆓花酒呼盧闘狼之中㆒、諸般歹事、俱做出来、凡縦㆓‐容子弟㆒、浮間慣了、是送㆓‐上㆒‐了貧窮道路㆒、雖㆓遺㆑金十万㆒、有㆓何益㆒哉、

又曰、人之於レ妻也、宜レ防三其蔽二子之過一、於二後妻一也、宜レ防三其誣二子之過一、天下未レ有下不レ正二其妻一、而能正二其子一者上、故曰レ刑二于寡妻一、

又曰、人家隆盛之時、産業多不二税契一、雖二当事一未二必遍査一、恐久レ之勢去、子孫反受二其累一、

張圃翁曰、三代而上、田以レ井授、雖二至貴鉅富一、求二数百畝之田一貽二子及孫一、不レ可レ得也、後世既得二給価書契一而買レ之矣、国家版図、聴二人画界分一レ彊、使三後人善守、而不二軽棄一レ財、子孫百世、断不レ能レ為二他人所一レ有、深念及レ此、其不レ思レ所二以保一レ之哉、

高深甫曰、無レ病之身、不レ知二其楽一也、病生、始知二無レ病之楽一矣、無レ事之家、不レ知二其福一也、事至、始知二無レ事之福一矣、

許相郷曰、主婦職在二中饋一、烹飪必親、米塩必課、勿レ離二竈前一、女婦日守二閨閫一、躬督二紡織一、至レ老勿レ踰二中門一、下及二侍女一、亦同二約束一、如有下恣レ性越レ礼、遊レ山遊レ湖、賽レ神焼レ香、出中露体面上、即非二士族家法一、子孫必泣諫レ之、丈夫必痛遏レ之、

接物類　観人

陸宣公曰、寧人負レ我、我勿レ負レ人、

韓魏公曰、惟務容二小人一、善悪黒白不二太分一、故小人忌レ之亦少、嘗曰、知二其小人一、便以二小人一処レ之、更不レ須レ校也、

程伊川曰、聖人之責レ人也常緩、便見只欲二事正一、無下顕二人過悪一之意上、

又曰、遠二小人一之道、若以二悪声厲色一、適足三以致二其怨忿一、唯在二乎矜荘威厳、使レ知二敬畏一則自然遠矣、
張横渠曰、以二責レ人之心一責レ己、則尽レ道、以二愛レ己之心一愛レ人則尽レ仁、以二衆人一望レ人則易レ従、
蘇東坡曰、論レ道当レ厳、取レ人当レ恕、
又曰、春秋之義、立レ法貴レ厳、而責レ人貴レ寛、
呉明卿曰、韓魏公説コ到小人忘レ恩背レ義欲レ傾レ己処一、詞気和平、如レ道二尋常事一、
朱晦庵曰、只観二発言之平易躁妄一、便見二其徳之厚薄、所レ養之浅深一矣、
又曰、自家猶不レ能レ快二自家意一、如何他人卻能尽快二我意一、要在二虚心以従レ善、
又曰、人見レ人常明、見レ己常暗、責レ人常急、責レ己常緩、若拽コ転頭一来、便是道理流行、
又曰、劉元城有レ言、子弟寧可三終歳不レ読レ書、不レ可三一日近二小人一、此言極有レ味、
又曰、観レ人不レ於二其所レ勉、而於二其所レ忽、然後可三以知二其所レ安之実一也、
又曰、不下以二小悪一揜中大善上、不下以二衆短一棄中一長上、
陸象山曰、吾与二常人一言、無レ不二感動一、与下談二学問一者上言、或至レ為レ仇、挙世人、大抵就二私意一、建立做レ事、専以二做得多者一為レ先、吾却欲下殄二其私一而会中於理上、此所二以為レ仇、
又曰、銖銖而称レ之、至レ石必繆、寸寸而度レ之、至レ丈必差、石称丈量、径而寡レ失、此可レ為二論レ人之法一、且如二其人一、大概論レ之、在二於為レ国為レ民為二道義一、此則君子人矣、大概論レ人、在下於為二私己一為中権勢上、而非下忠二於国一徇中義上、則是小人矣、若銖称寸量、校二其一二節目一、而違二其大綱一、則小人或得レ為レ欺、君子反被二猜疑一、邪正賢否、未レ免二倒置一矣、
又曰、世人只管理コ会利害一、皆自謂二惺惺一、及二他己分上事一、又却是放過、争知道名利如三錦覆二陥穽一、使三人

貪而堕二其中一、到頭只贏二得一個大不惺惺一去、

又曰、某之取レ人、喜下其忠信誠愨、言似レ不レ能レ出レ口者上、談論風生、他人所レ取者、某深悪レ之、

又曰、某毎レ見レ人、一見即知二其是不是一、後又疑二其恐不一レ然、最後終不レ出二初一見一、

薛敬軒曰、処二郷人一、皆当二敬而愛一レ之、雖二三尺童子一、亦当下以二誠心一愛上レ之、不レ可二侮嫚一也、

又曰、戒二太察一、太察則無二含弘之気象一、

又曰、心誠色温、気和辞婉、必能動レ人、

又曰、誠不レ能レ動レ人、当レ責二諸己一、

又曰、防二小人一、密自防、

又曰、書称レ舜曰二濬哲一、蓋深則哲、浅則否、嘗験二之於人一、其深沈者必有レ智、浮浅者必無レ謀也、

許平仲曰、凡在二朋儕中一、切戒二自満一、惟虚故能受、満則無レ所レ容、人不二我告一、則止二於此一爾、不レ能二自益一也、故一人之見、不レ足三以兼二十人一、我能取二之十人一、是兼二十人之能一也、取レ之不レ已、至二於百人千人一、則在レ我者可レ量也哉、

薛敬軒曰、処二人之難一レ処者、正不下必厲二声色一与レ之弁二是非一較中長短上、惟謹二於自修一、愈謙愈約、彼将二自服一、不レ服者妄人也、又何校焉、

袁君載曰、人之性行、雖レ有レ所レ短、必有レ所レ長、与レ人交游、若常見二其短一、而不レ見二其長一、則時日不レ可二同処一、若常念二其長一、而不レ顧二其短一、雖二終身与レ之交游一可也、

高濂曰、不レ責二人小過一、不レ発二人陰私一、不レ念二人旧悪一、三者不二惟以養一レ徳、亦可二以遠一レ害、

又曰、処二父兄骨肉之変一、宜二従容一、不レ宜二激烈一、遇二朋友交遊之失一、宜二剴切一、不レ宜二優游一、

又曰、徳者才之主、才者徳之奴、有レ才無レ徳、如二家無レ主而奴用一レ事矣、幾何不二魍魎而猖狂一、

鄒浩以二極諫一得レ罪、世疑二其売一レ直也、伊川曰、君子之於レ人也、当下於二有レ過中一求上レ無レ過、不レ当下於二無レ過中一求上レ有レ過、

寛因問二伊川一、謂二永叔如何一、伊川曰、前輩不レ言二古人短一、毎レ見レ人論二前輩一則曰、汝輩取二他長処一、

程明道曰、堯夫解三他山之石、可二以攻一レ玉、玉者温潤之物、若将二両塊玉一来相磨、必磨不レ成、須下是得二箇鹿糲物一、方磨得出上、譬如下君子与二小人一処、為二小人侵凌一、則省レ躬畏避、動レ心忍レ性、増益預防上、如レ此便有二道理一出来、

許魯斎曰、凡求レ益之道、在三於能受二尽言一、或議一レ論経旨一、有二見不一レ到、或撰二文字一、有レ所レ未レ工、以至二凡在レ己者、或有一レ未レ善、人能為レ我尽一レ言之二、我則致レ恭尽レ礼、虚レ心而納レ之、果有レ可レ従、則終身服膺而不レ失、其或不レ可レ従、則退而自省也、

薛敬軒曰、如治二小人一、寛平自在、従容以処レ之、事已則絶レ口不レ言、則小人無レ所三聞以発二其怒一矣、

又曰、疾レ悪之心固不レ可レ無、然当二寛レ心緩一レ思、可レ去与レ否、審一レ度時宜一而処レ之、斯無レ悔、切不レ可二聞レ悪遽怒、先自焚撓一、縦使能去レ悪、已亦病矣、況傷二於急暴一、而有二過レ中失レ宜之弊一乎、経曰、無レ忿一レ疾於頑一、孔子曰、膚愛之愬不レ行、皆当二深味一、

袁君載曰、同居之人、有二不賢者一、非理以相擾、若間或一再、尚可二与弁一、至下於百無二一是一、且朝夕以レ此相臨上、極為レ難レ処、同郷及同官、亦或有レ此、当下寛二其懐抱一以レ無レ可二奈何一処上レ之、

張甬川曰、人心之不レ斉也、馳騁而多岐者似レ能、矯偽而閃倏者似レ智、詆レ人以貢レ諛、導レ利以間レ親者似レ忠、突梯脂韋、先二吾意為一而将一レ順之一者似レ愛、吾以為レ能而親レ之、則困之囮也、以為レ智而親レ之、則盲之囿也、以為レ忠而親レ之、則欺之穽也、以為レ愛而親レ之、則害之門也、専一者応而不レ窮、故至能若レ拙、沈晦者慮而克審、故大智若レ愚、

利帰二於人一、義帰二於我一、道二人之善一、攻二我之不善一、故至忠難レ合、直而不レ阿、切而不レ媚、惟其是、不二惟其従一、故至愛難レ親、以レ是求レ之、失者鮮矣、

徐養斉曰、人非レ我、安能尽如二我意一、凡吾一言一行、亦有下不三自当二於意一者上、乃復以レ是深責二過望於人一惑矣、是以君子貴レ恕也、

王陽明曰、大抵朋友之交、以二相下一為レ益、或議論未レ合、要在二従容涵育、相感以一レ誠、不レ得二動レ気求一レ勝、長レ傲遂一レ非、務在二黙而成二之、不二言而信一、其或矜二己之長一、攻二人之短一、麤心浮気、矯以沽レ名、訐以為レ直、狭二勝心一而憤嫉、圯レ族敗レ群為レ志、則雖二日講時習一、亦無レ益矣、

又曰、凡朋友問難、縦有二浅近麄疎一、或露レ才揚レ己、皆是病発、当下因二其病一而薬上レ之可也、若便懐二鄙薄之念一、非下君子与二人為一レ善之心上矣、

呂叔簡曰、無下謂二人唯唯一、遂以為上レ是レ我也、無下謂二人黙黙一、遂以為上レ服レ我也、無下謂二人煦煦一、遂以為上レ愛レ我也、無下謂二人卑卑一、遂以為上レ恭レ我也、

又曰、我益智、人益愚、我益巧、人益拙、何者相去之遠、而相責之深也、惟有レ道者智能諒二人之愚一、巧能容二人之拙一、知下分量不二相及一、而人各有中能不能上也、

呉懐野曰、軽施者必好奪、善諂者必善驕、施令二人喜一、不レ若レ無二奪以叢一レ怨、諂令二人悦一、不レ若レ無二驕以招一レ尤、交際以レ礼、取与以レ義、礼義不レ愆、何計二乎人喜人悦一哉、

胡師蘇曰、親族隣里、所レ居甚近、相与甚久、凡生畜之侵害、童僕之嚷閙、言語之有二触忤一、行事之有二錯悞一、其勢必不レ能レ無者、惟在二以レ心体レ心、彼此相容一、不三必詳責二於人一、只知レ反二求於己一、方能久処、若不レ忍二小忿一、遽生二嗔怒一、或自恃二財勢智謀一、必欲レ求レ勝、吾恐相報終無二了時一、勢必不レ能二両存一、

又曰、人有レ求二於吾一、力能応則応レ之、如不レ能、当下和顔巽語、告以二難レ応之故一而辞上レ之、固不レ可二疾顔怒色、拒レ之太厳一、亦不レ可三託レ故延展、令二其失一レ望、

又曰、人有二過失一、或素相親厚、欲二其改悟一、只宜下僻静処、而与二其人一委曲言レ之、出二我之口一、入中彼之耳上、方是相愛相成之意、彼亦知レ感、若向二他人一声揚不レ已、或対レ衆面責、彼必不レ楽、或強弁不レ従、

又曰、与レ人相処、雖二情意相投、形迹相忘一、然亦不レ可二狎昵太甚一、如歯有二長幼一、還当レ序レ歯、分有二尊卑一、還当レ明レ分、内外男女之間、還当レ有レ別、笑語戯謔之言、還当レ有レ節、勿レ攻二訐人陰私一、勿三故犯二人忌諱一、斯嫌疑既遠、而可二以久処一矣

又曰、人之承二奉我一、誇二誉我一、必反而思レ之、果有二好処一、猶宜二退譲一、如無二好処一、而以レ此加レ我、必利レ我者也、必畏レ我者也、必仮レ此以試レ我者也、必柔媚小人、不レ顧二礼義一、而妄狗レ我者也、侮二嫚我一、毀二謗我一、我必有二不レ是処一、或所レ行雖レ是、而性気偏執、不レ能二従容姿曲一、不レ然或疑似之迹、而人不二相諒一、或伝聞之悞、而人未レ加レ察、我唯自責自修而已、

王耐軒曰、小人之量、如二鍼眼一、不レ能レ容レ物、心如二棘刺一、常思レ害レ人、身如二屋茅一、見レ事風生、君子遇レ之、一以レ礼待レ之、一以黙二包之一、可也、遠レ之可也、避レ之可也、

方定之曰、凡与レ人有二可レ喜者一、勿二遽喜一レ之也、得レ毋レ為二便辟善柔者一乎、人有レ可レ怒、勿二遽怒一レ之也、才固有レ不レ及、過有レ出二於無心一、苟不二平心恕施一、交之全者鮮矣、処二小人一、不レ悪而厳、宜二畏而遠一レ之、或有二大悪不一レ得レ不レ絶、亦当下不レ出二悪声一善為上レ辞可也、

陳幾亭曰、朋友有レ隙、能解解レ之、不レ能レ解聴レ之、慎毋レ述二彼此之言一、一不レ慎、斯隣二於讒人之構一、

又曰、称二人之悪一、誠哉薄夫、逢レ人則誉、未レ為二長者一、謾誉媚レ人也、揚レ善愛レ人也、心事懸矣、所レ謂君子者、

人有レ善而楽レ道レ之、人有二美意一而賛一レ成之一、

薛敬軒曰、軽与必濫取、易レ信必易レ疑、

又曰、軽諾則寡レ信、

又曰、接レ物大宜二寛宏一、如下行二曠野一、而有中展布之地上、不レ然太狭而無二以自容一矣、故曰、長者之懐、汪洋而無レ涯、褊人之情、刻覈而繁瑣、

又曰、和而敬、敬而和、処レ衆之道、

又曰、公則人己不レ隔、私則一膜之外、便為二胡越一、

又曰、見二枯樹一則心不レ悦、見二生栄之花木一則愛レ之、亦可レ験二己意与レ物同一也、

又曰、不レ可二強語レ人以一レ不レ及、非二惟不一レ能レ入、彼将レ易二吾言一矣、

又曰、聞二人毀一レ己而怒、則誉レ己者至矣、

又曰、覚二人詐一而不レ形二於言一、有二余味一、

何垣曰、与二剛直人一居、心所二畏憚一、故言必択、行必謹、初若レ不二相安一、久而有レ益多矣、与二柔善人一居、意覚二和易一、然而言必予賛也、過莫二予警一也、日相親好、積二尤悔於身一、不二自知一、損孰大焉、故美味多生二疾疢一、薬石可レ保二長年一、

史搢臣曰、小人固当レ遠、然亦不レ可三顕為二仇敵一、君子固当レ親、然亦不レ可三曲為二附和一、

又曰、交之初也、多見二其善一、及二其久一也、多見二其過一、未三必其後之遜二於前一也、厭心生焉耳、人之生也、但見二其過一、及二其死一也、但念二其善一、未三必其後之逾二於前一也、哀思動レ之耳、人能以下待二死者一之心上待二生人一、則其取レ材也必寛、人能以下待二初交一之心上待二故旧一、則其責レ備也必恕、宜レ思レ之、

又曰、聞二人之善一而疑、聞二人之悪一而信、慣下好レ説二人短一不上レ計二人長一、其人生平、必有レ悪而無レ善、

又曰、凡応レ人接レ物、胸中要レ有二分暁一、外面須レ存二渾厚一、

又曰、対二失意人一、不レ談二得意事一、処二得意日一、莫レ忘二失意時一、

又曰、可下以一出而救二人之厄一、一言而解中人之紛上、此亦不三必過為二退避一也、但因以為レ利、則市道矣、

又曰、責レ我以レ過、当二虚心体察一、不三必論二其人何如一、局外之言往往多中、毎有下高人過挙不二自覚一、而尋常人皆知二其非一者上、此大舜所ヨ以察二邇言一也、

又曰、向レ人説レ貧、人必不レ信、徒増二嗤笑一耳、人即我信、何救二於貧一、

又曰、勿下以二人負一レ我、而隳中為レ善之心上、当二其施一レ徳、第自行二吾心所一レ不レ忍耳、未二嘗責一レ報也、縦遇二険徒一、止付二一笑一、

又曰、待二富貴人一、不レ難レ有レ礼、而難レ有レ体、待二貧賤人一、不レ難レ有レ恩、而難レ有レ体、

又曰、自譲則人愈服、自誇則人必疑、我恭可三以平二人之怒気一、我貧必至レ啓二人之争端一、是我存二乎我一者也、

又曰、人之謗レ我也、与二其能弁一、不レ如二能容一、人之侮レ我也、与二其能防一、不レ如二能化一、

唐翼修曰、人之過端、得二于伝聞一者、十有二九偽一、安可下故意快二我談鋒一、増中加分数上、使二其人小過一、成二大負玷一終レ身、他日与レ人有レ訟、人即拠二伝聞一為二口実一、或官府聞レ之、令二其受一レ殃、是我害之罪莫レ重矣、故伝コ聞人過一、増コ加分数一、関コ係己之陰隲一、尤大也、

魏叔子曰、毋下毀二衆人之名一、以成中一己之善上、毋下役二天下之理一、以護中一己之過上、

隆桴亭曰、謙字謟字、本大懸絶、今人多把二謙字一、看作二謟字一、又把二謟字一、看作二謙字一、殊不レ可レ解、有レ人二於此一、道徳深重、学問該博、此所レ当二親近而師事一者也、則曰子奚為而謟コ事之一、至二於勢位所一レ在、貨財所レ聚、

又不レ覚二餤レ之慕レ之而趨レ之恐一レ後也、後生於二此処一看不二分明一、人品安得レ不レ壊、

呂叔簡曰、論レ理要二精詳一、論レ事要二剴切一、論レ人須レ帯二三分渾厚一、若切二中人情一、人必難レ堪、故君子不レ尽二人之情一、不レ尽二人之過一、非二直遠一レ禍、蓋以養二人体面一、而留二其掩飾之路一、触二其悔悟之機一、亦天地含蓄之気也、

陳幾亭曰、朋友議論間、或見二僻見一、一時難レ破者、苟未レ至二於大畔一、未レ至二於害一レ人、姑且聴レ之、別処義理、大段分明、此僻自解、若当時弁論不レ休、或傷二交情一、無レ資二啓悟一、欧陽永叔謂、周易怪僻、非二周孔之書一、韓魏公与レ之同在二中書一経レ年、従不レ及レ易、欧公此見、畔レ道不レ小、韓公容レ之猶尓、只為レ灼二見其僻之難一レ破、姑以全レ交、

処世類 処身

程伊川曰、賢者在レ下、豈可三自進以求二於君一、苟自求レ之、必無二能信用之理一、古之人、所下以必待二人君致レ敬尽一レ礼而後往上者、非レ欲三自為二尊大一、蓋其尊レ徳楽レ道之心、不レ如レ是不レ足二与有一レ為也

又曰、君子之需レ時也、安静自守、志雖レ有レ須、而恬然若レ将レ終レ身焉、乃能用レ常也、雖レ不レ進而志動者、不レ能レ安二其常一也、

易曰、不レ事二王侯一、高二尚其事一、伊川曰、士之自高尚、亦非二一道一、有下懐二抱道徳一、不レ偶二於時一、而高潔自守者上、有下知二止足之道一、退而自保者上、有下量レ能度レ分、安二於不一レ求レ知者上、有下清介自守、不レ屑二天下之事一、独潔二其身一者上、所レ処雖二得失小大之殊一、皆自高二尚其事一者也、

又曰、聖賢之於二天下一、雖レ知二道之将一レ廃、豈肯坐二視其乱一而不レ救、必区区致二力於未極之間一、強二此（君子之道）之衰一、艱二彼（小人之道）之進一、図二其暫安一、苟得レ為レ之、孔孟之所レ屑レ為也、王允謝安之於二漢晋一是也、

又曰、不レ正而合、未レ有二久而不レ離者一也、合以二正道一、自無二終睽之理一、故賢者順レ理而安行、智者知レ幾而固守、

又曰、君子当二困窮之時一、既尽二其防慮之道一、而不レ得レ免則命也、当下推二致其命一、以遂中其志上、知二命之当一レ然也、則窮塞禍患、不三以動二其心一、行二吾義一而已、苟不レ知レ命、則恐二懼於険難一、隕二穫於窮厄一、所レ守亡矣、安能遂二其為レ善之志一乎、

又曰、寒士之妻、弱国之臣、各安二其正一而已、苟択レ勢而従、則悪之大者、不レ容二於世一矣、

又曰、人之於二患難一、只有二一箇処置一、尽二人謀一之後、却須二泰然処一レ之、有下人遇二一事一、則心心念念不中肯捨上、畢竟何益、若不レ会二処置一了放下、便是無レ義無レ命也、

又曰、孟子弁二舜与レ跖之分一、只在二義利之間一、言レ間者、謂下相去不二甚遠一、所レ争毫末上爾、義与レ利只是箇公与レ私也、纔出レ義便以レ利言也、只那計較、便是為レ有二利害一、若無二利害一、何用二計較一、利害者天下之常情也、人皆知二趨レ利而避一レ害、聖人則更不レ論二利害一、惟看二義当レ為不一レ当レ為、便是命在二其中一也、

胡致堂曰、古之君子、不二苟就一、不二俯従一、使二去就従違之重在一レ我、而不レ在レ人、在レ義而不一レ在レ利、庶四乎招不レ来麾不レ去、足三以取二信於其上一也、

朱晦庵曰、士大夫之辞受出処、非二独其身之事而已一、其所レ処之得失、乃関二風俗之盛衰一、故尤不レ可二以不一レ審也、

又曰、今人只為下不レ見二天理本原一、而有中汲汲以就二功名一之心上、故其議論見識、往往卑陋、多方遷就、下梢頭只是成二就一箇私意一、更有二甚好事一、

又曰、当レ官勿レ避レ事、亦勿レ侵レ事、

張横渠曰、人多言レ安二於貧賤一、其実只是計窮力屈、才短不レ能二営画一耳、若稍動得、恐未二肯安一レ之、須四是誠知三義理之楽二於利欲一也、乃能、

又曰、天下事大患、只是畏二人非笑一、不レ養二車馬一、食レ麁衣レ悪、居二貧賤一、皆恐二人非笑一、不レ知当レ生則生、当レ死則死、今日万鍾、明日棄レ之、今日富貴、明日饑餓、亦不レ恤、惟義所レ在、

程明道曰、一命之士、苟存二心於愛一レ物、於レ人必有レ所レ済、

程伊川曰、聖賢之処レ世、在二天理之常一、莫レ不二大同一、於二世俗所レ同者一、則有レ時而独異、不レ能二大同一者、乱レ常払レ理之人也、不レ能二独異一者、随レ俗習レ非之人也、要在二同而能異一耳、

又曰、居二是邦一不レ非二其大夫一、此理最好、

又曰、感慨殺レ身者易、従容就レ義者難、

又曰、有レ志之士、不下以二天下万物一撓上レ己、己立矣、運二天下一、済二万物一、必有二余裕一、

又曰、厚責二於吾所一レ感、薄責二於人所一レ応、惟君子能レ之、

又曰、人当レ審二己如何一、不三必恤二浮議一、志在二浮議一、則心不レ在レ内、不レ可二応レ卒応一レ事、

又曰、人莫レ不レ知二命之不一レ可レ遷也、臨二患難一而能不レ懼、処二貧賤一而能不レ変、視二富貴一而能不レ慕者、吾未レ見二其人一也、

又曰、処二患難一、知二其無一レ可二奈何一、遂放レ意而不レ反、非下安二於義命一者上、

又曰、儒者只合レ言二人事一、不レ得レ言レ有レ数、直到二不レ得レ已処一、然後帰二之於命一可也、

又曰、君子不レ欲二才過一レ徳、不レ欲二名過一レ実、不レ欲二文過一レ質、才過レ徳者不祥、名過レ実者有レ殃、文過レ質者莫二之与長一、

又曰、有レ実則有レ名、名実一物也、若二夫好レ名者一、則徇レ名為レ虚矣、如三君子疾二没レ世而名不一レ称、謂レ無二善可一レ称耳、非レ徇レ名也、

張横渠曰、某平生於レ公勇、於レ私怯、於二公道有一レ義、真是無レ所レ懼、大凡事不二惟於レ法有一レ不レ得、更有二義之不可一、尤所レ当レ避、

楊亀山曰、物有二圭角一、多刺二人眼目一、亦易二玷欠一、故君子処レ世、当二渾然天成一、則人不二厭棄一矣、

李延平曰、受二形天地一、各有二定数一、治乱窮通、断非二人力一、惟当レ守二吾之正一而已、然而愛レ身明レ道、脩レ己俟レ時、則不レ可三一日忘二於心一、此聖賢伝レ心之要法、或者放肆自佚、惟責二之人一、不レ責二之己一、非也、

朱晦庵曰、耳目口鼻之在レ人、尚各有レ攸レ司、況人在二天地間一、自二農商工賈一、等而上レ之、不レ知二其幾階一、其所レ当レ尽者、小大雖レ異、界限截然、本分当レ為者、一事有レ闕、便廃二天職一、居処恭、執レ事敬、与レ人忠、推二是心一以尽二其職一者、此固為二不易之論一、但必知二夫所レ処之職、乃天職之自然、而非一レ出二於人為一、則各司二其職一、以弁二其事一、不レ出二於勉強不一レ得レ已之意一矣、

又曰、某看レ人、也須二是剛一、雖二則是偏一、然較二之柔一不レ同、易以二陽剛一為二君子一、陰柔為二小人一、若是柔弱不剛之質、少間都不レ会二振奮一、只困倒了、

又曰、人最不レ可レ暁、有下人奉レ身倹嗇之甚、充二其操一、上食二槁壌一、下飲二黄泉一底上、却只愛二官職一、有二人奉レ身清苦而好一レ色、他只縁二私欲不一レ能レ克、臨レ事只見二這箇重一、都不レ見二別箇一了、或云、似レ此等人、分数勝二已下一底、曰、不レ得二如レ此説一、纔有レ病、便不レ好、更不レ可下以二分数一論上、他只愛二官職一、便弑二父与一レ君也敢、

又曰、古人尊貴、奉レ之者愈備、則其養レ徳也愈善、後之奉養備者、賊レ之而已矣

又曰、為二血気所一レ使者、只是客気、惟於二性理説話一涵泳、自然臨レ事有二別処一、

又曰、須二是慈祥和厚為一レ本、如二勇決剛果一、雖レ不レ可レ無、然用レ之有二処処一、

又曰、事有二不レ当レ耐者一、豈可二全学一レ耐レ事、学レ耐レ事、其弊至二於苟賤不廉一、

又曰、学者須レ要レ有二廉隅墻壁一、便可下担コ負大事一去上、如二子路一世間病痛都没了、親於二其身一為二不善一、直是不レ入、此大者立也、

又曰、恥有二当レ忍者一、有二不レ当レ忍者一、

又曰、学者当下常以二志士不一レ志二溝壑一為上念、則道義重、而計コ較死生一之心軽矣、況衣食至微末事、不レ得未二必死一、亦何用二犯レ義犯一レ分、役レ心役一レ志、営営以求一レ之耶、某観二今人一、困レ不レ能レ咬二菜根一、而至三於違二其本心一者衆矣、可レ不レ戒哉、

又曰、困厄有二軽重一、力量有二小大一、若能一日十二辰、点コ検自己念慮動作一、都是合レ宣、仰不レ愧、俯不レ怍、如レ此而不幸塡二溝壑一、喪レ躯殞レ命、有レ不レ暇レ恤、只得レ成コ就一箇是処一、如レ此則方寸之間、全是天理、雖レ遇二大困厄一、有レ致レ命遂一レ志而已、亦不レ知二人之是非向背一、惟其是而已、

問、死生是大関節処、須下是日用間、雖二小事一亦不中放過上、一一如レ此用二工夫一、当二死之時一、方打得透、曰然、

又曰、以二利害禍福一言レ之、此是至粗底、此処人都信不レ及、便講学得待如何、亦没二安頓処一、今人開レ口亦解ヨ説一飲一啄、自有二定分一、及レ遇二小小利害一、便生二趨避計較之心一、古人刀鋸在レ前、鼎鑊在レ後、視レ之如二無レ物者一、蓋縁下只見コ得這道理一、不上見二那刀鋸鼎鑊一、

又曰、惟君子然後知下義理之所二必当一レ為、与中義理之心必可上レ恃、利害得失、既無レ所レ入二其心一、而其学又足ヨ以応二事物之変一、是以気勇謀明、無レ所二懾憚一、不幸蹉跌、死生以レ之、小人之心、一切反レ是、

又曰、人有二此身一、便有下所コ以為一レ人之理上、与レ生倶生、乃天之所レ付、而非三人力所二能為一也、所コ以凡為一レ人者、

只合下講二此理一而謹守上之、不レ可二昏棄一、若乃身外之事、栄悴休戚、即当下一切聴二天所一レ為、而無上容レ心焉、

又曰、読レ書則実窮二其理一、行レ己則実践二其迹一、念念郷レ前、不二軽自恕一、則在レ我者、雖二甚孤高一、然与二他人一元無二干預一、亦何必私憂過計、而陥下於同レ流合レ汚之地上乎、

呂東莱曰、大凡人資質各有二利鈍一、規摸各有二大小一、此難下以二一律一斉上、要須二常不一レ失二故家気味一、所レ向者正凡聖賢前輩、学問操履、我力雖レ未レ能レ為、而心向二慕之一、是謂二所レ向者正一、若随レ俗軽笑、以為二世法不レ須レ如レ此、不一レ当レ如レ此、則所レ向者不レ正矣、所レ存者実如三己雖レ未レ免レ有レ過、而不二敢文飾遮蔵一、如下処二親戚朋友間一、不二敢不一レ用レ情之類上、又信二其所一レ当レ信謂下以二聖賢語言、前輩教戒一、為二必可一レ信、而以二世俗苟且便私之論一、為上不レ可レ信、恥二其所一レ当レ恥謂下以二学問操履、不一レ如二前輩一為レ恥、而不中以二官職不レ如レ人、服飾資用不レ如レ人、巧詐小数不一レ如レ人為上レ恥、持レ身謙遜、而不二敢虚驕一、遇レ事審細、而不二敢容易一、如レ此則雖二所レ到或遠或近一、要是君子路上人也、

許魯斎曰、天地間、当二大著一レ心、不レ可下拘二於気質一、局中於一己上、貧賤憂戚、不レ可三過為二隕穫一、貴為二公相一、不レ可レ驕、当レ知有二天地国家一以来、多少聖賢在二此位一、賤為二匹夫一、不二必恥一、当レ知古昔志士仁人、多少屈伏甘二於貧賤一者、無三入而不二自得一也、何忻戚之有、

又曰、巧言令色、人欲勝、天理滅矣、人但当二脩レ心自理一、不レ問下与二他人一合与上レ不レ合、果能自脩、天下人皆能合、若只以二巧言令色一求レ合、則其所者可レ知矣、

又曰、禍福栄辱、死生貴賤、如二寒暑昼夜相代之理一、若以二私意小智一妄為二迎避一、大不可也、

又曰、毀不レ可レ遽、誉亦不レ可レ遽、喜不レ可レ遽、怒亦不レ可レ遽、処レ人須レ要二重厚一、待レ人須レ要二久遠一、顧二歳晏如何一耳、一時一暫、便動揺去、従二他做二毀誉一、後段便難二収拾一、

又曰、大名之下難レ処、在二聖賢一則異二乎是一、無二難処者一、無レ実而得名、故難処、名・美器也、造物者忌二多取一、非レ忌二多取一、忌二夫無レ実而得レ名者一、

邵康節訓レ子曰、汝固当レ為レ善、亦須二量レ力以為一レ之、若不レ量、雖レ善亦不レ当レ為也、又嘗曰、善人固可レ親、

未レ能レ知、不レ可二急合一、悪人固可レ踈、未レ能レ遠、不レ可二急去一、必招二悔吝一也、

畢仲游与二東坡一書曰、夫言語之累、不下特出二諸口一者為上言、其形二於詩歌一、賛二於賦頌一、託二於碑銘一者、以及レ著二於序記一、皆言也、今知レ畏二於口一、而未レ畏二於文一、是二其所レ是、則見レ是者喜、非二其所レ非、則蒙レ非者怨、喜者未三必能済二君之謀一、而怨者或已敗二君之謀一矣、

林君復曰、渉レ世応レ物、有下以二横逆一加レ我者上、譬猶レ行草莽中、荊棘之在レ衣、徐行緩解而已、所レ謂荊棘者、亦何心哉、如レ是則方寸不レ労、而怨可レ釈、

鄭善夫曰、防レ身当レ若レ御レ敵、一跌則全軍敗没、愛レ身当レ若レ処レ子、一失則万事瓦裂、渉レ世甚艱、畜レ徳宜レ豫、布レ人以レ恩、而外揚レ之則棄、教レ人以レ善、而外揚レ之則仇、

胡敬斎曰、清高太過則傷レ仁、和順太過則傷レ義、是以中道為レ難、当二精択而審処一、

薛敬軒曰、処事最当二熟思緩処一、熟思則得二其情一、緩処則得二其当一、

又曰、凡事皆当レ推コ功-譲-能于人一、不レ可レ有二一毫自徳自能之意一、

又曰、軽言戯謔最害レ事、蓋言不二妄発一、則言出而人信レ之、苟軽言戯謔、後雖レ有二誠実之言一、亦弗二之信一矣、

耿天台曰、紛擾中常有二寧静意思一、進歩中常有二退譲意思一、窘迫中常有二優裕意思一、濃醲中常有二簡淡意思一、払逆中常有二快活意思一、順適中常有二警惕意思一、此非二知レ道者一不レ能也、蓋知レ道則雖三景態万コ変乎前一、而吾自有二真常者在一、故曰所レ存者神、則所レ過者化、物至而化二於物一者、則亦物而已矣、是故貴二乎知レ道、

徐養斎曰、人居二高顕一、則思二卑下之艱難一、居二飽煖一則思二飢寒之困阨一、居二安逸一則思二労瘁之当レ休、居二明哲一則思二愚暗之可レ恕、力可レ及而及レ之、求レ可レ通而通レ之、亦成レ己成レ物之道也、

薛敬軒曰、不レ可下因レ人曲為二承順一、而遂与レ之合上、惟以レ義相接、則可二以与レ之合一、

又曰、慎レ動当三先慎二其幾於心一、次当レ慎レ言、慎レ行慎レ作レ事、皆慎レ動也、

又曰、持レ己得二一敬字一、接レ物得二一謙字一、

又曰、静能制レ動、沈能制レ浮、寛能制レ褊、緩能制レ急、

又曰、人之自立、当レ断二於心一、若実見得是、当二決レ意為一レ之、不レ可下因二人言一以前卻・而易中其守上、

又曰、恵雖レ不レ能レ周二於人一、而心当三常存二於厚一、

又曰、称レ意之事、不レ可レ加レ喜、喜則為二外物動一矣、

王陽明曰、聖賢処二末世一、待レ人応レ物、有レ時而委曲、其道未二嘗不一レ直也、若已為二君子一、而使三人為二小人一、亦非二仁人忠恕惻怛之心一矣、

林君復曰、屈レ己者能処レ衆、好レ勝者必遇レ敵、欲二常勝一者不レ争、欲二常楽一者自足、有レ限之器、投レ之満盈則溢、太虚之室、物物自容静躁寛猛、視二量之如何一耳、

薛敬軒曰、英気甚害レ事、渾涵不レ露二圭角一最好、第一要レ有二渾厚包含従容広大之気象一、只観二其気象一、便知二涵養之深浅一、

李夢陽曰、大人以二天下一為レ度、書云、其心休休焉、其如レ有レ容焉、言レ度也、論レ相者曰、鼻吸二三斗醋一、腹内好撐レ船、亦以レ度言也、相必言レ度者、以二狭人レ気勝一也、気勝則偏、偏則窒、窒則瞢、天下之務、大人恒澄明、澄明則鑑レ物也、今人但知二宰相包容一、不知二包容中有一レ鑑也、不レ然摸稜胡塗、亦謂二天下之度一可乎、

薛敬軒曰、須レ要レ有二包含一、則有二余意一、発露太尽則難レ継、

又曰、聖賢立レ心、扶二持千万世之綱常一、

呂叔簡曰、飯休二不レ嚼就嚥一、路休二不レ看就走一、人休二不レ択就交一、語休二不レ想就説一、事休二不レ思就幹一、

又曰、稠衆中、一言一動、大家環向而視レ之、口雖レ不レ言、而是非之公自在、果善也、大家同萌二愛敬之念一、果不善也、大家同萌二厭悪之念一、雖二小言動一、不レ可レ不レ謹、

又曰、処レ人不レ可レ任二己意一、要レ悉二人之情一、処レ事不レ可レ任二己見一、要レ悉二事之理一、

又曰、人情要二耐心体一レ他、体到悉処、則人可レ寡レ過、我可レ寡レ怨、

又曰、矯激之人、特勝二卑庸一一等、其害レ道均也、呉季札陳仲子時苗郭巨之類、是已、君子矯二世俗一、只到二恰好処一便止、矯レ枉只是求レ直、若過レ直則彼左枉而我右枉、故聖賢之心如レ衡、処レ事与レ事低昂、分毫不レ得二高下一、使三天下暁然知二大中至正之所一レ在、然後為レ不レ詭二於道一、

又曰、嫌疑之難レ弁也、百口不レ能二自明一、君子知二弁之難一、避レ嫌遠レ疑、使三此心如二日月一、常懸以示レ人、是謂レ潔レ己、是謂二自愛一、然嫌疑有下不二必避一者上、当二大任一也、遇二急難一也、此時而復避レ嫌遠レ疑、則必大悞レ事矣、

又曰、処レ世只一恕字、可レ謂二以レ己及レ人、視レ人猶一レ己矣、然有下不レ足二以尽一者上、天下之事、有二己所レ不レ欲而人欲者一、有二己所レ欲而人不レ欲者一、這裏還須二理会一、有二無レ限妙処一、

又曰、事物之理有レ定、而人情意見千岐万径、吾得二其定者一而行レ之、即形迹可レ疑、心事難レ白、亦付二之無一レ可二奈何一、若惴惴畏レ譏、瑣瑣自明、豈能家置二一喙一哉、且人不二我信一、弁レ之何益、人若吾信、何事二於弁一、若事有二関渉一、則不レ当下以二緘黙一妨中大計上、

又曰、余少時曾洩二当レ密之語一、先君責レ之、対曰、已戒二聞者一、使レ勿レ洩矣、先君曰、子不レ能レ必二子之口一、而能必二人之手一乎、且戒レ人与レ戒レ己孰難、小子慎レ之、

又曰、処レ利則要下人做二君子一、我做中小人上、処レ名則要下人做二小人一、吾做中君子上、斯惑之甚也、聖賢処レ利譲レ利、処レ名譲レ名、故澹然恬然、不二与レ世忤一、

史揩臣曰、経二一番折挫一、長二一番識見一、多二一分享用一、減二一分福沢一、加二一分体貼一、知二一分物情一、

又曰、行客以二大道一為レ迂、別尋二捷径一、或陥二泥淖一、或入二荊棘一、或岐路不レ知レ所レ従、往往尋二大路一者、反行在レ前、故務二小巧一者多二大拙一、好二小利一者多二大害一、不レ知順レ理直行、歩歩著実、得則不レ労、失亦於レ心無レ愧、

又曰、人前作得出的方可レ説、人前説得出的方可レ作、

又曰、不レ為レ過三字、昧ヿ却多少良心一、没二奈何一三字、昧ヿ却多少体面一、

又曰、徳業常看下人勝二於我一者上、則愧恥自増、境界常看二人不レ如レ我者一、則怨尤自寡、

又曰、凡権要人、声勢赫然時、我不レ可レ犯二其鋒一、亦不レ可二与レ之狎一、敬而遠レ之、全レ身全レ名之道也、

又曰、径路窄処、須下譲二一歩一与レ人行上、滋味濃的、須下留二三分一与レ人食上、

又曰、処二富貴一者、不レ知三世有二炎涼小人一、処二貧賤一者、不レ知三世有二窺伺小人一、是皆不レ関二自己痛癢一故也、

又曰、貧賤生二勤倹一、勤倹生二富貴一、富貴生二驕奢一、驕奢生二淫佚一、淫佚復生二貧賤一、是循環之情理、

又曰、凡遇二不レ得レ意事一、試取二其更甚者一譬レ之、心地自然涼爽矣、此降レ火最速之剤、

唐翼修曰、士君子処レ心行レ事、須二以レ利レ人為一レ主、利レ人原不レ在二大小一、但以下吾力量所二能到一処上行二方便之事一、即是恵沢及レ人、如二路上一磚一石一、有レ碍二于足一、去レ之、即是善事、惟在二久久勤行一耳、豈宜レ謂小善不レ足レ為、

陸桴亭曰、人視瞻須二平正一、上視者傲、下視者弱、倫視者姦、邪視者淫、惟聖賢則正瞻平視、所レ謂存二乎人一者、莫レ良二於眸子一也、

或問君子聞レ誉、亦以為レ喜耶、曰、聞レ誉而我有二其実一、非レ誉也、名称二其実一也、此而不レ喜、非二人情一、但不二以レ此自矜一耳、若聞レ誉而我無二其実一、則慚愧不レ暇、而何敢喜焉、

高深甫曰、世人与レ人不合、即尤レ人、纔不レ得ニ於事一、即怨レ天、心忿志労、無ニ一時之寧泰一、是豈安レ命順レ時之道、

又曰、心可レ逸、形不レ可レ不レ労、道可レ楽、心不レ可レ不レ憂、

又曰、人居ニ塵世一、難レ免ニ営求一、雖レ有ニ営求之事一、而無ニ必得之心一、則有レ得無レ得、心常安泰、与レ物同求、而不ニ同貪一、与レ物同得、而不ニ同積一、不レ貪即少レ憂、不レ積則無レ失、迹雖レ同レ人、心常異レ俗、

又曰、知レ止自能除ニ妄想一、安レ貧須レ要レ禁ニ奢心一、良田千頃、日食二升、大廈千間、夜眠八尺、

又曰、人生太間、則邪念窃生、太忙則真性不レ見、故士君子不レ可レ不レ抱ニ虚生之憂一、亦不レ可レ不レ知ニ有生之楽一、

又曰、世人動曰ニ塵世苦海一、不レ知雲白山青、川行石立、花迎鳥笑、谷口樵謳、世並不レ塵、海並不レ苦、彼為ニ栄利纏縛一、自尋ニ塵苦一耳、

或問ニ希夷一求ニ持レ身之術一、希夷曰、得ニ便宜事一、不レ可ニ再作一、得ニ便宜処一、不レ可ニ再往一、

張圃翁曰、庸人多求多欲、不レ循レ理、不レ安レ命、多求而不レ得則苦、多欲而不レ遂則苦、不レ循レ理則多窒碍而苦、不レ安レ命則意多怨望而苦、是以跼レ天蹐レ地、行レ険儌レ幸、如下衣ニ敝絮一、行中荊棘中上、安知レ有ニ康衢坦途之楽一、

呉懐野曰、不レ居レ功、故無レ怨、不ニ軽許一、故無レ負レ人、不ニ軽信一、故無レ負レ我、

王耐軒曰、君子之処レ世、不レ可レ有ニ軽レ人之心一、亦不レ可レ有ニ上レ人之心一、軽レ人者薄狭、上レ人者踈狂、薄狭踈狂、則客気常存、而無ニ頃刻之楽一矣、世之文士、見三愚人得ニ富貴一、則不ニ惟心軽一レ之、而動静亦軽レ之、見三君子得ニ声名一、則不ニ特心妒一レ之、而動静亦妬レ之、天之生レ物不レ斉、吾当三平心酬酢於賢愚之間ニ可也、彼徒有ニ軽レ人上レ人之心一、則必為ニ造物所一レ譴、而学問且ニ日損一、又曷若三虚レ己接レ物、以為ニ進レ徳脩レ業之基一乎、

方定之曰、斉王好レ射、引レ弓不レ過ニ三石一、而終身自以為ニ九石一、顧愷之好自矜伐、諸少年因相称誉、以為ニ戯弄一、夫人好ニ人誉一レ己、而為レ所ニ戯弄一者多矣、苟知ニ誉レ我者為一レ戯レ我、庶幾佞人可レ遠耳、

洪自誠曰、君子之出レ詞吐レ気、宜二和平一、不レ宜二峻厲一、和平則理明而聴者快レ心、峻厲則気激而聴者逆レ耳、如三韓持国知二穎川一、従彦以二状元一判二州事一、毎称二状元一、持国厲レ声曰、状元無レ官耶、自後当三改呼二僉判一、従彦銜レ之、又馬涓以二状元一判二蔡州一、亦自呼二状元一、秦帥呂晋伯曰、状元者及第未レ除也、既為二判官一、当レ勿レ称レ之矣、涓愧謝レ之、夫二事一体也、一厲レ声叱レ人、而人銜レ之、一平レ気道レ人、而人謝レ之、可レ見盛気難二以服一レ人、和衷可二以率一レ物、故調二和心気一、乃応レ世接レ物第一著工夫、

又曰、一友謂二陽明先生一曰、先生如二泰山在一レ前、有レ目者無レ不レ見、其高也、先生曰、泰山雖レ高、不レ如二平地一、夫若レ是平地、有二何処可一レ見、此意極好、従レ古及レ今、只為レ著二了一箇高字一、便標レ異見レ奇、驚レ世駭レ俗、壊二了多少人品一、不レ思泰山雖二巍巍可一レ仰、豈若二平地蕩蕩難一レ名、故学者只以二平常心一、体二平常理一、行二平常事一、便是不レ著レ力中真著レ力、無レ過レ人処大過レ人也、

倪正父曰、凡人所レ為、動輒如レ意、謂二之順境一、所レ為動輒齟齬、謂二之逆境一、順境快レ意、易二以壊一レ人、逆境難レ堪、久而有レ益、松柏不レ経二霜雪一、不レ能二堅固一、有レ識者遭二遇逆境一、則見レ理愈明、学力愈進、無レ識者遭二値逆境一、小則自沮、大則失レ節、故観レ人、当下於三其処二逆境一観上レ之、

楽思白曰、今人開レ口説二欠陥世界一、惟能忍耐、便補二得一半一、自レ古成二大事一立二大功一者、何人不下従二忍耐中一来上、然忍耐之功、全由二智識一、無二智識一而妄為二忍耐一、則是懦弱不レ振之夫、世界益為二欠陥一、要レ知要レ知、

黄我素曰、子曰、我非二斯人之徒与一、而誰与、士生二斯世一、自レ少而老、自レ隠而仕、孰能一日不下与二斯世斯人一相周旋上哉、顧応得二其道一、我与レ世相安、応失二其道一、世与レ我相違、悪可レ不レ慎也、荘生曰、人能虚レ己以遊レ世、其孰能害レ之、善矣、

祝無功曰、身其金乎、世其冶乎、得喪順逆、或称或譏、無レ非下鍛二錬我一者上、能受二鍛錬一、身与レ世交益、不レ然

身与レ世交損、

于穀山曰、人之於二虺蛇一也、悪レ之而不レ怒也、其於二虎狼一也、畏レ之而不レ怒也、夫誠畏且悪也、避レ之已矣、安有下見二虎狼虺蛇一、而裂レ眥指レ髪、以必求二一逞一者上乎、

鄒南皐曰、善処レ身者必善処レ世、不二善処一レ世、賊レ身者也、善処レ世者、必厳脩レ身、不二厳脩一レ身、媚レ世者也、余不二善処一レ世、総レ之脩レ身未レ厳、

高景逸曰、人生安得二事事如一レ意、惟不レ如レ意事来、不レ為レ所レ累、其権在レ我、可二事事如一レ意也、

又曰、言語最要二謹慎一、交遊最要二審択一、多説二一句一、不レ如三少説二一句一、多識二一人一、不レ如三少識二一人一、若是賢友愈多愈好、只恐人才難レ得、知レ人実難耳、語云、要レ作二好人一、須レ尋二好友一、引レ酵若レ酸、那得二甜酒一、又云、人生喪レ家亡レ身、言語占コ了八分一、皆格言也、

又曰、丈夫処レ世、則甚寿考不レ過二百年一、百年中除二老稚之日一、見二於世一者不レ過二三十年一、此三十年、可レ使三其人重二於泰華一、可レ使三其人軽二於鴻毛一、是以君子慎レ之、

陳幾亭曰、道理本天然一定、亦有二勢窮情極、必須レ従レ権者一、如下梁孝王有レ罪、因二太后故一不レ可レ問、田叔遂焼中其獄辞上、此勢窮而従レ情也、徐庶本悪レ曹、因二母為一レ所レ執、遂往降レ之、此情極而従レ勢也、執二其本然一、不下与二情勢一遷移上、則道理反矢矣、

又曰、狎侮戯謔之来、処レ之者惟不レ答而已矣、所コ以不一レ答有二二道一、我有下所コ以招一者上、則内自反而更レ之、無下所コ以招一者上、受レ之如レ弗レ聞也、令二彼有一レ知、当二慙而自止一、設其無レ知、意亦浸消、

呂叔簡曰、聖賢之量空濶、事到二胸中一、如三一葉之泛二滄海一、

又曰、世間無三一処無二払意事一、無三一日無二払意事一、惟度量寛弘、有二受用処一、彼局量褊浅者、空自懊恨耳、

賈石葵曰、積レ善而望二報於天一者無レ福、施レ恩而求二報於人一者無レ徳、

処事類

劉安礼問レ臨レ民、明道曰、使二民各得レ輸二其情一、問レ御レ吏、曰、正レ己以格レ物、

伊川曰、君子観二天水違行之象一、知三人情有二争訟之道一、故凡所レ作事、必謀二其始一、絶二訟端於事之始一、則訟無二由生一矣、謀レ始之義広矣、若下慎二交結一明二契券一之類上、是也、

又曰、人心所レ従、多所二親愛一者也、常人之情、愛レ之則見二其是一、悪レ之則見二其非一、故妻孥之言、雖レ失而多従、所レ憎之言、雖レ善為レ悪也、苟以二親愛一而随レ之、則是私情所レ与、豈合二正理一、

又曰、事有レ時而当レ過、所コ以従レ宜、然豈可二甚過一也、如二過レ恭過レ哀過レ倹、大過則不可、所コ以小過為レ順二乎宜一也、

胡安定曰、責レ善之道、要使二誠有レ余而言不レ足、則於レ人有レ益、而在レ我者無二自辱一矣、

又曰、克動二小物一、最難、

又曰、凡為レ人言者、理勝則事明、気愈忿則招レ払、

伊川曰、人悪二多事一、或人憫レ之、世事雖レ多、尽是人事、人事不レ教二人做一、更責二誰做一、

問、人於二議論一、多欲レ直レ己、無二含容之気一、是気不レ平否、曰、固是気不レ平、亦是量狭、人量随レ識長、亦有二人識高而量不レ長者一、是識実未レ至也、

又曰、人無二遠慮一、必有二近憂一、思慮当レ在二事外一、

伊川毎レ見三人論二前輩之短一則曰、汝輩且取二他長処一、

或謂人莫レ不レ知二和柔寛緩一、然臨レ事則反至二於暴厲一、曰、只是志不レ勝レ気、気反動二其心一也、又曰、事以レ急而敗者十常七八、

張横渠曰、欲二事立一、須二是心立一、心不レ敬則怠惰、事無二由立一、況聖人誠立、故事無レ不レ立也、道義之功甚大、又極是尊貴之事、

胡五峯曰、一身之利無レ謀也、而利二天下一者則謀レ之、一時之利則無レ謀也、而利二万世一者則謀レ之、

朱晦庵曰、人多是要二求済一レ事、而不レ知二自身已不一レ立、事決不レ能レ成、人自心若一毫私意未レ尽、皆足二以敗一レ事、如上有二一毫差一、下便有二尋常差一、今若見得十分透徹、待二下梢遇一レ事、転移也只作二五六分一、若今便只就二第四五一著二理会一、下梢如何、

又曰、常先レ難而後レ易、不レ然則難将レ至矣、如二楽毅用一レ兵、始常懼レ難、乃心謹畏、不二敢忽易一、故戦則雖二大国堅城一、無二不レ破者一、及レ至レ勝則自驕、胆大而恃二兵強一、因去攻二一城一、亦攻不レ下、

又曰、作レ事、若顧二利害一、終未レ有レ不レ陥二於害一也、

又曰、古人臨レ事、所以要二回互一、時是一般国家大事、係二死生存亡一之際、有下不レ可二直情径行一処上、便要下権二其軽重一而行上レ之、今則事事用レ此、一向回互、至二於枉レ尋直レ尺而利一、亦可レ為歟、是甚意思、

問、学者講二明義理一之外、亦須レ理二会時政一、凡事要四一一講明、使三先有二一定之説一、庶他日臨レ事、不レ至二墻面一、

曰、学者若得二胸中義理明一、従レ此去量二度事物一、自然泛応曲当、人若有二堯舜許多聰明一、自作二得堯舜許多事業一、若要二一一理会一、則事変無レ窮、難二以逆料一、随レ機応レ変、不レ可二預定一、今世文人才士、開レ口便説二国家利害一、把レ筆便述二時政得失一、終済二得甚事一、只是講二明義理一、以淑二人心一、使下世間識二義理一之人多上、則何患二政治之

不一レ挙耶、

又曰、天下事、亦要二得危言一者、亦要二得寛緩一者、皆不レ可レ少、随二其人所一レ見、看二其人議論一、如二狄梁公一、辞雖レ緩、意甚懇切、如中辺皆緩、則不レ可二翕受敷施一、九徳咸事、聖人便如レ此作、

又曰、今人大抵皆先自立二一箇意見一、若其性寛大、便只管一向見二得一箇寛大底路一、若性厳毅底人、便只管見二得一箇廉介底路一、更不下平二其心一看上、事物自有下箇合二寛大一処、合二厳毅一処上、

又曰、学常要レ親二細務一、莫レ令二心麁一、

問、避レ嫌是否、曰、合レ避豈可レ不レ避、如二瓜田不レ納レ履、李下不一レ整レ冠、豈可レ不レ避、如乙君不下与二同姓一同上レ車、与二異姓一同レ車、不丙同レ服、皆是合レ避処、

又曰、身労而心安者為レ之、利少而義多者為レ之、

問、事有二最難底一、奈何、曰、亦有二数等一、或是外面阻遏、做不レ得、或是裏面紛乱、処不レ去、亦有二一種紛拏時、及纎毫委曲微細処難一レ処、全只在三人自去二理会一、大概只是要下見二得道理一分明上、逐事上自有二一箇道理一、易曰、探レ賾索レ隠、賾処不二是奥一、是紛乱時、隠是隠奥也、全在二探索上一、紛乱是他自紛乱、我若有二一定之見一、安能紛二乱得我一、

問、事来断制不レ下、当二何以処一レ之、曰、也只得下隋二力量一做去上、又問、事有二至理一、理有二至当一、十分処今已看得七八分、待二窮来窮去一、熟後自解、到二那分数足処一、曰、雖レ未レ能二従容一、只是熟後便自会、只是熟、只是熟、

問、貧者挙レ事、有二費レ財之浩瀚者一、不レ能レ不下計二度繁約一、而為レ之裁処上、此与下正レ義不レ謀レ利意上相妨否、窃恐謀レ利者、是作二這一事一、更不レ看二道理合当如何一、只論下利二便於己一、与上レ不レ利二便於己一、得二利便一則為レ之、

不レ得則不レ為、若貧而廃レ財者、只是目下口足不二相応一、因斟酌裁処、而帰二之中一、其意自不レ同否、曰、当レ為而力不レ及者、量レ宜処乃是義也、力可レ為而計レ費吝惜、則是謀レ利而非レ義矣、

問、欲レ窮レ理而事物紛紜、未レ能レ有二洒落処一、近惟見ヿ得富貴果不レ可レ求、貧賤果不レ可レ逃耳、曰、此是就二命上一理会、須下更就二義上一看中当レ求与レ不レ当レ求、当レ避与レ不レ当レ避、更看自家分上所ヿ以求レ之避レ之之心、是欲二如何一、且其得喪栄辱、与二自家義理之得失利害一、孰為二軽重一、則当レ有二以処レ此矣、

又曰、大抵事只有二一箇是非一、是非既定、却揀二一箇是処一行将去、必欲ヿ回レ互得人人道レ好、豈有二此理一、然事之是非、久却自定、時下須二是在レ我者無レ慊、仰不レ愧、俯不レ怍、別人道レ好道レ悪管レ他、

許魯斎曰、凡事物之際有二両件一、有下由二自己一的上、有下不レ由二自己一的上、由二自己一的有二義在一、不レ由二自己一的有二命在一、帰二於義命一而已、

又曰、世人懐レ智狭レ詐、而欲二事之善一、豈有二此理一、必尽去二人偽一、忠厚純一、然後可レ善二其事一、至二於死生禍福一、則一帰二之天命一而已、人謀孔蔵、亦可三以保二天命一、人能摂レ生、亦可三以保二神気一、自暴自棄而有二凶禍一、皆自取レ之也、

又曰、汲汲焉、毋レ欲レ速也、循循焉、毋二敢隋一也、非二止学問如レ此、日用事為之間、皆当レ如レ此、乃能有レ成、

明道曰、時者聖人所レ不レ能レ違、然人之知愚、世之治乱、聖人必示二可レ易之理一、豈徒為レ教哉、蓋亦有二其理一故也、

陸象山曰、惟天下之至一、為三能処二天下之至変一、惟天下之至安、為三能処二天下之至危一、

又曰、勿二無レ事生レ事、

朱晦庵曰、事変無レ窮、幾会易レ失、酬酢之間、蓋有下未レ及二省察一、而謬以二千里一者上、是以君子貴レ明レ理也、理明則異端不レ能レ惑、流俗不レ能レ乱、而徳可レ久業可レ大、

張子韶曰、天下之事、有レ勢有レ理、勢勝則理亦不レ能レ行、乗二其勢一以行二其理一、則理尤快レ意不レ然勢之方至、而吾偎偎惟理之狥、雖三是非得失自定二於後一、然一時亦不レ能二遽逆一也、不レ若三待レ之以レ久、徐徐而後応レ之為コ得耳、

胡敬斎曰、処レ事応レ物、不レ可レ狥二己偏好一、須レ省コ察当レ為与レ不レ当レ為、当レ理与コ不レ当レ理、

又曰、事事有二一定道理一、須レ要二見得明、養得熟一、応酬之際、方無二滞碍一、

又曰、処レ事之法、正レ己為レ先、順レ理以行レ之、人之従違、不レ可レ必也、不レ可レ趨二時好一、然順レ理処天且不レ違、況於レ人乎、故行有レ不レ得、皆反コ求諸己一、

薛敬軒曰、処レ事不レ可レ令二人喜一、亦不レ可レ令二人怒一、

又曰、作レ事切須二謹慎仔細一、最不レ可二怠忽疎略一、先儒謂、前輩作レ事、多周詳、後輩作レ事、多潤略、余覚レ有二潤略之失一、宜レ謹レ之、

又曰、嘗見二人尋常事、処置得レ宜者、数数為レ人言コ之、陋亦甚矣、古人功満二天地一、徳冠二人羣一、視レ之若レ無者、分定故也、

又曰、処レ事了、不レ形二之於言一、尤妙、

又曰、当二事務叢雑之中一、吾心当二自有コ所レ主、不レ可下因二彼之擾擾一、而遷易上也、

又曰、簡者非下厭二事繁一而求上レ簡也、但為レ所レ当レ為、而不レ為レ所レ不レ当レ為耳、

又曰、事最不レ可二軽忽一、雖二至微至易者一、皆当下以二慎重一処上レ之、

又曰、凡事皆当二謹レ始慮コ終、

又曰、処レ事識為レ先、断次レ之、

又曰、事来只順コ応之一、不レ可三無レ故而先生二事端一、

又曰、応レ事差錯、由二心不一レ専、

又曰、処二大事一、貴二乎明而能断一、不レ明固無三以知二事之当一レ断、然明而不レ断、亦不レ免二於後難一矣、

又曰、勢到二七八分一則已、如レ張レ弓然、過レ満則折、

又曰、近看ヿ得処レ事二法一、知以別二可否一、義以決二取舎一、斯無二過挙一矣、

又曰、非二力所一レ及而思者妄也、故君子思不レ出二其位一、

又曰、安重深沈者能処二大事一、軽浮浅率者不レ能、

陳玉曇曰、道理載在二典籍一者、一定而有レ限、天下事千変万化、其端無レ窮、故世之苦読者、往往処レ事有二執泥処一、至下於更ヿ歴事変一多者上、又看ヿ得世故一、太通融而無レ執、此皆是偏処、吾人当二読レ書時一、要レ思ヨ量泛応二世務一、庶二乎臨レ事不一レ滞、当二応レ事通達無レ碍時一、却亦要下思中量挾二著書一本行上、如レ此方免二二者之弊一、

呂叔簡曰、只有二一箇耐レ煩心一、天下何事不二了得一、天下何人不レ能レ処、

又曰、手段不レ可二太潤一、太潤則真塞難レ完、頭緒不レ可二太繁一、太繁則照管不レ到、

胡師蘇曰、事無二大小一、只当二以レ理為一レ主、然理雖レ在レ我、所レ遇之人、愚者不レ知レ理、強者不レ畏レ理、奸猾者故意不レ循レ理、則又有二難レ行処一、便当下審ヿ度事勢何如一、従容処上レ之、事小、便含忍過去、寧我譲レ人可也、事大則質二之官府一、告二之親友一、弁ヿ白曲直一、終越レ理不レ得、自然輸服、若恃二吾有一レ理、悻悻生レ忿、直要三儘力作到二十分一、不二肯退歩容忍一、則愚者終不レ明、強者終不レ服、奸者必百計求レ勝、或有レ理反成レ無レ理矣、

史搢臣曰、交財一事最難、雖二至親好友一、亦須二明白一、寧可二後来相譲一、不レ可二起初含糊一、俗語云、先明後不レ争、至言也、

張圃翁曰、人思レ取二財於人一、不レ若レ取二財天地一、

政事類

程伊川曰、当世之務、所二尤先一者有レ三、一曰立レ志、二曰責レ任、三曰求レ賢、今雖下納二嘉謀一陳中善算上、非二君志先立一、其能聴而用レ之乎、君欲レ用レ之、非レ責二宰輔一、其孰承而行レ之乎、君相協レ心、非二賢者任一レ職、其能施二於天下一乎、此三者本也、制二於事一者用也、三者之中、復以レ立レ志為レ本、所レ謂立レ志者、至誠一心、以レ道自任、以二聖人之訓一為レ可二必信一、先王之治為レ可二必行一、不レ狃ヿ滞於近規一、不レ遷ヿ惑於衆口一、必期下致二天下一如中三代之世上也、

又曰、古之時、公卿大夫而下、位各称二其徳一、終身居レ之、得二其分一也、位未レ称レ徳、則君挙而進レ之、士修二其学一、学至而君求レ之、皆非レ有レ預二於己一也、農工商賈、勤二其事一而所レ享有レ限、故皆有二定志一、而天下之心可レ一、後世自二庶士一至二于公卿一、日志二於尊栄一、農工商賈、日志二於富侈一、億兆之心、交鶩二於利一、天下紛然、如レ之何其可レ一也、欲二其不一レ乱難矣、

又曰、自レ古泰治之世、必漸至二於衰替一、由レ狃ヿ習安逸一、因循而然、自レ非二剛断之君、英烈之輔一、不レ能三挺特奮発、以革二其弊一也、

又曰、凡天下至二於一国一家一、至二於万事一、所ヨ以不二和合一者、皆由レ有レ間也、無レ間則合矣、以至二天地之生、万物之成一、皆合而後能遂、凡未レ合者、皆有レ間也、若三君臣父子親戚朋友之間、有二離弐怨隙一者、蓋讒邪間二於其間一也去二其間隔一而合レ之、則無レ不二和且治一矣、噬嗑者、治二天下一之大用也、

又曰、天下之事、不レ進則退、無二一定之理一、済之終、不レ進而止矣、無二常止一也、衰乱至矣、蓋其道已窮極也、

聖人至レ此奈何、曰、唯聖人為三能通二其変於未レ窮、不レ使レ至二於極一、堯舜是也、故有レ終而無レ乱、

又曰、為レ民立レ君、所二以養レ之也、養レ民之道、在レ愛二其力一、民力足則生養遂、生養遂則教化行、而風俗美、故為レ政以二民力一為レ重也、

又曰、治レ身斉レ家、以至レ平二天下一者、治之道也、建二立治綱一、分二正百職一、順二天時一以制レ事、至三於創レ制立レ度、尽二天下之事一者、治之法也、聖人治二天下一之道、唯此二端而已、

程明道曰、先王之世、以レ道治二天下一、後世只是以レ法把二持天下一、

又曰、教レ人者、養二其善心一、而悪自消、治レ民者、導二之敬譲一而争自息、

又曰、必有二関雎麟趾之意一、然後可レ行二周官之法度一、

又曰、昔者孟子三見二斉王一、而不レ言レ事、門人疑レ之、孟子曰、我先攻二其邪心一、心既正、然後天下之事、可二従而理一也、夫政事之失、用レ人之非、知者能更レ之、直者能諫レ之、然非心存焉、則一事之失、救而正レ之、後之失者、将レ不レ勝レ救矣、格二其非心一、使レ無レ不レ正、非二大人一其孰能レ之、

明道論二十事一、一曰、師傅、二曰、六官、三曰、経界、四曰、郷党、五曰、貢士、六曰、兵役、七曰、民食、八曰、四民、九曰、山沢、十曰、分数、其言曰、無二古今一、無二治乱一、如生民之理有レ窮、則聖王之法可レ改、後世能尽二其道一、則大治、或用二其偏一則小康、此歴代彰灼著明之効也、苟或徒知泥古、而不レ能レ施二之於今一、姑欲二徇レ名而遂廃二其実一、此則陋儒之見、何足三以論二治道一哉、然儻謂下今人之情皆已異二於古一、先王之迹不上レ可レ復二於今一、趣二便目前一、不レ務二高遠一、則亦恐非二大有レ為之論一、而未レ足三以済二当今之極弊一也、

伊川曰、介甫言律是八分書、是他見得、

又曰、治則有二為レ治之因一、乱必有二致レ乱之因一、在レ人而已矣、

又曰、守レ国者必設レ険、山河之固、城郭溝洫之阻、特其大端耳、若下夫尊卑貴賤之分、明レ之以二等威一、異レ之以中物采上、凡所下以杜ヿ絶陵僭一、限中隔上下上、皆険之大用也、

又曰、為二天下一、安可レ求二近効一、才計校著二利害一、便不レ是、

又曰、安危之本、在二乎人情一、治乱之機、繫二乎事始一、衆心睽乖、則有レ言不レ信、万邦協和、則所レ為必成、

又曰、民可レ明也、不レ可レ愚也、民可レ教也、不レ可レ威也、民可レ順也、不レ可レ強也、民可レ使也、不レ可レ欺也、

范華陽曰、治二天下之繁一者、必以二至簡一、制二天下之動一者、必以二至静一、是故号令簡、則民聴不レ惑、心慮静則事変不レ撓、此所ヿ以能成一レ功也、

又曰、民莫レ不二悪レ危而欲一レ安、悪レ労而欲一レ息、以二仁義一治レ之則順、以二刑罰一治レ之則咈矣、故治二天下一、在レ順レ之而已、咈レ之而能治者、未二之聞一也、

胡五峯曰、養レ民惟恐レ不レ足、此世之所ヿ以治安一也、取レ民惟恐レ不レ足、此世之所ヿ以敗亡一也、

羅予章曰、教化者、朝廷之先務、廉恥者、士人之美節、風俗者、天下之大事、朝廷有二教化一、則士人有二廉恥一、士人有二廉恥一則天下有二風俗一、或朝廷不レ務二教化一、而責二士人之廉恥一、士人不レ尚二廉恥一、而望二風俗之美一、其可レ得乎、

又曰、天下之変、不レ起二於四方一、而起二於朝廷一、譬如二人之傷レ気、則寒暑易レ侵、木之傷レ心、則風雨易一レ折、故内有二李林甫之姦一、則外有二禄山之乱一、内有二盧杞之邪一、則外有二朱泚之叛一、易曰、負且乗、到二寇至一、不二虚言一哉、

朱晦庵曰、天下之事、有レ本有レ末、正二其本一者、雖レ若二迂緩一、而実易レ為レ力、捄二其末一者、雖レ若二切至一、而実難レ為レ功、是以昔之善論レ事者、必深明二夫本末之所一レ在、而先正二其本一、本正則末之不レ治、非レ所レ憂矣、

又曰、古聖賢之言レ治、必以二仁義一為レ先、而不下以二功利一為上レ急、夫豈故為二是迂闊亡用之談一、以欺レ世眩レ俗、而甘受二実禍一哉、蓋天下万事、本二於一心一、而仁者此心之存之謂也、此心既存、乃克有レ制、而義者此心之制之謂也、誠使三是説著ヿ明於天下一、則自二天子一以至二於庶人一、人人得二其本心一、以制二万事一、無二一不レ合レ宜者一、夫何難而不レ済、不レ知レ出レ此、而曰下事求レ可・功求レ成、吾以苟為二一切之計一而已上、是申商呉李之徒、所下以亡二人之国一、而自滅中其身上、国雖レ富、其民必貧、兵雖レ強、其国必病、利雖レ近、其為レ害也必遠、顧弗レ察而已矣、

又曰、天下之事、有二緩急之勢一、朝廷之政、有二緩急之宜一、当レ緩而急、則繁細苛察、無三以存二大体一、而朝廷之気、為レ之不レ舒、当レ急而緩、則怠慢廃弛、無三以赴二事機一、而天下之事、日入レ壊、均二之二者一、皆失也、然愚以為当レ緩而急者、其害固不レ為レ小、若当レ急而反緩、則其害有二不レ可レ勝レ言者一、不レ可二以不一レ察也、

又曰、四海之広、兆民至衆、人各有レ意、欲レ行二其私一、而善為レ治者、乃能総摂而整ヿ斉之一、使三之各循二其理一、而莫二敢不レ如二吾志之所一レ欲者、則以下先有二綱紀一以持二之於上一、而後有二風俗一以駆中之於下上也、何謂二綱紀一、弁二賢否一以定二上下之分一、核二功罪以公二賞罰之施一也、何謂二風俗一、使下人皆知二善之可一レ慕而必為、皆知二不善之可一レ羞而必去上也、

又曰、天下豈有下兼ヿ行正道邪術一、雑ヿ用君子小人一、而可二以有一レ為者上、

又曰、人情不レ能二皆正一、故古人治レ世以二大徳一、不レ以二小恵一、然則固有下不三必皆順二之人情一者上、若曰レ順二人心一、則気象差正当耳、井田肉刑二事、儘有二曲折一、恐未レ可二遽以為一レ非、

又曰、古人為レ政、一本二於寛一、今必須二反レ之以一レ厳、蓋必如レ是矯レ之、而後有三以得二其当一、今人為レ寛、至三於事無二統紀一、緩急予奪之権、皆不レ在レ我、下梢却是姦豪得レ志、平民既不レ蒙二其恵一、又反受二其殃一矣、

又曰、今人説レ軽レ刑者、只見二所レ犯之人一為レ可レ憫、而不レ知二被レ傷之人尤可一レ念也、如二却盗殺レ人者一、人多為レ之

求レ生、殊不レ念二死者之為一レ無辜、是知レ為二盗賊計一而不レ為二良民地一也、若如二飢荒窃盗之類一、猶可下以レ情原二其軽重大小一而処上レ之、

周濂渓曰、天下勢而已矣、勢軽重也、極重不レ可レ反、識二其重一而亟反レ之、可也、反レ之力也、識不レ早、力不レ易也、力而不レ競、天也、不レ識不レ力、人也、天乎人也、何尤、

趙天麟曰、選用之法、莫レ貴二於徳一、莫レ急二於才一、才徳兼全者大丈夫也、徳勝才者君子也、才勝レ徳者豪英也、有レ徳無レ才者淳士也、有レ才無レ徳者小人也、才徳兼無者愚人也、淳士以上四徳、皆所レ当レ用也、小人愚人、皆所レ当レ棄也、

程明道曰、天地生二一世人一、自足レ了二一世事一、但恨人不レ能三尽用二天下之才一、此其不レ能二大治一、

又曰、熙寧初、介甫行二新法一、並ヿ用君子小人一、君子正直不レ合、介甫以為俗学不レ通二世務一、小人苟容諂佞、介甫以為有二才能一知二変通一、君子既去、所レ用皆小人、争為二刻薄一、故害二天下一益深、使下当其時一、衆君子不中与レ之争上、勢久自復、委曲平章、尚有二聴従之理一、小人無二隙可一レ乗、其為レ害不レ至二如レ此之甚一也、新政之行、亦是吾党争レ之太過、須レ両ヿ分其罪一可也、

程伊川曰、天地間皆有レ対、有レ陰則有レ陽、有レ善則有レ悪、君子小人之気、常相停、但六分君子則治、六分小人則乱、七分君子則大治、七分小人則大乱、如レ此則堯舜之世、不レ能レ無二小人一、蓋堯舜之世、只是以二礼楽法度一、駆而之レ善、尽二其道一而已、然言二比屋可一レ封者、以二其有一レ教、雖レ欲レ為レ悪、不レ能レ成二其悪一、

蘇東坡曰、任レ法而不レ任レ人、則法有レ不レ通、無三以尽二万変之情一、任レ人而不レ任レ法、則人各有レ意、無二以定二一成之論一、

朱晦庵曰、天下之事、千変万化、其端無レ窮、而無二一不一レ本二於人主之心一、故人主之心正、則天下之事、無二一不一レ出二於正一、人主之心不レ正、則天下之事、無二一得一レ出二於正一、蓋不二惟其賞之所一レ勧、刑之所一レ威、各隋レ所レ向、

勢有二不レ得レ已者一、而其観感之間、風動神速、又有レ甚焉、

劉摯曰、天下有二二人之論一、有下安レ常習レ故、楽二於無事一之論上、有下変レ古更レ法、喜二於敢為一之論上、二論各立、一彼一此、時以レ此為二進退一、則人以レ此為二去就一、臣嘗求二二者之意一蓋皆有レ所レ是、亦皆有レ所非、楽二無事一者、以為守二祖宗之成法一、猶可下以因二人所一レ利、拗レ旧而補二其偏一、以馴中致於治上、此其所レ得也、至二昧者一、則苟簡怠惰、便レ私膠レ習、而レ不レ知二変通之権一、此其所レ失也、喜二有為一者、以為法爛道窮、不二大変化一、則不レ足二以通レ物而成一レ務、此其所是也、至二鑿者一則作二為聡明一、棄レ理任レ智、軽肆独用、強レ民以従レ事、此其所レ非也、彼以為レ乱レ常、此以為レ流レ俗、畏レ義者、以二並進一為レ恥、嗜レ利者、以レ守レ道以二無能一、二勢如レ此、士無二帰趨一、臣謂此風不レ可二浸長一、

何垣曰、四方有レ敗、当レ国者諱レ言、猶二赤子受レ病、保母為レ之掩覆一也、故禍幾始作、当レ杜二其萌一、疾証方形、当レ絶二其根一、諱レ乱不二早治一者危二其国一、諱レ病而不二亟療一者亡二其身一、

薛敬軒曰、立レ法之初、貴三乎参二酌事情一、必軽重得レ宜、可二行而無一レ敝者、則播告之修、既立之後、謹守勿レ失、信如二四時一、堅如二金石一、則民知レ所レ畏而不二敢犯一矣、或立レ法之初、不レ能レ参二酌事情一、軽重不倫、遽施二於下一、既而見三其有二不レ可レ行者一、復遂廃格、則後有二良法一、人将三視為二不信之具一矣、令何自而行、禁何自而止乎、

又曰、古人於二小人有一レ功、可二深慮一而不レ可レ喜、易曰、開レ国承レ家、小人勿レ用、漢誅二竇憲一、五侯有レ功、而其勢自レ此盛、故功由二君子一立、国家之大慶、功由二小人一立、知者所二深慮一也、

呂叔簡曰、事有下知二其当一レ変而不レ得レ不レ因者上、善救レ之而已矣、人有下知二其当一レ退而不レ得レ不レ用者上、善馭レ之而已矣、

又曰、君子動二大事一、十利而無二一害一、其挙也必矣、不レ得レ已而権二其分数之多寡一、利七而害三、則我全二其利一而

防二其害一、又較二其事軽重一、亦有二九害而一利者一為レ之、所レ利重而所レ害軽也、所レ利急而所レ害緩也、所レ利難、而所レ害可レ救也、所レ利久長、而所レ害一時也、此不レ可下与二浅見薄識者一道上、

又曰、凡酌二量天下大事一、全要二箇融通周密、憂深慮遠一、営レ室者、正二方面一也、遠視近視、曰有二近視正而遠視不レ正者一、較レ長較レ短、曰有下準二於短一而不レ準二於長一者上、応レ上応レ下、曰有下合二於上一而不レ合二於下一者上、顧レ左顧レ右、曰有下協二於左一而不レ協二於右一者上、既而遠近長短上下左右皆宜也、然後執二縄墨一、運二木石一、鳩二器用一、以定二万世不抜之基一、今之処二天下事一者、麤心浮気、浅見薄識、得二其一方一、而固執以求レ勝、以レ此図二久大之業一、為二治安之計一難矣、

又曰、人情之所レ易レ忽、莫レ如レ漸、天下之大可レ畏莫レ如レ漸、漸之始也、雖二君子一不二以為レ意、有下謂二其当レ防者上、雖二君子一亦以為レ迂、不レ知其極重不レ反之勢、天下聖人、亦無レ如二之奈何一、其所二由来一者漸也、周鄭交質、若レ出二於驟然一、天子雖二孱弱甚一、亦必有二恚心一、諸侯雖二豪横甚一、豈敢生二此念一、迨二積漸所レ成、其流不レ覚至レ此、故歩視二千里一為レ遠、前歩視二後歩一為レ近、千里者、歩歩之積也、是以驟者挙世所レ驚、漸者聖人独懼、明以燭レ之、堅以守レ之、毫髪不二以仮借一、此慎レ漸之道也、

又曰、聖人治二天下一、常令二天下之人精神奮発、意念斂束一、奮発則万民無二棄業一、而兵食足、義気充、平居可二以勤レ国、有レ事可二以捐レ躯、斂束則万民無二邪行一而身家重、名検修、世治則礼法易レ行、国衰則奸盗不レ起、後世之民、怠惰放肆甚矣、臣民而怠惰放肆、人主之憂也、

又曰、創業之君、当二海内属目傾聴之時一、為二一切雷厲風行之法一、故令行如レ流、民応如レ響、承平日久、法度疎濶、人心散而不レ収、惰而不レ振、頑而不レ爽、譬如二熟睡之人一、百呼若レ聾、久倦之身、両足如レ跛、惟是盗賊所レ迫、水火所レ迫、或可二猛醒而急奔一、是以詔令廃格、政事頽靡、条上者紛紛、申飭者累累、而聴レ之者若レ罔二聞知一、即

殺二其尤者一人一、以号二召之一、未知二粛然改レ視易レ聴否一、而迂腐之儒猶曰、宜レ従二長厚一、勿レ為二激切一、嗟夫物垢則滌、甚則改為、室傾則支、甚則改作、守成之君、綜二核名実一、整二頓紀綱一、当下与二創業一等上而後可、又曰、弊端最不レ可レ開、弊風最不レ可レ成、禁二弊端於未レ開之先一易、挽二弊風於既成之後一難、識二弊端一而絶レ之、非二智者一不レ能、疾二弊風一而挽レ之、非二勇者一不レ能、聖王在レ上、誅下開二弊端一者上以徇二天下一、則弊風自革矣、

来道之曰、興レ利除レ害皆当レ以レ漸、興レ利太急、恐万全之計、除害太急、易レ生二不肖之心一、

于穀山曰、乱之萌也、固不レ可レ養、亦不レ可レ激、養レ之乱、激レ之亦乱、依阿唯諾、以延二歳月一、一日乱成、坐視二其敗一、此養者成レ之也、引レ縄批レ根、吹レ毛洗レ垢、使二之情見勢極一、一発而潰一、此激者成レ之也、

陸道威曰、欲二兵之精一、不レ如二省レ兵而増一レ糧、欲二官之廉一、不レ如二省レ官而増一レ俸、

呂叔簡曰、世無二全才一久矣、用レ人者各因二其長一可也、夫目不レ能レ聴、耳不レ能レ視、鼻不レ能レ食、口不レ能レ臭、勢也、今之用人、不レ審二其才之所一レ堪、資格所レ及、雑然授レ之、方司二会計一、輒理二刑名一、既典二文銓一、又操二兵務一、養レ之不レ得二其道一、用レ之不レ当二其才一、受レ之者、但悦二美秩一而不二自量一、以レ此而求レ済レ事、豈不レ難哉、

沈作喆曰、用レ人当レ以二学術器識一、不レ当三専用二文詞之士一、使下其人有二徳量行実一、飾以中文章上、固為二希世傑出一、雖レ無二文采一、而識量操履、有二公輔之望一、自不レ妨二大用一、沾沾儇薄浮華自喜、雖レ有二翰墨之功一、必敗レ事無レ疑、

呂叔簡曰、満目所レ見、世上無二一物不一レ有二淫巧一、這淫巧、耗二了世人多少生成的財貨一、悞二了世上多少生財的工夫一、淫巧不レ誅而欲レ講二理財一、皆苟且之談也、

黄懋中曰、賑レ饑之法、往往吏縁為レ奸、貧者未二必報一、報者未二必給一、其報而給者又未二必貧一、有司擅二賑済之名一、而貧民未レ沾二実恵一、

呂叔簡曰、在レ上者、当レ慎二無名之賞一、賞二一人一、是賞二百人一也、衆皆籍レ口以希レ恩、賞二一金一、是賞二百金一也、蔵遂相沿為二故事一、故君子悪レ苟レ恩、苟レ恩之人、顧二一時一、市二小恵一、徇二無レ厭者之情一、而財用之賊也、

又曰、民情不レ可レ使三不便一、不レ可レ使二甚便一、不便則壅閼而不レ通、甚者令レ之不レ行、必潰決而不レ可二収拾一、甚便則縦肆而不レ検、甚者法不レ能レ制、必放溢而不二敢約束一、故聖人同二其好悪一、以体二其必至之情一、納二之礼法一、以防二其不レ可レ長之漸一、故能相安相習、而不レ至二於為レ乱、

朱晦庵曰、古之名将、能立二功名一者、皆是謹重周密、乃能有レ成、如呉漢朱一然、終日欽欽、常如二対陳一、須レ学二這様底一方可、如二劉琨一恃レ才傲レ物、驕恣奢侈、卒至三父母妻子・皆為二人所一レ屠、今人率以レ才自負、自待以二英雄一、以至二恃レ気傲レ物、不レ能二謹厳一、以レ此臨レ事、卒至二於敗一而已、要レ做二大功名底一、越要二謹密一、未レ聞一麁鹵而能有レ成者一、

薛敬軒曰、凡国家礼文制度、法律条例之類、皆能熟観而深考レ之、則有三以酬二応世務一、而不レ戻二乎時宜一、

又曰、小人有レ功、可二優レ之以一レ賞、不レ可二仮レ之以一レ柄、

又曰、為レ政当下以二公平正大一行上レ之、是非毀誉、皆所レ不レ恤、必欲下曲徇二人情一、使中人人誉悦上、則失二公正之体一、非二君子之道一也、

又曰、治レ獄有二四要一、公慈明剛、公則不レ偏、慈則不レ刻、明則能照、剛則能断、

又曰、法者輔レ治之具、当下以二教化一為上レ先、

又曰、財出二於民一、費用広則財不レ足、財不レ足則賦斂重、賦斂重則民窮、民窮則力竭、力竭則本揺矣、

又曰、治世君臣、警戒之辞多、衰世君臣、諛説之辞多、

宋景文曰、不レ可レ得者、上不二以求一、不レ可レ止者、上不二以禁一、不レ可レ行者、上不二以令一、故曰求愈多、得愈

寡、禁愈急、止愈少、令愈繁、行愈慢、上求而不レ得、謂二之失一レ威、求レ不レ可レ得而得、謂二之暴一、禁而不レ止謂二之慢一、禁レ不レ可レ止而止、謂二之虐一、令而不レ行、謂二之凌一レ上、令レ不レ可レ行而行、謂二之乱一、故聖人慎二挙錯一、去二三不可則善矣、

呂叔簡曰、情有レ可レ通、莫下於二旧有者一、過裁抑以生中寡恩之怨上、事在レ得レ已、莫下於二旧無者一、妄増設以開中多事之門上、若理当レ革、時当レ興、合二於事勢人情一、則非レ所レ拘矣、

羅整庵曰、制度立、然後可二以阜レ俗而豊一レ財、今天下財用日窘、風俗日敝、皆由二制度隳廃一而然也、故自二衣服飲食宮室輿馬一、以至二冠婚喪祭一、必須二貴賤有レ等、上下有一レ別、則物無二妄費一、而財可レ豊、人無二妄取一而俗可レ阜、此理之不レ易者也、然法之不レ行、自上犯レ之、君子之徳風、小人之徳草、是在二朝廷一而已矣、

陳幾亭曰、知レ人之事最細、明二其大意一難、詳二其分量一尤難、志皆趨レ正、而正有二純駁一、純之中復有二浅深一、才皆有レ用、而用有二兼専一、専之中復有二差数一、志之正、譬則清泉也、其純駁如下清泉之或徹底皆澄、或間以二微砂一、掩以二浮塵一、雑以中染色上也、純復有二浅深者一、如下至清之泉、或在二盆盎一、或在二沼沚一、或在中重淵上也、才之用、譬則器物也兼者如二穀之日用皆宜、魏勝如意車之一端数用一、専者如下薬之各療二一病一、舟車之不上レ能レ互ヿ用於水陸一也、専復有二差数者一、如二舟容レ人、車載一レ物、多少各異也、心術則可二逓信而求一レ之、才具不レ妨二逓減而量一レ之、知レ人如レ此、無二遺蘊一矣、然豈一君一相之能事哉、君知二大臣一、大臣知二小臣一、君職要、臣職詳、於二知レ人之事一尤急、

熊勉斎曰、救レ荒不レ患無二奇策一、只患レ無二真心一、真心則奇策也、

又曰、利在二一身一、勿レ謀也、利在二天下一者謀レ之、利在二一時一勿レ謀也、利在二万世一者謀レ之、

又曰、救二民於水火之中一、惟恐二其不一レ早、貪官汚吏、侵ヿ漁百姓一、甚二於盗賊一、此而不レ除、雖レ有二良法美意一、孰興ヿ行之、

王朗川曰、清貴レ容、仁貴レ断、莫二苛刻以傷レ厚、莫二磽确以沽レ名、毋下借二公道一遂中私情上、勿下施二小恵一傷中大体上、憑レ怒徒足レ損レ己、文レ過豈能欺レ人、処レ忙更当レ以レ間、遇レ急便宜レ従レ緩、分数明、可二以省レ事、毀誉忘、可二以清レ心、正直可レ通二於神明一、忠信可レ行二於蛮貊一、

居官類

或問レ臨レ民、明道曰、使下民各得上レ輸二其情一、問レ御レ吏、曰、正レ己以格レ物、

韓持国常患二在レ下者多レ欺、伊川曰、欺有レ三、有二為レ利而欺者一、則固可レ罪、有二畏レ罪而欺者一、在レ所レ恕、事有二類レ欺者一、在レ所レ察、

呂進明使二河東一、伊川問レ之曰、為レ政何先、対曰、莫レ要二於守レ法、曰、拘二於法一、而不レ得レ有レ為者挙世皆是也、若二某之意一、謂猶有下可二遷就不レ害二於法一、而可二以有レ為者上也、昔明道為レ邑、凡及レ民之事、多下衆人所レ謂於レ法有レ碍焉者上、然明道為レ之、未三嘗大戻二於法一、人亦不二以為レ駭也、謂二之得レ伸二其志一則不可、求二小補一焉則過レ之、与二今為レ政遠矣、人雖レ異レ之、不レ至二指為レ狂也、至レ謂二之狂一、則心大駭、尽レ誠為レ之、不レ容而後去レ之、又何嫌之有、

或問、為二官僚一而言二事於長一、理直而不レ見レ従也、則如レ之何、曰、亦権二其軽重一而已、事重二於去一則当レ去、事軽二於去一則当レ留、事大二於争一則当レ争、事小二於争一則当レ已、雖レ然今之仕二於官一、其有二能去一者必有レ之矣、而吾未二之見一也、

朱晦庵曰、仕官只是廉勤自守、進退遅速、自有二時節一、切不レ可レ起二妄念一也、

又曰、大抵守レ官、只要下律レ己公廉執レ事勤謹、昼夜孜孜、如上臨二淵谷一、便自無二他患害一、纔是有レ所二依倚一、便使二人怠惰放縦一、不レ知不レ覚錯作ヿ了事一也、

又曰、大率天下事、循レ理守レ法、平心処レ之、便是正当、如二賊盗入レ獄、而加以二桎梏箠楚一、乃是正理、今欲三廃レ此以誘二其心一、欲三其帰二恩於我一、便是挟レ私任レ術、不レ行二衆人公共道理一、況恩既帰レ己、怨必帰二於他人一、彼亦安得レ無レ忿ヿ疾於我一耶、

又曰、事変無レ窮、幾会易レ失、酬酢之間、蓋有下未レ及二省察一、而謬以二千里一者上、是以君子貴レ明レ理也、理明則異端不レ能レ惑、流俗不レ能レ乱、而徳可レ久、業可レ大矣、

張南軒曰、為レ政須三是先平二其心一、不レ平二其心一、雖二好事一亦錯、如二抑レ強扶一レ弱、豈不二是好事一、往往只這裏便錯、須下是如二明鏡一然上、妍者自妍、醜者自醜、何預二我事一、若是先以二其人一為レ醜、則相次見二此人一、無二往而非一レ醜矣、

呂東莱曰、当レ官之法、唯有二三事一、曰、清、曰、慎、曰、勤、知二此三者一、則知レ所ヿ以持一レ身矣、然世之仕者、臨レ財当レ事、不レ能二自克一、常自以為二必不一レ敗、持二必不レ敗之意一、則無レ不レ為矣、然事常至二於敗一、而不レ能二自已一、故設レ心処レ事、戒レ之在レ初、不レ可レ不レ察、借使下役ヿ用権智一、百端補治、幸而得上レ免、所レ損已多、不レ若三初不レ為之為二レ愈也、司馬子微坐忘論云、与三其巧持二於末一、孰ヨ若拙戒二於初一、此天下之要言、当レ官処レ事之大法、用レ力寡而見レ功多、無下如二此言一者上、人能思レ之、豈復有二悔吝一耶、

又曰、当レ官処レ事、常思レ有二以及一レ人、如二科率之行一、既不レ能レ免、便就二其間一求レ所ヨ以使二民省一レ力、不レ使三重為二民患一、其益多矣、

又曰、当レ官難事勿レ辞、而深避二嫌疑一、以二至誠一偶レ人、而深避二文法一、如レ此則可レ免、

又曰、前輩嘗言、小人之性専務二苟且一、明日有レ事、今日得レ休且休、当レ官者不レ可下徇二其私意一、忽而不上レ治、諺有レ之曰、労レ心不レ労レ力、此実要言也、

又曰、当レ官既自廉潔、又須レ関二防小人一、如二文字暦引之類一、皆須下明白以防中中傷上、不レ可レ不二至謹一、不レ可レ不二詳知一也、

又曰、当レ官者先以二暴怒一為レ戒、事有二不可一、当下詳処レ之、必無上レ不レ中、若先暴怒、只能自害、豈能害レ人、前輩嘗言、凡事只怕レ待、待者詳処之謂也、蓋詳処レ之、則思慮自出、人不レ能二中傷一也、嘗見三前輩作二州県或獄官一、毎二一公事難レ決者一、必沈思静慮累日、忽然若二有レ得者一、則是非判矣、是道也、唯不レ苟者能レ之、

又曰、処レ事者、不下以二聡明一為上レ先、而以レ尽レ心為レ急、不二以レ集レ事為上レ急、而以二方便一為レ上、

又曰、当レ官大要、直不レ犯レ禍、和不レ害レ義、在四人要三詳斟二酌之一爾、然求レ合二於道理一、本非二私心専為上レ己也、

又曰、当レ官処レ事、但務二著実一、如下塗二擦文書一、追二改日月一、重中易押字上、万一敗露、得レ罪反重、亦非乙所下以養二誠心一、事レ君不上レ欺之道甲也、百種姦偽、不レ如二一実一、反復変詐、不レ如レ慎レ始、防レ人疑レ衆、不レ如二自慎一、智数周密、不レ如レ省レ事、不易之道也、

又曰、事有丙当レ死不レ死、其詬有下甚二於死一者上、後亦未二必免上レ死、当レ去不レ去、其禍有下甚二於去一者上、後亦未乙必得甲レ安、世人至レ此、多惑乱失レ当、皆不レ知二義命軽重之分一也、此理非二平居熟講一、臨レ事必不レ能二自立一、不レ可レ不二預思一、古之欲二委レ質事上レ人、其父兄日夜先以レ此教レ之矣、中材以下、豈臨レ事一朝一夕所二能至一哉、教レ之有レ素、其心安焉、所謂有レ所レ養也、

又曰、忍之一字、衆妙之門、当レ官処レ事、尤是先務、若能清慎勤之外、更行二一忍一、何事不レ弁、書曰、必有レ忍、其乃有レ済、此処レ事之本也、諺曰、忍レ事敵二災星一、少陵詩云、忍過事堪レ喜、此皆切二於事理一、為二世大法一、非二空

言一也、王沂公嘗説、喫ヿ得三斗釅醋一、方作ヿ得宰相一、蓋言三忍受ヿ得事一也、

許魯斎曰、毎レ臨レ事、且勿レ令二人見レ喜、既令レ見レ喜、必是偏二於一処一、随後便有レ弊、蓋喜悦非二久長之理一、既不レ令二人喜一、亦不レ令二人怒一、便是得レ中、

羅大経曰、真西山論レ菜曰、百姓不レ可三一日有二此色一、士大夫不レ可二一日不レ知二此味一、余謂百姓之有二此色一、正縁二士大夫不レ知二此味一、若自二一命一以上、至二于公郷一、皆得下齩二菜根一之人上、則当三必知二其職分之所レ任矣、百姓何愁レ無二飯喫一、

呉英問二朱晦庵一曰、政治当レ明二其号令一、不二必厳刑以為レ威、答曰、号令既明、刑罰亦不レ可レ弛、苟不レ用二刑罰一、則号令徒挂二牆壁一爾、与三其不レ遵以梗二吾治一、曷下若懲二其一一以戒上百、与三其覆実検ヿ察于其終一、曷下若厳二其始一而使中之無上犯、作二大事一、豈可下以二小不レ忍為上心、

又曰、胡致堂云、吏人不レ可レ使四他知三我有二恤レ他之意一、此説極好、小処可レ恤、大処不レ可レ恤、又曰、三五十銭底可レ恤、若有レ人来理会、亦須レ治レ他、

張南軒曰、治レ獄所ヿ以多不レ得二其平一者、蓋有二数説一、矜二智巧一以為二聡明一、持二姑息一以恵二奸慝一、上則視二大僚之趨向一、而軽ヿ重其手一、下則惑二胥吏之浮言一、而二一ヿ三其心一、不レ尽二其情一、而一以威ヿ怵之一、不レ厚二其初一、而一以レ法縄レ之、如レ是而不レ得二其平一者多矣、

真西山曰、撫レ民当レ寛、束レ吏当レ厳、史称劉寛以二蒲鞭一示レ辱、謂二之寛一矣、然使二其無レ罪、則蒲鞭可二以勿レ施、若罪所レ当レ懲、而概以施レ之、是廃レ法也、袁安不レ治二贓吏一、称二長厚一矣、如捃ヿ摭疑似一、以入二人贓罪一、固不可、若苞苴貪黷、而概以貸レ之、是縦レ奸也、

陳北渓曰、恤レ民、当下以二慈祥寛厚一為上本、馭レ吏、当下以二剛明果断一為上先、非レ所レ恤而恤、則為二恵レ姦而傷レ仁、

当レ為而不レ為、則昧レ幾而害レ義、

羅一峯曰、士誦読時、見二墨吏所一レ為、輙切歯恨レ之、高談撃レ節、似レ可下翶‐翔古人一、而犬中‐彘若輩上也、一旦綰レ綬佩‐符、則勢利之薫炙、妻子之浸淫、朋比之慫慂附和、于レ是乎良心死、而貪心生矣、如二倚レ門之娼一、如二負レ嵎之虎一、巧取虐取、不丁復知丙名義為二何物一、職業為乙何事甲、金帛充溢、以買二名声一則烜赫、以買二官職一則高華、以買二田宅一、則阡陌連レ雲、以買二姫妾一、則粉黛成レ隊、以買二玩好一、則瑰異盈レ眸、如レ此而已矣、殊不レ思七尺之軀、一日之饗米不レ過二一升一、肉不レ過二一豆一、酒不レ過二一瓢一、冬不レ過二一裘一、夏不レ過二一葛一、為二吾身一則身外皆長物也、為二子孫一、子孫不レ能二保而有一也、卒使下正士羞二与同一レ朝、正人羞中与同上レ郷、至下其後裔之有二知識一者上、亦羞二以為一レ祖、吁可レ念哉、

薛敬軒曰、為レ官最要二安重一、下所二瞻仰一、一発レ言不レ当、殊愧レ之、又曰、御レ下、不レ可二一語冗長一、待二吏卒一、公事外不レ可三与交二一言一、守レ官最宜下簡二外事一、少レ接レ人、寡中言語上、

何垣曰、近世長レ民者、毎立二抑レ強扶レ弱之論一、往往所レ行、多失二之偏一、未レ免二富豪有一レ辞二於罰一、夫強弱何常之有、固有二資厚而謹畏者一、有二怙貪而亡籍者一、当下置二強弱一而論中曲直上可也、直者伸レ之、曲者挫レ之、一当二其情一、人誰不レ服、若在レ事者、律レ己不レ厳、而為二強有力者所一レ持、則政格不レ行、孰執二其咎一哉、

王陽明曰、人在二仕途一、比下之退‐処山林一時上、其工夫之難十倍、非下得二良友一時時警発砥砺上、則平日之所二志向一、鮮レ有下不三潜移黙奪、弛然日就二于頽靡一者上、

薛敬軒曰、正以処レ心、廉以律レ己、忠以事レ君、恭以事レ長、信以接レ物、寛以待レ下、敬以処レ事、此居官之七要也、

又曰、大臣行レ事、当三遠慮二後来之患一、雖二小事一、不レ可レ啓二其端一、

又曰、婦人女子之言不レ可レ聴、余見二仕官之人一、多有二以レ是取レ敗者一、不レ可レ不二以為一レ戒、

呂叔簡曰、作二上官一底、只是喜二人奉承一、迎送欲レ遠、称呼欲レ尊、拝跪欲レ恭、供具欲レ麗、酒席欲レ豊、騶従欲レ都、伺候欲レ謹、行部所レ至、万人負レ累、千家愁苦、即使於地方一、大有二裨益一、蒼生所レ損已多、及レ問二其職業一、挙是虚文濫套、縦二虎狼之吏胥一、騒二擾伝郵一、重二瑣尾之文移一、督二縄郡県一、括二奇異之貨幣一、交二結要津一、習二円軟之客辞一、網二羅声誉一、至二生民疾苦一、若二聾瞽一然、此之謂下顚二負君恩一、陰中触天怒上、是生民之苦果、而子孫之禍因也、吾党戒レ之、

李緝敬曰、時事至二今日一、正如二歳防レ饑・而夜防一レ盗也、惟能防而後能有レ備無レ患、故気虚則病入、木朽則蠹生、有レ心人作レ事、常於下人所二忽不一レ如レ意処上、独力持レ之、非レ好レ事也、有レ所レ事、乃可レ無レ所レ事耳、門下当二此険阻一、力持二於先一レ事、謀成二於当一レ機、固地方之福也、

呂叔簡曰、居レ官有二五要一、休レ錯二問一件事一、休レ屈二打一箇人一、休レ妄二費一分財一、休レ軽二労一夫力一、休レ苟二取一文銭一、

又曰、体懈神昏、志消気沮、此等人、不下是幹二大事一底上、攘レ臂抵レ掌、矢レ志奮レ心、此等人也不下是幹二大事一底上、幹二大事一者、智深勇沈、神間気定、有レ所レ不レ言、言必当、有レ所レ不レ為、為必成、不二自好而露一レ才、不二軽試以倖一レ功、此乃真才也、世鮮レ識レ之、近世惟前二種人、乃互相譏、識者胥笑レ之、

来斯行曰、官雖二至尊一、決不レ可下以二人之生命一佐中己之喜怒上、官雖二至卑一、決不レ可下以二己之生平一、佐中人之喜怒上、

方定之曰、男女之別、在レ位者所レ宜レ慎也、此而不レ慎、奚其為レ政、故婦人而健訟者、未レ可二軽聴一也、婦人而被レ告者、未レ可二軽拘一也、

王文禄曰、有二官守一者、時時求下阜二民之利一、除二民之害一、為中社稷長久之計上、不レ可二須臾放過一、蓋人心好二逸

楽一、而易二怠荒一、況居レ官又便二於驕縦一、必思二文王視レ民如レ傷之心一、早起念二人之俟レ我者衆一、而不レ可レ不レ勤、且光景易レ過、及レ時急立レ功、猶為レ遅也、

呂叔簡曰、世上没二箇好作的官一、雖二抱関之吏一、也須二夜行蚤起一、方為レ称レ職、纔説二官好作一、便不下是作二好官一的人上、

又曰、不レ傷レ財、不レ害レ民、只是不レ為レ虐耳、苟設レ官、而惟虐之慮也、不レ設レ官、其誰虐レ之、正為レ要二家給人足、風移俗易、興レ利除レ害、転レ危就レ安耳、設廉静寡欲、分毫無レ損二於民一、而万事廃弛、分毫無レ益二于民一也、逃二不レ得二尸位素餐四字一、

或問二程伊川一曰、簿佐レ令者也、簿所レ欲レ為、令不レ従、如何、曰、当下以二誠意一動上レ之、今令与レ簿不レ和、只是争二私意一、令是邑之長、若能以二事レ父事レ兄之道一事レ之、過則帰レ己、善則惟恐レ不レ帰二於令一、積二此誠意一、豈有レ不レ動一レ得人一、問、授二司理一如何、曰、甚善、若能充二其職一、可レ使三一郡無二冤民一也、幕官言レ事不レ合、如レ之何、曰、必不レ得レ已、有レ去而已、須レ権一レ量事之大小一、事大二於去一則当レ去、事小二於去一亦不レ須レ去也、事大二於争一則当レ争、事小二於争一則不レ須レ争也、今人只被二以レ官為一レ業、如何去得、

呂叔簡曰、喜二奉承一的是愚障、彼之甘言卑辞、隆豊過レ情、冀下得二其所一レ欲・而免中其可上レ罪也、而我喜レ之感レ之、遂二其不レ当レ得之欲一、而免二其不レ可レ已之罪一、以自蹈二於廃レ公党レ悪之大咎一、以自犯二於難レ事易レ悦之小人一、是奉一レ承人一者智巧、而喜二奉承一者痴呆也、乃以為レ相一レ沿旧規一、責一レ望於賢者一、遂以レ不二奉承一恨レ之、甚者羅織而害レ之、其獲二罪国法聖訓一深矣、此居レ路者之大戒也、雖レ然奉一レ承人一者未二嘗不一レ愚也、使下其所二奉承一者君子上也、彼未四嘗不三以レ此観二人品一也、

又曰、君子与二小人一共レ事必敗、君子与二君子一共レ事、亦未二必無一レ敗、何者意見不レ同也、今有二仁者義者礼者智

者信者五人一焉、而共二一事一、互相済、則事無レ不レ成、互有レ主、則事無レ不レ敗、仁者欲レ寛、義者欲レ厳、智者欲レ巧、礼者欲レ文、信者欲レ実、事胡以成、此無レ他、自是之心勝、而相持之勢均也、歴二‐観往事一、毎レ有下以二意見一相争上、至下亡二人国家一、醸中成禍変上、而不レ顧、君子之罪大矣哉、然則何如、曰勢不レ可レ均、勢均則不二相下一、勢均則無二忌憚一、而各行二其胸臆一、三軍之事、卒伍献レ計、偏裨謀レ事、主将断レ一、何意見之敢争、然則善二天下一之事、亦在二乎通者当一レ権而已、

来道之曰、聴断之官、成心必不レ可レ有、任レ事之官、成算必不レ可レ無、

陳幾亭曰、或曰、士不レ可二択レ官而処一、固也、然自量二其才一、雖レ択無レ害、古人辞レ尊居レ卑、辞レ富居レ貧、亦択也、今人顛二‐用之一、辞レ卑居レ尊辞レ貧居レ富、是以害レ義、推レ之則辞レ労居レ逸、辞レ険居レ安、辞二間曹一居二当路一、不二惟辞一レ之、且逃レ之、不二惟居一レ之、且求レ之、其謂二事レ君何一、

名節類　志気・自立

元次山曰、人生不レ能レ師二‐表朝廷一、即当レ老二‐死山谷一、彼区二‐区於財貨之末一、局二‐局於権勢之門一、縦得二鐘鼎一、亦何顔受納、

朱晦庵曰、夫仗節死レ義之士、当二平居無事之時一、誠若二無レ用者一、然古之人君、所二‐以必汲汲以求一レ之者、蓋以下如レ此之人、臨二患難一而能外二死生一、則其在二平世一、必能軽二爵禄一、臨二患難一而能尽二忠節一、則其在二平世一、必能不中詭随上、平日無事之時、得而用レ之、則君心正二於上一、風俗美二於下一、足下以逆折二姦萌一、潜消中禍本上、自然不レ至レ有二仗レ節死レ義之事一、非レ謂下必知二後日当一レ有二変故一、而預蓄二此人一以擬上レ之也、惟其平日自恃二安寧一、

便謂二此等人材必無ㇾ所ㇾ用、而専取下一種無二道理一、無二学識一、重二爵禄一、軽二名節一之人上、以為ㇾ不ㇾ務二矯激一而尊一ㇾ寵之二、是以紀綱日壊、風俗日偸、非常之禍、伏二於冥冥之中一、而一旦発二於意慮之所ㇾ不ㇾ及、平日所ㇾ用之人、交ㇾ臂降叛、而無二一人可ㇾ同二患難一、然後前日擯棄流落之人、始復不幸而著二其忠義之節一、以二天宝之乱一観ㇾ之、其将相貴戚近幸之臣、皆已頓一ㇾ顙賊廷二、而起ㇾ兵討ㇾ賊、卒至二於殺ㇾ身湛ㇾ族而不ㇾ悔、如二巡遠杲卿之流一、則遠方下邑、人主不ㇾ識二其面目一之人也、明皇早得二巡等一而用ㇾ之、豈不ㇾ能ㇾ消二患於未萌一、巡等早見ㇾ用二於明皇一、又何至三真為二仗ㇾ節死ㇾ義之挙一哉、

陸象山曰、後生自立最難、一人力抵一ㇾ当流俗二不ㇾ去、須三是高着ㇾ眼看一ㇾ破流俗二、方可、要ㇾ之此豈小廉曲謹所二能為一哉、必也豪傑之士、胡文因挙二晦翁語一云、豪傑而不二聖人一者有ㇾ之、未ㇾ有下聖人而不二豪傑一者上也、象山云、是、

又曰、要当二軒昂奮発一、莫二恁地沈埋在二卑陋凡下処一、

問、顔魯公又不二曾学一、如何死ㇾ節如ㇾ此好、象山曰、便是今人将ㇾ学将ㇾ道看得太過了、人皆有二秉彝一、

又曰、自立自重、不ㇾ可下随二人脚跟一、学中人言語上、

又曰、君子役ㇾ物、小人役二於物一、大権皆在ㇾ我、若在ㇾ物、即為二物役一矣、

薛敬軒曰、有下鳳凰翔二于千仞一之気象上、則不ㇾ為二区区声利所一ㇾ動矣、

李徳裕曰、或云、自ㇾ古名節之士、鮮ㇾ受二厚福一、豈天意於二善人一薄耶、余曰、非也、夫名節者、非二危乱一不ㇾ顕、非二険難一不ㇾ彰、免二鉄鑕一全二性命一者、尚十無二一二一、況福禄乎、若使下不ㇾ受二困辱一、不ㇾ嬰二楚毒一、父母妻子、怡然安楽上、則天下之人尽為ㇾ之矣、何貴二於名節者一哉、

胡致堂曰、古之君子、不二苟就一、不二俯従一、使二去就従違之重在ㇾ我、而不ㇾ在ㇾ人、在ㇾ義而不ㇾ在ㇾ利、庶四乎招不ㇾ来、麾不ㇾ去、足三以取二信於其上一矣、

朱晦庵曰、今世人多道㆓東漢名節無㆒㆑補㆓於事㆒、某謂三代而下、惟東漢人才、大義根㆓於其心㆒、不㆑顧㆓利害㆒、生死不㆑変、其節自是可㆑保、未㆑説㆓公卿大臣㆒、且如㆓当時郡守㆒、懲ヿ治宦官之親党㆒、雖㆓前者既為㆒㆑所㆑治、而来者復蹈㆓其迹㆒、誅殛竄滅、項背相望、略無㆑所㆑創、今士大夫顧惜畏慎、何望㆓其如㆒㆑此、平居暇日、琢磨淬厲、緩急之際、尚不㆑免㆓於退縮㆒、況游談聚議、習為㆓軟熟㆒、卒然有㆑警、何以得㆓其仗㆑節死㆒㆑義乎、大抵不㆑顧㆓義理㆒、只計ヿ較利害㆒、皆奴婢之態、殊可㆓鄙怒㆒、

林君復曰、外重者内軽、故保㆓富貴㆒而喪㆓名節㆒、内重者外軽、故守㆓道義㆒而楽㆓貧賤㆒、愛㆑親者保㆓其身㆒、愛㆑君者軽㆓其位㆒、

又曰、窮不㆑易㆑操、達不㆑患㆑失、非㆓見㆑善明・用㆑心剛者㆒、不㆑能也、

又曰、溺㆑愛者、受㆓制於妻子㆒、患㆑失者、屈㆓己於富貴㆒、大丈夫見㆑善明、則重㆓名節㆒如㆓泰山㆒、用㆑心剛、則軽㆓死生㆒如㆓鴻毛㆒、

又曰、不㆑臨㆑難、不㆑見㆓忠臣之心㆒、不㆑臨㆑財、不㆑見㆓義士之節㆒、

張南軒曰、名節之称、起㆓於衰世㆒、昔之儒者、学問素充、其施㆓於用㆒、随㆑事著見、不㆑蘄㆓於立㆒㆑節、而其節不㆑可㆑奪、不㆑蘄㆓乎狥㆒㆑名、而其名随㆑之、在㆑己初無㆓一毫加㆒㆑意也、至㆓於世衰道微㆒、於㆓陵遅委靡之中㆒、而有㆓能抜然自立者㆒、則世以㆓名節㆒帰㆑之、而士君子道学未㆑至、則亦以㆑此自負、嗚呼亦小矣、然而名節之称、雖㆑起㆓於衰世㆒、而於㆓衰世之中㆒、実亦有㆑頼㆓乎此㆒、使㆘併ヿ与是㆓焉而倶亡㆖、則亦無㆓以為㆒㆑国矣、然則名節之称、在㆓君子㆒則為㆑未㆑尽、而於㆓国家㆒亦何負哉、

薛敬軒曰、名節至大、不㆑可㆘妄交㆓非類㆒、以壊㆗名節㆖、

又曰、人開㆑口皆能談㆓礼義㆒、論㆓名節㆒、及㆑見㆑利必趨、見㆑勢必附、又不㆑知㆔礼義名節為㆓何物㆒也、

又曰、士無二気節一、則国勢奄奄以就レ尽、西漢之季是也、
又曰、士之気節、全在二上之人奨激一、則気節盛、苟楽二軟熟之士一、而悪二剛正之人一、則人務容レ身、而気節消矣、
呉康斎曰、患難中好作二工夫一、所レ謂生二於憂患一、死二於安楽一也、然学力浅者、鮮レ不レ為レ所レ困耳、嗟乎梁棟之具、非レ経二風雨氷雪一、安能勝二其重一哉、
陳白沙曰、名節者道之藩籬、藩籬不レ守、其中未レ有二能独存者一也、
魏荘渠答二黎世謙一書曰、聞兄備嘗二険阻一、固天所ヿ以玉レ汝也、松柏不レ歴二氷霜一、幾与二凡卉一無レ異、大丈夫歳寒之節、正須下受ヿ得摧挫一、挺抜出上レ群、纔有二根器一、可レ致二遠大一、
魏明帝時、劉放孫資用レ事、大臣莫レ不二交好一、而辛毘不二与往来一、其子敞以諫、毘正レ色曰、吾之立レ身、自有二本末一、就与二孫劉一不レ平、不レ過レ不レ為二三公一、大丈夫欲レ為レ公而毀二其高節一耶、
宋太宗謂二侍臣一曰、士之学レ古入レ官、遭レ時得レ位、紆レ朱拖レ紫、足二以為ヿ栄矣、得レ不二竭レ誠以報ヿ国乎、銭若水曰、高尚之士、不下以二名位一為中光寵上、忠正之士、不下以二窮達一易中志操上、其或以二爵禄位遇之故一而効二忠於上一、中人以下者之所レ為也、帝然レ之、
鄒浩為二諫官一、以二諫レ立レ后事一得レ罪、謫二新州一、其友田画迎二諸途一、浩出レ涕、画正レ色責曰、使三志完（浩之字）隠黙官二京師一、遇二寒疾一、不レ汗五日死矣、豈独嶺海之外能死レ人哉、又曰、願君毋下以三此挙一自満上、士所レ当レ為者未レ止レ此也、此言有レ助二人百尺竿頭更進之力一、
唐翼修曰、凡人立レ身、断不レ可レ作二自了漢一、人生頂レ天立レ地、万物皆備二於我一、范文正作二秀才一時、便以二天下一為二己任一、便有二宰相気象一、如今人豈能即作二宰相一、但設レ心行レ事、有二利レ人之意一、便是聖賢、便是豪傑、為レ官可也、為二士民一亦可也、無レ如人只要二自己好一、総不レ知レ有二他人一、一身之外、皆為二胡越一、志既小、安能成二大

事一哉、

呂叔簡曰、財色名位、此四字、考二人品一之大節目也、這裏打不レ過、小善不レ足レ録矣、自レ古砥コ砺名節一者、兢兢在二這裏一作二工夫一、最不二容易放過一、

高景逸曰、古人何故最重二名節一、只為二自家本色、原来氷清玉潔一、著二不レ得三些子汚穢一、纔些子汚穢、自家便不レ安、此不レ安之心、正是原来本色、所レ謂道也、今人都将レ道作二一件事物一安頓了、自家以外、一切不レ管、反把二本色真性一、弄得頑鈍了、不レ知二這箇道、是甚麼道一、

又曰、気節而不二学問一者有レ之、未レ有下学問而不二気節一者上、若学問而不二気節一、這一種人、為二世教之害一不レ浅、

許名奎曰、炙二手権門一、吾恐炭二於朝一而氷二於昏一、借二援公侯一、吾恐喜則親、而怒則讐、傅燮不レ従二趙延殷勤之喩一、韓稜不レ随二竇憲万歳之呼一、袁淑不レ附二於劉湛一、僧虔不レ屈二於佃夫一、王昕不レ就二移牀之役一、李絵不レ供二麋角之需一、窮通有レ時、得失有レ命、依レ人則邪、守レ道則正、修レ己而天不レ与者命、守レ道而人不レ知者性、寧為二松柏一、勿レ為二女蘿一、女蘿失レ所レ託而萎苶、松柏傲二霜雪一而嵯峨、

李忠定曰、節義者、天下之大閑、而仗レ節死レ義者、人之所二甚難一也、人君有三以崇奨而激コ励之一、使下之義重二於生一、而不上レ難二於処レ死、然後可下与済二患難一、而同中安楽上、此所コ以能立レ国也、彼且二為レ我死一、故吾得二与レ之倶生一、彼且二為レ我亡一、故吾得二与レ之倶存一、彼且二為レ我危一、故吾得二与レ之皆安一、夫蹈二危亡一以図二安存一、而捨レ生取レ義者、類非三小人所二能為一、故孔子謂可三以託二六尺之孤一、可三以寄二百里之命一、臨二大節一而不レ可レ奪者、惟君子能レ之、彼小人則不レ然、見レ利忘レ義、而利之所レ存則従レ之、故利在二君父一、則従二君父一、利在二権臣一、則従二権臣一、利在二閹官一、則従二閹官一、利在二夷狄一、則従二夷狄一、利在二盗賊一、則従二盗賊一、自レ古及レ今、若レ是者不レ可レ勝レ数、方二其平時一、進二讒説一、納二小忠一、諂諛柔佞悦コ可人意一、及二其臨レ難、転而之レ他、掉レ臂不レ顧、

視二其君一如二路人一然、況肯履二刀鋸一、蹈二鼎鑊一、死二其君上一、而執二千戈一以衛二社稷一哉、節義之士、平居事レ君、苦言逆レ耳、至計払レ心、人主類多不レ能レ堪レ之、而一旦臨二変故一、必卓然有二可観一者、故汲黯守二義一、好面折廷争、而武帝以為二近二古社稷之臣一、蕭瑀耿介、不レ可二以利怵死惧一、而太宗亦以二社稷之臣一許レ之、安禄山反、河朔皆陥、明皇歎曰、河北二十四郡、無二一忠臣一耶、及レ聞下顔真卿独以二平原一守上、喜謂二左右一曰、朕不レ識二真卿何如人一、所レ為乃若レ此、其後帰レ朝、峭論鯁議、為二奸臣所レ擠、殞二於賊手一、毅然之気、折而不レ沮、嗚呼、疾風知二勁草一、歳寒然後知二松柏之後レ凋、為二人君一者、詎可レ不二深察レ此哉、張子韶曰、以二血気一為レ我者、方二其壮一也、立二名立レ節、似レ若可レ観、及二其衰一也、喪レ名敗レ節、無レ所レ不レ至矣、血気之不レ足レ恃也甚矣、惟学問克レ己、転二血気一為二理義一、則窮而益竪、老而益壮矣、邵必知二高郵一、振二属風采一、凡宴集饋遺、一切謝遣、常曰、数会聚則人情狎、多受レ饋則不レ能レ行レ事、時謂二名言一、東山劉公夏為二広東方伯一時、広中官庫、有二項羨余銭一、自来不レ上二庫簿一、旧任皆公然取去、以充二嚢篋一、襲以為二固然一、公初至、発二庫蔵一、適前任有下遺下未二尽将去一者上、庫吏以二故事一白云、不レ当レ附二庫簿一、公沈吟久レ之、乃大声呼曰、劉大夏平日読レ書做二好人一、如何遇二此一事一、沈吟許多時、誠有レ愧二古人一、非二大丈夫一也、乃命レ吏悉附レ簿、作二正支銷一、毫無レ所レ取云、卞延之令二上虞一、才識敏達、優二於治政一、太守孟顗以二官長一凌レ之、卞脱レ幘投二地一曰、吾所下以屈二於卿一者、為二此幘一耳、今已投去、卿可レ以二二世勳門一而傲中天下士上、乎、遂払レ衣出、百姓号攀者無数、晏敦復為二左司諫一、両月間、論駁凡二十四章、拳拳惲二其風采一、秦檜使二所親致レ意曰、公能屈従一、要地可レ至一、敦復曰、薑桂之性、老而愈辣、吾豈為二身計一、誤レ国以誤二蒼生一耶、檜卒不レ能レ屈、高宗常曰、卿骨鯁敢言、可レ謂レ無レ忝二爾祖一矣、張翰翔与二曹吏部一書曰、大抵操二趙孟之権一者、能壊二人之做一レ官、不レ能レ壊二人之做一レ人、僕性戇、不レ耐レ趨レ権、僅以二官爵一還二之朝一耳、何至下自壊二人品一、卑卑不上レ録二人類一耶、

義命類

程伊川曰、或謂賢者好二貧賤一、而悪二富貴一、是又反二人之情一也、所三以異二於人一者、以二安レ義安一レ命焉耳、

韓持国与二伊川一語、歎曰、今日又暮矣、伊川対曰、此常理、何歎為、韓曰、老者行去矣、曰、公勿レ去可矣、韓曰、如何能勿レ去、伊川曰、不レ能則去可矣、

蘇東坡曰、知レ命者必尽二人事一、然後理足而無レ憾、物之有レ成、必有レ壊、譬如二人之有レ生必有一レ死、而国之有レ興必有一レ亡也、雖レ知二其然一、而君子之養レ身也、凡可二以久レ生而緩一レ死者、無レ不レ用、其治レ国也、凡可二以存レ存而救一レ亡者、無レ不レ為、至三於不一レ可二奈何一而後已、此之謂レ知レ命、

黄山谷答二王秀才一書曰、浮図書云、無レ有下一善従二懶惰懈怠中一得上、無レ有下一法従二驕慢自恣中一得上、此佳語也、願少留レ意、不レ加レ功而談レ命、猶二不レ鑿レ井而俟一レ泉也、既承二傾倒見一レ与、故聊助二聡明之万一一、

真西山謂二葉宗山一曰、昔孔子嘗言レ命矣、曰不レ知レ命、無三以為二君子一、孟子嘗言レ命矣、曰求レ之有レ道、得レ之有レ命、夫所レ謂命云者、豈日辰支干生勝衰歇之末哉、出処有レ道、語黙有レ時、臨二死生一、処二利害一、不レ惑不レ変、而惟義之帰、此其所ヿ以謂一レ知レ命也、余方区区誦レ所レ聞以信、君往矣、見下世之役ヿ役権利一、顚冥而弗レ悟者上、其以レ是告レ之、

又曰、我生不レ有二命在一レ天、得レ之不レ得曰レ有レ命、其為レ委二之命一均爾、然一為二独夫之言一、一為二聖人之言一、

何哉、蓋命一也、恃焉而弗レ修、賊二乎天一者也、安焉而弗レ求、楽二乎天一者也、其言雖レ似、而其指不レ同、此聖狂之所二以異一也、今五行家者流、其工二於推算一者衆矣、然其於レ人也、有レ益焉、有レ損焉、死生禍福、繫二之於天一、非二苟求レ之可レ得、苟避レ之可レ免、吾惟尽二吾所レ当レ為、以聴二其自致一、其順二乎天一孰大焉、非レ益乎、以二回之仁一、亡レ救二於貧且夭一、以二跖之不仁一、亡レ害二其富且寿一、恵レ迪未二必吉一、従レ逆未二必凶一、苟焉以自恣可也、其悖二乎天一、孰甚焉、非レ損乎、由二前之説一、聖人之道、可二以勉而至一、由二後之説一、則雖レ為二独夫一、不レ難也、然則以レ命語レ人、亦豈易乎、欲下勉レ人以中毋二命之恃一、而惟命之安上、故為二之説一如レ此、

晁迴服レ道履レ正、無レ求二於人一、或以二術命一語レ迴、迴曰、自然之分、天命也、楽レ天不レ憂、知レ命也、推レ理安レ常委レ命也、何為逆計二未然一乎、

袁君載曰、人生二世間一、自レ有二知識一以来、即有二憂患不レ如レ意事一、自レ幼至レ壮、自レ壮至レ老、如レ意之事嘗少、不レ如レ意之事嘗多、雖四大富貴人、天下所三仰望以為二神仙一、而其不レ如レ意処与二貧賤人一無レ異、故謂二之欠陥世界一、能達二此理一而順受レ之、則可二少安一、

又曰、朝夕奔趨、老死而不レ覚、不レ知三富貴自有二分定一、奔趨而得者、不レ過二一二一、不レ得者蓋千万人、労レ心費レ力、老死無レ成者多矣、奔趨而得者、亦定分中所レ有、若定分中所レ有、雖レ不二奔趨一、遅以二歳月一、亦必終得、是故高見遠識之士、任二其自去自来一、無二憂喜一、無二怨尤一、前輩謂、死生貧富、生来注定、君子贏得為二君子一、小人枉了為二小人一、義命所レ在、不レ可レ不レ知、

又曰、人之経二営財利一、偶致二富厚一者必其命運亨通、造物陰賜、不レ達者、欲下以二智力一求上レ之、僥二倖目前一、其心欣然、不レ知造物随以二他事一取去、終二於貧乏一、所レ謂人力不レ能レ勝レ天、大抵先存二心地一、不レ貪二厚利一、任二天理如何一、雖二所レ得者薄一、必無二後患一矣、

又曰、操履与二升沈一、自是両途、不レ可レ謂下操履之正、即宜二栄貴一、操履不レ正、即宜中困阨上、如レ此則孔顔応レ為二宰輔一、而古今達官、不二復小人一矣、蓋操履乃吾人当レ行之事、不レ可三以レ此責二効於天一、若栄辱升沈、不レ如レ所レ願、則必怠而所レ守或変不レ免レ為二小人之帰一矣、世有下愚蠢而享二富厚一、知慧而居二貧寒一者上、皆一定之分、不レ可レ致レ詰、能知二此理一、安而処レ之、豈不レ省レ事、

謝上蔡曰、吾平生未二嘗干一レ人、在二書局一、亦不レ謁二執政一、或勧レ之吾対曰、他安能陶二鋳我一、我自有二命在一、若信不レ及、風吹草動、便生二恐惧憂喜一、

方正学曰、古之賢者、寧使三思慮出二於事物之外一、而不レ使三事物遺二乎思慮之表一、方二其燕安無事之時一、日夜之所二営為一、恒恐下一事之未レ周、而啓二将来之患一、一時之或懈、而基中無窮之憂上、人固疑二其為レ計之過一也、而不レ知二必如レ是、然後可レ委二諸天命一、

薛敬軒曰、修レ徳行レ義之外、当三一聴二天命一、若計二較利達一、日夕思慮万端、而所二思慮一者、又未二必遂一、徒見二其不一レ知レ命也、

又曰、聖人不レ怨レ天、不レ尤レ人、心地多灑落自在、常人纔与レ人不レ合、即尤レ人、纔不レ得二于天一、即怨レ天、其心忿忮労擾、無二一時寧泰一、与二聖人之心一何啻霄壌、

又曰、行有レ不レ得二于外一、皆当レ反二求之己一、求二諸己一者無レ不レ尽レ善、而猶有二不レ得者一、当レ安二于命一而已、

又曰、義則是天命、君子行レ義、所二以立一レ命也、

又曰、術数之学、専以二窮通寿夭一為レ命、常人信二其説一、而不レ修二在レ己之義一、惑之甚矣、

呉康斎曰、窃思聖賢吉凶禍福、一聴二于天一、必不三少動二於中一、吾之所下以不レ能レ如二聖賢一、而未上レ免レ動二揺於区区利害之間一者、察レ理不レ精、躬行不レ熟故也、吾之所レ為者、恵レ迪而已、吉凶禍福、吾安得レ与二於其間一哉、大

凡処レ順不レ可レ喜、喜心之生、驕侈之所二由起一也、処レ逆不レ可レ厭、厭心之生、怨尤之所二由起一也、一喜一厭、皆為動二其中一、其中不レ可レ動也、聖賢之心如二止水一、或順或逆、処以レ理耳、豈以二自レ外至者一為二憂楽一哉、

敖清江曰、蘇平仲言、吾常自二安東一浮レ海至二崑山一、三遇二颶風一、再遇レ浅、一遇レ寇、自分二必死一、視二吾身一如レ無焉、颶也、浅也、寇也、亦視レ之如レ無焉、故吾起居飲食言笑、与二平時一無レ異、舟中人皆戦慄、如レ立二氷雪間一、歯上下作レ声、無二復人色一、吾慰レ之曰、四面皆水矣、無レ所レ往矣、葬二於魚腹一、血二於兵刃一、命矣、懼亦死、不レ懼亦死、孰二若不一レ懼哉、竟舟泊二平沙一、倶無レ恙、愚謂吾輩当レ窺二透此関一、庶幾平日有二定見定力一、不幸而遇二逆境一、自能順受、而方寸不レ乱也、

張甬川曰、仁義礼智、天命二於我一者也、死生窮通、我聴二於天一者也、命二於我一者、一息不三敢懈二其志一、聴二於天一者、一毫不三敢容二其心一、

呉康斎曰、所レ得レ為者不二敢不一レ尽レ分、若二夫利鈍成敗一、非二我所一レ計也、此心須三常教二灑然一、又曰、因レ事知二貧難一レ処、思レ之不レ得、付二之無一レ奈、孔子曰、志士不レ忘レ在二溝壑一、未レ易レ能也、又曰、貧而楽、未レ易レ及也、然古人恐未三必如二我輩之貧一、夜読下子思子素レ位不レ願二乎外一、及游呂之言上、微有レ得、游氏居レ易未二必不一レ得、窮通皆好、行レ険未二必常得一、窮通皆醜、非二実経歴一不レ知二此味一、誠吾百世之師也、又曰、要当二篤信一而已、従レ今安敢不レ篤二信之一也、

戚南塘曰、万物盛衰、皆有二成数一、痩花弱草、至レ春亦能敷栄、但豊嗇不レ同耳、吾人之生二于世一、必経二偃蹇一、方得二発跡一、或先発迹、而後遭二偃蹇一、一予一奪、皆自然之理、恒以二所レ屈軽重一、為二発迹久近一、有下終身発迹而無二盤錯一者上、福之純也、終身偃蹇而不二発迹一者、難之純也、皆奇数也、非二正数一也、

汪澄源曰、同レ畦而稼、培耘密者刈豊、同レ風而舟、帆楫具者先駛、亢陽赤地、良農汲レ甕而灌猶入二其半一焉、回

颺銜㆑檣、長年者唱喁、而力コ挽之㆒、猶日致㆓五十里㆒、故君子持㆑世定㆑傾、不㆑言㆓運之否泰㆒、節㆑慾長㆑生、不㆑言㆓数之修短㆒尽㆑性作㆑聖、不㆑言㆓才之豊嗇㆒、

陳眉公曰、得㆑意而喜、失㆑意而怒、便被㆓順逆差遣㆒、何曾作コ得主㆒、馬牛為㆔人穿㆓鼻孔㆒、要㆑行則行、要㆑止則止、不㆑知世上一切差コ遣‐得我㆒者、皆是穿㆓我鼻孔㆒者也、自㆑朝至㆑暮、自㆑少至㆑老、其不㆑為㆓馬牛㆒者幾人哉、

范魯公曉㆓従子杲㆒曰、物盛則必衰、有㆑隆還有㆑替、速成不㆓堅牢㆒、亟走多㆓顚躓㆒、灼灼園中花、早発還先萎、遅遅澗畔松、鬱鬱含㆓晩翠㆒、賦命有㆓疾徐㆒、青雲難㆓力致㆒、寄語謝㆓諸郎㆒、躁進徒為耳、

宋景濂曰、人之賦㆑気、有㆓薄厚短長㆒、而貴富賤貧寿夭、此固然也、人之賦㆑気、有㆓厚薄短長㆒、而貴富賤貧寿夭六者従㆑之、吾不㆑能㆑必也、蹈㆑道而修㆑徳、服㆑仁而惇㆑義、此吾之所㆑当㆑為也、予身修矣、倘貧賤如㆓原憲㆒、短命如㆓顔淵㆒、雖㆓晋楚之富、趙孟之貴、彭鏗之寿㆒、有㆑不㆑能㆑及矣、命則付㆓之与天㆒、道則責㆓成於己㆒、吾之所㆑知者、如㆑斯而已矣、不㆑然委㆑命而廃㆑人、白昼攫㆓人之金㆒、而陥㆓於桎梏㆒、則曰我之命当㆑爾也、剛愎自任、操㆑刄而殺㆑人、柔暗無㆑識、投㆑繯而絶㆑命、則又曰、我之命当㆑爾也、其可乎哉、其可乎哉、

薛敬軒曰、人之子孫、富貴貧賤、莫㆑不㆔各有㆓一定之命㆒、世之人不㆑明㆓乎此㆒、往往於㆓仕官中㆒、昧コ冒礼法㆒、取㆓不義之財㆒、欲㆑為㆓子孫計㆒、殊不㆑知子孫如無㆓富貴之命㆒、雖㆓積㆑金如㆒㆑山、亦蕩然不㆑能㆑保矣、況不義而入者、又有㆓悖出之禍㆒乎、

陸桴亭曰、鑑明王先生曰、功名心須㆓是放淡㆒、予問何以能淡、曰、只是安㆓箇命字㆒、予曰、命字上須㆔再加㆓箇義字㆒、

高深甫曰、吾人不㆑可㆓以不㆒㆑知㆑命、人之所㆑志無㆑窮而所㆑得有㆑限者、命也、命不㆓与㆑人謀㆒也久矣、安㆑之、故常有㆑余、違㆑之、則常不㆑足、惟介以植㆑内、和以応㆑外、聴㆓其自来㆒以安㆑命也、

警戒類

程伊川曰、徳善日積、則福禄日臻、徳踰二於禄一、則雖レ盛而非レ満、自レ古隆盛未レ有下不二失レ道而喪敗一者上也、

又曰、聖人為レ戒、必於二方盛之時一、方二其盛一而不レ知レ戒、故狃二安富一則驕侈生、楽二舒肆一則紀綱壊、忘二禍乱一則釁孽萌、是以浸淫不レ知二乱之至一也、

又曰、人雖レ有二親党一、而多自疑猜妄生二乖離一、雖レ処二骨肉親党之間一、而常孤独也、

又曰、理者天下之至公、利者衆人之所二同欲一、苟公二其心一、不レ失二其正理一、則与レ衆同レ利、無レ侵二於人一、人亦欲レ与レ之、若切二於好一レ利、蔽二於自私一、求二自益一以損二於人一、則人亦与レ之力争、故莫二肯益一レ之、而有下撃ヿ奪之一者上矣、

又曰、大率以レ説而動、安有下不レ失レ正者上、

又曰、男女有二尊卑之序一、夫婦有二倡随之理一、此常理也、若徇レ情肆レ欲唯説是動、男牽レ欲而失二其剛一、婦狃レ説而失二其順一、則凶而無レ所レ利矣、

又曰、人有レ慾則無レ剛、剛則不レ屈二於慾一、

又曰、人之過也各於二其類一、君子常失二於厚一、小人常失二於薄一、君子過二於愛一、小人傷二於忍一、

程明道曰、富貴驕レ人、固不レ善、学問驕レ人、害亦不レ細、

又曰、人於二外物奉レ身者一、事事要レ好、只有二自家一箇身与レ心、却不一レ要レ好、苟得二外面物好一時、却不レ知ヿ道自家身与レ心、却己先不レ好了一也、

程伊川曰、閲二機事一之久、機心必生、蓋方二其閲時一、心必喜、既喜則如レ種ヿ下種子一、
又曰、雖下公二天下一事上、若用二私意一為レ之、便是私、
又曰、做レ官奪二人志一、又曰、学始二於不一レ欺二闇室一、
又曰、未レ知レ道者、如二酔人一、方二其酔時一、無レ所レ不レ至、及二其醒一也、莫レ不二愧恥一、人之未レ知レ学者、自視以為レ無レ欠、及二既知一レ学、反思二前日所一レ為、則駭且懼矣、
張横渠曰、鄭衛之音悲哀、令二人意思留連一、又生二怠惰之意一、従而致二驕淫之心一、雖二珍玩奇貨一、其始感レ人也、亦不二如レ是切一、従而生二無レ限嗜好一、故孔子曰、必放レ之、亦是聖人経歴過、但聖人能不レ為二物所一レ移耳、
朱晦庵曰、道体流行、初無二間断一、是以無レ所レ不レ致二其戒惧一、非レ謂下独戒ヿ惧乎隠微一、而忽中略其顕著上也、
又曰天下之事、非二艱難多事之可一レ憂、而宴安酖毒之可レ畏、致レ使三功成治定、無二一事之可一レ為、尚当二朝兢夕惕、居レ安慮一レ危、而不レ可二以少怠一、
又曰、審二微於未形一、御二変於将来一、非二知レ道者一孰能、
陸象山曰、溺於俗見一、則聴二正言不レ入、
薛敬軒曰、不レ可二乗レ喜而多言一、不レ可二乗レ快而易レ事、
呂東萊曰、与二君子一居、則以二小過一為二大過一、与二小人一居、則以二小善一為二大善一、蓋立二乎衆君子之間一、所レ見所レ聞、皆善也、苟己有二纖芥之過一、是以二一濁一而汚二百清一也、人必競以為レ怪矣、故過雖レ小、而必自以為レ大焉、立二乎衆小人之間一、所レ見所レ聞、皆不善也、苟己有二纖芥之善一、是以二一清一而形二百濁一也、人必競以為レ高矣、故雖レ小而必自以為レ大焉、大抵士之与二小人一処者、其善易レ為、故其心易レ足其名易レ彰、故其心易レ驕、易レ足者怠之本也、易レ驕者傲之本也、既怠且傲、其去二小人一不レ遠矣、嗚呼、士之不幸而与二小人一処者、豈必随二其為一レ悪哉、

雖二自守為善、而冥冥之中已為レ所レ移矣、戒レ之哉、

朱晦庵曰、義理天下之公、而人之所レ見、有下未レ能二尽同一者上、正当三虚心平気、相与熟講而徐究レ之、以帰二於是一、乃是吾党之責、而向来講論之際、見三諸賢往往皆有二立レ我自是之意一、厲色忿辞、如レ対二讐敵一、無二復少長之節、礼遜之容一、蓋嘗窃笑以為正使二真是仇敵一、亦何至レ此、

袁君載曰、凡人行レ己公平正直、可二用レ此以事一レ神、而不レ可二恃レ此以慢一レ神、可二用レ此以事一レ人、而不レ可二恃レ此以傲一レ人、雖二孔子一、亦以下敬二鬼神一、事二大夫一、畏中大人上為レ言、況下レ此者哉、彼有二行レ己不レ当レ理者一、中有レ所レ慊、動輒知レ畏、猶能避二遠災禍一、以保二其身一、至下以二君子一、而偶罹中其災禍上者、多由二自負以召二致之一耳、

又曰、老成之人、言有二迂闊一、而更レ事為レ多、後生雖二天姿聡明一、見識終有レ不レ及、後生例以二老成一為二迂闊一、凡其身試見レ効之言、欲レ規二訓後生一者、後生厭レ聴而毀誚者多矣、及二後生年歯漸長、歴レ事漸多一、方悟三老成之言、可二以佩服一、然已在二険阻艱難備嘗之後一矣、

又曰人有二詈レ人而人不レ答者一、人必有レ所レ容也、不レ可下以為二人之畏一レ我、而更求中以辱上レ之、為レ之不レ已、人或起而我応、恐口噤而不レ能レ出レ言矣、人有二訟レ人而不レ較者一、人必有レ所レ処也、不レ可下以為二人之畏一レ我、而更求中以攻上レ之、為レ之不レ已、人或出而我弁、恐理虧而不レ能レ逃レ罪矣、

又曰、凡人之敢二於挙債一者、必謂他日之寛余、可二以償一矣、不レ知今日之無二寛余一、他日何為而有二寛余一、譬如二百里之路一、分為二両日行一、則両日皆弁、若欲下以二今日之路一、使中明日併行上、雖二労苦一而不レ可レ至、凡無二遠識一之人求二目前寛余一、而那債在レ後者、無レ不レ破レ家也、切宜レ鑑レ此、

羅文毅上二叔父及兄輩一書曰、為二人祖宗父兄一者、惟願レ有二好子弟一、所レ謂好子弟者、非三好田宅、好衣服、好官爵、一時誇二耀閭里一也、謂レ有丁好名節、与二日月一争レ光、与二山岳一争レ重、足丙以安二国家一奠二蒼生一、垂乙後世甲耳、

若只求二飽煖一、習二勢利一、如二前所一レ云、則所レ謂悪子弟、非二好子弟一也、然所レ謂好子弟者、亦在四父兄有三以成二就之一耳、記云、欲レ治二其国一者、先斉二其家一、何謂レ斉レ家、不レ争二田地一、不レ占二山林一、不レ尚二闘争一、不レ肆二強梁一、不レ欺二隣里一、不レ淩二宗族一、不レ擾二官府一、不レ尚二奢侈一、弟譲二其兄一、姪譲二其叔一、婦敬二其夫一、奴恭二其主一、只要レ認二得一忍字一譲字一、便斉二得家一也、若争二一畝田、一弓屋一、彼此不レ譲、或至二人命一、或訟二官司一、所レ益甚微、所レ損甚大、凡事皆若レ此類、而此事尤切、故特言レ之、其余取レ債之属、民甚貧窮可レ憐、自己少二用一分一、便積二得一分陰徳一、奴僕放横、必不レ可レ縦、自レ今以後、無三片言隻字経二動府県一方好、不レ然外人指二議此人一、要レ做二好人一、不レ能レ斉レ家、世間安有二此等好人一哉、由レ此得レ禍、未レ可レ知也、兼我在レ此、国事日在二心懐一、進退得失、有レ義有レ命、吾心視レ之、已如二孤雲野鶴一、脱灑無レ繋、戒レ之戒レ之、

馮時可曰、昔人云、宇宙可レ臻二其極一、情性不レ知二其窮一、以二有レ涯之身一、馳二無レ涯之念一、何異二乎夸父逐レ日、愚公移レ山也、偶読二顔氏家訓一、惓惓以二少レ欲知一レ足為レ戒、又云、婚姻勿レ貪二勢家一、勿レ貪二富家一、心窃服レ之、無レ論二婚姻一、即子孫福沢、亦不レ可二強図一、但苟無レ絶二文種一、不二必科第一、苟無レ損二善業一、不二必富厚一、上無レ求二多於天一、下無レ求二備於人一、何用不レ臧、何用不レ適、

凌登名曰、惜二錙銖一似二繊嗇一、久レ之不レ覚日益、損二毫毛一似レ無レ損、久レ之不レ覚日消、謂二片言隻語一為レ無レ傷、終成二大隙一、謂二才高年少一為レ可レ恃、後悔難レ追、此図二大於細一之道也、

又曰、当二急遽時一、応以二安間一、則措置妥当、当二忿怒時一、抑以二礼義一、則心気和平、勢順力便人、縦レ意処還須二却歩一、栄名厚利人、得レ意処莫レ生二羨心一、此図二難於易一之道也、

方正学曰、無下先二己私一而後中天下之慮上、無下重二外物一而忘中天爵之貴上、無下以二耳目之娯一而為中腹心之蠹上、無下苟二一時之安一、而招中終身之累上、難レ操而易レ縦者情也、難レ完而易レ毀者名也、貧賤而不レ可レ無者志節之貞也、

富貴而不レ可レ有者、意気之盈也、

薛敬軒曰、切不レ可三随レ衆議コ論前人長短一、要当三已有二真見一乃可、在二古人之後一、議二古人之失一則易、処二古人之位一、為二古人之事一則難、

又曰、欲下以二虚仮之善一、蓋中真実之悪上、人其可レ欺、天其可レ欺乎、

祝無功曰、孝子愛レ日、志士惜レ陰、吾輩聡明不レ在二人先一、年力不レ在二人後一、安得二間工夫一、為レ人説二間話一、管二間事一、必間二人之所一レ忙、忙二人之所一レ間、勤苦力学、以幾レ有レ成、庶無レ忝二所生一耳、

洪自誠曰、天地有二無窮的力量一、然一日纔到二午後一、便急忙晦冥、以蓄三来日之光華一、一年纔到二秋来一、便急忙収斂、以養二来年之発育一、人生財力幾何、分量幾何、而事必欲二做尽一、福必欲二享尽一、智巧必欲二用尽一、是焚レ林而狩、竭レ沢而漁矣、如二明年之無レ獣無一レ魚何、

又曰、才無二大小一、要レ之見レ功、位無二崇卑一、要レ之立レ効、故与二其高才盛位而鮮一レ功、反不レ若二微能薄禄之奏一レ績、

李元薦曰、徳之与レ福、其機相コ為桴感一、若無レ徳而受レ福、則福亦禍也、有レ徳而受レ禍、則禍亦福也、国語云、徳・福之基也、無レ徳而受レ福、猶二無レ基而厚一レ墉也、其壊有レ日矣、君子不レ可二辞レ禍而求一レ福、宋人之犢、塞翁之馬、豈可二常理観一哉、

呂叔簡曰、古之士民、各安二其業一、策コ励精神一、点コ検心事一、昼之所レ為、夜而思レ之、又思二明日之所一レ為、君子汲コ汲其徳一、小人汲コ汲其業一、日累月進、旦興宴息、不三敢有二一息怠慢之気一、夫是以士無二慆徳一、民無二怠行一、夫是以家給人足、道明徳積、身用康強、不レ罹二於禍一、今也不レ然、百畝之家、不レ親二力作一、一命之士、不レ治二常業一、浪談邪議、聚笑宴歓、耽二心耳目之玩一、騁二情遊戯之楽一、身衣二綺穀一、口厭二芻豢一、志溺二驕佚一、懵然不レ知二日用之所一レ為、而其室家土田百物往来之費、又足三以荒レ志而養二其淫一、消コ耗年華一、妄費二日用一、噫是亦名為レ人也、

無レ惑二乎後艱之踵至一也、

又曰、古者郷有二縉紳一、家邦受二其庇蔭一、士民視為二準縄一、今也郷有二縉紳一、増二家邦凌辱労費之憂一、開二士民奢靡浮薄之俗一、然則郷有二縉紳一、郷之殃也、風教之蠹也、吾党可二自愧自恨一矣、

又曰、士大夫居レ郷、無レ論三大有二裨益一、只不下違レ禁出息、倚レ勢侵淩、受レ賄嘱托、討中占夫役上、無二此四悪一也、還算二一分一人、或曰、家計蕭条、安得レ不レ治レ生、曰、治レ生有レ道、如レ此而後治レ生、無二勢可一レ藉者死乎、或曰、親族有レ事、安得レ不二伸理一、曰、官自有レ法、有レ訟必藉二諸請謁一、無二力可一レ通者死乎、

又曰、評二品古人一、必須下胸中有二段道理一、如中権平衡直上、然後能称二物軽重一、若執二偏見曲説一、昧二於時一、不レ知二其勢一、責二其病一、不レ察二其心一、未三嘗身処二其地一、未三嘗心籌二其事一、而曰二某非也、某過也一、是瞽指レ星、聾議レ楽也、大可レ笑也、君子恥レ之、

又曰、彰二死友之過一、此是第一不仁、生而攻レ之也、望二其能改一、使レ及レ聞レ之也、尚能自弁、死而彰レ之、夫何為者、雖二実過也一、吾為掩レ之、

倪正父曰、力有二強弱一、量有二大小一、不レ可レ過也、今有下人力能負二百斤一者上、有下止能負二五十斤一者上、以レ銭傭募、能負二百斤一者、其直若干、能負二五十斤一者、則半レ之、能負二五十斤一者、不三敢貪二百斤之直一、今有下舟可三以載二百斛一者上、有下止可レ載二五十斛一者上、以レ銭僦賃、能載二百斛一者、其直若干、五十斛者則半レ之、可レ載二五十斛一者不三敢貪二百斛僦直一、而惟五十斛之載、此小丈夫之智、有レ知レ量如レ此、今之士大夫不レ量二其才徳之所一レ任、而惟高爵重禄之貪、可乎、

高景逸曰、作二好人一、眼前覚得不二便宜一、総算来是大便宜作二不好人一、眼前覚得便宜、総算来是大不二便宜一、

朱平涵曰、択レ禍莫レ若レ軽、今之人能言レ之、未レ有二能行者一、余下二一転語一曰、択レ福莫レ如レ軽、夫福之為二禍根一也、

明矣、可レ不二兢兢審ㇾ所レ択乎、

陳幾亭曰、仁心為レ質之人、無二在不ㇾ可二以種ㇾ福、福従レ業、業従レ心、地位奚得而格レ之、若刑官、若元帥、皆殺レ人之地也、然于定国為二廷尉一、曹彬定二江南一還、皆自知二其後之当ㇾ興、何則不レ殺二一人一、不三妄殺二一人一、皆生意也、残刻之子、已無レ足レ云、独恐懐二仁心一者、以レ処二兵刑之位一為二不幸一則請験二之于曹二公一、

胡嘉棟曰、今世縉紳居レ郷者、多以二請託一媒レ利、且云、脱二人刑獄一、受レ金何傷、成二人功名一、取レ利非レ枉、不レ知刑賞国之大法、我以二片語尺牘一、顚ㇾ倒是非一、使二有レ罪者倖免一、則無レ辜者必含レ寃、無レ学者倖進、則有レ才者必被レ枉、抑二人情好悪之公一、奪二天道禍福之柄一、真衣冠之大盗、名教之罪人也、

王耐軒曰、東坡言、人心真不レ可二縦放一、間散既久、纔有二毫髪許事一、便自不レ堪、誠哉是言、陶侃豪傑之士、朝運二百甓於斎外一、暮運二百甓於斎内一、正以二人心一懶、則百骸倶怠、百骸倶怠、則心日荒而万事廃一矣、

朱平涵曰、天下本無レ事、庸人自擾レ之、此句妙絶妙絶、然庸人擾レ之猶可、才智者擾レ之、更不レ可レ言、雖三総帰二於庸一、而禍之大小、必有レ別矣、

何垣曰、富児因レ求レ宦傾レ資、汗吏以レ黷レ貨失レ職、初皆起三於慊二其所ㇾ無、而卒至三於喪二其所ㇾ有也、各泯二其貪心一、而安レ分守レ節則何奪ㇾ敗家一之有、

陳幾亭曰、名利壊レ人、三尺童子皆知レ之、但好レ利之弊、使三人不二復顧ㇾ名、而好レ名之過、又使四人不三復顧二君父一、世有下妨二親命一以潔レ身、訕二朝廷一以売レ直者上、是可レ忍也、孰不レ可レ忍也、

何淡所曰、貪夫狥レ財、烈士狥レ名、余嘗悼夫世之徇レ財者之衆、而徇レ名者何少也、前数十載、吾広士大夫、多以レ富為レ諱、争自灑濯、以免二公議一、及三余接二世務一以来、聞二人仕一、衆必問曰、好衙門否、聞二人退一、衆必問曰、有二収拾一否、且耀二金珠一広二田宅一、以驕二里閭一者、世不二以為ㇾ過也、夫勢大則用奢、父驕則子汰、卒レ之顚覆而後知三財

為二禍梯一、亦已晩矣、

敖英曰、歴代縉紳之禍、多肇二於言語文字之激一、是故誹謗激二坑焚之禍一、清議激二党錮之禍一、清流激二白馬之禍一、台諌激二新法之禍一、禍生二於激一、何代不レ然、其始也一人倡レ之、群起而和レ之、不レ求二是非之帰一、乃譊焉狂焉、牢不レ可レ破、其卒也、不レ可二収拾一、則所レ傷多矣、

高景逸曰、世間惟財色二者、最迷二惑人一、淫二人妻女一、妻女淫レ人、夭寿折レ福、殃留二子孫一、若能須臾堅忍、便是終身受用、又見二世人非分得一レ財、積レ財愈多、積レ禍愈大、往往生二出異常不肖子孫一、作二出無限醜事一、資二人笑話一、悲夫、若力持二勤倹両字一、終身不レ取二一毫非分之財一、豈不二泰然自得一乎、

史搢臣曰、待二有余一而後済レ人、必無二済レ人之日一、待二有余一而後読レ書、必無二読レ書之時一、

又曰、鋤レ姦杜レ悪、要レ放二他一条去路一、若使二之一無一レ所レ容、譬如二防レ川者一、若尽絶二其流一、則堤岸必潰矣、

王朗川曰、病以レ酒致、神以レ酒傷、儀以レ酒失、事以レ酒忘、家以レ酒耗、言以レ酒狂、怒以レ酒発、禍以レ酒倡、与二其既醒而後悔一、孰二若未レ酔而先防一、

又曰、柔弱之人、得レ酒而暴、恬静之人、得レ酒而躁、簡黙之人、得レ酒而譁、事宜レ審者酒泄レ之、事宜レ急者酒懈レ之、事宜レ記者酒忘レ之、有二心病一者酒佐二之闘一、有二痴情一者酒益二之狂一、皆為二酒所一レ使而不レ覚也、

又曰、古人四十無レ子、然後娶レ妾、止為二嗣続計一耳、若既正室生レ子、則妾便不レ可レ娶、蓋得レ新忘レ故、不二独有一レ負二糟糠一、而少婦老夫、亦且難レ言二伉儷一、毎見二富貴之家一、広蓄二婢妾一、恣レ意宣レ淫、一不レ当レ意、旋即擯棄、視二女子之終身一、有レ同二児戯一、房幃之軽薄、自謂二風流一、豈知色未レ衰、而愛已弛、閨怨最堪二憐憫一、年方少而情方熾、苟行不レ及二防閑一、尚其痛鑑、勿レ恣二荒淫一、

冒起宗曰、予毎見二権貴之門一、及暴富之室一、不肖子孫、淫蕩恣靡、或身未レ死、而産已暗鬻二他家一、或骨肉未レ寒、

而人已裂二挽其室一、前人一銖一寸而積レ之、後人如レ泥如レ沙而棄レ之、而彼不肖者又大半皆聡明人也、此何以故、蓋由三当日逞レ威挟レ智、逼勒牢籠、以成二巨富一、始而耗レ人、後為レ人耗、語云、来得不レ明、去得正好、蓋此謂也、

張纘孫曰、今世文字之禍、百怪倶興、往往唱二淫穢之詞一、撰二造小説一、以為二風流佳話一、使二観者魂揺色奪一、毀レ性易一レ心、小則滅レ身、大則滅レ家、禍二害天下一、莫二此之甚一、而況綺語為レ殃、虚言折レ福、不二独誤一レ人、兼亦自誤、

抱朴子曰、凡夫不レ知二益之為一レ益、又不レ知二損之為一レ損、損易レ知而速、益難レ知而遅、損レ之者如二灯火之銷一レ脂、莫二之見一也、而忽尽矣、益レ之者、如二禾苗之播植一、莫二之覚一也、而忽茂矣、故治レ身養レ性、務謹二其細一、不レ可下以二小益一為二不足一而不上レ修、不レ可下以二小損一為レ無レ傷而不上レ防、凡聚レ小、所二以就一レ大、積レ一所二以至一レ億也、若能愛二之於微一、成二之於著一者、則知レ道矣、

程伊川曰、吾受レ気甚薄、三十而侵盛、四十五十而後完、今世七十二年矣、校二其筋骨一、与二盛年一無レ損也、又曰、人待レ老而求レ保レ生、是猶二貧而畜積一、雖レ勤亦無レ補矣、張思叔曰、先生豈以二受レ気之薄一、而厚為レ保レ生耶、先生黙然曰、吾以二忘レ生狥一レ欲為二深恥一、

薛敬軒曰、酒色之類、使二人志気昏酣荒耗一、傷レ生敗レ徳、莫二此為一レ甚、俗以為レ楽、今不レ知二果何楽一也、惟心清慾寡、則気平体胖、楽可レ知矣、

史搢臣曰、慎二風寒一節二嗜慾一、是従二吾身上一却レ病法、省二憂愁一、戒二煩悩一、是従二吾心上一却レ病法、

弁異端類

程明道曰、楊墨之害、甚二於申韓一、仏老之害、甚二於楊墨一、楊氏為レ我、疑二於仁一、墨氏兼愛、疑二於義一、申韓

浅陋易レ見、故孟子只闢二楊墨一、為二其惑レ世之甚一也、仏老其言近レ理、又非二楊墨之比一、此所二以為レ害尤甚一、楊墨之害、亦経二孟子闢一レ之、所二以廓如一也、

又曰、釈氏本怖二死生一、為レ利、豈是公道、惟務二上達一、而無二下学一、然則其上達処、豈有レ是也、元不二相連属一、但有二間断一、非レ道也、孟子曰、尽二其心一者、知二其性一也、彼所レ謂識レ心見レ性、是也、若二存レ心養レ性一段一、則無矣、彼固曰二出家独善一、便於二道体一自不レ足、或曰、釈氏地獄之類、皆是為二下根之人一設レ此、怖令レ為レ善、曰、至誠貫二天地一、人尚有レ不レ化、豈有下立二偽教一而人可上レ化乎、

又曰、道之不レ明、異端害レ之也、昔之害、近而易レ知、今之害、深而難レ弁、昔之惑レ人也、乗二其迷暗一、今之入レ人也、因二其高明一、自謂二之窮レ神知一レ化、而不レ足二以開レ物成一レ務、言為レ無レ不二周遍一、実則外二於倫理一、窮レ深極レ微、而不レ可三以入二堯舜之道一、天下之学、非二浅陋固滞一、則必入二於此一、自二道之不一レ明也、邪誕妖妄之説競起、塗二生民之耳目一、溺二天下於汚濁一、雖二高才明智一、膠二於見聞一、酔生夢死、不二自覚一也、是皆正路之蓁蕪、聖門之蔽塞、闢レ之而後可二以入一レ道、

伊川曰、釈氏之説、若欲下窮二其説一而去中取之上、則其説未レ能レ窮、固已化而為レ仏矣、只且於二跡上一考レ之、其設レ教如レ此、則其心果如何、固難レ為下取二其心一不上レ取二其迹一、有二是心一、則有二是迹一、王通言二心迹之判一、便是乱説、故不レ若下且於二迹上一断定上、不下与二聖人一合上、其言有二合処一、則吾道固已有、有二不レ合者一、固所レ不レ取、如レ是立定、却省易、

謝顕道歴下挙仏説与二吾儒一同処上、問二伊川一、伊川曰、恁地同処雖レ多、只是本領不レ是、一斉差却、

張横渠曰、釈氏妄二意天性一、而不レ知レ範二囲天用一、反以二六根之微一因二縁天地一、明不レ能レ尽、則誣二天地日月一為二幻妄一、蔽二其用於一身之小一、溺二其志於虚空之大一、此所二以語レ大語レ小、流遁失一レ中、其過二於大一也、塵二芥

六合一、其蔽二於小一也、夢二幻人世一、謂二之窮一レ理可乎、不レ知レ窮レ理、而謂二之尽一レ性可乎、謂二之無一レ不レ知可乎、塵二芥六合一、謂二天地一為レ有レ窮也、夢二幻人世一、明不レ能レ究二其所一レ従也、

陸象山曰、釈氏立レ教、本欲脱二離生死一、惟主三於成二其私一耳、此其病根也、且如下世界如レ此、忽然生二一箇一、謂中之禅上、已自是無レ風起レ浪、平地起二土堆一了、

明道曰、禅世出家之説、如二閉レ目不一レ見レ鼻、然鼻自在、

又曰、凡学之雑者、只為二自家内不一レ足也、譬下之家蔵二良金一、不上レ索二外求一、貧者見二人説一レ金、須下借二他底一看上、

又曰、仏老高二一世一人、只是道偏不レ是、

薛敬軒曰、天者万物之祖、生レ物而不レ生二於物一者也、釈氏亦人耳、其四肢百骸、固亦天之所レ生也、豈有三天所レ生者而能擅二造化之柄一邪、若如二其説一、則天不レ在レ天、而在二釈氏一矣、万物始終、莫レ非二陰陽合散之所一レ為、釈氏乃有二輪廻之説一、則万物始終、不レ在二造化一而在二釈氏一矣、寧有二是理一邪、

或問釈氏亦務養レ心、然要レ之不レ可三以治二天下一、何也、王陽明曰、吾儒養レ心、未三嘗離二却事物一、只順二其天則一、自然就是功夫、釈氏却要三尽絶二事物一、把レ心看二做幻相一、漸入二虚寂一去了、与二世間一苦レ無二些子交渉一、所二以不一レ可レ治二天下一、

雑識類

韓魏公曰、小人不レ可レ求レ遠、三家村中亦有二一家一、当レ求二処一レ之之理一、知三其知為二小人一、以二小人一処レ之、更不レ可レ校、如校レ之則自小矣、

程伊川曰、吾受レ気甚薄、三十而浸盛、四十五十而後完、今生七十二年矣、校二其筋骨一、与二盛年一無レ損也、又曰、人待レ老而求レ保レ生、是猶二貧而畜積一、雖レ勤亦無レ補矣、張思叔曰、先生豈以二受レ気之薄一、而厚為レ保レ生耶、伊川黙然、曰、吾以二忘レ生狗一レ欲為二深恥一、

又曰、徳盛者物不レ能レ擾、而形不レ能レ病、形不レ能レ病、以二物不一レ能レ擾也、故善学者臨二死生一而色不レ変、疾痛惨戚而心不レ動、由二養レ之有一レ素也、非二一朝一夕之力一也、

邵康節安分吟曰、心安身自安、身安室自寛、心与レ身倶安、何事能相干、誰謂二一身小一、其安若二泰山一、誰謂二一室小一、寛如二天地間一、安レ分身無レ辱、知レ幾心自間、雖レ居二人世上一、却是出二人間一、

伊川曰、吾未レ見下嗇二於財一而能為レ善者上也、吾未レ見二不レ誠而能為レ善者一也、

林君復曰、人之所ヨ以異二於禽獣草木一者、以二其有一レ為耳、皮毛歯角、禽獣以レ用而名、香味補瀉、草木以レ功而著、人之生也、無二徳以表一レ俗、無二功以及一レ物、於二禽獣草木一之不レ若也、哀哉、

程明道曰、所レ見所レ期、不レ可レ不二遠且大一、然行レ之亦須二量レ力有一レ漸、志大心労、力小任重、恐終敗レ事、

袁君載曰、人有下善誦二我之美一、使二我喜聞而不一レ覚二其諛一者上、小人之最奸黠者也、彼其面諛レ我而我喜、及下其退与二他人一語上、未二必不一レ窃ヨ笑我為二他所一レ愚也、人有下善揣二人意之所一レ向、先発二其端一、導而迎レ之、使三人喜二其言与一レ己暗合一者上、亦小人之最奸黠者也、彼其揣二吾意一而果合、及下其退与二他人一言上、又未二必不一レ窃ヨ笑我為二他所一レ料也、此雖二大賢一、亦甘受二其侮一而不レ悟、奈何、

薛敬軒曰、凡取レ人、当下舎二其旧一而図中其新上、自二賢人一以下、皆不レ能レ無レ過、或早年有レ過、中年能改、或中年有レ過、晩年能改、当下不レ追二其往一、而図中其新上可也、若追二往日之過一、并棄二後来之善一、使下人無二遷レ善之門一、而世無中可レ用之才上也、以レ是処レ心、刻亦甚矣、

又曰、作レ事只是求二心安一而已、然理明則知二其可レ安者一安レ之、理未レ明則以二不レ当レ安者一為レ安矣、
又曰、必能忍二人不レ能レ忍之触忤一、斯能為二人不レ能レ為之事功一、
呉康斎曰、先哲云、鸞鳳与二鴟梟一争レ食、君子与二小人一闘レ力、不二惟不一レ能レ勝、兼亦不レ可レ勝、
戚南塘曰、攻二爾過一者爾師也、属レ下人能陳二爾過一、即不レ能二師レ之以一レ礼、然必師レ之以レ心、
劉時卿曰、近世講レ学者、開レ口便教三人抛二棄功名富貴一、此大害事、古之聖賢、於二功名富貴一、何常生二一重心一、亦何常生二一軽心一、惟似二無心一応レ之、時而我用也、累レ茵列レ鼎、時而我舍也、枕レ石漱レ流、如レ是而已矣、泰州王心斎艮曰、有レ心以重二功名富貴一者、其流至三於弑二父与一レ君、有レ心以軽二功名富貴一者、其流至二於無レ父無一レ君、旨哉言乎、
又曰、人而詐者、皆其慧者也、夫慧自有レ用、而用二於詐一、吾醜二其慧一矣、然惜之意終多二於醜一、
王少湖曰、君子之於二小人一、必不レ可下以二其小者一、而遂信中其大者上、終受二其禍一、悔レ之無レ及、夫子曰、未レ有二小人而仁者一也、此至言也、
林君復曰、為レ善如二負レ重登一レ山、志雖二已確一、而力猶恐レ不レ及、為レ悪如二乗レ駿走一レ坂、雖レ不レ加二鞭策一而足亦不レ能レ制、
李泰伯曰、里之氓、有下慕二都邑之侈一者上、以二其畜牛一易二人之乗馬一、既数歳矣、土田之腴、舍レ牛而不レ獲、倉廩菽粟、耗二於馬腹一、飢餓且レ不レ救、而馬之能、卒無レ益二於甑釜一、噫、今之絶二故賤一、而友二新勢一、忽二講習一而嚮二奔走一、有乙不下病二其田一、而空中其菽粟上者甲乎、
薛敬軒曰、嘗験二之天下之人一、雖二至富者一、求無レ不レ遂、欲無一レ不レ得、自二他人一視レ之、不二啻足一矣、自二其心一察レ之、彼方愈富愈不レ足、計二較得失之私一、日夜汲汲、無二須臾寧足一、是曷嘗有二泰然之楽一邪、

又曰、君子之心、欲三人同二其善一、小人之心、欲三人同二其悪一、

王陽明曰、至二於今一、功利之毒、淪‐二浹於人之心髄一、而習以成レ性也。幾千年矣、相矜以レ知、相軋以レ勢、相争以レ利、相高以二技能一、相取以二声誉一、記誦之広、適以長二其敖一也、知識之多、適以行二其悪一也、聞見之博、適以肆二其弁一也、辞章之富、適以飾二其偽一也、

蔡虚斎曰、善愛二其身一者、能以二一生一為二万載之業一、或一日而遺二数百年之休一、不レ知二自愛一者、以二其聡明一、而際二盛時一、操二名器一、徒以就二其一己之私一而已矣、所レ謂如下入二宝山一空レ手回上者也、

胡敬斎曰、人貴三乎有二力量一、然当レ精‐三求聖賢用レ力之方、与二理之至当一、方不レ負二此力量一、若理有レ所レ蔽、以二此力量一堅執不回、則為レ害尤甚、

何子元曰、黄山谷与二李幾仲一書、天難二於生一レ才、而才者須二学問琢磨、以就二晩成之器一、其不レ能者則不レ得レ帰二怨於天一也、世実須レ才、而才者未二必用一、君子未下嘗以二世不一レ用而廃中学問上、其自廃惰、則不レ得レ帰二怨於世一也、此語亦説得好、

洪自誠曰、天地有二万古一、此身不二再得一、人生只百年、此日最易レ過、幸生二其間一者、不レ可レ不レ知二有生之楽一、亦不レ可レ不レ懐二虚生之憂一、

又曰、勢利紛華、不レ近者為レ潔、近レ之而不レ染者為二尤潔一、智械機巧、不レ知者為レ高、知レ之而不レ用者為二尤高一、

淩登名曰、遠公在二廬山中一、雖レ老誦読不レ輟、弟子中或有二惰者一、遠公曰、桑楡之光、理無二遠照一、但願朝陽之暉、与レ時並明耳、執レ経登レ座、諷誦朗暢、詞色甚苦、高足之徒、皆粛然増レ敬、嗟乎、士貴二自強一、若玩レ日愒レ月、初恃二朝日一、晩棄二楡光一、有愧二此僧一多矣、

寒山子曰、修レ性之道、除レ嗜去レ慾、嗇レ神保レ和、所‐二以省一レ累也、内抑二其心一、外検二其身一、所‐二以寡一レ過也、先レ人

後㆑己、知㆑柔守㆑謙、所‐以安㆑身也、善推㆓於人㆒、不善帰㆑己、所‐以養㆑徳也、功不㆑在㆑大、過不㆑在㆑小、所‐以積㆑功也、然後内行充而道在㆑我矣、

何垣曰、礼以厳㆑分、和以通㆑情、分厳則尊卑貴賤不㆑踰、情通則是非利害易㆑達、斉㆑家治㆑国、何莫㆑由㆑斯、

呂叔簡曰、円融者無㆓詭随之態㆒、精細者無㆓苛察之心㆒、方正者無㆓乖払之失㆒、沈黙者無㆓陰険之術㆒、誠篤者無㆓椎魯之累㆒、光明者無㆓浅露之病㆒、勁直者無㆓径情之偏㆒、執持者無㆓拘泥之迹㆒、敏練者無㆓軽浮之状㆒、此是全才、有㆑所㆑長而矯㆓其長之失㆒、此是善学、

又曰、一友与㆑人争、予語㆑之曰、於㆓十分之中㆒、君有㆓一分不是㆒否、友曰、我難㆑説㆑無㆓一二分㆒、予曰、且将㆓這一二分㆒都没了、纔好責㆑人、

又曰、天下万事万物、皆要㆑求㆓箇実用㆒、実用者与㆓吾身心㆒関㆓損益㆒者也、凡不急之務、供㆓耳目之玩好㆒、皆非㆓実用㆒也、愚者甚至㆘喪㆓其実用㆒以求㆗無用㆖、悲夫、

又曰、事不㆓関係㆒、都歇過、到㆓関係時㆒、悔㆑之何及、事幸不㆑敗、到㆓敗㆑事時㆒、懲㆑之何益、是以君子不㆑忽㆑小、防㆓其敗㆒也、不㆑怨㆑敗、防㆓其再㆒也、

又曰、処㆓大事㆒者、只消‐得安詳二字㆒、雖㆔兵貴㆓神速㆒、也須㆘従㆓此二字㆒做出㆖、然安詳非㆓遅緩之謂㆒也、従容詳審、養㆓奮発於凝定之中㆒耳、是故不㆑間則不㆑忙、不㆑逸則不㆑労、若先怠緩、則後必急躁、是事之殃也、十行九悔、豈謂㆓之安詳㆒、

又曰、進㆑言有㆓四難㆒、審㆑人、審㆑己、審㆑事、審㆑時、一有㆑不㆑審、事必不㆑済、

又曰、一貴達還㆑家、門戸不㆑如㆓做㆑官時㆒、悄然不㆑楽、曰世態炎涼如㆑是、人何以堪、余曰、君自炎涼、非㆓独世態之過㆒也、平常淡素、是我本来事、熱閙紛華、是我倘来事、君留‐恋富貴㆒、以為㆓当然㆒、厭‐悪貧賤㆒、以為㆓遭

際一、何炎涼如レ之、而暇レ歎二世情一哉、

又曰、両君子無レ争、相譲故也、一君子一小人無レ争、有レ容故也、争者両小人也、有識者奈何自処二於小人一哉、況争レ之而未二必得一、即得レ之、而於二吾身一無レ所二重軽一、徒受二小人之名一、尤可レ哀也、

于穀山曰、韋処厚議二塩法一云、強二人之所一レ不レ能、事必不レ立、禁三人之所二必犯一、法必不レ行、是至論也、寧独塩法、百事可レ推、

陳玉塁曰、今人談レ人則易、自責則寛、常見下当レ事者、指ヿ誚前人一、殆不上レ容レ口、及レ至レ観二其所一レ為、不レ若遠甚、

宋人詩曰、鮑老当レ筵笑二郭郎一、笑他舞袖太郎当、若教二鮑老当レ筵舞一、転更郎当舞袖長、可レ謂レ曲ヿ尽事情一、

馮時可曰、一事逆而心憎、一言払而心銜、甚至二経年懐レ之而不一レ釈、易世志レ之而不レ忘、若然者、四海之中無二楽地一、百年之内無二泰時一、甚矣哉其惑也、

敖清江曰、寿・五福之一也、得レ之者有二幸不幸一焉、彼得レ寿以成レ名者、幸也、得寿以敗レ名者、不幸也、雖レ然寿何負二於人一哉、人負レ寿耳、是故中公年八十余而応レ聘、使二其先数年而死一、則為レ治不レ在二多言一之対、不レ登二漢史一矣、夏貴七十九而降レ元、使二其先数年而死一、則忘レ君事レ讐之恥、不レ穢二宋史一矣、

倪宗玉書室中有二帖子一云、徳業観二前面人一、名位観二後面人一、愚問観レ之将何如、宗玉曰、従レ前観レ之、祇見二我不一レ如レ人而益励二思斉之志一、従レ後観レ之、祇見二人不一レ如レ我、而自消二蹭蹬之憂一、

槍楡子曰、勢衰、不レ謂二之衰一、徳衰而後、謂二之衰一、家窮、不レ謂二之窮一、道窮而後謂二之窮一、徳衰道窮、而造化偏厚レ之、謂レ非二衰与一レ窮、此皮相也、慶氏之富、王氏之五侯、天之奪レ人也、常在二予之後一、

又曰、今之仕宦居レ郷、強者思三以攘二人之金一、弱者思三以負二人之金一、攘不レ得則闘生、負不レ得則怨生、皆以二阿堵一昏レ心、而人情天理、道徳礼義、一切棄絶不レ講、吾不レ知二世道終何如一也、

又曰、富貴宜レ施レ恩、富貴而不レ施レ恩、是旱魃也、旱魃之歳、不レ済二三農一、貧賤宜レ知恩、貧賤而不レ知恩、是頑土也、頑土之郷、誰下二種穀一、

沈幼宰曰、為二児孫一作二馬牛一、已痴矣、有二年耄乏嗣者一、終日営営、又不レ知レ為三何人作二馬牛一、殊可レ矜也、

又曰、子孫不二自努力一、貧賤潦倒、猶覥然以二門第一自雄、祖父有レ知、当レ頓ヿ足九泉之下一、

呂叔簡曰、一里人事専利レ己、屢為訓説不レ従、後頗作レ善、好施レ貧救レ難、余喜レ之、称曰、君近日作事、毎毎在二天理上一留レ心、何所二感悟一而然、曰、近日読二司馬温公語一、有レ云不レ如下積二徳於冥冥之中一、以為中子孫長久之計上、余笑曰、君依レ旧是利心、子孫安得レ受レ福、

又曰、凡人之為二不善一、其初皆不レ忍也、其後忍不レ忍半、其後忍レ之、其後安レ之、其後楽レ之、鳴呼、至三於楽為二不善一、而後良心死矣、

又曰、小人只怕二他有一レ才、有レ才以済一レ之、流レ害無レ窮、君子只怕二他無一レ才、無レ才以行レ之、斯世何補、

葉秉敬曰、人只道二人心難一レ料、不レ知二自心更難一レ料、仮如乏レ銭時、自思得二百銭千銭一、儘彀足也、及レ至二得レ銭後一、再添ヿ了千貫万貫一、還更不レ彀、以レ此知二自心難一レ料、人只道二人心不一レ平、不レ知二自心更不一レ平、仮如失レ意時、受ヿ了人一拳一棍一、幾恨死矣、及レ至二得レ意後一、打ヿ了人二百拳百棍、反更称レ佳、以レ此知二自心不一レ平、

陳幾亭曰、孔子特重二色関一、朱子置二財色上一、果異耶、曰、世間違レ理害レ人之事、因二於財一者最多、此是人人相往来、息息有二交関処一、只看二目前相与之人一、豈有二立レ意欲レ害レ人者一、毎レ至レ臨レ財、不レ能二照顧一、或至下破二人家業一、拆二人妻孥一、戕中人躯命上、皆忍レ心為レ之、嗜レ利則喪レ仁、仁喪則礼義智無レ不レ喪、若於二此処一澹得下、品格事功、果然已有二幾分一、富貴之士、皆淡二於利一、貧賤之民、皆遠二於害一矣、色病雖レ深、与二天下一関渉時少、自害居レ多、夫子特重二色関一、抜二慾本一也、朱子置二財色上一、救二世害一也、何害二其為一レ同、

又曰、為㆑人在㆑世不㆑有㆑益㆓於養㆒、必有㆑益㆓於教㆒、不㆑然即天地間一蠹物、貧賤間遊為㆓小蠹㆒、富貴間享為㆓大蠹㆒、

又曰、待㆓君子㆒易、待㆓小人㆒難、待㆓有才之小人㆒則又難、待㆓有功之小人㆒則益難、

陸桴亭曰、名利是天地間公共之物、利惟公、故溥、名惟公、故大、自㆘小人以㆓名利㆒為㆖私、而名利二字始目為㆓羶途㆒矣、自㆓聖人㆒観㆑之、必得㆓其名㆒、必得㆓其禄㆒、名利何嘗是羶物、

又曰、利与㆑義合則与㆑和同、文言曰、利者義之和也、利与㆑義反、則与㆑害対、論語曰、放㆓於利㆒而行、多㆑怨、

史搢臣曰、貧賤時、眼中不㆑着㆓富貴㆒、他日得㆑志必不㆑驕、富貴時、不㆑忘㆓貧賤㆒、一日退休必不㆑怨、

又曰、尽㆓其在㆑我四字、可㆓以上不㆑怨㆑天、下不㆒㆑尤㆑人、亦可㆓以仰不㆑愧㆑天、俯不㆒㆑怍㆑人、

又曰、凡有㆑望㆓於人㆒者、必先思㆓己之所㆒㆑施、凡有㆑望㆓於天㆒者、必先思㆓己之所㆒㆑作、此欲㆑知㆓未来㆒、先観㆓既往㆒、

賀陽亨曰、士君子一言当㆑百、不㆑可㆓多言取㆑厭、虚言取㆑薄、軽言取㆑侮、

又曰、不㆓実心㆒、不㆑成㆑事、不㆓虚心㆒、不㆑知㆑事、

高深甫曰、不㆑怨㆑天、不㆑尤㆑人、行有㆑不㆑得、反㆓求諸己㆒、心境何等平静、

又曰、悪人害㆑賢、猶㆓仰㆑天吐㆒㆑唾、唾不㆑至㆑天、還堕㆓自身㆒、

又曰、做㆑人無㆓一点真懇念頭㆒、便成㆓箇偽字㆒、事事皆虚、渉㆑世少㆓一段霊活機趣㆒、便是箇木人、処処有㆑碍、

魏叔子曰、能知㆑足者、天不㆑能㆑貧、能無㆑求者、天不㆑能㆑賤、能外㆓形骸㆒者、天不㆑能㆑病、能不㆑貪㆑生者、天不㆑能㆑死、能随㆑遇而安者、天不㆑能㆑困、能造㆓就人才㆒者、天不㆑能㆑孤、能以㆑身任㆓天下後世㆒者、天不㆑能㆑絶、

［内田周平校点］

跋

儒門精言者。泊翁西村先生所集輯而加圏焉。先生学問該博。通東西書。嘗屡語人曰。今世学者。著文立論。毎援引泰西名家之語。而不知漢土先儒之格言。往往有勝於彼者。要不読漢書之所致。豈不可惜乎。此先生所以有茲挙也歟。先生夙憂斯道頽廃。慨然有廻瀾之志。創設弘道会。身統率之。官暇奔走四方。鼓舞奨励。三十年如一日。終至致仕専力於斯。出則登壇講説。居則挅梧撰述。孜孜汲汲。不知老之将至。故其輯著成書者。無慮六十余種。洋洋乎道徳之淵海。而此書為其精蘊云。先生以去年夏易簀。遺言子孫。先刊行此書。命周平校点。周平叨辱先生之知。雖微遺命。欲自請任之。況有殷勤之命。獲以挂名其文字中。豈非栄耀也哉。原本三巻。今合為一者。便装釘也。校点既畢。爰敬跋詹言。

明治三十六年七月　内田周平謹識

［明治三十六年九月三十日　西村家図書部発行］

國家道德論

序

余往年（明治十九年）大に時事に感ずる所ありて、公衆の為めに日本道徳論を演述し、又之を印刷して世に行へり、当時国民は大抵深く欧米の学術風俗に惑溺し、或は舞踏会仮装会を行ひて彼の歓を買はんと欲し、或は大に女学校を興し、欧米の婦人を師とし、言語挙動衣服飲食尽く彼と同一ならしめんと欲し、或は白人種と婚して雑種の人を造らんと欲し、或は和漢の文字を廃して専ら羅馬文字を用ひんと欲する者あるに至る、是に由り余が説を聞く者皆奇異の想を為し、或は頑固浅陋なりと謂ひて嘲る者あり、或は施政の方針を妨ぐると謂ひて怒る者あり、然るに今日に至りては、余が道徳論を読みて、平凡なりとする者はあらん、奇異なりとする者甚だ少なからん、嘲笑する者は無きに非ざるべきも、怒る者は或は絶て無からん、此の如きは本邦人心の邪路を去りて正路に復したる者にして、国家の為めに甚だ賀すべきことなり、豈敢て自ら首唱の功ありと謂はんや、道徳論を草せし後今に於て八年、其間外国条約改正の議あり、憲法発布、国会開設の挙あり、国民の道徳に関する

聖詔あり、国家の為め国民の為めに言はんと欲すること亦頗る多し、是に於て国家道徳論二巻を草し、将に以て同志に示さんとす、此書を読みて嘲る者は必ず多からん、怒る者も亦必ず無きを保すべからさるなり、

明治二十七年春三月　　泊翁道人　西村茂樹識

國家道徳論　巻上

緒　言

国家とは和漢の人が、古来より慣用するの語にして、政治上より其国民の全体を称するの名なり、是を西語に訳すればステートの語に当る、故に国家道徳論は専ら政治上より国民の道徳を論じたる者にして、国人個々の道徳とは其指す所を異にせり、道徳の語は、已に世人の知る所なれば別に其解釈を要せず、惟其範囲に大小の別あり、其小なる者は善く古訓を奉守し、慎んで其一身を修め、務めて其善事を行ふ者を指し、其大なる者は万衆を撫育し、国家を安全にし、更に外国に対して国威を宣耀する者を指す、今此書に述ぶる所は。其大なるを言ひたる者にして、即ち治国平天下の道を論じたる者なり、

今日世人の最も誤謬の見を抱けるは、道徳と政事とを分ちて二様とすることなり、是を以て政事を執る者、及び政事を論ずる者、多くは道徳を棄てゝ顧みず、今日国政の善美ならざるは、其源皆爰に在りて存す、夫れ上古の時は風

俗簡樸、本より道徳政事を分つて二とするの要なし、後世人智日に進み、人事日に繁きに及び、道徳と政事と終に分れて二となる、然れども其分れて二となりしは唯学問上の事にして、即ち道徳学と政事学と別々の学問となりたるなり、是を実際に行はんとするには、固より道徳と政事と分ちて二と為すべからざるなり、譬へば医術の如し、医術を為す者は化学と医学とを兼ねざるべからず、化学と医学とは本より同一の学に非ず、然れども二者を合せ用ひざれば薬を投じて病者を救ふこと能はず、航海を為す者は、天文学と汽機学とを兼ねざるべからず天文学と汽機学とは固より同一の学に非ず、然れども二者を併せ用ひざれば万里の航海を為すこと能はず、道徳学と政事学と別種の学問なりとして、其一を用ひて政事を執らんとするは、医術に化学を用ひず、航海に天文学を用ひざると異なることなし、孰か其妄を笑はざらん、然れども余が所謂道徳は、或る国学者又は或る漢学者が言ふ如き固陋迂闊の道徳を指すには非ざるなり、

総　論

本邦の国体は他国と同じからず、

皇統一系、万古弗レ渝、是他国に勝れたる所にして、亦他国に無き所なり、故に　皇室は即ち国家国家は即ち　皇室なり、凡そ学問にても宗教にても、皇室に危害を加へんとする者は、即ち国家に危害を加へんとする者なり、此の如き教学は之を邪教と称すべく、之を曲学と名くべし、　天祖天孫以来、　皇室の鞏固なること既に幾千年、近年立憲政体の定まるに及び、　皇室益々其鞏固を加ふ、臣民たる者宜く欽定憲法を恪守して、各其職分を尽さゞるべからず、若し立憲政体を濫用して禍を　皇室に及ぼさんとする者あらば、真に不忠の臣と云ふべし、余は永く此の如き臣民の

出でざらんことを願ふなり、

凡そ世界に国を立つる者、何れも其国是あらざることなし、魯西亜の疆土を拡張するを以て国是と為し、北米合衆国の厚生利用を以て国是とするは天下の倶に知る所なり、夫れ世界の形勢は漸々粗より精に入り、野より文に進むは衆人の共に知る所にして、所謂文明開化は国家自然の進歩たるに相違なし、世界の状を観るに、文明開化に進む所の国は皆富強にして、之に反する所は皆貧弱なり、故に今日文明開化を以て国家の国是と為さんは、国民全体の同意して決して異議なき所なるべし、然るに今日本邦朝野人士の意見の在る所を見るに、大約二種の別あり、一は本邦固有の風俗制度工芸文学を以て世界最美の者とし、務めて古風を保存して新法を排せんとする者なり、此種に属する者は、神道家国学者及び儒者の一派是なり、世人此種の者に命ずるに、守旧家又は退守家を名を以てす、其一は専ら西洋の政治法律学芸風俗に心酔して、徹頭徹尾西洋に模倣せんとする者なり、此種に属する者は、洋学者耶蘇教家、大学の学士、諸省の書記官参事官、外国交際官（書記官参事官交際官は多く大学の学士より出づ）等是なり、世人此種の者に命ずるに、急進家又浮躁者の名を以てす、第一の者は其意は誠に美なりと雖ども、世運の如何を知らざる者なり、夫れ時勢の進歩するは、自然の力にして、人力を以て其進歩を遏むること能はず、本邦古代の風俗文芸等に最美の者ありと雖ども、今日世界の状態を通観するときは、亦本邦古代の者に勝れる者少なからず、（但し道徳美術は別なり）、然るを唯古代の事のみを固守して、新なる者を採らざるは、是を頑固と云はざることを得ず、頑固は以て其国を立つべからず、頑固を以て国を立つる者は、必ず敗亡の禍を免かれず、第二の者は、世に敏才と称せらるゝ者、及ひ現時政府の要路に立つ者、多く此主義を抱持するを以て、其勢力は、第一の者に比すれば遙に優等の地にあり、然れども国各其人種を異にし、歴史を異にし、風俗を異にし習慣を異にす、欧州の学術制度何程工妙なるも、是を直ちに我邦に用ふるときは、方底にして円蓋なるが如き者間々多し、況や此意見を抱く者は、本邦古来の長処をも亦視て之を蛮風と為し、一概に之を排棄せんとするに於てをや、若し此意見を以て国是とするときは、其外形は純然たる欧人の如くなるべしと雖ども、其精神は日々に衰弱して、其結果は彼埃及国の如くなりて止まんのみ、故に二者共に本邦の国是と為すべからず、然らは国家執るべき所の国是は如何、曰く自然の天則を取りて以て国是と為さんのみ、夫れ天運進行して少しも已まざるは天則なり、旧習を固守して変ぜざるは天則に背けるなり、万物の発達には自然の順序あり、動物の生育、草木の成長皆然り、如何に人智を用ふるも、三年にして大木を造ること能はず、一年にして健壮の牛馬を作ること能はず、自然の順序に循はずして、急行躁進するは、天則に背けるなり、故に国政の目的は固より進歩を主とせざるべからざれども、亦其軽躁を防ぎ、自然の順序に従はざるべからざるなり、即ち頑固と軽躁との中間を行かざるべからざるなり、他国の長処は之を採るべしと雖ども、国家の元気を助くる者は之を失ふべからざるなり、然れども如何なる事物は之を保守すべきか、如何なる事物は之を改良すべきかと云ふに至りては、其事甚だ煩雑に渉り、此小冊子の能く悉す所に非ず、時勢を達観するの活眼ある人は、自ら能く之を知るべし、

凡そ国政には順序と云ふこと最も肝要なり、若順序を顛倒するときは善政も却て悪政となるなり、独り政事のみならず、天時人事総て順序に依らざるはなし、天時、順序を失へば陰陽錯行し人事順序を失へば百物成らず、今家屋を造るに、先づ初めに地形を固め、礎石を居ゑ、柱を建て梁を架し、屋を葺き、壁を塗り、内部の装飾を為すは、其順序なり、若此順序を失ふときは、如何なる良材を用ふるも、竟に家屋を成すこと能はず、又漆器を製せんに、初めに木地を択び、次に下地を作り、夫より幾回も漆を掛け、最後に表面の漆を塗り、其上に蒔絵を為すは順序なり、若此順序に従はざるときは、如何なる良質の漆を用ふるも、美麗なる漆器を作ること能はず、況んや国家の如きは、其事業の錯綜複雑せる、一家屋一器物の比に非ず、其順序を失はざらんことを求むるは最も大切の事なり、凡そ国初の時は、務めて簡易質樸、正直剛毅の風を養成し、以て国本を堅固にせざるべからず、華奢優柔繁文縟節は、務めて之を

後にし、以て世人の本を棄てゝ末に趨るの弊を防ぐべし、王政維新以来纔に二十七年、猶国初と称すべきの時なり、然るに政府の施政は頗る順序を混乱したる観なきに非ず、彼市町村制の如き、裁判所構成法の如き、刑法治罪法の如き、民法商法の如き、（未だ実施せざれども）美術の奨励の如き、何れも民智民産の度と相合はざる者あり、其他先にすべきを後にし、後にすべきを先にしたる者猶甚多し、蓋し維新以来、当局者西洋の文明に心酔し、苟も彼国の法律制度は此の如し、彼国には此の如き事ありと聞くときは、其我が国の事情に合ふや否を問はず、直に採りて之を我邦に行ふ、是其簡易質樸を主とすべき時に於て早く已に繁文縟節を行ひ、正直剛毅を専らとすべき時に於て華奢優柔を行ふ所以なり、然れども彼国の制度法律学術工芸は決して之を廃棄すべき者に非ず、苟も其先後の順序を失はず又我国情に従ひて能く取捨するときは国家の盛運を裨益すること尠少に非ざるなり。凡そ政事の組織には文政武政と云ふことあり、此二者は固より其国の地位沿革、国民の天性習慣等に依りて定まる者なれども、此事は独り自然にのみ任すべき者に非ず、必ず傑出の政事家ありて、其力に依りて之を定むべき者なり、此二者は実に其国の盛衰興亡する所以の定まる所にして、若文政なるべき国に武政を行ひ、武政なるべき国に文政を行ふときは、其国は或は衰弱し或は動乱するなり、然れども文政なるべくして武政なるは其害少なく、武政なるべくして文政なるは其害甚だ多し、其故何ぞや、武政は質樸強毅を主として、文政は文華美麗を主とす、質樸強毅の弊は粗野なるに在りて、文華美麗の弊は柔弱に陥り易し、粗野は固より喜ぶべきことに非ずと雖ども、猶興国の気象を失はず、柔弱に至りては全く亡国の気象なればなり、今世界各国の状を見るに、支那と北米合衆国とは文政にして、欧州の諸国は大抵武政なり、欧州諸国の武政は武政たるに適して、北米合衆国の文政は文政たるに適したる者なり、欧州の諸国は何れも狼貪虎視各牙を磨し爪を鋭にし、皆他国の釁を伺ひて之に乗ぜんと欲す、故に武政に非ざれば其国を保つこと能はず、北米合衆国は遠く欧州の風塵を離れ、専ら厚生利用を以て民力を養成す、武政の如きは其国情に適せざるなり、其宜く武政なるべくして文政なるは独り支那を然りとす、支那歴代の中に於て武政を行ひしは独り秦のみにして、其他は皆文政なり、秦が二世にして亡びたるを以て、後人皆之に懲り、復た武政を言ふ者なし、然れども秦の亡びたるは始皇の暴虐と李斯趙高等の姦悪に因る者にして、武政の罪には非ざるなり、四方数千里の大国にして、其国威の振はざるは文政を主とするの罪なり、清の康熙乾隆の二帝四境を征伐して其武威を奮ひたるも、道光帝に至り、英国に挫衄せられしより、国勢日に衰ふるは武政を行はざるの罪なり、然れども他国の事は、敢て深く論ずるに及ばず、本邦の国政は文政を可とするか武政を可とするか、是緊要の問題なり、本邦上古は全く武を以て国を立て、国家事あれば　天皇親ら出征し、然らざれは皇后皇子師を率ひて不庭を伐つ、是を以て其文物は敢て美麗なることなかりしと雖ども、武威の盛なること隣国を震慴せしめたり、奈良朝以来、為政者何れも典章制度の末に拘々とし、美術工芸に精を竭し、且支那の文政を観て専ら之に倣はんと欲し、加ふるに奢侈淫蕩の風大に朝廷の上に行はる、是に於て　皇威衰微し、朝綱振はず、保元平治の乱に至りて天下の権遂に武家に帰せり、武家は其名の如く、専ら武政を以て事を執りしに由り、王朝腐敗の気を一洗し、我邦をして再び健康の体に復さしめたり、徳川氏の末、武門亦其武を失ひしを以て、遂に王政復古と為り、未曽有の大業を建給へり、此時当路の諸賢皆西洋の文物学術に眩し、復た本邦の地勢国情を顧みざるに至れり、幸にして西洋諸国皆武政なるを以て、其文華の奢麗なるに管せず、其制度は実に採るべき者多し、此時欧州の政体、支那の如き文政を主とする者なりせば、我邦は一も二もなく之に模倣して、復奈良朝の如き華麗柔弱の風となるべかりしなり、豈危きことに非ずや、故に今日我邦の政事の組織は、先づ武政と称すべき者なれども、猶未だ十分なりと言ふこと能はざるなり、惟　天皇陛下は全国軍の大元帥にして、皇太子以下諸親王は皆将官たりと云ふことは、西洋の法制に模倣したることにはあれども、実に本邦の国勢に適当し、且古代の王政の趣意にも協ふ所の美法なり、本邦固より武を以て国を立て、且つ今日の政体も武政と定まるときは、凡そ武威を盛んにすべき事は皆之を挙行し、武威を衰弱せしむべき事は皆之を禁止せざるべからず、然るに其実際を見れば、少しく惑なきこと能はず、維新の始、廃藩と共に武士の常職を解き、切腹の刑を廃し、復讐の事を禁じ尋て国民の佩刀を禁ぜり、是に於て国民勇武の気大に衰へ、緩急の用に供し難きの恐れあり、朝廷之を憂ひ、学校に兵式体操を興し、又一年志願兵の法を定む、是に由り勇武の気少しく振興したれども、未だ之を以て足れりとすること能はず、今日朝廷にて人を用ふるを観るに、大抵は文学出身の者にして、顔面蒼白、筋骨軟弱、惟巧みに西洋の学術を説きて人に誇るに過ぎず、又衣服美好、挙動敏捷にして所謂紳士の風を具へたる者なり、此の如き才子は、其初め僅に大学四年の業を卒へ、学士の称号を得るの後、官費を以て更に西洋を巡遊し、帰朝の後或は書記官参事官裁判官教官又は各省の局長次官に昇り、忽ち富貴の身と為る、故に後進の士皆之を羨み、少しく資産ある者は、争ふて大学に入り、虚弱浮薄の材を以て、高位を望む者多し、是果して尚武国の風に協へるか、先年貴族院議員谷子爵の発議にて勤倹尚武の大建議を為さんとしたりしも、僅々九人の少数にて其議案の遂に否決となりしは甚だ惜むべきことなり、今日政府に於て大に尚武の政を布き、奢侈と柔弱とを一洗するの勇断なきときは、欧州諸強国に対して十分の防禦を為すこと能はざるなり、

封建制と切腹と復讐と帯刀との四者は、邦人が勇武の気を養ふの助けを為したる者なり、然るに今皆廃絶す、惜むべきの至りなり、封建制の廃止は、他に大なる利益を為したることあれば、今之を言はず、切腹の刑を廃したるは、余が最も服せざる所なれども、今如何とも為し難し、復讐の事は固より法律を以て允許すべきことに非ずと雖ども、国民の勇気奮興するときは、西国の決闘と同一の結果を見ることを得べくして、其事は決闘に比すれば、更に道理に協へる者なり、（西国にては決闘にて人を殺す者は死刑に処するの法なれども、陪審官常に之を弁護して死に抵らしめたることはなしと云へり）、独り今日に於て能く回復し得べきは帯刀の事なり、禁刀の令は明治九年に在りて、当時陸軍卿某が禁刀の令を発する趣意書を見るに其言極めて浅薄にして其理由とする所殆んど取るに足るべき者なし、

此の如き浅薄の理由を以て数千年来帯し来りたる佩刀を禁じ、以て国民が勇武の気を衰弱せしめたるは、失政の大なる者と云ふべし、今日速に其過を改め、明治九年の令を取消すときは、国民は悦んで佩刀を為し、勇武の気を奮興するの好動機となるべし、去年の議会に民間の有志者禁刀の令を解かんことを衆議院に請願したる者ありと聞く、亦以て人心の帰嚮する所を知るに足るべし、近年諸学校及び民間に撃剣を学ぶ者多し、然れども真剣を帯することを禁ぜられ居るを以て、撃剣の術何程巧なるも之を実際に用ふるの望なし、所謂屠龍の技にして、技成りて用ふる所なき者なり、若し今日佩刀の禁を解かるゝ時は、撃剣を学ぶ者は一層其術に勉強し、是に由りて国民の気力大に剛健となり、外国人に交はる者も自ら恃む所ありて、今日の如き卑屈の挙動を為す者少なかるべし。凡そ政道は総て中正ならざるべからず、若し中正を失ひ、両極端に偏するときは、其事は善なりと雖ども、亦多少の弊害を国家に及ぼすなり、政道の両極端に偏する所以を考ふるに、多くは反動より起る者なり、即ち厳に偏するの後は、其反動として寛に過ぎ、柔に偏するの後は、其反動として剛に過ぐるの類なり、本邦近年の政道は、何れも封建時代の弊を矯めんとするに急にして、却て其極端に趨ることを悟らざるなり、封建の時代は総て社会の階級秩序を厳にせり、其時代に於ては、上、天子より、下、穢多非人に至るまで幾十段の階級ありしかを知らず、其階級の異なる毎に、皆其礼数を異にし、権理を異にし、学問を異にし、思想を異にし、事業を異にせり、此の如きは蓋し階級秩序を厳にするの極端に偏したる者なり、維新以来、封建の制を廃したると、西洋諸国の人民に階級なきと云ふことを聞たるよりして、大に従前の階級秩序を破り、殆ど無階級無秩序の極端に走らんとせり、蓋し封建時代の階級は固より繁冗に過ぎたるを以て、勢ひ之を改革せざる可らずと雖ども、急劇の変化は国家の利に非ず、且つ旧来の秩序階級中には、已に国の習慣となりて竟に廃す可らざる者あり、然るを一概に之を打破して殆ど国民の階級を除去したるを以て、礼数秩序共に其帰着する所を失ひて、社会の堅固に多少の損害を与へたり、西洋諸国の人民に階級なしと思へるは皮相の見にして、其実は何れの国にも其国に相応せる秩序階級あらざることなし、殊に本邦の如きは久しく秩序階級を以て国安を維持し来りし国なれば、決して西洋の風に模するを要せず、況や西洋にても甚しく階級を破りし国は、今日却て秩序の構成を希望する者あるに於てをや、法蘭西の学士抱物拏基《バウウエルナルキ》言へることあり、世界の事物には決して平等と云ふことなし、皆相従属して存立せりと、為政者之を知らざる可らず、立憲政体の事に付ては、今日猶種々の説を言ひ、議会設立は猶早しと云ふ者あり、本邦の国体に適せずと云ふ者あり、其言或は一理なきに非ず、然れども　聖天子既に　祖宗神明に告げて此政体を定め給ひし上は、臣民の分として之を可否すべきに非ず、今日以後は是非とも、此政体を奉じ、内外の庶政を振興し、国運の隆盛を図るべきことなり、今日猶議会の結果十分ならざるは、其人の罪にして法の罪に非ざれば、是を以て憲法を議すべからざるなり、但し議院法中には、少しく議すべきの点あれども、無経験を以て作りたる法律なれば此の如き欠点あるは異しむに足らざるなり。本邦の立憲政体は三権中に於て、殊に行政官の勢力を重くせり、是を英米諸国の立法官の勢力を重くする者に比すれば大に異なる所あり、是を以て世人或は其均衡を得ざるを咎むる者あり、然れども本邦の政体は数千年来、君主独裁を以て連続し、行政官のみ独り政事の全権を執りたる者にして社会の組織も亦是に由りて成りたる者多し、今驟かに三権鼎立の制を立つるときは、却て上下の不安を起し、国会の為めに危害を生ずるの恐なきこと能はず、故に余は本邦従前の政体と社会の習慣とを考へて、行政部の勢力を重くするの宜しきを信ぜり、然れども百年の後に至り時勢の一変することあらば、又如何なる事に成り行くや計り難し、

立憲政体となりたる上は、皇室と政府との界限を明かにせざるべからず、往昔は人君独裁の政体なりしを以て、皇室と政府との区別を立てざるも不都合なかりしかども、已に立憲政体となりては、此界限最も必要なり、若し此界限明白ならざるときは、或は閣臣の失政累を皇室に及ぼすの恐なきに非ず、此界限を明白にせんとするには、先づ内閣と宮内省との界限を明白にせざるべからず、宮内省は直ちに皇室に属する者なれば、決して内閣の干渉を受くべき者

に非ず、（今日官制を以て見れば、外形は全く此の如しと雖ども、其実は如何あらんか）、若し宮内大臣たる者内閣の頤使を受けて、独立の志操なく、宮内の官人の進退までも、内閣にて指揮する様にては、或は皇室の威厳に関するの事なしとも言ふべからず、然れども内閣と宮内省と互に相軋轢するが如き事ありては、国内の平和を擾るの基となることなれば、是亦深く慎まざるべからず、惟内閣をして常に宮内省を畏憚するの意あらしめんことは、最も　皇室の為め必要のことなり

大臣

漢の董仲舒曰く、人君者正レ心以正二朝廷一、正二朝廷一以正二百官一、正二百官一以正二万民一、正二万民一以正二四方一、四方正、遠近莫レ不レ一二於正一、而無三邪気奸二其間一云々、此言迂遠なるが如しと雖も、治道の根元実に此に在り、人君の事は姑く之を言はず、維新の元勲の諸公は多くは功名の臣なるを以て政治の根元道徳に在ることを知らず、唯法律と智術とを以て国家を治むべしと謂ひ、専ら之を行ふこと十数年今に至りて猶良善の効果を見ず、今日仮令法蘭西徳逸に勝るの法律を作り比斯馬克《ビスマルク》額拉斯敦《グラットストン》に過ぐるの智略を振ふも、大臣たる者、其身の素行修まらず、官省の間には賄賂潜かに行はれ、官吏は釁縁を以て進み、上下倶に名利の為に其心を錮するが如きことあらば、国家の隆盛を望むも決して得べからざる也。立憲政体となりて三権鼎立の姿を為せども、本邦の政体にては、行政官の勢威最重く又最重からざるべからざるなり、其故は内閣大臣は　天皇を輔弼して其責に任すべき者なればなり、故に国の安危治乱は、殆ど内閣大臣の人物如何に関係すと云ふも可なり、然らば内閣大臣は如何なる人物を必要とすべきか、大臣の本領は忠誠の二字にあり、支那にて言はゞ、諸葛武侯の如き、司馬温公の如き、本邦にては菅公の如き、北畠准后の如

きは真に大臣の徳器を備へたる人と云ふべし、材幹にて言はゞ、英国の畢的《ピット》、法国の利塞流《リセリュー》の如きも亦名宰相と称すべき者なり、凡そ国の大臣たる者は、第一に公私の別を明かにし、何事も公正の心を以て事を処し、毫も私利を謀るの念あるべからず、本邦の国体にて言はゞ、大臣たる者は、皇室と本国との為めに日夜心を砕きて、他事を顧みるの暇あるべからず、即ち我全身を挙げて、国家に竭さゞるべからず、又其身を検束して放蕩奢侈の行あるべからず、常に礼節を守り鄙劣の挙動あるべからず、其交はる所を慎み、姦商猾賈の類を近づくべからず、勤労倹節にして官民の模範と為らざるべからず、清廉潔白、以て官衙の風紀を正くすべし、人を用ふるに専ら其器に当れる者を選び、己が親戚朋友又は私党を採用すべからず、己が喜怒愛憎を以て人を進退すべからず、毫も禄を貪ぼり、位を固うし、其官禄に恋々たるの醜態あるべからず、此の如き者を大臣の徳望ある人と云ふべし、此徳望あるが上に、更に大事に臨みて動揺せざるの胆略なかるべからず、事変に応ずるの機敏なかるべからず、時勢を察するの智見なかるべからず、国民を鎮圧するの度量なかるべからず、前者と後者とを合せて、初めて大臣の徳器を具へたる人と云ふべし、此の如き人を得るときは、国家安全にして国力強盛なり、他国に対して国威を奮揚することを得べし、本邦四千万人の中、否、政治界に在るの人にして、決して此の如き者なしと云ふべからず、仮令十分ならざるも、是に近似せる人は、余必ず其有ることを信ずるなり、若し不幸にして大臣たる者、前に記する所の反対に出て、己の私を謀るに急にして、国家の公事を後にし、大臣の位に在りて、或は蓄財の計を為し、或は子孫の謀を為し、其身は驕奢にして或は妓女を蓄へ、或は邸宅を美にし、其行は礼節に拘はらずと称し、市井の徒に類する挙動を為し、其交はる所は姦商猾賈にして与に博奕に類するの遊娯を為し、邪佞の徒其門に出入して賄賂の嫌疑を起し、人を用ふるに縁故を先にして材器を後にし、忠直の士を遠ざけて諂諛の徒を進め、己が位を固うせんが為めに百方其手段を尽くし、其徳此の如く涼なるに、大事に臨みて動揺せざるの胆略もなく、国民を鎮圧するの度量もなく、時勢を察するの智見もなく、事変に応ずるの機敏なきときは如何、万一是の如き小人国の大臣となりて国柄を執ることあらば、能く其国の隆盛を望むべきか、三尺の童子と雖ども其能はざるを知るならん、

百官

凡そ人臣には忠誠の臣あり、功名の臣あり、功名の臣に望むに忠誠の事を以てすべからず、維新の功臣は大抵功名の臣なり、(其中に忠誠の臣なきに非ざれども、要路に立つ者は常に功名の臣なり)、是等の人は固より風教徳化など云ふことは毫も之を知らず、唯国政は智術のみを以て十分に之を為し得べしと思へるが如し、其人本より維新の功労もあることなれば、其素行修まらざるも世人強て之を咎めず、然れども上之所レ好、下必有下甚二於焉一者上、苟くも在上の人、其身を正うして下に臨まざる時は、百官庶僚多くは道徳を以て無用なりとし、是に由り色欲の為めに家庭の治まらざる者あり、賄賂の為めに其名を汚す者あり、(此二者尤も多し)、或は法律を欺きて私に商業を為す者あり、(殊に投機の商業を多しとす)、或は博奕に類する遊戯を為す者あり、(其実は遊戯のみに止まらず、)患レ得患レ失が為めに脅肩諂笑、其醜態を極むる者あり、官人道徳の衰頽、実に言ふに忍びざる者あり、此の如きは、国民の志気を腐敗し、社会の風俗を悪くし、竟に国脈の短縮を促がす者なり、是独り百官庶僚の罪のみに非ず、実に其本源の濁れる者あればなり、

凡そ大功ある者は是に相応する大賞あるべきは自然の理にして、敢て之を非とする者なかるべし、支那歴代創業の時は、常に其功臣に重位厚禄を与へ、兼て又国政を執らしめ(後漢の光武が中興の功臣を用ひずして、政を臺閣に帰せしめたるは特別の例なり)、本邦にて源氏足利氏徳川氏の如きも亦功臣を以て要職に置き、政務を執らしめたり、

王政維新の功は、薩長第一にして、土佐之に次ぐ、肥前又之に次ぐ、然れば薩長の士専ら政権を握り、土肥の士之に次げる者は、古今の事例に徴して明かなることにして、敢て四藩の専擅と云ふべからざるなり、然れども四藩の士政を専にすること爰に二十七年、其間良政多しと雖ども、秕政も亦少なからず、近年に至りては、国民頗る四藩士の政を厭ひ、名くるに藩閥政府を以てし、以て之を革除せんことを公言するに至れり、(二三年来の帝国議会の記事を看よ、代議士は事毎に政府に抵抗するの状あり、是が為めに政府は議会を解散すること再三に至り、改選する毎に猶政府に抵抗する議員多し)政府若し早く察して自ら引退することを知らず、永く藩閥の富貴を維持せんと欲するときは、第一は国家の為め第二は自己の為めに意外の不利を生ずることあるべし、昔斉田単攻レ狄、三月不レ克、魯仲連曰、将軍在二即墨一、曰無レ可レ往矣、宗廟亡矣、将軍有二死之心一、士卒無二生之気一、莫レ不二揮レ泣奮レ臂欲レ戦、今将軍東有二夜邑之奉一、西有二淄上之娯一、黄金横レ帯、馳二乎淄澠之間一、有二生之楽一、無二死之心一、故不レ勝也と、維新の功臣も其初め事を興しし時は、身家を顧みず、死生安危の間に出入し、万艱を犯して厭はず、其勇気凛然たる、実に称すべき者あり、然るに今日は高位高官に昇り、美衣美食に慣れ、出るに馬車あり、坐するに重茵あり、家に美人あり、庫に蓄財あり、是を以て往日は気骨崚嶒たりし壮夫も、今は軟化して、安逸を貪るの貴人となれり、魯仲連の言、深く今日肉食者の病に中れり、

人を用ふるには先づ第一に其才能の如何を問はざるべからず、然れども専ら才能のみを択びて、其心術の如何を問はざる時は、軽躁浮薄の小人進みて、敦篤忠良の君子退く、軽躁浮薄の人は、其心専ら名利に在る者なれば、巧みに長官の意を察して奉承従順至らざる所なし、敦篤忠良の者は、其志す所は国家の安危に在るを以て、仮令長官の命と雖も、国家の不利なりと信ずるときは、其言を聴くことなし、長官たる者常に承奉従順の人を愛して、忠直自ら守るの人を喜ばず、是に由り朝廷に在るの士、多くは浮薄の才士にして、忠良剛毅の士は之を見ること甚だ罕なり、往年

高等文官試験の法の出づるよりして、無学者が官途に就くの弊は、之を防ぎ得たりと雖ども、軽薄少年が続々として朝に列するの弊は益々盛んなり、其文官試験法なる者を見るに、大学の学科を卒業したる者、即ち外国人の教授を受けたる者に非ざれば此試験に及第すること能はず、大学の卒業生は、他の学校の卒業生に比すれば、其学力固より優等なり、然れども二十歳前後にして大学に入り、僅に四年の修業を以て卒業したる者なれば、学業は優等なるも、其人は白面の乳臭生なり、世路の険艱、民間の利弊、政海の情態等に至りては全く無経験なり、此無経験の少年学士をして、大学を卒業するや否、直ちに高等官の試補となし、未だ二三年を経ざるに或は判事と為し検事となし、或は諸省の局長と為し、書記官と為し、地方の参事官と為す、実に躁進の極と云ふべし、是を以て諸省及び地方の官事は浮浅動揺して定まる所なく、人民の官吏を視るに之を敬重するの意なし、是等の少年官吏は、皆先輩の大官が、敏慧従順を愛するを見、競ひて之を学ぶを以て、敦篤忠良剛毅方正の人は、殆ど朝廷に其迹を絶つが如し、国家の為めに甚だ憂ふべきことと云ふべし、然れども余は敢て大学出身の学士を用ふるを不可とするに非ざるなり、大学にて教ふる所の法律政事等の学科は実に他の学校にて教ふる所の者に勝れり、従来有用の人材は必ず大学より出づべきは、信じて疑なき所なり、但之を登用すること早きに過ぎ、其学問を熟し、之を社会の事実に経験するの暇なし、恰も未熟の果物を採り食ふと一般なり、是を以て出て官途に就くに及び、其思慮堅確ならず、其挙動慎重ならず、事を処して疎漏多し、政を論じて誤見多し、甚だ惜むべきの至なり、今に於て宜く急遽登用するの弊を改め、大学を卒業したるの後二三年間は、民間に在りて社会の情態を知らしめ、夫より先づ判任官に在りて其事務を習錬せしめ、其果して用ふべきの材なる時は、徐々に之を登せて書記官なり判事なりに任ずべし、又高等文官試験法の法文の外其の志操品行に注意し、軽薄奸猾、懦弱貪欲等の性ある者は之を退けて用ふることなかるべし、

維新の初め地方官に任ぜらるゝ者は、大抵一個の書生にして、生民の休戚を知らず、民間の事情に通ぜず、且つ其

比は他の地方官を制するの法なきを以て、頗る我侭気随の政事も多かりしなり、其後追々府県会も開け、市町村自治制も立ち、遂に国会も開くるに至り、地方官大に其自由を失ふと同時に従前の如き我侭の政事は漸々に減少し、且つ今日は何れの地方官も、大抵中年以上にして、頗る事務に通ずる者も多きに至れり、故に今日の処にては、地方官の組織は先づ相応に可なるべしと思へり、但し其人物は皆良二千石に非ざるべきも、議会等の制抑に依りて、自然に任意の政は出来ざることとなりたるなり、国会の為めに政府が任意の政を為し得ざると同じことにして、全く立憲政治の賜なり、然れども其短処を言へば、猶左の数条の如き者あり、一は自己官庁の都合を先にして人民の休戚を後にするの弊あり、二は法律規則に拘泥して、人民の急を救ひ、利を興す事に付き、或は時に及ばず或は其効を奏せざるの弊あり、（此事は独り地方官のみならず、諸官省皆然り）三は其身を律すること正しからずして、管下人民の嗤笑となる者あり、四は其属下の小吏に私を営む者あるも之を知らざる者あり、五は人民に対し、倨傲尊大にして、其為政上に不親切なる者あり、六は政党の為に其府県の政を左右せらるゝ者あり、是其大略なり、地方官皆此の如しと云ふに非ざれども、亦此の如き者少なからざるを見る、盖し地方官の弊政は其源は多く中央政府に出づ、其源を清くするときは其末は自然に浄潔となるべし、

官制

宮内省には侍講の官なかるべからず、学識徳望年齢の三者を兼ねたる者を選びて之に任ずべし、従前の如く国学者一名、漢学者一名、洋学者一名、都合三名にて宜しかるべし、国学者は本邦の古史及び古法律の類を進講し、漢学者は支那の経典及び資治通鑑の類を進講し、洋学者は西洋の政治学歴史の類を進講すべし、聖上にも御政務の暇、是

等の講義を聞し召すときは、益々御智徳を御増進なされ、此上にも猶明君と成らせ給ふべし、且つ侍講は間接に　聖徳御輔導の任をも心得べし、今日の如き百般の制度具備し、　聖上の御智徳は最も国民の感戴する時に於て、宮中に侍講の官なきは、大なる闕典と云ふべし、次に内大臣あらば、侍従長は無用なり、侍従長は之を廃すべし、宮中顧問官は無職無給なれば之を置くの要なし、是を廃するを可とすべし、併し此官は其使ひ方に依りて大に帝室の用を為すべし、即ち文字の通り、宮中の事に付き、顧問の任に備はるときは、大に帝室の尊重を増すべし、然るときは、今日の如き多人数は無益なり、多くも五人に過ぐべからず、或は侍講を以て之を兼ねしむるときは、更に都合宜しかるべし、親王の別当に勅任官を置くは鄭重に過ぐ、家令にて事足るべし、別当は輔翼の任なれば、勅任官にても宜しき様なれども、輔翼は唯名目たるに過ぎざれば、別当は之を廃するか然らざれば奏任の官とすべし、次に主猟官の事を言はんに、宮内省に此官を置かれしは、何の故なることを知らず、本邦の古制にては、宮内の官職は今日より甚多けれども、此官あることを聞かず、且つ　皇室の御事に対して民間にて不平の語を吐くは、独り御猟場の事のみなれば、　皇室の御為にも宜しからず、且つ主猟官の中には、宮内省に不相当の人物も混じ居るとのことなれば、主猟官は速かに廃せられて可なるべし、侍講を復して主猟官を廃する時は、僅に二官の廃興なれども、是に由りて大に　皇室の御威徳に光輝を増すべし、臨時全国宝物取調局は永久の者に非ずして其名の如く臨時の者なるべし、然るに此局を創置して以来、既に六七年を経過したる様に覚ゆ、此局の如きは局員に命じて速に全国の宝物を取調べしめ、取調終らば速に閉局するを可とす、遷延して十数年に亙るは甚だ不可なり、

東宮には輔導なかるべからず、即ち所謂太子傅なる者なり、東宮殿下は未来の　天子と成らせ給ふ御身にて、且御年齢も最も輔導に大切の時なれば、此官は決して闕くべからざる者なり、東宮には大夫と云へる重官あれども、其職制を見るに、職務を総理し、職員を監督すとありて、一語も輔導に及はず、是は今日に於て大なる欠典と思はるゝなり、

尤も東宮殿下には学習院にて御修業にはあれども、学校教師の授業と太傅の輔導とは同日に論ずべき者に非ず、東宮の傅となるべき者は、其学識徳望侍講に比すれば、更に一層の重さを要すべし、

文部大臣は其任期最も永からざるべからざる者なれども、立憲政体となりては、此希望は達し得べからざることなれり、是を救ふの法二あり、一は教育高等会議を興すなり、一は学士会院の制を拡張するなり、教育高等会議は学識ありて教育に経験ある人を選びて之に任ずべし、或は官吏或は議員或は教員、或は士族平民等、其身分の如何は之を論ぜざるなり、此会議は主として教育の立法に管すること(教員の任用法、学校の教則校則等之に属す)を議し、其議案は文部大臣之を提出し、其議定する所は、文部大臣猶之を取舎折中することを得、会議の議長は、議員の中に於て之を選挙すべし、文部大臣又は次官等を以て議長とするは宜しからず、議員は勅任たるべく、任期は七年位を宜しとす、人員は十名或は十五名たるべく、俸給は一年三百円位ならば足るべし、文部省は行政官の事なれば、日々の事務に逐はれて、立法(教育中の)に関することなどは、深く考ふるに遑あらず、又之を考ふる遑あるも、或は行政の都合のみを謀りて教育の原則を誤るの恐なきに非ず、教育高等会議は是等の煩累なきを以て、教育の原則に拠り、熟考審議することを得、又文部大臣は己が為し得べき事のみを計りて手を下すを以て、其人ならば之を行ひ得べきも、他人には行ひ得べからざることあり、文部大臣の交迭頻々なるときは現大臣已に手を下して未た成就せざるに、次の大臣又新に著手して又他に転ずることとなりては、教育の不利甚大なり、高等会議員は七年間は交迭することなく、七年後も猶連続する者もあるべく、然らざるも、会議のことは行政官に異なれば、其精神は決して屢々変更することなかるべし、是教育高等会議の今日に必要なる所以なり、又学士会員拡張の事は、文部省は大学の如き高等の学校をも管理することとなれども、元来一の行政官にて、即ち教育事務取扱所たるに過ぎず、故に文部省の官吏は教育事務取扱に長ずる人を選ぶべし、学職広深の学士を要せざるなり、此の如くして文部省は学士会院を以て学術の顧問院

とし、本省は常に教育の事務のみ取扱ひ、学術に関することに至れば、学士院に諮問して其意見を採用すべし、是が為めに学士院を拡張し、其会員の数を百人位とし、大約之を十科に分ち、道徳、政事、法律、文学、医学、史学、物理学、化学、農学、工学、等に分つべし、会員は何れの官省よりも之を採ることを得べく、俸給は一年三百円位にて宜しかるべし、(但し有給の官吏は之を給せず)、従前の如く任期を設けず、畢生会員たるべし、文部大臣より諮問あるときは、各々其担当の学士に於て之を取調べ、責任を負ひて之に答ふべし、又学位の選任、教科書の調査等、皆此院にて之を行ふべし、此の如くなる時は、文部大臣には幾回交迭あるも、学術道徳に関する意見は、一定して動かざるを似て、世人の信用を篤くし、教育の益を為すこと大なり、教育高等会議と学士会院とは其性質を異にし、一は学政を論ずる所にして、一は学術を論ずる所なり、教育の普及と進歩と高大とを図らば、此二者必ず併用せざるべからず、今其費用を計算するに、教育高等会議は一年僅に五六千円に過ぎざるべく、学士会員は三万円の上に出でざるべし、合せて三万五六千円を費せば、此必要の事業を興すことを得べきなり、且此三万五六千円も新たに国税の支出を請求するに及ばず、文部省管轄以内に於て無用の費を省くときは、十分に之を融通することを得べきなり、

会計検査院は西洋の真似をして立てたる者にして、其名は美なれども、其実は何の用をも為さず、其検査は皆事後の検査にして事前の検査に非ず、故に其用法の不当なるを発見したるも、其使用の後なるを以て、復た之を収回すること能はず、只其当局の官吏を詰責する位に止まりて、真に政費の濫用を防ぐこと能はず、其検査する所は、一銭一里の微を論じて、之が為めに数人の労と、数日の時間と数百枚の紙筆とを費すに至る、頗る愚の至りと云ふべし、受検の官吏漸々狡猾となり、其銷費したる金額に不適当の者あるときは、種々の名義を仮造して以て検査官吏を欺く、検査官吏は是が為めに全く欺かるゝ者もあり、或は其実は欺罔なるを知れども、其表面の様式規則に合へるを以て、之を允許せざるを得ざることあり、故に今日の有様にては、巧みに欺罔する者は検査員の詰責を免かれ、愚直なる者

は其詰責を受くるの実あり、然れば検査院は有るも無きも、其官省にて費すだけは費やすことなれば、検査院は実に無用の長物と云ふべし、是が為めに年々十二万六千円と巨大の建物とを費せるは、甚た不経済の事と云ふべし、又此検査院あるが為めに、諸省にて会計の官吏を増し、其棒給と筆紙器械との費は少なからざることなるべし、凡そ官吏が奸を働くは、是等公然たる会計上に於て為すべき者に非ず、政府の決算は已に国会に報告することとなり居れり、国会にては審に其報告を検査し、若し不当の費用あらば、当時の長官を詰責し、長官自ら其責に任ずべし、然るときは会計検査院は之を廃するを可とすべし、

現行の裁判所構成法は、明治二十三年二月に発布せる者なり、余は其法の繁雑を厭ふと雖ども、現今百事西洋模倣の時代なるを以て、其全体に付きては、深く之を尤めざるなり、只其中に於て大に議すべきは、合議裁判の制なり、大審院控訴院は合議裁判を適当とすれども、地方裁判所を合議裁判とするは其法を誤れる者なり、其名義より言へば裁判を鄭重にするの義なれども、其実は害多くして利少なし、今其害を言へば、其一、従前一人の判事にて済み来りたる裁判所に三人の判事を置くに由りて其費用三倍す、現今国家費用を要すること甚多端なり、無益の費用は固より之を省くべく、仮令無益に非ざるも、事の緩急を料り、緩なる者は宜く之を後にせざるべからず、地方裁判所の如きは、従前一人の判事にて裁判したりしも、竟に大冤罪ありしことを聞かず、合議裁判としたるも、別に民情大に伸張したりと云ふことを聞かず、蓋し今日の裁判は、一は法律に拠り、一は証拠に依りて裁判し、自己の才智を用ふるの余地なき者なれば、決して古代の如き誤謬の裁判を為すべき患なし、若し裁判を鄭重にせんとするの意ならば、裁判官たるの人物を精選するに如くはなし、人物を精選せず、只人数を多くして裁判の大切を示さんと欲す、是を裁判の外面を装ひて其実なき者と云ふ、其二は裁判官三人あるも四人あるも、其責任を負ふ者は一人にして、他の二三人は傍観の地位に立つの弊を免かれず、此の如きは道理に於ては有るべき筈に非ざれども、今日の人情此の如き者甚多し、

況や精選せざる判官に於てをや、其三は俄に多数の判事を登用するを以て、一通り法律学を修めたるのみにて裁判の実験なき少年を裁判官と為す、少年子弟大学に在ること僅に四年、卒業して出るときは、忽ち判事試補となり、幾くもなくして本官と為り、以て裁判官の数を充たしむ、是等の少年固より皆才子なるべきなれども、学問は僅に教師の手を離れたるのみにて、経験は少しもなし、然るに直ちに法廷に坐して人民の理非曲直休戚盛衰に関することを裁判せしむ、豈危険の至りにあらずや、畢竟合議裁判の為に多くの判官を要せるに依り、已むことを得ずして是等の少年をも用ふる者なり、合議裁判の弊此の如し、又控訴院大審院の如きは、合議裁判とするは適当なれども、其人員を五人七人とするは多きに過ぎたり、控訴院三人大審院五人にて足るべし、是又上に言ひたるが如く、其人物を精選せず、唯人数のみを多くして裁判の当を得んことを欲するは難し、往年衆議院にて裁判所構成法の改正を論じたる者ありしかども、其事行はれずして止みたり、蓋し政府にて此法を断行したりしは、法典編纂と同様に、条約改正内地雑居の準備の為めに之を行ひたりし者にして、此の如き裁判法に非ざれば外人を満足せしむること能はざると云へる怯心と、従来の西洋沈酔の性とより来りたる者なれば、衆議院などにて何程論じたりとも、現政府にては、決して之を改むることなかるべし、又判事を以て終身官と定めたるも、同く西洋に模擬したる事なれども、事実に於て甚差支あり、西洋の判事は如何なる人物を登用するかは知らざれども、蓋し必ず学識経験倶に富み、年令も熟慮精思に堪ふるの年なるべし、故に終身官とするも差支なきことなれども、本邦は之に異にして、前に言ひたる如き大学を卒業したるばかりの少年を用ふるを以て、已に判官に任じたるの後、種々の不都合を見出すことあり、故に法律の文は此の如くなるも、其実は是まで判事にて免官となりたる者頗多し、法律に終身官の文字あるを以て、之を免ぜしめんとするに種々の手数あり、是が為めに他の裁判官の不平を起すことも少なからず、(弄花事件の時の如きは殊に甚し、故に此の如き愚法は速に除き去り、判官も他の官吏と同じく時々免官ありと定むるときは、一は判官をして自ら戒むる所を知らしめ、一は後来判官の良材を出したるとき、新陳交代せしむるに便利を得べし、然るに猶此法を存して改めず、洋酔の極も亦爰に至れるか、

政務

方今諸官省の通幣は事務の煩雑なるにあり、瑣細の事にも幾通の文書を要し、其文書には夫々格式ありて、格に合はざる者は幾度も書直し、他省は勿論、同省中にても、他局との交渉には文書を用ひ、其文書には、本書副書等の数通を認め、又会計検査院の検査、及び帝国議会への予算の為に会計に甚しき煩雑を極め、又諸省に夫々の規則あるに由り、其規則に違はざらんが為に更に一層の煩雑を生することとなれり、数年前より政費と官吏の数とを減省すべきの論は、年々衆議院の議題に出づれども、事務を減ぜずして人を減ぜんとするは到底能はざる所、人を省かずして政費を減ぜんとするは是亦到底能はざる所なり、故に政費節減の説は年々出でゝ遂に実効を奏すること能はず、其故は論者只表面より人を減じ費を省くことのみを言ひて、事務を減ずることを言はざればなり、故に一時或は多少の節減を為すと雖とも、久しからずして旧に復し、毫も節減の実を挙ぐること能はず、然らば終に節減せざるも可なるか、嗚呼安んぞ可ならん、方今国の進歩富強を至さんとするに、巨多必要の費用を要せざるべからず、是か為めに冗費を省くは、誰人も皆同意する所にして、決して甚しき暴挙に非ず、余が是まで経歴したる某省某省に於て之を観るに、一省にて十分の二を減額するは誠に容易なることにして、少しも事務の渋滞することなかるべし、是を為さんとするには、先づ事務の十分の二を減せざれば、無論之を為すこと能はざるなり、若し此後或は国家多事なることもあらば、十分の三を減ずるも、差支ることあるべからず、是余が信じて疑はざる所なり、今日の政費節減と云へば、茶

を廃して湯と為し、烟草盆を廃して摺附木とするの類にして、実に愚を極めたる者なり、又其冗官を沙汰すると云ふも、小給の判任官を免ずるに止まりて、高等官殊に藩閥の官吏は無能閑散なるも、之を免ずることなし、判任官十人を免ずるより、勅任官一人を免ずる方、却て経費の節減となり、又事務渋滞の患をも免かるべし、畢竟は藩閥政府の常態亦已むことを得ざるのみ、

今日人を用ふるの弊は、其本を棄てゝ其末に求むるにあり、老成人を用ひずして、少年を用ひ、重厚篤実の人を用ひずして、軽薄才子を用ひ、剛強不屈の人を用ひずして、柔媚諂佞の人を用ひ、恬退自守の人を用ひずして、奔競争利の人を用ひ、思慮深遠の人を用ひずして、応対便給の人を用ふ、品行の欠失を問はずして、惟辯舌の巧拙を問ひ、心術の正否を問はずして、惟政事法律等の学力の浅深を問ふ、是を似て満朝の官吏多く利口軽薄の才子にして、重厚深慮の人少なし、大臣たる者は己の仕用に便利なるを似て、此の如き者を択びて之を用ふることとなるべきも、是が為に政綱の振粛を欠き、朝廷の威厳を貶するの恐なきこと能はず、且上之所レ好、下必有下甚二於焉一者上と云へる本文の如く、後生少年皆軽薄利口を以て仕進の要訣と為し、争ひて之に倣ふ、青年子弟を誤ること是より甚しきはなし、大学中学の如き高等学校の生徒の風俗の浮薄なるは、畢竟之に基する者なり、維新の初は、百事草創にして規制甚だ整はず、此の如きは已むを得ざることにて、敢て美とすべきとに非ず、然るに其後漸々規則煩密となり、何も規制、彼も規制となり、規制に従はざれば官吏は少しも運動する能はざることとなれり、規制固より無かるべからず、是を定むるは可なり、然れども規則は死物なり、今日官府の事務は活物なり、活動の事務を以て尽く死規則に合せんと欲す、是を以事々抵牾を生じて実功挙らず、今日に至りては、寧ろ官府の不便、人民の不利を生ずるも、規則は守らざるべからずとするの傾あり、甚しき拘泥と云ふべし、是を以て、上は諸省院より下は地方官に至るまで、惟規則にのみ違はざらんことを務め、国家の利害人民の休戚は、却て之を後にするの観あり、歎ずべきの至りなり、是に依り不

才なる官吏は、規則に依頼して其職を為すことを得るも、才能ある者は規則の為めに掣肘せらるゝこと多し、故に規則は不才者に利にして、才能ある者に不利なる者なり、当路者宜しく察せざるべからざるなり、

維新の比には、政府に任意我侭の政頗る多かりしが、近年大に之を減じたり、但今日政府が人民に対して行へる民政上の通弊と云ふべきは、深く民間の利害を考へずして、法律規則を制定し、又或る事業を興すことなり、例へば往年の地租改正の如き、国界府県界分合の如き、治水の利害の如き、堤防の分擔の割合の如き、開墾の如き、架橋の如き、寺社地没収の如き、県庁設立地の如き、道路の修築の如き、鉄道線路の如き、及び其停車場の位置の如き、大抵は政府の官吏、深く民間の利害を窮めず、只几上の空案を以て定めて律令と為し、以て民間に布告す、然るに其中に於て民間の不利不便なる者常に少なからずと雖ども、一旦政府の命令となりたるを以て、人民は大抵は忍びて其不便を受け居れども、其不利不便の甚しきに至りては、已むことを得ず、之を政府に訴へて其改正を求めざることを得ず、其請願を為すには、幾多の人民、幾回の会合を為し、数名の委員を撰びて上京の途に就かしめ、既に上京して、或は政府或は議会に請願するも、其命を得るに至るまでは、数月又は数年を費やさゞることを得ず、是が為めに其地方の費用と人民の時とを浪費するは、実に計算し難き者あり、其請願は或は聴かるゝことあり、或は聴かれざることあり、其初めは官吏が調査の疎漏なるより此誤を生じ、其官吏は疎漏の罰を受けずして、人民は官吏が疎漏の弊を受け、更に巨多の費用と時日の浪費との害を蒙むる、是を何と言はんや、明治政府の失計少なからずと雖ども、其民間の患を為すこと是より甚しきはなし、幸にして人民従順にして政府に反抗することなしと雖ども、若し欧州諸国の人民ならしめば、決して平穏に事済むことはなかるべし、政府たる者人民の柔順を以て自ら安ずることなく、深く自ら省みて其過挙を改めざるべからざるなり、

法律

明治三年十二月、新律綱領を発行して国家の刑律を定む、蓋し是より以前用ふる所の刑律は、徳川氏の作る所、所謂武断法律にして、磔罪火罪の酷刑あり、且封建時代に用ひたる者なるを以て、今日の如き全国一統の政治には極めて不適当なり、故に新律の発行は甚だ必要のことにして、其法律の条目も、旧来の法律に比すれば、大に時勢に協ひ、其刑条も軽減に従ふ者甚多し、然るに明治六年に至り、改定律令の発布あり、新律綱領に比すれば、更に軽減する者多し、明治十五年に至り、新たに刑法治罪法の発行ありて、従前の新律綱領及び改定律令は共に之を廃せり、此刑法治罪法は全く西洋諸国の法律に模擬したる者にして、其律書の体裁文面共に、西洋の法律書を読むが如し、其刑条の軽きことは、改定律令に比して更に数等を下せり、凡そ刑罰を重くすれば、民心を失ひ、刑罰を軽くすれば民心を得、故に古より仁君は必ず刑罰を軽くし、暴君は必ず刑罰を重くす、刑罰の軽重は、仁暴の分かるゝ所なり、然れども刑罰の軽重と云ふは何を準度として定めたるや、蓋し刑罰の要は姦悪を懲らし、良民を護し、国家の安全を保持するにあり、若し赦すべきを罰し、活かすべきを殺し、以て人心の離畔を起すときは、之を刑罰の過重と云ひて可なり、是に反して罰すべきを赦し、殺すべきを活し、以て良民の困苦を醸し、国家の治安を妨ぐる時は、之を刑罰の過軽と云ひて可なるべし、近年西洋の法律を学び、西洋の風俗に心酔せる者は、彼我国情の同じからざると、教育民智の均しからざるとを察せず、本邦従前の法律を以て厳酷に過ぎたる者と為し、偏に西洋法律の文面に泥み、徒らに寛刑を主張して、其縦弛に流るゝことを知らず、已に強盗の如きも死を免かるゝのみならず、人を殺す者の如きも、亦之を謀殺故殺の二種に分ち、故殺に出たる者は一死を免かるゝことを得、実に寛大の疆界を越えて縦弛の域に入りたる者と云ふべし、世の緩刑論者は謂へらく、盗賊も亦国民の一なれば、其罪を悪みて其人を悪まず、務めて其刑を軽くし、其れをして過を悔いて自ら新たにせしむべしと、此言の如きは、遽かに之を聞けば、道理あるが如しと雖とも、審かに之を考ふるときは、事理に通ぜず、事実に経験せざるの言なり、論者は禁固懲役の刑を以て此の如き罪人を悔悟せしむることを得べしと思ふか、罪人が処刑を受けたる後、悔悟して良民となりたる者幾人あるや、若し実に悔悟せしむることを得べしと思はゞ、迂闊の甚しき者なり、其悔悟せしむべからざるを知りて猶此言を為すは、世間を欺く者なり、且つ論者は罪人を以て貴しとするか、良民を以て貴しとするか、罪人と良民とは両立すべからざる者なり、罪人を除かざれば、良民は安穏なることを得ず、若し罪人を以て貴しとすれば吾之を知らず、良民を以て貴しとせば、宜く罪人を除きて良民を安んずるの方を求めざるべからざるなり、譬へば穀物と蝗蟲との如し、蝗蟲除かざれば、穀物、生育することを得ず、農民たる者は穀物を愛するか蝗蟲を愛するか、蝗蟲を愛すと言はゞ致方なし、若し穀物を愛せば、蝗蟲を除きて穀物の成長を求めざるべからず、決して蝗蟲の為めに慈仁を垂るゝことを要せざるなり、

夫れ人の財を盗み、人の家を焼き、甚しきは人を殺すに至る、是人中の悪魔にして、実に良民の蠹害なり、今良民が悪人の為めに悩まさるゝ員数と、国家が罪人の為めに費す所の租税とを算するに実に巨大なる者なり、明治二十四年の全国の戸数は七百八十一万六千三百六十九戸にして、強窃盗に逢ひし家は三十六万五千六百三十二戸とす、然れば全国戸数二十分の一弱は、年々強窃盗の禍に逢ふ者なり、外に強窃盗に逢ひし船五千百八十艘、強窃盗に逢ひし人五万千九百四十七人あり、又是が為めに設けある警察官巡査を合せて其人員二万九千百三十三人(其給料未詳)監獄官吏押丁まで合せて一万二千九百九十七人（同上）捕縛したる罪人の数三十九万四百五十一人、此中人を殺傷し、及び放火強窃盗の者八万六千四百七十七人、監獄に入りたる者十八万三千十五人、監獄を出たる者十七万九千三十五人、在監人員七万三千五百九十四人、此罪人の為めに費す所の租税は、警察費四百八十六万三千九百七十七円、監獄費

三百二十六万二千六百九十三円なり、又是等の盗賊の為めに奪はれたる貨財の数は、之を詳にすることを得ずと雖ども、是亦甚夥しきことなるべし、以上の諸金額を合算するときは、良民が悪民の為めに損失費消する所の貨財は、実に驚くべきの大数なるべし。今一個の犯罪人ある時は、巡査探偵の類は、之を捕へんが為に昼夜の別なく、風雨寒暑を犯し、甚しきは殺傷の危難を冒し、方に始めて之を捕へ得、已に捕へ得たる後、如何に処置するかと問ふに、法官は其罪状を調ぶるに幾多の心思を労し、被害人証拠人等は之が為めに時を費し財を費し、其裁判定まりたる後は、皆一定の期限を以て禁固禁獄懲役(謀殺犯放火犯の外は)に処し、其間は良民の租税を以て衣食せしめ、其満期に達すれば、再び社会に出でゝ良民と交際するなり、何ぞ之を捕ふるの困苦にして、之を放つの容易なるや、是等の罪因は其性固より凶悪なるが上に、何れも恒産と云ふ物なく、且つ獄中に在るの間は、常に同類の悪友に交はり居るを以て、悪智は益々増長し先非を悔悟する者は百中の一二に過ぎず、大抵は出獄の後、再び従前の如き強窃盗を行ひ、再び捕縛せられて獄中に入る、故に三犯四犯は常の事にして、九犯十犯に至る者少なからず、最も甚きは十七犯に至る者ありと聞けり、故に是等の悪人に悔悟を望むは実に虚妄の空想にして、出獄する毎に必ず旧に勝りて良民の害を為すなり、良民は是等の悪人の為めに財産の安心なく(或は身命にも危害を被ぶることあり)其捕縛の為め其囚獄の為めに許多の租税を出し、出獄の後、幾回も其者の為めに多少の損害を被ぶるなり、実に困難至極の事と云ふべし、

懲役の刑の如きは、惟恥を知る者のみに之を施して其効あるべし、現今の罪囚の如きは、本より恥辱の何物たることを知らず、赤衣を被ぶり街上に苦役するも、靦として愧ることを知らず、此の如き罪囚を懲役の刑に処するは実に無益のことなり、且彼等は多く貧賤なるを以て、労働に慣れ、己か家に在りて為す所の労働は却て懲役より甚しきことあり、方今獄制は欧州の制に倣ひ、完全を極めたるを以て、彼等が家に在る時に比すれば、衣食を求むるに労することなく、却て安楽に日月を送るの想あり、且つ彼等は徴兵を忌避すること殊に甚しく、懲役を為す時は徴兵を免が

るゝを以て反て之を喜ぶ者ありと聞けり、此事真偽未だ審かならざれども、彼等の性質と風習とを合せ考ふるときは、或は事実なるに近きが如し、夫れ刑律は自国の民の智愚生計と道徳の度とに由りて定むる者なれば、若し刑律を改正せんと欲せば、従前の旧律を本とし、其時勢に合はざる者を考へて之を改刑するに過ぎざるべし、数百年用ひ来りたる法律を廃し、地の相去ること一万余里、開国の事迹同じからず、教法同じからず、人情同じからず、言語風俗同じからざる国の法律を取り、以て之に代へんとするは、譬へば方器に円蓋を施すが如し、余未た其可なるを見ざるなり、

然れとも刑罰の軽きは、余も亦之を欲する所なり、惟其刑能く姦悪を懲らすに足り、良民を保護するに足り、国安を維持するに足ることを得べくは、固より寛刑を行はんことを願ふなり、然れども刑法の本旨を達せんと欲せば、人を殺す者は必ず死せざるべからず(現今の刑法には謀殺故殺の二者あり、故殺は死に当らざるを以て、犯罪者及び弁護人務めて故殺の方に引付けて、極悪の罪人も為めに死刑を免かるゝあり)、持兇器強盗も亦必ず死せざるべからず、其故は此盗は若し主人の防御に逢へば、之を殺すの悪意を懐く者なればなり、又現刑法の首にある、法律に正条なき者は何等の所為と云へども罰することを得ずと云へるが如きは、甚た粗大に過ぎたるの条目にして、本邦の如き新刑法の実験少き国に於ては、不都合なる条目と云ふべし、故に罪犯中、数々刑法中に正条なき者ありて、之か為めに罪人の刑を免かるゝ者少からず、彼外人に土地を売却し、又は其名義主と為る者の如きは、刑法に正条なきを以て皆釈して問はず、実に闕典と云ふべし、又窃盗の如きも、再犯は其刑を重くし、三犯以上は之を殺すべし、然らざれば、社会に盗賊の絶ゆる期なくして、良民其堵に安んずること能はざるなり、凡そ持兇器強盗及び窃盗三犯以上の如き悪徒は、此社会に一日存すれば一日だけ良民の害を為す者なれば、之を死に処するは極めて正当の道理に協へり、今日人民の知識道徳の度を考ふるに、明治二年に発行せる新律綱領は極めて今日の時勢に適合せり、其中に二三を加除して之を用ふるときは、現今の刑法に勝ること万々なり、然れども永世此新律綱領を用ふべしと云ふには非ず数十年の

後或は新刑法制定の必要起るや否は、今日預料すること能はざるなり、

凡そ明治政府の事業の中に於て、最も長歎に堪へざる者は法典編纂の事なり、凡そ国家の法典は、極めて大切の者にして、西洋の法律国に於てすら、其成就するに至るまでは数十年の歳月を費やせり、然るに本邦にては、僅に三四年の歳月を以て総ての法典を編成せんと欲す、此の如き所以の者は其原因二あり、一は政府の重官等多く洋風に沈弊し、又外面の修飾を事とするよりして、速に洋式の法典を作り、我邦を以て欧州風に擬せんとするに在り、一は外国との条約改正を為さんとするには、我邦の法典を改めて西洋風に為さゞれば、外人をして、我法律に従はしむること能はずと思へるに依れるなり、而して其最も有力なるは後の一因にあり、井上大隈二伯以来、政府にては、協同して条約の改正を急ぎ、殊に領事裁判の制を廃し、外人をして内地に雑居せしめ、以て我法律に従はしめんとす、是を以て司法に長官たる者は、大木伯の如き、山田伯の如き、何れも熱心に法典の編纂を急ぎ、民法商法の如きは、議会の容喙を恐れて、議会の未だ開けざる前、即ち明治廿二年三月に於て之を発行せり、夫れ外人をして我法律に服せしむると云ふは、我国体に適せる現行法律に服従せしむるを云ふなり、然るに先づ我法律を改めて洋風と為し、以て外人の気に協はんことを求む、其卑屈なるとは、領事裁判を存するより反て甚し、夫れ法律は国家の治平、万民の安全を主として之を作る者なり、若し之を改正せんと欲せば、従来我邦にて用ひ来れる法律を精査し、之を現今の時勢風俗人情習慣に照らし、是非とも改めざるべからざる者は之を改むるも可なり、甚しく不適当ならざる者は、姑く旧慣を有して人情を安んずるを宜しとすべし、然るを法律が如何に我国情に適せざるかを察せず、只管西洋の法律に擬せんとし、軽々にも僅の年月を以て国家百世の法典を改纂す、実に軽率の至りと云ふべし、其新法典と云ふ者は如何にして成れるかと聞くに、民法は法蘭西の御雇教師ボアソナードの草する所にして、商法は徳逸の御雇ロイスレルの草する所なりと云へり、当時の法典編纂委員の言に拠るに我国の法律を作るに非ずして、只此二人の草せる法律案を翻訳

せるなり、民法の如きは必ず日に十五条を訳せざるべからざることと定め、已に訳成る時は、大概は其侭にして直ちに我邦の法律となるなり、尤も其時元老院へ下附になりたれども、数千条の大法典を、僅の時日を限りて（其時日の数は忘れたり）調査すべしと云ふことなれば、固より調査すべき様なし、只大略一読したるのみにて、之を政府に返還したりと云へり、且つ法蘭西と徳逸とは其国体風俗より学問の風に至るまで同じからず、然るを民法は法国に従ひ、商法は徳国を取るとは、其故を解し難し、蓋し其成功を急ぐよりして、此の如く双方に分ちて編纂せしめし者なるべし、

然るに此新法典は、明治二十二年三月に発布せしと雖ども、其施行は明治廿六年一月にあり、此間に帝国議会は開けたり、是に於て貴族院議員にして、当時法典編纂委員の一人なりし村田保氏首唱となり、其他議員数十名同意し、新法典に粗漏の所多きを以て、明年の実施を延期し、更に考究討論し、其完全なるに至りて之を実施すべしと論ぜり、然るに政府は条約改正を急ぐを以て、必らず明年より之を実施せしめんと欲し、大に村田等の説に反抗し、現司法大臣田中子、前々司法大臣大木伯（前司法大臣山田伯は病気中なり）力を極めて法典の実施を主張し、之を賛くる者亦少なからず、弁論三日に亘り、遂に延期論者は勝を得て二十九年十二月まで延期することとなり、法典調査委員会を設け、十数人の委員を置き、目今猶調査最中なり、今延期論者の言ふ所を聞くに、此法典は、全く洋文の翻訳にして、本邦の国勢人情に適するや否を考究したる者に非ず、民法は法国に依り、商法は徳国に依り、其間大に精神の同じからざる者あり、殊に民法中財産編は、本邦にて古来より行ひ来れる家督相続の法を廃して欧州にて行へる財産相続と為さんとするの傾あり、此一事は最も日本古来よりの道徳の根元を破り、社会組織の要素を変更する者にして、日本国に取りて実に大切のことれば、倉卒の編纂を以て之を国中に実施すべき者に非ず、且つ本邦古来より民法商法の如き者なきに今急に之を施行するときは、仮令其法文は善美なるも、国民の迷惑すること甚しかるべし、況や其法文た

る佶屈聱牙にして、学者と云へども容易に之を領会すること能はず、我人民は猶無学の者多し、此民をして盡く之を領会し之を遵守せしめんとするは、到底為し難きの事なるべし、仮使之を了解し之を遵守することを得るも、従前の風俗習慣に反するの点甚多ければ、其不便言ふべからざる者あらん、万一政府が見込の如き条約の改正成りて、外人我国に雑居するに至るも、其来住者は我全国民に比すれば甚だ少数なるべし、少数の外国人に便利を与へて、多数の内国人に不便を与ふるは、政事の得たる者に非ずと、是等は反対論者の言ふ所にして、余も亦同意する所なり、廿九年も明後年のことなれば、夫までには必ず調査も成就するならん、原文に比すれば、多少欠点を補ひたる所はあるべきなれども、到底法文の艱渋にして繁冗なると、旧来の習慣を打破したるとは、免がるべき者に非ず、然れども今日政府並びに世の学士と称する者も、皆法典の必要を説き居ることなれば、廿九年の後は、必ず之を実施するに至らん、余は惟我国民が此の如き法典の為めに其手足を繫縛せられたるが如く、其自由を失はんことを、憐まずんばあらざるなり、

帝国議会

帝国議会の名実相適はざるは、其の人の罪にして、其法の罪には非ざるなり、然れども其法にも亦二三の欠点なきに非ず、今聊か其義を論じ、議会の法律をして益々完全に至らしめんと欲す、貴族院令に曰く、貴族院は、左の職員を以て組織す、一皇族、二公候爵、三伯子男各々其同爵中より選挙せられたる者、四、国家に勲労あり、又学識ある者より特に勅任せられたる者、五、各府県に於て、土地或は工業商業に付、多額の直接国税を納むる者の中より、一人を互選して勅任したる者とあり、第一より第四に至るまでは、相当の選法にして、敢て異議を容るべきことなし、

第五に至りては、其理由を知ること能はず、夫れ帝国議会は国の大事を議するの所なり、国の大事を議するに最も必要なるは学識経験なり、従来富人に学識なきは、天下の共に知る所なり、又是等の富人は常に民間に在りて農工商の業にのみ従事せる者なれば、政事上に経験なきは勿論のことなり、已に学識なく又経験なし、知らず何の取るべき所ありて之を貴族院議員に登用せるや、或は多数の富人の中穿には学識のある者あらん、然れども富人社会は原と学識なきの場所なり、学識なきの場所に於て学識ある者を求めんとするは、譬へば山林中に於て魚を求むるに同じきことならん、若し又此の如き多額の税を納むる者なれば、国家に対して忠義厚き者として之を賞するの意なるか、果して然らば誤れるの甚しき者なり、夫れ租税は人々の財産に応じて賦課する者にて、富人も地租は二分五厘より少なく納むることなく、貧人も二分五厘より少なく納むることなし、然らば貧人なりとも、其国家に義務を盡すは決して富人に劣ることなし、仏家にて長者の万燈と貧者の一燈と其功徳相斉しと云ふは、道理に協へることなり、国中には貧人多くして富人少なし、国家歳入の大分を占むる者は、貧人の租税にして、富人の租税は却て其少分たるに過ぎず、然れば富人のみ独り賞誉の意を以て貴族院の議員とすることとせば、大に其理に戻るを見るなり、欧州にて徳逸伊太利等には多額納税者を上院議員とするの法あれども、法蘭西墺地利北米合衆国には此法なし、蓋し各々国情の宜しき所に依りて之を定めたる者なるべし、本邦の如きは、久しく階級秩序を以て治安を保持したる国体なるに、今特別の理由なく、急遽に此の如き制を立てゝ、法墺米等にて未だ行はざる所を行ひ、以て秩序の紊乱を顧みず、是を良善の制度と云ふべからざるなり

伊太利にては上院の議員は、年齢四十歳以上とす、本邦の議会の状を見るに、少年の人は其議論多く軽浮なり、亦四十歳以上を以て宜しとすべきに似たり、然れども三十歳を以て定めとすることは、諸国に多くある所なれば、姑く之に従ふも可なるべし、惟有爵者と他の議員と其年令を異にするは、大に其不可なるを見る、議院法に曰く、公侯伯

子男の有爵者は、満二十五才に至るときは、貴族院議員たることを得、国家に勲労あり又は学識ある満三十才以上の男子は勅任せられて議員となることを得、衆議院の被選人は、満三十才に至れば、議員と為ることを得とあり、何故に有爵者と其他の議員とは年令に五年の差異あるや、豈有爵者は学識経験共に他の議員に勝れりとするか、夫れ有爵者は多く紈袴子弟にして、学識経験共に他の議員に劣るを常とす、仮令他の議員と其年令を同くするとも、猶彼に及ばざること甚遠きを覚ゆ、況や更に其年令を早くし、口猶乳臭なるに、已に議員の席を塡てしむ、世人が貴族院を尊重せざるは、無知識無経験の議員多きに由る、慎まざるべからざるなり、

本邦議員の歳費は議長は四千円副議長は二千円、貴族院の被選及び勅任議員、及衆議院の議員は八百円にして、更に議長副議長及議員は、歳費を辞することを得ずと云へる鄭重（過冗）なる文面まで添へあり、欧州諸国の国会議員の俸給を案ずるに、徳逸にては、両院の議員共に一日二弗五十仙を受く、墺地利にては、日給五弗とす、希臘にては元老院議員の月俸百弗、代議士院議員は同五十弗なり、法蘭西にては、両院の議員各日給五弗を受く、嗹馬《デンマルク》にては、上院議員は三弗七十五仙、比利時《ベルギー》に於ては、代議士議員の月俸八十五弗とす、葡萄牙にては、両院同額にして、年俸凡三百三十五弗を受く、西班牙にては別に俸給を与へざれども、種々の特権及び利益あり、瑞西に於ては、上院議員は二弗五十仙の日給にして、下院議員は一弗五十仙の日給なり、伊太利に於ては、上下両院とも全く無給なれども、旅費其他の特権を受く、独り英吉利のみは議員たる者は唯無給なるのみならず、何等の特権をも与へらるゝとなし、本邦議員の歳費は八百円なれば、之を開会期日九十日に配当するときは、一日八円八十銭、一月二百六十六円に当る、実に世界無比の高給と云ふべし、本邦国富の度、果して世界無比なるか、議員の学識果して欧州諸国の議員に超越せるか、国会が国に大関係を有すること欧州諸国の国会に勝れるか、若し然らざるときは、本邦議員の俸給は過当と言はざるとを得ず、其歳俸の過多なるが為め、其競争の念、更に一層の烈を加へ、投票買収の醜聞も、是が為めに何分

か其多きを加ふることなるべし、已に議員中にも歳費減削の説を言ふ者あれども、多数の多欲議員は之を賛成する者なく、遂に議案となること能はずして止むは惜むべきとなり、夫れ国会は政府の財政を監督する者にして、予算の過冗の如きは、厳に之を削減するを常とす、然るに自己に受くる所は、過冗の甚しき者なるも、之を削減するを務めずして、唯行政諸部の官吏の俸給のみを削減せんとす、此の如くにしては、争てか天下の人心を服せしむることを得んや、

世人が議会の能不能を論ずるに、二様の観察あり、其一は曰ふ㈠帝国議会は妄りに政府に反対するを以て名誉とするが如し、是に由り政府が計画せる良法美政も沮格して行はれざること多し、㈡各選挙区民の歓を得んことを務めて国家の大勢に注目せず、国会議員として、其為す所は府県会議員に類する者あり、㈢各、自党の利害のみを謀りて国家の利害を後にす、若し自党に不利なることあれば、国家に利あれども、抛擲して顧みざるの弊あり、㈣其論ずる所は多く空踈にして着実ならず、常に無責任の言を吐き、倣然自ら喜ぶ者多し、其二は曰く㈠議会の興るは責任内閣を立るが為なり、然るに議会開けてより已に数年、亳も責任内閣の成就すべき模様なし、㈡議会は剛強不屈にして政府の畏るゝ所とならざるべからず、然るに現時の議員中には政府の賂遺を受けて、陰に政府の応援を為す者あり、㈢党派互に相軋轢し、一致の運動を以て大に民権の伸張を謀ること能はずと、甲の説は所謂吏党家の言にして、立法部を以て行政部の付属物なりとして、其頤使を受けしめんとする者なり、乙の説は議会と云ふ者は、現政府を仆して之に代るべき者なりとせり、二者倶に正義に協はざるなり、夫れ議会なる者は国家の尊栄と国民の幸福とを謀り、帝室の為めに忠臣となり、政府の為めに良友となり、国家の為めに柱石となるべき者なり、若し政府の施政にして、大に国家人民に不利なることあらば、之に忠告して可なり、忠告して聴かざれば之を易ふるも可なり、瑣々たる小事を以て政府に抵抗して其施政を妨ぐるは不可なり、又議会は政府の属僚にあらず、故に事毎に政府の意向を奉じて惟之に違

はざらんことを務むるは甚だ卑屈なり、此の如くならば、国家は政府と其属僚とのみにて足れり、別に議会を設くるを要せざるなり、此心掛なくして漫然として議席に列する者は真正の議会議員と云ふべからず、甲乙の二論の如きは、其中に採るべきの言なきに非ずと雖ども、共に一端に偏するの言にして、要するに議会の本領を知らざる者と云ふべし、

外交

往昔は外交のことなし、少しく之ありしと雖とも、支那朝鮮との交際に過ぎず、偶々欧州人の来航することあるも、只通商に止まることなれば、其国家に関係あるは、今日の如く甚しからず、外交が国家に大関係を為すこととなりしは、実に嘉永六年米国使節が本邦に渡来せる以来のこととす、幕府の初めて外交を開くや、当時世界の形勢を知れる者は甚少なし、故に或は甚しく外人を畏怖する者あり、或は甚しく之を疾悪する者あり、或は甚しく之を軽蔑する者あり、加ふるに浮浪粗暴の徒京師の搢紳家を煽動して幕府の非政を責めしむ、外人は交々来りて幕府を威迫し、以て其困循不快を詰る、幕府此困難の際に処して、永久の長計を書するの遑なし、已むことを得ず一時姑息の計を為し以て外交を処分す、其失錯の多きは怪しむに足らざるなり、明治維新の後、朝廷が外国に対する交際は、幕府の時と異なることなく、且当時の大官は、外国を畏怖すること幕府の時より甚しく、条約の内外に於て、彼に退譲すること滋々多し、岩倉大使、欧米巡回の後、条約改正の議数々起ると雖とも、当局者常に西人を尊重すると畏怖するとの甚しきより、其将に約せんとする所の条件は、何れも国権を虧損し、国家の大不利を為すに非ざる者なし、是を以て条約改正の議屢々起りて屢々躓く者は、常に国中の志士が之に反対するに出る者なり、若し此反対なくして、最初の条約改

正したらんには今日国家の屈辱を受け居ること其れ如何ぞや、故に条約改正の成就せざるは、国家の大幸にして、亦之に抵抗したる有志者の力なり、蓋し明治維新以来、当局者が外国に対する感情は常に同一にして、欧米人に対しては尊崇と畏怖とを極め、支那朝鮮に対しては軽侮と蔑視とを極む、是を以て西人に対して国威日に蹙し、去年起りたる千島艦衝突の事件の如きは、実に切歯扼腕に堪へざる者あり、是条約厲行論が衆議院に起る所以なり、政府が此論者を撲滅せんとするは、敵を助けて味方を挫く者と云ふべし

今日世界状態は如何、欧州諸国が強大富盛なるは、決して自身の勤倹のみを以て之を得たる者に非ず、何れも他国の地を侵し、他国の財を奪ひ、以て今日の富強を致したる者なり、其侵奪の事業は今日に至りて息む者に非ず、益々東方に向ひて其欲望を伸張し、愚なる者は欺きて其財を取り、弱き者は撃て其地を掠め、地球上に国土のあらん限りは之を侵奪せざれば止まざらんとす、此の如き虎狼の国に対し、尊崇と畏怖とのみを以て己が国を守らんと欲す、識者は之を何とか言はん、今日までは此尊崇と畏怖との政策に依りて、幸に一時の衝突を免かれたることありと雖とも、是豈以て国家の長計と為すべけんや、欧人を畏怖することは甚不可なるのみならず、隣国を軽侮するも亦甚不可なり、今日世界の戦争の有様を観るに、独り国と国との戦争のみならず、又人種と人種との戦争となれり、即ち欧羅巴人は己れに異なる所の人種即ち黄赤黒の如き諸人種を滅し、独り白人種のみを以て此世界を占領せんとするの志望あるが如し、仮令此の如き志望なきも、独り白人種を以て高等の人種と為し、黄赤黒の三人種を以て劣等の人種と為し、之を軽蔑するは、事実に於て相違なきことなり、故に欧州の諸国は表面には懇親の状あるも、到底我友邦に非ずして、支那朝鮮は或は一時釁隙を開くことあるも、畢竟我敵邦に非ざるなり、此後数百年、人種の戦争の念全く絶ゆるの時あらば、其時はいざ知らず、夫までの間は、欧州の白人は暫時も油断すべからざるの大敵なれば、上下一同、心を合せて、彼を畏れず、彼に欺かれず、十分慎密に警戒して、之に交はらざるべからざるなり、さればとて旧時の攘夷家

の如く、無謀の挙動を為して彼に口実を与ふるが如きは最も愚の至りなれば、殊に之を慎しまざるべからざるなり、支那朝鮮は我国と其人種を同くし（細かに論ずれば全くの同人種には非ざれども）国土も相隣接し、欧州人に対する時は、全く利害を与にするの国なれば、共に相助けて以て西国の虎狼を防御せざるべからざるなり、但此二国は政治頽敗し、民心腐敗し、与に事を成すべからざる者あり、是大に憂ふべき所なり、此他安南の如き、緬甸の如き、暹羅の如き、皆西国に対しては、協力して事を謀るべきの国なれども、其国民の柔懦なる、国政の敗壊せる、到底与に語るべき者に非ざれば、今は之を論せず、

古人曰天下之事不レ進則退未レ有二不レ進不レ退而能中立者一也と、外交のことも亦然り、若し他国に対して常に平穏の状態を保ち居らんと欲するときは、不知不識の間に幾許かの退歩を為すことを免かれざるなり、故に外政の事は常に進歩を以て目的とせざるべからず、然れとも羽毛未レ成不レ可二以高飛一と、軍艦兵器糧食国財の不足なるに、妄りに師を興して他国と戦ひ、以て本国の疲弊を招くは、亦愚と言はざるべからず、蓋し外政の事は常に進取を目的とし、好機会を得ば、我力に応じて其策を行はざるべからず、植民移民の如きは太平の日の進取策にして、時に依りて少々の戦争も亦避くべからざることあり、明治七年西郷隆盛以下諸人の征韓論の如き、当時は失敗に帰したれども、今日に至りて見れば、其妄論に非ざりしことを知るなり、又征台の役の如き、五百万円の金と五百余人の生命を費して、已に全く蓄地を得たりしに、五十万両の金を以て之を棄てたるが如きは、決して良善の対外策と云ふべからざるなり、

凡そ政府が最も謬迷の見を懐けるは、外国条約改正の事より甚しきはなし、今其由て来る所の大略を述べんに、現行条約は安政五年戊午の歳に於て、幕府が米国を初めとして、其他英法魯徳等の諸強国と結びたる条約なり、当時、内には攘夷論の猖獗あり、外には外国の威嚇あり、且日本邦の人士、未だ世界の情勢に通ぜず、其条約の欠点多きは、亦已むを得ざる所なり、然れども海関税法の如きは、大に今日に勝る者あり、英吉利と其貿易章程の第七則に曰く、

凡て船の造立、綱具修復、或は船装の為めに用ゆる品々、鯨漁具の類、塩漬食物の諸類、パン并にパンの粉、生たる鳥獣類、石炭、家を造る為めの材木、米穀、蒸気の器械、木綿、及羊毛の織物、トタン、鉛錫、生絹、右の品々は五分の運上を納むべし、都て蒸溜、或は醸し、種々の製法にて造りたる一切の酒類、右は三割五分の運上を納むべし、凡て前条に挙げざる品々は、何に寄らず二割の運上を納むべしとあり、然るに此税法の甚しく減じて百物皆五分税となりしは、全く攘夷家の妨碍より起りたることなり、初め安政の条約に、江戸は四十ヶ月の後、大阪兵庫は五十六ヶ月の後に開港すべしと約したりしに、其後攘夷の徒大に起り、或は外人を殺戮し、或は政府に迫りて外交拒絶を論じ、到底後難の起るべきは必然なるを以て、文久元年、幕府より竹内下野守以下を欧州に発遣し、五ヶ年間江戸兵庫大阪を開くことを延期せんことを乞ひしに、英政府は之を承諾したれども、為めに酒類及び玻璃器を五分税に減額せられたり、文久三年鎖港の勅命下りたるを以て、幕府は已むことを得ず池田筑後守等を使として、巴黎に至り、鎖港のことを議せしめたるに、反て大に論破せられ、酒類、器械類、小間物類を六分税に減税せられたり、此前後に長州人下の関の砲撃あり、薩州人生麦村の殺傷あり、尋て勅書中に兵庫開港を止むとありしより、外国公使は大に之を怒り、勅書を裂くに至れり、遂に幕府に迫りて減税の事を談じ、慶応二年五月、老中水野和泉守其乞を許し、外国より輸入の貨物は悉皆五分の税と定む、此約一たび定まりて復動かすこと能はず、今日に至るも猶此不当の税法に従へり、当時攘夷論者は、心中には攘夷の行はれ難きを知ると雖ども、是を以て幕府を倒すの無二の策と為し頭に詔勅を戴き、以て幕府を困迫せしめ、遂に其志を達したりと雖とも、是が為めに海関税に非常の減額を来たし、一は国権の侵辱を受け、二は経済の不足を生じ、三は内地農工業の発達を妨げ、国家百年、容易に回復し難きの大損害を致したり、

明治五年の冬、岩倉右大臣を以て全権大使とし、木戸孝允大久保利通を副使とし、欧米諸国を巡回して条約改正の事を謀らしむ、初め安政の亜米利加条約の文に、今より凡百七十一ヶ月の後、双方政府の存意を以て、両国の内より

一ヶ年前に通達し、此条約並に神奈川条約の内、存し置く個条、及び此書に添へたる別冊共に、双方委任の役人実験の上談判を尽し、補ひ或は改むることを得べしとあり、本年七月四日は其満期なるを以て、此大使を発遣せし者なり、然れとも此時の大使は、唯各国の意見を問ふに止まり、条約改正の全権を有せず、其改正案の如きは、先づ法権を回復し、内地雑居の如きは、未だ全国を開かず、開港場に於て区域を定めて其中に住居せしむる等の案なりしが、欧米人は容易に応ずるの色なく、大使も強て其談判を為さずして帰れり、明治十一年寺島外務卿各国に向ひて条約の改案を提出し、専ら税権を回復せんことを謀れり、米国は速に之を承諾したりしかども、他の諸国に異議を言ふ者多く、其事遂に成らず、明治十三年参議大隈重信、井上馨、条約改正の事を謀りしが、中途にして沮廃す、明治十八年井上外務卿（馨）又条約改正の事を謀り、各国公使と密議す、海関税は概ね一割の税を課し、治外法権は全く撤去せず、先づ之を変更す、外国より数十名の法官を雇ひ、之を各地の裁判所に留任せしめ、其俸給は日本政府より之を給与す、内地に雑居して土地財産を所有せんとする外国人は、日本の法律に服従すべし等の文あり、然るに司法省雇法蘭西人「ボアソナード」農商務大臣谷干城其案の甚不可なるを論じ、世論も亦大に激昂して之に抵抗し、其談判中止となり、井上も亦外務卿を罷む、廿一年大隈重信外務大臣と為りて、復条約改正の談判に着手す、其案には、外人に内地雑居土地所有権を与へ、領事裁判は之を撤去し、外国の法官の幾人を日本の高等裁判所に任命すべし等の語あり、此談判も甚だ秘密に之を為しゝが、倫敦タイムス紙上に、其文を載せしより、国内の有志者大に之を不可とし、異論蜂起し、遂に大隈も爆裂弾に傷けられて、改正談判は無期延期となれり、其後青木周蔵榎本武揚の諸氏外務大臣となり、何れも改正談判に着手せしが、其案は井上大隈の案を加除したるに過ぎず、此二人も亦事に遇ひて果さず、其後陸奥宗光、外務大臣となり、鋭意改正に従事し、伊藤博文総理大臣を以て、力を極めて之を助く、未だ其結果いかんを知らず、

従前条約改正の談判は、外交秘密の套語に因り、務めて内国人をして之を知らしめざらんとす、然るに其事いつも

外人の手より漏れ、忽ち国人の知る所となり、其秘密なる者は遂に何の用をも為さず、其談判の失敗は、外国人の抵抗に非ずして、何れの時も国人の抵抗に由りて破るゝなり、現行条約は固より不完全なる者には相違なきことなれば、之を改正して良善の条約とせんことは国民の皆希望する所なり、然るに井上大隈以来の条約改正案を見るに、何れも国権を傷け国民を苦むべきの文面ありて、安政条約に比して却て国家の不利となるべき者多し、是条約改正が毎に失敗して其効を奏せざりし所以なり、且つ政府は国人の抵抗を恐れ、毎に国人に対して之を秘するのみならず、往々瞞着の語を吐きて国人の耳目を糊塗せんとす、是国人の毎に奮激する所以なり、夫れ条約改正は彼より求むるに非ずして我より之を求む、然らば十分我に利益あるの条款を具して之と談判し、彼若し、聴かずんば、手を斂めて止まんのみ、自ら我に不利の条款を具して彼の歓心を求むるが如きは、卑屈の甚しき者と云ふべし、然るに政府は幾度失敗するも之に懲りず、猶井上大隈の旧案に些少の修正を加へて之を彼に請求す、其唱ふる所を聞くに曰く、対等条約を結ぶべし、曰我権利を復すれば、之に報ゆるに義務を以てせざるべからずと、対等条約の語は、頗る世人を瞞着するに足るべき者なれば、世人或は誤りて謂へらく対等条約ならば可なりと、是大なる誤なり、対等条約に二個の意味あり、其一は彼我同等の権利を保つの精神を貫ぬく条款あるべし、其一は彼我条約の文を同くし、彼れ内地雑居を許さば、我亦内地雑居を許すの条款あるべし、夫れ対等条約とは彼我共に独立国の威権を保ち、其国利民福を得べきことは之を約し、其国利民福を害すべきことは之を約せざるに在り、彼我同様の条款を具するを以て之を対等条約と云ふべからず、其故は国各其利害を異にする者なれば、彼に利あるも我に害あることあり、此の如きは決して同一の条款を約するを須ひず、現に米国の如きは保護税法を用ひ、英国の如きは自由貿易法を用ふ、其約款の同一ならざるは、知るべきのみ、然れとも此両国間の条約は対等条約たるに害なし、亜米利加の如きは地広くして人少なし、本邦は之に反して地隘くして人多し、然るときは其利害は全く相反す、然るを彼の意に従ひて彼と同一の条約を為すときは、対等に非ずして、全く屈従なり、又最恵国に許したる特別の条款を以て、他の諸国にも同様に之を許すべしと云へるは、尤も謂れなきことなり、已に諸国同一に之を許さば、最恵国には非ざるべし、彼は十国にても十五国にても、尽く最恵国の特許を得るを以て、其利莫大なり、之に反して我は一国にて、悉く十数国最便利の条款を引受けざるべからず、其利不利論ぜずして明かなり、又仮令条約の文面の上にては、十分に対等の文字を飾るも、本邦近年の対外政策は、毎に外人に圧せられて、十分に国権を伸ぶることを得ず、現に安政条約の如きも、今日は猶文面の通りに之を実行すること能はず、文面の外に於て侵辱を受け居ること少なからず、(世上の条約厲行論者が奮慨せるは之が為なり)然らば仮令真に対等条約を結ぶことを得るも、惟虚名のみにして、其実権を収むること能はざるは明白なり、凡そ対等条約と云ふは、彼我共に国力国富及ひ人民の学術智力勇気、政府の智略勇胆、相匹敵するに非ざれば、名実倶に対等を得ること能はず、然るに僅に対等条約の虚名を以て国民を瞞着し、己が功名と為さんとするが如き小政略にては、決して此大事を弁すること能はざるなり、又我に権利を得んとすれば、之に報ゆる義務なかるべからずと云ふは、領事裁判を撤し税額を増さんとするには、之に対して内地雑居を許し土地所有権を与へざるべからずとの意なり、是又大なる誤見なり、領事裁判の如きは、世人は甚だ国権を辱めたるが如く思ひ居れども、決して然るに非ず、夫れ我と彼と国力国富及び人民の智識学術大に其度を異にす、此の如き国々の間に於て交際を為さんとするには、居留地制度領事裁判は極めて宜きに適する方法なり、如何にも我国内に於て彼の法律を行ふは、彼国々の間には無き事なれども、彼も亦我国内に居る間は、狭隘なる居留地以外に住居すること能はず、其遊歩規程も十里の外に出ること能はず、其彼を抑制したること実に甚し、是を我領事裁判に比すれば、其国権の侵辱を受け居ること彼我同等なるべし、又税権の如きは、安政条約に於て已に三割五分二割五分等の別ありしに、国内攘夷論の為めに彼の口実を作られ、迫られて五分の税となりたり、此の如く低額の海関税は世界万国になき所なり、今日は已に攘夷論者もなく、政府固より開国の方針を取り、且つ外国人と殊に深く親交を表し居ることなれば、今日は五分税を改めて最初の如く二割税と為すべきは相当のことなり、是が為めに内地雑居を許すと云ふは、不相当の報酬と云ふべし、且海関税のことは、独立国の自ら定むべき所にして、敢て外国の許可を得べき者に非ず、通信通商の条約と貿易章程とは、同一の物に非ず、条約は双方熟議の上ならでは改むることを得ざる者なれども、貿易章程殊に海関税額の如きは、独立国たる者は自由に之を改むべきの権利あり、近年亜米利加及び伊太利にて、大に海関税を増したるが如きは、世人の知る所なり、此の如き事までも、外人の鼻息を仰がざれば為すこと能はずと云ふは、是をこそ国権を侵辱されたる者と云ふべけれ、

今日条約改正の可否に付きて、其議論の分かるゝ所は、全く内地雑居の可否にあり、(其中に非雑居又は雑居尚早の別はあれども)実に内地雑居の可否は、国家安危の係る所にして、此上もなき大問題なれば、潜心熟考して之を論ぜざるべからず、或は政府の頤使を受け、或は欧化論者の巧言に迷ひて立論するが如きは、共に不忠の人と云ふべし、凡そ彼我対等の事を為さんとするには、先づ彼我の国力国富如何、国民の知識貧富如何を察して、後に其事に及ふべし、若し国力国富民智民風甚だ相懸絶せる国にして、対等の交際を為すときは、其劣等の国は必ず不測の禍に遇ふべし、此事は古今東西の歴史が我等に例証を示す者にして、今日に在りては、已に疑ふべきの事に非ざるなり、今若し外人に内地雑居を許し土地所有権を与へたらば、其禍は如何、先づ土地の事に付きて之を言はん、欧州諸国は其土地甚少なく、其価甚貴し、本邦の土地は之に比すれば、其価甚廉なり、欧州人は金銭余りあるも之を買ふの土地なし、我国の土地の価の廉なるを見ば、争ひて之を買ふべし、邦人は高く売りたる心持なれども、彼にては甚廉価に買入れたるなり、今日已に相模摂津下野信濃等に於て、禁を犯して内密に買入れ居れり、若し公然土地所有権を許すときは、三府を初め全国の要地は数年ならずして外人の有となるべし、又田畠山林の如きも、彼国に比すれば、其地味肥沃にして其価甚だ廉なれば、是又久しからずして、其良地は大抵彼の有に帰すべし、三千年来金甌無欠と称し、尺

寸も外人に手を入れられざりし国土は、終に盡く外人に切売することとなるべし、鉱山鉄道の如き枢要の部は、売却を許さずと雖とも、已に内地雑居を許したる上は、種々の名義を作り売買することとなるべし、然る時は、全国利益の多き地は悉く外人の所有となりて、邦人の所有する所は、寂寞無人の境か、磽确不実の地に限る様になるべし、農業の事に付きて言はんに、我邦の土地は欧州の土地に比すれば甚肥膏なりと聞けば、彼は価を惜まずして之を買ひ、我農民は己が土地を彼に売りて遂には多く彼の小作人となるべし、彼已に土地を得れば、学理を応用して肥料耕耘の法を改良せん、然るときは、其収穫は今日に数倍すべし、収穫数倍すとも既に彼の有たる上は、我民は傍観して之を羨むに過ぎざるべし、又工業の如きは、其害を被ぶること農業より甚しかるべし、我邦の工業は近年の発達にて、未だ幼稚なることを免かれず、然るを外人来りて之に巨万の資本を投じ、精巧の器械と工妙の技手とを用ひて、其業に従事するときは、我邦従前の工業家は片端より将棋倒しとなるべし、如何なる工業が此禍を受くべきかと云ふに、近来の新事業なる紡績、製革、玻璃、製絨、製靴、煉瓦、灰膠《セメント》、製紙、葡萄酒、麦酒、燐寸等は勿論のことにして、旧来我邦特有の工業、織物、染物、陶器、漆器、製塩、砂糖、造酒、醤油、蠟、藍等に至るまで其禍を蒙らざるはなく、吾邦特有の物産なる生糸茶の如きも亦必ず多少外人の干渉を受けて、国民の損失を来たすべし、又商業に就て見るに、本邦の諸会社諸銀行の如きは、総て資本薄くして運動十分ならず、若し外人鉅万の資本を投入するときは、忽ち偏重の姿を現はして、商業の大勢を攪乱すべく、且つ諸取引所の如きは、従前僅々資本家の買占めに由りて、忽ち物価に大影響を及ぼす程のことなれば、若し外人大資本を以て買占売出しを為すときは、物価変動甚しく、国民皆其害を被ぶるべし、又本邦の商人は、大抵薄資なるが上に、商業の学問なく、且海外の商業に経験なければ、一挙一動、盡く彼に制せられて、数年の内に商権は遂に彼の手に帰すべし、其外海運の如き鉄道の如き(官設を除き)大事業も、永く邦人の有となり居るは覚束なきことなり、又裁判の事に付きて言はんに、外人と雑居するときは、民事刑事共に訴訟の多きことは今日に数倍すべし、外人は多く法律に熟し、邦人は法律に疎し、故に原被対審するときは、大抵は邦人の敗となるべし、況や法官の判決も、従前の例に拠りて考ふるに、或は内外人に依りて寛厳の異なることなしとも云ふべからず、又教育の事に付きて言はんに、耶蘇教は其教の原理、全く我国体に合はず、是を信ずるときは、尊王愛国の精神を薄弱ならしむるは相違なきことなり、且古来よりの先蹤に依るに、西人耶蘇教を以て先駆とし、他国を侵奪したるの例甚多し、故に今日は何れの学校にても、耶蘇教を排斥せざるはなし、若し内地雑居を許すときは、彼国の耶蘇宗教家及び其信者等、続々として入来り、或は教育の方針を混乱せしめ、又は国内にある神道者仏教者と衝突し、人心の乖戻分裂を生ずるも計り難し、此の如き種々の大害の起らんことは少しく知識ある者は皆知る所なり、然るに政府始め、或る政党の一派は、強て条約改正を行ひ、内地雑居を許さんと欲す、実に怪訝に堪へざるなり、夫れ外人に雑居を許せば、我亦外国に雑居することを得、理を以て(浅薄の理)之を論ずれば不可なきに似たり、特に其貧富智愚の大差ある今日に在りては決して之を行ふべからず、仮令貧富知愚に大なる懸隔あるも、我国民の愛国心強盛なるときは、内地雑居を許すも可なるべきなれども、現今は国民の良心腐敗し、多くは利を見て義を忘るゝの徒に非ざるはなし、若し地価少しにても高貴となるときは、皆争ひて之を外人に売るべし、地を売りて金を得るは、手足の肉を割きて之を食ふが如し、腹満つれば其身斃る、夫れと同様にして国民の手に金の満つる時は国は亡ぶるなり、況や政府も欧米人に対しては毎に柔軟政略を執り居ることなれば、内地雑居の後、国法外人に行はれず、外人の跋扈は今日より想見すべきなり、夫れ居留地制度は決して不可に非ず、今日の国力民智に応じては寧ろ良法と云ふべし、是を譬ふるに、外人を居留地に閉置するは、虎豹を檻中に置くが如し、然るを檻を開きて自由に馳駆せしむるときは、其人を咥ふや必せり、其利害此の如く明白なるに、今日猶雑居を唱ふる者あるは何ぞや、此の如きは条約改正を行ひて己が功名を博せんとする者(其実は真の功名に非ざれども)と、西洋の風俗に惑溺する者と、雑居を以て己が政党の便利に供せんとする者と、姦商猾売が専ら私利を営まんとする者との数種に過ぎず、然れども是等の者は皆国内に於て勢力の強き者なれば、或は己が見込を為し遂ぐるやも料り難し、夫れ国内の事は、一たび之を誤るも、再び之を改復することを得べし、外国との条約に於て一たび之を誤るときは、国家千載の大害を貽すべし、此の如き大事を以て、此の如き浮薄姦猾者の意見に決せんと欲す、豈危殆の極ならずや、昔支那にて晋の待御史郭欽は羌戎が内地に雑居するの国害たるを論じ、宋の蘇老泉は審勢審敵の文を作りて、宋の国勢と北夷の情状とを論じ、以て宋の君臣を警めたり、然れども当時の人、二人の言を以て迂遠なりとして之を顧みる者なし、百年の後に至り、二人の言皆験ありしかども、国家已に其禍を受けて復拯ふこと能はず、近年普法二国大戦の初め、法国満朝の宰相皆戦を主とす、独りチエル其不可なるを論じたれども行はれず、已に戦を開くに及び、其国の挫敗せることチエルの見る所の如し、然れども既に及ばず、今日内地雑居の如き、豈之と異なることあらんや、国を憂ふる者は默して止むべきの時に非ざるなり、

教育

凡そ法律の如き理財の如きは何れも治国の要務なれども、其事たる目前の政務たるに過ぎず、百年の後を期して益々其国の隆盛を図らんとするには、教育を以て人材を養成するに非ざれば不可なり、故に教育は目前に効を奏すること法律理財の如きこと能はずと雖ども、国の根本を培養するに至りては、其効大に之に過ぐる者あり、故に支那の聖帝明王は必ず学を興すを以て先務とし、欧米の開明諸国に於ては何れも教育に力を用ひざる者なし、本邦にても中古王朝より近代幕府の時に及び、下モ列藩に至るまで学校の設あらざることなし、然るに中古の教育は官人教育にして、幕府時代の教育は武士教育なるを以て、倶に今日の時勢に適せず、明治維新以来、政府此に見る所ありて、大に旧時の教育法を改め、欧米諸国の法を採り、以て普通教育の政を行ひ、全国の民をして悉く教育を受けざるを得ざらしめたるは、其為す所当れりと云ふべし、唯当時事に当る者西洋の開明に心酔するより、本邦旧時の教育を以て一も採るべき所なしと為し、力を極めて之を廃滅し、外形より精神に至るまで、全く西洋の教育法を以て之に易へんと欲す、安んぞ知らん東西国勢の同じからざる、風俗習慣の斎しからざる、決して他国の教育法を以て此国の教育法に易ふべからざることを、又安んぞ知らん東方の教育には一種の長処ありて、之を東洋に用ふるときは、却て大に西洋の教育に勝る者あることを、是を知らずして妄意に西洋の教育を師として其法を全国に施行せんとす、是を以て屢々行ひて屢窒碍を生し、今日に至るまで幾十回の改革を為したるも、未た識者の称賛を得ること能はざるなり

国家にて教育を行ふの本意は人を造るにあり、即ち良善なる国民を造るに在り、東西の明君賢相が教育を行ふの意は皆此処に在らざるはなし、良善なる国民とは如何なる者ぞ、東方にて言へば忠臣なり孝子なり、慈父なり貞婦なり、良農なり良工なり、良商なり、是等を教育するの道は本邦にて已に備はり、復之を他国に求むることを要せざるなり、唯学術技芸に至りては、西洋諸国に及ばざること遠し、学術技芸は人民の品格を高くし、一身の幸福、一国の富強を致す為めに最も必要の者なれば、彼の長を採り以て我短を補はざるべからず、故に維新改革の際、普通教育を行ふの時に方り修身道徳は本邦固有の教育に従ひ（其中時勢の変に従ひ、改正すべき条目は多しと雖も）、学術技芸は西洋の教育を採り（其中に本邦固有の者を採るべきもあれども）、修身道徳を以て本とし、学術技芸を以つて末とし、能く本末軽重の序を誤まらざりしならば、教育の混乱を生ずることは無かりしなるべし、然るに維新の新教育は、全く古来の忠孝節義等の教育を棄て、専ら人民の自営自活の一方のみに偏して教育を施せるが如し、明治五年新に普通教育を施行せしとき、太政官の布告を見るに曰く、人々自ら其身を立て、其産を治め、其業を昌んにして、以て其生を遂ぐる所以のものは他なし、身を修め、智を開き、才芸を長ずるに在り、而して其身を修め智を開き才芸を長ずるは、学問に非ざれば能はず、（中略）人能く其才のある所に応じ、勉励して之に従事し、而して後初めて生を治め産を興し業を昌んすることを得べし、されば学問は身を立るの財本とも言ふべき者にして、人たるもの誰が学ばずして可ならん

や(下略)、此布告は疊々数千言を累ぬと雖ども、専ら自営自活のことのみを説きて、一言も忠孝節義等の事に及べる者なし、蓋し封建時代の教育は所謂武士教育にして、専ら忠孝信義勇武廉恥等を教へて、殖産興業のことは度外に置けり、政府其教育の一方に偏して今日に恰当せざるを知り、知識を開き富実を謀るの教育を行はんと欲し、専ら力を其方に用ひ、為めに旧来の道徳を廃棄し、自らも亦其一方に偏するを悟らざりしなり、是より政府は此方針を執りて教育を行ひ、一方にては封建時代の束縛を解き、一方にては欧米の自由主義を輸入し、国民の心志操行遂に肆然として放縦となり、明治十四五年の際には、老成人をして道徳地に墜ちたりとの歎声を発せしむるに至れり、

政府にても頗る之を悔い、是に於て徳育の重んずべきことを説き、全国の学校をして力を徳育に用せしめんとせり、然れども其徳育と云ふ者に標準なきを以て、或は儒道を説く者あり、或は西国の哲学を説く者あり、或は神道を説く者あり仏教を説く者あり、甚しきは耶蘇教を以て国民を教育せんとする者あるに至る、幸にして明治廿三年十月道徳教育の大詔を煥発し給ふ、国民始めて闇夜に日月を見るの想を為し、是より道徳の標準一定して、復異論を其間に挿む者なし、然るに道徳教授の事に任ずる所の小学教員と云ふもの、多くは年少の子弟にして、其師範学校を卒業したりと云ふ者も、未だ真に徳育の教育を受けたることなし、是を以て誠意正心とは如何なることか、天理人欲とは如何なる物か、人智の発達とは如何なることか、生徒の感化力は如何なる物かと云ふことを審にせず、唯一部の教課書に依頼して教授を為す者多し、且小学教員は年歯皆少きを以て其言行未だ郷人に敬重せられず、此の如き教員に委托して将来の日本人民を陶冶せんとす、抑亦危しと云ふべし、政府にては数々徳育の重んずべきことを説くと雖も、其定むる所の教則を見るに、十年以前の知育を重んぜし時と大なる差異なし、且高等師範学校にて師範生を教育するを見るに、猶旧に仍りて知育を重しとする者の如し、此の如き教則、此の如き教員、此の如き教員養成法を以て、聖詔に宣ふが如き国民を造らんとするは甚難きことと云ふべし、

今の教育の弊は、政府にて干渉其度に過ぐるにあり、教育の大主旨は固より政府にて之を定めざるべからずと雖も、其細目に至りては、之を各地の教育者に任かせざるべからず、例へば中小学校の学科程度、修学年期、就学年齢、及び修身道徳の標準の如きは、政府にて之を定めて、全国民をして依遵せしむるを宜しとすべし、其授業料の多寡、教科書の選択、毎日修学の時限、学科時間の配当、卒業の試験法の如きは、挙て地方の教育者に委任すべし、今日の如く些末の事に至るまで、政府(或は地方官)にて干渉する様にては、民間に甚しき不便を生して、大に教育の障碍を為すべし(殊に小学校にて)、頃日東京府麹町区にて、東京府所定の習字帖を用ひざると云ふが如きは、府令に従はざるは、区の学校の罪の如くなれども、其本は府庁にて、余り些細の事にまで干渉したるに由れる者なり、明治十年の比までは、新教育の法を知りたるは、殆ど政府(文部省)に限れるが如き有様なりしかば、百事文部省より命令を下したり、今日は官府にある吏員と、民間にある教育者と其学識経験少しも異ならざるに至りたれば、之を民間に放任したりとも、決して不都合の事はなかるべし、否之が為めに却て教育の発達伸張を為すは明白のことなるべし、

本邦教育の一大障碍は、文部長官の交迭甚だ頻繁なるに在り、(其真正の障碍の根原は、教育に通ぜざるの人を以て文部の長官とするに在れども、此事は今必しも之を言はず)、元来教育の事は、他の政務と違ひ、効を十数年の後に見るべき者なれば、其事務上に臨機応変、敏捷駿速の事のあるべき理なし、惟一定の方針を立て、十年一日の如くにして、初めて良善の結果を見ることを得べきことなり、然るに文部省創立以来纔に二十年にして、已に十数人の長官を換へたり、長官の交代ある毎に、教育の方針にも多少の変化を生じ、其学校の組織、学区の分合、学科の増減、学費の徴集、課業書の選択等に至りては、或は頗る大変化を生ずることあり、文部長官の交迭、大約二年に一回位に当ることなれば、二年毎に教育の制度に変革ありと云はざることを得ず、国民は漸く新制度に習熟する間もなく、忽ち長官の交代ありて、已に習熟したる制度は廃物となりて、更に新制度を学ばざるべからず、且文部省にて教育の細

事にまで干渉するを以て、一旦長官の交迭あるときは、其変化は細大漏るゝ所なし、此の如きは、人民の為めに時と財と力とを費さしむること少なからずして、大に教育の不利を為すことを免かれず、是を防ぐの法は文部長官の任を長からしむるに在りと雖も、立憲政体となりては、行政大臣の長任を望むは為し得べからざることとなれり、故に之を救はんとするには、教育高等会議を設くると、学士会院の制を改むると在り、（其詳なることは官制の篇に出づ）、

明治二十四年の学事統計表を見るに、全国小学校（官立公立私立を合せて）の生徒の数合せて三百十五万三千八百十三人にして、是より進んで高等の学校、即ち中学校師範学校大学校専門学校各種学校（官立私立を合せて）に入る者は十二万四千八百七十七人なり、即ち全国の学校生徒の百分の九十六は小学生徒にして、高等学校の生徒は百分の四に過ぎず、然らば良善なる国民を造らんとするには、小学校の教授殊に修身科の教授を以て大切とせざるべからず、其故は此百分の九十六の生徒は小学校を卒業したる後は、再び他の学校に入ることなく、生涯の心志品行は全く小学校の教育のみを以て成就する者なればなり、而して此国民造成の大任を負担する者は、実に今日の小学教員なり、今日の教員は知育の諸科に於ては先づ可なりに出来居りて、目今の教育には甚しき不足なかるべし、独り徳育に至りては甚だ未熟にして、此教員に日本国民を造成するの大任を負はするは頗る危殆なることとなるべし、現今小学教員の徳育教授に不適当なる件二つあり、其一は年齢の少かきことにして、其二は自身に道徳の修業を為さゞること是なり、今日の制度にては、十八歳以上の少年は皆小学教員となることを得べくして、師範学校には徳育の修業なく、唯知育の修業のみなり、年齢既に少かく、又道徳の何物たるを知らず、其徳育の教授に不適当なるは、言を待たざるなり、此の如き教員なるを以て、生徒の父兄先づ之を信ぜず、従つて生徒も之を尊敬するの念薄し、故に今日良善の教育を施し、良善の国民を造らんと欲せば、先づ良善の教員を養成せざるべからず、其法、東京高等師範学校に於て、従前の師範生徒の外に、徳育の教員たるべき生徒を教育するの法を立つべし、其生徒は年齢三十歳以上にして、四書

小学位を講じ得るの力ある者を以て之に充つべし、在学年限は三年（或は四年）にして、在学の間、東西道徳学の研究（西書は訳文にて宜し）を第一とし、殊に品行を厳正にし、又道徳と云ふ者の如何を自得せんことを勉むべし、道徳学研究の間には、東西の歴史を学ぶべし、最終の一年は小学生徒を教授して実地の練習を為すべし、此生徒は政府より府県に令して一府県二人づゝを出さしむべし、東京の高等師範学校を卒業したらば、其府県に帰り、亦各其師範学校に於て府県内の師範生徒を教授すべし、此の如く為す時は、数年出でずして、全国に許多の徳育に堪ふるの教員を造ることを得べし、此事細事の如くなれども、良善の国民を造るに必要のことなれば、少々の費用は論ずる所に非ざるべし、（然れども師範生徒の学費を自弁するときは、容易に此費用を産出することを得べし）

児童の学齢は満七年より満十五年までの八年とすべし、現今の制は、満六年を以て学齢とすれども、夫にては早過るなり、今ま満六年の生徒が学校に在るの有様を見るに、知竇未だ一向に開けず、空々として往き、空々として帰るのみ、習字算術読本何の得る所もなし、一年の後初めて少しく得る所あるが如し、今此一年を延ばして、十四歳の一年を其後に加ふるときは、同じ八年にても、其生徒に知識を与ふるの功は、同日の論に非ざるなり、西洋諸国には満六年を以て年齢とする者多けれども、是は西洋の子供は六年にて教育を受くるに堪るほどに生長する故なるべし、本邦の子供殊に田舎の子供は、満六年にては、未だ教育を受くるに堪へず、此間の一年は徒らに教師を労し、生徒をして無益に時と金銭とを費さしむる者なり、又小学校の学科は其科目甚多く、生徒の脳力に堪へ難きの恐れあり、是等も欧米の真似を為したる者なるべきなれども、必しも之に拘泥するを要せず、且欧米の教則は甚だ寛大にして必しも学校の科目を盡く習学するを要せず、試験の如きも、唯其大略を試むるに過ぎずと聞けり、本邦の小学校は学校の課目は一々精密に学習せしめ、試験も亦甚だ厳なり、小学校の如きは、固より学士を出さんとするに非ず、唯普通の国民となることを得れば、足ることなれば、務めて学科を減じ、其脳力を損ぜざる様に為すべきことなり、僅々物理とか化学とかの知識の初歩を得て、生涯大切なる脳力を損ずる様にては、得失相償はざるの甚しき者と云ふべし、余が考ふる所にては、小学校の教則は、修身を第一とし、其他は筆読算の三科を習ひ得れば足れり、文字は楷行草の三体を学ぶに及ばず、行書の一体を学べば足れり、算術は加減乗除より比例分数百分算にて足れり、読書は少しく力を用ひざるべからず、地理歴史物理化学等は、立て一科とするに及ばず、何れも其大要を読本の中に記入し、読書の序に之を学ばしむべし、

女子師範学校は無益なり、之を廃するを宜しとすべし、欧米にも女子師範学校は甚少なし、是は最初当局者が米国に女子師範学校ありと聞き、好奇の心より之を創立したる者なり、最初教育家の考にては、女児を教ふるには婦人の方適当なりと謂もへり、然るに今日までの経験に依れば、女児を教ふるも男子の方却て優れり、今日小学教員となるべき者は男子にて已に十分なり、決して女子を用ふるに及ばず、女子は人の妻となり、児子を生育するの天職あり、学校の教員となるは其本務に非ざるなり、決して之が為に国税を費して別に一学校を建るに及ばざるなり、若し世間の女子中に於て、彼此の事情ありて学校教員を切望する者あらば、高等女学校中に教授の一科を設けて之を習学せしむれば足れり、（高等女学校は今日頗る必要の者となりたれば、之を存在せざるべからず、但し其授業法、及び教科の配当には深く注意せざるべからず）、幼稚園も亦無益なり、宜く之を廃すべし、教育家の理論に依れば三四歳より教育せざるべからずと云へども、実際に於て之を見れば、幼稚園に入りたる児童とても、只小学校に入りたる一二年の間、他の児童より少しく進歩の早きを見るのみにて、夫より以上に至れば何の効能もなし、是が為めに国税又は地方税を消費するは無益なり又師範学校の費用は過剰なり、明治十一年の学事統計表を見るに、師範学校（府県立）一年の経費七十七萬五千五百三十四円（此年福岡長崎三重の三県は、校舎を新築したるを似て殊に其経費の額を増せり）にして、其生徒の数男女合せて五千零七十九人、尋常中学校（府県立）一年の経費二十八萬五千百三十五円にして、

其生徒の数八千九百零三人なり、即ち師範学校生徒の数は、僅かに中学校生徒の三分の二に及ばずして、其費用は殆ど二倍半に過ぎたり、是を毎一人に配当するときは、師範学校の生徒には、中学校の生徒より大約四倍の費用を掛け居れり、是師範生徒は其学費は官給にして、中学生徒は自費なればなり、師範生徒は従来中小学の教員となり、幾多の後生を薫陶するの重任ありと云ふより、此の如き格段の厚遇を受け居ることなれども、学費を官給したりとも、良生徒を出すものに非ず、若し師範学校の生徒は大切なれば其学費を官給にすると云はゞ、中学校の生徒は大切ならざるに由りて之を自費にすると言はざることを得ず、且学費を官給とするときは、依頼心の強き生徒之に入るの弊あり、然らざるも、亦貧人の子弟多く入学するの傾き無きに非ず、何れにしても、師範生徒の学費を官給とするは不都合なれば、中学校と同じく尽く自弁とすべし、然れとも師範学校は中学校と異にして、器械書籍等も十分に具備せざるべからざる者なれば、其費用は中学校より多かるべし、多しと云へども今日よりは必ず半分以上の減額を見るべきなり、教育には成たけ費用の多く掛らざる様に仕向けざるべからず、小学校は別して冗費のなき様にせざるべからず、論語に孔子が庶富教の順序を説きたるは、千古の確言と云ふべし、欧州諸国の如きは実に此庶富教の順序に従ひて国の開化を進めし者なれば、其効を奏すること甚だ顕著なりしなり、本邦の如きは、今日人口は甚た蕃庶なれども、国は未だ富まざるなり、孔子の聖言と欧州の実迹とに拠るときは、今日は専ら富を殖すべき時にして、未た普通教育を施行するの時代に非ざるべし、然れども今日直接に西洋の強盛国と交際し、彼と対峙せんと欲するときは、勢ひ富と教とを同時に求めざることを得ず、且つ富の如きも、教の力に頼りて大に其量を増すことを得る者なれば、今日国の富まざるに管せず、政府が力を教育に尽すは極めて適当のことなり、惟本邦の貧富と欧州諸国の貧富と比較し、又本邦の国民が教育の為めに費せる金額と欧州の国民が教育の為めに費せる金額とを比較するときは、頗る教育家の注意を喚起するに足る者あり、文部次官辻新次氏が其属僚に命じ、西洋諸国の報告及び統計表等に拠りて取調べたる所を見るに、明治二十年全国公立小学校費は六百十四万二千二百八十八円にして、国民毎一人の出す所平均金十五銭九里、生徒の頭数に配すれば一人に付二円三十銭二里を費すに当る、蓋し是より以前は公学費は大概は学区又は町村にて負担し来りしに、十九年以後は、多く生徒の授業料を以て維持するに由り、統計の面は減ずることあるも、其実は大抵同様なることなり、(或は其実は却て増加せしも知るべからず)、明治二十年は最も公立小学校費の少なき年にして、是より以後は又漸々増加せり、此年英国の小学校費は四千四百十九万五千五百十円(英国の一磅を以て我金五円と仮算す以下同じ)にして、国民一人の出す所一円二十五銭四里、生徒一人の費す所九円七十四銭六里、同十九年普国の小学校費は国民一人の出す所一円零二銭九厘、生徒一人の費す所六円零二銭六厘、同十五年法国の小学校費は国民一人の出す所五十三銭、生徒一人の費す所四円六十五銭五厘なり、同十八年伊国の小学校費は国民一人の出す所四十五銭、生徒一人の費す所六円三十二銭、同年魯国の小学校費は国民一人の出す所六銭八厘、生徒一人の費す所五円五十一銭三厘なり、此統計に依りて見るときは、本邦小学校の費用は、欧州諸国の小学校の費用より甚少なきが如くなれども、其国富の度を比して之を見るときは、我国民が教育の費用を負担せることは欧州諸国の民より、却て其多きを見るなり、農商務次官前田正名氏が調査に依るに、大約英国の富は本邦の富に十八倍し、法国は十二倍し、徳国は十一倍半なりと見えたり、然れば本邦にて小学校費に六百十四万二千二百八十八円を費せば、英国にては一億一千五十六万一千一百八十八十四円を費すべきに、僅に四千四百十九万五千五百十円を費すに過ぎず、又英国にて費す割合を以てすれば、本邦は二百四十五万五千三百六円にて足るべきの理なり、然るに六百十四万二千二百八十八円を費すは頗る過多と云ふべし、以下は類を推して知るべし、是に由て見れば、本邦の教育は費用の点より言ふときは、国の貧富と比して世界無雙の隆盛と云ふも不可なかるべし、然れども今日已に此の如きの金額を教育に費して国民別に怨嗟の声を発することなければ、今は強て之を減削することを須ひず、先づ此侭に押行くを可とすべし、然れども是より費用の増すことは堅く之を慎み、何事ありとも、是までの費用にて之を弁済すべし、故に教育者深く此所に意を用ひ、虚飾に渉ることは一切之を廃止し、今日以後民産更に富饒に至らざるの間は、学校新築することを須ひず、教員増加することを須ひず、教科書数々変更することを止め、授業料を成だけ減少し、（授業料を以て小学校の費用を維持すると云ふことは、教育の原理に合はざることなれば、速に改正せざるべからず）、凡そ教育に関する費用は、決して従前より増加すべからず、惟従前の費用の内にて、更に良善適実なる教育を行はんことは、殊に余が教育家に望む所なり、畢竟教育の要は、金を費すこと少なくして、益を得ること多きを以て上等とす、殊に本邦の如き国民未た富まざる国に於ては、益は較々少なきも、金を多く出さゞる法を擇ぶを宜しとすべし、先年文部省にて小学簡易科なる者を置きしは、頗る事情に適するの方案と云ふべし、然るに世人は何の意なるか、教育費の多きを厭ひながら簡易科の学校を設くることを好まず、強て尋常科（簡易科より高等なる）の学校を立てゝ自ら苦しむ、是を愚と言はざるべからざるなり、然れども人民自ら好んで之を為すか、或は他に之を勧誘する者あるか、余は之を知ること能はざるなり、其後又文部省にて単級学校の制を定めたり、此学校も前の簡易科と同じく財産不足の村落には極めて適当の制なり、然るに是亦十分に世間に行はれず、蓋し種々の縁故ありて之を妨ぐる者なるべし、方今教育家中には猶教育費を増さんとする者もありと聞けり、大なる誤と云ふべし、凡そ人民の租税は国家必要の用途に均一に配当せざるべからず、（均一といへども其要不要に応じて金額に不同あるは勿論のことなり、）教育は実に国家に必要なりと云ふも、独り教育にのみ偏重すべからず、況んや外国の比例もあるに於てをや、

宗教

西洋の歴史は過半は宗教の歴史なり、西洋の戦争は過半は宗教の戦争なり、西洋にて何者が最も多く人を殺したるかと問はゞ、宗教ほど多く人を殺したる者なし、蓋し宗教は人の迷信の心を固くするを以て、一たび深く感染する時は、人を殺し我身を殺して顧る所なし、嗚呼天下最も恐るべき者は宗教に非ずして何ぞや、然れども宗教は人智蒙昧の時に於て其勢力を逞うする者にして、人智の開くると与に其迷信の心は漸々に消滅するなり、故に西洋諸国の如きも、近年に至りては、古代の如き宗教の迷信者なく、又之に依りて古代の如き宗教の禍なし、東洋は、幸にして古来より宗教の威力を逞うすること西洋の如く甚しからず、支那の如きは仏法の未だ入らざるの前、已に儒教及び其他の理教ありしを以て、宗教の害を為すこと極めて少なし、本邦は仏教の前に儒教入りしと雖ども、其勢力微なりしを以て、仏法遂に其盛を極めたり、然れども仏教の性たる、耶蘇教の如く残酷ならず、是を信ずる者甚多かりしかども、其禍を為すこと耶蘇教の如く甚しからず、(但し初めには蘇我馬子が崇峻帝を弑し奉りし如き事あり)、天文永禄の比、基督教新に我邦に入り、其勢駸々として国中に滋蔓し、将に不測の禍を起さんとす、幸にして徳川氏の勇断を以て二十八万人の生命を殄ち、初めて之を撲滅することを得たり、維新以来、耶蘇教の我邦に入る者日に一日より多し、神道家仏教家大に之を憂ひ、力を尽して之を駆除せんと欲するも終に得ること能はず、且憲法に於て已に信教の自由を許したれば、神仏二教家如何に尽力するも、到底耶蘇教の侵入を防ぐこと能はざるべし、然らば耶蘇教は我邦に入るも害なきか、曰く何為れぞ害なきことを得ん、凡そ宗教は仏耶を論ぜず何れも其尊信する所の主体ありて、其物は人類以上の物にして我　皇祖　皇宗及び現時の　聖天子より尊き者となせり、故に宗教の主意は何れも我国体と相容れざる者なれば、是を我国体に害ある者と言はざることを得ず、但仏法は我邦に入ること既に久しく、漸々其宗義を変化して我国体に協はしむる様に為したり、且つ仏法の興りし本国も久しく滅亡して其迹を留めざる者なれば、今日に至りては甚しき国害を為すことなし、耶蘇教の如きは之に異にして、其教の真面目を其侭に我邦に行はんとする者にして、（儀式上の事に付ては、少しく変革したる所あれども）、其我国体に合はざること現今の仏法より甚し、且つ耶蘇教を奉ずる国は何れも欧州の強国にして、虎視眈々、其欲を東洋に騁せんとするの念、一日も已むことなし、旧来の歴史に拠るに、是等の強国が耶蘇教を器械として他国を併呑したるの例甚多し、実に恐るべきの宗教なり、神道仏道は之が教敵たる者なれば、力を極めて耶蘇の侵入を防ぐべきことなれども、如何せん現今二教に卓越の人物なく、且つ其教四分五裂して統一の力なし、是余が深く国家の為めに畏るゝ所なり、然れども猶深く之を考ふるに、宗教は何れも怪誕不経の説を以て教を立つる者なれば、（其中に多少の真理は包含すれども）、独り人智蒙昧の時に於てのみ其勢力を逞うすべくして、人智已に闡くるの後は、自然に消滅に帰する者なり、仮令消滅せざるも其宗教たるの性質を変じて、理教の性質に近くべき者なり、已に此の如くなる時は、其迷信者も大に減じて、其勢力も大に昔に及ばざる者となるなり、西国に於ても、三百年前の耶蘇教と今日の耶蘇教とは、其勢力大に同じからざる者あり、故に耶蘇教者は鋭意に其教を我邦に拡めんと欲するも人智の開けたること旧日に倍すれば、蓋し其目的を達するに難からん、防禦者の地位に立てる仏教の勢力も大に衰弱したれども、攻入者の地位に立てる耶蘇教も同く其勢力衰弱したれば、或は往日の如く甚しく畏るべきことはなかるべし、夫れ人智を闡明するは、宗教に非ずして理教にあり、人智を開くは邪教を遏むる最良の方法なり、故に余は耶蘇教を防ぐに神道仏法を用ふるを以て良法なりと謂もはず、現今の普通教育を盛んにするを以て最良法なりと信ずるなり、蓋し普通教育にて教ふる所の徳育は盡く理教に拠ればなり、然れども神道仏法を以て、外教を防ぐ為めに全く無用なりとは言はず、今普通教育を以て本隊とし、神道仏法を以て左右翼として之を防禦するときは、外教如何に狡猾なりとも、決して我神州を犯すこと能はざるべし、

神道を以て或は宗教なりと言ひ、或は宗教に非ずと言ひ、紛々擾々底止する所なし、余は其宗教たるや否やを知らず、然れども今日政府が神道を遇するは、忽略に過ぐる者と云ふべし、明治の初めは神祇官を設けて之を太政官の上

に置きしも、其後一変して教部省となり、再変して社寺局と為り変ずる毎に之を軽くし、以て今日の甚しきに至れり、蓋し今日の時勢を以て揆れば、神祇官は差々重きに過ぐると雖ども、社寺局を以て之を管するに至りては、実に大なる失体と云ふべし、仮令神社と寺院と、神道と仏道とは大抵同様の物なりとは言へ、国体の上より見るも、歴史の上より見るも、教化の上より見るも、決して同一に取扱ふべき者に非ず、神祇官再興の請願数々議会に出づると雖ども、神官の勢力微弱なるを以て、竟に其意を達すること能はず、余謂へらく神社神道の処置は神官の請願を待つべき者に非ず、政府自ら進んで今日適当の処置を為さゞるべからず、適当の処置は之を宮内省に属するを以て宜しと為すべし、然る時は帝室及び国家の体面に於て極めて穏なるべく、又国民教化の為めにも大なる利益あるべし、惟是に就て一言せざるべからざるは、神道中に邪教多きと、教導職中に鄙人の多きこと是なり、余が聞く所を以てするに、神道中丸山教会、蓮門教天理教会の如きは、或は怪誕不経、或は淫猥陋醜の者にして、其他にも猶此の如きの類猶多しと聞けり、又教導職の中には、或は俳優或は俳諧師ありと聞けり、此の如きは厳に禁絶し、以て神道を洗浄せざるべからざるなり、

軍　政

本邦上古の事は姑く置き、政権武家に帰してより七百余年、常に武を以て国を治めたり（上代も武を以て国を立たることは衆人の知る所なれば今是を言はず）、是を以て武士たる者は何れも忠義勇武を以て互に相励み、子に伝へ、孫に伝へ、久うして変ずることなし、又其政体も武政なるを以て、何事も軍事の便利を第一とせり、此法、封建政治と共に久しく伝はり、国家事ある時は、武士常に其間に出でゝ興廃存亡の権を把れり、此鎌倉以来の武政は常に本邦

武勇の衰へざる所以にして、徳川氏の末、幕府の武威衰ふれば西国の諸藩に武勇の盛なる者代り出で、国の武威は決して地に墜ることなし、此武勇なる者は本邦人民固有の気風なるべしと雖ども、其大分は封建制度の賜なりと言はざるべからず、（世の浅識者は、武家王権を竊みたりなど丶、論ずれども、是は取るに足ざる愚論なり）、維新以後封建は廃したりと雖ども、西洋の徴兵法（殊に徳逸の法）を採り、又其軍艦銃砲軍法軍装等盡く洋式に拠りて、精鋭便利を極めたれば、外部の軍備武装に至りては、旧日に比すれば数等の進歩を為したるに相違なし、其精神に至りては、軍卒は未だ其如何を知らずと雖ども、士官以上の者は何れも封建以来の忠義勇武の遺伝を受けたる者なれば、十分護国の任に堪ふることは信じて疑なき所なり、唯未だ他国と実戦を試みたることなしと雖ども、（他国とは主として欧州の強国を指す、支那朝鮮の如き弱国を言ふに非ず）、明治十年西南戦争の実蹟に徴するときは、欧州人と戦場に角逐するも、敢て遜ることなかるべしと信ずるなり、

陸海軍の内部の組織は頗る複雑にして之を記すること容易ならず、又之を記するも、此の書の為めに別に価値を増すことなし、唯其軍人の数と経費の額とは一般人民の知らざるべからざる所なり、陸軍は明治二十五年の末の調査に依るに、現役予備後備を合せて将官六十四人、上長官五百七十九人、士官三千七百十五人、准士官四十九人、下士一万千六百五十四人、卒二十四万九千九百八十二人、職工一人、生徒二千六十六人あり、海軍は二十六年の調に拠るに、軍艦三十二隻、六万千百八十七噸、人員は現役予備後備を合せて、将官三十人、上長官二百四十四人、士官九百五十五人、候補生百五十九人、准士官三百七人、下士千八百三十六人、卒一万百三十三人、生徒百五十三人あり、其経費は陸軍省千二百八十一万六百六十五円、海軍省五百六十三万九千九百九十円、其臨時費は陸軍省二百四万三千九百四十一円、海軍省五百六十九万九千六十七円、合せて二千六百十九万三千六百六十三円、之を歳出の総額八千百八十四万八千百九円に比すれば殆ど其三分の一を占む、西洋の四強国英法徳魯が

千八百八十一年の陸軍常備兵の数を見るに、英国は十八万九千人、法国は四十九万六千人、徳国は四十四万五千人、魯国は八十四万一千人、千八百八十二年の海軍は、英国軍艦二百四十隻、兵士五万八千人、法国三百五十四隻、兵士四万三千人、徳国八十一隻、兵士一万六千人、魯国三百八十九隻、兵士二万六千人、其費用は海陸軍を合せて英国は一億三千九百五十五万円(仮りに一磅を以て五円と為す、以下同じ)法国は一億四千八百万円、徳国は一億一千二百五十万円、魯国は一億四千七百五十万円なり、是を一年の歳出と比較するときは、英国は百分の三十三分六を費し、法国は二十四分四を費し、徳国は二十六分五を費し、魯国は三十七分を費す、本邦は明治十六年に於ては、十八分八を費すに過ぎざりしが、二十五年に至りては三十一分九を費すに至り、其割合は西洋の四強国の中間に位するに至れり、蓋し本邦の如き海中に孤立せる島国にして、四面に敵を受くるの虞あれば、軍事に巨大の国用を費すは亦已むを得ざる所なり、惟之を無用の虚飾又は不用の所に費さずして、一々実用必緊の所に用ふれば夫にて足れり、

本来治国の道理より言ふときは、兵備と云ふ事戦争と云ふ事は、国民の安全幸福とは全く反対したる事にて、最も条理に協はざる事なり、世の文明に進むに従ひて、兵備も減ぜざるべからず、戦争も其迹を絶たざるべからず、然るに事実は全く之に反し、欧州諸国の兵備を増す事日に一日より多く、之が為めに農工商の労力を以て納むる所の租税の殆ど三分一を以て兵備に費すに至る、(前章を参看すべし)戦争の如きは、近年久しく大戦なしと雖ども、其大戦なきは、互に乗ずべきの機会なきに由る事にして、若し機会を見る時は、忽ち平和破れて戦争の惨を見るに至るべし、西国希臘の時より、道徳者が戦争を弭めんとして種々の立論を為す者あれども、一も其効を奏する事能はず、蓋し此人類の心中に名誉と欲望との二者ある間は、戦争の止む事は無かるべし、已に戦争止む事なしと見る時は、已む事を得ず兵備を厳にして、他国よりの侵襲を防がざるべからず、兵は精を貴びて多きを貴はずと云へども精にして多きは

精にして寡きに勝る事は明白の事実なり、今本邦の兵数を以て欧州諸国の兵数に比すれば、陸軍は魯国第一、法国第二、徳国第三、伊国第四、墺国第五、英国第六にして、本邦は第七に居る、猶欧州諸国と相対峙するの望あり、海軍は大に之に異にして、欧州諸国の兵力皆我上に居る、和蘭は其地面は我十二分一にして、人口は十分一に及ばず、然れども其海軍は百二十隻の軍艦あり、葡国の如きは欧州著名の貧国なれども、猶軍艦四十一隻あり、故に海軍は本邦今日の兵力にては、恐くは雄を海外に振ふ事能はざるなり、

西国の政事家は大抵立法行政司法を以て国家の三大権と為し、此三権の均衡宜きを得る時は、国家安寧にして、其均衡を失ふ時は国家危殆なりと云ふ、然るに徳国仏郎都《フランツ》は之に兵馬権を加へて国家の四大権と称す、謂へらく兵馬の権は他の三権に下らずと、其言大に当を得たるが如し、兵は凶器なりと雖ども、今日の社会に立ちて国家の威権を保持せんとするには、兵に非ざれば能はず、当今欧州の諸国、名は文明開化と称すれども、其実は狼貪虎視、他国に乗ずべきの釁あるを見る時は、其溪壑の欲を恣にして呑噬の拳に出るは、史籍の明証する所にして、今日以後も此事は決して止むべき事に非ず、今日の有様にては、世界の優等国と云ふは皆兵の強き者にして、劣等国と云ふは皆兵の弱き者なり、若し国に兵なき時は、其国は一日も保つ事能はざるなり、兵の国家に軽重を為す事実に大なりと云ふべし、然れども兵の国家に関係を為すの状は、立法行政司法が互に相関係するの状と異にして、自ら独立の状を為せり、則ち立法行政司法の諸官は、合せて之を文官と称すべく、参謀本部及び陸海軍の将校は、合せて之を武官と称すべし、文官の長は内閣総理大臣にして、武官の長は参謀本部長(此名称穏当ならず)なり、此二官は其地位威権与に同等なるべし、此地位威権に等級ある時は、文武の一方に偏するの病ありて、後来国の不安を起すべし、希臘の衰へたるは文官の威権強きに因り、羅馬の乱れたるは、武官の勢力強きに因れり、本邦の兵制は法を徳逸に取りし者にして、其法頗る宜きを得たる者の如し、殊に全国皆兵の制の如きは極めて良法と称すべし、然れども兵制の組織、軍隊の訓練、

兵器の精粗、将士の勇怯、軍備の完欠の如きは、実戦に臨まざれば其良否を定むる事能はず、而して実戦の如きは国家の安危存亡の係る所なれば、妄りに之を開くべき者に非ず、余は陸海軍将校が二十年来孜々勉め居るを以て、国力相応に完備しあるべきを信ずるなり、

余が陸海軍に望む所は、軍艦の如き大小砲の如き戦争必需の兵器は、成べく速かに我邦にて製造あらん事是なり、今日は軍艦にも少しく国造の者あれども、大軍艦其他多数の艦は猶外国に製造を依頼する者なり、砲の如きは、弾薬に至るまで猶外国の製造を仰ぐと聞く、実に残念なる事なり、小銃の如きは幸にして村田銃の製作あれども、欧州諸国にては大抵は已に連発銃を用ふると聞く、然るに村田銃は猶単発銃なり、是等は速かに工夫して連発銃と為さゞるべからず、此の如く軍艦兵器を外国に仰ぐ時は、若し不幸にして欧州諸国と開戦する時は、其敵国は言ふに及ばず、其他の国々も亦皆局外中立の法に拠りて、兵器の輸入を為さゞるべし、然る時は、平日莫大なる兵器の価を外国に失ふのみならず、有事の日は忽ち大なる窒碍を生ずべし、此事は政府及び陸海軍人が一日も早く着手せざるべからざる所なるべし、

今日は諸省院皆弊孔のなき所なければ、陸海軍独り弊孔なしと言ふ事を得べからず、陸海軍の内部の事は局外者は審かに之を知る事能はず、惟其外面に発現する所に就きて之を言へば、第一に陸海軍共に将官の甚多き事なり、是等は未だ明詳なる調査を為さずと雖ども、陸軍の二十四万九千九百八十二人に将官の数百二十八人、海軍の一万百三十三人に将官の六十人は過多なるなからんか、嘗て西洋諸国の将官の比例を見たりしが、是より甚少なかりしなり、第二には、薩長の人士常に其要路に立ち、上長官以上の者は大抵此二藩の人にして、他国より出たる者は其才能二藩の士に勝るも、常に劣等の地位に在りと聞けり、然れども今日は内閣も亦二藩の士の専にする所なれば、独り陸海軍を咎むべからざるなり、第三は其長官は皆武人なるを以て会計の監督極めて粗なり、故に会計の官吏に専擅

自恣の者頗る多し、姦商猾賈之に乗して種々の詐術を行ひ、其授受の間に言ふべからざるの弊害ありと聞けり、且陸海軍は百般需用の大なるに准じて、其利益も甚多きを以て、是に結托する姦商の数最も多く、是が為に其経費に濫出多きは局外者の皆な想像する所なり、凡そ陸海軍の軍艦兵器其他の軍需は、価廉にして品の上なるは最上なれども、今日の官民に之を望み難し、価不廉なるも其品良ならば猶可なり、今日は姑く之を以て満足すべきなり、若し価不廉にして品亦不良ならば之を何とか言はん、余は竊かに我邦の軍器軍需が此第三位に落ざらん事を祈るなり、二三年以来衆議院にて頻に海軍の不整頓を論じて政府を攻撃する者多し、余は其果して然るや否やを知らずと雖ども、衆議院の攻撃少しく其度に過ぐるやの疑なき事能はず、第四は陸海軍共に数々法制の改革ある事なり、改革を為すは、縦前の法制に不都合あるを見出せし故なるべきなれども、其度毎に種々の記憶及び習慣を改めざるべからず、此事小なるが如くなれども、軍事の為めには損害多し、且其改革は多く軍服の製に止まり、徒らに外面を装飾するに過ぎざる者の如し、此四条は陸海軍の弊事の外面に発見したる者なり、

理　財

国家の経済は二様に分つて論ぜざるべからず、一は政府の財政にして、一は国民の生産力なり、財政能く整理すると雖ども、生産力増さゞれば国力足らず、生産力増加すと雖ども、財政整はざれば、国の経済混乱す、今二者を分ちて之を論ずべし、

明治政府は旧幕府封建制度の後を承け、財政極めて紊乱の時に逢へり、然れども国の生産力は頗る隆盛にして能く幕府と三百諸侯とを養ふに堪へたり、又金銀貨幣の数も、幕府の末、外国貿易の為に巨額の濫出を為したりと雖ども、

猶能く三千余万人の需用に供するに堪へたり、若し明治の初、財政其宜しきを得たりしならば、少しも紛乱の事は無かりしなるべし、惟当時朝廷の上に在る者は、多くは武功の人、然らざるも亦書生の志を得たる者なりしかば、財政の整理は何れも不得手の人々なりしなり、是を以て明治元年太政官札を発行せしより以来、財政の整理着々其法を誤り、妄りに不換紙幣を増発して其弊を考へず、是に由り紙幣の位格は低下し、物価は昂騰し、良善の貨幣は外国に濫出し、農家は米価の高きが為めに奢侈を長じ、一時殆と救ふべからざるの勢に至れり、明治十四年の頃、政府大に悟る所ありて急に紙幣回収の策を行ひ、之が為めに物価俄に下落し、国民の産を破ぶる者頗る多し、然れども此法は実に不レ得レ已の事にして、良経済家ありとも、亦此の如きに過ぎざるべし、唯之を行ふこと急劇なりしを以て、国民の困苦甚しく、全国の民にして、租税不納の為めに財産の公売処分を受けたる者幾千人あることを知らず、明治十九年兌換銀券の発行ありしより、政府の財政初めて整理し、爾後非常の天災か又は戦争にても無きときは、最早財政紊乱の患はなかるべし、

明治四年大坂に造幣寮を置き、初めて新貨幣鋳造の事に着手す、蓋し旧政府以来貨幣の制混乱にして、外国と貿易を行はんとするには最も不便なればなり、凡そ本邦の如き外国貿易に付き、輸出入の平均を得ずして、真貨多く濫出するの国に於て、新に貨幣を鋳造するは、経済上より言へば損ありて益なしと雖も(金貨の如きは、通用貨幣の主位を占むる者なれども、大抵外国に濫出して国内には之を見ること能はず、全く通用貨幣の実を失ひ居れり)、亦一国の体面を保つ上より言ふときは、自国鋳造の貨幣なきは、独立国の威権に関するが如きの感覚あることなれば、此新貨幣鋳造の挙は国の為めには利害相半する者と云ふべし、偖此貨幣鋳造の初め、其本位を定めんとするに方り、政府は金銀両本位とするの意なりしが、伊藤大蔵大丞（博文）の議に依りて金本位と定まりしと聞けり、道理を以て言へば金本位固より相当の事なれども、本邦当時の如く国中に金少なきに、其名称のみ金本位とするも、名実相協はずし

て、金本位の効能は少しもなく、其現実に行はるゝは常に銀本位にして、遂に兌換紙幣の如きも金券に非ずして銀券となり、今日の如く世界の銀価下落するときは、他の銀貨本位の国と同じく其弊を受け居れり、然れば金本位と称するは全く空名にして、実は何の用にも立たざるなり、近年世界に於て金銀の価値甚相懸隔し、国家の経済に大影響を生したるを以て、政府にて取調委員を設けて之を調査せしめ居れり、然れども我国に金銀貨幣の地金十分に貯蓄しあることならば、其取調の結果に依り、金貨を多く鋳造するとか、或は銀貨を買収するとかの事を為すべきなれども、本より貨幣も地金も少数のことなれば、是を取調べたるも、何の詮もあるまじ、若し実に之を救はんと欲せば、無益の冗費を慎み、節倹と勉強とを以て国富を益すより他に方法はなかるべし、

国立銀行は国家財政の便利の為に起りたるに非ずして、不レ得レ已して起りたる者なりと聞けり、即ち政府の発行せる不換紙幣の処分に困却し、国立銀行をして兌換紙幣を発行せしめ、以て漸々に政府発行の紙幣を銷却せんとするに在りしなり、然るに明治五年十一月国立銀行条例を発行せる後、幾くもなくして東京横浜大坂等に五ヶ所の銀行創立せしが、其発行する所の紙幣は僅に二百三十万円に過ぎず、其紙幣は皆兌換紙幣なりしを以て、人々より交換を乞ひ、遂に銀行は其損失に堪へずして営業を停止せり、是に由り明治九年に至り、政府にて改正国立銀行条例を発布し、銀行より発する所の紙幣も亦不換紙幣たることを許せり、且国立銀行は此他に猶種々の特典あるを以て、続々其設立を請願する者ありて、終に百五十二銀行の多きに至れり、是に於て銀行は大に利益ありて、其営業は甚だ便利を得たりしかども、政府が最初に之を設立したる財政整理の目的は遂に達することを得ざりしなり、且銀行営業者中には、深く銀行営業の主意を知らざる者あり、或は銀行の金を以て商業を営む者あり、或は投機者流にて銀行の頭取となる者あり、或は役員に私ありて其会計の甚だ不整頓の者あり、是に由り、世の経済家竊かに謂へらく、此多数の銀行は久しからずして其大半は閉店すべしと、然るに今日に至るまで其閉店せる者僅々五六行に過ぎざりしは、実に意外の

幸なり、惟其営業の期限満ち(営業の期は満二十年にして、来る明治三十年には満限となる者多し)私立銀行となりたる後は、許多の特権を失ひ、政府も之を監督せざることとなることなれば、其時は此の如き多くの銀行の運命は甚だ危殆なる者なり、若し此銀行続々閉店することにてもあらんには、株主の損失は計るべからずして、世上金銀の融通には非常の影響を及ぼすなるべし、政府は従前の銀行条例の文を固守することなく、国家財政の為めに大に工夫を為さゞるべからざるなり、

政府が理財の法に於て最も戒めざるべからざるは外国債を起すことなり、夫れ外国債の国家に不利なることは常識ある者の皆知る所なり、(仮令其利息低しと雖とも、其利息だけは全く国の損失となるは明白なり)、然るに国の経済を掌る者、一種の迷想よりして、外国債を起すを以て国の利とする者あり、(民間の洋学者にも亦此説を唱ふる者あり)、外国債の為めに其国の疲弊を起し、理財の権を外人に奪はれしは埃及国の殷鑑目前にあり、然るを是に心付かず、猶外国債を起さんとするは、国を誤るの甚しき者と云ふべし、余聞く明治十二年の比、外国債二千五百万円を起し、北海道に鉄道を設け、釜石に鉱山を開き、野蒜に築港し、信濃川を改修せんとしたりしが、半にして其議破れ、遂に起業公債二千五百万円を国内より募集することとなり、此金を以て以上の諸事業に取掛りしが釜石の鉄山は廃鉱となり(近日再び此鉱山を開きし者あれども、是は全く一私人の事業にして政府の事業とは全く別なり、)野蒜の築港は地勢宜しからずして用を為さず、信濃川の改修も其事成らず、其能く成就せしは北海道の鉄道のみなり、此の如く事業は大概失敗したりしに、若し此時誤りて外国債を募りたらば、之を償還するに国税を以てせざるべからず、然るときは、其国家の損失を為すこと幾何ぞや、世界にて、貧弱国が益々貧弱に陥るは、其初め外国債を起すに基する者甚多し、故に爾後如何なる事あるも、決して外国債を起すべからず、若し国家に非常の用途あらば、力を限りに内国債を以て之を弁ずべし、内国債にて弁じ難き程の大事は、慎んで之を起すこと勿かれ、現今の理財者の多分は、外国債の

害を知り居るべきも、必用に迫るときは、此拙謀を為さゞるとも定め難し、宜く深く之を戒むべし、今時の外国債の利を説く者は、唯其利息の低きと云ふに過ぎず、此の如きは政府と国との別を知らざるの言なり、利息の低き外国債を募るは、政府の利にして国の損なり、利息の高き内国債を募るは、政府の損にして国の利なり、政府は国の一分なり、其国損を受けて政府独り利を受くるの理なし、独り政府の利を謀るは目前の短智にして遠大の識なき者なり、

近来世界に於て銀の価格大に下落し、銀貨通用の国は何れも其経済を攪乱せられざるはなし、本邦の如き、名称は金貨本位なれども、其実は銀貨本位の如くなれるを以て、他の銀貨国と同じく其変動を受けたり、初めは金銀の位格些少の高低ありしに過ぎざりしが、近年俄に其位格を変じ、本邦の如きは、銀貨百九十円を以て金貨百円に換へ、銀貨九円六十銭を以て金貨一磅に換ふるに至れり、是を以て外国より購入する諸物は、殆ど一倍の価を増し、銀貨を携へて外国に赴く者は、其貨幣は本邦にある時に比して殆ど半価に下れり、惟外国輸出の生糸茶の類は、名称の高価なるを以て、続々之を売却し、邦人は大利を得たるの想を為せども、其実は貨幣の位格の低下せるを以て、銀貨の高き時の安価と異なることなし、故に今日の所に於て、本邦の物品を売るのみにて、外国の物品を買ふことなければ、銀貨の下落も敢て憂ふるに足らずと雖ども、外国よりの輸入品は、大にして軍艦大砲の如き、之に次ぎて鉄道軌条水道の鉄管の如き、其他紡績電気の諸機器の如き、文明に必要なる物品は続々購入せざるべからず、是経済家が深く畏れて其禍を防がんとするに汲々たる所以なり、或は曰く、宜く百難を排して金貨本位に復せざるべからずと、或は曰く銀貨の下落は自ら定度あり、即ち銀を採掘するの費用より下ることなし、若し採掘する費用より銀の価格低きときは、爾後決して銀を採掘する者はあるべからず、然るときは銀の減少を来すを以て其価は自然に再び騰貴すべしと、或は曰く、支那朝鮮と相結びて大に銀貨制度を起すべしと、夫れ銀貨の下落は世界に産出せる銀の量、大に金の量に超過するより起る者にして、加ふるに亜米利加合衆国と英領印度とにて銀貨の制に改革を為したるより、天下の勢靡然と

して銀貨低落の方に傾けり、邦人何程智を奮ふも、一年一千万円内外の鋳造高を以て、世界の銀貨の価格を動かさんとするは、到底企て及ばざる所なり、政府にて設けたる貨幣制度取調委員の如きも、或は銀の下落したる原因と状況とを取調べ得ることはあらん、仮令取調べたりとも夫までの事にして、我国力を以て之を如何ともすること能はざるべし、余が考ふる所にては、銀貨の価格は右の如き次第にて我邦一国の力にては、迚も之を恢復することを得ざることなれば、今日の処にては已むことを得ず姑く銀貨の価格は此の如き者なりと定めて、国家の経済を立つるより外に方法は無かるべし、最初より銀貨の価今日の如くならば、是に依りて経済を立るの方法なきに非ず、且つ銀貨の下落に依りて自然に外国品の輸入を減じ、本国の輸出を増すことなれば左程恐怖すべきことには非ざるべし、然れども一国の理財者として、銀の下落の原因状態をも知らずして止むべきことに非ざれば、其調査は十分に精密にせざるべからず、然れども一進一退一増一減は免かれざる者なれば、或は後来金の産出を増すことなしと言ふべからず、故に常に此事に注意し、若し回復の機会あらば速に工夫を運らして自然の力を助けざるべからず、今日の場合にては、務めて輸入品を減じ、輸出品を増加するの工夫、最も切要のことなるべし、

租　税

本邦の租税は古代王政の時より米納にして、是を行ふこと千有余年、政府の経済より民間の生計に至るまで、皆米納に本づきて其整理を立てたる者なり、然るに明治の初、兵庫県令神田孝平、初めて米納を改めて金納と為るの議を建て、神奈川県令陸奥宗光其法を修正して之を政府に献ず、政府にても西洋崇拝の意見よりして、卒然として千年以来の旧慣を廃し、未曽有の新法を用ふ、是が為に人心動乱し、農民の損害を受けたること実に甚し、其初め地租を改

正せんとするには、先づ全国の田畠を丈量して地価を定めざるべからず、是が為に国民の財を費したること幾許を知らず、愛知一県のみにて、人民の費す所六十万円に上れりと云へり、（当時の県令安場保和の言）、然れば全国の民費は実に大なることとなるべし、此の如き財用と労力と時間とを費し、米納改まりて金納と為りたる後、民間の便利は如何と云ふに、民間には些少の便利なくして、幾多の不便利のみを受けたり、租税は人民が所有せざる物より取ること勿れと云ふは西洋理財家の格言なり、然るに農民の田地を有する者は、米は自ら之を作れども、金を作ること能はず、是に於て其米を市場に売りて金と為し、之を政府に納む、納税の時に定まりあるを以て、全国の民皆同時に米を売る、是に依り、納税の時は米価必ず下落す、米納ならば三俵を納めて足るべき者を、金納となる時は、四俵或は四俵半を売らざれば納税の義務を了すること能はず、此時の民間の困迫は実に甚しかりしなり、然るに幸か不幸か明治十年西南戦争の後、政府にて大に紙幣を発行せしを以て、米価非常に騰貴し、為めに金納の事に付き、甚しき苦悩に陥らずして止みたり、今日は納租時期にも種々の改正あり、頗る民間に便利を与え、且米穀豊饒の年は外国へ輸出することとなり、米価常に相応の価格を保ち居るを以て、民間には已に怨嗟の声を絶ちたりと雖ども、猶冥々の中に農民が納租の為に年々無益の損失を受け居ることは莫大のことなるべし、

衆議院が年々政府の予算に減額を唱ふるは決して不可なることなし、然るに其論ずる所は毎に国税に止まりて地方税に及ぶこと能はず、是亦議員の権限に於て已むを得ざる所なり、然るに実際に於て之を見れば、国税の重きよりは地方税の重きは甚だ国民の苦しむ所なり、衆議院の尽力にて国税を軽減するときは、其償を地方税に取りて其不足を充たすことあり、此の如きは甚だ不当のことと云ふべし、監獄費を地方税にて支弁するが如きは、其尤も甚しき者なり、元来監獄費は無益の冗費甚多く、余の如きは、切に之を削減せんことを欲するなり、況して之を地方税の負担とするが如きは、殊に不道理のことなり、其他一物の税を国税地方税双方より取るも亦不当のことなり、又地方税中に

て家屋税の如きは、（殊に東京市中）過重にして他の税と其均衡を得ず、甞て府会議員何某が此事を論ずる言に、家屋税は徴収に易きを以て、少しく過重なるも、何々の税率を以て之を課すと、嗚乎収税吏が些少の手数を厭ひて人民に不平均の税を課す、是を府会議員の職分と云ふべきか、或人曰く国税も地方税も同じく人民自ら納むる者なり、何故に地方税の重きは国税の重きより難儀なるか、余曰く吾子の居る区内に公立小学校あらん、若し此小学校を全く生徒の授業料のみを以て維持せよと言はゞ如何、決して維持すること能はざるべし、然れども地方税を以て之を維持するときは相応に維持し得らるゝなり、地方税とても、生徒の授業料同様に人民各自に出金する者なり、然れども各人各個と云へば学校を維持するだけの金を出すとこと能はず、地方税となれば、学校を維持するだけの金を出して強て苦情を言ふ者なし、是何の理ぞ、能く此理を知らば、地方税の重きは国税の重きより難儀なるの理を了解することを得べし、

会計に予算なかるべからざるは、立憲政治に於て已むべからざることなり、然るに予算に一弊あり、予め余裕を見込みて予算を立つること是なり、蓋し此の如くせざれば、若し経費不足したるときは、其の費用を出すべき途なきを以て、諸省倶に成るべく余裕を取るなり、故に毎年会計年度の終りに至れば、諸省共に大抵剰金を生ずるなり、然れども若し此剰金を剰金として大蔵省に返付するときは、来年より其省の定額金を減少せらるゝの恐あり、故に何れの省にても之を返付することなく、其年度の中に於て之を遣ひ払ふなり、是に於て会計の年度の終には、諸省共に不急の建築、不要の物品を買入れ、以て剰余金の使用を為すを常とす、此の如きは実に不経済の甚しき者にして、且つ官省間互に相欺く者なり、余謂へらく政府にては規則に拘泥するの弊を打破し、若し或省に剰金あらば之を返付せしめて之を貯蓄し、明年は明年だけの必要金を其省に交付せば、国家の経済に於て無益の冗費を為すことなからん、然れども誠実を以て職を奉ずる者に非ざれば能はざるなり、

山林治川

山林の国家の益を為すことは一々之を数ふべからず、民家日用の家屋器具より以て薪炭の類に至るまで、林材の一日も欠くべからざるは、余が多言を要せざるなり、加ふるに山林は水源を給し、土砂の崩壊を防ぎ気候を良善にするの功あり、山林の事決して軽忽に付すべからざるなり、西洋諸国殊に独逸の如きは、山林の学山林の業に力を用ひ其発達甚だ顕著なりと聞けり、本邦の如きは、山林原野の広きこと田畠宅地に過ぐこと五倍なり、加ふるに気候和順雨量湿気甚多く、又樹木の種類にも富み居れば、山林の業には尤も力を尽さゞるべからざるなり、政府にても茲に見る所あり、往年農商務省中に山林局を置き、山林の事を董督せしも、其法未だ宜きを得ざるか、未だ良善の結果を見ること能はざるなり、又全国の山林を大林区小林区に分ち、夫々の官吏を置きて之を監視せしむれども、其監視する所は官林に止まり、民有山林の七百十八万七千三百六十三町は其管理外にありて、其盛衰栄枯は之を問ふことなし、是未だ其法を得たる者と云ふべからざるなり、明治二十四年官林の収益は六十六万七千二百三十二円にして、林区署の費用は四十九万三千百五十八円、外に調査費四万九千七百二十八円あり、全国官林の大さ七百十八万三千九百四十六町にして、之に従事する官吏数百人に下らず、而して其益する所一年十二万四千二百四十七円に止まる、其利極めて小なりと云ふべし、前田氏の調査に依るに、我官林の面積は普国より多きこと殆ど二倍半、法国より多きこと殆ど六倍なり、而して其収入を問へば、我百町歩の収むる所六円余(十七年度調)にして、普国は五百四十四円余、法国は五百四十八円余なり、彼は土地概ね瘠薄季候亦寒冷にして、樹木成長の度、我に比すれば頗る遅緩なるを免かれずと雖も、其利用の道を講究して怠らざる結果終に能く此の如し、豈勉めざるべけんやと言へり、然れども現今は創成の時なれば、敢て其収益の多寡を問はず、只其山林益々繁茂し数十年の後に至りて其効を顕はせば可なり、然るに今日国中を旅行して山々の有様を見るに、大抵は裸山にして樹木の生殖する者は甚稀なり、岩石又は砂山ならば已むことを得ざるなれども、其裸山にも灌木雑草皆能く生長しあれば、若し樹木を植付くるときは、必ず能く生長せんことは問はても知るべきことなり、其地は官有地なるか民有地なるかは之を審にせざれども、兎も角も日本帝国の地面たるに相違なし、其山は山林局の管轄か地方官の管轄か是又之を知らずと雖も、之を放置して森林と為さゞるは、其責必ず帰する所あるべきなり、現今官民共に農事には頗る力を用ひ、種々の方法を設けて之を奨励せり、然るに全国十分の七を領する山地をば棄て顧みず、官の親切ならざるか、民の怠惰なるか、何れか其一に居ることとなるべし、夫木材は本国の用途甚多きのみならず、隣国支那の如きは土地広く人口多くして常に木材の不足を告ぐ、本邦の林木何程増加するとも、之を支那に輸出するときは、其販路の壅塞することはなかるべし、況んや今日国内に於ても、帆檣電信柱を得るに、頗る其得難きを苦しみ、薪炭の如きは漸々欠乏を告ぐるの状あり、鉄道の枕木の如きは、今日以後其用幾多を増加すべきかを知らず、夫れ山林は今日之を植るも数十年の後に非ざれば其用を為さず、宜く政府にて速に植樹のことを勧誘せざるべからず、邦人の性たる、多く目前の利に汲々として百年の後を計ることを知らず、是を以て山林の如きは、動もすれば之を放置して顧みざるに至れるなり、誤まれるの甚しき者と云ふべし、

河川が運輸灌漑の大利益を為すと共に又氾濫壊決の大害を為すことは、古今免かれざる所の患なり、一たび壊決するときは、其人命を損じ、家屋を流し、土地を荒し其費す所幾百万を計るべからず、故に治川の事は、政府にて之を緩慢に付し置かず、十分に考究審査し、姑息の小利を棄て、百年の大計を為さゞるべからざるなり、近時の統計表を見るに、明治二十三年全国河川の土功費は、国庫の支出に係る者一百四十七万九千七十六円、地方の支出に係る者、五百二万六千一百二十九円、合計六百五十万五千二百五円なり、外に河身修築費八十万四千一百二十三円なり、

又同年の水災は全国にて五百三十四度、水を被りたる市町村の数一万八百所、再築費概算七百三十三万九百四十六円なり、頗る大なることと云ふべし、若し之に加ふるに、水災の為に亡失したる財産を計算するときは実に其幾許なるかを計り難し、治川のことに付きては、古今東西の経済家か精神を凝して論断する所甚多く、已に善尽くし美尽くしたるが如くなれども、如何せん今日に至るまで河川の患害は年々止むことなし、蓋し其議論の実用に適せざるか、或は其議論は適当なるも、之を実地に応用し得る人なきか、兎も角も決して緩慢に付すべからざるの問題なり、凡そ河害の由て起る原因は甚多かるべきも、其首要なる者三個あるに似たり、其一は山林の濫伐、其二は堤防の粗脆、其三は流域の侵奪是なり、国中大小の諸川は、年を経るに従ひて、河底浅くなり、甚しきに至りては、河水の底は平地より高き者少なからず、是を以て一朝洪水暴漲するときは、堤を越し家を流して其害止まる所を知らず、此の如き者は水源にある山林を濫伐するに由りて、水気を保持するの力に乏しく、平日は潤雨少なく、一旦大水出るときは、土砂を押出して河水を塞く、此の如きこと年々連続して、遂に今日の如く河底の平地より高きに至りたるなり、此理は本邦にて熊沢蕃山早く之を唱へ、西洋にては諸国の経済家皆已に之を言へり、封建の代には、山林に伐木の禁ありしを以て、濫りに採伐することは無かりしが、維新の時藩を廃し、大に民の自由に任かせしを以て、是より濫伐の弊甚だ熾んなり、殊に近年諸工業の興るより、炭薪の用益々多く、之が為に濫伐は益々其歩を進むるの勢あり、政府及び地方官たる者今にして之を禁遏せざるときは、一は民間に炭薪の種子を絶し、一は河川の害、年を逐ひて益々甚しきに至るべし、又堤防の堅と不堅とは、数千万の人命、数百万の財産の係る所にして洪水の暴漲したる時は、之より外に頼むべき者なし、此の如く大切なる堤防なるに、猶人の之に意を用ふることは甚親切ならず、粗漏脆弱の工事を為して敢て顧みざる者あるは歎息の至りに堪へす、各地堤防の状を聞くに、古代に築造せる堤防は大抵は堅固にして、近代築造せる者は大抵は脆弱なりと、夫れ古代は学術未だ開けず、器械猶拙なるに、能く堅固の堤防を造り、近代は学術進歩し、器械も精巧なるに、其堤防の堅固なること古代に及ばずと云ふは何ぞや、是深く考へざるべからざる所なり、或人曰く近代の工事は財を惜み、入札法を以て最下の価格の者に工事を命ず、是其工事の堅固ならざる所以なりと、余謂へらく然らず、方今諸所にて行ふ所の土功の価格を聞くに、決して低廉ならざるなり、工事の堅固ならざるは猶他に原因あるべし、余往年某県に遊しに、其地方の人、余に語りて曰く、県下某川の堤防修築に国庫より若干金地方税より若干金を出せり、然るに実際堤防に費しゝは其中の五分の四にして、其五分の一は、官吏技師及び受負人の私する所となれりと、此言少しく甚しきが如くなれども全く虚言なりとも云ひ難き者あり、果して此の如くならば、如何にして堤防の堅固なることを望むべけんや、蓋し此の如き事は固より秘密に之を為すを以て、幾許の金を私し、幾許の手を抜きたると云ふことは之を知るに由なし、然れども今日は独り治水工事のみならず、総て大工事には皆此弊ありと聞く、是尤も畏るべき所なり、余謂へらく堤防の堅固ならんことを欲せば、左の諸件を実行せざるべからず、其一は費用を惜むべからず、(是が為に精密なる仕様と予算とを立てざるべからず)、其二は熟練の技師を選ぶべし(畠水練の技師は用ふべからず)、其三は廉潔の官吏を用ひて其事を董督せしむべし、(仮令其事業には長じ居るも、貧汚の吏は之を用ふべからず)、其四は古式に拘泥すべからず、(堤防の高さ広さ、及び其屈曲の状等は、水勢の変化に由りて同一なること能はざる者なれば、古来の模式に拘泥するは不可なり)、其五は堤防の為めに土地を惜むべからず、(或は土手敷を広くし、或は其堤の位置を変する等に由りて、多くの地面を要することあり、是を惜むときは、堅固の堤防を造ること能はず)、其六は事功を急ぐべからず、(速に成れば堅牢ならず、事情の許す限りは、急速粗卒の工事を為すべからず)、此六条は堅固なる堤防を作るの要件にして、粗要中の要は主宰者誠心を以て其事を督励するにあり、今日は西洋より得たる工術器械往昔に数倍し居れば、若し主宰者誠心を以て之に臨み、官吏技師某人を得るときは、古代の堤防に幾倍堅固なる堤防を造り得べきことは決して疑なき所なり、其三流域の侵奪と云ふことは、凡そ河川は、其水の自然に領有せざるべからざるの地面あり、平日水量少き時は、無益に土地を放棄するが如く見ゆるれども、一旦洪水となる時は、是非とも是に相応したる地面を与へざることを得ず、然るに知識の浅短なる者は、動もすれば堤防を築きて河水の流域を狭くし、又は水中に蘆洲を生ずる時は、是を築造して田畠とする者あり、平日は些少の利益あるが如くなれども、河水暴漲するときは、是が為めに暴漲の勢を増し、或は堤防を決し、或は人家を漂没するに至ることあり、成富兵庫の千歳川に於ける、熊沢蕃山の朝日川に於ける工事の如きは倶に水の為めに剰余の地を与へたりしに、近年浅智の士、先哲の所為を以て迂なりとし、其流域を奪ひて幾多の田畑を作りたり、是に由り、近年二川の水害殊に多しと聞けり、其他全国に此の如きの類甚多かるべし、以上記する所は治川の大略なり、此外河身改修、水路変更の如きは、治水に最も必要の事なれども、是は水利に明かなるのを智士に非ざれば、浪りに手を下すべからず、妄意に手を下すときは是が為に却て水害を増すか、或は運送灌漑の利を減ずることあり、河身改修の論は、先年政府にも盛んに起り、今日之が為に費し、財も亦少からず、然れども未だ良善の結果ありしことを聞かず、余が考ふる所にては、信濃川の如き利根川の如き淀川の如き皆河身改修を必要とする者なり、此事たる独り水利に明かなるのみならず、又其地の歴史を調査し古来より其河流が如何に変化せるかを知り、以て其設計を為さゞるべからざるなり、

民業

本邦国民産業の力は明治二十五年の調査に依るに、外国貿易、工業、農業の産物運搬費、銀行利益を合せて七億三千七百八十九万円、英国は同上の合計百三十一億五千六百万円にして、大約吾十九倍強なり、比利時和蘭の二

国の如きは、地積人口共に本邦の十分一より十二分一の間にある小国なり、而して比国の同上の合計は十六億三百万円、蘭国は十四億一千五十万円なり、我邦実に東洋に雄峙せんと欲せば、今日の財産にては到底企て及ばざることなり、

民間の生産力を論ずるには、先づ農業を以て始めざるべからず、盖し国家経済開暢の順序は、初めに農産物を盛にし、次て工産物を盛んにせざるべからず、工産物の利は農産物に十倍し且つ農産物は必ず土地を要するを以て其生産に限あり、故に国を富まさんとするには工産物の進暢最も必要なり、然れども人智の発達には自然の順序あり、初より農産物を後にして専ら工産物を先にすること能はざるなり、本邦の如きは、往古より農工の両産物共に国土相応には発達し居たれども、今日の如く世界各国と交通し、十分に国の富強を謀らんとするには、決して従前の農工業に安んぜず、奮て改良進歩の途に就かざるべからずなり、今日本邦にて外国人と貿易して利益を得る者は大抵農産及び水産にして、（生糸茶昆布の類）工産は未だ大に国益を為す者なし、然れば邦人今日の知識は、農業の知識にして、工産の知識に非ざるなり、故に今日国民の務むべき所は主として農産に在りて工産の如きも他日の進歩の為めに人々力に応じて之を営むは可なり、工産を以て大に国を利せんと思ふは未だなり、農産の事は、明治十四年の頃までは各府県に勧業課を置き、又民間にも取締など云ふ者ありて、農家の事業に干渉したり、盖し農民が知識の幼稚なるを以て、之を教導保護するの意より出たる者なり、然るに其勧業課と云ふものは多くは書生にして、農業の何たるを知らず、只二三の農業の翻訳書等を読みて之を指導するを以て、動もすれば議論と実地と相伴はざること多し、之を以て勧業課は民の助を為すよりは、民の妨を為す者もありしなり、其後農学士と云ふ者出来り地方を巡回して農家の為に農事を教ふることとなれり、此輩の学問は前の勧業課より大に勝れりと雖も、実地の経験に乏しきを以て、其結果は勧業課と大に異なることなし、近頃は政府にても其干渉の弊に懲り、務めて農民の自由に任かせ、規則を以

て之を束縛することなし、農民も漸く世間の事情を知り、種々の説をも聞き、工夫し勉強すれば夫だけの利益あるを以て、自ら奮発する者も少なからず、是に由り十五年以前に比すれば農産の額大に増加せり、明治十一年の粳米の収穫高は二千三百二十七万六千二百石にして、二十六年の収穫高は三千三百五十万二百十石なり、即ち一千万石の増加なり、又明治十一年製茶の産額は二百七十六万一千五百二十三貫にして、二十五年の産額は七百八十二万二千三十四貫なり、即ち殆ど三倍の増加なり、又明治十一年の繭の産額は、九十四万二千百九十八石にして、二十五年の産額は百四十八万七百五石、即ち五十三万八千石余の増加なり、蚕糸は明治十一年の産額は三十六万二千六百七貫にして、二十五年は百六十四万三千二百八十一貫、即殆ど五倍の増加なり、是を以て見れば農産中重要品の増加は実に著るき者なり、然れども増加せざる者も亦之あり、甘蔗の如き、綿花の如き、菜種の如き、藍の如きは、或は増減なく、或は大に減少する者あり、然れども其増加する者は大産の物にして、減少するは少産の物なれば、農産物は年々大に増加すと云ひて可なり、然れども邦人は決して之を以て満足することなく、益々其産出を増加し、其品種を良善にせざるべからざるなり、邦人の農業は其熟練に於ては、世界の人民に下ることなし、独り其学理を応用する点に於て、欧米の民に及ばざること多し、是本邦農民の一大短処なり、故に此上は益々学理を研究し、肥料の如き、耕種法の如き土性の鑑定の如き、種子の選択の如き、何れに大に工夫を加へざるべかざるなり、蓋し本邦の地味は欧州北部諸国の地味に比すれば甚肥沃にして、又気候温和、雨量の多き等、農業の為に其利益甚多ければ、此上に能く学理を応用し、勉強尽力するときは、世界の農産を圧倒するも亦為し難きに非ざるべし、又砂糖の如き、木綿の如き、藍の如き、木蝋の如きは、古来より本邦特有の物産なりしが、近年に至り、外国品の輸入に由りて其利益を失ひたること多し、此の如き物品は何程勉強するも終に彼に及ばざる者なるか、或は此上の工夫に由りて能く旧時の位格を保つべき者なるか、是等は其業に従事する者大に之を研究して、果して彼に及ぶこと能はざる者ならば、之を廃して他の利益ある物

を作るを宜しとすべし、若し勉強の足らざるよりして彼に圧倒せらるゝことならば、大奮発を以て之を回復せざるべからざるなり、

本邦の農家にて自ら手を下して農業を力むる者は中産以下の貧民を多しとす、農業上の経験と云ひ発明と云ふも、大抵は是等の民の経験し発明する所なり、是等の民は能く労力も為し経験も為し得れども、元来学問の少なき者なれば、其経験と云ひ発明と云ふも、狭隘なる界限の内に在りて之を為す者なれば、今日世界に対して誇るべき程の大発明を為すこと能はず、中産以上の民、又は大地主と云ふ者は、其中に学問の力ある者あれども、是等は却て其農事を小作人又は雇人に任かせ、自ら農事に付きての労力経験を為すこと能はず、却て己が本分ならざる政事法律などを談じて政党に入り先祖以来の財産を失ひ、又は遊惰安逸を事とし、俳諧棋象棋其他の遊芸を以て無益に日を送るも亦少なからず、是本邦の農業改進に甚害ある風習なり、何卒速に此風習を改め、中産以上の富人も自ら手を下して労力を為し、其実験したる所を以て其学びたる学理に照らし、以て大に発見する所あらんを望むなり、

凡そ農業は何れも土地を本とする者なれば、全国の地力を尽したる上は、其利源は夫れにて止息す、唯其利源の愈々出でゝ愈々窮りなきは工産を然りとす、然れども工産は知識と練熟と資本とを要すること農産より大なる者なれば、今日工産を思ひ付きて、明年より良工品を出すと云ふこと能はず、必ず積むに歳月を以てせざれば、国益を為すに至らざるべし、且欧米人は最も工業に長じ、其工産物は何れも精巧なれば我邦の工産物を以て欧米の市場に声価を得んとするは、実に至難の事なり、故に今日の処にては、工産物を二様に分ち、一は外国の模造品を作り、一は我邦人の最も長ずる工産物を作り出すにあり、凡そ我国内に於て外国の物品を用ふる者甚多し、曰く羅沙なり、曰く時計なり、曰く皮革なり、曰く紙なり、曰く煙草なり、曰く酒なり、曰く製薬なり、曰く玻瓈なり、曰く鉄なり、曰く織物なり、其他猶甚多し、是等は今日邦人必用の物となりて之を廃止すること能はず、因て邦人は務めて是等の物品を模造して

国人の用に供せんことを求むべし、但し模造品と雖も、初めて之を作るは頗る難事なれば、政府にて其労力に応ずるだけの保護を与へざるべからず、尤も是まで是等の諸品を模造したる者ありたれども、一は海関税の低きに依りて外国品の価の廉なると、一は一人之を模造すれば衆人競ひて之に倣ふを以て、初め模造したる者其利を失ふとに由り模造品を作らんとする者甚振はず、本邦の工産物を外国の市場に売捌くは固より希望すべきことなれども、今日は未だ驟かに其地位に達すること能はず、当分の内は猶模造品を作る方、却て本人の利にもあり亦国益にもなることなり、其中に有志の人は追々工業の進歩を謀りて、本邦の工産物を外国の市場に出す様にすべし、然れども外国の市場に出すべき工産を作らんとするには、此上に猶幾多の学問も必要なり、資本も更に富饒ならざるべからず、又政府にても相応の保護を与えざるべからず、保護とは如何、従前の保護は必ず金銭を給与すとか、又は貸与すとかの類なれども、此の如き保護は給与を受くる者の怠惰心を引起し、且他の同業者の妬忌を生じ、為めに良善の結果を得ること能はざる者なれば、以後は此の如きことは之を廃し、専売特許を与ふると、販路を教示すると、外国の流行と時価とを報知するを以て必要とす、本邦の工産物は之を製造する者は多けれども、常に販路の壅塞に由りて其事業発達すること能はず、従前政府及び地方官にて農工作物の製造には頗るよく世話すれども、販路のことは之を世話する者あることを聞かず、販路さへ十分に開くれば、農工産物は勧めずして自然に発達進歩するなり、又外国市場の流行は最も工産家に必要のことなれども、工業家が一己の力にて調査せんとするは頗る難事なり、政府にては已に領事の在留もあることなれば、今少しく注意加ふれば、其流行の変動を知ることを得べし、是等は政府が農工家に対する緊要の保護なり、

農業工業十分に発達すとも、商業発達せざるときは、折角精良なる農産工産も終に真正の価格を保つに至らざることあり、況や本邦は四面海を遶らし、万国梯航の衝なれば、最も商業の発達を勉めざるべからざるの国なり、然るに従前の商業家は(外人と取引する)何れも商業の何たることを知らず只開港場に居る外人の所に我邦の物産を持行き、

彼の定めたる価格に依りて之を売渡すに過ぎず、又外国品を買ふ者も、開港場に居る外人の定めたる値格を似て、少しの掛引はあれども之を買入るゝに過ぎず、此方より売渡したる物品は、何の地に行きて、何の用を為すかを知らざる者あり、況して外国市場の相場などは少しも之を知ること能はず、又買人の物品も其産地は何れの国なるか、如何なる土地を経て我邦に来るか、著名なる市場の相場は何程なるか、皆之を知らざるなり、此の如くして外商と取引を為すは、実に幼稚の商業と云ふべし、故に其商売の権は常に彼等の手に在りて、我商売は彼の鼻息を仰ぎて進退するに過ぎず、加ふるに我商人は其資本常に貧しきを似て物貨の下落したるとき、之を維持して其物貨の下落したるとき、之を維持して其価格の復するを待つこと能はず、常に売急ぎを以て大なる損失を受くること数なり、又外商に不法の事あるときは、我同業者は連合して之に当らざるべからざるに我商人の結合力と忍耐力との弱きに由り、中道にして其謀瓦解し、外人をして其不法を遂げしむること少なからず、蓋し国中の物産何程多くして美なるも、是を彼の手に交付して金に替る者は商売なり、然るに商売の状態此の如し、国家の経済実に大に憂ふべき者あり、我邦従前の商売は大抵学職なく胆力なく、目前の利に汲々として永遠の慮なし、此の如き商売に委して外国との商業を掌らしめんとす、余は其失計を悲しまざることを得ざるなり、夫れ交易に居交易あり、居交易の出交易に及ばざることは衆人の知る所なり、本邦横浜開港以来已に四十年、其交易は皆居交易にして、一も此方より乗出し、外国の市場に向ひて其勝敗を争ふ者あることを聞かず、聞かざるも道理なり、然れども何時までも幼稚なりと云ひて退縮主義に甘んずべきに非ず、必ず伸張主義を執るの工夫を為さゞるべからざるなり、商業を発達する方法如何、商業学校を開くより他に方法あることなし、政府にて建てたる高等商業学校は其名の如く高等の学校なれば、一般の商人の用に供し難し、夫よりは今日の処にては簡易なる商業学校を全国に数十個所開かざるべからず、(政府の学校の外東京に一個の商業学校あれども甚た不足なり)、従前の商人は商業の教育なきを以て世界の商業の大勢を知らず、又外国の貿易間に行はるゝ規則習慣等を詳にせず、故に其着目する所多く国内の商業にして、偶々外国人と取引する者は唯外人に依頼して自立の働なし、其商才ある者は或は相場師と為り、或は御用商人となりて終るのみ、其中或は商業の学問を為さんとする者あるも、政府設立の学校は其学科高上にして之を学ぶに多くの歳月を費すを以て、容易に入学せんとする者なし、故に今日の急務は学科浅易にして学校と云はんより寧ろ講習所等の名義を付し、費用も多く掛らず、年限も短くして卒業する学校を多く設くるに若くはなし、然るときは十数年の後に至り、幾多の商業家を出すに相違なし、

凡そ実業の中に於て、尤も利己に傾き易きは商業なり、姦猾の事を為して衆人に迷惑を掛くる者は常に商人なり、利己の極は遂に国をも売るに至る者少なからず、さりとて商業家に道徳を以て責むること能はず、利己者多しと言ひて商業を廃すること能はず、廃すべからざるのみならず、今後は益々之を盛んにせざるべからず、然らば之を如何せば可ならん、是政事家の智略に在るのみ、凡そ商人を馭するの要は、是をして十分自由に働かしむべし、然れども其奸を為すは之を防がざるべからず、其商売に成べく便利を与ふべし、然れども之をして他業の者又は公衆を苦しましむべからず、凡そ社会に勢力ある者は富と貴となり、富は彼の自ら之を取るに任すべきも、貴は朝廷の由て威厳を保つ所なれば、決して彼に与ふべからず、近年海防費を献じたりと云ふを以て商売に五位六位の位階を与へしは失敗と云ふべし、又富者は其跋扈を防がさるべからず、大官が私に彼と親交するは彼の跋扈を長ずる所以なり。

航海移民

海図にして航海の業を隆盛にせざるべからざるは固より言ふを待たず、本法従来航海の業の発達せざるは其原因三あり、其一は旧政府に於て海禁の厳なりしなり、其二は、海船の脆弱なりしなり、其三は国民安逸に慣れて進取

の気に乏しかりしなり、今日は海禁は既に解けたり、海船は外国に購ふときは堅固なる者を得べし、独り第三条に至りては、未だ全く刷新すると能はず、猶旧来の怠惰に安ずる者甚多し、蓋し本邦の商家にて大資産家と云ふは、大抵世に称する所の御用商人にして、何れも政府に取入り、賄賂諂媚を以て万金の利を攫取する者なれば、其事たる安佚にして其利也莫大なり、是を万里の波濤を凌ぎ、言語人情不通の地に赴き、生命財産の危険を犯して商業を営む者に比すれば、其労佚難易固より日を同くして語るべからず、商売は固より己を利するを以て目的とす苟くも安佚にして巨利を穫るの途あらば、安んぞ危険を犯して期すべからざるの利を求むる者あらんや、故に御用商人の如き者の世に在りて大利を獲るの間は、航海の業は盛んに起る事態はざるべし、又本邦特有の物産なる生糸茶葉等を売る者は、皆我港口に座して外人の来り買ふを待つ、是に由り惟其海上運送の利を彼等に占得せらるゝのみならず、相場の権も彼に在り、売買の権も彼に在り、本邦の商人は外商の鼻息を仰ぎて憂喜を為す、此の如きは皆航海の業の盛んならざる結果なれども、邦人の胆の小なる一は海上の険を畏れ、二は彼地に往きて販売するも或は其利なきを畏る、嗚呼八千九百七十一万円余の輸出物品を有しながら、自ら之を外国に積載して販売せんとするの勇気なきは残念なる事なり、加レ之南洋諸島より墺太利の地に至りては何れも我貿易地に非ざるはなし、欧州人は渺々たる亜細亜の沿海を航して南洋諸島に貿易場を求むるに、我邦は一たび帆を南方の海港に揚ぐれば、直ちに之に達すべき諸島轟々羅列せるも、未だ大に其貿易を試むる者なきは、実に憐むべきの至りと云ふべし、蓋し本邦の資本家は、前に言へる御用商人は言ふに及ばず、其他の者も大抵は安佚を以て利を得ん事を求め、危険を冒して功名を立んとするの念なし、夫れ航海の利は一は国威を張るなり、二は国民の胆を大にするなり、三は世界貿易の大勢に通ずるなり、此の如く国家に大利ある者なれば、初めは政府に於て其航海者に相応の補助を与えざるべからず、唯其補助を与ふるに付き極めて必要なる事は、或る航海者に厚くして或る航海者に薄きが如き偏頗の処置なき事を望むなり、又其補助も其不足を補ふに止まり、剰利を与へざらん事に注意すべし、又其補助金を与ふるの法は、其航路の遠近に准じて其多少を斟酌すべし、従前の如く年々幾十万金を補助すと云ふは極めて濫法と云ふべし、彼三菱社の如く、其商業に於て已に巨大の利益あるが上に、更に補助金を与へて其暴富を助けたるが如きは、尤も失政と云ふべきなり、又海舶の如きは、外国より購求するは目前已むを得ざる事なれども、永く之に安んずる事なく、遂には悉皆本邦にて製造せざるべからざるなり、横須賀にては既に幾隻の軍艦を造り、神戸及び石川島にても幾隻の商船を作りたる事なれば、今一層の資本を投入するときは、漸々工人も上達し費用も省略することを得べし、是等も其堅実なる海船を造り得べき工場には、政府より補助を与ふるを必要とすべし、其補助は年額を以て之を定めず、船一隻に付き何程と定めて之を補助すべし、又航海者には種々の奨励法を設けて其勇気を鼓舞せざるべからず、

本邦の人口は年々三四十万人の増加あり、此勢を以て推す時は、百年の後は必ず一倍の多きに至ると云ふは、統計学者の倶に言ふ所なり、地広く人少きは、固より国の利に非ずと雖とも、地狭く人多きも亦国の利に非ざるなり、本邦人口の多き事世界の第三等に居る、（明治二十年の調査に依るに比利時は一方里に平均人口三千六十六人、英国は同上千八百十人、伊太利は同上千五百四十六人、本邦は同上千五百四十四人、但し本州は千九百九十五人なり）、其上本邦の地勢は山岳七部強を占め平地は三分弱に過ぎず、此上人口増加する時は、頗る食物に不足を生ずるの恐あり、若し此人口倍加して八千万人となる時は、如何なる深山まで開墾するも恐くは食物に不足を生ずるに至らん、故に今日に方りて、移民即ち植民の業を興すは政府の急務なるべし、世間にても、已に移民の必要を知り、布哇に出稼ぎする者頗る多く、其他米国又は自余の諸国に寄留する者亦少なからず、然れども是等は皆彼国に移住する者に非ずして、所謂出稼人なれば、幾年の後は、再び本邦に帰住する者なり、此の如くにては、人口の増加を防ぎ、食物の不足を補ふこと能はざるなり、且布哇の出稼人の如きは、皆彼国の人に雇使せらるゝ者にして、殆ど奴隷の有様なり、米国に

在る者も大抵は雇人にして、給料を受けて彼国人の為めに労作する者多し、此の如き移民は、其数の増加するほど吾国民の位格を下し、遂に国威にも関係する者なれば、是等の出稼人は成べく多く出さゞるを可とすべし、移民会社の設立もあれども、余は其成功を覚束なく思ふなり、夫れ移民の事は三難あり、其一は本邦古来より他国に移民したることなきを以て、毫も先蹤の師とすべき者なし、其二は国民何れも資本に乏しく、国内の職業にて十分見込ある者にても猶資本を出すに難んず、況や地勢人情地味物産の良否を弁へざるの地に至りて事業を起さんとするには、莫大の資金を費すの覚悟なかるべからず、其三は、祖先以来此邦に居住し、親戚も墳墓も皆本邦に在る者なれば、之を棄てゝ他国の土とならんとするは、人情の為し能はざる所なり、極々貧窮に迫らば、或は為し得べしと雖とも、少しく資本ある者は、此美国を棄て遼遠の地に永住せんとするは甚難きことゝ云ふべし、此三難を犯さゞれば移民の業は之を行ふこと能はず、さりとて今日より移住の事を為さゞれば、遂に食物に不足し、倶潰れの姿に陥るべし、故に移住は是非とも之を為さゞるべからず、已に移住は国家に於て必要なり、人民に打任せ置きては到底成功を期し難しと見たるときは、断然政府にて引受け、十分に之が奨励補助を為さゞるべからず、政府にて引受くる法如何、先第一に何れの国何の地方を以て移住に最も宜きかと云ふことを選定せざるべからず、已に其地を選定したる後、其国未だ通信通商の条約なきならば、速に其条約を締結し、先づ才幹ある領事を其国に在留せしむべし、本邦より移住する民は、成べく資本に富める者、農業に熱心なる者、学識ある者、進取の気力ある者等を選ぶべし、従前の如き奴隷同様の貧民のみを送るべからず、但し本邦の移住者中に資本家ありて彼地にて事業を興し其人に役使せらるゝことならば、如何なる貧民にても無知の者にても宜し、又其移住民の皆本を安全にするが為に、政府にて特別の約束を結ぶべし、又特別の権利をも与ふべし、移住の地は本邦と同じ温帯の地か、又は夫より猶温暖の地を選ぶべし、寒帯の国は労力多くして成功少なし、又移住に宜き土地を見定め、基準整ひたらば、政府にて勧誘して成べく多数の人を送るべし、少数の人にては、万事不便にして成功遅し、移住民のある土地へは定期航海を開き、本国との音信運送を便にすべし、已に基地に移住の人民も蕃殖し、又本邦航海の業も発達したらば、更に他の土地に移住地を選ぶべし、又移住する者は、唯自身の職業を起すのみならず、又国権を拡張することを務め、我邦の言語風俗を其地に及ぼさんことを謀るべし、此の如くするときは、奪略を行はずして我邦の版囲は自ら増加すべし、余が考ふる所にては、移民の地は墨西哥か南米の智利白露の中にて選ぶを宜しとすべし、是等の地に一の大移民地を作る時は、夫より四方に派出して、処々に小移民地を作るに至るべし、

雑事

政党は国の為めに直接には害ありて益なし、間接より言へば少しの益なきに非す、立憲国には政党は必要なりと言ふ者あれども、是は自分勝手の説なり、尤も立憲国には必政党あることなれども、是は自然の勢より生じたる者にして、国の為めに利ありとして之を興したる者には非ざるなり、英国にては顕利第三王の時、千三百六十五年、初めて全国の代議士を召集せしが、其時は未だ政党の萌芽あらず、其後大約三百八十年を経、査爾斯第二王の時に至り、初めて多利輝格《トーリスホイグス》の二政党起る、多利は王党にして、輝格は民党なり、是現今保守改進二政党の権輿なり、本邦にては之に異にして、未だ国会の開けざるの先に於て、已に政党を作り以て之を待つ、甚だ奇と云ふべし、蓋し本邦にて此の如く早く政党の起りし其原は、廃藩置県に於て士族の禄を奪ひしに基したる者なり、廃藩の一挙に於て、士族が数百年所有せる家禄を政府に没収せしは、実に少恩のことにして、是が為めに全国の士族一人も政府を恨まざる者なし、山口佐賀熊本鹿児島の乱は、其本は皆士族の禄を奪ひたるに由る者なり、(其乱を起したる名義は種々あれども)然る

に土佐の士族は従来少しく学問もあり、西洋の事体にも通じ居たることなれば、他の諸藩の如く妄りに兵を挙て敗亡を取るの愚を為さず、（但し明治十年の乱には西郷隆盛に応ぜんとせし者甚多かりしと聞けり）、因て別に其方法を求めて、民権伸張の義を唱へ、以て政府に抵抗せり、明治六七年の頃、板垣退助初めて愛国社を興し、土藩の士族を以て之を組織す、其人員三百人に過ぎず、是を本邦政党の萌芽とす、其後明治十二三年に至り、改進党の組織成る、是を第二の政党とす、是等の政党初めは皆士族なりしが、其勢力を盛んにせんが為め、且つ西洋の風に模せんが為めに、漸々平民をも説きて其党に入らしむ、明治十四年の頃、是等の党大に起り、政府に迫りて国会開設の事を請願す、政府にても已むことを得ず、且つ西洋の風を慕ふの意よりして、遂に国会開設の詔あるに至れり、是本邦の政党は国会開設に先だつ所以にして、其初めは廃藩の政之を促がしたる者なり、然るに是等の政党なる者、自党の勢力を盛んにせんと欲し、各地を巡遊し、良民を教唆し、政府の為政を誹謗して己が党に入らしむ、地方の少しく才気ある者は多く之に欺罔せられ、其党に入り、以て党費を支弁す、是に由り農民の其家産を敗りたる者甚多し、其党と云ふ者は、初めは何れも異口同音に政府の非を論じ、民権の発達を主張し其政事に管し、又は外交の政略に付きても、各一定の意見ありしが、其後或は利益の為め、又は其他の事故に由り、或は其主義を変ずる者あり、或は初め合して後に離るゝ者あり、或は初め離れて後に合する者あり、其党論の動揺し主義の一定せざることは、頗る笑ふに堪へたる者あり、今日の処にては、政党は国の害を為す程の事もなく、又国の益を為すこともなし、唯国会議員選挙の時、党派と党派と劇烈の競争を為し、己が財産を失ひ、甚しきは人を殺傷するに至る者あり、蓋し政党家の本意は何れも現政府を倒して自ら代らんとするに在る者なるべし、然れども其勢力の尚微弱なると人望の未だ属せざると、常に反対党に制せらるゝとを以て、今日の処にては、未だ其望を達すべきの期を見ざるが如し、藩閥政府も人心已に厭きたれば、国家の為には内閣の交迭も敢て不可なることに非ず、然れども今日の政党は未だ現政府に代りて国家を負担せしむるに足

らず、唯数々政府の塁に迫りて之を脅かすを以て、政府をして大に警戒する所あらしむるは、少しく国家に益なしともせざるなり、

世に紳商と云ふ者あり、其何の義なるを知らず、然るに其紳商と云ふ者の名を聞くに何れも政府の要路に結托して、種々の姦利を占め、以て僅々数年間に巨大の商売と為りたる者なり、国に是等の類多きは、国の為に利あるか害あるかと考ふるに、無論害ありと言はざることを得ず、今其害ある所以を数ふるに、第一に、賄賂を以て政府の管理を腐敗せしめ、第二に政府に大建築大需用ある毎に自家之を壟断して、他人をして之に与からしめず、第三、其大建築大需用は、高価を以て粗悪の物を作り、或は売り、以て国家の損失を来す、第四は、投機の業を為して、米穀其他民生日用の物品の価を騰貴せしむ、第五、賄賂の外、又種々の遊宴女色等を以て高官の人々を籠絡す、第六、政府の官吏と夤縁するを以て、早く物価の変動を知り、能く他人の先を制す、第七、放蕩奢侈其他賭博等の悪事を犯さゞる者なし、此紳商三都の間に在りて不正の業を為し、濁利を貪りて巨万の富を致し、海防費献金の事よりして、何れも政府より位階を賜はり、五位六位に叙せらるゝ者甚多し、此の如き小人、其初め如何にして政府の重官に取入りしや、是尤も考究せざるべからざることなり、物必先腐也而後蟲生ㇾ之と、政府の大官等其身を持すると謹厳ならば、是等の小人、いかに姦智ありとも、決して其間に投入すると能はざるべし、蓋し現時の大官は、皆匹夫より起りし者なれば、下流の人と相交際することを厭はず、且従前の官吏が鄭重の弊を去らんとするの意よりして、務めて工商の徒と相交際せり、彼等此機に乗じ、諛言を献じ、幇間の業を為し、重官の遊行ある毎に大抵は追随せざるとなく、重官中に或は家計に窮する者あり、或は密に妾を置かんと欲する者ある時は、彼等は此機を察し、或は金を貸して其返済の期を問はず、或は美女を求めて之を献する等、種々の巧計を用ひて其歓心を得、其十分信用を得たるを見て、初めて自己の願望を吐出す、是に於て大官も人情之を斥くることを得ずして、遂に其言を聴くに至れり、是彼等が志を得るの手段に

して、畢竟は大官が品行の修まらずに乗ぜし者なり、故に今日の大官は表面より行くときは、玄関もあり、門番もあり、護衛もあり、家令家扶もあり、容易に其堂に昇るべからざるとなれども、彼紳商が如き其裏面より入るときは、門番もなく護衛もなく、直ちに大官の室に入ることを得るなり、又民間の請願の如きも、表面より出すときは、地方官の添書を要し、属官の下調、局長の審査より次官の検閲を経、初めて長官の目に触るゝなり、然るに紳商の如きは右等の順序を経ず、直ちに長官の膝に接して其事を請求するを以て、大抵は聴かれざるとなし、又或る大官の如きは、中頃在官ならざりし時、某々の紳商と共に某商社を作り、投機の業を営めり、今日大官に登りても、某社員は旧時利害を共にせし者なれば、勢之を拒絶することを得ず、彼等の為めに多少の便利を与ふるは人の知る所なり、凡そ国中の暴富家は紳商ならざる者なく、紳商は富まざるものなく、紳商は政府に結托せざるものなし、土地の如き、礦山の如き、鉄道の如き、海運の如き大利益ある者は、一も紳商の之に加はらざるはなし、今日国家経済の平均を得んと欲するには、此紳商の専にせる利権を剥奪するに非ざれば、決して十分の良結果を見ること能はざるべし、

凡そ人心の腐敗するときは、必ず官民の間に賄賂大に行はる、腐敗するに由りて賄賂行はるゝか、賄賂行はるゝに由りて人心腐敗するか、其原因何れに在るを詳にせずと雖ども、腐敗の国に賄賂行はるゝは、腐敗の物に蟲の生ずると恰も相同じ、何れの政論家も賄賂の害を論ぜざる者なく、何れの法律も賄賂の罰を載せざるはなし、然るに賄賂の事は常に諸国に行はれて、全く其根を絶ちたりと云ふは、未だ聞かざる所なり、夫れ賄賂の害は一々之を記するに遑あらざるなり、愚者を以て智者となることを得べく、奸人も以て忠臣と為ることを得べく、人を害する者も以て良民と為ることを得べく、粗悪の建築も以て良工術となることを得べく、無理なる希望も成就することを得べく、人を損して自ら利することを得べし、故に賄賂は人の善悪智愚を誤まり、事の正邪曲直も誤り、功の成否を誤り、物の精粗を誤る、此の如くして其国政の乱れず民生の幸福ならんことを望むも得べからざるなり、然るに何れの国にも此賄賂

の悪風止むことなきは何ぞや、蓋し人身は物欲の奴隷なれば、苟も心中確立する所あり、道義を以て自ら持する者に非ざれば、断然賄賂を拒絶すること能はざるなり、且つ賄賂は其授受極めて秘密にして、他人は之を知ること能はず、又後世人智の開くるに従ひて賄賂の術は益々巧妙となり、或は邸宅書画其他高価なる物品の売買に托し、或は博奕に托し、或は外妾の周旋に托し、其他種々の術を以て冥々の間に賄賂を贈遺する者甚多しと聞けり、商賈の如きは、凡そ官府に請求して事を起さんとするときは、先づ初めに散り金と云ふものを其事業費の中に加ふ、散り金とは賄賂の隠語なり、凡そ国勢の振はざる国は皆賄賂盛んに行はれ、隣国の支那朝鮮の如き、安南暹羅の如きは、官吏の賄賂を貪ること甚しと聞けり、本邦の如きは、賄賂の行はるゝこと、決して支那朝鮮の如く甚しきには至らざるべきも、未だ全く賄賂の痕迹なしと云ふことを得ざるなり、蓋し人を用ふるに、独り才智のみを選びて徳操を問はず、仕進する者も僥倖夤縁に由りて高官に登ることを得、此の如くなる時は、如何に法律に明文あるも、賄賂の迹を絶つは決して能はざる所なり、

凡そ社会の上には奇怪なること二あり、一は政府にて其害あるを知り、法律又は命令を以て之を禁止せんとするも遂に禁止すること能はざる者あり、二は政府にて其害を知れども、之を禁止すること能はず、却て其営業を公許する者あり、甲に属する者は賄賂又は賭博の類にして、乙に属する者は取引所及び妓楼の如き是なり、今取引所のことに付きて之を言ふべし、取引所は相場会所、即ち投機を為す所にして、何れの国にても、少しく商売の繁昌する地には大抵相場会所あらざるはなし、本邦にても大阪堂島の米市場は最も古く世人の知る所にして、其他二府大津名古屋等には、夫々の相場会所ありて其売買は米穀を主とす、蓋し本邦の経済は上下共に米穀を以て立たる者なれば、米穀の相場は殊に民間の経済に大利益を及ぼす者なればなり、扨此米穀の相場を為す者は、大抵は奸商にして、国家の利益の如きは、固より毫末も心に掛けず、己が親戚朋友をも倒して自ら利せんとする者の集合なれば、満場只私利を営む

のみに熱中する者にして、公利公益などゝ云へる空気は一点も其間に存することなし、凡そ彼等の利する所は物価の高きに在りて低きにあらず、物価の低きは世間一般の利する所なるに、彼等は自己の私利を営まんが為に一般の志望に相反して物価の高きを求む、一般の志望に反するは、即ち一般の公利に反する者にして、是を社会の害毒と名けて不可なることなし、他の物価は猶可なり、米穀の如きは国民一日も欠くべからざる物にして、貧民の如きは、殊に米価の高きに苦しむ、但し農民中に或は米価の高きを喜ぶ者あれども、此の如きは米穀を売出すの余裕ある者なれば、米価低しとも甚しき困苦には至らざる者なり、本邦国民生活の度を概見するに、米価の高きを苦しむ者は十中の七八に居るべし、天然の凶歳にて米価の騰貴するは、已むを得ざることなれども、此の如き奸民が人為の相場を以て米価を騰貴せしむるは、実に国家経済の病患と云ふべし、且つ相場会所にて為す所は全く空米の相場にて、正米の相場は別に立ち居ることなれば、米商会所なる者は、全く害ありて益なき者なり、明治の初め政府にて其害を洞察し、断然之を禁止するの議ありしも、竟に行はずして止みたりと聞けり、甚遺憾なることなり、蓋し邦人に相場会所の設立を禁ずるも、本邦居留の外人には之を禁ずること能はず、外人もし之を行ふ者あるときは、本邦の奸民等其下に立ちて之を行ふの恐あり、若し然るときは政府禁令を出すも実際は行はるゝこと能はず、因て政府は明治九年に米商会所条例、十一年に株式取引所条例を発して此不正の商業を許可せり、其後漸々官民共に西洋沈溺の風増長し、西洋諸国にも「ブールス」の制ありて頗る商買の便利を為すと云ふことを聞き、終に其風に倣ひ、明治二十六年に至り、取引所条例を改正し、米穀は勿論其他其地に於て多く取引する所の物品に付きて、何れも取引所の設立を允可し、今日に至りては、其勢中々制止すべからざる者となりたり、然れども政府にては、猶此業を以て良善の商業と認めざる者と見え、其条例中に種々制限を立てゝ其奸譎を予防せり、凡そ相場のことは、前にも言ひたる如く、甚だ弊害多き者なれども、其利益より言へば、物品の相場定まるを以て、其物品を製出する者には頗る便利なることあれども、人為を以て物価を昂低するを以て、之を買ふ者には不便利多し、彼等が中間に在りて利益を得るだけは、其物品は必ず原価より昂貴することなれば、若し取引所なきときは其物品の価の低きことは明白なり、取引所の物品もし奢侈品に止まることならば、其価昂貴するも甚憂ふべきことに非ざれども、其物品は何れも生活に闕くべからざる日用品なれば、少しにても其価昂貴するときは、生民の難渋実に甚し、然れども今日に至りては決して之を禁止すること能はず、唯其条例を厳にし、少しく不法の事あれば、社会に害を為すの多少に准じ、或は其集会を禁じ、或其営業を停止し、或は罰金を課するより他に方法あるを見ず、是が為めに監督の法を厳にし、清廉剛正の人をして其事に任ぜしむるは亦必要の事なり、

今日は未だ其弊害甚しく発現せずと雖も、後来漸々に其弊害を生ずべきは、国民貧富の不平均なり、貧富の不平均は遂に国の平和を害すと云ふことは、古人早く已に之に着眼し、種々の方法を設けて之を予防せり、田畠の永代売を禁じ、家財闕所の法を設けたるが如きは、其尤も顕著なる者にして、其他兼併を抑へ、豪奢を制する法令甚多く、以て維新の時に至るまで、甚しき貧富の不平均を生ぜざりしなり、往年米国の前大統領額蘭多《グラント》、我邦に来り、東京市中の貧民の住所を尋ね、其生活の状を見て、我国民が貧富の度の甚しく不平均ならざるを感称したり、西洋諸国には豪富の専横を抑制するの法なかりしと見え、貧富の不平均甚しく、富者は大抵傲慢驕肆にして、其資本と法律とを利用して貧者を抑圧欺罔す、是に由り富者は益々富み、貧者は益々貧となり、其不平の積む所、遂に社会党、共産党、虚無党の類を出すに至れり、今日西洋の政事家は何れも是等の党を鎮圧するの工夫に力を用ひ居れども、未だ其功を奏することを能はず、啻其功を奏せざるのみならず、是等の党は年を遂ひて漸々増加に赴けり、識者は後年欧州の社会に必ず大激変を見ることあらんと言へり、本邦は今日まで幸にして貧富の不平均甚しからざりしが、近年に至り、政府にて富民を抑制するの法を廃し、間接には却て富民に便利を与ふるの政多し、又民間にては優勝劣敗の説を信じ、富

者は其富の勢を仮りて益々富を増し、貧者は其土地財産を失ひて益々貧に陥るの状あり、此有様にて推行く時は、遂に欧州と同一の弊害を踏むに至るべし、欧州は全体の富力大に我に勝れるを以て、貧富不平均と云ふも、貧民の困苦未だ甚しからざる者あり、若し本邦の富力にして貧富の不平均、欧州の如く甚しきに至らば、貧民殆ど生活の途を失ふに至るべし、是憂ふべきの至りに非ずや、凡そ自ら手を下して農産工産を作り出し、国の富源を為す者は皆中産の民にして富人と貧人とは之に与らず、故に英国などにては、殊に中産の民を重んじ、英国の今日の富饒を致したるは大率中産の民の力なりと云へり、然るに富民もし兼併を恣にするときは、中産の民は其土地を失ひて漸々貧民に陥るなり、往年品川弥二郎氏内務大臣たりし時、深く此事を憂ひて之を救はんが為に信用組合法案を帝国議会に提出せり、其時の調査に拠るに、全国中に於て農民中田畠十町歩以上を所有する者二万四千五百二十戸、十町歩以下二町以上を所有する者三十二万七千二百六十四戸、二町歩以下を所有する者二百四十八万九千八百二十六戸にして、此中一町五反歩以上の者一割四分七厘、一町五反歩以下、八反歩以上の者二割九分四厘にして、其他は皆八反歩以下の者なり、其数一百三十九万三千六百二十六戸、是を農家の全数二百八十四万一千六百十五戸に比例するときは、全国農民の小半は八反歩以下の小農なり、此の如き小農は一歩を誤れば忽ち陥りて貧民と為る者なり、然るに不幸にして、是等の小農は、漸々其土地を失はんとするの傾あり、明治二十年全国地所売買の登記件数は六十八万一百十五件にして、其中五円未満二十五円以下の者五十三万三千八百五十四件、即ち総数の七割八分強を占めたり、而して是等の小地面は大抵細民の手を離れて富民の手に合する者なりと云へり、独り農民のみならず、工商の二民も小資本家は漸々其富を失ひて大資本家の手に帰するは勢の免かれざる者あり、近年人民の事業皆一変し、鉄道と云ひ、汽船と云ひ、電灯と云ひ、馬車と云ひ、鉱産と云ひ、水産と云ひ、紡績と云ひ、製糸と云ひ、建築と云ひ、保険と云ひ、其他銀行と云ひ、株式と云ひ、何れも衆人の資力を集めて其業を営む者多し、此の如き業は日に益々繁盛して、其利益甚大なりと雖も、旧来の一人一個の小工小商は其利益を大会社に奪はれて漸々困窮の境に陥るなり、而して其所謂会社なる者は固より資本を合する者なれば、其株主は皆多少の資本家に非ざるはなし、(中には小資本家もあれども、概して之を言へば、皆中産以上の資本家なり)、此の如き大会社は、或は政府にても之を保護する者あり、且つ時勢に適合する者多きを以て、其利益日に増加するの勢あり、会社の利益の多きは、即ち富民の利益の多きことにして、是が為めに小工小商の利益の少きは、即ち貧民の益々貧に赴くの理なり、故に今日の勢は、独り農民のみならず、工商の二民も亦貧富不平均の道路中に歩行する者なり、若し此侭に放置せんか、後来の国憂計るべからざる者あり、然るに政府は此の如き豪富の生するを喜ぶ者の如く、又之に依頼する者の如し、是大なる誤なり、若し貧富不平均の国害たるを知らば之を制するの法は何程もあるべし、唯現今刑法の寛弛なると、人民に自主を与へたるとの如きは、最も此制限法を行ふに不便なる者なり、

以上十八篇は、余が現今の政治に付きて抱持する所の意見なり、本邦時勢の進歩に依りて、治蹟の見るべき者少なからずと雖も、世界の大勢を観察するときは、亦大に昔日に異なる者あり、今日の如き弱肉強食の間に立て国威を失はざらんと欲するは、亦容易のことに非ず、大勇断を以て従来の弊政を革除し、第二の維新を為すに非ざれば、十分に国力を強健にすること能はざるなり、此草稿の如き、是を九重に上らんか、勢の不可なるを如何ん、是を内閣に建議せんか、禍を買ふの恐あるを如何ん、是を議会に提出せんか、之を信ずる者の少きを如何ん、然れども天下一二の知己なきに非ず、因て之を篋底に蔵し、其人を待て之を示さんと欲す、

〔明治二十七年三月稿　『泊翁叢書』(昭和四十二年五月二十八日発行)所収〕

續國家道德論

續國家道德論

前書を草するの後、纔に半年にして日清戦争作る、此戦争に由りて我邦の形勢一変し、政治、経済、軍事、教育、外交、実業、半年以前と大に其趣を異にせる者あり、是に於て更に筆を続きて続国家道徳論一冊を草す、前書と併せ見るときは、国家施政の方針に付きて少しく悟る所あるべし、明治三十年秋九月、

日清戦争

明治廿七年七月、朝鮮に東学党の乱起り、朝鮮の官兵を以て討滅すること能はず、是に於て朝鮮、兵を支那に乞ひ以て其乱を鎮定せんとす、支那人直ちに数千の兵を発して朝鮮に入る、本邦亦兵を朝鮮に出す、是に依り両国の間に勢力の衝突を生じ、遂に日清の戦争となる、本邦の兵連戦連勝し、未だ一年ならざるに遼東の野を一掃し、北洋艦隊を全滅し、将に北京に逼らんとす、清の朝廷大に震恐し、北洋大臣直隷総督一等粛毅伯李鴻章を以て全権大使とし我邦に来りて和議を媾ぜしむ、遂に彼より遼東の地及び台湾の一島を我に割き、二億五千万両《テール》の償金を我に納れて和議

成る、此戦争は古来未曾有の大捷利にして、此一戦に由りて日本の武名を世界に揚げ、欧米の諸強国をして日本帝国の軽んずべからざるを知らしめたることなれば、邦人が是に由り意驕り気満ちて揚々得色を生じたるは亦怪しむに足らざるなり、然れども此戦捷が我国に如何なる結果を生じたるかと云ふに至りては、未だ容易に判定すべからざる者あり、

(伏せ字)

「○○○○○○(○○)○○○(○○○)○○、○○○」

（伏せ字復元）

「初め伊藤侯（博文）明治廿五年より其内閣を組織してより数議会の攻撃を受け、或は議会を解散し、或は聖勅を請願し、辛くして其命脈を維持し来れり、然るに今年（廿七年）に至り、人心の離反益甚だしく、到底内閣の瓦解を免かれざるの兆を現せり、幸にして朝鮮に東学党の乱起りたるを聞き、機乗ずべしと為し、急に兵を朝鮮に送りしに、果して支那兵と衝突を起し、遂に支那に対して宣戦の大詔を発するに至れり、其の名義は朝鮮の弱小を支那の圧制より救ふと乞ふにありて、義戦を以て自ら居ると雖も、朝鮮が支那の属邦となり、支那の正朔を奉じ、支那が冊封を受け支那人の庇護に因りて其国を保全すること三百余年に至り、上下倶に属邦の地位に安んじてあえて不平を懐く者なし、然るに我政府にては、強て朝鮮を以て独立国と為し、支那の関係を絶たしめんとす、是支那人の大に不快とする一にして、朝鮮人も亦懌《よろこ》ばざる所なり、其義戦と云ふも我自称の義戦にして、朝鮮人は敢て之を義戦なりと思はざるなり、幸にして支那人の柔懦なる、我之に全勝を占めたるを以て、強て義戦の名を立てたれども、万一敗軍したらば是を何とか言はん、蓋し此の戦争は其初め動くに正を以てせざりしが故に、魯徳法三国の干渉に遇して忽ち沮喪せり、然れども国内の事甚だ困難となりし時、事を外国に与して国内の疑を外に転ぜしむるは、古来より政治家の慣用手段なれば、我此挙を以て敢て伊藤侯を責めざるなり、惟其義戦の名は之を仮托したる者にして、其仮托も竟に久しきを保つこと能はざりしは、衆人の知る可なり、」

此戦捷に因りて我邦に得たる所の利益は、

㈠ 此雄大の戦争に由りて国人全般の士気を奮興し、愛国の精神を発揚し、将に衰へんとしたる我邦の武勇を再興蘇生せしめたり、

㈡ 陸海軍共に其戦法兵器皆法を西洋に取れりと雖ども、未だ単一なる模倣に止まりしが、今回の戦争に由りて之

を実地に経験し、大に其利害得失を考究する所あらしめたり、
(三)欧州諸国は、従前我邦を以て朝鮮暹羅の部類に置きしが、此度の戦争に由り、其武勇の侮るべからざるを知り、頗る畏敬の心を生じ、東洋の強国等の名称を冠せしむるに至れり、
(四)台湾澎湖島と二億五千万両の償金とを得たり、是に由り軍事に費したる二億零々四十七万五千五百八円を償ひて猶余りあり、
(五)此戦捷に因りて国民の士気亢盛し、海外に渡航して営業を為さんとする者の数を増したり、
又此戦争に依りて我邦の損害となりたる者を挙ぐれば、
(一)国民驕慢の心を生じ、奢侈に耽り、怠惰放逸に流るる者多し、
(二)多額の内国債を起したるを以て、資本家の金、散じて中産以下の民の手に入り、是等の民の購買力を増し、物価急劇に騰貴し、遂に多数人民の困窮を来たせり、
(三)確実ならざる事業(多くは株式)国中に勃興し、一方には資本の欠乏を告げ、一方には貿易の輸出入に非常なる不平均を生ぜり、
(四)戦後経営の必要なるよりして、政府の国費に非常の膨張を来たし、国家の経済をして甚だしき困難に陥らしめたり、
(五)支那の内情は、従前は欧人の知る所とならず、其版図の大にして人口の多きを以て、西人皆少しく之を憚るの意ありき、今回の戦争に於て其柔弱能く為すことなきを西人に知らしむ、今後恐くは西人の支那を侮慢すること滋ゝ甚しからん、然るときは東洋の平和は是より危かるべし、
以上の如き五利五害あるは識者の皆知る所なり、而して其利害の大小は未だ容易に断定すべからざる者あり、然れど

も事既往に属す、今其利害を論ずるも益なし、唯当に其利を収め其害を去り、善後の計を誤らざるに在るのみ、

馬関の和議談判の時、伊藤陸奥の両氏は、李鴻章に迫りて遼東及び台湾の地を割かんことを求めたり、李氏は甚だ難色ありしかども、敗軍の使者なれば強て抗論すること能はず、已むことを得ず其求めに応じたり、然るに遼東割地のことは国内の識者にも異論者あり、或は其不可を両氏に忠告したる者ありしかども、両氏は全権の委任を受け居るを以て、遂に二人の意見の如く議決するに至れり、然るに幾くもなくして魯徳法の三国相連合して之を妨げ、東洋の平和に害ありとの口実を以て之を支那に還附せしめたり、此還遼のことは、本邦の国威に一打撃を受けたる者にして、国中上下之を奮慨せざるはなし、伊藤等因て詔勅を乞ひ、臥薪嘗胆の文字を以て国人の不平を鎮せんとを試みたり、此一事よりして朝鮮人は我邦を軽侮するの意を生じ、竟に魯西亜人が力を朝鮮に伸すの素地を作れり、初より或人の忠告を聴き遼東の地を取らずして、償金の幾分を増すときは、此の如き恥辱を受くるとは無かりしなるべし、然れども深く考ふるときは、此一打撃は却て我国の薬石となりしやも知るべからず、若し十分なる戦捷の上に、十分なる和議の談判を成就したりしならば、官民共に其驕慢今日に幾倍するかを知らず、然るときは忽ち亡国の階段を踏むに至りしなるべし、然らば伊藤氏が此失策は偶ゝ我邦の一良剤となりしも知るべからざるなり、

国是

何れの国にても、立て一国となりたる上は、必ず国是と云ふ者あらざるはなし、魯西亜の併呑を以て国是とし、合衆国の富国を以て国是と為すは、世人の皆知る所なり、其他英国の如き、法国の如き、徳国の如き、何れも夫々の国是あらざることなし、本邦維新以来、上下深く西洋の文物を慕ひ、一意之に倣はんと欲する者の如し、伊藤内閣は自

称して開国進取の国是と云ふ、然れども此開国進取と云ふ語は其意義甚漠然として、如何様にも解釈することを得べし、本邦古来よりの国体風俗を排棄する者を云ふか、徒に彼の外形の富強に眩惑する者を云ふか、徒に彼の歓心を買はんと欲して国家の威厳を貶する者を云ふか、政体法律風俗習慣一に彼に倣ふ者を云ふか、寧ろ国民に不利を與ふるも、外人の利便を為さんとする者を云ふか、当局者と雖とも、恐くは是を以て開国進取とは謂はざるべし、然れども今日の事実より見るときは、常に此の如き傾ある者は何ぞや、蓋し当局者と雖とも、決して愛国の精神に乏き者に非ず、唯欧米の文明富強を欽慕するの余り、竟に此の如きの謬迷に陥りたる者なり、然れども維新以来僅三十年にして、今日の進歩を致したるは、当局者が西洋崇拝の力にして、国家に対して決して功績なしと云ふべからざるなり、唯胸中に確然たる定見なきを以て、其国是蕩揺して定まらず、朝には英米を模し、暮には法徳に倣ひ、政治法律教育風俗に至るまで盡く外国の假り物にして、一も我と云ふものあることなし、夫れ国あれば必ず我あり、英は英の我あり、徳は徳の我あり、魯の如き法の如き皆然らざるはなし、我邦独り我なくして可ならんや、夫我邦今日の政体は欧州の政体なり、我邦の法律は欧州の法律なり、我邦の教育は欧州の教育なり、嗚呼我邦の我なきこと甚しと云ふべし、然れども欧州諸国の民は天民の先覚者なり、其政体法律教育軍事皆大に我に勝れる者あり、我国をして世界に雄飛せしめんとするには政体法律教育軍事決して旧法を墨守すべからず、時に従い変通して世界の長を採るは、固より識者の必為さゞるべからざる所なり、只一個の我と云ふ物を失ふべからざるなり、汝夫の俳優の場に上るを見ずや、或は秀吉に扮し或は清正に扮し、其衣服態度皆此両雄に似ざることなし、缺く所の者は其精神のみ、今日の開化者流は亦俳優が秀吉清正に扮するの類のみ、

然らば本邦の国是は如何に定むれば可なるか、余が考ふる所にては、左の如きを以て宜しとすべきに似たり、

㈠　本邦が万世一系の帝室を戴き、二千五百余年、上下の分定まりて動揺せざるは、其由来なかるべからず、蓋し

其道徳政体法律教育習慣與かりて大に力ありと謂ふべし、(其中一二の天幸なる者あれども)然れども今日広く世界の各国と交際せんとするには、旧来の道徳政体法律教育習慣のみにては、頗る時勢に適せざるの感あり、故に欧米諸国の道徳政体法律教育を採りて我不足を補ふは、為さゞるべからざるの要務なり、然れども我道徳政体法律教育の中には万世の帝室を戴き、君臣の分を定むべき必緊の原質あり、若し此原質を失ふときは、万世一系の帝国も或は動揺を生ずるの恐なきこと能はず、故に欧米の道徳政体法律教育を採用するは可なれども、我道徳政体等の中の必緊の原質は決して之を損傷すべからず、仮令我国に於て何程善美の事なりとも、我国家の基礎に害を及ぼすべき事は断然之を斥けざるべからず、

(二) 我邦は古来より武を以て国を建てたる者にして、武威盛んなるときは国昌へ、武威衰ふときは国衰ふ、況や今日弱肉強食の世界に立ちて其国威を墜さゞらんと欲せば、武徳は最も磨励せざるべからず、故に法律制度の外面に於て何程美麗なるも、国民の武徳を弱はむるの恐ある者は一切之を禁絶せざるべからず、

(三) 然れども亦侵略を以て国是と為すべからず、他国を侵略するは盗賊なり、海陸の軍備は、唯本国防護の用にのみ供すべし、

(四) 他国との交際は専ら平和を主とすべし、今日世界の各国皆表面には平和を唱ふれども、内心に呑噬の欲を逞くせんとする者多し、此の如きは決して学ぶべき所に非ず、唯真正の平和を以て相交はり、通商其他の方法を以て相互の利益を為すべし、又他国の内事に干渉すべからず(従前の朝鮮に対せる政策の如きは最も誤れり)、又叨りに他の強国と連合すべからず、

(五) 本国に独立の実を全くすべし、決して他国に対して屈下すべからず、若し彼より強て侮慢せんとするときは、兵力を用ふるも、国威を損ぜざらんことを務むべし、本邦維新以来、支那朝鮮の如き弱国に対しては常に傲慢に流る

れとも、欧米の諸強国に対しては往々卑屈の態多し、畢竟当路者が欧米人を崇拝畏敬するの念より出たることにて、是が為に一時外交の無事を得たるの迹あるは明かなることなれども、独立国の体面を失ひたること亦少なからず、以後は深く注意して国家の恥を貽さゞらんことを務めざるべからず、内地雑居の後の如きは殊に然り、

以上の五条は之を人心に質し、之を世界に考へて決して其謬なきを信ずるなり、已に之を以て国是と定むるときは内密に秘せずして、明々白々に之を国中に公示すべし、已に国中に公示したるときは、凡そ政治法律教育風俗皆之に拠りて制定施行すべし、然るときは人心一に帰して国家の堅固なること磐石の如くなるべし、

財政

戦捷の後第一に受けたる所の禍は財政の困難なり、米国の南北乱、普法の大戦争の如き、何れも其国に於て非常なる財政の困難に遇はざりしことなし、米国は内乱のことなれば国内の疲弊せるは相当のことなれども、普国の如きは法国より五十億弗朗《フラン》の償金と亜爾撤《アルサス》、羅来内《ロルレーン》の二州を割取したるに、戦後財政甚だ困難したりと云ふは、殆ど信ずべからざる者の如し、然れども今日本邦の状態に由りて之を察するときは、普国の財政困難に陥りたるは洵に其理あることを知るなり、我邦が清国との戦争に於て費す所の金は二億零々四十七万五千五百八円なりと云ふ、而して清国より得る所の償金は遼東還付の賠償金を併せて三億五千万円に上れり、然れば軍費を辨じて猶一億二千万円余の剰金あるの算計なり、然るに今日にては上下一同経済困難の状を表はす者は、抑も不可思議の現象と云ふべし、今之を官民の両面に分ちて観るときは、政府の面にては

㈠　已に戦勝国となりたる上は、欧米の諸強国と対峙の勢を取らざるべからず、然る時は、従前の兵備にては甚薄

弱の憾あり、故に更に大に兵備を拡張して戦勝国の面目を保たざるべからず、

㈡　国威の揚りたると同時に、国内百般の政務を拡張し、又富国の業の基礎を置かざるべからず、是即ち軍備拡張、戦後経営の名義を以て大に国用の増加を計りたる所以なり、

明治五年の比は、政府の歳入は五千四十四万五千円、歳出は五千七百七十三万円に過ぎざりしが、漸々に増加して、明治廿八年には歳入一億一千八百二十四万二千五百四十八円、歳出八千五百廿四万一千四百三十三円となれり、然るに廿九年に至り、俄に歳入一億九千八百五十五万四千九百七十二円、歳出二億三百四十五万八千八十一円の巨額に上れり、即ち歳入に於て七割を増し、歳出に於て十三割を増せり、此内陸軍省経常費二千四百十一万六千八百十一円、其臨時費三千五百二十三万八千五百六十五円、海軍省経常費七百八十三万八百四円、其臨時費三千五十二万一千五百八十二円、四項を合すれば九千七百七十万七千七百六十二円、即ち全歳出の四割五分を占む、此の如きは軍備拡張論の結果にして、殊に戦捷後武官の勢力甚強く、其主張する所は総理大臣も之を制すること能はざるに出たる者なり、夫れ軍備拡張は、国防上固より必要の事なれば国力の堪へ得べき度までは之を増すも不可なることなし、若し国力の堪へ得ざるをも顧みず、只陸軍の師団、海軍の兵艦を増加するも、国財の之に伴ふ者なきときは、軍艦は破壊するも、之を修繕すること能はず、兵士は多きも衣食兵器を完全にすること能はず、此の如きは是軍隊と兵艦とを擁して自滅を招く者なり、

今我邦の財政と欧州二三の強国の財政とを比較するに、法蘭西は（千八百九十五年）歳出総計三十四億一千五百八十九万三千七百六十二法《フラン》、其内陸海軍の経常及び臨時費は九億二千五百六十万二千一百十六法にして、即ち全歳出の二割七分に当たる、徳逸は歳出総計十二億八千六百五十四万六千四百碼《マルク》、（前同年度）其内陸海軍経常費五億三千七十一万八千碼にして全歳出の四割一分に当たる、英吉利は歳出総計（千百九十四年）九千一百三十万

二千八百四十六磅《ポンド》、其中陸海軍経常費三千三百四十一万六千五百七十一磅、即ち全歳出の三割七分に当る、魯西亜は(千八百九十五年)歳出総計十二億一千四百三十七万三十留《ルーブル》、此内陸海軍経常費三億二千六百八万四千八百二十二留、即ち全歳出の二割七分に当る、此四国は皆雄武を以て世界に鳴るの国民なり、然るに其陸海軍の費用多きも四割一分、少きは二割七分に止まる、是を我邦の全歳出の四割五分(前に出づ)に比すれば、其多少果して如何、夫れ本邦国民の富は欧米諸強国民の富の大約十分の一に過ぎず、明治廿八年度に歳入一億一千八百二十四万余円なりし者、廿九年度に至り、急に七割を増して一億九千八百五十五万円余となれり、我国民如何なる奇術あるも、一年の間に其財産七割を増すの理なし、然れば廿九年度の歳入は已に急劇の重税なり、其重税の内に於て軍事の為に四割五分を費す、大蔵大臣渡邊氏の演説に依るに、経常歳出の増したる為に税法案(登録税営業税酒造税葉烟草専買法等)を提出し、臨時歳入の不足を補ふ為に、一部は清国よりの償金を繰入れ、一部は国債法案を提出すとあり、以て此重税を得るの困難なりしを知るべし、夫れ我国は東洋唯一の海国なれば、此後国威を強くして国力を富まさんとするには、航海の業を盛にして海軍の力を強くせざるべからず、現今の海軍の力と航海の業とは、実に海国に於て甚愧づべき者なり、故に戦捷の態勢に因りて海軍を増さんとするは、愛国者の同く希望する所にして、国民の財力未だ十分ならざるも、猶為に重税を出すを憚らざるべし、独り此際に於て陸軍を増して十二師団とせんとするは其何の謂なるかを知らず、夫れ陸軍の用は、国内を守護するを第一の要務とす、六師団の現役兵(二十七年十二月調)十万九百六十三人あり、是に予備後備を加ふるときは、二十九万百三十七人となる、善く之を用ふるときは内地を防守するに十分なるべし況や近年は汽車汽船の便益々開けたれば、之を東西各地に転用するも亦難事に非ざるべし、十二師団の大兵の如きは、支那か魯西亜かの如き大陸の地を占領するに非ざれば之を用ふる所なかるべし、欧州大陸の諸国の如きは、陸地を以て疆界を接するを以て多く陸軍を養ふの必要あれとも、我邦の如き四面海を帯ぶるの国にては敢て之に倣ふことを要せざるなり、然れども今日は弱肉強食の世界なれば、兵力を強くせざれば国威も挫折するの恐なきに非ず、故に後来民力充実したる上は、或は此の如き陸軍を備ふるの可なるべし、今日国民に重税を課し、又は国債を起して此師団を建創せんとするは、国家経済の理に達せずして、後来の困難を前知せざる者なり、是を以て此予算案の出し時、貴族院にて谷曽我山川富田等の諸氏力を極めて其不可を論じたりしも、上院議員中には紈袴子弟と軟骨漢との多きを以て其説遂に行はれず、衆議院にては自由党の全部、政府に盲従せしを以て容易に此案を通過せしめ、遂に巨大の増税と軍備拡張とを議決したり、

廿九年八月三十一日、伊藤総理大臣、渡邊大蔵大臣以下総辞職を為す、蓋し財政整理の困難と、閣臣中に意見の衝突を起したるに因れる者ならん、九月廿八日松方伯(正義)総理大臣兼大蔵大臣、大隈伯(重信)外務大臣と為る、其他盡く大臣の新任あり、独り西郷侯(従道)のみは前内閣の時より引続き海軍大臣なり、松方伯は往年大隈伯の後を承け財政を整理し、其効を奏せしを以て、世人頗る望を此人に為せり、然るに出て局に当るに及び、猶前内閣の法案を改むること能はず、国家事業の已に興したる者は之を中廃すべからずと云へる口実を以て益々其税額を増し、之を第十議会に提出せり、即ち歳入に於て二億四千九百五十二万四千六百六十九円歳出は二億四千九百五十四万七千二百八十一円、之を前年に比すれば、歳入に於て五千一百万円を増し、歳出に於て四千六百万円を増せり、又明治廿八年に比すれば、歳入に於て一億三千一百二十八万円、即ち二倍と三割強を増し、歳出に於て一億六千四百三十万円、即ち三倍強を増せり、其内陸軍省の経常費臨時費を合せて六千六十一万三千九百六十六円、海軍省の経常費臨時費を合せて七千六百八十万七千百七十二円、海陸軍合せて一億三千七百四十二万一千一百三十九円なり、松方首相は此の如き重税の不可なるを知ると雖とも、軍人の意向を憚りて断然之を削減すること能はず、殊に樺山内務大臣高島陸軍大臣共に軍人を以て内閣に在り、其勢力甚強気を以て、遂に首相も其意を曲ぐるに至りしとなり、三月五日貴族院予算委員

総会に於て、曽我子爵(祐準)歳出のうち三千万円削減の見込を以て交渉委員を設けて政府と協議せしも、議遂に纏らず、衆議院は進歩党が提携の名を以て政府に盲従せしを以て此の如き重税も容易に議院を通過するに至れり、此の如くして明治三十年度は此重税を課して今日に至れり、蓋し国民が此の如き重税に堪ふれば、政府にて支那の償金と臨時公債とを起こして其不足を補足したるを以て国民甚しき苦痛を感ぜざりしなり、然れども新税の中に於て営業税は衆民の苦情甚多く今日に至るまで、廃案或は改正の声絶ることなし、蓋し此税法は其収法に一定の内則ありしかども、其内則に依るときは税額甚少きを以て、政府より収税吏に内諭して故らに其税額を増すの処分を行はしめたる者なりと云ふ、

明治三十一年度の予算は未だ提出せられずと雖とも、世に伝ふる所に依れば、歳入二億九百四十二万一千一百九十三円、歳出二億三千四百十七万七千十七円にして、差引二千四百万円余の不足なり、此計算未だ信を置くに足らずと雖とも、一昨年よりの趨勢を察するに恐くは勢此の如きに至るべし、此二千四百万円余の不足は、政府にては、何を以て補充するや。世に伝ふる所にては、或は言ふ造酒税を増して一石十円と為すべしと、或は言ふ地租を増して百分の三とすべしと、或は言ふ外資を輸入すべしと(内国の公債は募集するも、最早之に応ずる者少きを知ればなり)未だ何れの策に出るかを知らず、廿九年三十年の両年度は、自由進歩の両政党代る〲政府を助けしを以て、非常の重税も容易に施行することを得しと雖とも、本年中頃より自由進歩の両党共に政府に反抗するの色あれば、本来の歳計予算は議会を通過すること極めて難かるべし、何れ三四月の後は其成功如何を知ることを得べし、

以上は軍備拡張に付きて其財政の状態を述べたる者なり、以下は戦後経営に付きて財政の状を述ぶべし、戦捷以後国民上下共に気盈ち心驕り、一躍して世界の一等国と肩を比せんと欲し、是に於て軍備拡張の外、戦後経営と称して幾多の事業を起こせり、其一二を挙ぐれば、航海奨励法、外国領事館増置、勧業銀行農工銀行の開設、郵便電信里

程の延長、製鉄所の創設、台湾の経営、京都大学其他学校の増設、山林河川の改修、鉄道の延長、道路港湾の修築、馬匹改良等の類なり、是等は皆将来富国の基礎を為す者なれば、其事は決して不可なるに非ずと雖とも、ただ急遽事を行ひ、深く其利害を究めずして手を下すときは、或は濫費の恐あるも料り難し、仮令濫費に帰せざるも、多く費して少しく益を得るが如き失計なしとも言ふべからず、能々深慮して事を処せざるべからざるなり、

近年世界に於て銀価の下落年々に甚しきを以て、政府は我邦の貨幣制度を改めて金貨本位とするの意あり、明治二十六年十月、貨幣制度調査会を開き、谷干城を以て会長とし、坂谷芳郎、添田壽一、金井延、渡邊洪基、園田孝吉、益田孝、和田垣謙三、田口卯吉、荘田平五郎、河島醇、堀田正養、澁澤栄一、小幡篤次郎、高田早苗、栗原亮一等の諸氏を以て委員と為して之を審議せしむ、二十八年七月諸員の議一定せずと雖とも、其議已に盡きたるを以て、会長より之を大蔵大臣に報告す、其大要は第一、現行幣制を改正すべしと云ふ者は、阪谷添田河島栗原益田渡邊荘田田口の諸氏なり、第二、新たに採用すべき貨幣本位に付きては、添田渡邊河島栗原益田阪谷の諸氏は金貨本位を採用すべしと云ひ、田口荘田の二氏は複本位を採用すべしと云ふ、第三、現行貨幣制度改正の不必要を云ふ者は園田和田垣金井澁澤小幡高田の諸氏なり、廿九年二月に至り、幣制改革の論大に起り、以上の委員の外に、大隈重信、小手川豊次郎、末延道成、山本達雄、藤田伝三郎、等の諸氏は、金貨本位を賛成し、中上川彦次郎、乗竹孝太郎、金子堅太郎、大倉喜八郎等の諸氏は之に反対す、然るに本年に至り、清国の償金漸々入手せるを以て、松方大蔵大臣は機失ふべからずと為し、三月三日衆議院に於て幣制を改革して金貨制度と為すの演説を為す、其大意は、世界将来の大勢を鑑み、本邦現在の経済事情に照らして幣制の改革せざるべからざるを論じ、次に今日は適に其時機たるを述べ、又之に対する各種の異見を破し、金貨本位に改むるの極めて利益あることを説き、貨幣法案を議会に提出す、其大要は、新貨幣は金一銀三十二の比例と為し、金貨幣の種類は、二十円十円五円の三種年、従来の金貨幣は新金貨幣の倍位とし、従来

の一円銀貨は金貨一円の割を以て漸次に之を引換へ、爾後は一円銀貨の製造を廃し、此法律は明治三十年十月一日より施行すと云へるが如き主意なり、此法案は三月十日衆議院の議に上り、両日にして之を可決す、貴族院に回付するに及び僅一日にして之を可決す、夫れ貨制改革は国家の財政上至大の問題なり、両院議員たる者宜く世界の歴史に鑑み、本邦の情勢を考へ、深計遠慮、数十日或は数月の日子を費して之を討論せざるべからず、欧米諸国の幣制改革の議の如き、数月或は数年間に亘りて始めて決するを常とす、然るに我邦にては議会の将に終わらんとするの際に於て其法案を提出し、両院の討論僅に三日にして議決すとは何たる軽率のことなるぞや、此時衆議院は進歩党盡く政府に降服せるを以て此の如き児戯の挙を為したるは怪しむに足らずと雖とも、貴族院亦同一の児戯を為して、靦として恥ぢざるは、豈奇怪の事と言はざるべけんや、

政府が現今の幣制（両本位）を改めて金貨本位と為さんとするの本意は、其一は欧米の強盛国は皆金貨本位なれば、是等の諸国と通商を盛んにせんとするには、勢ひ金貨本位と為さゞるべからず、其二は、近年の如く銀価の甚しく低落するときは、為換相場の変動甚しくして、到底銀貨国の損失と為るべし、其三は、金貨を用ふるときは収税上に利益ありて又大蔵省の会計整理にも便利多し、是等を其大主意とする者の如し、此説未だ不可なるに非ざれとも、恐くは国家経済の一面のみを見て両面を見ざるの考案ならんか、銀価の下落今日の位に止まらば可なれども、此上更に下落することあらば、金一銀三十二の比例も亦維持すること能はざるべし、（既に本年八月は金一銀三十六余に下落せり）外国との貿易は金貨の方利益多き者あり、銀貨の方利益多き者あり、東洋の銀貨国との貿易は常に銀貨を用ふるを利益ありとす、欧米の金貨国との貿易も、輸入には銀貨不利益なるべきも、輸出には銀貨却て利益多し、近年本邦の茶生絲等の売れ行きの宜しきは、一つは銀貨の制度与かりて力あり、殊に支那の如きは土地の大、人口の夥しきは世人の知る所、将来其内地の貿易開くるときは、実に我法人の為に無双の好市場なるべし、然るに幣制改革の為に此国と

の貿易の利を失ふときは、将来我邦の損失計るべからざる者あり、又今日我邦の外国貿易は常に輸出物の少くして輸入物の多きを患ふ、此二三年来の貿易は其不平均殊に甚し、是有志者の深く憂ふる所なり、故に財政の局に当る者は務めて輸出物の多くして輸入物の少なからんことを求めざるべからず、然るに今輸出に不便利なる幣制を作りて益々輸出物を阻碍せんとす、是決して経済の道に達したる者と云ふべからず、世人又言ふ金貨施行の後は物価は大に低落すべしと、余は之を信ぜざるなり、凡そ貨幣の位降るときは物価昂貴し貨幣の位昇るときは物価低落するは、経済の原則にして、古今の事実に照して誤なき者なり、改正の新貨は其本質に於ては決して悪金に非ざるも、其量目の甚軽きを以て、従来の貨幣に比すれば、其位低落したりと云はざることを得ず、貨幣の位を卑くして物価の低落を求めんとするも決して得べからざるなり、政府の本意は固より自己の便利を主として為すことにして人民の便不便は是を第二に置くことなれば、此改幣に由りて人民が便利を得んとするは誤れり、此改革にて一円の貨幣を廃し（然るときは同位の紙幣をも廃せざることを得ず）、五円以下の貨幣なきが如きは如何に人民が不便を感ずることなるか、政府は専ら自己の便利を謀れども、一円銀貨を廃したる後、如何に之を処置するか、恐くは政府も亦自ら困難に陥るべし、世の経済家と称する者も、真に愛国の精神を以て己の丹心を吐出することならば可なれども、多くは為めにする所ありて其説を発する者にして、政府に奉職する者は大蔵大臣の意に従ふことを務め、民間にありて商工の業を為す者は是亦己が一身の便利を謀りて其説を立つる者多し、今日国家財政の困難なるは、別に其因あることにして、貨幣の制度に由るに非ず、銀貨通用の不利も頗る多しと雖ども、今日遽に之を改むるの必要もあるまじ、是を改めたる後の不利は、改めざるの前より甚だしきも未だ知るべからず、余は固より先見の明なしと雖ども、深く内外の事情を考へて、改幣の後国民上下が却て不利を受けんことを恐るゝなり、新貨幣発行の期も已に来月に迫り居れば、余が言の中否を試むるも亦遠きに非ざるべし、

本邦にて外国債を起したるは京浜鉄道創設の時三百万の外債を為したるを始めとして、其後猶幾回の外債を起こし、明治八年には其額一千四百四十八万円に至れり、是より事業を興さんとする毎に外債の議起りしかども、其事幸に成らず、是を以て外債年々に償却して、明治廿九年に至り、僅に百二十万円を剰すに過ぎず、然るに戦捷以後、国家の費途甚多く、尋常の税法を以て之を充たすこと難きよりして、国中に外債論大に起れり、此度の外債法は従前の如き専ら我政府より金を借るのみに非ずして、又我公債を外国に売出し、外人をして之を買はしめんとするの法なり、故に外債と云はずして之を外資輸入と称す、初め法国駐剳の公使曾根荒助氏大阪に至り、法国人より一億円の金を借り入れ、是を以て一大銀行を大阪に設立すべきことを説きたり、是近年外資輸入説の嚆矢なり、然れども其言の甚しき誇大なると空漠なるとを以て大阪の商店も之に応ずる者なし、然るに政府にても、本年度の予算に依れば六千五百万円の事業公債を募集するの必要あれども、国内より十分応募者を得るの見込なし、是に於て外資輸入の已むべからざることを感じ、（幣制改革も一は此為ならん）公債を外国の市場に売出すのことあり、然るに外人は我希望に応ずるだけの公債を買入れず、又外債の事は政府之を公言するを憚り居るを以て、未だ明かに政府の意向を知ること能はず、民間の実業家（即ち所謂投機者流）が株式其他の新利竇を開かんとするも、国内の金利の高きと己等が資金の欠乏とに由りて意を達すること能はず、因て大に外資を輸入して、己等が私利を営むの便に供せんと欲し、万口一談に外資輸入を説かざるはなし、

今外資輸入を主張する者の言を聞くに（其一）今我邦の実業を発達せんとするには金利低からざれば其事成らず、今日国内にては六七分以下の利子にては、金を借りることを得ざるも、外国にては、四分利以下にても借りることを得べし、（其二）戦捷以後国中諸事業の会社、（即ち鉄道会社、諸銀行、諸株式会社の類）は続々として起こり、明治廿七年中には、是等会社の総資本の額大約三億円計なりしもの、三十年に居たりては増して七億二千三百万円に及ばんと

す、是等の諸会社をして悉く其発達を遂げしめんには、内国の資本にては之を給するに足らず、必ず外資を仰がざるべからず、(其三)経済には国境なし、区々一島国を守りて経済をも其内にて限らんとするは知見の狭隘なる者なり、宜く全世界を通観し融通を世界に求め、利率の低き資本を利用して自国の富を増加すべし、是経済者の要務なりと、

今日外資輸入者の論は、大抵以上の三説に帰せり、然るに此三説何れも誤謬の甚しき者にして、若し其説を用ふるときは国家の大事を誤まると、言ふべからざる者あらん、因りて今遂一に之を弁明せん、第一、彼国の金利は低くして、我邦の金利は高しと云ふ、此事は事実相違なし、然れども我邦の金利は何程高きも皆国人の手に帰す、外国の金利は低きも其利は皆外人の手に帰す、商業者一個人の私見より言ふときは、其利は何人に払ふとも、少しにても低き者を取るは其身の利益なりと雖ども、少しく眼を国家の上に着くるときは、利息を外人に払ふは、竟に国家の不利たるを如何んせん、況んや国家の不利は遂には国民の不利に帰するをや、今四分の利を以て五千万円の外債を起すときは、一年の間に彼国に失ふ別の利子二百万円となり、十年にして二千万円と為る、此金を外国に失ふと失はざるとは、一に其初に外債を興すと内債を起すとの別に係る、然れども仮令外債を起こしたりとも、其事業果して国益を為すことを得ば、其損失を償ふこと得べきも、若し其事業国家の益を為さず、或は其事業中途にて瓦解することあらば、その国損は譬ふるに物なかるべし、余聞く明治十二年の比、政府にて種々の事業を興すが為に外債を募集せんとせしが内閣中に異議者多く、遂に起業公債二千万円国中より募集して諸種の事業を起したるが、其内野蒜の築港、釜石の鉱山とは巨額の資本を費して、遂に失敗し、信濃川の河身修築の如きは、如何なりしや知らず、唯事業の成就せしは小樽の鉄道のみなり、若し此時外債を起こしゝならば、事業は敗れ、金は元利共に外国に償還し、言ふべからざるの損失となるべかりしも、幸にして内国債を以て之を行ひたるを以て、政府の失ふ所は多く人民の手に入りて、何れも甚しき苦痛を感ぜざりしなり、是今日に在りても、宜しく深く鑑むべき所なり、第二に、七億二千三百万円の事業

資本は外債に非ざれば之を充すこと能はずと云ふ、我国の貨幣は明治三年造幣局創立より明治廿八年に至るまで鋳造せし貨幣の総額は、二億七千四百七十九万円にして、此内外国に流出したる額は詳ならざれども、亦頗る多数なるべし、二十八年に於て流通貨幣の総数は六千九百七十四万円にして、流通紙幣の総額は、廿九年に於て一億八千一万円、合せて二億四千九百七十五万円に過ぎず、然るに此国内に於て七億七千四百七十九万円の資本を出して事業を興さんと欲す、愚と云はんか、殆ど名状すべからざる者なり、蓋し此の如き事業を起す者は、其中には着実の者もなきには非ざれども、多くは国家の前途をも考へず、自己将来の目的も定まらず、唯一時の事業熱に動かされて、叨りに諸種の事業を計画し、甚しきは其事の成否は始より之を顧みず、只之が為に株券を売りて多少の利益を得れば夫にて足れりと思ふ者亦少なからず、所謂泡沫会社なる者是なり、然るに国家百年の患となるべき外債をおこして是等の事業者に資本を給せんと欲す、是又狂愚の上塗りを為す者なり、試みに思へ、二億四千九百七十五万円を以て、全国の経済を立て居る此国民の為に、如何なる事業を起して七億七千四百七十九万円の資本を費さんとするか、実に論外のことと云ふべし、第三は其狡猾の論にして、殊に俗耳を驚かし易き者なり、此説は多く西洋心酔者より出る者にして、現時の経済家と称する者に尤も多し、其謬迷なると前の二論と異なることなし、其融通を世界に求むると云ふは一理あるが如し、全世界より金を借りて国内の融通を為すは善し、然るに借りたる金は返さゞるべからず、全世界より借りたる金を一国の力にて返償するに至らば如何、多とひ経済を一国に限らざらんと欲するも、誰人か我邦に代りて他の借金を償ふ者あらんや、然らば借る時は全世界よりするも是を返す時は、竟に一国境内の力を以てせざることを得ず、安んぞ経済に国境なしと云ふことを得んや、昔し英国の亜当士密斯《アダムスミス》自由貿易を主張し、国の富は財産に在りて貨幣に在らずと云ふ、徳国の季斯多《リスト》之を論じて士密斯の論は、一個人と世界あることを知りて、国家あることを知らざるの説なりと云へり、凡そ庸人が国家を誤るの論は、一個人と世界とあることを知りて、国家あることを知らざるより甚しきはなし、今経済に国境なしと云ふは、即ち国家あることを知らざる者なり、若し経済に国境なしといはゞ、各国別々に貨幣を鋳造するを要せず、金銀塊を其儘通用せば可なり、貿易に海関税を徴すべからず、売買何れも無税にして、出入共に自由たるべし、就いては海関も不用になれば之を廃するを宜しとすべし、若し海関を廃すべからず、貨幣の鋳造を止むべからずと言はゞ是経済の国境あるの證據にして、論者の言は攻めずして自ら破るゝ者なり。

我邦の経済は明治廿七八年比までは、政府の財政完美なりとは言ひ難けれども、甚しき混乱なく、上下共に案じて其業を執れり、(但し明治十一年、同十五年に紙幣の過多と過少とに依りて、一時民間の経済を乱りしことはありしかども)其時の有様にて進歩したりしならば、政府の財政、民間の事業も年を遂ひて、発達したりしなるべし、然るに廿七八年の戦捷に依りて、政府及び人民の経済大に乱れ、今日は実に其整理に苦しむに至れり、夫れ征清軍費二億零々四十七万五千五百八円にして、清国より得る所の賠償金は遼東還附の分を合わせて三億五千万円余なり、然れば軍費を償ひて猶一億四千九百五十二万円余の剰金あるとなれば、若し財政其宜きを得るときは此一戦に因りて大に国富を増すべきの理なり、然るに上下一同深謀遠識なく、唯戦捷に狂喜して志気驕溢し、賠償金の収入あるを聞きて其心弛み、政府は軍備拡張の過多の軍隊を置き、諸省は戦後経営の名を以て不急の事務を興し、人民は前後の差別なく妄りに事業を起して其成否を顧みず、国民全般に奢侈の度は非常に増進し、外国の貿易は開港以来無類の不平均を生じ、米価を始め一般の物価は無前の騰貴を為し竟に今日の如き経済の困難を来たせり、遥かに之を見れば、宜しく富むべきの運に際して、反て困窮に陥りたることなれば、本邦の人民は極めて愚昧の如く思はるれども、何れの国にても戦捷後経済の困難に陥るは、大抵同一のことにて、彼徳国の如きも猶法国に大捷を得たる後、財政の困難は頗る我邦に似たる者ありしと聞けば、独り我国民が理財の道に疎きのみに非ざるを知るべし、既往の事は咎むるも詮なし、只善後の策を立つるを以て肝要とすべし、善後の策は如何、其要は四條に過ぎず、其一は国民の奢侈を禁じて勤倹の風に向はしめ、其二は、国家の富力に応ぜざる所の過大の企業を抑え、其三は、輸出入の平均を保ちて正貨の外国に流出するを防ぎ、其四は、国力に応ぜざる所の軍備を倹して財源を養ふ、是なり、此言は独り余の私言に非ず、西国の経済家も亦皆唱ふる所なり、今日は我国力は衰耗したりと云ふに非ず、只経済の其道を失ひたるのみなれば、上下心を一にして、此四件を執行せば、数年を経ずして必ず経済整理の効を見ることを得べし、然るに何者の好物ぞ、今日に方り、妄りに外資輸入の事を企て以て己が私を営まんとす、実に悪むべきの毒虫なり、夫今日は我邦経済界の大病に罹れるなり、其病源は何ぞ、貨幣の過剰なるなり、其貨幣は本邦固有の物に非ずして、戦勝後偶然に清国より得たる償金なり、此償金あるが為に、上下心を弛め、或は過多の兵備を為し、或は莫大の企業を為し、或は甚しき輸入の超過を為し、或は官民奢侈に耽る等、皆是より出ざるはなし、輸入の超過の如き、実に甚しき高度に至りしと雖ども、是まで英国にある支那の償金を回収せしを以て、貨幣の輸入は却て毎に輸出に超過せり、是を以て国民は貿易の甚しき困難に陥りしを知らず、猶叨りに外品を購入して顧みず、若し此回収の金なきときは、国民は早く輸出入の不平均に陥りたることを知り、少しは顧慮するの念を生ぜしなるべし、併し支那の償金も明年を以て皆済するとなれば、其後は国中に貨幣の不足を現はすより、国民も自然に外品購入に注意するに至るべし、而るに若し外債を起して大に外国に貨幣を輸入するときは、輸出入の不平均は整理するの期なくして、後年に至り、内外の諸難一時に落来るべし、又諸種の企業も、是まで国民償金の多きを見て急に其企業心を動かし、以て今日の如き無法の事業を起したる者なり、今日は無法の事業の結果として大に資金の欠乏を感じたり、是即ち企業復正の徴なれば、早く自ら悟りて厳に検摂を行ひ、以て其快復を求めざるべからず、然るに若し外債を以て其資金の不足を補ふときは、国民が不正の企業を悟るに期なくして、遂に全国の破産を為すに至るべし、蓋し今日輸出入の不平均と企業の過大とは共に経済上の大病なれば務めて攝生を行ひ、以て之を治療せざるべからず、然るに其病を療することを務めず、更に借金を以て之を補充せんとするは、恰も過食して胃を損じたる病者に更に多量の美食を与ふるが如し、豈危殆の甚しき者に非ずや、凡そ人の知識は甚しき懸絶ある者に非ず、能く一己の私心を棄て、愛国の公心を以て国家百年後の利害を考慮するときは、至愚人に非ざるよりは、決して外債の非を知らざる者はなかるべし、然るに今日の世の識者と称せらるゝ者にても、尚喋々外債の利を説くものあり、此の如き明白の道理を誤まる者は、恐らくは他に蔽はるゝ所ありて然るを致せる者ならん、或は此種の論者中には相場師又は株屋等と称するものありて、私欲の外には眼中何物もなき者ならん、其論の謬迷せるは固より其所なり、当局者万一是等奸民の言を信じて軽率に外債を起すときは、後年にいたり、臍を噛むとも及ぶべからざる者あり、夫我邦の経済は今日も猶優に一億五千万円の租税を徴することを得べし、善く此租税を運用するときは、内治外交共に不足するとなかるべし、然るを已等其理財の法を誤り、濫用度を失ひ、平常の時に於て猶外債を起さゞれは国用足らずと言ふ、万一外敵境を圧し、砲火海上に交はるが如きことあらば、其時は国の経済を如何せんとするや、実に歎息の至りに堪へざるなり、

政権 及行政官

欧州に於て英国の如き、米洲に於て合衆国の如き、真正の立憲国に於ては、三権の中、立法権最も重し、是立憲国の正格なり、東洋の諸国は古来より皆人君独裁なりしを以て三権鼎立のことなし、近年我邦にても洋法に倣ひ、立憲政治となりしと雖も、三権の中、行政権最も重し、是人君独裁の遺風の存する者にして、今遽かに改め難き者あり、故に今日行政官は所謂藩閥者流の占拠する所にして、内閣大臣の如きは薩長土肥(殊に薩長)の人か、然らざれば藩閥

の門下生を以て之に充つ、王政維新の効は多く薩長に在りしを以て、此の如く権勢の地を占めたるは、深く怪しむに足らざるなり、其維新功臣と云ふ者は、多く無学の人なれども、惟其膽気と功名心との強きを以て此大業を為し得たり、則ち何れも創業の材にして守成の器に非ず、故に文明の政事は之を後進者に譲るべきに、当時後進者に之を承くべきの人なく、功臣等は固より功名富貴の念甚熾んなるを以て其位に拠りて動かず、然れども藩閥者権を専にすること茲に三十年、彼等の中に人材漸々闕乏し、現時の当局者は追々老朽し、(年齢より言へば未だ老朽に非ざれども、彼等は学問なきを以て其識見多く時勢に後る、)已むことを得ず己が門下生を擢んで丶内閣に列せしむるに至れり、明治廿九年八月、伊藤内閣の倒る丶や、松方伯(正義)代りて総理大臣と為り、大隈重信、樺山資紀、西郷従道、高島鞆之助、榎本武揚、野村靖、蜂須賀茂韶、清浦奎吾の諸氏を以て内閣大臣に列す、是より先き、内閣大臣は常に必ず薩長連合して之に任じたりしが、此時初めて長閥を退け、純薩の内閣となる、(薩閥以外の者もあれども、是等は大隈の外は、何れも薩閥の門下生なり)、是維新以来の一変調にして、識者此後純長の内閣出て之に代るべきことを知る、又民間の政党等は十数年前より此藩閥政府を攻撃し、取て之に代らんとの野心を懐き居れども、藩閥の根拠頗る堅くして容易に敗滅の色を顕はさず、因て近年其図を改め、藩閥と相提携するを名として其幕下に帰降し、内部より之に代らんことを謀れり、然れども其事の成就するや否は甚疑はし、今日藩閥者流と民間の政党と其人物を比較すれば、学問知識は、政党家却て藩閥者に勝る者あり、(此の如きは政党中著名の人士のみを指す、全国に蠢々たる十把一束の田舎政党は固より之を論ずるの値なし)、惟藩閥者は積重の威と占拠するの地位宜きを得たるを以て未だ威権を失はざるなり、然らば今日藩閥大臣は学問才能なしと雖ども、尚大臣たるの資格三あり、其一は維新の功業あり、其二は政事に老練す、其三は政府以内に子分多し、此三者は政党家の欠くる所なり、故に政党家に学問才智ある者あるも、今日は未だ全く藩閥を除きて之に代わること能はざるなり、故に今日は猶当分藩閥にて行政の地位に居りて其政令を施し、政党家は衆議院議員の地位に拠り常に行政官を監督し、夫をして弊政を為さしめざらんことを務むべし、是まで自由党進歩党の為したる政府と相提携することの如きは最も陋策と云ふべし、但現今の藩閥大臣は、政事に秕政あるのみならず、何れも其私行修まらず、婬酒に耽る者あり、賄賂に黷るゝ者あり、賭博を好む者あり、此の如きは国民全体の風俗を乱る者にして到底永く相位に居らしむべき者に非ざるなり、藩閥の弊の尤も大なるは、私情を国事の上に施すこと是なり、例へば、左程の人材にも非ざるに、平生己が家に出入する者は之を登用し、友人の依頼を受けたるとか、其人の父兄に恩義を受けたるとかにて之を登用し、或は親戚の縁故を以て登用し、或は此人を登用すれば、何々の意味にて彼人の意向を損すれば之を廃すべしとか、或は彼人を持ちふれば此人をも用ひて其釣合を得しめざるべからずとか総て其藩閥内の事情を以て人物を進退し、又は同藩人に困窮者在れば、官禄を与へて其窮を救ふが如きこともあり、甚しきは藩閥の事情の為に新に無用の官職を置くことあり、陸軍の都督の如きは今日果して其必用あるか、拓殖務省を新設せるが如きは、啻其必用なきのみならず、却て事務の渋滞を来せり、(三十年九月二日之を廃せり)、又是等とは少しく異なれども、藩閥政府は自己の位を固めんが為に、民間政党の一部と結合し、新たに勅任参事官を置くが如きも、朝廷の官職を以て私利の用に供したる者なり、

今日行政官の通弊は其長官は多く其省の事務に暗し、然る所以の者は、其長官は大抵維新の功臣たるを以て学識に乏しく、次官秘書官局長等の助を得ざれば其事務を料理することを能はず、是に依り自然に官吏の数を増し、文書を繁冗にし、無益の国費を増加するに至るなり、

本邦の国体に於ては、宮内省は最も重要の省なり、皇室の尊厳を永遠に保持せんとするには、殊に此省の人物を精選すべし、前年より聞く所の御陵墓の事、御料地払下の事等は其事実を詳にせざれども、兎も角も世間の人をして此省の是非を議せしめたることなれば、爾後は此の如きことなからんことを望むなり、又宮内省は政府以外に於て独立

の地位を保つべきは勿論のことなり、宮内大臣、政府の頤使を受けて云々したりと云ふが如きは、事実無根なるべきも、此風説の起る原因を考へて、爾後此の如き風説の再興せざらんことを務むべきなり、又宮内大臣が演芸会(劇場の類)の会長、皇后宮太夫か其副長となり居るが如きは、瑣細の事なれども、此省の美事に非ざるなり、

諸省の内に於て、近年最も世上の非難を受くるは文部省なり、凡そ諸省の中にて、其長官たる者の学識を要するは、外務、大蔵、文部の三省を最とす、其他は今日は大抵次官以下に取調を任かせ置きて、長官は其成案に捺印するを以て足れりとする者の如し、外務大蔵は重要の職なるを以て、其長官は常に人選に注意し、内閣中の有力者を以て之に充つれども、文部は将来の国民を養成するの重職なるに、如何なる故か伴食宰相を以て之に充つるを常とす、内閣大臣が此の如く文部に重きを置かざるは、以て其深謀遠慮なきを見るに足るべし、又外務の如きは、内閣にて之を重要視するに関せず、常に良長官を得ざるの憾あり、現今の大臣大隈伯の如きは、世間其有為の材なるを称する人なれども、此人が明治廿二年に為さんとしたる条約改正の技倆を見れば、恐くは外事を委任すべき人には非ざるなり、余が聞く所を以てするに、副島種臣、寺島宗則氏が外務長官たりし時のことは、頗る観るべき者ありしが如し、其他は一も云ふに足る者なし、大蔵大臣の如きも、今の松方氏は往年大隈氏の後を承けて其財政を整理し、頗る其効を奏せしを以て今日世人其技倆を想望しありしに、今回は往年に似ず、急に財政の方針を改むるときは、事業の頽敗を来すと云へる口実を以て、伊藤内閣が為したる過大の財政を襲用したるは、大に世人をして其望を失はしめたり、

行政整理と云ふことは、七八年以前より政府に起りたる声なり、行政整理とは何事なるか、蓋し冗官を汰し、冗費を省き、一は国庫の費用を減し、一は行政部の簡易敏活を謀るの意ならん、然るときは其趣意は甚だ善し、余は行政部の或る二省に奉職せしが、一省中に於ける冗費は頗る多く、余が見る所にては、現今の経費中の十分の二を削減するも決して支障なきを知るなり、余が奉職せしは甚だ経費の少き省なり、然れども尚此の如し、他の経費の浩大なる

省の如きは、其冗費の多き察すべきなり、殊に諸省共に会計年度の終りには、必多少の剰余金あり、此剰余金を大蔵省に返付するときは、明年よりは経費の額を減削せらるゝの恐あり、是を以て其年度の末に至る時は、必不急の事業を起して其剰余金を鎖費するを常とす、此の如きは、理財制度の宜しからざるに出る者にして実に幣政の一に数ふべき者なり、故に行政整理のことは、今日必行はざるべからざるの急務なるを以て、大隈伯の如き有力なる大臣委員長となり、各省の敏腕家と称せらるゝ者を選びて其委員と為したることなれば、速に其成功を見るべきの理なるに、今日に至るまで遂に一の見るべきことなし、其事甚だ怪しむべきが如くにして、其実は敢て怪しむべきことに非ざるなり、蓋し行政整理彌々其功を奏するときは、其委員等も利益の点に於て多少の損害を被らざるべからざればなり、深く行政部の利害を感ずる所の人を聚めて行政整理の委員と為すは、彼狐を聚めて狐の裘を作ることを謀りたると同一の事にして、決して其調査の成就すべき理なし、夫とても精忠愛国の士のみならば、或は真正の行政整理を為し得べきかも計り難けれども、今日の諸省の敏腕家などゝ称せらるゝ者には、決して此の如き棄レ私徇レ公の美事は望むべからざるなり、故に実に行政整理を行はんと欲せば、従前の如き委員は一切之を廃し、別に忠実直諒の士を選びて委員とし、其長たる大臣も私情を去りて公義を乗り、勇断を以て事を行はゞ行政整理の効を奏するは極めて容易のことなり、唯今日朝廷に忠実直諒の士少なきを如何ともすること能はざるのみ、

軍制

日清戦争以前の海陸の兵数と其費用とは前編に既に之を述べたり、此戦争以後、三国干渉遼東還附の事あり、又欧州列国が我邦に対するの態度、従前に異なるを見て、国民皆軍備の充実せざるべからざるを知り、殊に陸海軍の

将校は盛んに其説を唱へ、是に於て軍備拡張の議大に起る、陸軍に於て増設する所は、従前の六師団に更に六師団を増し、(外に近衛兵一師団あり)、其他要塞砲兵、鉄道隊、憲兵隊、を設く、其増す所は将校士卒五万八千三百五十三人、馬匹八千百七頭なり、是を従前の陸軍に加ふるときは、平時に於て近衛師団一万五百五十五人(将校士卒を合せ算す、以下同じ)十一師団の兵十一万六千百五人、馬一万七千三百五十八頭、第七師団(屯田兵)五千三百十一人、馬二百十七頭、警備隊二百四十九人、馬一頭、要塞砲兵八千七百廿八人、馬七十七頭、鉄道隊四百廿七人、馬廿二頭、憲兵隊二千三百四十九人、馬三百五十三頭、都督部三十六人、馬三十九頭、軍楽隊百四人、官吏六千一百廿五人、馬二千七百七十二頭、総計将士十四万九千九百九十五人、馬二万二千四百十七頭なり、是を現今の将卒七万七千八百八十八人、馬一万二百九十四頭に比すれば、殆ど一倍の増加なり、此増加を第一第二の二期に分ち、明治三十六年を以て完成の期と為す、又海軍は黄海の戦に大捷利を得、清国の軍艦十数隻を収穫したりしより、意気益軒昂し、海軍大拡張の計画を定む、是に於て現在の有力艦十万二千五百廿五噸の上に、更に一等甲鉄主戦艦四隻、一等巡洋艦四隻、二等巡洋艦三隻、三等巡洋艦二隻、水雷砲艦三隻、水雷母艦兼工作船一隻、計十七隻、合十二万七千八百六十噸を増加す、是を現在の有力艦に加ふれば二十三万三百八十五噸と為る、又水雷艇の新造すべき者は、水雷駆逐艇八隻、一等水雷艇五隻、二等水雷艇三十隻、三等水雷艇六隻、合計四十九隻、此噸数五千五十、之を現在の水雷艇一千七百七十噸に合算すれば六千八百二十噸となる、又第一期の計画に於て左の船を造る、汽船五十八隻、端船三十六隻、雑種船百七十五隻、合計二百六十九隻を造ると云ふ、

本邦は地勢上より海軍の必要なるは言ふまでもなし、従前の海軍は実に寥々たる者にして、決して国威を宣揚するに足るべき者に非ず、故に今回の戦勝を機として国力の許さん限りは、海軍を拡張するは極めて適当のことなるべし、二十三万噸の海軍は、未だ十分とは言ひ難けれども、差々人意を強くするに足るべし、陸軍の如きは之に反して

吾邦にては左まで必要の者に非ず、尤も弱肉強食の世界なれば、国力之に堪へ得べくは之を増加するも可なるべきも、此二三年の間に於て、国民の富急に三倍増加するの理なし、若し国富之に伴はざるときは、猛将勇卒ありと雖ども其用を為さゞるべし、伊太利が国力不相応の兵を備へ、是が為めに国民に重税を課し、遂に上下倶に困窮に陥りしが如きは、宜く殷鑒と為すべき者なり、凡そ国の兵備は国富と相比例せざるべからず、欧州強国のの兵備の盛んなるは、其国富の盛んなるに由れる者なり、富国弱兵、貧国強兵、共に国を保つの道に非ず、達識の士に非ざれば、與に之を語るに足らざるなり、

帝国議会

明治十一年七月、府県会の設立ありしとき、寺島宗則氏は其猶早きことを言へり、同廿三年帝国議会開設ありし時、三浦梧楼氏亦其猶早きことを言へり、余は明治の初、廃藩置県の時より、国会(上院)の必要を感じ、当時華族中の有識者に之を説き、明治七年に至り、副島江藤諸氏が民選議院設立の建議ありしと聞き、大に其説を賛し、其後に従ひて議院設立希望の建白を為せり、余が此の如く国会を希望したるは、当時藩閥の大官等が維新の功業に誇り、己の意に任せて政務を行ひ、藩閥以外殊に奥羽及び徳川譜代の人士は、政府の威権を慴れ、惴々焉唯其意に忤はんことを恐るゝの状あり、余是に於て威権の偏重甚しくして国家後年の患を貽さんことを慮り、民選議院を興し、政府過大の権に対して一の抵抗力を設けんことを謀りたるなり、然るに余は唯政権の軽量を量ることを知りて、人民の知識道徳の度を量ることを知らず、是を以て廿三年帝国議会の開くるに及び、議員の状態其予想する所に違ひ、実に余をして大失望を為さしめ、今日に至りては、全く寺島三浦二氏に同意を表さざることを得ざるに至らしめたり、

初め自由改進二党の起るや、其唱ふる所の主義は曰く藩閥を打破するなり、(然るに其首領たる板垣大隈の二氏は共に准藩閥の人なり、是頗る奇観なり)、曰く政党内閣を造るなり、曰く民力を休養するなり、曰く人権を拡張するなり、曰く言論を自由にするなり、是等の政党の挙動には、粗暴浮躁の事多しと雖ども(其中改進党は差々沈着なり)其言ふ所の主義なる者は、明かに政府の暴政を制御するに足るべき者なり、其議員選挙には甚だ卑劣の挙動多しと雖ども、暫く其小節を恕して他日の大功を立るあらんことを望みたり、蓋し彼等が最後の希望は藩閥政府を仆して己代りて之を取らんとするにあり、其志や称すべきに非ずと雖ども、久しく鬱屈せる民意を伸さんとするには、亦已むを得ざるの事となし、敢て之を咎めざりしなり、然るに彼等己が節を守ること能はず、己が前言を食みて、忽ち藩閥政府に降服せり、明治廿八年の秋、自由党先づ伊藤政府に降り、其口実とする所は現政府の為す所と、己が党の主義と同一なりとし、政府と相提携すとか、肝膽相照すとか云ふ文飾の詞を以て全く政府に屈従セリ、是に於て政府は板垣を以て内務大臣と為し、党員中の二三を挙て次官とし局長とし、又は知事と為し、以て自由党を籠絡せり、往年板垣が岐阜にて傷けられしとき板垣は死すとも自由は死せずと叫びたりと聞く、今は自由は全く死して板垣は死せざるのみならず入りて藩閥政府の大臣と為れり、其醜其陋、実に言語に絶したりと云ふべし、今日政党の大なる者は自由進歩(改進党其中堅となりて他の小政党之に合したる者)の二党なるを以て、政府之を誘致して己が利と為さんとし、百方術を設けて先づ自由党を羅致したるなり、政府二十九年度の予算に於て、過大の増税案を出して議会の協賛を求む、自由党は已に政府に降服せるを以て人民の休戚を顧みるに遑あらず、其嘗て民力休養を唱へたる所の舌を以て、忽ち此増税案を可決す、是に於て一億九千八百五十五万円余と云へる無前の重税案容易に議院を通過せり、夫れ議会(殊に衆議院)は政府の暴政を制御する為めの大器械なり、今其大器械、国民の為に其働を為さず、却て政府を助けて其暴政を容易ならしむ、是を何と言はんや、廿九年八月、伊藤内閣の倒るゝや、板垣も内務大臣を辞し、松方正義氏、伊藤氏に代りて総理大臣と為る、是に於て自由党は忽ち其勢力を失ひ、其政府の官に在りたる者続々と免職となる、但其中一二の狡猾者流が更に松方内閣に媚びて其位を保てる者あるを見るのみ、自由党已に政府と絶縁するや、進歩党は之に代りて亦現政府に降服し、自由党と同一なる口実を以て其失節を飾り、以て政府を助けんことを約す（但し松方の内閣には進歩党の首領大隈重信氏外務大臣の坐を占め居れり）、是に於て政府も亦其党員を抜きて次官と為し局長と為し知事と為し、又無用なる勅任参事官の官を置きて党員に糊口の資を与へたり、進歩党は自由党に比すれば、学識ある者も少しは有ることなれば此の如き醜態は無かるべしと思ひしに、其気節の無きこと、自由党と異なることなく、其官に就きし者は反て自由党より多し、其内、節を守りて官に就かざる者、（島田三郎、犬養毅の類）、其獵官を非なりして進歩党を脱したる者（鈴木重遠の類）は僅七八人に過ぎざりしなり、進歩党已に政府に降服したる上は、政府を助けて其政策に盲従せざることを得ず、是に於て三十年度に於ては、昨年より更に重税なる二億四千九百五十二万余円の予算を容易に可決せり、貴族院に十数名の正論者ありて其税額の過重を論ぜしと雖も、衆議院の多数に敵すること能はざりしなり、（但し貴族院にても所謂吏党なる者は政府案を賛成し、其吏党の数は毎に院中の多数を占め居れり）、凡そ政府の病は常に重歛にあり、其重歛を防障して、国民をして其難を被らしめざるは国会の任なり、然るに国会（政党）、政府の意を迎合し、非常の重税をも之を賛成可決するに至りては之を何とか言はん、此の如くして政府の重官を獵し得たりとも、其運命は亦自由党と同じく、一二年を過ぎずして、又勢力を政府に失ふに至らん、畢竟政党者流が国会の重任を忘れ、唯自己の利欲に迷ひ、以て此大事を誤り、国家と国民とをして其損害を受けしむる者にして、実に憲法史を汚染すと云ふべし、初めは政党なる者常に政府に反抗して、政府の良法をも沮格するの患ありしが、両三年以来は全く之に反して、政府暴歛の爪牙と為る、其変化驚くべき者あり、然る所以の者は、政府より利禄を以て彼等を誘惑するに由る者にして、利欲の人心を腐敗せしむるは洵に恐るべき者あり、自由党の如き進歩党の如き、其中の一個人に就て之を見れば、学識あり智慮ある者も少なからざれども、其合して一党となりたる上にて其所行を見れば、誠に其醜陋を憫笑せざるを得ざるなり、

貴族院は紈袴子弟の集合なれば、初めは衆議院の如き政党はなかりしが、従来少禄にてありし華族には(公武共に)家計の裕ならざる者多くして、彼等は議員の歳費八百円に心を奪はれ、之を得んとして熱中するより、狡才者之を利用して、己が指嗾に供せんと欲し、遂に党派の如き者を生じたり其初め青木周蔵(当時の外務大臣)同爵(子爵)中の同臭味の者を集めて上院中に研究会を組織せり、子爵議員中首として之に賛成したる者は、平松岡部堀田(正養)井伊(直憲)京極槇村等の諸氏にして、後に漸々其数を増し、侯伯男爵者も加はり、議員中に八十余名の会員を得たり、是等の人の為す所は、全然政府を助くるに在りて、政府提出の議案は可否を問はず之に賛成する者なり、此会後に改めて尚友会と称し、議院以外に於ても亦多数を聚め、其中より議員を選挙することと定む、故に華族にして議員を望む者は、勢ひ此会に加入せざることを得ざるの状となれり、明治廿九年貴族院議員改選の時は、此尚友会の挙動甚だ卑劣にして、人をして嘔吐を発せしむべき者あり、伊達(宗城)浅野東久世の諸老之を患ひ、之を救済せんことを務めしも竟に其効を奏すること能はず、初め立花種恭氏余に謂て曰く華族の議員を競争するは、八百円の歳費あるが為なり、若し此歳費を廃すれば競争の事は自ら息まんと、余初めは之を信ぜざりしが、今日に至りて其言の信ずべきを知れり、前年貴族院に歳費全廃の論起りしかども、賛成者少数にして其説行はれず、歳費の全廃は固より希望すべきことなれども、今日の議員にては、決して其議を賛成する者なかるべし、只其額を減じて半額又は三分の二と為さば、差々競争心を減じ、少しく彼等が卑劣の行を制するに足るべきか、

外交

今日の行政に於て最も大切なるは外交なり、一言にして国家の尊栄を得、一動にして国家の災禍を来すは実に外交の巧拙にあり、戦捷以来我邦の一挙一動は世界の注目する所となりたれば、殊に外交に意を用ひざるべからざるなり、従来我邦の外交は常に平穏を以て主義とするが如し、悪く言へば退縮を以て主義とするが如し、伊藤侯爵の如きは殊に然り、然れども其退縮と云ふは、特に欧米の強国に対して行ふ者にして、支那朝鮮に対しては、頗る強硬の手段を取れり、現に廿七八年の戦争も是よりして起りたる者なり、今の大隈外務大臣は強硬主義を以て名あり、然れども区々たる布哇島にて我条約を無視し、我移住民を拒絶す、我政府より談判に及ぶと雖も、彼れ北米合衆国の後援を恃みて我言を聴かず、遂に他国の裁判を求めんとするに至れり、(今日未だ其結果を知らず、)朝鮮は魯国より恣に士官を送り、兵卒を送り、魯法を以て朝鮮の兵士を訓練し、鮮王は魯の公使館に匿れて魯公使の保護を仰ぐ、廿七八年戦役は全く朝鮮の独立を助くるの主意にして、其事は支那に対して之を宣言したり、然るに今や朝鮮は全く魯国の威権の下に立ちて殆ど属国の状を為せども魯国に対しては、我邦より一言も之を発することなく、日露協商の約あるに関せず、朝鮮の事は全く之を忘れたるが如く、補守傍観して一策の出る所なし、世の志士之を憤慨し、政府の退縮政策、怯懦外交を痛論する者多し、然れども余を以て之を観れば、政府の退縮政策は未だ全く非とすべからざる者あり、今日本邦の力を以て欧州の諸強国に比すれば、其財富兵備共に大に彼に及ばざる者あり、今一時の忿々に忍びず、軽卒に起て彼虎鬚を将するときは、其禍実に測り難き者あり、故に世の志士の論は快は快なりと雖ども、深く之を考ふときは、未だ遽に之に与し難き者あり、古より己の力を量らず時を揆らず、妄りに強国と釁を啓きて国家の大患を醸したる者は其例甚多し、政府の退縮政策は固より称賛するに足らずと雖ども、一時の客気に駆られて無謀の進取政策を為すに比すれば、却て急劇の禍を避くるの方便となるべきなり、

外国との条約改正は政府にて数々失敗すと雖ども、必ず之を改正して功名を立てんと欲し、常に其念の絶ゆることなし、陸奥宗光を以て外務大臣とするに及び、彼の勃々たる功名心は必ず此事を成就せんと欲す、伊藤総理は其好助手を得たるを喜び、密々に其事を計画せり、是より先き、条約改正の事は常に外務省に於て我大臣と外国の公使と之を議せしを以て、動もすれば其議の外に漏るゝことあり、(此議の外に漏れしは志士の憤慨を起して、却て国家の利益たりしなり)、因て今回は其方法を改め、本邦の外国駐在公使に内命し、夫々の国に在りて彼国の外務全権と議して其事を定めしめたり、是に由り我国民は条約改正の進行は勿論、其事の有無さへも之を知る者なかりき、尋て清国との戦争起るに及び、全国の人心皆其方に向ひて他を顧みるの暇なし、是条約改正を為すに至極の好機会を得たる者にして、英国との新条約は此間に成り、遂に廿七年八月廿七日を以て、通商航海条約の名を以て英国との条約改正を公布になりたり、国中の有志者は頗る其不意に駭きたりと雖ども、戦争方に盛なるの際なるを以て其可否を問ふに遑あらざりしなり、蓋し改正条約は最初井上案は最も国害多く、大隈案は之に次ぎ、青木案は又之に次ぐ、一失敗毎に国害となるべき条目は漸々に減少す、是有志者が之を沮抑したるの力にして、一回の沮抑を受くる毎に、彼等之を顧みて多少の改正を為したる者なり、故に今回の改正は従前数回の者に比すれば頗る勝れる所あり、若し今回も早く之を知る者あらば又之を沮抑して更に改正を為すことありしなるべし、不幸にして(功名家には幸なれども)条約締結の前に之を知ること能はず、既に批准ありて初めて之を知りしを以て、復如何ともすること能はざりしなり、

此新条約は井上以来の条約案に比すれば大に勝るところあるも尚議すべき者甚多し、第七条の奨励金、第十一条の沿海貿易、第十八条の外人居留地の制、及び議定書第三条の所有権板権の保護、第四条の精糖の税、其他外国の輸入

品に課する関税を一々品目を挙げて彼と協議すること、又何れの国々も最恵国を以て取扱ふことの如きは、何れも国権を侵害せられ、国利を奪はれたる者なり、（其義を解釈すれば甚だ長文となるを以て今皆之を略す）又条約の文中には在らざれども、民法の第二条に、外国人は法令または条約に禁止ある場合を除くの外私権を享有すとあり、此条最も後来の弊害となるべきを以て、衆議院議員元田肇は左の修正案を呈出せり、曰く外国人は法令又は条約の許す場合に於ては私権を享有すと、然れども種々の議論ありて未だ修正に一定せず、明治三十年三月九日、貴族院議員谷干城富田鉄之助の二氏、政府に向ひて日英条約に付きて九ケ条、日独条約に付きて十七ケ条の質問書を呈出したり、是に由て見れば、此二国の条約には幾多の遺漏衝突及び国権民利の侵害を受ける者あることを知るべし、此条約を交換したるは倶に特命全権公使青木周蔵なり、此人は固より軽薄の才にして此の如き大事に当るべき者に非ず、其長藩の出身なるを以て条約改正の委任を受け其談判を結了せり、其条約文の缺失多きは固より其所なり、然るに世間尚対等条約なりと言ひて之を喜ぶは盲目の至りなり、是より本年一月に至るまでに、米国、伊国、魯国、丁抹、白耳義、瑞那、和蘭、瑞西、西班牙、葡萄牙十国との条約改正成り、其未だ成らざるは法蘭西墺地利の二国のみ、此十国の条約は英独の条約と大同小異なれば今別に之を論ぜず、

今日我邦と欧米諸強国とを比して之を見るときは、国力彼には及ばず、民智彼に及ばず、財産彼に及ばず、仮使対等の条約を結ぶとも、彼に利多くして我に損多きは免れざるのことなり、況や其条約は対等に非ずして（表面は対等の如くなるも）利は彼に帰し損は我に帰するの文意多きをや、然るを世人漫然として看過し、此頃に至り政府初め民間にても内地雑居準備等を論ずる者あるも既に晩し、夫れ本邦国民が道徳心の頽敗すること已に久し、而して其最も頽廃せるは中等以上の社会に多し、彼等の多数は、尊王愛国の精神に乏しく、道徳の何物たるを知らず、私欲の外眼中に一物なし、下等社会の者は固より愚昧にして毫も国家の観念なし、唯好餌を見れば、身を忘れて之に徇するのみ、

此の如き人民を以て彼梟勇膽智ある欧米人と雑居して與に業を営むに至らば如何、十年を出でずして我国民は勢力を奪はれ、土地を奪はれ、工業を奪はれ、商業を奪はれ（但下等の労働者は今日よりは多く銭を得ることあらん）実に憐むべきの有様に立至るべし、唯今日に比すれば、日本国の財産は必ず増加すべし、然れども其財産を所有する者は多くは欧米人及び支那人にして、我日本人民には非ざるべし、余の見る所は此の如し、若し余の見る所大に誤まりて、国民為めに禍害を受くることなくば、実に国家の大幸なり、恐くは不幸にして吾言多少中ることありて国家其弊害を受んことを、惟今日一條の頼むべき綱と云ふは、本条約は其実施の時より十二ケ年にして終了となるの一ケ条なり、此十二ケ年の間には、我国民は幾多の侵害を受くべきことなれば、其間に奮発激励し、十二ケ年の後には政府に逼りて十分なる条約の改正を遂ぐべきなり、若し其期に至り、政府は今日の如く外交秘密を口実として、密に姑息の改正を為し、人民は団結して政府に逼るの奮発力なきときは、吾帝国の運命も夫迄の事と知るべし、

民心風俗

征清の戦争中は国民の意気大に奮揚し、人々義勇の志を起さゞるは無かりき、戦捷の後は何れも非常に驚喜し、十倍の大国をも容易に粉砕したりとて頗る驕慢の心を起し、尋て此の如くなれば世界に復恐るべき事なしと云へる気になり、安逸の心を生じたり、此人心の変化は世界の戦捷国には皆免がれざる所なれば、独り我国民を咎むべからずと雖ども、此心の発動を肆にして之を制せざるときは、竟に大なる国害を引出すに至るべし、初め戦捷後清国と和議成りし比《ころ》は、邦人が支那人を慢侮すること実に甚し、是邦人が慢心より起りたる者にして、若し欧米人に対して此の如き挙動を為したらば、再び戦争を挑起すべきことなれども、幸にして支那人は無気力者多きを以て、何事もなくして

終りたり、故に慢心に関する禍害は起らざりしかども、遂に此心其原因となりて安逸心を生じたり、戦勝の当時は、人心奮興し、益々武を錬り、兵を整へ、再び戦争あらば、勇躍して之に赴かんとするの意気ありき、然るに戦後日を経るに従ひ、人心懈怠し、今日に至りては上下共に安逸を貪り、太平を楽むの気を生ぜり、加ふるに戦争に費したる金額の幾分は中等以下の人民の手に帰し、賞功の為に軍人に賜与ありたる多数の金は平日金銭に不足せし人の懐に入り、是より軍人及び従軍の者は先づ奢侈の病に冒され、夫より伝染して国民全般皆奢侈に陥らざるはなし、従前棉衣を纏ひたる者も俄に絹衣を着し、帽子、履物、日傘より外套に至るまで競ひて高価の品を用ひ、就中婦人の衣服の如きは尤も華麗を極め「東コート」の如き無益の贅物流行し、今年三井呉服店にて売出す女帯には一筋二百円の物あり、以て其他を推知すべし、独衣服のみならず飲食の如き日用器物の如きも亦之に准じ、其他宴会の如き、音信贈答の如き、戦捷前に比すれば皆数倍の奢侈を為せり、廿七年に外国より輸入せし袂時計の価四十万四千六百四十八円なりしが、昨廿九年には急に増して百八十九万七千四百八十円となれり、以て国民が奢侈に流れたる一端を知ることを得べし、古より国家を治むる者(東西を論ぜず)は何れも深く奢侈を戒めざるはなし、其故は奢侈は独り後来の貧窮を招くのみならず、常に必ず怠惰懦弱と云へる二個の悪徳を生ずる者なればなり、古今東西の歴史を閲するに、勤倹の民は必ず国を起し、奢侈の民は必ず国を亡すは符節を合せたるが如し、我国民の如きも戦争の間には上下共に勇壮活発の風ありしが、此比奢侈の増長すると倶に、陥りて柔弱怠惰の風となれり、豈深く畏れて警戒せざるべけんや、然るに世に一種の邪説あり、曰く人たる者は世の開くるに従ひて、益々生活の度を高くせざるべからず、故に奢侈は敢て禁ずべからざるのみならず、寧ろ之を奨励するも可なりと、此言や実に人を誤り国を害するの大なる者と云ふべし、世人、欧米人の衣食住我より美麗なるを見て、我も亦彼の如くせざるべからずと思ふ者あり、夫れ奢と倹とには定則なし、皆自己の富の度に応じて定まる者なり、欧人の富は大訳我に十倍す、故に衣食住の美も其富に応ずる者にして、敢て奢侈と称すべきに非ざるなり、我の富は彼の十分一にして、衣食住の美は決して彼の十分一に非ず、或は彼の半に及ぶ者あり、然るに国民は己が富を増さんことを勉むる者少くして、彼と奢侈を競はんと欲する者多し、豈危殆の極に非ずや、

物価貿易

物価は平を保つを貴ぶ、過廉なれば売る者を害し、過高なれば買ふ者を害す、本邦今日物価の騰貴は実に古来未曾有のことなり、先づ米価の如き、明治十七年には、上中下平均して一石の価五円二十九銭、十八年には六円五十八銭なりしが、廿六年には昇りて七円九十八銭となり、廿七年には九円六十銭となり、廿八年には降りて八円九十五銭となりしが、廿九年には復昇りて十円十七銭となり、本年本月、即ち三十年九月には大に昇りて十三円十銭となり、白米の小売は一等米五升三合、五等米六升七合となり、猶上進の勢あり、本邦の百貨は大抵米価を以て標準とするを以て、百貨の騰貴亦此米価と同一の点に進めり、即ち酒は廿六年には十駄に付百六十八円なりしもの、今年は増して二百四十五円となり、薪は一円に付き十七束なりしもの今年は昇りて十三束となり、炭は一円に付き三俵八分なりしもの、昇りて二俵となり、醤油一円に付き二樽二分なりしもの、上りて一樽となり、砂糖(和製)一貫目に付き四十八銭なりしもの、昇りて五十五銭となれり、此外最も騰貴したる物は地代、家賃、材木、絹織物なり、此の如く物価の騰貴したる原因は種々あるべきも、其主なる者は、㈠流通貨幣の増発にして、正貨の外に多くの貨幣を発行し、其紙幣に定限を立てあるも更に定限以外に四五千万円の増発を為し、自然に民間に貨幣の剰多となりたること、㈡国民の奢侈増長し、衣食住に多分の費用を要すること、㈢米価の高きより中産以上の農民其利益多く、是に由り俄に購買心

を長じたること、武官及び軍役に従事したる者は巨多の入金ありしより、同じく購買心を長じたること、㈣相場師なる者は弥が上にも暴利を得んと欲し、是に由り米穀を初め民間必要の物は、力を極めて買締を為すこと、其他総て取引所は種々の方法を以て物価の騰貴を促すこと是等は物価騰貴の原因の明白なる者にして、此外に猶幾多もあるべし、此の如く物価の騰貴したる後其結果如何と云ふに、㈠貧富の不平均を促すべし、㈡貨幣の濫出を増すべし、㈢我邦の産業を失ふべし、㈣俸給者処分の為に経済の法を変革せざるべからず、以上の四件は皆物価騰貴より出る国害にして、其利益となるは国民の起業心を挑発するの一事あるのみ、今其義を詳説せんに、凡そ貧富不平均の邦家に不利なるは世既に定論ありて、今復喋々するを須ひず、然るに世の富盛に進むに従ひ、動もすれば此不平均の害を受くるを以て、深慮ある政事家は務めて之を制して甚しきに至らざらしめんとす、今物価甚しく騰貴するときは、富者は（農工商とも）其売る物常に多きを以て、其利を得ること平日に数倍し、其買ふ物は一家の生計を維持する物に限れば、其出す所多からず、貧者は之に反し、其売る者は甚少く、或は全く売る物なき者あり、己の生計は何程倹約するも衣食住だけは足さゞるべからざれば、買ふ物常に多くして売る物常に少なし、故に富者は従前ならば十年にして富を倍すべき者も、物価騰貴するときは、五年にして其産を失ふるに至るべし、（是は唯算数上に於て其常理を言ひたる者なり、本人が奮発勉励に拠りて其家産を増加するは此限にあらず）、第二、貨幣の濫出を増すと云ふは、近年我邦の外国貿易は、甚しく輸出入の平均を失ひて正貨の濫出甚多きに加へて、国内の物価非常に貴きより、十分国内の産にて足り得べき物品、翻て外国より輸入するもの多し、其一二を挙ぐれば、大豆の如き、綿花の如き、漆の如き、砂糖の如き、蝋の如き、鶏卵の如き、塩の如き、木材の如き、何れも外国より輸入する者年々に増加す、是等は皆我邦の名産物にして、其の産出法宜きに協ふときは、敢て他国に仰ぐべき物に非ざるに、国内の価甚き貴きより、之を他国より買ふも猶利益あるに拠りて、此の如き日用品も之を外国より輸入するに至るなり、国民日用の物品にして我邦に産せざる物は之を輸入するも、已むを得ざることなれども、此の如く十分国内に産すべき物をも猶之を買ひて正貨の濫出を増加するは、畢竟物価の甚しく騰貴せしに出る者なり、第三、我邦の産業を失ふと云ふは、以上記する所の諸品の如きは、何れも国内重要の産物なり、然るに物価の昂貴に因りて、常に外国より輸入し、之を需用する者も、内国品より外国品の価の廉なるを以て其品質の不良なるにも関ぜず、外国品を用ふる者多し、是に由り国内に在りて、以上の業を営む者は漸々に其業を失ひて、遂には大豆綿花漆蠟砂糖の如きは、我日本にて之を作るの業を営む者なきに至るも料り難し、殊に塩の如きは、四面海に瀕するの国に在りながら、其需用を外国に仰ぐと云ふは甚遺憾のことと云ふべし、第四、俸給者処分の為に経済の法を改めざるべからずと云ふは、今日の如く物価騰貴したるときは、売ること多き者は利益あるも売ること少き者は損害多し、況して買ふことのみにして売ることなき俸給者は、其損害言ふを須たず、然れとも多額の俸給を得る者は深く困難を感ぜざれども、月給二十円以下の官吏教員巡査等は其困窮実に甚し、是等は皆国家必用の人にして、決して其困窮に任せて置くべき者に非ず、或は地方税又は町村費より出さんとするか、地方税町村税は已に其多きに苦あり、安んぞ此多額の増俸を出すことを得んや、若し実に彼等の困窮を救はんと欲せば、大に税法を改革して租税の額を増すより外に方法なし、租税已に過重なり、之を増すこと豈容易ならんや、世人動もすれば言ふ、物価の騰貴は憂ふるに足らず、欧米の文明国は物価皆高し我邦の物価の騰貴するは文明に赴くの徴なりと、実に妄論と云ふべし、欧米諸国の物価の貴きは其富の度の我より高きに因る者なり、然るも日用の物品には猶価の甚廉なる者あり、我邦の富の度大に彼に及ばずして、物価の同一に皆貴き者と同じからず、彼国にて製する生金巾、棉織糸、唐更紗、縮緬呉呂、毛繻子、フランネル、砂糖、釘、石油等の如きは、海上の運賃と海関税とを払ひ、内外商人の口銭を出し、然るも猶内国産の物より廉なり、（支那朝鮮より輸入する大豆漆塩鶏卵の価の廉なるは前に之を言へり、）畢竟輸入品の多くして貿易の不平均を為すは、彼国物価の甚廉なるより来る者なり、邦人安んぞ警戒す

る所なかるべけんや、

本邦の外国貿易は、明治元年は、輸出入合せて二千六百二十四万六千円にすぎざりしが、漸々増加して廿八年には輸出入合せて二億六千五百三十七万二千八百五十六円の巨額に上れり、其中に於て輸入の輸出に超過したるは十五年の間にして、其超過の最大なるは明治廿三年なり、即ち超過の額二千五百十四万九千五百四十一円とす、又輸出の輸入に超過したるは十三年間にして、其最大なる超過は明治廿四年の一千五百七十四万四千百一円なり、我邦貿易の全数は未だ大に欧米の諸強国に及ばずと雖とも、其輸出入の均衡に至りては頗る其宜きを得たる者なり、然るに明治廿九年、即ち戦捷後に至り、俄然として輸出入の不平均を生じ、輸入の輸出に超過すること五千五百四十万円の多きに至る、本年は六月までに二千三百九十七万円の輸入超過あり、従来輸入の多きは毎に年の後半期にあるとなれば、本年も必ず五千万円の上に出づべし、此外に政府より直接に軍艦兵器を購入したる金額は之を知ること能はず、此の如く俄に輸出入の不平均を生じたる所以を考ふるに、㈠戦捷後国民奢侈の増長したること、㈡人々事業熱に浮かされ、急に百般の事業を興し其機械及び原料を外国より買入れたること、㈢国内物価の騰貴したるに由り廉価なる外国品を買ひて其用に供したること、是なり、此内第一と第三とは、国家経済上の大病にして、是非とも速に医治せざるべからざる者なり、唯第二の者のみ将来に望ある者なれども、其中只一時の熱に駆られて恒久の考案なき者あり、或は予算疎漏にして忽ち失敗する者あり、或は初より詐偽の意を以て人を瞞着する者あり、真に国家百年後の経済の助を為す物は恐くは其半に過ぎざるべし、綿花の輸入の如きは、廿八年に比して七百七十万円を増し、綿織糸は四百二十余万円を増したり、これらは皆工業の為に輸入したる者なれども、此の如き莫大の綿花を輸入して、其綿糸の輸出する者四百万円に過ぎず、(廿九年に輸入せる棉花の全額は三千二百五十七万三千三百五十二円なり)、輸入の綿糸は此の如き多きも(同年輸入の綿糸はいち千一百三十七万二千余円たり)、輸出の綿布は廿八年に比すれば却て九十万円を減じたり、(同年輸出の綿布は全額二百二十二万六千一百余円なり)、然る所以のものは、何ぞ、従来民間の婦女は、自ら棉を紡して綿布を織りたる者、近来は其業を廃し、紡績会社の棉糸を用ふるに至りしを以て、輸入せる棉花と綿糸との多額は国内にて消費することなり、併せて大に国内棉花の産出を減じたるなり、

此の如き輸出入貨物の不平均なるに管せず、金銀貨幣に至りては、輸入却て輸出より多し、即ち昨廿九年の如きは、金銀の輸出一千一百五十九万八千八百八十四円にして、其輸入は三千九百十四万二千二百八円、即ち輸入の超過すること二千七百五十四万三千三百二十四円なり、今年も連月金銀輸入の超過すること大概去年と相似たり、此の如く物品の輸出入と金銀の輸出入と相反せるは、清国よりの償金の英国に在る者を漸々回収するに由りて、此の如く金銀輸入の超過を見るなり、今日貿易の不平均甚しきも国民未だ金銀の不足を感ぜざるは、清国償金の回収あればなり、国民は現今金銀に不足なきを見、其由て来る所を考へず、猶奢侈を続け、外国品を買入れて少しも顧みず、蓋し清国の償金は別に自ら用途あり、之を日常の貿易に用ふるは已に誤まれり、況や此償金も久しからずして銷費するときは、国民は貿易の不平均を如何せんとするや、試みに世界各国の統計表を抜きて之を見よ、我邦の如き輸出入の不平均甚しき者ありや、世界に無くして独り我邦にあり、国家経済上の危険は実に是より甚しきはなし、理財の局に当る者は考ふる所なかるべけんや、

教　育

国民公共の教育は、国家主義ならざるべからざるは言ふまでもなし、明治廿三年の聖勅は明らかに此義を示し給ふものなり、故に国の教育は国家主義の外他の主義あるべき理なし、即ち国民の教育は唯一主義のみなるべし、然るに

近年世界主義と云ふことを唱へて国民主義と相対視せんとする者あり、極めて教育の根礎を危くする者と云ふべし、此説を立つる者は耶蘇教家を第一とし、其他西洋の文華に眩する者は亦従ひて之を唱ふる者多し、世界主義とは如何なる事ぞ、蓋し世界の人民は皆平等なりと云ふの義ならん、其言は公明正大なるが如く、或は愚人を迷はすべきも、其国家の害を為すこと浅尠に非ざるべし、是等の人は眼中に国家なき者にして、若し果して国家なる物なき時は、陸海軍を備ふるに及ばず、法律も各国別々に作るを要せず、国の独立も不用にして、国権も皆棄去るを宜しとすべし、実に世界主義は亡国の主義なり、独り世界主義のみならず、博愛主義平等主義と称するも亦皆同一の物なり、或は公然是等の名を称せずと雖とも、陰に種々の説を立て国家主義を妨碍する者あり、是亦耶蘇教家又は軽薄の洋学者に数々見る所なり、故に今日以後の教育家は国家主義世界主義の差別を明かにして、忘国背義の国民を造らざらんことを勉めざるべからざるなり、

教育の事務には殊に改善せざるべからざる者多し、其一二を挙ぐれば、小学児童の学齢なり、尋常小学の学期なり、教科書の編纂なり、学期試験なり、学科の過繁なり、教員の養成法なり、小学中学の連絡なり、大学の専横なり、(文部省の干渉過度なるは前編に之を言ひたるを以て今之を挙げず)是等皆改善せざるべからざる者なれども、一々之を論ずるときは冗長に渉るを以て、其中に於て独り尋常小学の事のみを論ずべし、方今の尋常小学と云ふものは、其学期を四年とし、生徒六歳にして入学し、十歳にして卒業す、是を義務年限と称し、此学校を卒業すれば、国民が教育の義務を終るものとす、此の如きは甚た姑息の法にして、極めて教育の本義に背ける者なり、凡そ教育とは何の為に之を為すや、少くも国民普通の知識を有し、徳性を養ひ、人道を実践し、殊に尊王愛国の志気を発揚せしめんとするは勅令の面に於て明かなり、然るに尋常小学は全く此勅令を実行するの能力なき者なり、十歳以下の児童は其智力未だ発達せず、仮令天稟頴敏の者と雖とも此の如き年齢に、此の如き短日月にては、決して勅令に望む所の知徳を養成

することを能はず、況や通常一般の児童をや、故に今日尋常科卒業の生徒は、其徳育は未だ尊王愛国の何物たるを知らず、其知育は筆読算倶に未だ生活に必須なる用を弁ずるに足らず、此の如き教育を官民共に安心し居るは実に迂濶の至りと云ふべし、西洋諸国の小学は其学期大抵八年或は六年なり、（殊に八年を多しとす）、独り西班牙のみ四年なりと聞けり、衰弱せる西班牙の教育法何ぞ学ぶに足らんや、況や本邦は西洋に比すれば文字の難易に大差あり、彼六年を以て学期とすれば我は八年ならば我は十年ならざるべからず、然るに彼は八年六年なるに我は四年を以て限りとす、実に退縮の教育法と云ふべし、此の如き効力なき教育に許多の学費を費すは愚の至りなるべし、畢竟此の如き愚法を立つるは、只学齢児童百分の幾個の就学と云へる虚名を博する為のみにして、洵に誠実を缺きたる教育と云ふべし、故に此の如き教育法は速に之を廃し、児童満七年より十五年まで八年の学期と定めざるべからず、是細事の如くなれども国勢進歩に必要のことなり、

外人が内地雑居の時も近づきたれば、政事法律農工商等何れも多少の研究を要する者あり、殊に教育は其効果を十数年の後に見るべき者なれば予め深く考究し置かざるなり、其条目に就いて言ふときは、内地雑居後の教育は、㈠廿三年の教育に関する勅語の及ぶ所の区域、㈡外国人設立の学校を政府にて監督するの方法、㈢学齢児童を外国人設立の学校に入るゝの禁、㈣普通教育に宗教の意味を加へざること、㈤雑種児の教育には殊に注意を加へ、或は特別の方法を設くると、右五条を詳密に考究するときは、更に幾多の細目を生ずるに至るべし、而して此五条を総括するの精神は尊王愛国を以て之を貫くべし、世の識者と称せらるゝ者、中には猶尊王愛国の精神を以て狭隘に過ぐると為し、又は排外的気風を養ふ者として、之を排撃せんとする者あり、是大なる誤想なり、今日世界の強国は何れも愛国と排外との精神を以て他国に対せざるはなし、彼此の如き意思を以て来るに、我反つて博愛平等の意思を以て之に対するは、譬へば自ら武器を脱して盗賊と戦はんとするが如し、安んぞ彼の暴力に敵することを得んや、

台湾

台湾の我版図に入りしより殆ど三年、今日に至るまで統治未た其緒に就かず、土匪の侵襲未た其迹を絶たず、総督を易ふること已に三人、政法を改むること幾回を知らず、官吏の法を犯して刑に処せらるゝ者幾人を知らず、其地の租税は其経費を償うに足らずして、内国税を以て之を補助すること年々六百万円の多きに至る、此の如きは、恐らくは統治其宜きを得たりと云ふべからざるなり、余は未た台湾の地理人情を知らず、故に其想案も甚た未熟なる者なれども、聊愚見なきに非ず、因て其大略を述べんとす、先第一に論ずべきは土匪のことなり、土匪の禍を為すこと今に至りて未だ止まず、是が為に良民兵士の死傷する者其幾百人なるを知らず、政府が土匪の処する所以を見るに、常に甚だ緩慢にして専ら防守の勢を取る者の如し、凡そ敵に対して守勢を取る者は、其敵なる者我より対等以上の大国にして、其兵力強大なるか、或は敵の本国甚だ隔遠にして其本拠を尽く搗く能はざるか、或は敵に連合の諸国ありて、甲を改むれば乙其虚に乗じて来り襲ふの虞ある者か、此の如き者は已むことを得ずして守勢を取らざるべからず、然るに彼土匪は何物ぞや、我版図内の一兇賊なり、其衆を合するも四五千人に過ぎざるべし、設令湾台全島叛て土匪に合するも其面積は我九州よりも小なり、堂々たる帝国の兵威を以て之を討滅せんことは疾風の枯葉を掃ふが如しなるべし、然るに是まで土匪に対しては一も攻撃を取ることなく、専ら守勢に拠り、彼の来り犯すを待て初めて之に応じ、敵退けば復之を遂はず、是まで掃攘隊と云へる者はあれども、僅に賊兵を殪すこと多きも百人位、少きは三四人を殺して兵を還し、賊山中に遁れる隠るれば復之を窮追せず、是を以て賊我の兵威を畏れず、我守備の隙を伺ひ却掠已むことなし、此の如くんば何れの日か台地蕩平の功を奏することを得んや、三年以前は支那全国をも震駭せしめたりし我武威は、今日に至り、其頓挫すること此の如し、何ぞ曩には勇にして今は怯なるや、何ぞ曩には智にして今は愚なるや、夫先つ身体の病毒を去らざれば、滋養も其効を奏せず、台湾の施政は百事を後にして、先つ土匪を剿滅するにあり、宜く速に一二師団の兵を興し、十分に糧食弾薬を具備し、秋高く馬肥たるの時を以て大挙して台湾に入り、以て土匪を掃蕩すべし、務めて厳峻の兵威を示し、容易に降を納るゝことなく、彼若し遁逃せば如何なる深山絶谷と雖とも必ず之を窮追し、其匪類を絶滅して後止むべし、仮令蕃界に逃れ入るも決して之を赦すことなし、若し蕃人之に党せば併せて蕃人をも誅戮すべし、世人は多く支那の無頼の徒が海を渡りて土匪に加はるを畏るれども、畢竟従前の討伐優柔に流れしを以て、彼我を侮りて此挙に及べるなり、今全島の土匪を殺盡して噍類なからしむる時は（其巣窟を焼夷するは無論なり）、爾後は容易に支那の乱民も渡来することも無かるべし、然れども其必ず渡来せざるを保し難ければ、之を防禦するの法は益厳ならざるべからず、是を為さんとするには其軍費も甚大なるべければ、一年或は二年を限り、立法行政費に非常の節減を行ひ、以て之を充たさゞるべからず、

民政の事は余は其可否を詳にせざれども、従前の如く数々総督を易ふるは、尤も政綱の振はざる所以なれば、爾後は最初に其人を精選して容易に之を易ふべからず、従前の吏員は無頼の徒、又は投機者流、又は本土にて過失ありし者等ありて、多く其選を誤りしかども、総督其人を得れば、吏員をも善く之を選ぶことなるべし、又従前の民政の状をみるに、専ら法度官制を整美にせんことを務め、風俗民情を察せざる者の如し、是を以て官吏の数剰多にして法令繁冗、唯費用を増すのみにして、内政に補なし、余を以て之を見れば、台地は猶法を三章に約するの時なれば、官吏は其数を少くして其威権を重くし、殊に公正廉潔の士を選ぶべし、法律は簡約にして厳明にし、殊に人情習慣に適合せしむべし、教育及び民間の習俗は、統治に害なき限りは務めて之を自由にすべし、儒教の如きは、彼等が祖先以来敬重して其言行の則を取れる所なれば、我亦相応に之を尊重せざるべからず、只阿片に至りては最も生民の害毒を為

す者なれば、厳に之を禁ぜざるべからず、然るに聞く所に拠れば、政府にて自ら阿片を製し、人を限りて之を売ると、実に失政の甚しき者と云ふべし、外国との条約には阿片の輸入を禁じながら、政府自ら製して之を売るとは言語道断の事なるべし、此の如き濫政は速に廃止せざるべからざるなり、

〔明治三十年九月稿　『泊翁叢書』（明治四十二年五月二十八日発行）所収〕

道徳教育講話

はしがき

此の道徳教育講話は、明治天皇の侍講たりし文学博士泊翁西村茂樹先生が、明治三十一年八月三日より同九日までの一週間、更に翌明治三十二年八月十二日より同十五日までの四日間、前後二ヶ年に亘り十一日間を、愛知県南設楽《シタラ》郡、北設楽《シタラ》郡、八名《ヤナ》郡の三郡教育会聯合による夏季講習会に於て、小学教員の為に道徳教育に関し講述せられたるものの速記であつて、泊翁先生に久しく親炙せられし本会顧問伯爵松平直亮氏の校訂を経て、曩に弘道誌上に掲載せるものである。

本会は現下の国情に鑑み、其の使命とする国民道徳振興を期するには、根本として愈々小学校の修身教育作興に俟つ大なるものあるを痛感し、其の一助にもと曩に修身教育参考を発行せる次第であるが、恰もよし此の西村先生の道徳教育講話は、小学校道徳教育の作興に資する所洵に大なるものあるを深く信じ、茲に本書を発行して広く世に頒たんとす。冀くば今日小学教育の任にある諸君は勿論、世の道徳教育に心ある大方の御清鑑を得るあらば、本会の欣幸とする所である。

昭和十三年四月

社団法人　日本弘道会

道徳教育講話　上巻

西村茂樹先生講話

第一回（明治三十一年八月三日）

此度は図らず諸君に教育上道徳に関する御話をすることになりました。諸君に格別益になる話も出来まいと思ふが、聊か自ら信じた所を申しませう。併し一週間の御約束ですが、修身道徳のことは精しく申せば頗る夥多の歳月を要し、簡易にすれば一日でも済むから、一週間で不足であるか、叉は充分なるか話して見た後でなければ分らぬが、先づ大凡一週間に割り当てゝ御話する積である。

諸君は教育上に就ては已に学問もあり、叉是迄の実験もあるから、多分私の話すことは御承知のことゝ存じます。併し修身道徳のことは重複にても厭はぬ、なぜならば只知る計ではいかぬ、之れを実行せねばならぬ、其積で重複を厭はず御聞き下さる様に願ひたい。

凡そ教育上のことは先づ自分の住んで居る国家に注目して割り出さねばならぬ、国家は世界と比べて如何なる地位にあるかを考へねばならぬ。又現今の国家の有様は如何、将来は如何になるべきかをも考へねばならぬ、凡そ教育者の本領は只国家の成り行きに従ふのみではならぬ、自ら国家の有様を形成せねばならぬ、故に此成案が必要であらうと思ふ。将来の成行を考へるには、之れを今日の有様に徴せねばならぬ。今日の有様を徴するには、今日の有様に成れる所以を考へねばならぬ。併し今日の有様は現に諸君が目撃して居られるから分つて居る、今日の有様になつて来た所以をざつと御話し致さうと存じます。

元来我が帝国の人は諸外国の人に比すれば道徳上のことは天性優れて居る、夫れが帝国民の天禀の長所である。最もかく断定するには慥かな証拠がある、我が帝室が万世一系である、是れ固より我が帝室の御威徳によるに違ないが、併し今日の如き結果を得たのは国民の道徳心が自然に優り居るによると思ふ。世界無比の帝室なりとも日本帝国中に若し曹孟徳、司馬仲達の如き人物が沢山出ますと 帝室も危殆に及びて或は今日の如き良結果は得られなかつたかも知れぬ。其様むの不忠の者も出来ず今日の良結果を得て、今後幾万世の盛世を想像することを得る所以のものは、是れ我が国民が天性得たる特別の忠愛心の結果であらうと存じます。此天性得たる忠良の国民を古来如何に教育し、更に之が発達を計りしかと云ふに、太昔のことは暫くさし置き、維新前の有様のことは知らねばならぬと思ふ、維新前の教育と云ふものは無論武士教育である。政府並に列藩にて施した教育は共に武士教育にして農工商三民の教育には手を下さなんだ。そして其武士教育と云ふものは只徳育体育の二つであつて智育のことは行届かなかつたが、徳育は今日と違ひ余程能く行き届いて居つた。維新の際封建制度の廃さるゝと一緒に、昔の武士教育も全く廃された、是れは時勢の変遷上然らしむる所で非難すべきではない。維新以後は啻に武士のみを教育するでなく、士農工商の四民を同一に教育せねばならぬことになつた、茲に一の注意すべきは、昔の武士教育を廃して新に四民同一の教育を施す際に一つの誤りがあつた、夫れは武士教育を廃すると共に武士教育中の多分を占むる徳育をも廃したのである。彼の明治五年太政官から頒布した学制には、新教育の眼目が説いてあるが、其中には忠孝、信義、勇武、廉恥等の諸徳は一言も書いてなく、殖産興業が主眼であつて、金をためて自分の生活を豊かにすることが必要であると書いてある。昔の武士教育は徳育に偏して知育を欠いたが、現時の教育は多くは外国の外形を見て知育に偏して徳育を欠いたのである。単に当路者が其方針を誤り、曲れるを矯めて直きに過ぐと云ふ訳であつた。勿論其当時には夫れが宜いか悪いか知れなかつたが、五年七年と経つとだん〳〵其弊が見えて来て、人民も八釜敷云ふし、政府も気が付て俄に小学教則をも改正し、修身を第一に置く様になり、叉修身教科書を編纂して之れを用ひしむる様になつたが、一旦誤つた教育の正路は容易になほるものでない、且つ夫れ計りでなく社会一般が西洋の富と奢との外面に眩惑して、其の然るに至りし所以を究めず、全く彼に心酔して其真似をしやうと思ふものが多くなつて、我が国在来の社会道徳の制裁も薄らいで来た。其上に色々の学問も入り込みて十八九年の頃の教育の有様と風俗人心の有様は余程危くなつた。

併し帝国固有の道徳心は容易に滅しないから外部から之れを破らんとする種々の勢力があつても、之れに抵抗しては居たが、扨て何によりて其道徳を維持すべきか、其道徳の教は何を基礎とすべきかは、頗る苦慮する所であつて、若い人は御存じもあるまいが、其時に学校の道徳は、儒教を入るべきか、或は西洋の哲学を入るべきか、或は神道を用ふべきか、或は仏教を入るべきか、或は耶蘇教を入るべきか、勝手な議論を立て、底止する所を知らずと云ふ有様であつた。幸に明治二十三年十月に　聖天子が教育に関する勅語を賜りて、茲に始て道徳教育の土台が定まつたが、明治の初年より二十年計りは土台が定まらず、或は石礎にしようか、煉瓦にしようか、或は木にしやうかと、其土台が常にぐら〳〵して定まりがなく、恰も舵のない船、轡のない馬の様で、甚だ危いことであつたが、此勅語下賜の為め日本道徳上の基礎の定まつたことは誠に大切な日でござります。併しながら猶ほ如何なる教育をすれば此勅語の御趣旨に叶ふか、当時一定しなかつた、今日もいまだ一定せざる様に見える。なぜなれば其頃初めて修身の貴ぶべきことを知りて修身教科書が沢山出来たが、夫れを読んで見ると編纂した人が多くは定見がない、叉師範生徒教育の大体を見るに、他の学科は規則があつて二年三年に覚えらるゝ様にしてあるけれども、徳育に至りては教ゆるにも学ぶにも規則がなかつた。一番六ツケ敷きことを無規則でやるから其功がない。四ヵ年修業さへすれば知育と同じく徳育も出来上つたものとして卒業させた様にも考へられるが、全体他の学科は一匁学べば一匁だけ、二匁習へば二匁だけ量られますが、徳育は知育の秤と同様にすることは出来ない。叉小学校の教師となるには何匁の徳育を要するか審かに知て居る者が少ない、故に修身道徳の必要なることは世人の喋々論ずるに至つたにも関らず、其方法は一向に定まらなかつた様に思はれます。

封建時代には政教一致であつたから、徳育の主義も一定して頗る整頓して居た、西洋は渾て耶蘇教を基として法律も皆夫と一致する。日本のは徳育の基礎が定まつても、政教別々になつて居るのみならず、前に云ふ通り世間の人に学問に一定の見識がないから、勝手な方針を取て居るので、折角の勅語も国民が徳育の重ずべきを知つたゞけで、之を行ふ方法が十分立たぬには困る。而して社会の道徳は愈々替れて来て西洋の富と奢との為めに人々の目が眩み、己れの良心は雲りて利慾のみに心を制せられ、遂に道徳を軽蔑するに至り、風俗は次第に悪くなつた。此悪風俗は上の方からと下の方からと両端から始まつたのである。下の方は無知なる故に矯正しやすいが、上の方は知識があつて不道徳を為すこと故、中々直し悪い、今も尚ほ風俗は多く上の方より破りつゝある。教育者は此上と下との中間に立て居るものであるから、そこを甘く改良すべき地位に立つて居る。併し実際より見れば教育の力を以て今日の人心風俗を改良するといふは甚だ困難のことである、然れども若し之を改良する事なく、今日の有様にて棄置きたらば、百年の後には如何になりゆくか、之を思へば我日本の前途も頗る心配に堪へぬ、若し今教育者が一定の見識を立て衆力を一致し、此社会の道徳を振興改良して、帝国の文化を進むるならば、其功績は決して明治二十七八年の戦役に譲らず、却て遥に大なることゝ思ふ。

小学校教員の重任なることは御承知の通りで、其の任に堪へんとするには諸君に確乎たる決心がなくてはならぬ。其決心を得るには又諸君にそれだけの学問がなくてはなりませぬ。凡そ学問と教育とは同じ様で違ふ、今時は一つ様に心得居る人が多いが、夫れには大小広狭の別がある。丁度学問は問屋の様なもので、あらゆるものを貯へ置かねばならぬが、諸君が教ゆる一般人民の子弟は悉く問屋となるには及ばぬ、只一通りの国民の道を会得すれば夫れでよい。

そこで学問と云ふは際限もない、諸君に御勧め申す学問は小学校教育者たる所の学問を界として御話し致します。世しかし只今申した通り問屋の地位に立たねばならぬから、単に生徒を教育する個条を覚えたゞけでは不足である。世間には二十三年の勅語を以て学問の基とすれば宜しいと云ふものがあるが、これは学問を知らぬものゝ話で、勅語で学問をする訳にはいかぬ、自分で学問をして夫れで勅語の御主意を守れる様な人をこしらへねばならぬ。

抑も今日世界の有様を見、又我邦の立場を考へるに、今後日本国民たるものは多少教育を受けたものでなければ不適当なることは無論である。然るに今日教育を受けて居るものゝ内、小学生徒が百分の九十六を占めて居る、大学其他の専門学校の生徒は百分の四のみしかない。此れが二十八年末の調べである、さすれば日本国民の大部分は小学生徒の大きくなつたもので、其の人民は諸君の力で作るものである。それには諸君の精神も素より必要であるが、又学問の力も必要である。今日我国道徳の学問は種類が大層ある、御存じの通り第一儒教、第二国学、第三水戸教、それは国学と漢学との合併した様なもので水戸で行はれて居る所の学問である。第四が西洋学で哲学とか倫理である。第五が神道、第六仏教、第七耶蘇教、第八は色々のものを寄せた混合学である。

儒教にも数派ある。朱子学、王陽明学、陸象山学などにて、西洋の哲学中の倫理学にも利益主義、直覚主義、利己主義がある。そして神道にも神道本局、神宮派、大社教等がある。其他仏教にも八宗九宗、耶蘇教にも旧教、新教、希臘教などがある。混合教は名の如く差別の仕様もないが、自分だけで定めて居る学問である。大体是れだけあるけれども諸君に学問せよと勧めるのに悉皆学べと云ふではない。今日は是れ程に多くなつて居るから、其中に就て選ぶことが必要である。凡学問は昔から国家を治むることも叉乱すこともある、それで道理に違ふことは僅な所で毫厘の違ひ千里のあやまりとなるものである。夫れだから選ぶと云ふことが最も必要である、併し只私が選んだばかりでは、諸君が何故に然るかとの御不審も起るだらうから、ざつと其理由を申しませう。

凡て宗教と名の付くものは昔の人民の知識幼稚の時には益があるけれども、今日の世及将来には益がなからうと思ふ。宗教は自分の宗旨のみ尊く思ひて他の宗教を誹るもの故に、他の宗教と衝突して争論が絶えぬ、叉後世の事のみ委しく説いて、現世の学校の徳育に用立つ部分が甚だ少ない。就中耶蘇教の如きは西洋では制度も道徳も法律も之れを基礎として立てゝあるからよいが、我国では国の成立が違ふから、衝突して後来害をなすことが大層あると思ふ。漢学とか国学とか只一二の学問を選ぶことは素より六ケ敷い、それで哲学も儒学も国学もやつて、其上で選ばねば本当でない。然るに今日世の中にて道徳を論ずる人を見るに、兎角自身の智識即ち自分の知れる狭き知識だけにて定めて居るから充分でない、仏教で斯様なる人を担板漢と云ふ。或る一方のみを見て、他を見ない人を云ふ、担板漢の学問では真の選び方とは言へない。儒教と哲学とは研究せねば選ぶことは出来ぬと思ふ。夫れも普通人なれば夫れでよいが教育者はそれではいかぬ、併し諸君に此れをのこらず研究せよと云ふては、兎ても出来ないことである。叉其様なことのみを学んで居ては徒に空理に流れてしまうからいけない。そこで私が数十年研究して、晩年になりて自分の信念が固まつたから、それを申そうと思ふ。自分では聖人亦起るとも吾言を易へずと思ふて居ります。

凡今日世上にある書物を見るに、多くは骨を折らず一寸読んで直ちに解し得るものが多い。雑誌のやうなものにも一口話で道徳のことが書いてある。翻訳物にも抄訳して解る様に書いてあるが、其書いた人が自分の主義もなく、或は儒教、或は哲学、或は仏教、或は耶蘇教から取りたるものも大層あるから一寸読むと直ぐに分るが一つも根の生へたものがない。今日の道徳、学問は易きに過ぎて、却て本当に出来ないから寧ろ難くなつて居る、此頃東京などで若い人に遇つて修身の話をして見ると、直きに「アリストートル」だの「ソクラチース」だの、又は「スペンサー」だのと西洋哲学大家の諸説を一呑にしている様に喋々云ふが、よく聞いて見ると全く原書などは一冊も読んだことはなく、只聞かぢりの説で、学問は凡て散漫して一もとりとめがない、これが今日の学問の第一の弊害である。畢竟教員を造る所の師範学校などで一定の見識がなく、智育と同様の試験にて徳育をなし、又世間の書物が単に無主義の修身書であるから余義なきことではあるけれども、後来の国民を造る所の教師、即ち所謂問屋になる人には夫れではいかぬ。例へば真中の高き硝子で太陽の光線を集めるやうに、可成多くの学問をして夫れを中心の一方に集め来て、徳育の焼点、教育の精神を造らぬばならぬ、然るに今の人達は自分の学んだゝけの智識でそれで自分の説を固めてしまつてあるから担板漢が多く、後進のものは又学問が散漫して居るものが多い、目下の弊害である。私の考にはどうしても徳育なるものは、多くの学問の中より其粋を抜いて、自然の道理を自得し、之れを信仰せねばならぬ。今日我日本で道徳を教へて居る人には一も説が貫ぬいて居らぬ、自ら信じ自ら得ると云ふことは余程六ケ敷と思ふ。尤も私の説が動かぬと云ふ様になつたのも五十歳許りの時からであつた。今其来歴を話すも益がないから夫れは他日のことゝして、是から我が信ずる所を話しませう。私は是れ迄西洋の哲学も研究し宗教にも首を入れて見たこともあるが、日本国民の道徳としては到底儒教に及ぶものはない。何故であるかと云へば、御存じの通り儒教は応神天皇の時以来一千五百有余年間、我日本国の人間を養成して我が国の国体人情に協ふて居る。我国の仁義忠孝と云ふのは、とりも直さず儒教の仁義忠孝である。仏教もよい所があるけれど、元来出世間の教であるから、現世の教には不足なる所が多い、儒教は支那の侭でなく余程変つて居る、即ち我国体人情に叶ふ様に改良せられてある。仮令ば君臣の義の如しだ。彼国にては格別重くないが、我国に入りては特に重くなつて居る。これは御承知の通り支那は革命の国であるが、我が国は伝統の国であるからである。今後世に別段の変動がなければ先づ儒教にて何も欠点はなく充分であると思ふ、併し乍ら今日儒教のみで教育が出来ると思ふと間違である。今日万国交通の世、儒教のみでは不充分である、古今の変と云ふものは妙なもので、昔は格別になかつたものも今は肝要の徳となり、昔は貴ぶべき徳なりし者も今は格別にないことゝ成つて居る例が少なくない。是れは即ち儒教も目下にては他の学問の補助を要する所以であるから、教育者は儒教を基礎として世界の色々の学問を補助学として修めなくてはならぬ。孔子も明治の世に生れ給ひしなば論語の様なことばかりは云はれなかつたのであらう。今日吾人は其教を信じて世に為すあらんとするに、其の基く所補ふ所は如何なることなりや詳かに述ぶれば幾多の時日を要するも、先づ其大要を御話し申せば第一が精神の一貫と云ふことで、其信仰を堅くせねばならぬ。此信仰と申すことは重いことであつて即ち死生禍福によりて精神を変ずるが如きは決してない。私は儒教等を宗教と対する為めに、仮りに理教と名を付けます、或人は理教の信は宗教の信には到底及ばないと申しますが、理教の信は寧ろ宗教の信よりも遥に固いものであります。諸葛孔明、顔真卿、文天祥、方孝孺の精忠は皆理教の信より来つた者にて、死生禍福などは何とも思はぬ。若し道を信ずること茲に至れば別に多くの書を読まなくてもよい様になる。今日は是れだけに致します。

第二回（八月四日）

凡そ学問と申すものは、何に限らず至て広いもので、中に這入つて見ると、講究する事も大層ある。殊に此道徳の学は人間の道を教ゆる学問であるから範囲が大層広い、其上に叉高妙な学問であるから、昔から之を論じた人は大勢ある、夫等の説を皆な講究仕様と思ふと多くの時日を費しますから、諸君抔の道徳を研究する目的には適はない。又仮令時日があつても、前後緩急の別がある、其前後緩急を選びまして、諸君の地位の小学教員として是丈の事を研究すれば徳育は充分出来ると云ふ事を前きに御話しをします。諸君も定めて研究しては御居でゝありませうが、其緩急順序等を詳にして其中の必要な所丈を摘んで御話する。今日日本では道徳に付き其順序が立つて居らない、夫故に諸君に此事を注意致すのである。是は明治三十一年六月―師範学校中学校高等女学校教員検定本試験問題である、諸君には少し縁が遠い、中学以上の試験問題である、此五ヶ条の問題が教員試験に出て居ります。(問題略す)斯う云ふ事は倫理道徳の学問としては何れも必要な事であるが、中学師範学校の教員を試験するには、此内一二個条は必要であるが、多分は不必要な問題である、今日は斯様な訳で徳育の研究と云ふものは至て不行届である、小学教員も矢張り同様な訳で、中には教員で居て大層高尚な事を研究して居る人もある、夫は至極善い事であるが、先づ手近な小学校の生徒に必要な条目を済まして、其会得が出来た上に其上を研究する事に致したい。夫故に其必要な条目を委しく解釈致すと云ふと、一週間位では迚も止まらぬから、先づ条目だけ御話仕様と思ふ、即ち小学教員たる諸君の心得に必要な条目に就て一二言説明仕様と思ひます。

諸君が教員となつて心得可き所の道徳の個条は、西洋の倫理書に依りましても善い解釈がないのです。昨日御話し申した通り、我国では儒教に依らざれば道徳の教は立たぬ、併し今日となりては儒教ばかりにては不足である、他の教を以て其不足を補はねばならぬ、私が愚見を以て一つ夫を整へて見たものがあるから、其事を申す積りである。支那では五倫と申すので、御承知の通り君臣父子夫婦長幼朋友といふ、西洋の倫理説と云ふものには五倫といふことはない、或は三倫、或は二倫である、即ち君臣もなく長幼もなく朋友もない、詰る所父子夫婦の二倫ばかりを教へるのが多い、父子夫婦の外に兄弟が這入つて居て三倫としたのもある、併し兄弟でも長幼のことは云ふて無い、兄だから尊び弟だから卑い、弟は兄を敬はねばならぬと云ふ事は、中には論じた人もあるが先づ無いです、斯様に二倫三倫の教は東洋の倫理では不適当である、故に西洋の倫理説は我が邦には用ひられぬ、我が国に用ゆべきは儒教であります。けれども儒教の五倫も今日に不足なる所がある事は前に申した通りである、そこで今日吾が国勢からして、現今及び将来の国民の心得として是ならよからうと思ふことを左に述べます。

今日我国民が道徳上の心得は十二個条無ければ足らないと思ふ、諸君は此十二個条を皆な会得して胸中に蓄へねばならぬが、さりとて其十二個条を残らす小学生徒に教へるのでない、必要に応じて生徒の頭にしみ込ませねばならぬ、其十二個条を申すと、

第一、我が身を修むる道

第二、君臣の道

第三、父子の道　附たり姑婦の道—姑と嫁(儒者は余り論じて置かない、併し是れも一つの道がある)

第四、夫婦の道　附たり女子の道

第五、兄弟姉妹の道

第六、師弟長幼の道

第七、朋友の道

第八、主従の道(雇主と雇人—人凡雇主となる者が、全国中何百万人あるか、此の道は昔から説いていない、是は欠点である、是は欧羅巴にはある)附て家長の道

第九、人に接する道

第十、国家が人民に対する道

第十一、人民が国家に対する道(是は必要の条目である、此れを云ふ為に前に国家が人民に対する道と云ふ条目を立ててある)

第十二、国家が他の国家に対する道

是丈の事の研究が一通り届てさうして此事に出遭つた時に此事は斯く処置するもの、其事に就て平成の心得は斯の如きものと云ふ迄、会得が届けば、愚案では諸君の御職分の上に最早や道徳の方の学問と云ふものは沢山だと信じます。此上はどの様な高尚の処迄御研究なさろうともご勝手次第であるが、先づ是だけが必要と思ふ。

我が身を修むる道

我が身を修むると云ふ事は、大学に「自二天子一至二庶人一皆以レ修レ身為レ本」とある。どうしても修身と云ふことは、天子から庶人に至る迄誰でも行はずして宜いと云ふことはない、私は大学の此の条を深く信じて居るから、第一番に之を出しました、孟子も斯様申して居る、「天下之本在レ国、国之本在レ家、家之本在レ身」とある。身を修むるが第一番である、そこで身を修むるといふことが幾何に分れて居るか、又どういふ順序を以てどうしたら善からうと云ふ事に就ては一寸考の付かぬものである、是には西洋の説を採るのであるが、独逸の大学者の「カント」が身を修めると云ふ事を二つに分けた、一つは否定——一つは肯定と名づけた。否定とは斯う云ふ事をするなと云ふて戒めるのである、彼の論語に「非レ礼勿レ視非レ礼勿レ聞」云々と云ふ様なのが否定である。肯定と云ふ方は、斯う云ふ事をせよと勧めるのである。「勿」と云ふ方でなく之を「行へ」と云ふ方が肯定——此二つが調つて始めて身を修める事が出来るといふのである、そこで我が身を修むることを三つに分けて研究せねばならぬ。第一は保持といふことである、保持と云ふ事は原語で「セルフプレザベーショシ」是は自分の身体を保つ事、身体を無事息災に保つて行く、是が身を修むるに一番手を下だす始で御座る、自分の身を保つ事が出来ない様では、外の事は出来ないのである。

第二は克己――己れに克つ、是は英語で「セルフコントロル」是を西洋の学者は大層喧しく説いて居る、即ち是は今申す「カント」の否定の方で自分を押へる、自分を支配する、悪い心を起さぬやう、悪道に這入ら無い様に制する、是が克己で御座る。

第三が修養である、西洋の語で「セルフカルチユア」是は自分の心も身体も両方共に樹木を養ふ様に養ひ立てて、善い事を発達させる。さうして我が身の徳を養ひ上げる是が前申した肯定と申すのである、斯ふ三つに分けねばならぬ。そこで叉此の三つを小分にせねばならぬ、唯今最初の保持とて自分の自体を保つことを叉三つに分けねばならぬ。

第一自分の身体を丈夫即ち健康にすること

第二自分の生命を保護して無益に生命を損傷せぬこと

第三自分の生計を立つる事、人間は生計が天から降つて来ないから、自分で立てねばならぬ、保持を斯う三つに分けます。しかし未だ是でも実行にはちとぱつとして居るから、もう一つ分けねは愈々手を下す迄に行かない、今の我が身を健全に保つことを小分して見ると、斯様になる。一つは先づ自分の衣食、起居、動作等、宜しきに適ふ様に致して我が身を健全に養ふ、もう一つは自分の私慾を能く制し心を平かに致して天寿を保つ、此二である、最初の衣食や起居動作等の法を宜しきに適はせると云ふことは、諸君にも已に御承知のことゝ存ずる、即ち第一食物、第二飲料、其次大気、其次清潔、其次は運動、夫れから適当の休息、先づ斯う云ふ様で御座る。叉健全を害するものは私慾である、夫れは過酒、過食、房事の度を過ごす、是等を制することである。斯様な事が先づ我が身の健全を保つ条目である。第二に申した、生命を保護すと云ふ事も、亦三つに分けねばならぬ、第一は自分の身体を損傷する事、第二自殺――自殺と云ふ事は大層議論のあることで、余程攻究を要することである、是が西洋と東洋で自殺の事に就ては余程考が違つて居る、東洋では昔より自殺に就て別に善悪と云ふ論を立てた者が無い、自殺する原因に付て其善悪は論ずるが、自殺と云ふことに就て善悪を論じた者が無い、所が西洋では昔から自殺は悪としてある、夫は耶蘇教から出た説と思はれる、是は何故悪いと云ふと自分の身体は上帝の造つたものだから自分で勝手に死んでは、上帝に対して済まないと云ふ所からして、自殺は道徳に背くとしてある、是は東西説が分れて居る。日本帝国の人民としては、どう解釈を附て宜しいかといふことを研究せねばならぬ、其次が自防——自ら防ぐ、彼の正当防禦——此三ヶ条である、正当防禦は是に付て理教と——宗教とが反対で、仏教には自分を防ぐと云ふ事を決してせぬ。耶蘇教でも同様である、仏教では自分の身体——手足迄切つても人に施すと云ふ、耶蘇教でもさうです、人が左の頬を打つたら右を向けて打たせろと云ふ事がある、其外どう云ふ事があつても向ふに報ゆる様な事をするなと云ふてある、故に正当防禦と云ふ事は宗教では禁じてあるが、法律及び理教では許してある、許す所以、禁ずる所以の研究を要する、そこで第二の生命を保護するは是で済んだ。夫から其次の我が身の生計を立つる事、是は経済学の様なものであるけれども、やはり道徳の範囲中で御座る。是は誰でも知て居る通り、我身の生計を立てる道徳上の心得は、彼の勉強、正経——真直の筋——農工商の業は誠に真直な筋、其外官途に居る人、叉は裁判官とか教員とか云ふものは正経——此正経を失はないやうにしなければならぬ、其次は倹約斯ふ三つである。

第二は克己——己れに克つと云ふ事を研究しなければならぬ、克己と云ふ事は何れの宗教でも理教でも凡そ道徳を説くものは是を大切にしないものは殆どない。御存知の通り仏数で五戒八戒、十戒がある、皆な克己で御座る、儒教では固より克己がある、論語に「克㆑己復㆑礼為㆑仁」といふが即ち是なり、凡そ我が身が打勝たねばならぬ物が三つある、第一は私欲——自分の欲に克つのが一つ、第二は自分の情に克つ、例へば腹が立つと云ふのも情である、ひどく愛すると云ふのも情である。其情に克たねばならぬ、第三は偏性に克つ、人と云ふ者は皆な片寄つた性があります、気が短いとか、気が長が過ぎるとか、腹立ち易いとか、飽き易いとか、人々皆違ふ、夫丈では未だ不道徳と云ふのではないが、其偏性の侭で押し行くと不道徳に陥るから之に克たねばならぬ。

そこで私慾の中に亦二つあります。慾と云ふ事は儒教では唯慾と斗り云ふてある、仏教でも唯慾と斗り云ふてある。西洋の心理学では二つに分けてある。一つは体慾、是は英語で「アッペタイト」此体の構造に伴ふて慾が生ずる、体慾の中で重立たるものを飲食の慾、夫から男女の慾、此二つが体に附て居る慾の中で最も有力なるものである、動物は皆な持て居る、吾輩でも、猫でも牛でも皆同じ事である。此慾は皆な必要で是が為め生きて居られる、唯我侭をさせると際限の無い事になる、故に是れに打勝て良心に服従させねばならぬ、もう一つは英語で「デサイヤ」と云ひ知慾と訳します、知慾は金が欲しいとか、名聞を得たいとか、人に尊まれたいとか、物知りになりたいとか云ふ様な慾、其他之れに属する慾がありますが、先づ此四つ抔が重いものである、是は牛や馬は此慾を持つて居らない、人間許り持て居る、此慾も能く之を応用すれば人間の幸福を増すものであるが、兎角是が悪い事をする、是れに是非打克て己が良心の命令に従はねばならぬ、詰り己れに克つといふは一つは私慾に克つ事です、私慾は体慾と知慾との二つに分かれる、一つは情に克つ、一つは偏性に克つ、此偏性は気質とも申します。

夫れから修養——是は甚だ大切な事である、人間の智力の限内で出来る事である、此修養と云ふ事は東洋の教でも説いてあるが、兎角解釈が明白でない、西洋の教では大分委しく説いてある、西洋で修養と云ふのは第一が知を修養する、第二に心を修養する、第三は行を修養する、斯う三つになる、そこで知を修養する事から御話しませうが、西洋の修身書や何かにある知と、支那の修身書にある智と云ふ字を間違へて居る、其間違は翻訳から間違つた、智育の智の字は智識抔と云ふ字と同じで、知と云ふ字の下に日を書いた智を書いて居る人が大分ある、あれは間違つて居る、西洋の知育は英語で「インテレクト」を訳したので智恵と云ふ事ではない、多く物事を知る事です、大学にある「致レ知在レ格レ物」とある。此知の字も矢張り知ると云ふ字で智恵と云ふ事でない、今知を修養すると云ふのは物を知る事です、智恵と云ふ事は西洋にも幾つか言葉があるが、皆な夫々に違ふ、日本で申す智恵と云ふ事は英語で「ウイスドム」叉は「プリソデンス」と申すが近い様である、仁義礼智の智は日の附いた字で、夫が西洋の「ウイスドム」と云ふ字に当る、知識の知の字は「インテレクト」是は知ると云ふこと、此二つを間違はぬ様に御願ひ申します、第一に知を修養するとは物事を多く知る、物事を多く知るは何が第一番であるかと云ふと、学問です、知を修養するには学問を棄てゝは致し方が無い。併し学問の外にもまだ修養の仕方がある、夫は経験といふことである、即ち我身で直接に世の中の物事に当りて其真味を知ることである、夫からもう一つが観察です、此観察と云ふ事は是も翻訳が誤てゐる、此観の字は視の字や見の字と大層違ひます、心で観るので眼で見るのでない、仏教では殊に観の字を重じて、天台には止観などゝ云ふ事があります、西洋で申します「ヲブザベーション」と云ふのは世間の人が観察と云ふ訳字を附けたが、「ヲブザベーション」は観察で無い、視の字を書いた位に当たります。唯今知を修養することを学問、経験、観察と申したのは、東洋の観察で心で観る、心で物の内外表裏迄観ることである、初めに学問で知り、自分の経験で知り、夫から心の観察で知るのである、是が知を修養するといふことである、第二は心の修養―知と心とは少し違ふのである、此前の知の修養は儒教で申せば大学の「致知格物」に当る――心を修養するのは、大学で申す「誠意正心」に当る――是は尤も必要で、此心を修養すると云ふ事は、叉是が種類に二色御座る。即ち能に属する修養と徳に属する修養との二つあります。先づ能に属する方から申しませう、第一志を立てると云ふ事、志を立てねば心を養なふことが出来ない、第二剛毅です、人の心は剛くなければ何事も出来ない、第三堅忍叉は忍耐です。堅忍不抜の心、斯うと極めると決して引抜く事が出来ないのである、是等は皆人々の心の中にあることで、自分で気を附ければ養ふことが出来る。

其次が幾を知る、世の中の事は何事でも前に幾と云ふものがある。たとへば雨の降る前には空合が少し変つて来ると同じ事で、まづ幾が動く、其の幾を知ると云ふ事が肝心です、是を知るには唯うつかりして居つては知れない、始終気を注けて我智恵を養つて行くと云ふと、斯う云ふ事変が起こる前に、斯う云ふ前兆があると云ふ事は自然見へて来る、其心を養ふことである、其次が決断——決断が無ければ物事は出来ぬ、是も養はなければならぬ、天性の決断のよい人もあるけれども、養ふと決断力が強くなる、其次は精密と云ふて物事をするに細かく行届く様に考へる、是も養へば出来る、天性麤漏な人でも、精密に是非やらねばならぬと云ふ事になると、考が精密になる、此六つが能に属する心の修養、即ち働に属する心の養方で御座る。夫れから今度は徳に属するのは第一に敬を持すると云ふ事である、敬とは心につゝしむ、物事に念を入れうつかりせぬことである、其次が誠を養ふ、誠は真実無妄といひて我心の真心を以て事を行ふことにて言行は必ず一致せねばならぬ、此誠は固より人間が持つて居るもの故に、常々之を養ひ立てゝ行けば其誠の力が竪固になる、其次は固信是は自ら信ずることである、信じ様が悪いと大層悪い方に行きます、人は自から信ずる所が無ければ物事が出来ない、其自信と云ふのは知を養ふこと、即ち学問経験観察が前に無くて自らを信ずるといかぬ。其次が恥を知る——人間が恥かしいと云ふ事を知らねば仕方が無い。其次は義利の弁、義は仁義の義、即ち公正の心、利は利益、是は心で弁じて物事の上に現はるゝこと故、其心を養はなければならぬ。其次が気節である、或は気慨叉は節義と申します。人に気節が無いと自立することが出来ぬ、即ち気節は人間の心の骨です、事変叉は危難の時には固より気節が無ければならぬ、平日通常のことを処置しても、気節のある人と、無い人のする事は大層違ふ。夫からもう一つはずつと上の方へ行つて命を知る——天命を知る、「人事を尽して天命を待つ、之を致す事無くして至るものは命なり」と古人が云つて居る。例へば大食をすれば胃を悪くすると云ふのは天命ではない、大食すると云ふ事を自ら致した、そこで胃が悪くなつたと云ふ結果である、是は天命に非ずして自ら求めたのである、そこでもし養生を善くして、自然に胃の病になるのは命です、人事を尽くして天命を待つ、人間の為す可き丈の事を尽して、夫れから来るのは天命である、人事を尽さず災難に遭たり、事を遺り損なふのは天命でない、尽した上で来たのは天命なりと安んじて少しも驚かず恐れずに居らねばならぬ。以上我が心を修養する中にて徳に属するものは、敬を持する、誠を養ふ、自信、恥を知る、義利の弁、気節、命を知る、と七つ個条がある。さて今申す通り心を修養するには能に属するものは六つ、徳に属するものは七つある、之を実行せんとするには、是が害となるものは先ず除かねば心を養へない、例へば田の草を採らねばいくら肥をやつても稲草が善く出来ないと同じ事である、どんな事を去るかと云へば、第一が矜誇、誇る心――心の中で自分のした事や自分の学力や何かに慢心を起す是れがどうも極くわるい、之を除か無ければいかない。第二が刻薄の人は其仕事が残酷である、残酷の人と云ふものは同じ事をしても兎角人の困る様に人の難儀する様にする、大軍の大将になつて敵を殺しても残酷でない、人の処理は其内に自然温和な所がある、残酷な人の仕事と云ふものは、今日民を治めても或は人々交際しても其内に自然顕はれる、故に是は除いて仕舞はなければならぬ、其次は懦弱である、人間は懦弱では何にも出来ない、どの様な事も根性が懦弱では直に挫屈して仕舞ふ、其次は卑屈――卑屈と懦弱とは似て居るが卑屈は相手がある、人に対して無闇に腰を折つて仕舞ふ、威権のある人に媚諂ふといふも是から来る。其次が軽躁是は物事を深く考へず流行や又は人の言を聞きて軽はずみに事をする、夫から其次が頑固、是は御存知の通り時世に通用せぬこと、先づ是丈の様である、是が心を養ふに害をするものと思ふ。一方で害を除き一方で心を養つて行かねばならない、是までにて知と心とを養ふ話は相済みました。是から行を修養する事に及びます。是は個条が八つある、其大略を申せば、第一は力行是は善行をなすこと、其次は反省――君子は之れを己れに求め小人は之を人に求める、人に対してこちらで礼義を行つても向ふの人が無礼をする、其時に是は己れの礼儀が不十分であつたかと、我身に立反へるのが反省、其次は改過、人間は過が無いと云ふ事は出来ない、改めるが必要であります。其次が勤勉――勤勉と云ふ事は前の活計を立てる時の話にも云つたが、茲では行を指すことにて、即ち善い行を勤勉致す、仏書に精進と云ふのは此事です。其次は習慣です、習慣と云ふものは恐はい事でうつかりして居ると悪い方の習慣に這入つて仕舞ふ、習慣は第二の天性と云ふ事は至極の名言である、此習慣をよく慎むのである。其次は敬天で御座る、此天の事に就ては別に御話しする積であります。儒教では昔より天と申し、上帝とも名を附けて居る、天を敬ふと云ふ事は道を行ふ上にはどうしても無ければならぬ事で、人間の智恵と云ふものも、良心と云ふものも、親が是丈は授けて呉れる働もない、どこから来たものか人間の智恵で測られ無い、夫を測る丈の智恵を人間は持て居らぬ、けれども是は皆人為で出来たものでないと云ふ事は解つて居る、其本原の天を尊敬するは必要のことである。其次は処世——世に処すると云ふのは世の中に旨く附合ふと云ふ斗りでないは道に違は無い様にする、其次は事を処する——是も矢張り同様な訳で、事を処するにも旨く処して道に違はない様に処する、——合せて八個条になる、行を修養するの個条は先づ是にて宜しい。

夫で大分に個条が煩雑になりまして御聞悪いか知れぬが、是丈云は無いと足らない。是丈の個条を昨日申した通り、先づ儒書に依て一つ研究をして御覧になつて、儒書で解らぬところは西洋の書物に拠る、夫を研究するとき二つの説が衝突した時には、可成儒書に依る方がよい、併し又吾国の国体、人情及び現今の時世にも当てゝ見なければなりませぬ。今申しました様な個条は、大抵諸君に判断が附くだらうと信じます。尚御不解の事があれば、旅宿に居りますから御質問に対して御答を致します。

第三回（八月五日）

昨日は自分の身に関した事丈の話を致しました。今日は先きに相手のあるものに就ての道徳の条目を御話する積である。此度講義の初めに道徳の全体の条目を十二個条に分けて申しました。昨日其第一条我身を修むるの道と云ふ小分け迄を御話しました、今日は第二の、

君臣の道

に就て其個条丈け御話します。此君臣と云ふ事は、西洋の倫理書には全く無いです、儒教には御存知の通り説てある「君臣有レ義」——けれども義と云ふ字に止つて居るです、是は支那の様な革命の国には義と云ふ字で君臣の道は最早済む、君臣の事を特別に重くしなければならないのは吾日本帝国であります、自然に重くなつて居る、日本は支那の儒道の教を受けて居るけれども、此君臣の事は何時となく重くする様になつて来たのです、一昨日も申した通り、此国体の万国に優れて居ると云ふのが、此道を重くした結果に相違ありませぬ、吾国では是に一層力を入れねばならぬ、唯研究の順序として自分の身を修むることを第一とはするが、夫からは君臣の道を研究す可き事と思ふ。君と云ふのは極まつて居るで云ふに及ばぬ、臣と云ふは解釈の仕様に依ると極らない、支那の儒教に君臣義ありと云ふ、臣と云ふ字は全く其朝廷に仕へて禄を受けて居る者丈にて其以下の者は臣と云はない。説文に臣掌也事レ君也とあるも此義である。日本でも封建の時分の君臣は矢張り禄を受けて仕へて居る者ばかり、夫故に士の外は臣と云はない、農工商は唯だ国民でありました、唯今は此臣と云ふ字の解釈が所に依つて色々になる、支那の君臣義ありと云ふのに就ての孔孟其他の教訓に依ると何れも皆な禄を受けて居る人の心得ばかりで、無禄の人の心得は書いて無い、吾国で今日農工商も臣と云うても善いと云ふ説がござります、農工商を臣と云ふと、今日朝廷に仕へて居る役人は何かと云はねばならぬ、唯今でも禄を受けて居る者が臣で、禄を受けて居らない者は民と云ふのが相当であらうと思ひます、矢張り君臣の道と、国民の道と云ふものを別に説く方が確かに善いと思ふ、君臣の道と云ふと夫を又二つに分けて、一つは君の道を説かねばならぬ、吾国では君は御一系に限るから外の者は君の道と云ふものを研究するには及ば無い、

けれども学問としては人君は是丈の事をせなければならぬと云ふことを知て置く必要があると思ふ。其次は人臣の道——臣と云ふと今申した禄を受けたものを指すが適当の様である。勅語にある臣民と仰しやるのは臣と民の差別なく、総体にかけて仰せられたる御言葉と思ひます、今此処の人臣の道は禄を受けて居る人の道と云ふのである、学校の教員なども人臣の内に加へて宜しいと思ふ。人臣の道は忠義勤勉公平廉潔の四徳が尤も大切である。一つは人君と人臣との間と云ふものを一つ研究しなければならぬ、人民が出て朝廷に仕へて禄を受ける、其進退の間に於て夫〻の心得が有る可きである、兎も角君臣の間に人君の道、人臣の道、人君と人臣との間の道と斯ふ三通りの道があります。

父子の道

父子と云へば父母も這入つて居る、支那の教では父子兄弟抔の訓誨は余程能く整つて居る、欧羅巴のは少しく我邦に適せぬ所がある、其訳はあちらの教は人間と上帝即ち、親は上帝の取次をして自分を産むだので肉体の親だ、本当の親は上帝であると云ふ教の立方です。宗教家のみならず哲学者も矢張り其説を奉じて居る者が多い、東洋の教は親と云ふ者は本当の親で、肉体も精神も何も残らず親より受て居る、即ち完全の親——西洋の親は不完全の親で半分だけの親と見たものである、父子の関係がそこから起つて来るから其道が違ふ訳である、吾輩御同様に東洋に生れたからには、父子の道は東洋の道に従はねばならぬ。東洋の教殊に儒教では父子の事は能く細かく説いてあります、朱文公の小学抔は殊に精しいです、精しいがあれを手本にして実行を仕様と思ふと随分困ることがある。

例へばあの教の中には実際行へぬ事がある、夫は勿論省かねばならぬが、其省くと省かぬとの界目が分けにくい。是にどれだけの事をすれば善いか、夫では未だ足らないか、余計なことを仕過ぎはせぬかと云ふ様な疑が始終起る。其は一々個条を立て丶、是だけのことをすれば子たる道は済むといふことを示さなければ完全の教訓とは言ひ難い、其後子が段々年を取つて親になつたときは、親の道と云ふことがある。然るに儒教には至つて説き方が粗い、——粗いのではない殆ど無いと云うて善い。どれだけの事をしたらば親の道が済むと云ふ事に至つては知らぬ者が多い。そこで東西の聖賢の言葉に依て、親子双方の為めに教訓の条目を一つ立てゝ見たい。――是は理論の上から云つたら込み入つたこともあるが、実行上から云へば条目を分けて置く方が余程善い子として是だけの事をすれば先づ人の子たる役目が済む、親として是だけの事をすれば親たるの役目が済むと云ふ安心が附く、そこで父子の道の条目を立てゝ書いて見た。先づ親の道から申さう。其第一は児子の幼時之を給養保持することである。小供の幼ない時には、其小供を段々養ひ上げてさうして夫を育てる。是が親の一つの道である、西洋の倫理書では斯ふ云ふ所を親の「ヂユーチー」と書いてある。夫を日本の洋学者は義務と訳す、所が「ヂユーチー」と云ふ字であれば格別弊が無いが、義務と訳すと弊がある、東洋では義務抔と云ふ詞は昔から使つた事が無い、道と云ふ字がある。道と云ふ字を使へば義務抔と云ふ字は入らない。そこで拙者は道と云ふ字を用ひて居る、東洋二千年来用ひてをる道と云ふ字があるから、今日新たに義務と云ふ字を用ひぬでも善い。第二が其小供の身体を丈夫にする、是も天然弱いのは仕方がないが、先づ丈夫にする道を尽す。第三児子の知識を養ひ立てる、是は申迄も無く学問です、併し学問と云うて先生にばかり任して置くのでない、親の役目から云ふと学校に送くるのは勿論であるが、学校の外家庭でも知識を開くことを工夫せねばならぬ。其次は児子の徳性を養なふ。是も学校の先生が教ふるけれども、学校ばかりに任して置いてはいかぬ。親が家庭で小供の徳性を養つて行かねばならぬ。夫から児子の為に生活の途を指導する。是も親の道である、小供が成長すればどう云ふ方法に依て此世の中を渡つて生活を立てゝ行くかと云ふ事は、小供の年が若くて方角が分らぬから、世の中に経験のある親が、其小供の為めに生活の途を示してやる。其小供の性質及び其好む所に依つて教へてやる、小供の生活に迷ふ事の無い様にする、六番目は其児子を此国の為めに教育すると云ふ事は親の役目で、唯生活を求めるばかりでない。日本国民として立派な国民になる様に養ひ立てる、夫から第七児子の為めに婚姻を求める、男の子に妻を貰ひ女の子は嫁せしめる、婚姻を求めると云うても強迫的でやるのでない。小供に任して置くと、年が若くて経験が無いから間違つた婚姻をして将来不幸を来たすから、親の役目としてさういふ事のない様にせねばならぬ、此七個条だけを能く行つたらば、親の子に対する道と云ふものは先づ一通り済むと思ふです。夫から今度は子が親に対する道、拙者は東西の学説に拠り、吾国の風俗習慣を参酌して、先づ是だけ出来たら子たるの道は宜しからうと思ふ、第一父母の命に服従する。第二父母を愛慕す。第三父母を尊敬す。第四父母の恩を知る、自分を育てゝ呉れた恩と云ふものは、実に重い者だ、昔は大層父母の恩と云ふものを重い事に説いた。所が近年西洋の学問就レ中耶蘇教抔が這入つて来て、父母の恩と云ふ事を軽く見て居る、そこで小供が父母の恩を知らない者はないが、知り方が極く粗末だ、是では道が行はれぬ。第五父母の過を諫む、是は西洋には無い事だが支那の儒教にはある、是も必要な事と思ふ。父母と雖も同じ人間で過のない事はない、其過のあつた時には其過を遂げると、世間の人に過が曝露して父母の疵になる。子は父母の傍に居て過を知る事が早いから、過を諫めて之を中止し、父母が世間に令名を失なう事のないやうにする事が必要である。其次が父母の心を養ふ。父母に事へても、父母の心が安まらなければいかぬ、父母の心は子が能く知つて居る、父母の気の休まる様に養なふのが必要と思ふ。夫から其次が父母に禍を及ぼさしめず、身体の禍のみならず、讒謗其他の禍を色々の道を以て防ぐ、夫から其次が父母の老を養ふ。人間は年が寄れば若い時の様に働が出来ないから、父母の年が寄れは子は養はねばならぬ。若し父母も年が寄らず、自分も若かければ、其時は父母の了間次第で別々に働くがよい、何も父母の下に喰附いて居るには及ばない、父母が其子に台湾に行つて働け、支那に行つて稼げと云へば行くが宜しい。唯年が寄つてからは仕方がない、是は自分の方へ父母を引き取るか、父母の方へ行くかして養なければならぬ。其次が喪祭、是は国の風もあり、習慣もある、世間並みに喪祭を行て薄きに過ぎない様、奢りに過ぎ無い様に、身分相当な喪と祭をする。是だけの様です。此九個条を行つたらば不孝な子とは云へまい、人間一人前の子と云はれると思ふ。夫からこゝで以て祖父母と孫との道と云ふ事を研究して置く。即ち祖父母が孫に対する道、孫が祖父母に対する道是は親子の関係と少しも違はない。唯親よりは一等軽るい、併し又是も其時に依つて例へば親が早く死んで、祖父母に育てられた時は親と同様に孝行を尽さねばならぬ。けれども左もなくて父母が丈夫で居れば、祖父母との関係は一段薄くして善いと思ふ。是は儒教の喪服の制、朝廷の服忌令を見てもわかる、此次が父母と少し違うのが姑婦の道で之を一つ研究して置きたい。此関係に付ての教は支那に無い、西洋にもない、そこで支那に嫁の途は委く説てあるけれども、姑が嫁に対する道を説たのは甚だ少ない。そこで姑婦の道を又二つに分けて、第一舅姑の道、舅姑が嫁に対する道、夫から其次は嫁が舅姑に対する道と、斯う云ふ訳で之れを心得て居らねばならぬ、是は晏子春秋の説が宜しい、晏子は姑慈婦聴というた、姑が婦に対して慈悲深ければ間違ない。婦が姑に対して聴なれば間違ない、聴とは「すなほ」といふことである。凡そ一家の不和と云ふものは、多くは舅姑と嫁との不和から起こる、是は姑も婦も此道を心得て居らぬから起こる、女は生涯嫁では居らない、年寄ると姑になる、姑になつて自分の心得が無い。そこで治まりが附か無い、此慈と聴といふ教は、一家を治める為めに必要であると思ふ。

夫婦の道

夫婦の道は西洋には細かい論があつて、随分採る可き所が多くあるが、夫婦男女の事は道の立方が東西余程違つて居る。道理から云ふと男女同じであるが、段々の習慣上女を尊ぶ事になつて居る、又東洋の教は男が尊くなつて居る。夫婦男女のことは、東西の道徳書を較べて見ると合はない、夫ではどうも吾国に実行することが六ケ敷と思ふ。今東西の教訓に拠り、時勢を考へて、夫婦の心得を左の通りに区分した。先づ第一婚姻、婚姻と云ふ事は即ち字の通りであつて、男女婚して夫婦となる。此仕方は東西違つて居る事は御存知であるが、是は東洋に生れた人は東洋の風に従ふが宜しからうと思ふ、今時ある生ま聞き者流の云ふ自由結婚抔と云ふ事は、東洋では行ふ可きものでは無いと思ふ。

是は別に論じた事もあるけれども、矢張り拙者は東洋の結婚が宜しいと信じて居る。唯圧制的夫婦と云ふものを、親の威光で拵へる事は甚だ善く無い、圧制では決して善く治まら無い、之を除いて其他に別に東洋に悪るいこともない。許嫁と云ふことは理屈では悪るくないが、事実弊があつて許嫁からして相互に不仕合になることを見ることがあります。今度は夫婦相互の道と云ふ者を研究して置く。夫婦相互に務めなければならぬ事が六ケ条、夫の務めなければならぬ事が四ケ条、妻の務めなければならぬ事が八ケ条ある。第一が夫婦は互に愛情を失はざらむ事を務む可し、夫婦は元と他人同士が愛情で結び合つて居る者であるから、愛情が切れて仕舞へば、忽ち分離するから、是が第一である。第二夫婦互に恭敬の心を失ふ可からず、敬ふ事が無ければならぬ、唯だ愛情ばかりで恭敬しないと、互に我侭が長じて其愛情も、為めに破れて仕舞ふ事がある。其次夫婦は互に誠実なる可し、誠実は夫婦の間ばかりではないが、殊に夫婦の間は誠実にして、夫婦欺き合ふ様な事があつては成らぬ。夫から其次夫婦相互に清貞を守る可し、是は是非やつて貰はねばならぬ、東洋の教では、女が貞淑清潔を守ると云ふ事は誠に喧しく云ふてあるが、男の方の清貞を守ると云ふ事は一言も云つて無い、片落ちの道徳である。夫婦互に清貞を守ると云ふ事は是非しなければならぬ、女が夫を持ち乍ら他の男に通ずると云ふ事は固より罪人である。男も亦妻を持ち乍ら他の女に通ずるのは道徳では同罪と見て善いと思ふ。其次は夫婦の産業及び名誉に関する事、夫婦は産業並に夫婦相互の名誉は相互に保護しなければならぬ。其次夫婦は相互に協力す可し、夫婦相合して一家を立てゝ行くこと故、互に力を協はせて働かねばならぬ。殊に産業を立てるのは協力でなければならない、是は却つて田舎の貧乏人杯は協力して居る。財産の可なり有る者は協力に乏しい、女は身体が弱く知識が乏しく、男は体も強く知識も優れて居るから同一にはいかぬ。為す事は違いますけれども、自分の力に応じて夫だけを尽さ無ければならぬ。是から両方に分けて説て見やう、先づ第一夫が妻に対する道……是は東洋には欠けて居る、どれだけ妻に対してしなければならぬと云ふ事は殆ど無い、之を補つて行かねば今日並に将来日本国民に教へる道徳には足らないと思ふ、夫が妻に対する道と云ふ者を言うて見ると、第一夫は其妻に対し親切なる可し、自分の妻を扱ふに先づ親切が肝心です。親切と云ふ事は日本の俗語であるが、至て善い語です。第二夫は其妻を保護せざる可からず、女は弱いから保護しなければならぬ。第三は其妻を侮慢す可からず。侮ると云ふ事から色々の無理なることも生ずる、夫から其次夫は其妻を給養せざる可からず。物を与へて養はなければならぬ、西洋の女は大抵財産を持て嫁に来るから、妻の財産と云ふものがあつて、自分に食つて行く、日本では妻は財産を持たない。夫が妻を養ふが当り前です、之をしなければ、夫の役がすまぬ、夫の妻に対する務は右の通り四ケ条ある。……今度は妻の夫に対する道を云つて見やう。第一妻は従順にして其夫を恭敬す可し。第二妻は家政を務めて其夫を助く可し。第三妻は貧富共に夫の家の分に安んず可し。是も心得ぬといかぬ、富めば善いが貧になつても安んじなければならぬ。自分富家から貧家な夫の所へ行つたからにはそれは其女の運です。最初夫の家が富んで居つても、中頃から貧乏なる事があるから、夫で心を苦めぬ様に安んじ無ければならぬ。第四妻は堅く嫉妬を戒む可し。彼の「やきもち」です、是は女の通病です、是も細かに論ずると色々ある。夫が行状が正しければ嫉妬が起る可き筈がない。男の行状が悪るいと嫉妬を起す人もある、夫が多数かは知らぬが段々実験して見ると左も無くて、夫が不行状な事をせぬでも疑の心から嫉妬を起す婦人がある。兎も角も女となつて人の妻と成つたからは嫉妬を戒めなければならぬ。第五妻は其家事を修整す可し。修整と云ふと経済は勿論、其他の衣服器具等何れも順序よく取揃へて置て、常に奇麗に整ひ居り、都合よく間に合はすことである。たとへばどう云ふ器具はどう云ふ所に仕舞つて置かねばならぬ、叉どう云ふ銭はどう云ふものに使はなければならぬとか、此上使つてはならぬとか、修め整へる、其修整が出来ないと色々のものを、放りぱなして衣服が汚れても洗濯をしないとか、物を入れる器具があつても不整頓ではいかぬ。第六夫の不幸叉は疾病の時は殊に懇切を尽す可し、是は無論妻の役です、夫が不幸に出合つて落胆した時には、妻が気を引き立てやらねばならぬ。（病気の時は勿論）……第一婦は能く舅姑に事へざる可からず。夫の家に舅姑があれば能く事へねばならぬ。第八妻は能く婢僕を御せざる可からず。若し下女下男を使つて居る家であれば、能く気を付けて使はなければならぬ。夫よりは妻の方が下女下男に接する事が多いから下女下男が其家を恨むと云ふ様な事は多くは妻の処置が悪いから起こる。一家の妻たるものはよく之を心得ねばならぬ、以上八ヶ条を行なつたらば人の女房としては先満足の人と云つてよいと思ふ。

是で先づ夫婦の道の大体だけは済んだ。夫からもう一つ離婚と云ふ事も研究の問題である。離縁は至て善くない事であるが、是は今日は昔とは時勢も変り、東西混合し、夫れに法律も加はつて参つたから随分面倒である。其次は一夫一婦と云ふ議論を研究して置かねばならぬ。其次は再縁……男の再縁は幾らでも構はぬが、女の夫に別れてからの再縁は問題になつて来る。夫等の事の解釈が附けば、夫婦の事は一通り済むと思ふ。是れに女子の道を一つ附けて研究する、女の道は男と違ひまして重もに今の妻の道に這入つて居るが是れは別に研究す可き問題と思ふ。

兄弟姉妹の道

是は昔から支那では説いてあるが欧羅巴では余り説かない、欧羅巴では兄は先きに生れたので弟と位が違はない。支那では長幼の序といふて、兄弟の位は余程違つて居る、吾国は東洋の昔からの習慣があつて、前きに生れたものに貴い位を持たせなければ一家が治まらない。兄も弟も同じ者だと云ふと、日本の社会に不都合が起る。矢張り東洋の道に従はねばならぬ、是も夫婦の様に条目を分けて見ると、先づ兄弟姉妹相互の道の第一が兄弟互に親愛す可し。是は無論です。第二は長幼の序を守る可しと云ふ事を入れねばならぬ。どうしても弟は兄を敬まはねばならぬ。第三は相互の名誉幸福に注意す可し。相互の名誉を失はない様に、幸福を害さない様に、兄弟姉妹致し合ふのである。第四は意見の相抵触する事あらば裁定を父母の威権に托す可し。若し兄弟姉妹見込が違つた時には、父母に裁判を仰ぐことである。第五は兄弟は善悪共に相互に感化する者なれば尤も深く慎まざる可らず。第六は父母の家を出でたる後と雖ども互に親愛の情を忘る可からず。或は余所へ養子に往き、嫁に往き、別家を立て、父母の家を去つても兄弟姉妹は親愛の情を忘れてはならぬ。第七は遺産を分つ時に於て殊に私慾を戒む可し。父母が死すと財産ある者は遺産がある、夫を子に分ける時に私慾を堅く戒めないと争が起る、是れが為めに親しかつた兄弟も仲が悪るくなつて讐敵の如くなる事がある。是は殊に大切なることである。第八が兄弟は父母の偏私を疑ふ可からず。姉の婚礼の時には大層支度をしてやつたが自分の時には夫程に支度をして呉れぬ。兄弟片寄つて居ると云ふ事を恨むことがある。是は甚だ悪い。父母となつて自分の子を片々愛し片々を憎むと云う事はない。若しさう云ふ事があれば其子が悪い事をして、父母の愛を失つて居るのである。夫を恨むと兄弟同士不和になつて仕舞ふ、兄弟姉妹の道は以上八ケ条である。夫からして今度は兄姉が弟妹に対する道、弟妹が兄姉に対する道と云ふものが出て来るけれども、是は今ので大抵分つて居る。別に細かい解釈を加へぬ、夫から今度は十二条目の第六です。

師弟の道

是れに又長幼の道と云ふものを附けて研究することである。師弟と云ふ者は支那の五倫の父子君臣、夫婦、長幼、朋友の中にはないです。亦古人の教には君父師と云つて、君と父との次ぎに師匠と云ふ事を入れて甚だ尊むである。西洋でも道徳学の上で別に云ふてないが、実際師弟の関係は立つて居る。今日我邦は師弟の関係と云ふものは甚だ薄くなつた。是は公立の学校と云ふものが起つてから師弟の関係が自然に薄くなつた訳である。併し公立の学校と云ふものは、又人民の為めに大層益をなして居る。師弟の関係は是が為めに昔の様にならぬのは仕方ないけれども、今日は甚だ欠けて居る、師弟の間にも道と云ふものがある。是れを研究す可きものである。又長幼の道を附けて……長幼の事を云ふと、自分が老人だからして自分勝手な事を云ふ様に聞こへるか知らないが、……昔は老者を尊むだものですが近年は年寄を賤む事になつて来た。維新の際に功業を為した人は皆若い人で、今は年寄りになつて来たが、其時は若かつた。夫れで年寄は老朽とか何とか名を附けて取除けた。又一つは学問が欧羅巴から来て、其欧羅巴の学問は若いものの外出来なかつたと云ふ様な事から、老人を賎しむ事にした、一つは政略上から卑めた。王政維新の時に功をなした人は自分が若かつたから、昔の老人を卑めたが其人達も追々又若い人から卑められるから、今では後悔して居るかも知れぬ。其時は政治上の大変化の際であつたからさうであるが、是からは社会の秩序が立て来るから、長幼の序は乱雑にならぬ様にせねばならぬ。……政治の事でも西洋では「ビスマルク」とか「グラッドストン」と云ふ人が尊ばれる。日本では動もすれば老人を賤しむ。どうしても老人は学問上で申しても博く書物を読むで世の中の事に経験も多いから尊ばなければならぬ。又社会の秩序を整へる為めにも必要の事と思ふ。

朋友の道

朋友と云ふ事は支那では五倫の中にも這入つて居る、西洋では朋友と云ふ事の教は別に立てゝ無い、併し誰でも路傍で行合つた人と自分の朋友と云ふものは自から差別がある。同じ日本国民の内でも唯の人と朋友と云ふ者の差別がある。朋友の道と云ふ者も道徳上で研究して置かねばならぬ。是は二つあつては其第一は朋友を選ぶと云ふ事、是は儒教も色々論じてある。先づ交を結ぶ前に其人物を撰ぶ。孔子も「益者三友損者三友」と申された。益になる友達が三色、損になる友達が三色あると申された、中年には友達から感化を受ける事が、親より受けるよりは強い事がある。故に友達は吾身に取りて肝要であるから能く択ば無ければならぬ。第二は信義を以て相交る可し。無論世の中の人は信義を捨てゝ善いと云ふ事はないが、朋友間は殊に信義でなければならぬ。

第四回（八月六日）

主僕の道附家長の道

主僕の道と云ふ事は、東洋の教には欠けて居る、彼の心学道話抔に出て居るが、儒教抔では別に此条目が無い、全国の中で人を雇ひ並に人に雇はれるものは大層あらうと思ふから、主僕の心得と云ふものも一通り研究して置かねばならぬ、是は外の家倫の様に細かく分ける程の必要は無い、昔は雇主を主人と云つて矢張り君臣の様になつて居つたが、近年は唯雇主雇人となつた。雇主雇人と云ふ名義は少し穏当で無い、主従と云ふ心持でないと互に親切が薄い、今日は如何とも致方がない、矢張道徳で主人は能く慈善を以て人を使ひ、陶淵明の「是亦人之子也」と云ふ心持で使ふより外は無い、使はれる者も雇主と思はないで、矢張り主人と思て仕へなければならぬ、是は矢張り学校の中から段々教訓して行くより仕方があるまい、此事に就ては主人にも随分善き例があるが、使はれる雇人の事では現今生て居る人で雇人の鑑となる人がある。備前国児島郡の豪農野崎武吉郎と云ふ人の雇人で西田多吉といふ人である、其履歴を御話申すと長くなるから御話せぬが、実に是は雇人となつて殆んど完全無欠と云うてよからうと思ふ。こう云ふ人の出るのは東方の君子国……国の光と思つて居る。其次は家長の道、是は東西洋ともに教はなかつた。司馬温公抔は家長の教が少しはあるが精しい事はない、家の長たる者は其心得と云ふものが無ければならぬ、民法の中に戸主と云ふ者がある、即ち家長である、併し是は法律で論ずる事である、法律で論ずる事と道徳で論ずる事と甚だしい違はないが、中には少し法律で論ずる所が酷薄に陥る事があると思ふ、是は矢張り法律に抵触せぬ様に道徳で以て養て行くと、人道を誤らない様になると思ふ。

次に社会の道徳に就て御話しする積です、此社会と云ふ言葉も東洋では日本でも支那でも昔から無かつた、夫故に社会と云ふ熟字も勿論なかつた、是迄は気が注かなかつた、何千年……も社会と云ふものがあつて夫に気が注かなかつたとは、余程不思議な様に思ふ、世界と云ふ事や、国と云ふ事の外に社会がある、人々相共に生存して居る所の世の中である、此社会と云ふ事は、西洋でも昔は格別に論じてない様であるが近年段々此社会を目的に説を立てることが盛んになつて来た、已に社会学と云ふものも出来る様になつた、此学問は至て新しいもので、西洋でも社会と云ふことに人の目の注いたのは新らしいことである。さて社会といふ一個の物体が出来ると其社会の間に行はなければならない道徳がある、此社会のことに就ては、矢張り権利義務と云ふ事が入用になつた、凡そ此社会に此同一に住んで居る人間の中には、天寿と人寿の別がありますけれども、併し人と云ふものは又同一の権利がある、是は殆ど法律で云ふ権利と同じことで、人々皆我身に固有の権利がある、我身に権利を持て居れば他の人も亦皆な此権利を持つて居る、故に我は其人の権利を認めて其妨害をしない様にす可き義務がある、……権利と義務と相平均して互に妨をしないと、夫で社会が立つて行くと云ふのが法律世界の論です、道徳界はもう一歩進むで行かねばならぬ、法律界は社会の害をしなければ立つて行くが、道徳界はもう一と足進むで互に相保護し相助けねばならぬ、義務と云ふ言葉は法律道徳両方で使ひますが、其義が少し変つて来るです、例へば法律の方から申すと人から金を借りた時には必ず返さなければならない義務がある、是は法律上の義務である、夫から人が災難に罹つて……水に溺れやうとする時には、之を救はなければならない、是は道徳の義務です、法律の義務には斯う云ふことはない、道徳の義務では之を救はねばならぬ、さう致すと同じ義務でも道徳の義務は一歩を進めて居る、是が社会に対する道徳で、法律に云ふ権利義務と、文字は同様だが意味の少し変ると云ふ事丈御承知下さい、夫から社会の道徳は、又人に接するの道とも言ふ、二つに分かれる、其一は徳を以て言ふ者、其の二は人事を以て言ふものである、徳を以て言ふ者が又四つある、第一が仁愛、第二が公義、第三が恭敬第四が信実である、人事を以て言ふものが又五つある、第一が人の生命に対する義務、第二が人の財産に就ての義務、第三は人の栄誉に対する義務、人は夫々皆多少栄誉と云ふ者を有て、世の中に立つて居るから、他人の栄誉に就て之を尊重する義務がある、第四は人の自由に対する我が務……人と云ふ者は或部分丈は自由を有つて居る、其自由を妨害せぬといふ我が務がある、第五が人と人との約束に関る我が務、是等は義務と云ふても職分と云ふても善い、是が人事を以て云ひたる所の人に対する道である、今仁愛と云ふ事を申したが、仁愛を以て人に接するに、其下に附属するものが三つ出て来る。親切……夫から慈悲(仏法で申すとは少々違ふけれども大抵類似のもの)夫から寛容と申して寛大に人を容れる、斯う云ふ訳である。

夫から公義と云ふ事を申した、公義とは公平と義理といふことである、公義には、消極の公義、積極の公義と云ふことがある、消極の公義は、其人に交際する上で、凡て公義に反むく所の自分勝手とか、人を犯すと云ふ様な事を戒めるのである、積極の公議は自分の公義を人に及ぼして、思想言語行為共に公義を以て人を扱ふことである、第三に恭敬とは、凡此社会に住む人々には総て相応に恭敬を行はねばならぬ、此恭敬に謙遜と云ふことが附属して居る、夫から第四に信実と云ふのは、別に之れに附属するものはない、唯信実にあらざる事を戒めて虚言を吐いたり、人を謀計に陥いれたり、又は約束を違へぬ様に致せば、即ち信実になる。

夫から人事を以て分つ、此事は人の生命に対し、財産に対し、其多くは法律に関係して居る、夫故に道徳ばかりで往かれないです。是は其国の法律と伴つて往かないと実行が出来ない、今日は吾国も法律が精しくなつて、大抵今の人事を以て分つものは、法律に載てありますが、法律と道徳とは少し違ふ所がある、法律は其法文に抵触しなければ、酷薄な心を以て行つても許されるが、道徳の上では専ら温厚の心を以て、行ふのである、多少の異同が現はれて来ます、斯ふ云ふ点をよく心得ねばならぬ。

国家と云ふと、国と家と云ふ事では無い、社会と国家とは其内に住つて居る人間は同じことであるが、社会として見た所の団体と、国家として見た所の団体とは、其組織したる形体が少し違う、国家と云ふことは支那では、昔から「国家の安危在二此一挙一」抔と云うて常に使ひつけて居る、是は国民全体が政治上の結合を云ふものである。社会と云ふ方は政治上の結合でない、人民相与に生活して行く所の結合で、重に産業及び交際の結合である、国家と云ふも、矢張り国民全体だけれども、政治上の結合になつて来るから、其中に治者被治者と云ふ者も這入つて居る、人民は其国家を守る職分がある、治者は其国民を治める務がある、今はもう国家と云へば誰も知つて居る、どうして出来たかと云ふことに就ては、東洋では別に説を立てた人はないが西洋では色々考へて居る、其説に国家と云ふものゝ起りは家族制度、軍事制度、及び此二者混合の制と、此三つだと西洋の政治家は申します。家族制と云ふのは、始め人間は処々に生じたが、其中で徳もあり智も有り勇もある者があつて大勢の人に尊まれて其頭になると、夫から其人の家族が段々国に弘つて、其勢力が強くなつて、自然に其国の君になる、其家族が段々弘まると、其他の人の家族も段々弘まる訳になる、夫で発達して茲に国家をなしたのを家族制と云ふ、軍事制と申すのは大勢の人の内で、胆勇ある者が武力を以て衆人を壓伏する、叉他所から攻めて来る奴を防ぎ、其物が衆人の頭分になる、夫が段々発達して国を為す、其を軍事制といふ、夫から今の家族と軍事と両方混合して国と云ふ者の立つた制度もある、此三つの様である。吾国の家族制と云ふことは諸君も御存知で、国学者は皆な吾国が家族制から起つたと云ふが相違ないかと思ふ、夫からして彼の政体と云ふものが叉起つた、君主政体とか君民同治とか、貴族政治とか単純なる民主政体とか云ふ様なものが段々出来て来た、其国の治乱興廃の有様、並びに風俗習慣からして斯う云ふ種々の政体が起つて来た、斯う云ふものが起つて来ると、自から国に三つの権が……即ち立法、行政、司法云ふものが起つて来る、尤も是等は政治学に近いことである。併し是も教員となつて知らねばならぬこと、故に一通り研究して置く可きことゝ思ふ。夫から其次が国の主権の論が起つて来る、主権が無ければ国が治まらぬ、此主権の事は東洋では別に議論が無かつた、昔は君たる者が無論主権を有つて居つた、西洋では色々の論がある、或は君に属すと云ひ、或は民に属すとも云ひ、或は又主権は君が有つて居らねばならぬけれども、夫を君に附託するのは国民全体の力だと云ふのがある、此第三説は君と民と両方折衷した様な説である、是は国の主権のある所は、政体に依つて違ふ、例へば君主独裁の国では、無論人君に主権が属して居る、君民同治と云へば両方に属して居る、民主政治と云へば民に属して居る、是等の事は専門の学で研究を致すと、大層範囲の広い事であるが、そんなことは今は省きます。

只今申して居るのは国家の道徳であるから、国民が国家に対する道徳を攻究致せば、先づ学校の教育抔では宜しい様であるが、夫では人民のみの片方の教になるから、やはり之に対する国家の立つて行く道も、大略研究せなければならぬ、凡そ国家の道は存立と、進展との二つになる、第一存立とは国家の亡びない様、衰へない様にするが主意である、存立を致すには、又其小分けがある、第一は保持……此国家を保持して行かねばならぬ、其保持を致すのに三つ程ある、第一にある時には国民の所有して居る所の土地財産をも、一時は之を国家が取上げることがある、昔は御用金抔と云うては、保持の為めに金を徴集したが、あれは取り切りで、後で返さぬからして国家を保持する術ではあるけれども、道とは云へない。其二が国民に税を課して、其力で立つて往く、第三が内外に軍の起つた時に、国民の身体を用ゐる、此三つが国家存立中の保持に必要な条目である、夫から、今度は存立の中の第二の防守である、防守に亦二色ある、其一は天然の害が幾らもある夫を防がなければならぬ、其二は国民の害を防がねばならぬ、存立の第三が賞罰で、治安を保つて往くと云ふのである。併し国家は存立計りではいけない、在立計りでは立往生して仕舞ふ、夫であるから初めに存立と並べて言ひたる進長が必要である、今日申す文明開化抔と云ふのは、皆此中である、其進長の第一が土地の開拡、土地を拡めねばならぬ、叉是は人の国を奪ふのでない、荒れた土地を開墾し、誰の所有でも無い土地を所有すると云ふ事である、夫から人民の増加……人民の数を増やさねばならぬ、其次は人民相互に結合し、相互に交通を便利にせねばならぬ、夫をするには道路を善くし、貨幣を造り相互に便利を致して、夫からして知識を交換する、即ち近頃新聞や雑誌の大層出るのも、郵便、電信抔も皆な知識交換の用に供するので、是は国家進長の用に立つのである、夫から叉進長の中であるが、国の財産を増すと云ふこと夫は一つが鉱山を開き、其次に農業を改良し、其次が工業を発達させて行く、其次は交易、是は国の財産を進めて行く道である、其次が国民の身体を健全にする即ち今云ふ衛生である。其次が国民教育道徳の発達をさせる、是等が国家自分の道であると思ふ、即ち大分けに分けると存立と進長との二つであります。其存立に保持、防守、賞罰と云ふものがある、進長の方は今申した通り、土地の開拡、人民の増加、人民の結合、交通の便利、国財の増加、国民の健全、国民の道徳と是丈が甘く往けば国家の道は尽きて居ります。

国民が国家に対する道

是は甚だ必要の条目である、小学の小供を始め悉く心得ねばならぬ、従前は東洋の道徳は専ら私徳即ち自分の一身、一家の事に甚だ重きを置て居る、是は善い事であるが、社会とか国家の事に就ての道徳は格別関はらなかつた、親に孝行をすれば道徳の極点であると思つたものです、昔は自分の国より外に国が無いと思つて居つたから夫でよいが、今は世界に対する国であるから、一身一家の道徳ばかりでは足らない、どうしても夫を推広げて社会に対し国家に対して道徳を行つて往かねばならぬ、叉是からは外国人が雑居する様になると、国民が国家に対する道徳に尤も力を用ゐないと此国に大なる影響を及ぼすのである。此条は四つに区分する、第一尊敬、第二従順、第三供給、第四防護である、国民の国家に対して尊敬と云ふ事を第一にしなければならない。第一に国民が尊敬しなければならないのは皇室である、是は申すまでもないわかつて居るけれども、順序は斯う云ふ事になる、皇室を第一に尊敬し、其次は国家を尊敬する、国家と云ふと前に申した通り国民全体であるけれども、全体の中で其上に立つて此国家を支配する政府がある、夫を尊敬致す。其次が其国の法律、其次が其国の存立して来た所の政体である、吾国は今日は立憲政体である上は、矢張り君主立憲政体を尊敬せねばならぬ、其次は従順である、是は申す迄も無く国家に対して従順……夫から其次が供給……国家と云ふものは国民が供給しなければならぬ、即ち租税を納める事である、其次は防護である。是は御存知の通り国を守ると云ふのは、国民の是非しなければならない。即ち兵役を務める事である。夫れで詰り尊敬、従順、供給、防護の此四つが国民が国家に対する道と云つてもよし、職分と云つてもよい、さうすると又国家が国民に対する道と云ふものがある。必ず道と云ふ者は片々のもので無い、こちらにあれば向ふにもある、第一は国家は国民の権利を保護しなければならぬ、凡そ国民の身体、財産、職業、信仰、言論、是は国民が自分に有て居る権利である、国家が是れを破つてはならぬ。夫から其次が国民の職業を奨励する、職業は御存知の通り農商工の類である、之れを奨励するのが国家の職分、其次が国民の知徳を養成する、……智恵と徳とを養はなければならぬ、是れは純粋の教育、其次が国民の害悪を除く、悪人を捕へて刑に処するとか、其他水難病難の害を予防する事である、国家が国民に対する道は、此四つである、国民が国家に対するのも四個条、国家が国民に対するのも四個条……此次が第十二番目、国家が他の国家に対するの道である。

国家が他の国家に対する道

一つは和好、一つは戦争、此二つである、和交に就て、第一が礼儀と云ふことが必要で、第二が信実、第三が公義、其次は好意とである。是が必要である。戦争は大に変つて道徳に縁が遠い様な話だけれども、矢張り論じなければならぬ、第一が戦争の権利……戦争を起すには権利があることを十分に考究せねばならぬ。戦争の義務……戦争をする上に守らねばならぬ義務がある、もう一つは局外中立、先づ斯んな事である。

第二席から今日迄申した所の説話は、只道徳の条目ばかりである、少々は解釈も下したから、私の話は分らうと思ひますが、猶ヌ色々な書物に依つて研究して御もらい申したい、此条目の研究が出来れは、諸君の職分上に於て決して不足は無いと存ずる。もうちつと上の地位の人でも不足はないと信じて居る。是が研究が出来れば斯う云ふ時は斯うと自分に了解が出来て来る、其上に天理とか性命とか云ふ高尚なる所に至つても宜いけれども、斯う云ふ近いことを捨てゝ、高遠な所に走ると云ふことは、学問の道としては余り面白く無い事であるから、どうぞ近い所の斯う云ふ様な事を事実に当てゝ往ける様に研究をして御貰ひ申したいと思ふ。

夫から先刻社会の事に就て申さうと思つて申落しましたから、今之を補ひます。日本には公徳……社会の道徳と云ふものが欠けて居つた、是は前に申す通り他国との交際が無かつたから欠て居つたが、近頃に至り小学抔でも、余程注意して居る様である、此事は是から外国との交際が多くなると、余程注意しなければならね、吾国は久しい習慣で社会に対する道徳が薄い、今日以後国民の利害に余程関係をする、先づどんな事であると云ふと、諸君の御承知の時間を守らないと云ふ事がある。是は矢張り社会の公徳中の一つで、是等が外国人と交際した時には恥辱を受けた上に損害を受ける事だらうと思ふ。其外総て人が子供の内から公徳と云ふ考が薄い様です、例へば人の家に菓物が生つて居る、其菓物が外から見へると、其近辺の子供は殆ど夫を取つて仕舞ふと云ふてよかろう、是等が公徳が無い、子供のみならず大人も矢張り取る、彼国の公園で芝などが奇麗に作つてある所は、這入つてならぬと云ふ札が建てゝないが、そこへ這入る者は無い、ヌ花や樹木を折る者も無いさうです、所が吾国ではやるです、私は三四年東京の向島に住つている……桜の名所である……桜の枝を折るなと云うて、堤の上に何ヶ所も誰でも読める様に仮名付きにして札が立てある、所が花見の人が兎角枝を折る、巡査に叱かられる、是等は極く些細な事だけれども、公徳を守らない証拠である、夫から叉新たに土蔵が出来るか、新たに板塀が出来ると、子供が無駄書きをする、是等は公徳を知らない、叉神社仏閣抔に往つて見ると立派な所に悪筆で同行何人抔と書いてある、極く軽い事だけれども公徳が無い、夫から其ことを或小学の先生に話して注意して貰ひましたら、成程さうだ、気が附いて見るとさう云ふ気味がある、学校に出る子供が自分の器は随分大事にするが、併し学校の器と云ふと粗末にすると云ふ事がある、公徳は注意せねばならぬと云ひました、夫は子供のみならず、甚だ汚ない話で茲で話すは如何かと思ふけれども、すべて役所とか学校とかの便所は至て汚ない、各々の家の便所はそんなに汚たなくして無い、是等も公徳が乏しい、夫から私ばかりでない、外の人も気が注いて居る様でありますが、汽車に乗つて見ると外国人は汽車の中で昼寝をして居る様なことはない、所が日本の人は僅か二時間か三時間乗る汽車でも、直ぐに横に寝る、夫から物を喰つて汽車の中を散らす、是が公徳に乏しい一つで、さう云ふ様な事は数へると夥しい、是等は誠に雑作もないことですが、外国人に対すると恥になる、自分の恥ばかりでない、国民の恥であるから、充分御注意願ひます。夫から前に申したのは、唯道徳の条目で之を諸君に研究致されよと云つては、少しく不親切の様であるが、私は先年「読書次第」と云ふものを書きました、是は先づ修身道徳の学問をする人の初学の為めに斯う云ふものを読んだらよからうと云つて書きました、至て紙数の少いものである。此に載せてある書物に拠りて研究なされば一通りの道徳学のことは会得の出来ることゝ思ひます。

第五回（八月七日）

今日迄の御話は比へて見ると扇を作るのに先づ骨を列べて見た様なもので、十五本なら十五本、二十本なら二十本を列べたのである、今日は其要めを打込む所の御話を仕様と思ふ。

昔は此日本の学問、二百年以来の学問は重もに儒教であるが、其学問の仕方は言行一致とか知行一致とか云ふ事を心掛けて致して居つた。夫故に其頃の学者は皆大抵知つて居る丈の事を行つたのである、仮令行はざるも行ふ気で学問をして居つたのが、封建時代の学問の仕方である、言行一致、知行一致を心掛た上に、叉其時分の人は心を治める事を工夫して居る、夫故に学問の自得と云ふものがあつて、学問は自分のものとなつて居つた、皆さうもいかないが、夫を心掛たものである、凡そ外の学問は兎も角も修身道徳の学を致すのに唯口斗りで巧みにしやべつてさうして行ひが出来なければ、実は其学問が出来たと申せぬのである、比へて申すと医術叉は政治学の様なもので、口でどれ程医者が上手であり、叉口でどれ程政治が上手でも、自分が其事に当つてやるに、病人が治せず、国家が治まらなくつては、何にもならない、修身道徳の学問も同様の事である、然るに明治の初めより、段々学問が広くなつて、其知る事を重もにして行ふ事は後廻しで全く関はらなかつたと云ふ弊があつた、其弊が余程顕はれて有識者は之れを憂へて居た。所が幸にして段々修身道徳の学問は、行と伴はねばならぬ事が分つて参つて、言行一致と云ふ事を此十五年計り前から唱へるやうになつた、誠に善い事です。今日も矢張り唱へて居る、唱へて居るけれども、其実行をする根原を知らぬ、実行の根原は皆心にあるのである。其元の心と云ふものをよく治めないと、善い事を行なおうと致しても、骨が折れる計りで其効をなす事は至て少い、実行を説くも心を治める事は余り人が説かない、是は今日の学問の欠点と思ふ、未だ本当に修身道徳の事を知る人は少いと思ふ、夫故に今日は諸君に心を治めることの御話をし様と思ふ。此治心と云ふ事が無ければ、今の通り扇の骨を別べた計りで要めを打込まないやうなものであるから、どうしても其骨が、纏らない、叉人々見込が種々になつて、其云ふ所が何れも其要領を得ない、畢竟今日此治心の学の乏しくなつたのは西洋の学問は治心の事は欠けて居る、西洋でも宗教家は此心を治める学問に余程達して居る様である、昔の宗教家の伝を読で見ると、治心の学は出来て居る様に思はれる、不幸なる事には哲学者は、どうも心が出来て居らない様に思はれる、其学問の研究と云ふものは、甚だ精微を極めて居るけれども、学問と身体が一つになつて居らない、学問は学問、自分は自分で、一つになつて居らない、西洋の哲学者、倫理道徳抔と云うて大層研究しますが、自分の心を治むる者は余り無いです、併し深く学問をするから不行跡な人もないが、矢張り哲学者の内に、其行跡の見るに足らざる者が幾らもある、著名なる「ロールベイコン」抔は、其人物は至て賤しい、叉其中には志を得ないで不平でも起ると、甚しいのは発狂して仕舞つたり、生涯憂鬱して死ぬ人もある、是は心の学問の出来ない証拠であると思ふ。凡そ世の中には一の長所あれば一の短所がある、西洋の哲学者は、精密に天地万物の理を研究する事は、東洋の学者の企て及ばない事である、けれども其学問と身体とを一つにすると云ふ事は、東洋の学者の長所である、我国近年の学問は、大に昔より進んで、教育には知育、徳育、体育と分けて教へる、至極善い事であるが、今日の徳育は矢張り知育である、小学校にて小供抔に数へるのは徳育に相違ない様だが、師範学校にて師範生徒が学ぶのは徳育も知育も同様で、唯研究する書物が、学術の書物と修身道徳の書物との違がある迄のもので、矢張り研究の仕方は知育の仕方である、其証拠は初めの講義の時に申した。師範学校、中学校、高等女学校教員を試験する試験問題を見ても解る、あれは全く知育の試験の仕方だ、あれが出来たからと云うて決して徳育が出来たとは云へないと思ふ。徳育と云ふものは行が善くなければならぬ、叉行の元は心であるからして治心の学が第一で、夫が学問の眼目で大切な事と思ふ、始めに申した通り私は儒教を信じて居る、儒教はどうしても心から来なければならぬ、彼の孟子が「学問之道他なし其放心を求むるのみ」と云ふた、心が纏て居らなくて、どことなく散らけて居る、夫を求めて自分の体の中に入れて、自分の心にするので、是が学問の道であると孟子が申された、叉司馬温公の言葉に「学は心を治むる事を求むる所以なり、学多しと雖ども心治まらざれば焉んぞ学を以てせん」仮令たんと物を知つても、心が治まらなければ学問をしたとは言へないと温公が申された、どうもさうであると思ふ。禅家では治心を必要とする、是は諸君も御存知の通りである、禅家では殆ど心を治める計りが其宗旨かと思ふ位である、彼の「不立文字、教外別伝」と云ふ事を申します。又「直指人心、見性成仏」と云ふ、心を治むることは禅家は最も長じて居る、然らば吾輩も禅学をして心を治めたら善いかと云ふと、さうはいかないです。仏家と云ふ者は出世間の教である、世人は此世の中に居つて種々の事を行ひ種々の事に接しなければならないから禅家の様では今日の世に処する訳にはいかぬ、矢張り儒教の様に治めなければならない、人の心と云ふ者は朱子の申す通り衆理を備へて万事に応ずるもので、此上もなき結構なものである、彼の大学の明徳といふも此物で、御同前明徳は持て居る、衆理を備へて万事に応ずる事が出来る、此治心の本と云ふ者は、書物にも諸所に出て居るけれども、元と自分の心との相談ですることだから、自分で自分の心を見て相談するより外に仕方がないと思ふ。夫に就て私が一つ斯様な事を申すと少し慢心して居る様だが、自分が今迄やつたことを御話をして見様と思ふ。私抔も若い内は儒学を致しましたから、其頃の儒学は矢張り心を治める事をしなければならぬ事に心得て居つた。けれどもどう云ふ所から這入つて善いかと云ふことは自分も知らなかつた、師匠もさういふ事を伝へて呉れなかつたが、段々古人の云つた事や、或は先輩の人の云つた事に依つて考へ、又禅家の書物などに依つて考へて見たが、先づ其一番初は多くの事を知るのが肝要である、多く事を知らないと、今申した様に扇の骨を列べ夫から要めを打つのであるからして、要めの打様がない、心を治めるのは色々な古人の云つた事を先づ知るのが先きで矢張り知識が先きであると思ふ、知つて夫から夫を事実に当てゝ経験するのである、経験しまして夫から省察する、省察といふは、事実と自分の心と両方併せ見て、自分の心に立帰つて察して見るのです、夫から修練です、矢張り外の技芸を修練する様に其心を修め練るです。さう致すと仕舞に自得——自分に斯うだなと自得する所に至る、私は自得と云ふ処迄至つたとは云へないけれども、さう云ふ順だらうと思ふ、我心を治めることは、此知識経験、省察、修練を行つて居る間に絶えず心を治めることに取掛つて居る、第一が自分の本心と云ふものを見出だす事、自分の本心とはどんな者であるかとは書物にあるでも何でもない、自分に見るです。是は人々自識する智恵がある故に心掛ければ出来ることである、本心と云ふ事は儒教の語で、叉天性とも本性とも人性とも云ふ、之れを一番先きに見附け出すのが順だらうと思ふ、自分の本心を見付けて其本心はどんなもので、どれ丈の力があるものであるか、どれ丈の働があるものかと云ふ事を自分に知るのです、さうすると是が比へば自分の慾を制するには十分の力があるとか、欲の為めにどれ丈妨げられるとか、叉此本心が充分に思ふ通りに往つたらばどう云ふ風に満足するか、本心を以て行なふ事が出来なかつたらどう云ふ不快を起すかと云ふ様な事、此本心が段々広がつたらばどんな所迄往くかと云ふ様な事を自分に会得する、此本心と云ふものに良心と云ふ言葉がある、良心と云ふものと、本心と云ふものと同じものであるが、良心として見る時はどう云ふ働がある、本心として見るときは、どう云ふ働がある、夫から孟子の云ふ「浩然之気」と云ふものと、同じものであるか、違つたものであるか、夫から叉「忠義誠実」は本心から起るものだか、関係の無いものか、斯う云ふ様な事を見るのが順序の様です、是が知れると同時に心を治めるといふことに取掛る、心を治めるには第一に独を慎しむと、敬を持すると云ふことが大切である、此慎独と持敬とを以て、我私欲と妄念とを抑へ付ける、夫から叉各々持て居る所の「偏性」です。怒り易いとか、憂ひ易いとか、「臆病」であるとか、或は「偏執熟慮」に乏しいとか、自分の力で段々除く事が出来る、悪い心を除くばかりではなく、善い心をも養ひ立ることが出来る、彼の忍耐力とか剛毅とか、治心の力で出来る。夫から、もつと先きへ往くと不動心孟子も「四十にして心を動かさず」と云ひました、此場合へ往くです。誰も知つて居る范文正公は「富貴貧賤毀誉歓戚に於て一も其心を動さず」富むでも貧くても喜んでも悲むでも、是等の事は此人の心を動かすに足らない、此不動心の所迄往くと儒道で申せば賢人の地位に迄往ける、——不動心迄往くと死生の間も安んじて之れに処する事が出来る、夫から度量を増すと云ふのも此場合で出来ると思ふ、人は度量が広くなければならない、生れ附き広い人もあるけれども、叉生れ附いて広くない人もある、是は矢張り心を治めると度量も増して来る、是も「不動心」辺りの場合に往かねばいかない。今世間では唯ぼつとして居る人を度量が広いと云ふがさうではない、度量が広い人でも、矢張り緻密な事は緻密にやらねばならぬ、さうして色々の者を腹の中へ入れて仕舞ふのが、本当に度量がひろいのです。夫から段々進んで往くと彼の易にある「天を楽み命を知る、故に憂へず」と云ふ事に至る、「楽レ天知レ命」と云ふ辺りは学問ではずつと上の方です、今書生間であの教は楽天的だ抔と云ひますが、楽天と云ふ事はさう容易に出来るものでない、命を知り天を楽むと云ふ事は余程錬磨熟達した後でなければ六ケ敷い。是と同等の地位にて「心広体胖」抔と云ひ、或は「睟然として面に現はれ背に盎れ肢体に施す」などいふは、皆な治心から得られるのです、王陽明の詩に斯う云ふ詩がある。

人々自ラ有二定監針一

定監針は磁石の事です、人々皆磁石を持て居る、即ち方針です、

万化ノ根原総テ在レ心

人情世態が千変万化するけれども、其源は総て心に在る

却テ笑フ従前転倒見

従前はひつくり返しの意見を以て居つた笑ふ可き事だ、

枝々葉々外ニ頭尋ヌ

万化根原は自分の心に在る、そこに求めるのを知らないで、枝葉の先きに尋ねやうと思ふた、夫では尋ね切れない、そこで万化根原は心にあるから、心さへ明鏡の如く透徹すれば技々葉々に尋ねるには及ばぬと云ふ詩と見える、王陽明は即ち是が出来た人です、あの人は一の良知を磨き上げて、どんな事でも此良知にて判断して千変万化に対して間違がなかつた、自分が本当にやつた所を云つたのです。

右申した治心のことは随分六ケ敷い事で三年や五年で出来る事では無い、唯今の職務、御務め中に諸君に望むので無い、併し之をやるには別に学校も座敷も必要でない、其時間は夜寝る間でも飯喰ふ間でも宜しい、尤も御存知の通り禅家では「座禅観法」をして居る、儒教でも宋学では静座して居るけれども、今日内外の事務に繁多なる人は只常に我内心に注意して汚濁を去りて清浄高潔にならんことを求むれば宜いと思ふ。

諸君が自から自分の心に相談なさつてやつて御覧になつたらよからう。併し是は若かい内には出来上るまいと思ふ、私抔は自分に考へて見ると三十以下――は無我無中であつた、三十台でも、未だ心の始末が附かなかつた、此間はまた血気が強く慾も強い、夫故に本来の面目と云ふものも、本当には解らなかつた、併し四十位から段々解つて来た、今の人は知識の開け方が早いから、或は三十歳でも解るかも知らぬ。凡そ治心上にて早く始末を附けねばならぬは怒りである。怒りは甚だ我身に害をするもので、養生の上にも交際の上にも害がある、然るに怒りは烈しいもの故、存外圧へ易いものである、却つて其の憂、愁、妬、忌、偏、執などゝいふ物の方は抑へにくい、貪欲は最も制しにくい、悪きを抑へて往くを消極的治心と云ふ、度量を広くするとか、剛毅、忍耐の力を増すのは積極と云ふ、実際は消極、積極都合一緒にやるがよい、片方に怒りを圧へ片方で度量を広めると云ふ事は両方往けると思ふ。治心のことが心にわかつて、先づ是なら動かないだらうと思ふ所に至るには、五十以上でなければならぬと思ふ、五十以上は外の事をしないで治心斗りをやるかと云ふとさうでない、どんな繁劇な務でも、何でも為しながら心を練修する事を、念々思うて居れば益がある。聖人賢人の地位には中々及ばぬけれども、常々心掛ると、第一苦労が減る、大抵な事に出遭つても心が安いです。富、貴、貧賤、喜憂、歓戚で心を動かさずに、楽に此世が渡れる、此心を治めた人と治めぬ人は即ち言語挙動で分かる、又心が三十、四十の時に定まつたら、其見込を変へてはならぬかと云ふと、さうではない、段々変つて往くです。夫が即ち学問が進歩するのであります、衛の遽伯玉と云ふ人は「行年五十にして四十九年の非を知つた」と云ふ事である、余程面白い言である、是は五十年になつた時に急に四十九年の非を知つたのではない、「今は是にして昨は非なるを覚ゆ」と云ふ陶淵明の作があります、さう云ふ意味である。私抔も年を取ると段々前の非が分かる、余程間違つた考へをして居つた事が自然知れて来る、併し唯今の如き年になれば此上は動かない。

夫からもう一言此事に就て云ふて置きたいのは、——禅家では「悟道」とも「悟り」とも云ひまして、一時に出遭つてばたりと悟る、目の覚めた様に悟ると云ふ事だ、儒教の方の治心と云ふものはさうではない、段々紙を一枚づゝ剥がす様に進んで行く、夢の覚めた様に悟る訳のものでないと思ふ、治心のことは前から申す通り自分の心との相談で、前申す通り要めの打ち処と思ひますから爰まで申したことである、始めから無学で、唯心丈を治めると云つても決して出来ない、矢張り始めは物を知らなければならない、大学の補伝に、吾の知を致さんと欲せば其理を窮むるにあるとある通りで、矢張りさうしなければならぬ、仕舞に「一旦豁然として貫通するに至つては、衆物の表裏精粗到らざる事なく、心の全体体用明かならざる事なし」と朱子が云ひました。其通りであらふと思ふ、あの人は学力が其所迄至て居ると見える、一旦豁然として貫通するとあるが、あの人は少しは仏者の様な悟りと思はれる、拙者抔は修行しつゝ仮に渋皮を剥ぐが如く往つたが、是は各々其天禀に依つて一旦豁然として開ける様な場合に至る事があるかも知れぬ、さう云ふ訳であるからして此話は諸君などの地位にも、ずつと上迄も必要……是から順序を立てゝやつて御覧なさると彼の「手の舞足の踏むを知らざるものあり」で、甚しく喜ばしいものです。

第六回（八月八日）

諸君の当時の職掌、即ち小学教員としての職務から見ると、昨日迄に御話した題目に対して解釈が出来れば充分でありません。一体東洋の人は学問が高尚の方に走る僻がありません、是は東洋の長所と云うて善いか短所と云うて善いか分らぬが、欧羅巴人に比すれば割合に高尚な事を研究する事が上手で、少し学問すると直き高尚な事が解るです。此間から御目に掛つた諸君の内でなかなか高尚な事を研究して御出の方が大分ある様であります、さう致すとあれ限りでは少し物足らない様でありますから、今日は今少々上の所の御話をする積りである。今日の所は学問の研究には用があらうが、小学校の教員としては格別用の無い事であるです、其積りで御聞きなさつて下さい。夫は外の事ではない、天とか神とか上帝と云ふ事である。是は宗旨にも関係するし、哲学にも余程骨の折れた研究である、けれどもこちらでは一寸した雑誌にもそんな話が出て居ります、夫故に数々諸君の目にも触れる事がありませう。其判断が難いと思ふです、其話を大略致します。もう一つは人の性であります、……良心……是等は至て高尚なる事であります、是も色々の説があるので其説を知るのは難くありませぬが、其判断が難いと思ひます、今日は聊か判断丈を御話申したいと思ふ、併し其判断は私の判断でありますから、世間の人がどう考へるか知れませぬ、先づ自分丈が聊か信じて居る判断を御話するので其積りで御聞下さい。

私の学問は、儒教が元でありまして、其不足を外の教から採る積りでありますから、先づ今の天や神の事に就て儒教の評を極く短く致しませう。

儒教には天。上帝、夫から単に神と云ふのがある、鬼神といふたものもある、是はずつと古く孔孟より以前からある名目である、書経とか詩経とか易経にも出て居る、右の経書並に老子、荘子、列子、韓非子抔と云ふ諸子類にも、天、上帝、神、鬼神と云ふものが列べて出て居る所もあり、別々に出て居る所もある。此天、上帝、神、鬼神といふ物は、元来一つのものだか、四つのものだか、判断を附けて置きたいと思ふ、一つのものならば斯んなに幾つも名がありそうも無いものである、もし又違つたものであれば、其分解をして上帝は斯ふ云ふもの、神は斯ふ云ふものと区別が無ければならぬと思ふ。鬼神と云ふ者は、前の上帝等と大分違つて居るけれども矢張り神と云ふ字が附いて居るからして、どう云ふ者かと云ふ事を知らねばならぬ、是は支那の学問をするに就て必要な事である。御存知の通り支那の学問と云ふものは、宋の世に至て大に精しくなつて、今申した天、上帝、神、鬼神の差別に就て色々な説がありますけれども十人十色と云ふ気味で能く解らぬ、其頃の人も解らなかつたと見えて、程子や朱子に向つて色々な質問を致しましたが、どうも其答がとかく返答が不明瞭の様に見ゆる。所が二程全書の内に能く解るのが一つある、夫を今御話しませう「或人天帝の別を問ふ」天と帝との別を尋ねました「程子曰形体を以て之を天と云ふ」形と云ふ方では天と云ふ、「主宰を以て之を上帝と云ふ」管轄主宰として之を上帝と名くる「霊妙を以て之を神と云ふ」優れた玄妙で人の力で測れない奇妙なる方から神と云ふ、「功用を以て之を鬼神と云ふ」働きの上から鬼神と名を付ける、「性情……是は人の性情でない、即ち天の性情である、「性情を以て之を乾と云ふ、其実は一のみ」皆一つのものだと、斯う程子が答へた、「依て名くる所の者異るなり」右の通り名を附た趣旨が違つて、形から見たり、働から見たりして名が違ふが其実は一つものだ、「夫れ天は専ら之を云へば道なり」天と云ふのは色々分れて居るけれども、専ら申せば道と云ふ事になると、斯う程子が解釈を致して居る。是が儒教で云ふ所の天、上帝等の解釈の纏つて居つて、且つ其答へた人も立派な儒者であるから、支那の天、上帝、神抔と云ふのは此解釈で定めて間違ひないと思ふ、さうして見ると、支那で云ふ所の天、上帝、神、鬼神と云ふものは、皆一つもので、即ち道と云ふ事に帰して仕舞ふと云ふのが支那の此名称の解釈と見て善い。

先づ斯う云ふ次第ですが、扨此判断です、諸教を集めて此判断をするには人々各意見が違ひます、拙者は年来考へて、是れに就て自分丈信じて居る判断がある、(有神、無神、支那の神、西洋の神とどう云ふものであるかと云ふ様な事に就て)是は長く申すと際限がないが、今日は短かく之を云うて見ましよう。

今日天地万物の有様を考へて見ると、先づ日月と云ふものがあつて、地球が廻つて居る、夫から吾輩の如き人間、是より以下獣類、鳥魚、樹木、斯う云ふものが、或は生れたり、大きくなつたり、死んだり、枯れたり、叉大気があつて、此地球の上に充満して居る、叉其外に電気もある、叉其外に引力もあり、張力もある、斯う云ふ様なものがどうして出来たらうと云ふ事を考へて見るです。是は偶然に出来たものか、叉は自分の力で出来たものか、……偶然に出来たもので無ければ自分の力で出来たものである、是より外に仕方がない、若し偶然に出来た物であるならば、寒さ暑さの巡環だの、昼夜の交代だの、潮の進退抔と云ふ事はなかなか数千年の間規則正しく行く事は出来まいです。此大気の配合も、酸素窒素の割合が少しも度を誤らぬと云ふ事はあるまい。偶然に出来たものならば、人間や動物を生むで見た所が、夫に与へる食物がないと云ふ様な事もあるかも知れない、さうして見ると偶然と云ふ事も未だ慥であるまい、若し叉是等のものが、自分の力で出来たと云うて、自分の力で動くと云ふ事であれば日月や或は外の星が、途中で衝突する様な事があるかも知れぬ、叉悪をなすと云ふ事は、人の欲から出た事であつて、欲の力は甚だ強いからして、悪人が段々と増し、世界に悪人が充満して善人が無くなると云ふ事があるかも知れない、自分の力であれば、地球も時に依つたら自分で運動する事を止めて仕舞ふ事もないとも云へない、未だ幾らも斯う云ふ例を出せば、多くあります。斯う考へると偶然出来たと云ふ説もいけない様でありますし、自分の力で出来て、自分の力で発達したと云ふ説もいけない様です。さうして見ると天地間の日月が出来、大気が出来、其他百般の事物、機能、活動と云ふものは、是は神と云ふものがあつて之をするであらふか、是が有神論の起る所以です。斯くの如く万物の調和を能くし、日月、星辰の衝突する事も無く、潮の満干も誤らず、人が出来ると食物が出来ると云ふのは、どうしても神より外に為し得る者はない、天地の上に神と云ふものがあつて、其力に相違ないと云ふのが、西洋の宗教者、及び哲学者の多数の説である。併し乍ら拙者は未だ夫では安心せぬ、神と云ふものは実は不分明なものです、神と云ふものが已に不分明であると云ふと神力も知る事が出来ない、神が解らないで力の知れやうがない、真に無心に考へて見ると、屹度神の力であると云ふ返答は心に信ずる丈ではいかなくなる、そこで色々な天地間の現象は、人間の智恵で考へて見ると、是は自然と云ふより外に名の附け様がない、日月は自然に斯う云ふ運行をすると云ふ、自然と云ふ事は、人間の智で云はれる様です、其上はどうも考が附かない、そこで人間の智で自然丈は考が附いて居るけれども、自然では亦差支が起こる、若し自然なれば、自然には一定の規則と云ふものはない、例へば自然なれば、今日の昼は長くて明日の昼は短いとか、今年は春夏秋冬があるが、来年は春夏はあるが秋冬はないとか、或は人間の身丈が五尺の人があれば、十丈の人も出来ないとは云へない、さうして見ると自然と云ふのは、是は人間の智から見れば自然と思はれるけれども、其本原には此自然たる所以の原理があるだらうと思ふ、其原理からして、其自然と云ふものが出来て来る、人間の智恵では自然の外は見えませぬ。さて其自然なる所以の原理と云ふものに就て、大きに議論がある。是ならば、確かだと云ふものを、種々の説の中で選ぶと云ふ事が必要と思ひます、そこで私は一つ選むだものがあるから一つ御話仕様と思ひます。

私は儒教を信じますけれども、今申した様な原理を論ずるに至つては欧羅巴の方が宜しい、支那ではどうもそこ迄の原理は極めてないです。希臘の人の説は大層ある「ターレス」「アリストートル」其後の「ストイク」学派に至る迄、数十人ありますけれども、其内私の一つ選で居るのがある、是は「ユークリット」と云ふ人の説です、其説は此宇宙……天地六合……の間にたつた一つの物がある、其の一物は、目にも見えず、香もない、耳にも聞えず、鼻にも嗅げない、唯一つの道理で知る斗りのものがあると、斯う云ふのです、其ものはたつた一つ自分が独立して居るのでもない、物でも無ければ智恵でも無い、其ものは即ち善と云ふものだ。此事は少し私は異論があるです、併し此人は大部分が善いから信用して居ります、其のものは善だと云ふ事に就て少し疑はしいけれども後の論を聞くと善と云ふ説が活きて来る、是は天地間一つだが唯其ものゝ見所に従て名が違ふ、或時は之を妙智力(仏語でござりますが、翻訳して当る様です)或時は之を下帝と名づける、或時は道理とも名を附ける、其外の万事万物と云ふものは、唯現象物で一時世間に現れて居る丈、叉異変的……種々変つて動かずには居らないが、一つの妙智力とも上帝とも云ふ善丈は天地間一つ永久に存在して居る、其他の万物は、其時々に色々変つて居る、此妙智力は現象ではない、事実のもので、叉永久変らないものは此もの斗りだと、斯う云ふのです。諸君の御考は如何であるか、私は是より外説方はないと思ふ、始めて善即ち上帝と云ふものを説いたのが「ユークリット」の説である、是までは人間の智恵で考が附くと思ふです、是より以上に考へ至らんと思ふと、雲霧の中に這入つて仕舞ふ。西洋の哲学者が……(宗教家ではない)上帝の威徳と云ふものを考へて其説を立てるものが色々ある、先づ上帝は至大なり、上帝は全智全能なり、叉上帝は純全円満なり、斯う云ふ解釈をした人もある。其外未だありますが、まづ斯う云ふ様な解釈をした人が多い、扨てどうです、果して此説が善いか、道理があるか、考へて見るのに吾輩はどうも上帝に夫丈けの威徳があるか、無いか、知る丈の智恵を持て居らない、人間は目を持て居るからして、日月があるとか、山川があるとか、耳があるから風雨の音も、鳥の声も聞く事が山来る、其外鼻も舌も皮膚も持て居るから、皆な有る無いと断言する事が出来る、唯其無形無声、香もなく味も無い所のものは、之を知る丈の智恵を持て居らない、唯想像推察するに過ぎない、想像推察する事だから、上帝の威徳性質と云ふものはしつかり分らない、分らないのが当り前で、吾輩は分らない様に出来て居る、併し推察で何かありさうにも思はれるです、上帝とか神力とか云ふものが必ず無いとも云へない。そこで私は不思議なものと考へる、思議す可らざるものと云ふ丈は云へる様です。上帝が有ると云うても、証拠を捕まへる事が出来ない、無いと云うても証拠を捕まへる事が出来ない、上帝は至大なり全智全能なり純全円満なりと云つても、夫丈けの証拠が捕まらない。依つてどうしても不可思議なものに相違あるまいと恩ふ。夫故に私の判断した所では天地万物が出来て、或は生じ或は滅じ、或は動き或は静まると云ふ、是は自然である、人の目から見ると自然のものといふ、併し乍ら其自然をなすものがある、其自然をなすものを之を理と云ふ、併し乍ら其道理は見処に依て名が違ふ、其天地万物を主宰して居る意味から申す時には上帝と名を附け神とも云ふ、叉万物を偏ねく掩ふと云ふ所から申すと、天と云ふ、古今に渉つて天下に通ずる所あるを天則と云ふ、誠に正しい公に誤謬の無い所からして、天道と云ふ、其実は皆な一つものであるです。そこで人類が此天道の下に立つて或は生れ、或は死に、禍福、吉凶、栄辱、皆な此天道の管理を受けて居る、此天道の外に自分一人逃れ出やうと思つても夫は出来ないと、斯う信じて居るのであります。併し乍ら天と云ふものは、或は理と云ひ、或は自然と云ふ訳のもので、西洋の宗教抔で申す、上帝が人間に対して口を聞くの、天の子があつて人間に生れて来て、人を救ふ抔と云ふ事は、是は無論信用出来ぬものである、是の如きことは、怪誕不経と云ふもので、そんなものは採らない、先づ私の判断して居る所は是が概略であるがどうぞ諸君よく考へて下さい。

夫から性といふことも一通り云はねばならぬ、是は書経にある、書経の湯誥に「維れ大なる上帝衷を下民に下す若く恒性あり」とある、孔子も「性相近く習相遠し」と云はれた、中庸に「天の命ずる之を性と云ひ、性に率ふ之を道と云ふ」とある、支那では古くから云うてある、其時代は唯性と云ふもの丈を説いて、性は善だか悪だかと云ふ事を説かなかつた、孟子に至て始めて人の性は善と云ふ事を云ひ出した、然るに孟子の少し後に荀子と云ふ人が出て、性悪論を称へた、是の性悪論を読んで見ると、なかなか力量のある説です、どちらが負るか勝つか分らぬ位の説です、然る所、性善論と性悪論と何れも極端に往つて実際に適せぬ事がある。そこで漢の董仲序に至つて其の仲裁説を出した、「性は善を出すと雖も、人の性は未だ善と云ふ可らざるなり」性と云ふものから善が出るけれども、其性を捕まへて直ぐ善とは云へない、例へば稲の様なもので、稲の中から米が出るけれども、稲を捕まへて直ぐ米とは云へないと同じ事だと云つた、夫から揚雄は、「人の性や善悪混ず」と云ひました、人の性は其善を修むれば善人となり其悪を修めると悪人となると云つた、又後漢の荀悦と云ふ人がある。「性に三品あり、上下移らず、其中は人事あり」上下移らずと云ふのは「上の性を受けた人は善で悪にはならぬ、下の性を受けたものは、善にはなれない、上下はどつちへも移す事が出来ないが、中の人は教へれば、善になり、教へなければ悪になる」と、斯う云うた、唐の李習之は、「人は聖人たる所以の性あり」人は聖人になれる性があるけれども、其性を悪い方へ連れて往くのは、人には情と云ふものがある、其情で悪い方へ連れて行く、斯う李習之は説いた。韓退之の説は、性の中に上中下あると云ふ荀悦と似て居る、「上なるものは善なり、中なるものは導いて上下す可きなり、下なるものは悪のみ」といふことであります、宋儒に至て性善の説を称へたけれども、如何せん性善と云うてもどうも事実に当てゝ見ると箝まらない、生れ附き悪き人がある、幾ら教へても善に移らない人がある、そこで性善と云ふ事は事実差支へて来たので、宋儒は性を二つに分けて、天然の性と気質の性と分けた、天然の性は天から受け得た所の性であるからして誠に善で中分がない、気質の性と云ふのは、人間が生れて来る時に、清みたる気を受ければ善いが、濁つたる気を受けたるときは悪くなる、世の中に悪人のあるのは、濁りたる気を受けたる者がある故なりと、斯う云ふ説を唱へた。

そこで性の説の一致しない一条でありませす、孟子も荀子も其他の人でも、皆な立派な学者であつて、どうして斯んなに一致しないか、是は考へ物であらうと思ふ。是は私一個の憶説であるけれども、一つの判断の仕方がある、斯う云ふ事であると考へる。人間の体には御存知の通り良心もあれば欲もある、其他色々なものがある、昔はさう云ふ差別が明白でなかつた、そこで其見処に依つて善悪を分けたものと見える、例へば孟子は「孺子の井に入らんとするを見て皆怵惕惻隠の心あり」と云ふ所から性は善と見た、察するに孟子は人の良心を見て人の性としたるものと見へる、荀子は人の欲丈を見て之を人の性としたもので、此二人は性と云ふ物の指し所が違ふ、固と性と云ふのは、俗に曰ふ

人の性で極まつたものでない、荀子は人の欲を性と見た、夫は性悪篇を読で見ても能く分かる、斯う云ふわけで性善性悪共に事実に合はないからそこで董仲舒以下の様な仲裁説が起つて居る、加様に色々なる説があるといふは其見る所が違ふのである。例へて見ると人間は呼吸する動物である、叉飲食する動物であるに違ひない、何故呼吸をし飲食をするかと云へば、体の中に肺臓があり腸胃があつて、呼吸もし飲食もする、酒は人を酔はせるもの、肉は人を養ふものと云ふのは、酒の中には「アルコール」があり、肉の中には蛋白質がある故である、昔の人は唯人の一端丈を見て、総体を見ずに善悪を極めたるものと見える、人は呼吸する動物なり飲食する動物なりと云ふものは、肺臓があり腸胃があると云ふのは、丁度人が良心があるから善をすると同じものになる、人の全体から其中の一部を抜出して、夫を全体の性だと思つたのが、諸説一致しない本だと思ふ、敢て間違つたと云ふのではないが、其指す所が人々違つたものと察するのである。

夫から儒教には、人の良心と云ふものに就て色々の名があつて、道心とも、明徳とも云ひ、徳性とも叉良心とも本心とも云ふ、是は皆な同一物である、同一物で人の体に固有して居る所の透明純清なる心を指したもので、名の違ふと云ふのは立論の前後の勢で、色々の名が出て来るのである、王陽明の良知と云ふのは、孟子の良知と云ふ字から採たのであるが、孟子の良知とは少し違つて居る、仏家で云ふ所の仏性とか、如来とか、真如法界抔と云ふ名は、儒教の良心即ち本心と同じものを指すものと思はれる、西洋では良心と云ふ字に当る言葉でたつた一つ外ない……拉典の「コンセンチア」と云ふ語がある、此「コンセンチア」と云ふ語は、今日英吉利、仏蘭西、其他の諸国で此語を少しづゝ語尾を違へて使つて居る、独逸は大分違つて居る、支那の様に同じ物に幾つも名を附けるのは、後世学問をするに善くない、是は欧羅巴の様に一つ限りの方が宜しい、「コンセンチア」と云ふは、支那の良心よりはもつと大きい良心を云ふです。矢張り大学の明徳、或は本心抔と云ふ方が本意に適つて居る様に思はれる、此良心と云ふものは、西洋でも希臘頃迄は未だ解らなかつた、希臘にあの位学者が多くあつたけれども、今日存して居る希臘の書には見当らない、(吾輩残らず渉臘する事は出来ないが欧羅巴学者がさう云うて居る)「プラトー」の説に、人類を管理し支配する最も高い力が道理であると云つたが、「コンセンチ」……良心と云ふ事は云はなかつた、「アリストートル」の語に至善と云ふのは、吾等人類の最高の行で、さうして我等の天性を推し広めて、其極端迄達した所のもの丶名であると云つたが、良心と云ふ事は説いてない。

そこで羅馬の「シセロ」と云ふ人が始めて良心と云ふものを見附けた、「コンセンチア」は拉典語だから羅馬の時分に出来たものと思はれます、「シセロ」の言葉に「上帝が人の内心に這入つて人を管理するものが良心である」と斯う云つた。良心と云ふものは此時に分つた、良心と云ふものは上帝が人間の腹の中に這入つて来て人を支配するものだと云ふ事は面白い解釈である、其後良心の説が続々出るやうになりました、是も段々細かい説があります。近年西洋では良心に就て二つの異説がある、其一は、良心は本来人間に備はつて居るもの、さうして唯良心と云ふ単純な混りのないものであると云ふ説が一つ、もう一つは良心と云ふものは本来単純なものでない、色々複雑な外の性質から集つて来て良心になつたと云ふ説と二つあります。此二つに分けると云ふ事は儒教ではない、此第一説を唱へる人は、「カント」、「リード」、「レッキイ」、「マックス」、「マルチニユース」抔が此説を唱へる。第二説には「ホップス」、「マチブン」、「ダーヴイン」、「スペンサー」抔と云ふ人が此を唱へる、此事は大分議論がある、私はどちらに従ふかと云ふと前のカント抔の説……良心は単純なものであると云ふ説に従ふ、其従ふ所以を云ふと長くなります。先づ其方の人間と思つて下さい、叉西洋の良心に就て両説ある、其の一つは良心と云ふものは、生れ附た後教育を受けて段々磨き上げて善くなるものか、叉は生れ附た侭で其上教育を受けても善くはならないかと云ふ説がある、余程細かい説がある、是は前のほどに敵味方が余り大勢無い、私の見た所では矢張り教育を受く可きもの受ければ段々善くなるものと信じて居る、此説は「リート」、「ヒウエル」、「カント」抔の説である、叉「カーデルウート」と云ふ人は、其説は教育を受けても善くはならぬと云ふ説である、私の考へは教育を受く可きものと考へて居る、其訳は人間と云ふものはどんなものでも学問をすると段々善くなるものです。先づ手跡の様なものでも分かる、字は書ける丈の本能は持て居るけれども、生れ附き丈では字は書けぬ、習ふと字が書ける様になる、良心も其通りで善悪を見分ける本質を持て居るが、段々自分が教育を受けると良心の曇りが取れて光りが出ると思ふ、其証拠には無知文盲の人は良心で善悪を判断する知に乏しい、学問をすると判断力が出て来る、学問したものは夫丈良心を磨いたものと思ふ、そこで拙者の考は良心と云ふものは教育を受けて段々善くなるものと信じて居る。

第七回（八月九日）

今迄は諸君に学問のことを重もに御話したが、今日は教育の方に就て御話を仕様と思ふです。（学問と教育と両方混ざつて居ると云ふ廉もあります）

偖て諸君の御身分に就て云ふと、此小学校教員は世間の待遇も格別重くない、夫れに比して人物がある、世間に或は小学教員に斯く〳〵の如き不都合な者がある抔と云ふ事が新聞にも見え、或は云ふ人もあるが、全体の上から見ると甚だ小数である、多数の教員は矢張り品行も善し知識も優つて居る事は世間で称して居る事である、叉教員は将来の国民を造ると云ふ重い任を以て居る、併し国民を造ると云ふ事は、責任とは云ふものの人間の楽である、孟子は「君子に三楽あり」三つの楽があると云ふた。第三番目に「天下の英才を得て之を教育する」と云うてある、学力あり叉世の中の事を思ふ人は人才を教育する事が楽である、定めて諸君も楽まれるであらう。夫故に俸禄の卑くきに関せず、勉強致さるゝ事と思ふ、其点から申すと誠に欣ばしい事です。

今日一言申して置きたいのは信仰の事です、即ち信ずると云ふ事である。大抵諸君は道を信ずる人であらうと思ふが、どうも年の若い人には信と云ふ事が余程難い、御存知の通り宗教家は何れも信と云ふ事を主とする、信仰が無ければ全く宗教は成り立たないものである。宗教を信仰したからとて、其人は忠義だとか節烈だとか云ふ事は聞かない、諸君に望む所の信仰と云ふのは、此道を信ずる事を御頼み申したいです。道の信仰と云ふものは、却て宗教の信仰よりは探いです。夫れは人物が上れば従つて道を信ずる事も段々深くなる、昔の和漢西洋共に忠孝仁義の人と云ふものは、皆な道を信じ、夫から出来た信でなければ生命迄捨てる事は出来ない、彼の支那の忠臣諸葛孔明が「鞠躬尽力、死而後已」即ち道を信じたので、人臣たるものの道は斯うだと信じたから、生きて居る内は一日も止まないと云ふ事であります。或は宋の忠臣の文天祥が、元の土牢に囚はれ其志を変せず首の座にすわりたるときに、「聖賢の書を読むで学ぶ所何事ぞ」と申した。是迄は道を信じた者の手本である、聖賢の書を読むで学ぶ所はどう云ふ事を学ぶか、「今よりして後ち庶幾は愧ること無けん」と申した、何と立派なことではないか、是等は道を信ずるのが厚いと斯う云ふ位に至るのです、其外唯一術一芸で深く信ずると一命をも犠牲に供して何とも思はない、夫の西洋の地動説を発明した「ガリレヲ」抔は、地動説を説いたれば、其頃耶蘇宗門の宗義に反すると云ふので、耶蘇坊主が「ガリレヲ」を拷問に懸けた、其時に「ガリレヲ」の友人は、そんなに苦しむに及ばない、一言地が動かないと云へば災難は免れると云つたけれども、あの人は地が動くと信じたから生命を捨てゝも云ひ通すと云うて、どうしても地が動かないと云はない、併し幸に殺されはしなかつた、是は学術上でも信の固い人はさうです、最も近い所の例は此三河の国にあるです。彼の徳川氏の始めの三河一向宗の乱は、誰も御存知の通り二呂、針崎の一向宗の門徒が、反起して、――一体其当時は一向宗の門徒が多かつたから、徳川氏譜代のものも一向宗にだまされて、累代の主君に向つて弓を曳いたものも多い、其内で忠義な士は矢張り宗教は信じて居つたが、忠義を信ずる方が深いので、夫れで徳川氏を助けて賊を滅した。其内で土屋長吉と云ふ人の言葉に「たとひ無間地獄に堕ちても、現在の主君に向つて弓を牽く事はならぬ」と云うて賊を討た。叉内藤四郎左衛門は、其叔父が一向宗の賊に与みした其時に、叔甥の間であるけれども、主君の為めには叔父でも弓を曳かねばならぬと云うて、叔父を射たことがありました、凡そ信仰の根源と云ふは先づ宗教としてある、然るに此三河の徳川氏の臣は忠義を信ずることが宗教を信ずるより深い、其三河の武士が、即ち東照宮を助けて六十余州を一統したのである。其元は信が固いのであります。どうしても人と云ふものは何でも信が無ければならぬ、殊に諸君の様な人を教へ道を説く人は、別して道を信じ、是が人間の道だ、是が教師の道だと云ふことを信ずるのです。是れは漠然とした様だが、心を錬ると往くです。此頃から御咄しました通り、色々な事に心が向くとどうしても信と云ふものはいかぬ。一方に向つて一心不乱に往かねばならぬ。心が色々雑然として居つては信が固まらない、是等は能く自分に御工夫なさると必ずわかる。昔は師匠と弟子とあつて、師匠と弟子との関係は互に生涯の関係がありました。師匠は生涯の事迄心配し、弟子も生涯師匠を信じました。夫れだから容易に信と云ふ心が固まる。今では信を修める事は、昔よりは難かしい、けれどもいかぬ事はない。昔の例で申すと赤穂の四十七士の忠義は、其師匠に山鹿素行と云ふ人がある。――山鹿甚五左衛門は人傑でありました、夫で浅野内匠頭長友と云ふ人が、山鹿を赤穂に聘し師と為し、叉自分の臣下を教育させた、其後長友が死んで其子長矩の代になつて、山鹿は聖教要録を書いたのが罪名となつて、赤穂に預けられた、長くいきた人は最初に山鹿に何年か教育を受けて、二度目に山鹿が罪を受けて御預になつた時に、叉山鹿を師匠にしたのです。世の中にある俗本を見ると、赤穂四十七士抔は生れ附きあんな忠義の様に思ふけれども、あの精神と云ふ者は山鹿から受けたです。さう云ふ訳で昔の師弟は精神といふものを授受したのである、然るに今は夫はないからして信と云ふ事は、自分の力でやらねばならぬ、信が固まれば先づ安心な人間と云うてよからう、今日の小学教師の様子を見ると誠に従順です、従順と云ふ事は善い事であるけれども、度が過ると卑屈になる、卑屈と従順とは出処が違うけれども、先づ紛らはしいものである、さう云ふ評判を受けると世間の人が小学教員を尊ばない、兎角軽蔑する気味が起こる。私の考へでは教員と云ふ者は、固より官吏でも無い、国民を教育する義務を以て孜々として居るのだからして、固より国の法律にも従は無ければならぬが、併し独立の気象はどうか所有して貰ひたい、独立の気象で日本人民を教へ無ければならぬ、道理には屈するけれども、不道理には屈しないと云ふ精神を待つが肝要と思ふ、独立の気象と申しても傲慢無礼な事抔をしては固よりならない、行はどこまでも恭敬で無ければならぬが、精神は独立の精神が無いと、何でも人の云ふ次第になつて己れと云ふ者は無い様になつて仕方がない、そこは注意して御貰ひ申したい。

是からは教へると云ふ方を……一言云うて見ませう、教育の事は政府の命令規則もあるし、叉先輩の人から御話しした事もあらうから尽きて居りませうが、一体此国民から見ると、何が一番大切であらうか、大切なものを一つ定める、夫は何であるかと云ふと、此日本帝国である。此日本国を安全堅固に守り、其上に叉日本国の光を益々発する人間を作ると云ふのが目的である。そこで大切なる日本国の為めに国民を造ると云ふ見込が定まると、世の中に邪説と云ふ者がある、是は何時でも免れない、邪説と云ふものは皆な少々づゝ道理を持て居る、事に依ると相応な道理のあるものもある、道理があつても其道理が却て害をする、此邪説と云ふものを弁じて、夫を排撃する事が余程今日大切だと思ふ、教育者が唯一の目的として住く所のものは、我国家である、故に此帝国を安全堅固にし其光を発揮すると云ふ事の邪魔をする説は、どんな説でも皆な教育者の目から見れば邪説です、孟子の書物に、揚墨の説を甚しい邪説の様に云うて居る、今日で見ると揚墨の説も一通り道理を有て居るけれども、如何せん彼の精神は大に此道の為めに害になる、そこで孟子は口を極めて之を排撃した、今日愚案で見ると幾つもありますが、今日は学問が開け並びに其学問が雑駁になつて来て、此間から申す様に、色々な雑誌や新聞にも夫々勝手な事を云ふから、教育を主とする人の精神を迷はせる、どんな説が、邪説であるかと云ふと、先づ宗教では耶蘇教と云ふものが吾国に対しては邪説と云うて善い、是も彼国では善いでせう。西洋諸国——英吉利、仏蘭西、独逸とか云ふ国々では、未だ人智の開けない前に耶蘇教が已に立つた、そこで彼国では国体でも制度でも教育でも耶蘇教が本に成つて段々割出してあるから、彼国では耶蘇教は大に有益なものです、又其教にも善い事も大層あるが我日本へ持つて来ると邪教になる、日本は御承知の通りな国の立方で別でありまます、耶蘇教の主義が若し充分に行はれると吾国の国体が壊れて仕舞ふ、あの教は「ゴット」と云ふものを祭る、其他の神を祭ると云ふと「ゴット」の罰を受けると云ふ、さうすると我国の伊勢、岩清水、加茂と云ふ立派な神様も祭る事が出来ない事になる、彼の意の通りにすると斯様な尊い神社をも破却せねばならぬ、今日はさう云ふ事は云はないが、後にさう云ふ事になる、夫からもう一つ申せば自分の親を祭ると云ふことは禁じてある、自分の真の親は天にある、自分を生むだ親は仮の親だ、之を祭ると天に在る真の親が怒て罰を下す、斯う云ふ事です、夫であの宗旨に這入つた者は先祖からの位碑を壊して川へ流し火に焼く者もある。我帝国へ持て来て行はれては大変である。併し乍らもう今日となつてはあの来るのを防ぐ訳には往かない、又夫等の人と弁舌の上で勝を決しやうと思つても決して勝負が着かぬ。声の大いなる者が勝つ位で済む、彼方にも道理を持て居るから外に仕様がない、さう云ふものは吾国に於ては邪説として、各々が信仰しないと云ふより外は仕方がない、つまり外教を防ぐと云うても、只信仰しないといふ一句をよく守れば夫にて済むこと、其要は簡単な事です、夫から四、五年前世間に大分流行した世界主義——今日公然唱へる人もないけれども、併し西洋の学問斗りして居る人は矢張り其気味があつた。さうして瞑々の中に其世界主義を行なはふと思つて居る、是は多くは耶蘇宗から来る説で、道と云ふもの——此教と云ふものを一国に限る抔は極く狭い、国と国との境抔は造物主から見れば小さいものだ、世界は同じ人だから同様の博愛にしなければはならぬ、国家主義抔と云ふ事は狭い、そんな事ではいかないと云ふのが博愛主義である、一寸聞くと大層善い様であるけれども、併し国と云ふものがなければ善いが、国があると其の国を守る道と云ふものがなければならぬ、其上に最不思議な事は、其世界主義を唱へる所の西洋の人が、其自分は決して世界主義でなく、最も自分の国を重んずる、重んずるのみならず、自分の国を頭に冠つて自分より弱い国を取つたり、他国の土地を攻め取つて、自分の国を広め強くすると云ふ事をして居る。こちらで彼の言葉に瞞着せられて善い気になつて、国家主義を捨てゝ仕舞つて、彼等と附合ふと丸でやられて仕舞ふ、丁度向ふの人が刀を持て掛つて来るのに、こちらは刀を捨てゝ掛かる様なもので、是は自滅の道です。

夫からもう一つは今日流行する哲学の内に害になる説が幾らもある、先づ利己主義、道徳の本は己の為めにするにありと云ふ事は希臘の頃から有る説で、英国の「ホッブス」抔が之を唱へた、夫から快楽主義。快楽を求むるが道徳だ、夫から幸福主義。夫から利益主義。是等は皆な人により説も少し違ひますが、矢張り是は此国民を教育するに害になる主義です。其内で幸福主義抔は尤も吾国でも唱へて居る人が多い。道徳の目的は幸福にあり抔と云うて居る、世間の人は深い研究もなく、入口で害を受けて仕舞ふ、穴の底迄往つたら極楽があるか知らぬが、穴の口元に毒蛇が居て、其精神を吸ひ取つて仕舞ふ、何故是が害になるかと申すと、凡そ世の中の事は善悪と云ふ事の差別を明かに心得るが第一に肝要である。善悪の差別を明かに心得て無いと、不知不識悪の方へ踏込んで仕舞ふ、利己主義、幸福主義、快楽主義、利益主義抔は皆な邪説として抹殺して仕舞はなければならぬと私は信じて居る。夫からしてもう一つある。夫は何主義かと云ふと、是は彼の哲学にある主義で無い、仮りに私が法律主義と名を附けた。どう云ふ訳だと云ふと、此節世間の生ま物識の人と云ふ者は法律に触れさへしなければ善い、法律に触れない事は何をしても自由だと云ふ、是も大層人を誤るです、夫を又本気でやつて居る人もある、是はどうも法律を以て悪をする道具にする様なものです、法律と云ふものは悪を防ぐものです、法律に触れないと云ふ人は、此社会の度で申すと零点に居る人で、一度下れば悪人になる、一度位に登つても善い人とはなれない、善人になるには十度も二十度も登らねばならぬ、叉悪い事の内でも、法律に罹らない事で大層社会に毒を流す事がある。人間と云ふ者は禽獣と違つて、道心良心と云ふものがあつて善い事をする、叉善い事をすれば自分の心に満足すると云ふ丈けの性を有て居る、夫故にいかなる善事でも出来るだけしなければならぬが人道の当り前である。然るを之れに反して法律の禁じない分は成たけ悪事をすると云ふは、実に人間にあるまじきことである、比へて見ると一字も字が書けないのは無筆で、「いろは」位書けるのは無筆で無い、無算と云ふは一から十迄の勘定も出来ないもので、出来ると云ふは一から百迄位出来るのは無算ではない、そこで今日此世の中で「いろは」丈け書けて夫で人は満足するかと云へば満足しない、小学校の生徒も、もつと上をやる、算術も一から十迄数へる丈ではいか無い、書けるか書けないかと云ふ境が知識の零点で、法律にかゝるか掛らぬかと云ふことは道徳上の零点である、知識の方は零点に甘んじて居る人は無い。道徳丈は零点で善いと云ふ事は決して無い、若し道徳が零点で善いと云へば、算術も一から十迄覚へれば善い、手習も叉「いろは」が書ければ善いとしなければならぬ、其上に法律に触れないでも、道徳から見ると甚だ悪い事がある、茲に例を出して見ると、人の親であつて小供に対して甚だ無慈悲である、是は法律に罰が無い、自分の女房を悪く取扱ふ、是も法律に罰が無い、朋友同士の信義が無い、約束した事を破つたり、叉朋友の難義を見て救はぬ、是も法律に罰が無い、洒を飲だり、色に溺れたり、芸者買ひ女郎買ひをして身上を潰す、是も罰が無い、夫から妬忌、偏執人を妬み人を引落として自分が其地を奪はふと思ふ抔は、是も法律に罰が無い、詐欺取財と云ふのは罰になるが、虚言を吐くのに罰則は無い。夫から術を以て人を陥れると云ふ事も甚しくなると罰があるが、一通りでは罰は無い、極く慾が深い、是も罰が無い、極く吝嗇で極く無慈悲な高利貸の様な、是も罰則は無い、兄弟で喧嘩するものがある、是も罰則が無い、親類其外に不実なのがある、是も罰則が無い。斯んな様な類が沢山あらう……法律に触れない事は何でもすると云へば斯んな事をする人が多くなつて此社会は仕方がない、そこで法律を主義にして道徳を零点に止めて甘んずる人は、即ち社会を乱す人で国民を教育仕様と云ふ者の為めに此論は破らねばならぬ。さう云ふ様な人は国家の為めに忠義を尽す様な事は決してしない、実に邪説と思ふです。そこで先づ斯う云ふ様に信を堅くして邪説を破ると云ふ事を申したです、夫れに就て又必要な事は中道を踏み違へない様に……中と云ふ事は、偏ならず片寄らず、是は東西一致の説です、東方では孔子が始めて説いて中庸に委しく説てある。西洋の方では「アリストートル」が中と云ふ事を云つた、して見ると中は世界に通じて誤らない、孔子の云はれし如く「過たるは猶及ばざるが如し」国の為めにすると云ふ事は至極善いことなれども、其わざの上に中道を失なふ事があると矢張り道に適はない、云はゞ維新前に攘夷と云うて外国人と見れば片つ端から斬ると云ふ心は、忠義だけれども、其仕方は中道を失つて居る、今日善い人で行が片寄つて居て中道を失つて居る人が大分あるです、此中道の事で一口申しませう、儒教では唯中と斗り云ふが、中をする事は余程難かしい、「アリストートル」は両極端と云ふ事を云つた、是は中を行ふに余程善い、例へばこつちの側の端は極く憶病こつちの側の端は妄進に失する、其真中が中道だと云うてある。是は一寸した事ですが善い教へだ、今日のことにても一方に攘夷と云うて外国人を斬る、一方では外国人に諂つて云ふ通りになると云ふのが、両端で、中と云ふものは其真中である、丁度道を歩行するにも、唯真中を歩行すると云ふと、わるくすると片寄るかも知れぬ、左右を見ると真中が分かる、右が五間左も五間あると云ふのを見ると真中が分かる、何事でも両端がある、是はよく注意して御貰ひ申したい。夫からして教育は無論知育、徳育、体育を教へる事は御存知であるが、其内で体育と云ふ事は是が一番長くかゝる、効を見るのは尤も将来にあるやうです。知育は効を見る事が早い、算術でも何でも早く覚へるけれども、徳育は幾分か長い、体育は長くなる程善くなる、自分一代に限らず、子孫の身体を丈夫にする工夫を為し、二代目の人より三代目の人が善くなると云ふ風に、将来を見て体育をするが肝要です。今日日本人の体と云ふものは一代で斯うなつたか、或は太平が続いて斯うなつたか知らぬが、今の体では西洋人と競争する事は難かしい。どうかして直さなければならぬ、けれども今十歳か十五歳の虚弱なる子供の体を十分丈夫にする事は出来ぬ。子孫継続の間に段々善くするより外ない、即ち後年に効を期するのである、其御積りでやつて御貰ひ申したい。

今日の教員は今申した通り至極く善い、けれども其短所を申せば――威厳と云ふ事が乏しい様だ、是は小学教員斗りではない、中学、師範、大学の教員も皆な乏しい、其人が悪るいのでない、矢張り教育理論から斯うなつた、教師と生徒の間は親しむと云ふ様な事は見へるが、威厳と云ふものは、どうも足らない、又政府の側に立つて居る人も、昔の威厳の風をかへて、斯んな風にして仕舞つたから、諸君の力では直らないけれども、どうか成丈威厳を立てる様に願いたい、以前の教育と云ふものは、師匠はどんな身分の善い弟子でも呼び捨てにしたものですが、今では呼び捨にしない、呼び捨てにしたのを九州の方で一つ見たが、其外にはない、其外生徒の遊戯時間教師が生徒と一所に遊ぶ、是等も威厳を失なふ一です。夫から今では日本では生徒に体罰を与へる事が禁じてあるが、一体東洋では云ふ事を聞かない生徒を打つても関はないです、欧羅巴でも体罰のある所は幾らもある、独逸抔では最もやる、亜米利加ではしない、此亜米利加の教育法が這入つて、此法が立つたから諸君の力では仕方が無いが、成丈法令の範囲内で威厳を保つ様にやつて御貰い申したい。

夫からもう一つは、幸ひ教員諸君に御話をするが此三郡の教育は特別だと云ふ事を云はれる様にやつて貰ひたい、特別だと云ふと色々ありますけれども、何しろ外のよりは此点が優れて居るとか、変つて居るとか云つて、目に着く様にやつて御貰ひ申したい、さうすると外の郡も真似をして善くなると、段々広まつて日本全国が特別になる、――日本全国の教育の度が高くなる、即ち進歩する、是はどこからか始めぬといかぬから、御相談の上此三郡は外から見れば善いと云ふ様に、一つ御尽力を希望するです。

夫で是から出来上がる人間をどう造るかと云ふと、固より国民教育であるからして剛毅、正直と云ふ風に造らなければ役に立たない、細かい礼式抔に拘々として、柔弱、怠惰の人間が出来ては国の為めにならない。御承知の通り世界の諸国は東洋に迫つて居る、日本の国威を保たねばならぬ、夫が少し礼儀が正しい位なことにて出来ることでない、剛毅にして心身共に強健でなければなるまい、其強い精神で、愛国心を堅固にして立つと云ふより外仕方がない、併し乍ら小学校は長くて十四か十五、――尋常小学校はもつと小さい時から、小供に剛毅正直を充分造る事は出来ない、只其基礎を造つて置けば、其上に段々造り足す事がなし易いから、基礎丈を十分造つて御貰ひ申したい。元来普通教育の事に就ては教員の仕事よりは制度の上に不完全な事がある、是は諸君に御話し申す訳でない、日本国から云ふと制度の不完全な方が却つて憂ふべきである。併し追々直るであらうと思ふ。夫が直らぬと教員は仕方がない、矢張り其規則の内で仕事をしなければならぬ。

夫で今日の社会の道徳が衰へて居る事は諸君の目で見ても同様であらふと思ひます。我国民は余程善い性を有つて居るから教育の力で充分やつたらば、大に発揮するであらう。今の悪い風俗の中に善い人もあるから、教育で充分やればいけると思ふ。其上は小学を終つて中学へ這入ると云ふのであるが、此頃申す通り小学の生徒は百分の九十六其外の生徒は百分の四外かない、其年限の終つたものは其上仕方がない。然るに今日国中に道徳の学会と云ふものがあつて、是には年限がないから、是から先きは引受けて精神の固まる迄、此人間を扶翼して往けば吃度出来ると思ふ、左もなければ余程難かしい、併し其始めはどこ迄も小学教育にあるのですから、是は国家の為めに諸君の忠義に依頼しますから、どうぞ深き信念を以て御尽力ある様に希望致します。

道徳教育講話　下巻

第一回（明治三十二年八月）

当年も亦御招きによつて、御当地に参ることになりました、年々御勉強の段は感服します。昨年は一時間宛やりましたが、当年は事に依れば一時間余になるかも知れぬ、夫から昨年御話したことは一切省きますが、事に依ると話の都合で重複致すかも知れぬ。

偖て此教育のことも、御承知の通り年々進歩して参つたに相違ないが、諸君の御職掌の上の事も、段々に完全になる事は慥かな様であります。唯此徳育の事は、今日に至るまで、未だ十分と申兼ねる様である、是は我輩の一存のみでなく、世の識者も不完全と申して居ります。知育体育は已に其途を得て居りますから段々進んで行けばよいが、徳育は是で善いと云うて居る人は多く見ませぬ、そう致して見ると、徳育は未だ此上一層の研究が必要であると思ふ。徳育是は小学諸先生の内でも、さう云ふ感じを有つて御居での方も見えるやうであります。其事に就て昨年も話しましたが、今日は矢張り其問題で御話致します。

今日徳育の仕方は皆な夫々徳育家が骨を折つて居るが、此老人などの見た所では、成程方法は届て居るが、惜哉其本を修める事が届かぬと思つて居る。物には本末が何事にもある、所が徳育のことは本末と云ふ考へが少し薄いやうに思はれる、彼の御存知の大学の一番初めにある「物本末あり事終始あり、先後する所を知れば道に近し」でございます、世人でも教育家でも、本末と云ふことを転倒致しまするとし労して功なしでございます。

教育――今日は徳育一方で申します、徳育も其本末を失なふと云ふと其功がないと思ひます。

荀子の言葉に「其末に求むれば労して得ず、其本に求むれば労せずして得、五寸の矩は以て天下の曲直を断ずべし」僅か長さ五寸の曲尺で全天下の曲つたか、真直かと云ふことを定めることが出来る、そこで徳育のことは教員が腹の中に五寸の曲尺が出来ない内は六つかしい事と思ふ。教員の腹の中に定規が出来て仕舞ふと、其定規が本になつて、其方法を生み出す事が出来ると思ふ。夫限りでは余り言葉が簡略であるが、今日は其本の御話を致します。其末のことは、教育の先生の御話もありますから、末の事は夫で十分である。今日は諸君の腹の中の定規を拵へる事を御話する積りです。拙者が其御話をしたから夫で直ぐに腹の中へ定規が出来るかどうか解らぬが、併し此道で往けば定規が出来る事は、先づ間違いない積りです。夫を諸君が腹の中へ斵うだと自得するのは、諸君御自分の工夫にあるのである。宋儒の朱子抔が門人に向て「道を説くは一二日にして尽す可し、其余は己れの工夫にあるのみ」と云ひました、自分に工夫するのが必要であります。

信　念

信と云ふ事は一言で諸君も御存知の事であるが、彼の宗教の信念もある。仏教の如きも耶蘇教の如きも信でありま す。併し乍ら諸君に御話申す信とは、仏教の信者の様な信では無い。其理由はあゝ云ふ信と云ふものは迷信と云ふのである。何故あれが迷信であるかと云ふと、今仏教の信者の大半は愚夫愚婦で経文一つも会得して居らない。唯説教坊さんの何か云ふ事を信じて仕舞ふ、是は迷信である。諸君に道を信ずると云ふ事を御望み申すのは、あゝ云ふ信では諸君が道を人に伝へる事は出来ない、知識があつて夫から後の信でなければならぬ、夫れだから六ケしいのである。此信と云ふ事に就いては、どう云ふ学問をしたら道を信ずる事が出来るかと云ふ事が一の問題である。世間の人がどう云ふ風に信じたかは、一々聞て見ぬが、拙者の経歴で申すと、若い時は拙者は漢学を致したが、此時分は未だ年が若いから、唯書物の文義を解したり、異同を集めたり、古註と今註と較べて見ると云ふ様な末の事を研究して居つた。未だ道を信ずると云ふ事は知らなかつた、叉先生もさう云ふ事は教へて呉れなかつた。夫から少し年を取つてから、どうしても是れは信がなければならない。孔子の言葉に「篤く信じて学を好み、死を守て道を善くす」と云ふ事がありますます。是れは何の事であるかと云ふ事に考が附いたが、どうも能く解らなかつた。夫から中年の頃に西洋の学問が這入つて、哲学の書物を読みました。甚だ浅学ではあるが余程年を費して研究をして見ましたが、どうしても哲学では信念と云ふものが起らない、道を信ずる念が固まらない。夫から晩年になつて再び儒道に戻つたのでございます。儒道に戻つて段々其信念と云ふ事を考へて見た所が初めて信と云ふものは斯う云ふものであると云ふ事を自得したです、即ち儒教で自得しました。乍併其信と云ふのは儒教を信ずると云ふ事ではないです。比へば仏者は仏教を信ずる耶蘇教家は耶蘇教を信ずると云ふのであるが、拙者が信は儒教に依て道を信じました。道は斯う云ふものであると云ふ信念が固まりました、夫は儒教で得られたです。是れは拙者の経歴でございます、甚だ未熟でありますが、道を信ずる事に至りては、恐らくは世間の人にさう譲らないかと思うて居ります、それで信には先づ二通りあると思ふ。

（一）迷信

（二）正信

仏教でも正信と云ふ事があります、自分に知らないで人の言葉か何かを信ずるのは迷信で、愚民の信であるが、自分に学問をして信じたのは正信であらうと思ひます。正信と云ふ事は必ず出来る事と思つて居る、夫を諸君に希望致すのでございます。

夫から又少し話が変るが、今日諸君が徳育を人に教へる事は諸君自から徳を養はねばならぬと云ふことに就て御話をする積であります。此徳育の範囲があります。昔は此徳育の境と云ふ事は誰も云はなかつたのであるが、此境を知ると云ふ事は必要である。徳育の境は此処までの事を研究する、又夫まで研究した所を実行して、其以外の事は実行するに及ばないのみならず実行す可らざるもの、又研究すべからざるものと云ふ事の境を極める事が、今月は必要と思ふ。是れは実行上の道徳である。実行上の道徳が定まつた上で、又其外を研究するも善うございますが、先づ此処迄と云ふ事を極めるのが必要と思ひます。其此処迄と云ふ事は、諸君も已に実行して御出でであらうが、即ち国家と云ふことを境と致すのである。国家の外は道徳を行なふ立地でないと云ふ事丈は、慥かに定めて御貰ひ申したい、敢て自分の国の外まで往くには及ばぬ、国家より小さなものは大きなものゝ為に段々と夫を犠牲に供して往かなければならぬが、国家に至つてはもう国家を犠牲にすると云ふ事は決してない。比へば己れの身自分の家は大切なものであるが、国家の大事に臨んでは国家の為に之れを犠牲に供せねばならない、国家以外では世界がある。世界の為めに吾国家を犠牲にすると云ふ事は決してない、さう致して見ると国家が一番範囲の広い極点であつて、其以外の事は我与かる事でない。国家以外の事になつては理論がどれ程巧妙であっても、或は又深い研究があっても、夫は御同前の身分——教育者の身分からして必要がない。乍併国家以外の事でも、国家に妨にならない事は之れを論究するも格別害はありませぬが、国家の妨になる事で、国家以外の事を論ずるもの、即ち他国の利益をなして国家の害を為す者は、是は邪説と見なければならぬ。どれ程道理が最もに聞こえても、又精密な議論があつても、皆な一切邪説です。どこ乞も国家を以て最上目的として止まるのである、今日は此世間に他国を尊びて自国を賤しむ論者が大分見えるやうである。此地のやうな質樸な社会では、国家以外の事を説く者は余りないやうであるから宜いが、都会の地では随分立派な学者が此国家を害するやうな議論を立てゝ得々としてりきんで居る。夫を見別ける人は世間に乏しい、国家を主とする論と、国家以外の事を主とする論と、相共に闘て居つて勝負が決しないやうな有様の所もある。此地ではさう云ふ御話をするのは無益のやうであるが、此辺にも追々さう云ふ事が及ぼして来るでありませう。其差別を明かに附けて、国家以外の即ち我国家の害になる様な議論ほどのやうな名論でも、邪説として排撃しなければならぬと云ふ事を始めに定めて御貰ひ申したい。

夫から前の信の話に戻つて来ますが、道を信ずると云ふ事は、多くの学説を最初に聞いては信は出来ない。是もよいあれもよい、是れにも道理がある、あれにも道理があると云うて段々広くなつて、比へば原野で幾筋もある道を見出したやうなものである。幾筋も道があつては、決して自分の信ずる所には往かれない、始めに多くの学説を聞くと云ふ事は善くない。是は世間の説と少し異なつて居りますが、拙者の経験で信念の固まらない前に色々の事を知るのは害有て益無しである。信念を固むるには多く知るには及ばない、此頃は御存知の通り色々な書物が出来て、雑誌とか翻訳物のやうなものも段々出来て居るけれども、其雑誌とか翻訳書を読で見ると、唯道筋が色々あつて、其道筋が先きに貫徹して居らない。貫徹して居つても道筋の多くあるのは悪いのに、況して今時の雑誌や翻訳書にある説と云ふものは、夫を書いた人や或は翻訳した人が多くは本当の道を信じて居らない。叉本当の道を知らない、夫で其議論を読んで色々の事を知つても、只知つた丈で自分に信ずる事がなくなつて仕舞ふ。夫は今日文化の弊のやうである、拙者の御勧め申すのは、先づ始めにはそんな事は一切見ないがよい。どんな新しい道徳説でも倫理説でも、さう云ふやうな種々雑多な事は皆な止めて仕舞ふと云ふ事を御勧め申したい。

信念を定むるには、先づ第一に心を定めると云ふ事が必要であると思ふ。どう云ふ学問をしたら心が定まるかと思うて調べて見たが、心の定まる学問には禅学がよいやうである。禅を学んだ人は心が定まる、道徳を致すものは心が定まらなければならぬ。心の定まるのは禅が一番近道、……されば外の学問を止めて禅学をするかと云へば、禅学は出世間で世間以外の学問である。御同前に社会に交つて居る者は社会の仕事がありますから、禅宗坊主になればよいが、左もなくして社会に出ては禅学では世の中に用のない事になる。最も社会の学問をした上に、禅学をして自得するのは宜しいが、最初に禅学をしては社会の用に立つ人間にはなれない。さうすれば最初は儒教です、初めに議論に迷ふと云ふとどうもいけない。儒教一方で道徳はいける、傍道を辿るに及ばない。何故儒教で沢山だと云ふと御存知の通り、今日以前の東洋の忠臣孝子英雄豪傑、――我国並に支那――支那で申すと諸葛孔明、文天祥、吾国で申すと菅公とか、楠公とか云ふ人は、儒書より外に読むだ人でない。夫で道徳はあそこ迄行つて居る、尤も今申した人々は格別な人であるけれども、其以下の人でも我国では忠孝の上抔で立派な人が沢山ある。皆な夫が儒教でいけたです。其道徳と云ふ一点に至つては、儒教一方で沢山です。段々考へて見たが、拙者の若い内は儒教では足らないと思つて、洋学も致しましたが、洋学は知識の上では必要であるが、身を修め道徳を会得して、之れを身に行ふと云ふに至つては決して儒教の外に求めるに及ばない。諸君に御勧め申すが、儒教一方で御遣りなさい、さうすれば自得と云ふ所があります、そこ迄往きさへすれば夫からは洋学でも何でも致すがよい。初めから多岐に渉ると道を得ないです、脇を見ないで十分に儒教で行く所まで行つて仕舞はなければならぬ。儒教をすることになると、どう云ふ書物がよいかと云ふ問題になつて来る。是迄、拙者の研究した所に依れば、儒教は先づ四書である。論孟学庸は無論是非遣らねばならぬ、夫に次で学問の自得の為めに必要なものは後世のものであるが「性理大全」と云ふものがある。是は至極善いが大部であるから諸君は一々御読みになる間がありますまいから、極く簡略なもので真密の「心経」と云ふものがある。是は漸く二冊斗りのもので、是抔がよからうと思ふ。夫れからずつと後世であるけれども王陽明の「伝習録」と云ふものが善い。是は朱子抔の説とは少し違ふけれども、何れも先刻申ました自分の腹の中の定規を拵へる事になりますから是等の書物は先づ必要と思ふ。又日本の和文の書物で貝原益軒の「大和俗訓」であるとか、室鳩巣の「駿台雑話」抔は宜しい。仮名文で書いてあるけれども、学力の深い人の書いたのだから宜しい。あゝ云ふものを参考にする事は必要と思ふ。其外拙者の「読書次第」の内にも必要の書目が書いてあります。行の始めは道を知らなければならない、「知行両全」と云ひます、唯だ知つた計りで行はなければ何にもならない。能く知れば行ふ事も出来ると云ふ事は古人の言葉に知りさへすれば行なへると云ひます。比へば火は熱い、水の中へ這入れば溺れると云ふ事は知つて居るから火を摑む者も無ければ、水の中へ飛込む者もない。道も夫丈に知れば決して不徳な事をする者はないと云ふ説がございます、其れには相違ない。けれども、実際を申すとそう云ふ事にいきませぬ。段々古人の言葉又自分の研究に依て見ますと、道を知つたから直ぐ行へると云ふ事はないやうです。道を知つて夫から心を定めると云ふ一段を践まなければ行なへぬと思ひます。今日道を知ると云ふ事は、諸君はもう既に御存知で、斯う云ふ事は道である。斯う云ふ事は道でないと云ふ事は、御心得で其上行も十分行つて御出でゝあらうけれども、願くば之を知て行なふ前に、心を定めると云ふ事を工夫して下さい。其工夫は平日にあります、平日研究して置くです。さうして其事に臨んでは研究する間のある事もあり、又急遽で間のない事もある。平日に研究して置けば、其場に臨むで踏違へる事はありませぬ。夫を定めて置かうと云ふのは、是も今申しました通り、一々斯う云ふ事が起れば心は斯う定むべきもの、あれは斯う定むべきものとしては煩雑に堪へない、矢張り一本道でなければならぬ。是れは古人の云ふ事に依り、又自分の経験に依て見ると

(二) 天理

(二) 人慾

の二つで道を定むるがよい、誠実とか公直とか信義とか云ふ事は天理に属します。人慾は其裏で物を貪るとか、人を欺くとか、自分勝手とか云ふやうな事は、是れが人慾です。古来優れて善い人や、優れて悪い人が大層あるが、煎じ詰めると天理人慾の二つ外ない、人慾に従ふ人は奸物になる、悪人になる、天理に従て人慾を去る人が善人賢人になる、善悪の差別は此二つ外ない。此二つを平生心に定めて判然と分けて置くが必要です。天理人慾は黒白清濁の如く一寸人のする事を見ると分る、所が自分の事になると分からないけれども、併し天性良心と云ふものが夫れを知る丈の知識を有して居るに相違ない。善悪の題目は天理人慾と大きく分けて置いて、平生夫を工夫する位の暇は沢山ありますから、夫で其間に細かいことを一々研究して置くが宜しい。さう致すと事に臨むで狼狽は致さない、彼の朱子が「凡そ天下の物に就て益其理を窮む」と云つたが、斯う云ふ時には斯うすれば道に適ふ。斯うすれば道に違ふと云ふ事を仮りに拵へて見るです。比へば斯う云ふ時は金を貰つても天理に適ふか、適はないかと云ふ事を研究して置くがよい。加様な事は古人も別に云はなかつたが拙者の経験では左様である。そこで平日研究する事もうつかり研究して居つてはいかない、余程確かに研究しなければならぬと思ふ、夫は事実の上で見るとさう云ふ事があるやうです。例に出したやうな立派な人は固より、其以下の人でも深く学問した人、叉は生質善良なる人は能く天理を明らかにした人だから、人慾に掩はれる事はない訳だけども、人慾と天理の境が画然と分つて、心が斯うと定つて居らぬ人は、平生は善い量見があるやうでございまするが、其事に臨むで迷ふです。是は拙者が今日迄色々見ました、夫を今云ふのは憚りますから古人の事で御話しします。御存知の池田勝入斎であります、此人は信長の家来で、信長の為めに勲功もあり信用も受けた、所が信長が死んで息子の信雄と秀吉と確執が始まつた、信雄の方からも叉秀吉の方からも池田を招いた、勝入斎は本より武勇も勝れ、叉其親類には森武蔵等の強い人があつて力になるから両方から招いた。池田が家老に相談した所が、家老が二人あつて、一人の云ふには君公は故右府には格別御恩を蒙つた御方であるから、今の子の信雄の方に行かれねばならぬ。義に於て然るべし、是非信雄に御附きなさいと云うて勧めた。池田も馬鹿な人でないからさうかと思つて居ると、もう一人が曰く、世の中の事はそんな堅い理窟を云つて居つては仕方がない。今日秀吉の勢力は斯の如し、秀吉に属しなければならぬ、信雄のやうな暗愚な勢力の無い人に属してはいかぬと云うて勧めた。池田は心が定まつて居らぬから遂に秀吉に属した、世の中の事は義と利との二つ外ない。今のやうに信雄に属するが義ですが、秀吉に属したのは利です。そこで池田が利に就くには始めは疑が起つたけれども、確固とした心が無かつたから迷つた。夫で秀吉に属して利益があつたかと云へばさうはいかない、長湫にて家康と戦つて自分を初め森武蔵迄も殺された、是は義を棄てゝ利を取らうと思つたが、終に利を得損なつたと云ふ訳である。是等は心が定まらない善い例である。其外誰も知て居る筒井順慶が天王山の軍の時、洞ケ峠に陣取つて居つて、どつちか勝つた方へ属しやうと思つて居つて心が定まらないから、後世の物笑ひになつて居ります。今日目前に是れが大層あります。拙者共の信用して居つた人が随分今日は利の為めに平生の守りを失つて詰らない事をした人が数人ある。是等は身分も高し今有名な人であるけれども、道徳の方の位格から見ると至て度の低い人で、恰も零度の下にも降るやうな人です。

そこで前の事を繰返して見ませう。道を知ると云ふ事は——是れが悪い是が善いと云ふ事は既に御存知であらう、心が定つて御出でであるか無いか、これは如何でせう。平生事の無い時分には定て居りませうが、利害の事が目前に現れて来ると、平生の心の定まり方が本当に定まつて居らぬものは踏違へて利の方に行つて仕舞ふ。夫ではどうしても道を得る事が出来ない、今世間一般に此通り道徳が衰へて居つて、立派な地位の人も道徳が頽れて居る、今日是を諸君に勧めるのは無理のやうであるが、諸君の責任は重もに未来の日本人を造ることにある。過去の日本人は実はいけない、善い人は少数で先づはいけない人が多い、是れは朽ちたる木は彫る可らずです。未来の日本人が大切です。是れは諸君の手に懸つて居るです。諸君先づ自身の心を定め、道を信ずる事が堅固で大丈夫な所まで行つたならば、其後は今日の色々な授業法とか教科書とかの研究を致すが宜しい。道を信じ心を定めると云ふ事は、草木の根本の様なものにて、授業法や教科書は、草木の枝葉のやうなものである。草木も根丈では用をなさぬ、枝葉がなければならぬ、教育も根本の外に授業法教科書の如き枝葉の必要がある。枝葉としては世間に物識もあり学者もありますから、枝葉の方は何時でも御求めなさるが宜いけれども、其根は心の内にあつて、先づ之れを定めねばならぬ、夫を定めたからと云うて、自分の邪魔にもならず、自分が迷惑する事もない、却て心が安いです。夫から段々進んで「心広体胖」と云ふ所迄行けるです。拙者は学問は浅いけれども、中年からして心を定める事の工夫を致し、少しく自得した様に思ひます。夫故か事に臨んで利害の事が目前に沸いた事もありましたが、先づ利に陥て義を棄てると云ふ事はなかつたやうに思ひます。さう致すと自分の心が安い、天地豁然として遮るものがない、心が定まらないと義利二つ列んだ時は輙もすれば義を棄て利を取る、さうすると心に恥かしい事があると見えてさう云ふ事は人に話さない。秘して居る、夫は心に疚しき所があるから隠して居る。世間多くは義を棄て利に走るけれども、事実から見ると義を棄てないで義を行つて生涯不利益はないものです。今の池田勝入斎のやうな事もあります、天理が一分進めば人慾が一分退き、人慾が一分増せば天理が一分減ずる、恰も算術の反比例で一分進めば一方が一分退きます。是れは実際拙者が此七十年来自分の経験であつて決して諸君を欺かない積りです。夫れを遣りますと「仰で天に愧ぢず、俯して人に恥ぢず」恥かしい事もなにもない、夜る寝るにも善く寝られる。心が定まつて居らないと云ふと、池田のやうに迷ふです、是れを能く〳〵御勧め申す。一般の人に斯んな事は御勧め申すのでないが、道徳上から申すと今日御話申した事は余程高い事で、中人以上の事です。是れが出来れば修身道徳の事は中等以上迄十分往けるです、是上は夫が勉強しないで自然に出来れば申分はないです。是れを口で申すと斯様な俗語であるけれども、一体の事は余程高い所まで往て居るのであるからして其積りで篤と御考へ下さい。叉是れは少し理論に入込む事であるが、儒教に「定性」と云ふ事がございます。「二程全書」の内に「定性の書」と云ふものがございます、今儒教で申す定性を解釈しませう。程明道の解釈の言葉に斯う云ふ事があります「動亦定・静叉定・将迎なし内外なし」と云ふ事がある。夫から叉明道の言葉に「廓然として大公物来て順応す」と斯う書いてある。先刻から申した心を定むると云ふよりは一層上であります、朱子の言葉にも、門人が「明道の定性の論は誠意正心の為めにするのか」と尋ねましたら、朱子が「是れは誠意正心の後である」と答へました。拙者の御話するのは意を誠にし、心を正しくすると云ふ事です、今の明道の言は夫より以上の事であります。叉王陽明の言葉に「定は心の本体天理なり」とあるが、是等はずつと高上の話で、先刻から御話申したのとは少し違ふ、心が定まつて此場合迄参りますと、仏教で「摂散帰定」と申す。摂散と云ふのは散して居るものを引集めて、さうして一定の所に帰して仕舞ふ。斯う云ふ事は似て居るで、混じて御考になると工夫する上に混雑が起こる、拙者の「定」と云ふのはもそつと下です。朱子の言葉に「未だ能く心定まらずして学に進むものはあらず、心は万事の主、西に走り東に走れば如何んぞ了し得ん」とあります。是れが私の云うた事です、之を一つ遺て御貰ひ申したい、西に走り東に走つて居てはいかない。先刻申しました通り夫からは諸君に於て工夫なさると自分に会得が出来る、さうして定めるのである。定つた後には行なう事は易いと思ふ、行なふと云ふ事は、畢竟心が定まらないからして難いが、定まつて仕舞へば行なふ事は造作もなくいけると思ふ。夫から進むで行けば聖人賢人にまでいけると云ふのです。

是迄御話申した所丈は儒道一方でいける、外の書物を読むには及ばない。是は自分に慥かに経験がありますから保証します、乍併今日は色々の学問が開けて、世間の事も広く知らなければならない世の中になりましたから、茲迄行つて心が慥に定つた上では、西洋の哲学を研究なさるがよい。是れは広く通ずるが宜しい、少しでも多く知識を蓄へる事が益である。唯だ哲学は御存知の通今日迄説が定まつて居らない。一人が右と云へば一人が左と云ふ、一方で利己主義と云へば一方では利他主義と云ふ。夫故最初は儒教で行つて、天理人欲義理の弁がしかと出来た上で、哲学に及ぶ様に致したい、心が定まつたらば夫から先きは御暇があれば何でも御遣りなさるがよい、是迄は其学問の順序を云ふと、先づ一番初めに信ずると云ふことが必要である。拙者の申す事を信用して、どうしても道徳は儒教でいける、四書で道を得る事が出来ると云ふ信を固める、是は迷信ではない。東洋には優れた道徳があります、儒教の道徳は或点に於ては西洋の道徳に勝つて居ります、初めに道徳を学ぶには東洋で足ると思ふ。夫を信ずる事を最初にして、夫れから心を定めると云ふことを工夫する、心が定まると其上は別に力を労せんでも道は行へる。

（一）道を信ずる事

（二）道を行ふ事

（三）道を楽む事

是は屹度いける、道を楽む迄行けば「心広体胖」の所迄いつて、従容として道に合ふこと丶なる。「睟然として面に現はれ背に盎れ肢体に施す」道徳が顔色から全身に溢れるやうになると孟子が申されたが、そこ迄いけるです。爰まで参れば立派な道徳者である。

夫から誠と云ふ事である、誠は真実無妄の心と云つて少しも虚偽なく、満腹の真実心を顕はしたものである。此誠を以て我行事を貫かなければならぬ、天理人欲義利の差別が分つても、誠実の心にて行はざれば皆偽善である。貫くとは銭に緡を通すやうに、我行の首より尾まで皆誠で貫くのでございます。さう致さねば真に道徳の行為とは言へぬ。此事は諸君自分に篤と考へて御覧なさい。爰まで修業が積めば、夫から教授に臨めば、日本の国民は斯う教へねばならぬと云ふ事が諸君の胸中に燦然と明かになると思ふ。夫からは今日の授業の方法を考究する丈である。道を信じ心が定り行が正しくなれば、夫にて徳育教師の資格は備はる、さうなれば誰からも信用尊敬を得ると云ふ事は間違ない。併し今申したやうな訳で此事は三日や四日では出来ぬけれども、今日の務をしながら傍ら工夫して行かれる、工夫と云ふものは矢張り今日の此日用の事の上でやつて行くので、教育を遣り乍ら行くのです。禅家の方では身体を静かにし心を落附けなければいけぬと云ふが、儒教の方ではさうは云はない。心は動いても静かでも定まつて居ればよい、どうぞ工夫して御貰ひ申したい、諸君は格別の御熱心と思ひますで、自分の思ふ事は隠す事なく御話した、何卒よく自身に工夫して下さい。

第二回（八月十三日）

昨日は心を定むると云ふ事に就て、大略御話しました。大抵あの位で、其後は諸君が自から行つて考へて下されば、心を定むる工夫は御自分で附くことであると思ひますから、昨日で止めまして、今日は少し向を変へようと思ひます。昨日申す通り、心を定むると云ふ迄は儒教一方で宜しいと思ふが、已に心が定つて、いかなる場合にも道理を踏迷ふ様なことがなくなつたら、夫からはもう少し広く通ずるが宜しい、其事は儒教の外に西洋の哲学に御這入りなさるがよからうと思ふ。最も哲学といふものは甚広大でありますが、拙者の申すのは共中の修身道徳の部分であります。哲学には純正哲学、無形学、宗教哲学など論がありますが、唯修身道徳の部分丈は一通り知つて居るが宜しいと思ふ。西洋の道徳上に就ての哲学でありますが、是も研究致せば際限ないが、極く一言で見透しが附く事丈けを大略話して置きたいと思ひます。見透しが附かないと云ふと、一端に斗り這入つて他の一端を棄てゝ置いたり、或は一の事に精しくして外の事に粗略になるから一言極く短く御話します。

西洋の哲学は御存知の通り主義と云ふ事があります。英語で「プリンシプル」と申します。東洋では決して主義と云ふことはなかつたが、西洋ではあります。是れも極く昔は無かつた、昔は唯道徳を説くには、是れが道徳である、是れが道である、是れが善である、是れが悪であると云ことを説いた。夫で別に主義と云ふ名は無くて済んで居ました。所が段々学問が進むに従つて主義と云ふことが始まつた。其の始めは有名なる「ソクラテス」の門人で「アリスチップス」と云ふ人と「アンチステーン」と云ふ人の時代から道徳の上に主義が起つたといふことであります。是れは同じく「ソクラテス」の門人であるけれども、丸で道徳上の意見が反対でありました。「アリスチップス」と云ふ人の考には、人間は善が一番高い、其一番高い善と云ふのは人間の快楽である、此現在の快楽を増加すると云ふ事が一番の道徳の道だと斯う云ふのであります。伴し乍ら夫をするには己の知識を明かにして其快楽を生ずる根原を窮めて、さうして快楽を得る道を求めろと云ふ説であります「アリスチップス」は斯う云ふ奇怪の説を考へ出し、是の道を真理と自分が思つたのであります。さう致すと、同じ門人の内で「アンチステーン」とは説が全く反対で、人間の善は至高の徳である、吾等が徳に進まうと云ふには即ち善をなすのである、其善をなさうと云ふのを害するものは快楽であると考へた、前の人は快楽は第一の善と致した、所が後の「アンチステーン」は吾等を害するのは快楽が一番甚しい、夫故に吾等学問する人は十分力を尽して、自分の感情を圧付けて、共感情から起る快楽を絶滅して仕舞はなければならぬと、斯う説いた、斯う反対の説が昔からして西洋には起つたのである、夫で此快楽を主とするのに「キレニー」学派と名を附けました、後の快楽を滅さねばならぬと云ふ説を「ギニック」学説と名づけた、是が主義と云ふもの丶西洋に起つた始めのやうである。是から段々ありますが、大略申しませう、「ゼノー」と云ふ人が此後出た学者で、是は又前のと違つて理論が余程巧妙であるけれども詰り「ギニック」の己れに克つ、――克己を主とする説に近いです。是は「ストア」と云ふ学派で、之れを訳して克己派と云ふ、又「ゼノー」と同時で少し後れて「エピクルス」と云ふ人が出た、是は大層な学者であるが、共意見は「ゼノー」と反対で快楽幸福と云ふのが人間の道徳の目的だと云つた、此人の説が今日申す利己主義の根本になつた、此人は自分の行は正しかつたと云ふ事でございます。門人に教へるにも丁寧親切を尽して、門人も皆な質素倹約を貴むで、食物も水とパン外喰はなかつたと云ふ事であります。此学派は後世「エピクリヤン」と云ひます。一名利己主義と云ひます。夫から久しい間名高い主義を立てた者はない、何百年かの間は此の二種の説を、是を採り彼を採つて居つた。夫から西洋で申す中古時代の終り迄は、格別よい学者も出ませぬ、希臘他の学説と耶蘇教の説とを混合して主義を立て居つた。夫から西洋で近世と云ふのは千五百年頃からでありますが、其時代にまづ英国で「ホッブス」と云ふ有名な学者が出た、此人は妙な説で政府の法令に服従するのが道徳だ、と云ふ説を立てた。是は後世大層攻撃を受けて今日は成立たないが、一時は一世を服させたことがあるさうである。其外に此人は自愛「セルフラブ」と云ふ——己を愛すると云ふ事を立てた、即ち夫には主我説と云ふ名が附いて居る。夫から其次に出たのが直覚論と云ふ、直覚論は人は天性善悪を知て居るもので、一寸見て善とか悪とか見たのが一番正しい、色々理屈を考へるよりは、生れ附いた良心で直接に善悪を判断するが尤も誤りないと云つた。是れは今より二三百年前に「サミユルクラシク」「リチヤードプライス」「フランシスハスモク」等が此説であります。其後に利他論「アルトロイズム」と云ふ説が起つた。是は己を捨てゝ人を助けるが宜いと云ふのである、例を引くと、有名な英国の大将の「シトニースミス」が軍に出た時に負傷して将に死なんとするとき、渇して一杯の水を求めたがなかつた、漸くして兵卒が水を器に少し入れて来て飲まさうと思つた「シドニースミス」が側を見たら、今一人の兵卒が己の側に傷を負て倒れて居る、己れよりはあの方が傷が重いからあの兵卒に飲ませろと云うて死んで仕舞うた、是は利他論の手本にする人で、彼の仏蘭西の有名な学者の「コント」抔は此利他論を採りました、夫から又制慾教と云ふ教が出たのであります、先づ仏教のやうなものです――此世の中は自分の物慾で満足を買ふものだ、夫は霊魂の満足に害がある、依て其慾を制して、永久に霊魂の安全を得なければならぬと云ふ説がある、是を「アッセスチシズム」と云ひます、夫からして、厭世教と云ふものが又起つた、「ペッシミズム」と申します。是は独逸の「ショッペンハワー」と云ふ人が厭世教の先祖です。世の中の事は皆な何でもかでも悪いと云ひます、併し、「シヨツペンハワー」は大家でありましたから、議論も相応に立て居て、一時は一世を風靡したのである、其後に彼の利益教が起つた。是れは今、功利教又利益主義とも云ふ、是は英国の「ヒユーム」が始めで「ベンザムミル」の説もそれである。其次に新しく起つたのは進化説である、是は「チヤールスダーウイン」の始めた説だが「ダーウイン」の進化説は道徳を論じたものでない、唯動物が世の中に出て段々に進化すると云ふ説であつたが、之れを哲学者が段々色々に応用し就中「スペンサー」が用ゐて道徳説に引入れた「スペンサー」の説は功利教と進化説を混合したもので、是れは英国で一時は勢力があつた。吾国へ参つた大学の教師は重に此説の人であつたから、吾国の大学で学んだ人は大抵之を奉じて居る、大学で奉ずるからして全国に行渡つて居るけれども、是れは欧羅巴で盛なのではない、英国丈で盛です、仏蘭西辺りは此説は用ゐませぬ。然る処進化説の後に超絶説が出た、英国の「グリーン」と云ふ人の説です。此人は「スペンサー」より後に生れたが早く死にました。大層な学者であつたが、若死をした。此人の学説を是れは向ふの言葉で「トラスセンデタリズム」と申します。今日は之れを超絶説と云ひます。人類は万物に超絶して居ると云ふ意味です。之を外の国では「ニユーカント」派と云ふさうです「カント」と云ふのは六七十年前の独逸の大学者であります「グリーン」の説は「カント」の説とも違ひますが、先づ「カント」の説に近いと云ふ意味か知りませぬが、新しい「カント」派と云ひます。之は進化論功利主義とは反対の説であります。此人の著述は余程大部なものでありまして、こちらには未だ舶来も極く少い。唯西洋人の抜き書したの丈を見ましたから、此学派の事に就ては立派な事は云へない。未だ拙者の見たのより立派な論があるかも知れぬが、其大意は人間は万物に超絶して居るものだから、人間の道徳は人間自身に知つて居る。即ち西洋の語で云ふと「コンシユスネス」と云ふもので、是は近頃哲学者で意識と訳します（意識と云ふ字は悪うございますが、世間で云ふ意識であります）是丈はなす可きものだと云ふ事を人間は自ら知て居る、其知て居ることを満足するのが道徳だと云ふやうであります。斯う云ふやうな訳で、西洋の哲学士の道徳説と云ふものは、甲の人が説を立てると、乙の人が之を倒す、丙の人が又外の旗を立て、丁の人が又其間に旗を立てると云ふ風で、書物の上の議論としては面白いけれども、今日実行する上に於てはどれに依て善いか分らない、そこで昨日申しました通り、諸君が道徳をやるには、儒教一方で自分の心の定まりますまで御遣りなさいと云ひました。西洋の学問でやりますと、生涯やりましても際限がありませぬ、拙者が未熟で斯の如きことを申しては、西洋の大家に対し、日本で西洋の学問をする人に対して、其人を見下したやうで、甚だ失敬千万でありますが、斯うも全体説が違ふのは何の訳であらうか、是は何か根原があるであらうと云ふ事を、十年来考へて居つたのであります。考へた所が自分丈は解釈が附いたから夫丈け御話申すのである。

拙者の考は道徳は固より無形なものであつて大層大きなものです。併しどれ程大きくても、形があれば直きに掴めるが形がない、夫故に是丈西洋の学者が出たが、道徳の一部分丈を見て、全体が見えなかつた疑がある、又眼を着ける所が或一部分に眼が着いて、全体に眼が着かなかつたであらう、夫で表裏反覆の議論が起つたのであらうと云ふ疑が起つて、夫に就て段々考へて見た所が、自分丈の解釈が着いた、凡そ物は見様に依て大層違ふのである。比へば太陽でございます。（是は有形なものである、無形な物で比へると宜しいが、今そういふ物が見当らぬから、暫く有形のもので比へるから十分に当らぬが、太陽は形から見ると丸いと云ふ論を立てる、又気の方から論を立てると熱いものだと説を定める、色から申すと赤い物だと説を立てる、性質から云ふと、明かるいものと云ふ説を立てる、そこで太陽は有形なものだから、眼に見て直ちに分るが、無形なれば或は、太陽は赤いと云ふ説で推通し、或は丸い物だと云つて説を通す人がないとも云へない。道徳論も恐らくさう云ふものだらうと思ふ、そこで愚案で(愚説を述べては古人に対して失敬ですけれども)はどうも道徳の事を書物に依り、或は古今の例に依て見ると克己をしなければならぬ事もある、又主我(利己は宜しからず)をしなければならぬ事もある、利他をしなければならぬ事もある、直覚主義のやうに直に善悪を知ることもある、さう云ふやうな事があつて種々なるものが合しなければ道徳全体の事は尽きないものであらうと思ふ。今迄の説を合併して始めて道徳説とならうと思ふ。是より後幾ら説が出るか知らないが、今一番新しい超絶説が多くの説の中で一番善いと思ふ。併し未だ全部見ぬから屹度善いと断言は出来ませぬ。拙者は自分の説を書いて人にも見せましたが、誰も説がなかつた。然る処此頃妙なものを見た、亜米利加の人で「ハイスロップ」と云ふ人の道徳論を見ました。是は千八百九十四年に出来たものですが、其人の説が暗合して居るやうであります。大抵其説と拙者の説と暗合して居るです。此人の道徳論は矢張り今拙者が申した通り色々な説が挙げてあつて、斯う〳〵云ふ説があるが、何れも不十分だ、利己でも利他でも不十分だ、功利教も不十分だ、そこで道徳の真理と云ふものは、是等の諸説を調和した所にあると云てある。此人はどれ程の学者であるか知らぬが、果して此説が世界に行はれるかどうか知りませぬ。又調和すると云ふ事が出来るか出来ぬか知りませぬが、或は斯う云ふ説が是から起こるかも知れぬ、諸君に又御話をして置きたいと申すのは、諸君が是から生徒を御引立なさるとか、自分に身を修めるには始め儒教一方で善いが、後には色々広く知らねばならぬ、夫には世の中に

邪　説

と云ふものが大層ある、邪説と云ふものを能く弁じないと、正邪曲直を混淆します。仏教でも破邪顕正と云ふ事がある、始めに邪を破らねば正が顕はれぬと云ふ説である。儒教も孟子の時に「揚墨の道熄まざれば孔子の道顕はれず」

と云ふ事がある。宋儒は老仏の説を大層破つた。どうしても是は道を奉ずる為めにやらなければならぬ、併し破るには邪説に敵対しなければならぬ。其邪説が何れの其時代にもあるものであるから正説を執る人は悪まれる。悪まれる事を恐れては邪を破る事は出来ぬ、道を行ふ人はどうしても邪を破らなくてはならぬ仕事である、仏法でも「降魔の利剣」抔と云うて、悪魔を降伏さすと云ふことを申す。そこで邪説の邪と云ふ字に就て何を邪と云ふかと云ふ其根原を窮めて置かぬと分らぬ。邪説と云ふけれども、此の世の中に行はれる説は必ず多少道理を持つて居る。決して理屈のない夢を見るやうな事は云うてない、随分立派な説がある。夫故に人は迷ふのである。拙者は宗教の事は今日は云はない。今日云ふのは哲学風で、今世の中に行はれて居る即ち諸君抔の頭に染込む可き説の内に邪説があると信じて居る。是は是非破らねばならぬと思ふ。仏法では総て仏に反対して居る説を邪説外道と申します。即ち「ブラマ」と云ふ波羅門抔は九十六種の外道と云うて之を破る事に力を尽した。耶蘇教抔は耶蘇の説に違つたものを邪教と見た、旧教の勢力の強い時分に邪教を唱へる者を焼殺した事がある。哲学ではどう云ふものを邪説と云ふかと云へば哲学は左様なことはせぬ。只論理法に適はぬものを僻説とか謬説とか申して邪説とは申しませぬ。然る処其論理と云ふ者は定つて居るが、其主義は定まらない、快楽主義のものでなければならぬとか、制慾主義がよいとか、定まつて居ない。儒教で云ふ邪説はどんなものであるかと云ふと、是が邪説と云ふものを定めるには、夫は「世道人心に害のあるものを邪教と云ふ」のであります。其説を聞て人の心が曲つたり残酷になつたり遊惰になつたりするやうなものは人心害のあるものである。世道から見て此国の政事並に社会上に害あるものは之を邪説と云ふ、是が儒教の邪説の立方である。日本では咋日云ひました通り、吾日本帝国の害になるものを皆な邪教と名を附ける、どれ程真理があつても、吾日本帝国の安全堅固に傷を附けるものは皆な邪説と致します。今日世に行はれて居る邪説を数へて見ると五つ斗りある。是は是非御話をして置かなければならぬ。是から色々の事が諸君の耳にも這入るから、或は己れを誤まり人を誤まる事がないとも云へぬ。

第一、世界主義

是は御存知であるから云ふに及ばぬが、重もに耶蘇教者の唱へる説である。彼の耶蘇教は世界の人は天帝の子だと云ふ、夫で一ヶ国を主として教を立てるのは狭隘と云ふのである。一寸聞くと最ですが是が国家に害をする事は甚しい。其説の起つたのはどこから起つたと云ふと、無論欧羅巴から起つた。然らば欧羅巴はどうして居るか、世界主義即ち博愛主義でやつて居るかと云ふに、欧羅巴の遣り方は……余所の国を兵力で潰して居る。虎狼の如くやつて居る。さうして口に斗り博愛と云うて居る。斯の如き説を日本に来て言へば、日本人が迷はされて其口に乗て国を大切にする愛国心を自ら捨てゝ、世界主義に同意して仕舞ふ人が沢山ある。愛国心を捨てゝ世界の強国に向ふのは、敵に向ふに武器を捨てゝ仕舞ふやうなもので、此後万一大事があれば、武器なくして敵と闘ふやうなものです。彼等は数百年来此主義を以て世界を併呑して居る。亜細亜亜弗利加等の弱い国を取て居る。取られた国の人は馬鹿だから、世界の人は同一に思はねばならぬと云うて、歓迎して真似をしたから取られた。是れは歴史上昭々たる事で、斯う云ふ事でまさか日本人は欺かれまいと思ふけれども、今の世界主義を唱へる人は、日本人で而かも少し学者とか何とか云ふ人が唱へて居るから、其説は中々勢力がある。是は大なる邪説であるから、堅く防がなければならぬと思ふ。

第二、利己主義

是は先刻申しました希臘の「エピクルス」から出た説で是は今日西洋では「エピクリヤン」と云ふと、邪説の一名になつて居て、識者は誰も信じない、所が日本では信じて居るものがある。此学問をした人は、西洋で追々勢力を失つて僅かの人が唱へるばかりである。日本では随分立派な大家とか何とか云うて居る人が此利己主義を唱へて居る。是は実に国の為めに危険です。凡そ道徳を説くものは、善悪と云ふ事の差別を明白にするが必要である。是は白、是は紅と云ふやうに今日道徳を説くものは、善悪の旗色を明かにして教を立てるのを道徳者の主意と致します。是れは甚だ必要な事である。然る処其利己と云ふ事を以て道徳だと云ふのは、善悪邪正を混淆して仕舞ふものである。尤も人の口は重宝なもので、悪説を曲げてどうかかうか無理に善の方に押し附けて説くが、是が邪説です。もし利己主義が真の道徳ならば、詐偽取材の人も高利貸の人も利己主義だ。もう少し上に行くと窃盗も利己主義だ、もつとひどくなると強盗も利己主義だと云ふ事になる。

此の如き邪説は断然と之を排斥しなければならぬ。然らざれば此国の安全堅固に害を為すこと少々にあらずと思ひます。

第三、人と天地と別物なりとする説

是は「ダーウィン」抔から起つた説で、是は西洋の学問をした人にある、人間は善い事をしても天は関まつて呉れない。天のする事は善もなく悪もない。人間の良心は天から受けたと云ふことはないと云ふ。是は一寸した事だが道徳をする者に大層害がある。人間は御同前に此身体を造るに自分の力で造つたならば天地に関係がないと云うてもよからうが、天地間に含まれて居るものは必ず天地の力で出来たに違ひない。決して天地に関係がないとは云へない道理である。比へば牛が重い物を負て行くとか、馬が能く走るとか、犬が夜に盗人に吠へるとか、鶏が時を報ずると云ふのは、皆な造化の力と云はねばならぬ。天地自然に……即ち造化の効用である。決して鶏が自分に時を告げやうと思つて告げるのでない。叉牛も馬も其通りである。今日流行の説に依ると、善悪邪正は人間が社会交際の都合の為めに造つたと云ふ。さうすると鶏が時を告げるのも自分の都合、犬が吠へるも自分の都合だと云ふ事になる。是は大変間違て居る。天地の間に含まれて居る物は自分の力でばかりいかない。生きるのも、一日長生きがしたいと思つても いかない。是等の事が天地の制裁を受けて居るのに、善悪邪正斗りが天地の制裁を受けないと云ふ事は云へない。叉此流の人は其上に人間の力で自由に道徳を造ると云ふ事を信じて居る。是は人間を我侭勝手に導くと云ふので、最も人心に害を及ぼす事が多い。

第四、人は本心即ち良心を固有する者にあらずと云ふ説

此説は人は生れた時に良心を有て居るものでないと云ふのである。其訳は人の良心は其始め良心より低い所の、物事を恐れるとか、或は恨むとか、心配するとか云ふ極く下等の感情を段々心の内に集めて、夫を社会の交際上に実験し、是非とも加様ならねばならぬと考へ、夫が結合して良心になるのだと云ふのである。「スペンサー」の言葉に「道徳上の知覚は今日の人から見ると天から賜つたやうに見えるが、段々基本を考へて見ると、全体の人の経験が遺伝して、其遺伝の作用で今日我等の心の中に整頓し、夫が良心となつたのである」と斯う云うてある、夫から又「ショツペンハワー」抔は恐怖心、迷信、我意、虚驕、習慣等が集まつて良心が出来たと云ひました。「ペイン」は知恵と同情と一般の感動と是丈で良心が出来たと云ふ説である。是は近年の進化論者の云ふ所である。余程巧みであるけれども、是はどうもいけない。其理由は、良心は何故最初に出来ないで同情とか知恵抔と云ふものばかり天然に出来て居るか、同じ心の内で良心丈が天然に出来ないと云ふ事は道理に於て当らない。前の知恵とか感動とか云ふ事が、天然なれば良心も天然でなければならぬ、夫から又経験遺伝と云ふが、経験は人々違ふです。日本人の経験と西洋人の経験と違ふ、野蛮人は又違ふ、加様に違つた経験が集つて、同様の良心になると云ふ事は信じられぬ。又一つはさういふ説ならば「ダーウィン」なり「スペンサー」なり「ベイン」なり、説が違う筈はない。同一でなければならぬ。夫が皆違ふ、外の学者の云ふことも又違ふ。是等が其説の正確でない証拠であらうと思ふ。そこで此良心と云ふものが、是が人間斗りでない。禽獣も其一部分を有て居る。禽獣は昔は是は気性と云ふものだと云ふ事であつたが、近年は段々開けて、矢張禽獣も良心の一部分を以て居ると云ふ事になつた。比へば犬が主人に忠義を尽す、猿が父子夫婦

の間の情が厚い、牛羊が各自己の社会をなして居るとか、蜂や蟻に君臣のやうな者があると云ふ。進化論者の説に依ると、是も経験と遺伝と云はなければならぬ。彼等がどうして経験が出来るものであらうか。蟻が茲の穴に種が出来、叉千里も百里も遠方に種が出来る、夫が同じ経験同じ遺伝で同じ事をすると云ふ事は信じられぬ。是は良心即ち徳性がある故である、禽獣には此徳性が生れ附きあつて、人間には固有の特性がないと云ふと、人間は甚だ劣等なものにならねばならぬと思ふ。叉亜米利加の人で「スペンサー」の説を論じたものがあります。夫に依ると劣等の感情が寄て良心になると云へば、鉛や銅が寄て金にならねばならねが、鉛は何年経ても鉛であつて金にはならぬ。夫と同じ事であると云つて「ピックスピー」と云ふ人が論じました。人は良心を固有せずと云ふ論は、世道人心に大害があります。

第五、幸福主義

是れは俗人が尤も喜ぶ説である。快楽幸福と云ふものは如何なるものだと云ふ事を定めねばならぬ、快楽は大変種類が多い、人間に依て違ふ。道徳上の快楽と云ふと「天を楽み命を知る故に憂へず」と云ふやうに叉「粗食を食ひ水を飲み肱を曲げて之を枕となす楽亦其内にあり」と云ふやうなのが道徳上の快楽です。斯う云ふ快楽ならば誠に高尚な快楽と云うて宜しいが、俗間の快楽は大変違ふ。彼の金を溜めて楽しみ、洒や色を貪て楽しみ、富貴を得て楽しむのが、俗間の楽しみです。斯う云ふ事を目的としては道徳は行へず、斯んな事が道徳ならば、唯の俗人と違はない、無学文盲な人でも金を溜めやう、富貴を得やうと思つて、夫を目的にやつて居る。夫を矢張り道徳と云はなければならぬ。今日世の中に賄賂が公行したり、博奕を行つたり、詐偽取材をするのは、皆な俗間の快楽幸福を得やうとして居るのである。快楽幸福の説とは、善悪邪正が丸で混淆して仕舞ふ。さうするときには、昔からの奸吏奸商だとか、今日の投機商抔は皆道徳家と云はねばならぬ、何れも快楽幸福を求めて居る、乍併道徳を行なう者は幸福は得られる筈です。其訳は、道徳者は人を助け人を救ひ世間の信用と尊敬とを受くるものですから……夫故に道徳を行なへば幸福が得られると云へば宜しいが、幸福を目的として道徳を行なふと云ふ事は、理屈に合はぬ。富貴とか利達とかいふ様な身外に求むべきものではない。叉一般の人は崇高なる幸福を云て聞かせても分らぬ。幸福快楽は俗間の幸福快楽であると思ふ。さうすると是は害をすると云はねばならぬ。先づ今日の邪説は右の五あると思ふ。今日斯う云ふ事を云ふ人は、相応に地位でも教育でも人を導く人で、若し是等の言を信ずるやうになると人々折角生れて有て居る所の極く高い品位霊妙なる心を段々悪くして雲もらせ腐敗させて仕舞ひます。斯う云ふ人が段々殖えて来ると、終には国の衰亡になる、殊に第一の世界主義抔と云ふものは、実に讎に兵を借し、盗に糧を齎らすと云ふと同じ事である。日本国に敵意を挟で居る敵に利益を与へるのである。夫故に諸君の如き教育に従事して御居での方は、余程深く注意をして頂かねばならぬ。百年の後帝国の害となるに相違ないと思ふ。此世の中の新しい説とか面白い説とか云ふものは決して容易に信ぜられぬものです。道徳は固より人類固有の徳で、一定して変らずに来て居ります。神武天皇以前は空漠として分らぬが、神武天皇以来は一定して居ります。新しい邪説に従ふのは宜しくない、諸君は、人間の一番最初知識の開けるものを教育するのであるから、大切な任である、何分国家の為め御願ひ申します。

第三回（八月十四日）

教　育

教育は政府を始め一般の教育家が尽力致して居るので、段々に進歩して参るに違ひない、併し拙者は吾国の教育に就きては、世間の人とは少々変つた愚見を有つて居る。今日吾国の教育は善い事は善いが、兎角形式的で、形を立派に備へると云ふ事に偏して居る、比へば学校を立派にするとか、叉は全国に幾つ高等学校を置かねばならぬとか、幾つの中学校を置くとか、幾つの小学校を置くとか、教員は何千人備へるとか云ふ事に汲々として居るが、是等は皆な形式である、形式の外に精神と云ふものがある、今から後の我国の人間は、どう云ふ人間を造る積りで教育して居るか、今の教育の仕方で見込通りの人間が出来るかと云ふ事である。学校は何千万あつても出来た人間が十分国の用に立たないときは、教育は余り必要はないと思ふ。日本人民を造るのに形式家は精神を忘れたのではなからうけれども、精神の方は後になつて居るやうに思はれる。是から後の人民と云ふものは、昔の様な人間ではいかない。彼の優勝劣敗の世の中に立たなければならない。殊に御存知の内地雑居になつて、追々外国人も這入る、夫等に対して国威も失はず国力を盛にすると云ふのは、政府の役人斗りでは出来ない。一般人民の智徳が進まねばならぬ。然る処唯今の教育法で国民全体が外国人と五分々々の叩き合ひが出来るやうになるかどうか疑はしいと思ふ。乍併是は余程大問題で、諸君に御話した所が、諸君の力でどうする事も出来ないので、唯是は拙者の愚見を述べた斗りの事であるが、拙者は其考で総ての教育の話をするので、上の方の教育でも、下の方の教育でも、皆此趣意で之を話すのである。今日の普通教育は余程大きな改良が必要であると思ふ、其の一個条を申せば、今日の四ケ年で卒業する尋常小学校と云ふ学校は殆ど(丸ではありませぬが)用にたたぬと思て居る、満六歳から満十歳まで教育した人間が、優勝劣敗の世界に立てやうか立てられまいか、是は一寸考へても分かる。けれども是は今申した制度の上の事であるから、諸君の力でどうする事も出来ない。そんな大きな事は止めて、もう少し小さい所に及びますが、今の考から総て割出して話すのですから、其積で聞て御貰ひ申したい。小さい所と云ふのは授業法の事に就て一つ御話したいと思ふ。是も今日は段々制度が細く形式的の事が定つて居る、夫で諸君の自由にならぬであらうかと思ふが、話をして其内で幾分か実行が出来れば国家の為に幸と思ふです。夫で外の学科は今日ので十分と思ふ、是は誰が見ても宜しいが、毎度申す通り徳育の授業法に欠点があると思ふ。併し此辺ではどう云ふ授業法をして御居でか知らぬが、外の学校を見て想像で申すのである。小学の徳育丈の事を申すと、夫は徳育とは御承知の通り業を授ける、業を受けると云ふ事がなければならぬ、(何れの学科でも左様でありますが殊に徳育に於てはさうです)唯今の小学の徳育修身の授業の様子を見ると、授けると云ふ斗りあつて受けると云ふ事はない、先生が云つた丈で生徒がどれ程受け、どれ程頭に染込むかと云ふ事です。片面の授業の仕方である。夫が先づ欠点であると思ふ。夫からもう一つは、心理の発達である、心理の発達と云ふ事は、之を徳育の上に応用することが今日は欠けて居るかと思ふ。御存知の通り徳育は外の学科と違つて、先づ教へると其教へた丈を生徒が呑込むで頭に彫付けねばならぬ。教育は学校に居る間の事ではない、生涯の教育であるから、生涯頭に彫込まねばならぬ、所が先生が話をした斗りで、生徒は唯夫を聞いた斗りである。生徒の資質に依ては能く頭に染み込ませるものもあるけれども、先づ多くは二年、三年、四年、五年になると大低忘れて仕舞う。忘れると云ふのは生徒が業を受けると云ふ事がない故であつて、心理の発達を利用すると云ふ事が欠けて居ると思ふ。受けると云へば先づ是までの昔の徳育でございます、(昔の学問は徳育斗りでありました)昔の教育は書物に依て先生が教へればば生徒は必らず覚へて、さうして書物を殆ど暗誦する位――或は真に暗誦するものもある。夫から生徒は自分の力で之を解する迄先生が考へさせたが、今日のは解する迄やらない。教科書を先生が教へた丈で、生徒が暗誦し得るや否やに関らないです。そんな事では徳育はなか〳〵出来ないと思ふ。そこで此事に就ては、世間に教育者も沢山あつて種々意見がある。何れも善い説であらうが、併し拙者一人は感服しませぬ。拙者の説は行はれぬかも知れませぬが、どうか心を平にして考へて下さると分かる。今日行はれなくとも或は行はれる時があると思ふ。其方法を云はねばならぬ。今箇略に御話しやうと思ふ。

諸君が道徳を自得するのは儒教で十分と思ふ。夫から上の知識の発達は西洋の知識を入れると申したが、愚案では今の修身教科書を見ると大分能く出来て居るが、主義が居まつて居らない。あれでは生徒の頭が固まらない。西洋風の説もある、儒教の説もある、叉一方に片寄らない説もある。叉儒教でも諸子百家の説が乱雑に引いてある。あれでは頭が固まらない。信が固まらない。繰返して申す通り、信と云ふものがなければいかぬ。夫には先づ古人の格言でございます。殊に儒教の聖人賢人の云はれた格言です。此格言の内に万世を貫いて動かないものがある。――其処々々で言葉を発して、後世に当らない事もあるが、其当らないのは除いて千万年を経ても確乎として動かない格言を深く信じて、恰も耶蘇の宗旨の者が「バイブル」を信ずるやうに信ずる事が必要である。何故信ずるかと云へば、其格言はいつの時世にもぴたりと当るから信ぜられる。さう云ふ格言を選ぶです。そんなに是は多くは要らない、僅かでよい、今日の教科書のやうに五冊も六冊も要らない。紙数にして漸く十枚で沢山と思ふ。夫丈の者を選んで残らず暗誦させるのです。夫から其暗誦が出来た所で(暗誦をすると云ふのは生徒が受ける方です)文章丈を覚えた所で、先生が講釈をして聞かせる。さうして能く解るやうに俗語でも何でもよいから十分に解るやうにして、今日の世の中の実例を色々引く事も結構な事である。実例でなければ本当に心に感じない。併し今日は実例と云ふと日本の斗り引いてあるやうであるが、西洋のでも支那のでも引くが宜しい、前に暗誦させた格言より外には出てない。格言を記憶し抜くと、其後は先生が問を出す。今でも問を出して居るやうですが、此質問と云ふ事をしなければ生徒の頭に這入つたか這入らぬか分らない。其暗誦した内に就いて是はどうする、斯う云ふ時にはどうか、一歩進めて活用的に生徒の年齢に依て質問する。さうして生徒に答へさせて、其答が間違つて居れば先生が直してやります。其質問をしなければ生徒が腹へ這入りませぬ。段々力が附くと六ケしい問題を与へて、さうし考へる事もさせねばならぬ。此授業法を実際にやるには色々手段もあるが、夫をやつたらよからうと拙者は年来思て居る。

昔の儒教は初めは素読をさせて、年を取て来ると、輪講抔をさせ、質問討論をさせて頭へ入れます。昔の徳育が人の品行を善くしたのが、果して事実ならば昔の法はよからうと思ふ。今のはさう年を取る迄学校に居らぬから、先生が開発してやる、——今のは開発と云ひますが、注入で効がない。質問しなければ開発は出来ませぬから、已にやつて御居でゞあらうが出来る丈やつて下さい。併し規則に束縛せられて出来ないことは仕方がないが、其御考さへあれば出来る時節がありませう。頑固ではあらうが、拙者は堅く信じて疑はない。今の紙数十枚程集めた格言の内には、余程道理の深い事があつて、小学生徒には未だ解らぬ事がありませうが関はないです。関はずに暗誦させるのです。人間と云ふものは御存知の通り記憶力と云ふ者が一番早く開ける。小供が生れて一年経つか経たぬに母の顔を覚へます。是は記憶力です。小学生徒の年になれば記憶力は発達して居る。小供はぢきに暗誦するものです。夫を利用して暗誦させる。其道理を理解する力はなかなか発達が晩い、十五六の頃でなければ本当に発達せぬけれども、夫まで待つ事は出来ぬから、其前に先生が講釈をして聞かせる。併し記憶力と理解力と同一に発達するものではない。然るに今の小学校にてする様に最初より理解させ様とすれは無理です。是は天則に背いて居る。丁度我輩の如く年を取ると記憶力が失せて仕舞ふ、其人に記憶させると同じ事で、理解力の発達せぬ小供に、理解させやうと云ふ事は無理ですから、是は宜しくない。然らは先づ小供の内は記憶力を発達させて、格言を記憶させると、十五六になつて自然に解る。叉六ケしいことになると二十を越さなければ解らぬが、格言を暗記して居る小供が、年取て世の中のことを按ずると自然に解つて来る、小供の内に了解せられぬやうな事柄は、小供の内には役に立たぬが教へて置かぬと生涯の用に立たぬ。夫丈を諸君に御話したい。夫からは諸君の御考で善い事があらうと思ひます。

夫から諸君如き小学教員の身分の事に就いて御話したいと思ふ。是は諸君の身分の事に及ぶからして、或は失礼になるかも知れない、併し老人の事だから恕して御貰ひ申したい。小学教員の任の重いと云ふことは誰でも知て居る。第二の人間を造るので実に大任である。是から将来の日本国が盛になるか衰へるかは、是からの人間の智徳の度にある。智徳の度と云ふものは天性で、教員がどうする事も出来ぬけれども、併し教員の力で十分のものならば七八分は教育で出来るです。諸君は其の任を御持であるからして実に余程大切な地位である。世人が厚く待遇せねばならぬ。所が此責任の重きに比すれば世間の待遇が甚だ重くない。夫故に教育家は小学教員に対して気の毒に思つて同情を表して居る。我輩も夫である。夫に就て種々議論が起る。任が重くして俸給が薄い、待遇が軽いと云ふからして起るのである、所が欧米各国の如き教育も盛であり又国も富んで居る所でも、小学教員の俸給は外の人から見ると大層薄い。是は蓋し小学教員と云ふ者は、大層数が多いからして多く給料は与へ切れないと見へる。尤も欧羅巴は日本より見れば給料は多いですが、外の割合から見れば悪い。併し乍ら是は外から云ふ言葉で、諸君は最早や薄給な事も知て職に就て御居でゞあるからして不平はないと云ふことは拙者は信じて居る。世間で小学数員の待遇法に就て色々論議する。夫は悪意で云ふのではないが、さう云ふ論は余り云ふべき論ではないと思ふ。其理由は、詰り我国の今日の経済ではどうしても多く給料を出す事が出来ない。教員の内には自ら道を信ずる御人も多し、又「天下の人材を得て之を教育するは一の楽なり」と孟子も云ひました通り、人を教育すると云ふ事を楽みと思へば、此位楽みな事はない。夫を知ての御方は夫にて宜しいが、又夫を知らない人もあらう、夫を知らない人に向つて、教員の給料を多くせよと騒ぐと、道を知らない人が夫を聞いて不平を起す人がないとも云へない。実は教員ももう少し十分な事をして上げたいけれども、今日の経済では出来ない話です。出来ない話をして、唯教員の不平心を起す丈に止まる論だから止めるが宜しい。又不平心が起つたからと云うてどうする事も出来ないからして此論は為になる様でならない。彼の、「ペスタロッチ」の事は御存知でございませう。生涯貧乏して小学教員に止まつたです。此人は大層な学者でもなかつたが、教育に就きては衆人の及ぶ所でない。夫があゝ云ふ事で一生を終つた。実に近来の偉人でございます。教育の仕方のみならず、心迄も「ペスタロッチ」を模範としなければならぬと思ふ。俸給の事は御気毒だけれども、先づ今日より増す事があるかも知りませぬが、決して十分なる満足を得られぬと思ひ、是に安んじて下さらねばならぬ。夫から待遇でございます。待遇も軽いです、けれども、最も今日の処では制度上仕方がない。諸君も天爵人爵と云ふ事は御存知でありませう。今日勅任官奏任官抔と云ふのは人爵です。人爵は決して要らない。自分に学問して多くの人に信用尊敬を得る日には、人爵以外に善い待遇を受ける事がある。教育世界は総て俗世界の事に目を懸くべきものでないから、教育家は教育界の名誉を得るやうに十分やつて御貰ひ申したい。今日授けられた所の天命に安んじて、其所に心を落付けなければならない。諸君が今の地位は即ち天から授けられた地位であるから、夫に安んじて其職業を益々勉強して御貰ひ申さねばならない。外の望は多く起さない方がよいと思ふ。小学教員丈で十分の名誉名望が得られるです。どうぞ安心して世間の論に動かされないやうに、安んじて其職に就いて御貰ひ申したい。諸君の力で第二の人間が立派に出来れば、此上もない功業である。此上もない楽みである。又人に先生と云はれるのは人間の名誉です。将来善い人間を造ると云ふ事を目的とし希望として、安んじて其職に勉めて御貰ひ申したいと思ふ。是は緒君に対しての希望である。

夫から是は生涯諸君の御心得とならうかと思ふから、一応覚えて置いて下さい、夫は拙者が道徳の三字訣と名を附けました、三字丈を守て御貰ひ申したい。事に臨んだり世に処するに生涯益になる事と思ふ。其の三字訣は

中勝和

是は古人の多くの説から要を抜いたのである、道徳は中勝和に帰すると思ふ。夫を是から御話致します。

（イ）中

是は儒教では最も貴びます、中庸に「中庸は夫れ至るかな民善くする鮮き事久し」抔と孔子が申しました、「中は天下の達道とも申しました、中程世に貴いものはないと云ふ事は儒教の精粋の論です。所が此中と云ふ事は欧羅巴の学者で、「アリストートル」の言葉が矢張り同様である。孔孟の言葉と同じである、「世の中で一番善いと云ふ事は中

である」と云ふ事を「アリストートル」が申しました。東西の両聖人が云つた事が同一に帰するのは、天下の道理が之に帰したと云うてよからうと思ふ。夫から中と云ふ事を考へて見ると、どう云ふ訳で夫程中と云ふ事が善いか、今日夫を行なふ事が出来るか、守ることが出来るか、今日我輩の身分に取てどう云ふ所の中が行なへるか考へねばならぬ。儒教で孔子、孟子の意を継いだのは程子朱子です。程子が中と云ふ字を解釈して「中は天下の大本天地の間、亭々当々直上直下の正理、出れば是ならず、唯敬して失ふなければ尽す」と云うてある。是は道理はよいが、六ケしいです。所が此「アリストートル」と云ふ人は、中と云ふ事に就いて解釈がある「中と云ふ事はすべて物には両端と云ふものがある、二つの極端がある、其真中を行へば中である」と云うて其例を出して、「人間の性質には極く懦弱で憶病である人と向ふ見ずに強い粗暴の人と二つある。其真中を行たのが中道」だと云うてある。叉日常の活計の上で云ふと、「一方は奢侈一方は難行苦行と云ふ位ひで、一日に飯を一度外喰はないとか、水の外飲まないとか云ふ人がある。(今はないが昔は日本にもありました)是は衣食住の両極端である、其真中に道がある、夫で両方の極端を見て其真中に往きさへすれば間違はない」と「アリストートル」は云つた。是は余程善いです、一寸考へても解かる、縦令ば道を歩行いても、真中を歩行けと云うてはどこが真中か解らぬが、両方の端を見ると真中が解かる、世の中には何でも極端があるのです。併し道理は此通りであるが、事実に於てはさうはいかない、なか〳〵真中が歩行できない。兎角片寄て歩行したいものと見える。欧羅巴で夫の有名な「ロールド、ベイコン」抔は、「人間と云ふ者は謬迷と云ふ事が人間の固有の性質であらう」と云つた。比へば今のやうな真中な所を歩行く可き筈であるに、膠迷して筋の違つた所を歩行くが固有の天性であらうと迄云つた。愚案でも人間が片寄るのは人間固有の病であると思ひます。夫に就いて引く可き例が多く有るけれども、夫は昔の事や他国のは止めて、我邦の近代の事を見ると、兎角人間と云ふ者は片寄つて中が歩行けないです。維新以前未だ拙者共が若い時に世の中に攘夷論と云ふものがありました。是は大変片寄つて居る、是が国中に行はれた、夫から王政維新の時に廃仏論が行はれて大に唱へられた。夫から文明開化と云ふ論が起つた。文明開化は善いけれども、夫をやる人が考へたのは片寄つて居つて、文明の弊斗りを襲て居るのである。其弊と云ふのは本国を軽んじ他国を重んずる、西洋の事物をこつちへ取る事丈を勤めて、吾邦に適するや否やは考へない、斯う云ふ事が一時行はれた。其後叉民権論が起つた、夫から其民権論の甚だしいのは、大臣を暗殺したり、或は国事犯をするとか云ふに至つた。夫から叉、官権論と云ふのが起こった。夫から廃儒論が起こり女権論も起こった。法律論もある、万事法律でやると云ふ説でした。是は今日未だ盛である。夫から人権改良とか自由結婚とか、世界博愛とか、学問上の事で云へば仮名の会とか羅馬字会抔と云ふ、夫から叉今日世の中に行はれて居る政党抔の如きは偏僻が殊に甚しい、維新以来三十年計りの間に斯様な偏頗な論が行はれた。昔からして「邪説国を乱る」と云ふ事を云うたけれども、真の邪説と云ふものは格別多くはない。大低は偏頗な論です。中を失つた論です。「ルーソー」の民約論抔は矢張り片寄て居るのである、昨日申した哲学上の論抔も、矢張り中を失て居る論である。偖此中を失つた説が起こる、どう云ふ訳かと云ふと是は原因が六つある。

㈠　偏　知

片一方外知らない人は、中を失つた論を出します。比へば物の両面を見なければいかぬ。此団扇でもこちら計りを見ると画である。是は画の団扇だと云ふ。こちらを見れば白いから此団扇は白いと云ふ、即ち偏僻の論になります。

㈡　眩　惑

目が眩むと間違つた説が起こる、是は自分の知識の暗い所から急に明るいものを見ると、丁度暗い所から明るい所へ急に出ると目が眩むと同じ事で、日本人が維新前に急に欧羅巴へ行つて目が眩むで仕舞つて、夫で間違つた説が起つた。

(三) 尊　信

自分が貴ぶ所の人の云ふ事は皆な善く思つて外の事を見る暇がない。之を信ずると其論が僻見になる。

(四) 不注意

学力も識見もあるけれども、中道を求めやうと云ふ心のないものは終に僻説を立てる、比へば道の真中と云ふ事は知て居るが、真中を歩行かふと云ふ気がなければ横を歩行く。

(五) 好　奇

珍らしき事を好むと云ふ事から起こる、大勢の考の外に別に新しい考を出して、人の喝采を得やうと思て、故らに僻説を立てる、或は人の立てた僻説の内で珍しいものを好むで、夫を信用するから偏僻の説が起る。

(六) 抵　抗

世間に既に説がある、其説が偏頗な説であると、夫に抵抗して論をすると、其抵抗するは善いけれども、矢張りこちらの論が曲つて来る。

斯様な事で此世の中に偏頗な論が多くあるです。余程注意をせぬと、盛に行はれて居る論で不都合な論がある。夫が邪説になるのである。そこで道徳の尤も重い箇条を勘定すれば忠孝とか、仁愛とか、礼譲とか、信義とかは、是は実に天下の美徳である。乍併中庸を失ふと、忠孝、仁愛礼譲、信義でも矢張り役にたたない。比へば誰でも知て居る事であるが斉の桓公の家来に易牙と云ふ人があつて、大層忠義であつたと云ふ事である。斉の桓公がどこかへ行つて腹が減つたと云つたから、易牙は自分の子を殺して煮て喰はしたと云ふ事がある。是は忠義と云へば忠義ですが是は間違て居る。是等の忠義は中庸を失つたのである。夫から二十四孝の郭巨は自分の子供と母親とあつて、母親が其孫に当る子供を可愛がつて、自分のものを喰はせる。夫を郭巨は自分が貧乏して居るから、母親の喰物が足らぬに、夫を孫に喰はせては、尚更母の喰物が足らぬから、子供を穴に塡めて殺さうと思つたとか本伝に出て居る。是抔は若し子を殺したら可愛がつて居つた母親がどの位悲しむか知れぬ。是が孝行の中庸を失つたものです。夫から宋の襄公が敵と軍をする時に、敵の陣の未だ整はざる内に撃つたらよからうと公子目夷が云つた処が、宋の襄公は、「人を厄に苦めず」と云うてやらなかつた。夫で軍に負けて仕舞つた。是が仁愛の間違です。礼譲も善い事であるが、彼の伯夷叔斉は始め孤竹と云ふ所の君の子でありました。所が兄弟国を譲つた。親は弟を立てやうと思つた。弟は先きに立つ訳がないから兄を立てやうとした。所が兄は父の命だから弟を立てやうと云つて出奔して仕舞つた。弟も兄が出奔したから又出奔して仕舞つた、所が幸に真中に子があつて夫れが立つたと云ふ事ですが、是は礼譲の誤りです。夫から信義と云ふ事は、是は尾生と云ふ人の話がある、（是は少し話の種類が悪るいけれども、尾生が橋の下に婦人と出遭う約束をして、橋の下に待つたが、婦人が来ない、其内に水が出て来た、水が出ても尾生は約束だからと信を守て柱に抱付いて死んで仕舞つたと云ふ事です。信を守て、中を失つた事です。

右の通り忠孝、仁愛、礼譲、信義と云ふ事は善い事であるが、中を失つてはいかぬ、其他の事は尚更中を失つてはいかぬ、生涯中を失はぬやうに願ひたいと思ふ。

（ロ）勝

唯中で善いと云ふと、学問でも、道徳でも、智恵でも、中道で善いと云ふ誤が出来る。そこで勝と云ふ（すぐれる）事を心得ねばならぬ。勝と云ふ字は（すぐれる）とも（まさる）とも読む、儒教で勝と云ふ字を説いたものは見へぬけれども、多くの言葉の内に勝と云ふ意味を以て居る。勝の字は何時も貴く、劣は卑しい、勝つ者は盛で、劣るものは衰へる、太陽は勝で、炭火が劣。電燈が勝で、油火が劣。人間の智徳は勝、禽獣の智徳は劣。又同じ人類の内でも優劣の別があります。人類の勝劣には（一）身体の勝劣（二）智恵の勝劣（三）徳の勝劣（四）運命の勝劣、此の四がある。

（一）身体の勝劣

人には背の高い人もあり、低い人もある。身体の丈夫な者もあり、病身な者もあり、力の強い人、弱い人、形の小さい人、大きい人もある、力の弱い人は強い人を羨み、多病な人は無病の人を羨むけれども、是はどうしても小さい人は大きくなる事は出来ない。身体は多くは先天的のものである。生れた後に自分の力でやつたのでないから、自分の力で直す訳にいかぬ。先天的の事は仕方がない、身体の健康だとか病身だとか云ふのは、是も先天ではあるけれども、是は摂生の仕方で少しは善くなるです。昔の人は之を比へて炭火を灰の中に埋めて置くのと、風吹きに置くのと大変違ふ。灰の中に塡めて置けば長く保つが風吹に置けば早くなくなる。人間も夫と同じ事で、不養生をすれば早く死ぬ、養生をすれば長く活きると申しました。此道理で養生をすれば先天を補ふ事が出来ます。夫から力量の強弱は、是も先天であるが少しは増せる、二十貫目持てる力が二十二三貫目持てるやうになる。第一の身体の勝劣は先づ先天でございますが、併し十分の内三四分位は人間の力で回復出来ます。

（二）智恵の勝劣

智恵の勝劣は大層な違である。是程違ふものはない。比へば汽車を造つたり、鉄道を造つたり其他器械を造つたりして、天下後世を益する智恵のある人があるかと思ふと、自分一人が喰て行けなくて、他人の救助を受けなければ活きて居る事が出来ない智恵に乏しい人がある。天下後世を利益する人と、人の世話にならねば活きて居れぬ人との違ひは量りやうがない。併し乍ら智の勝劣は、身体の勝劣に比しますれば人力で補なう事が易いです。五尺の身長を六尺にする事は出来ぬが、智恵の方は人力で補へる。即ち何で智恵を増すかと云ふと、どうも学問より外に仕方がない。学問が第一、其次に経験である、経験は学問した事を実地に練磨するのである。此二つで智恵が増すのである。生れ付き智恵の無い者は性来智恵の勝れる智者とは一緒にならぬけれども、併し学問経験で智恵が大に増します。比へば中等の智恵のある人は、上等に行ける。下等の人は中等迄いける、汽車、汽船、電燈抔を発明した人も学問経験であれが出来た、懐手して居つて出来たものではない。智恵を増す近道は学問経験より外に求める事が出来ない。

(三) 道徳の勝劣

是は自分の力でいける、道徳は自分の力で賢人にでも、聖人にでもなれる、孟子は「人皆な以て堯舜となる可し」と云つた、是はさうに違ひありませぬ。世間の人は動もすれば自分の容貌が悪いとか、或は身長が甚だ低いとか云うて、夫を恥ぢる人がある。併し道徳が人に及ばない事は余り恥ぢない。是は大変な間違です。容貌の悪いのや、身体の低い事は是は何にも自分が責任を有つ可きものでない、天より与へたのであるから、悪くても恥かしい事はない。道徳に至つては全く我心と我身でするのだ、善をするも悪をするも、其責任は自分の身にある、自分の力でどちらにでもなるのである。一つの道徳を行つて人に勝れたら、自分の功です、一つの道徳が人に及ばなかつたら己れの罪です。凡そ人間が地方官となり、裁判官となり、商となり、工となり、農となれば何事も凡て外の同業に優れやうと思ふ、是は善い事である。決して外の劣等のものと較べて、自分が劣等の事を仕様とは思はない、どんな業をするものでもさうです。唯道徳丈は劣等な事をして平気で居る。世間の人が虚言を吐けば己も虚言を吐き、世間の人が賄賂を取れば己も亦賄賂を取つて居る、是は最も誤りです。

(四) 運命の勝劣

是は天から与へたもので、先天的で、人力でどうする事も出来ない。是は自分に責任を負ふに及ばない、どんなに立身出世しても、自分の力でも何んでもないから、自慢するには及ばない、どんなに運が悪くて困究しても、恥かしい事も何にもない。比へば善い高位に登つたり、大層金を持つ事は、何れも才智が無くては出来ぬけれども、夫は運命の方が七分です、智恵が三分しかない、世間の人は夫を知らない、金持か或は高位の人を見ると、夫は大変智恵の深い優等な人かと思て尊ぶが、是は間違つて居る、貧乏な人を見ると、智徳が劣等であるかと思つて軽蔑するが是も間違つて居る。其証拠には歴史を読で御覧なさい、決して昔から位の高かつた人が智恵が勝れて居つたのでない、偶にはそんな人もあるが先づ貧賤な人に却て智徳の高い人がありました。そこで孟子は「天爵」と云ふ事を申しました、是は名論です。今日人間の与へる位は人爵で、自分の有て居る智徳は天爵です。是は其身一代ばかりではない、死んだ後までも尊い。人爵は今日どれ程の善い地位に居ても、一朝「免本官」と云ふ紙が一枚下がるとどんな人でも無官になる。是は人爵です、自分に養った智徳は誰が来ても奪ふ事は出来ない。例を引きますと二宮尊徳とか貝原益軒とかは無位無官でありますが、此人達は天爵が貴い。今日高等の地位に居る人で、自分も貝原や二宮には敵はぬと思ひ、世間でも尊敬する。

（五）一人の勝劣

一人の勝劣と云ふ事は、今申した身体の勝劣、智徳の勝劣、運の勝劣、是は皆一人の勝劣です。又勇気が勝れて居るとか徳望とか忠義とか愛国とか、学問技芸なども一人の勝者で、其度に従つて、或は十人に勝れる人もあり、百人に勝れる人もある、其故に道徳は可成多くの人に勝れる事を求めねばならぬ、人の力でいけるものはどこ迄もいかなければならぬ。所が世間の人は、天賦と人為との差別を知らないから、天賦で能くなつたものを大変尊び羨望するが、自分の力で得べき事を求めざるは誠に笑ふべきである。是非とも天爵人爵の別を知らないといかぬ。又智徳があって人に尊ばれないのは、今日世の中の人が名利に斗り走て、天爵の尊い事を知らないからです。是は社会が悪いです。社会が進めば天爵の尊い事が知れる時が来るです。夫故に決して恐れるには及びませぬ。

（六）一国の勝

一国の勝と云ふのは一人の勝の集まつたのが一国の勝になるのである。国中の人民が何れも才徳、学問、技芸が他国に勝れると、優勝の地位に立つ、之に反して学問技芸が、他国に劣ると、劣等の地位に立つです。そこで露西亜の国が大きいから盛んだと云ふが、土地の大小で国の優劣は極まらない、大国だから優勝とは云はれない、叉小国だから劣等とは云へない。和蘭、瑞西は小国でも仏蘭西、英吉利と肩を比べて居る、波斯、支那、土耳其抔は大国であるが劣等である。我国は固より露西亜、亜米利加抔よりは小さいけれども、其土地は英吉利、仏蘭西に劣らない、和蘭、瑞西よりは大きい、学問技術が勝れば、優勝の地位に立てる事は疑はない。昔は他国と関係がなかつたから、優勝劣敗と云ふ事はなかつたが、今日は優勝劣敗の世の中になつたから、勝と云ふ字を道徳の目的としてやらねばならぬ。専ら勝れると云ふ字を以て教と致す時は、或は他人と争を起したり、或は他人を害したり、或は一国の上から申すと他国を辱かしめたりするやうな事がないとも云へない。

（八）和

其処で和と云ふ事が出て来ねばならぬ、是で完全無欠の教になるのである。中庸に「和は天下の達道なり」とある、天地万物皆和と云ふ事が出来て初めて本当に善くなる、和睦和熟である。事の成就するのは和で事の破れるのは不和です、天地の間の時候が和して動物が生ずる、風雨が和して草木が生長する。之に反して風雨和せず、気候が悪いと云ふと或は飢饉となり、或は疫病が起る。人間は此天地の間に生れて、天の法則に依て活きて居るから、天道の和と云ふものを以て人間の目的としなければならぬ。叉一国が治まり、世界が大平なのは皆な和である、和と云ふ事は天下の善道を尽したものである。和と云ふ事は御存知の通り之を解釈して見ると、先づ「懇親」と云ふ意味がある、一家の和、一郷の和、一国の和、世界の和とあります。

（一）一家の和

申すまでもなく、親子、夫婦、兄弟、姉妹の和、是で一家は治まる、一家の和と云ふ事は支那の儒教で屢々説いてありますが、是に就て西洋と東洋と教方が少し違ひます。西洋学をした人は西洋の説を信ずる、東洋学をした人は東洋の学を信じて此間に少し違がある。此事は一昨日申した通り、先づ東洋の学問で諸君が信を固めるが宜しい、一家の和は東洋の教で沢山である。併し東洋の教は孔子の教で二千五百年前のものであるから、原理は確乎として動かぬけれども、今日の時世に連れた応用をしなければならぬ。論語や孝経にある通りに、今日尽く致さうと云ふ事は出来ぬ、原理丈取て応用は取捨しなければならぬ。伊藤東涯抔の言葉に「世間の人は道を心に求め、或は道を理に求むるは皆非なり、聖人の学は道を事実に求む」と云ひました、是は一寸した事だが名論である。一家の和睦は聖人の言葉を引いて理窟を云ふよりは、事実和熟したのが一番善い、敢て理窟を云ふに及ばない。どんな名論であつても、一家が和睦しなければ道に適はない、事実に求むるが一番善いと思ふ。又一家の和睦は固より天倫で親子、夫婦(夫婦は天倫でないが)兄弟の外はない、凡て一家は愛情を失ひさへしなければ和睦します、孝とか悌とか、愛情を以て円くいけば夫で宜しい。儒教と云ふものは結構であるけれども、後世儒者が孝だとか慈だとか云ふ字を引き出して、今日の法律家が法律に箝めるやうな事にしてあるからいかぬ、愛情で沢山です。

(二) 一郷の和

此和熟がなければ国の和熟は出来ませぬ。先年町村の自治と云ふ法律が出ましたが、あれは形が出来た斗りで精神迄立入る事は出来ぬ。精神迄立入るのは道徳である。一郷の和睦にも色々あります。一郷の和は、(一)利益を起し、(二)害を除き、(三)奨励、(四)救恤と此四つであります。利を起すとは農作物の改良とか、山林を植附けるとか、物産を起すとか道路を開くとか、貨物の流通、或は港を築くとか、或は河の堤や河川の改修、溝渠を開き、電信を通じ、其外学校、病院等を起すのである。是は夫れ相応にしなければならぬ。夫から害を除くと云ふ方は四つあります。(一)風俗改良、(二)水旱虫害を除く、(三)水火盗賊の予防、(四)凶年の予防をなす事、一郷を和睦するには之をしなければならぬ。是には色々の事がございますが長くなりますから申しませぬ。第三の奨励と云ふのは善事を奨励することである、善い事には一身、一家、社会の三つあります。一身の善事と云ふのは勉強するとか、節険するとか、親切とか、慈悲深いとか、品行方正と云ふのが一身の善事。一家の善事は親に孝行するとか、親が子を愛するとか、夫婦、兄弟、姉妹が和するとか、是が一家の善事。社会の善事は公益の為に金を出すとか、国家の為め或る事に尽力するとか、不幸の人の為に世話をするとか、人の争を解いてやるとか、人に国民の義務を教へると云ふ類が社会の善事であります。斯う云ふ事は政府から賞与がありますけれども、人民相互に斯う云ふ事を奨めて行ふのであります。救恤は困つた者を救ふので第一水火の災、第二盗賊の災、病人、極貧者、斯う云ふ者を救ふ。

(三)　一国の和

一国の和と云ふのは全国の和である。之に就て利己、利他の二つの別を研究しなければならぬ。利己と云ふのは、彼の孟子の「王は何を以て我国を利せんと云ひ、大夫は何を以て我家を利せんと云ひ、士庶人は何を以て我を利せんと云ひ、上下交も利を征て国危し」是では国の和は出来ませぬ。国の和を望むならば利己と云ふ事は棄てなければならぬ、他人に害を与へても自分の利を得やうと思へば、外の人が悪むから一国の和は決して出来ない。若し国が和せなければ其国を盛にする事が出来ない。自国を大切に思はゞ利己主義を棄てなければならぬ。国の乱れるのはいつも利己心が増長して、人を倒して自分の利のみを得やうとするから国が倒れる。今日我国の社会に此弊は六七分迄喰込んで居る、甚だ憂ふ可き事であります。利他と云ふ事は理窟は善いが実際行はれないです。さればどうすればよからうかと云ふと、此事は拙者の信じて居る儒教に二千年前に孔子が云うて居る「夫れ仁者は己れ立たんと欲せば人を立て、己れ達せんと欲して人を達す」と。己を立て又己を達すると云ふ事は悪い事でない、しなければならぬが、人を先にして夫から我身を立てよと教へられた。近年の西洋の哲学者は段々研究して「自他両立」と云ふ説を立てた。例の利益主義とか幸福主義とかも自分の利益斗りでない、洋学者は之を新説のやうに思つて居るが、東洋では既に二千年前に孔子が此事を明言してある。比へば一村でも此村を富まさうと思ふならば、自分も富むが善いが、隣の人も富むがよい、其隣の人も富むが善い。其通にも行きますまいけれども、さう考へてやれば決していかぬ事はない。偖て自他両立と云ふても、中と云ふ事を間違へてはいけませぬ。凡そ一国の風波の起こるのは、地位が違つて居る所から起こる。例へば官と民との如き、官は税を取る役人、民は税を出すから地位が違ふ、官にある人と民間にある人と恨があるでも敵でもないが、唯官の人は税を多く取らうと思ひ、人民は多く取られては困ると云ふ所で不和になる。夫からしてもう一つは金持と貧乏人と仲が悪くなる、我国抔は今日甚しくないが、欧米各国では大地主と小作人と大層仲が悪くなつて、社会党とか共産党とか云うて甚だ六ケしい事があります。一国の乱は此二つから起こるです。即ち官と民との不和、大百姓と小百姓との不和から起ります。そこで一国の平和を保つには遠近の二つであります。近いと云ふのは自分と相接する人を云ふ、近い者が交つて平和を保つのは「己の欲せざる所は人に施すこと勿れ」「行得ざる事あれば反て之を己に求む」此二句でやりさへすれば屹度和熟が出来る、遠い人は同じ日本国の人でも不断遭ふ事の出来ない人は皆遠いです。此人々と一和しなければならぬ。夫と一和するのは、是は民心の一致する所と尊信する所を定めなければならない。夫は何であるかと云ふと、万世一系の皇室と云ふものを尊ぶ事をしなければならぬ。我日本帝国を大切に思ふ事で、此心を以て全国の和睦を維持するのであります。皇室を尊び、本国を愛すると云ふ事を以て国家を維持する。二十三年の勅語が即ち是である。二十三年の勅語を奉じて行きさへすれば、此皇室の下に生活して居る人民は、全国の一和が出来ます。唯困つた事は種々の政党、種々の宗教、是は同じ国民乍ら党派が違ひ宗門が違へば一和を破るのである。けれども出来た上は仕様がない。唯どうぞ是等の人達が尊王愛国と云ふ境を出ないやうにして、此内でならば政党の喧嘩も宗教の争も仕方がないとしなければならぬ。宗教家でも、政党家でも日本人民に違ひないからして、其中心に我天皇陛下即ち我帝国がなければならぬ。併し其主義とする中心が吾日本国の外の国に行つたら大変です、是は恐る可き事です、耶蘇教を信ずる人で事に依ると中心が日本帝国の内に居らないものがある、是は恐る可き事です。

（四）世界の和

と云ふ事を申しましたが、此間も申しましたやうに今日の道徳は此国を以て本とするのであります。世界の大平と云ふのは理想丈で到底行なふ事は出来ないと思ひます。唯題目として挙げるには宜しいが、実際は行なふ事が出来ないことであります。併し世界の各国民へも、成たけ信義公道を行つて平和を保つやうにせねばならぬ。是で先づ今日御話しやうと思ふ事は尽きたやうであります。拙者の申した言葉の中で或は誤りがあるか知りませぬから宜しく御考へ下さい。

第四回（八月十五日）

教育の事に就て諸君に直接御話する事は、昨日で先づ終つた積であります。足らない事もありますけれども夫は諸君が自から補つて考へて下さいませ。此修身道徳の学問は何時でも自分に出来るのでありますから、先日来申す通り、此上自分で段々やつて御貰ひ申したい。今日御話申さうと思ふのは我国の道徳の会と云ふ事の御話しであります。是は直接に諸君の職掌に関係はないやうであるが、日本国民の道徳を高める事に就ては、今日は道徳の会と云ふもので教育を補はなければはどうも十分な事は出来ないと思ふ。唯諸君が小供を何年から何年迄と教へて、其先きは構はないでよいと云ふ御考ならば道徳の会は必要ないのであるが、此日本国の人民を養成して其国を立派に致さうと云ふには是非共道徳の会が要ります。夫は拙者の立てて居る会が一つあります、必らず此会とは限りませぬが、どうしても斯様な会がなければならない事を御話する積であります。自分の事を云ふやうであるが、此西村茂樹と云ふ男は、此弘道会と云ふものとくつ附いて一体のものであります。此老人が出て話をすれば必らず日本弘道会の話を一言致すので、恰も日蓮上人が歩行けば必らず南無妙法連華経がくつ附いて離れぬと同じ事です。夫故にどうしても自分には云はねばならぬ事と思ひます、御迷惑か知りませぬが一応聞て御貰ひ申したい。是は小学教育と云ふ事に余程大関係が有ると思ふのであります。

少し古い話から始めないと道徳会と云ふ事が分からないです。明治五年以前には二百六十藩があつて、皆夫々に学校を建てて教育致して居ました。所が明治四年でありましたか廃藩になり、夫で全国の学校が潰れた。一年斗りの間は先づ教育は暗闇でありました。所が明治五年に学制と云ふものが出来た、是は今日の政府の学制である、夫から今日の教育が続いて居るのであります。今日の教育は其学制に則つてやつて居るのであります。昔の教育は武士教育で武士丈を教育しましたが、廃藩となつた上は夫は時勢に合はぬから国民全体の教育になりました。是は至極宜しい事である。然るに其学制頒布の御主意書と云ふものが太政官の布告で、二十枚以上もある長い文で、其文に斯う云ふ事がある。是は今日の教育の原だから知らねばならぬ。其文に「人々自から其身を立て其産を治め、其業を盛んにして以て其生を遂ぐる所以のものは他なし、身を修め智を開き、才芸に長ずるにあるなり。而して其身を修め、智を開き、才芸に長ずるは学芸に依らずんば能はず。（中咯）人能く其才のある所に応じ、勉励して之に従事し、而して始めて生を治め、産を起し、業を盛んにする事を得べし。されば学問は身を立つるの財本とも云ふべきものにして、人たるものは皆な学ばずして可ならんや」未だ長いが緊要なる事は是丈です。是は甚だ善い事であるけれども、彼の日本国で昔から教へた所の忠孝、仁義とか、皇室を貴ぶとか、国を大切にするとか云ふ事は少しも云うてない。是が出た時に拙者は甚だ疑つた、さうして人にも話しましたけれども、一向疑を解いて呉れた者はない。夫から政府は此方針でずん〳〵教育致しました。そこで人民の方では封建の時代の束縛を解き、一方では欧米の自由主義を真似たからして国民の行が大層我侭になつた。其時に拙者は文部省に奉職して居つたけれども、漸く書記官位であつたからして之をどう仕様と云ふ勢力はなかつた。そこで明治九年の時に始めて同志の士と結んで道徳の事はあまり政府で御構ひない様子である、学制は出たけれども、忠孝主義は仰しやらないから、是は同志の士が力を尽して補はねばならぬと云ふ事を感じて、私の会を起したのでございます。所が当時上流の人は西洋の富盛なるに目が眩むで、政事　法律、教育、風俗、悉く皆な西洋に倣ふやうになつたです。さうして吾国の昔からの教並に風俗は皆な頑固だと云うて擯斥して仕舞つたです。此我国の風俗と云ふものが甚だ頽廃を極めまして、遂に賄賂公行と云ふやうになり、詐欺を行うてさうして法網を免るゝとか、博奕、淫逸抔と云ふ事が行はれ、人を欺くのを智恵があると云ひ、上官に取入るのを才子と云ひ、人を倒して自分斗り利益をなして居ると云ふ事が起つて来た、夫が明治十七八年の頃です。尤も明治十三四年の頃に政府で修身と云ふものは大切だと云ふ事は別に布告にはなかつたけれども、学校の教則の内に修身科と云ふものを一番前に置くやうになつた、是は段々弊が出て来たから驚いて斯うした。併し乍ら一体の風俗が壊れたから夫も格別功を奏しないです。右の如く悪くなつた風俗を直さうと云ふにはどうしても教育より外に道はない、教育は随分其頃からも奨励し、人民もやる気になつて居つた所が、教育の有様を見るに先づ世間では学校限りで終る人間が多いです。（日本人の内では）小学校限りで終るものが此頃の統計で見ると百分の九十六です。百人中の九十六人は小学校より上の学問をしない、唯百分の四が小学校以上、中学校から大学校迄這入る人です。さうすると先づ小学校を卒業した丈の人間が日本帝国の人民になるのです。所が此小学を卒業したものは夫限りで一生涯もう教育は受けない、小学校の教育丈で今の世の中の優勝劣敗の世界に立て、是で外国人と共にいけるかと云ふ事を考へて見ると余程危いです。夫で拙者は明治九年に立てた会を益々全力を尽して弘める積りで、力を量らずに社会制裁の任に当らうと思つて、其頃からして別して微力を尽して居るのでございます。所が明治二十三年に　天皇陛下が聖勅を下し賜て、夫で道徳の根拠が確乎と定まつたけれども、併し乍らあれで未だ国中の風俗が善くなると云ふには至らなかつたのである。拙者の立てて居つた弘道会に趣意書があります。是は　天皇陛下の勅語の出ない前に作つて先づ会員相互に出来る丈夫を行なはうと云ふて、十ケ条の心得書を製して守て居りました。所が二十三年の勅語を御下しになると云ふと、暗合と云ふては恐入りますけれども、其御言葉は違ひますが其主意と少しも違ひませぬ、会員は甚だ信が固まりまして力を尽して居りました。二十三年に国会が開けてから外面の制度文物は大層整ひましたけれども、国民の道徳は少しも上らない、選挙の事、山林の払下、堤防の事、建築の事、何れも賄賂で行はれる、上流に立て居る議員と云ふものゝ道徳が甚だ悪い、さうして段々風俗に迄及ぼしました。斯れを見まして国を憂ふる者が国中に出来ました。拙者の立てて置きました弘道会員も、其時に益々増加しました。併し乍ら其会員と云ふものには種々な学者、宗教家抔が雑つて居りますから意見が一定致しませぬ。夫で明治二十六年に弘道会の目的と云ふ事を演説致しまして、弘道会と云ふものは斯う云ふ主意であると云ふ事を一同に話しました。二十八年の戦以来、国民の奢侈が大変其度を進め、政府の財政が困難になつて輸出入が非常な不平均を起しまして、明治三十三年には一億万円の外債を起さなければ政府の財政が出来ぬやうになりました、民間には山師抔や、株屋抔が段々跋扈致し、政党即ち政治党派は政府の増租を賛成するのみならず、自分の歳費をも非常に増額するやうになつて仕舞つた、実に今日は道徳は地に墜ちた時と云はなければならぬ。此度内地雑居になつて外国人も追々参るやうになるが、国中の人が利を見て義を棄てると云ふ敗徳者が多くなつたと思はれる。此後或は外国人に内通する者、或は国を売る者抔が続々として出来るに違ひない。(此有様でいけば)現に外国人に地所を内証で売ると云ふ者がどれ程有るか知れない、実に国賊である。昔なれば首を切ても宜しい、王政維新の頃なれば無論首を切つて三条河原に曝さなければならないのです。所が今日はさう云ふ者があつても人は怪まない、さう云ふ人間が社会に立て居られる時世であります。是は社会の道徳が腐敗して制裁といふものがなくなつたのです、殊に外国との条約面に於ても、外国人に土地を売ると云ふ事は許してありませぬ。仮令許してあつても道徳心に訴へて三千年以来金甌無欠で外国人に手を着けられた事の無い帝国の土地を金の為に売ると云ふ事は国賊である、其国賊が殖えて来た。未だ此上どれ程殖えるか知れぬ、斯う云ふものは金が取れれば外国人にも降参する、内通もする、少々の不道徳は仕方がないが利の為に義を忘れ、本国を忘れるのは極く極くの悪逆でありますが、此亜細亜諸国は御存知の通り段々西洋人に取られて、今残って居るのは日本と支那と朝鮮でありますが、朝鮮、支那は半分亡びかゝつて居る、丈夫なのは我帝国斗りです。其外、安南、緬甸は亡び、暹羅が残つて居るが是も半分亡びたやうなものです、欧羅巴の人がばた〳〵亡ぼして居るです。其亡ぼし方と亡び方はどこ迄も一様に極つて居るです、必らず利益を以て喰はせ、或は宗教を以て其国民を誘惑する、始めから外国人は軍艦を以て攻めて来ない、始めから軍艦を以て来れば四千万人が力を尽して防ぐからなか〳〵取る事は出来ぬが、色々の手段で人心を腐敗させて取て仕舞ふ、日本は今夫に成りかゝつて居る。今外国人に土地を売ると云ふ国賊が殖えては此国は保てないです、少々斗りの道徳を行なつても国が保てなくては仕方がない、どうしても此国を大切に致し、義と云ふ事を知らねばならぬ。利と云ふ事に目が眩んでは仕方がない、利に目が眩むで義を失つた人間が今日全国に大層ある、実に嘆息とも何とも云ひ様がない。其外国人に土地を売るやうな奴が上流社会に大層ある、夫から土地を売るのみならず、外国人と組合で商業等を営んで日本の同業者を苦める者があります。是までもあるから是からはどう云う事をするか分らぬ、なか〳〵禍をなす事は大きからうと思ひます。察する所外国人は金を有て居る、多く外国人が来れば日本と云ふ国は賑やかにならうが、日本人はひどい目に遭うに極つて居る、教育と云うものは御存知の通り年限がある、小学校なれば満六年から四年とか八年とか年限があつて、夫から先は教える事が出来ない。一体世の中の人を善導する所の器械と云うものは三つあると思ふです。

（一）宗　教

宗教と云うものは悪い人を導て善い方へ入れるので、是は昔人智の開けない時には勢力も強く効能もありました。今日無智の小民の間には未だ宗教の力の強い部分もあるが、是も一般の人に格別功がなくなつた。

（二）教　育

教育は宗教より遅く起つたけれども、誠に是は勢力の強いもので、人間を養成するには之れに及ぶものはない（今日の所では）且つ是は政府の力で出来るものですから随分圧制的にもやれるし大層善いけれども、今申した通り年限があるからして年限が済むだ後迄も学校に入れて置く事にはいかぬ。且小学校は子供の知識の十分開けない間の教えであるから、開けた時分には学校を出て仕舞ふ、出て仕舞へば学校で習つた徳育は大抵忘れて社会の悪風俗に染まつて、兎角悪しき事を見習ふ様になる、夫故に折角子供の時に教育しても大きくなると詰らない人間になる。今日風俗が悪るくなつて、賄賂を取るやうな悪るい人も矢張り一度は教育を受けた人だけれども此通り悪くなる。教育には年々政府で千八百万円程使つて居る、（人民の方ではどれ程使うか知れない）是丈使つて其先きはどうなるか分らぬ、夫で其先を引き受けるのは

（三）学　会

であります。西洋には耶蘇教会が初めであります。政治、法律、国体も、皆な耶蘇宗から割出してある、夫故耶蘇宗が政治、法律、国体に抵触しないのみならず、却て之を助けて居る。耶蘇宗に這入つた者は生涯宗門の信者である、学校から出れば直ぐ耶蘇の会堂へ行つて一週間毎に講釈を聞く、耶蘇を脱会した人は人間社会に立つ事が出来

ないやうになつてをる。夫で実際皆な人間が善いとは云へぬですけれども、何しろさう云ふ道具が出来て居る、夫故に大抵な所まではいける。所が我帝国には夫がない、学校を出て仕舞ふと教へる所がないから放蕩をしたり、無頼になるのです、是ではどうも危い、学会がないからどうしても我国の道徳が腐敗する、夫で是からの人間を善くしやうと云ふにはどうしても学会と云ふ者が起らなければならない。所が我国には起らない、却て一学科を研究する会は起て居る。例へば理学の会とか、算術の会とか、地学協会とか、美術会だとか、文学会だとか大層会がありますが、是等は皆枝葉の会で一番肝要な道徳の会がない。今日拙者の立てゝ居る弘道会の外にも会はありますが是等は人数も少い、叉忽ち立て忽ち倒れる、殆ど立て居らぬと云うてもよい、是は我邦の大欠点です。世の中の人はそこに気が附かない、さう云ふ様な訳であるから道徳会と諸君の教育と云ふ事には密着の関係がある事でありまして、諸君がどれ程骨を折て学校で教育して下さつても、夫から先き教育する者がない。夫には学会があつて、さうして全国協同の力で行かねば功を奏する事が少いと思ふ。今申しました道徳学会と申すは、必ず拙者の立てた日本弘道会を弘めなければならぬ事は毛頭ない、全国に幾つでもあるが宜しい。さうして全体の力を以て今日一般国民の腐敗を療治するのが本意なれども、夫が出来なければ卒業した生徒丈でも夫で保護しなければどうしても此国の道徳が興らぬと思ひます。陛下の聖勅にある通り、あれが出来なければ日本国の維持が出来ない、今聖勅を実行して居る人は至て少い、大抵は御主意に反いて居る、即ち不忠の臣民である。誠に済まないと思ふ。今日教育と云ふと皆な人が学校で数へる斗りを教育と云ひますがさうでない、教育と云ふものは家庭教育、学校教育、社会教育の三つが揃はなければ山来ないと思ふ。(学校教育のことは述べましたから茲に省きます)家庭教育は学校の先生がどれ程口を酸くして教へても、小供が学校に居る間は一日五時間とすると、家に居る間が十九時間である、其長い時間に親兄弟が悪い事をして見せたり何かしては学校の教育は役に立たぬ。(立たない事はないが格別功を奏さない)随分或所では学校では酒を飲む事を戒めるが、家に帰ると親が大酒を飲で居るとか、或は夫婦喧嘩をするとか、或は学校の悪口を云ふ親もあるとかさう云ふやうな事では仕方がない、どれ程学校で骨を折ても十中七八は無駄になつて仕舞う。家庭で教へる事が出来れば十分ですけれども、教へる事が出来ないでも、悪い事さへして見せなければ余程善くなる、夫故に家庭教育を善くしなければならない。もう一つは社会の教育ですが、是は即ち社会の制裁であります。生徒が学校を卒業して社会に出て、村或は町に出て大勢の人に交つて、其家業を営む時分に若し其者が悪い事をすると、社会の大勢の人が寄て或は忠告をして、夫で聞かなければ仲間放しをする、是が一番勢力である、是丈整はなければ教育は本当に出来ないです。所が今日我国の有様を見ると社会に出ると悪い事を社会が教へる。学校では当り前の心得方を習つて来る、村へでも帰て見ると、村の若い衆仲間抔があつて、酒を飲み博奕を始める、社会の制裁にあらずして、今日は社会が悪事を教へると云ふ事になつて居る、是ではいかない。此社会とか、家庭を善くすると云ふ事は学校教員の力では出来ない、学校教員はそれ迄口を出す職掌を持て居らねから是は学会の任であります。今拙者の立てゝ居る日本弘道会抔は其一つで、此学会でやらねばなりませぬ。是も急に一年や二年に直す訳にはいかぬけれども、長い間には自然と直る。欧羅巴は耶蘇の教会で悪風俗を直すけれども、日本では教会がないから止むを得ず道徳会の勢力を強くして直すより外はない。勢力を強くすると云ふ事は何かと云ふと外に仕方がない、人の数の多くなる事と、熱心で夫を行ふより外勢力の強くなりやうはない。是は今から云ふと遠いやうで、諸君が或は漠然の感があるか知りませぬが、併し乍ち本気でやれば決していかぬ事はない。已に今朝も承つたが本郡の或村では(村の名を忘れたが鈴木榮君の村です)其卒業生徒の為めに会を立てゝ生涯其会員として、其段を幾段かに分けて幾年かの間必らず其教訓を奉ぜねはならぬと云ふ事の申合せが立て居るさうです。已に其一つが出来て居れば二つでも十でも出来ますから、熱心にやればいかね事はないと思ひます。是は諸君に希望致すのです。決して拙者の会へ御這りなさいとは云はない、此地なら此地で是非組織して御貰ひ申したい、さうして今の通り、例へば此村なら此村の内で内証で外国人に土地を売らうと云ふものが出来れば社会残らずで其事を禁ずる、先年近江の名所の三井寺の内の地を売ると云ふ奴が出来て外国人と約束をしました。夫を人が嗅ぎ附けて、大勢の者が大変反対してそこの県会議員に拙者の弘道会の会員がありましたから、そこへ書面をやり、知事へ書面をやつて止めて呉れと云うたらば、大勢骨を折つて到頭破談になりました。さう云ふ風に社会の制裁があれば土地抔を売られると云ふ事はない。此節のやうな事では、日本は金の取れる土地風景の善い土地抔は段々外国人に取られて、遂には外国人が大地主となつて日本人が小作人になつて仕舞ふ。一旦外国人に売つたものは再び取戻す事は出来ない、今日の処ですら已に余程買はして居る事は御存知でありませう。外国人が来れば売らうと思つて待構へて居る奴さへあります、甚だ国の為めに憂ふ可き事と思ふ。そんな利欲を貪て愛国心を失つて居る奴はどうしたら善いか分らぬ、夫で小供を能く教育せねといけませぬ。一番本になるのは日本の精神、即ち「旭に匂ふ山桜花」(大和魂)が出来ねばならぬ。大和魂と云うても、外国人を打つたり叩いたりするのではない、此国威を辱かしめず、益々力発揚しやうと云ふ心が出来るやうに教育して御貰ひ申さねばならぬ。児童は諸君が一番最初に手を着けて教育して、其上で社会で教育するのです。此教育が善く出来て人民の愛図心が盛んになれば立派なものにならうと思ひます。学校は入学した人の外に教を施す事は出来ないが、学会なれば誰でも関はない、誰に向つても教育をする、弘道会と云ふものは誰に向つても意見が云へるです。学会は一方では極く弱いやうに見えるけれども一方では強い所があるです。されば今日の所では学会は誰が組織したら善からうと云ふと誰でも宜しい、宗教家でもよい、殊に神道家は宜しい、仏教でもよし、和学でも儒学でもよし、降て淘宮術でもよい、唯耶蘇教丈は入れる事が出来ない、其他のものは誰でもよいからやつて下されば屹度いけると思ひます、是からはどうしても必要と信じます。夫から今日の処では宗教家でも何でも宜しいが、宗教と云ふ事は欧維巴では段々勢力がなくなる、人間の智恵が開ければ宗教は衰へて来る。近年亜米利加で宗教以外に立つた学会がある、丁度千八百七十六年に出来た、即ち弘道会を立てたと同じ年である。亜米利加のやうな宗教国でも、斯う云ふ会が立つた、是は拙者の立てた会と能く似て居る。夫は新約克の「コロネル」大学の教授「アドラー」と云ふ人が立てた。其後独逸にも出来た、是は明治二十六年頃に報告を得た限りで其後は聞きませぬが、雑誌が発行になつて今日益々盛んだと云ふ事です。宗教でなければ道徳心を養ふ事は出来ないと云ふのが一般の考でありましたけれども、独逸の如き亜米利加の如き、宗教以外に道徳の会が出来て勢力が強くなつて居る。殊に亜米利加の如きは学会の主意で小学校が出来、又中学生徒を教へる師範学校も建てた、夫から新約克州では法律を以て学会に権利を与へたと云ふ事です、さうすると余程堅固なものである。吾国では未だ政府から権利を与へられたと云ふ事はないけれども、(与へられぬでも困りませぬけれども)若しさうなれば教育と並行する事が出来る、宗教は大変金が掛かる又教育も金が掛りますけれども、学会と云ふものは金は入らない、拙者の立た日本弘道会は至て微々たるものでございますが、会員は漸く月に拾銭位を出して維持して居る、是程金の入らぬものはない。宗教でも欧羅巴の宗教程盛なものはないが、併し今日の宗教は追々腐敗して段々いけなくなる、是非宗教の改革をせなければならないと云うて、向ふの宗教家が尽力して居るさうであるけれども至て難いです。そこで識見のある哲学者、其の他の者の曰く「宗教と云ふものは必らずしも地獄天道を云ふ斗りが宗教でない、人の信ずるものは先づ暫く宗教と名を附けて仕舞ふ、さうすればさう云ふ道は世の中に決して廃たるものでない、人間と共に永世存するものが夫が段々腐敗すれば改革せなければならぬ。今の宗教も改革しなければならね、此後の改革は宗教家の内では出来ぬ、宗教以外の人が改革するだらう」と云ふ説があつて、今盛んに行はれて居ります。即ち哲学の道理上から来るものでないと、人心を服さする事は出来ない、昔のやうな怪誕不稽な事では是からの人間を信じせしむる事は出来ぬ、必らず遠からずさう云ふものが起るだらうと思ふ。拙者抔は宗教に代りても代らねでも構はぬ。日本弘道会は　天皇陛下の勅語を実行するのであるが、此会が百年も維持すれば盛になると思ふ。私のやうな老人は仕方がないが、若い人にやつて貰つて其若い人が年を取て、叉次の若い人の時代になつて盛んになるだらうと思ふ。我国の教の永遠の事を考へると、此事は深く御注意を願はねばならね。諸君の如く小学教員と云ふ職掌から申せばこんな事はしないでもよいが、併し乍ら国の為めに尽すと云ふ御考なれば是迄やつて御貰ひ申したい。

御話は切れ〳〵でありますが、昨日も申した通り諸君の考で補て下さい。先づ是で御話申す事は大抵尽きたやうでありまするから是で終る事に致します。

〔昭和十三年〕

道徳問答

緒　言

明治三十四年泊翁西村茂樹先生を墨田の邸に訪ひ話次日本弘道雑誌に道徳問答欄を設け、会員の質疑に対し高教を請へり、先生曰、其挙最も可なり、必ず解答の任に当らん、然れとも会員諸子が質疑の有無も亦予知すべからず、先つ試に自問自答の稿を起し之れを掲げんと、余欣然其起稿を懇請し邸を辞す、翌三十五年初夏先生病に臥し八月を以て、俄然遠逝せらる、於是か其起稿如何を知る能はず、居常之を遺憾とせり、偶々先生遺著中道徳問答の目を見る。依て閲するに曾て余に約せられし稿本なり、唯憾む未定の稿にして完璧ならざるを今茲に不肖を顧す校訂編次し以て会友諸賢に示す。

松平直亮識

西村先生 道徳問答

問　小子少きときより儒学を信じ凡そ天地間には孔孟の教より貴きはなく、五倫五常の外に人道なしと信ぜり、近年邦人道徳の衰へたるは畢竟は儒教の振はざるに在ることなるべし、然るに近年西洋より倫理学といふ者来り、権利義務を以て道徳を説き、耶蘇の教と相類似せる教を立て、政府にて施行せる中学校、師範学校等の教員検定にも亦西洋の倫理学を以て之を試み、夫等の学校の教科書にも亦西洋の倫理学を用ふる者多し、此比或る博士の言を聞くに曰く、儒教は固陋にして退歩主義なり、支那の今日の如く振はざるは儒教を用ひたる故なり、本邦もし専ら儒教を用ふるときは支那と同一の轍に陥るべしと。此言大に小子が信ずる所に異なり、然るに今日教育者の説は大抵此博士の説に同じと聞く敢て問ふ両者の当不当如何。

答　人は交通の多少に依りて知識にも大小を生ず、其身一村の外に出ざる者は其村の識者の言を以て天下無双なりと思ふ。都会に出るに及びて初めて其村の識者の外に勝れたる識者あることを知る、往昔封建の時代には其藩の学者を以て全国無双なりと思ふ。都会に出るに及で初めて其藩の学者より以上の学者あることを知る、是と同様にて往昔西洋諸国と交通せざる間は吾等東洋人は孔孟の教を以て世間無双なりと思ひ居りたり、また其比は政治、風俗、法律、教育等のこと孔孟の教のみにて十分事足り敢て外に求むることを要せざりしなり、故に古人が儒教の外に道なしと思ひ居りしも事実にして、一個の儒教を以て政治法律、教育、風俗等全般の事に応用して不足なかりしことも亦事実なり、然るに三十年以来外国の交通盛んにして彼国の学術入来り、其精微工妙大に従前の学術に勝る者あり、国人新奇を好むの心是が為に発動せられ、或は旧来の学問は一々彼に及ばずとする者あり、或は彼の長を採りて我短を補はんとする者あり、或は旧来己が学びたる所を固信して彼の説を採らざる者あり、是に於て政治界、法律界と同じく学問にも甚しき混雑を生ぜり、然れども此の如きは世途の変遷に伴ひて必ず起ることにして、此混雑は却て学問の為めに大進歩を為すの階段となる者なり、是旧来の教を信ずる者よりして之を視れば、新に入り来れる教義は道徳の根原を破壊する者の如く見え、又新なる学問をするものより之を視れば旧来の教育は固陋頑愚の如く見ゆる者なり、然る所以の者は古来の儒教を信ずる者は西洋の学問を研究する者なく、西洋の学に通ずる者は古来の儒教に通熟せざるよりして遂に此の如く我見を執て互に相容れざるに至るなり、余を以て之を視れば其教の公明なるは支那の儒教に及ぶ者なく、其説の精微なるは欧州の哲学に及ぶ者なし、論孟の書とプラトー、アリストートルの書を読むときは以て之れを知ることを得べし、公明の教は固より貴ふべしと雖も、之に精微を加ふれば益其完全を見る、精微の説固より貴ふべしと雖も、之に公明を加ふれば益其広大なるを見る、公明にして精微なれば学問の能事畢れり、故に今日は道徳学の要は東西互に相排撃することを為さずして、互に相調和せんことを求むべし、是今日東洋学者の宜く務むべきの道なるべし。

凡そ道徳なる者は人の性良心に基きて立てたる者なれば、固より土地の東西に依りて其教を異にするの理なし、唯其教を立つる所の聖賢各其身の遭遇する所、其時勢の急須なる所、其風俗人情の適合する所に依りて其教を立つ、故に東洋の教は東洋の風俗人情に協ひ、西洋の教は西洋の風俗人情に適合せり、東洋人が東洋の教を以て世界無双と為し、西洋人が西洋の教を以て世界無二と為すは、独り先入主と為りしのみに非ず、事実に於て亦然る者あればなり。もし之に反して東洋人が東洋の教を棄てゝ専ら西洋の教に従ひ、西洋人が西洋の教を棄てゝ東洋の教に従ふときは、其風俗人情に適合せざるを以て、其道徳の教も却て人心を擾乱し、国家の治安を害するに至ることあるべし、然れば東西の道徳学に於て敢て優劣あるに非ずと雖も、若し之を調和せんと欲せば東洋に於ては多く東洋の教を採り、西洋に在りては多く西洋の説を採り、初めて適当の調和を行ふことを得べし、其調和の方法に至りては、能く東西の学に通じたる者に対して之を言ふべし、東西一偏の学者に対しては之を説くこと能はざるなり。

問 小子古来の儒教の著者を見るに、皆何れも治心の学ありて、其大家と称せらるゝ者は自得自信ある者の様に見ゆ、仏家就中禅僧の如きは、其自信自得殊に確然たる者あり、現時儒者仏者皆古人に及ばずと雖も、猶此二家の学者は治心煉心のことに付て多少工夫を用ふる者多し、西洋の学者は其口に言ふ所は精密なるが如しと雖も、治心煉心の学は全く闕如せる者の如し如何。

答 西洋の学問は古人の説を以て満足せず、益研究して其上に出んことを求む、是其学問の進歩して止まず、世運の開くるに従ひ学問は精微を極めて其到る所を知らず、然れども其学問(専ら道徳学に就ていふ)唯之を外に求めて之を内に求むることを知らず、偏に古人の論説を批評し、又は現時人心の活動を論究するに止まりて、其心を治めて至人の地位に進ましむること能はず、粗心を修練して精熟の極に達せしむること能はず、即ち我身は学問の外に在りて、学問は我身を離れて研究することなる故に、何程其知識は進むとも、人品は別に高上すること能はず、尚以前の人物と大に異なることなし、故に生来怒り易き者は学問を為すも其怒り易きは猶旧の如し、生来狭量なる者は学問を為すも其狭量は猶旧の如し、総て学問に自得自信といふ者なきを以て、己の未だ知らざる所の新説に逢ふときは、精神狼狽して忽ち其持説を変ずるに至る、之を儒者の楽天安命、仏者の安身立命に比すれば大に及ばざる者あり、故に西国には著名の哲学者にして晩年発狂したる者少なからず以て治心の学なきを見るべし。

問 然らば今日西洋の開智の学問は東洋の治心の学問に及ばざるか。

答 凡そ天文、地理、博物、理化、算数より以て政治、法律等に至るまで、あらゆる学問は皆開智達識を以て主とし、其学の真理に精通すれば夫にて足れりとし敢て我心を治するの要を見ざるなり、独り修身道徳の学は之に異にして、たとひ何程其真理を発見するも、我心に自得することなく我身に実行することなきときは所謂致知格物に止まりて修身正心に至らざる者なれば、道徳の学に於ては只其半面を得たる者といふべし、否其皮膚を得て骨髄に達せざる者といふべし、夫西洋の哲学は其精詳細微なること毫毛を折ち、微塵に入るが如き者にして、此点に於ては大に東洋の学問に勝る者あり、若し之に治心の学を加へ学問と我身と合して一体となることを務めば、実に世界の善美を合せたる者と言ふべし、余世の陽明学を為す者を見るに(儒教の一派、明の王陽明の学説を奉ずる者)其自己の良知を磨き、其道を信ずること甚深く苟も良知の指導する所はいかなる危難をも勇進して之に当り、禅学を修めたる者を見るも形骸を外にし死生を一にするもの亦少なからず、是を洋学者が唯口舌に於て西人の細微なる説を模擬し、其胸中には一の自得なき者に比すれば相去ること遠し、蓋し東洋の学は粗なりと雖も之を自身に求むるの長所あり、西洋の学は精なりと雖も之を自信の外に求むるの短所あり、後来世に卓識英傑の士出ることあらば必ず東西の長所を合せて之を一身に修むることあらん、然れども其世に出るは何れの時にあるかを知らざるなり。

問 小子道徳の貴きことは知れども熟々世間の有様を見るに、道徳に厚き者は多くは才智に乏し、今日世の中の事務を処理するに才智に非ざれば其事挙らず、若し道徳者のみを択びて之を用ふるときは政治なり実業なり皆渋滞して活気を失ふに至るべし、是道徳の今日に行はれざる故ならんか、如何せば可ならんや。

答 道徳者は独り徳あるのみならず、又兼て智なかるべからず、智あるのみならず、又兼て勇なかるべからず、故に孔子は論語に於て知仁勇を説き、子思も中庸に於て知仁勇を説き之を称して天下の道徳なりといふ、論語に子貢問曰、何如斯可二レ謂之士一矣、子曰行レ己有レ恥使二於四方一不レ辱二君命一可レ謂レ士矣、曰敢問二其次一曰宗族称レ孝焉、卿黨称レ弟焉、曰載問二其次一曰言必信、行必果、硜々然小人哉、抑亦可二以為二レ次矣、曰今之従レ政者何如子曰噫斗筲之人何足レ算也、又孔子管仲の功を称して公子糾の為めに死せざるを咎めず、豈匹夫匹婦の志といふ、吾輩は深く孔子を信ずる者、孔子の言を見て其意の在る所を知るべきなり、今日は宗族称レ孝とあるを見れば世人之を称して道徳者といふ、言必信行必果を見れば世人又之を称して道徳者といふ、道徳者には相違なし、併し不レ辱二君命一者に比すれば大に之に及ばざるなり、世に孔孟の道を称して迂なりといふ者あり、孔孟の道豈迂ならんや、余故に曰ふ、道徳者は必ず知仁勇を兼ざるべからず、此三者を兼ねざる者は道徳の一部分を得たる者といふべきも、真の道徳者といふべからざるなり。

問　徳は勉強して至るべし、即ち天性徳に乏き者と言へども志さへ立つる時は克己修養の功によりて相応に徳を養ふことを得べし、知勇に至りては、天稟に出る者なれば天性知勇に乏しき者は何程知勇を欲するも之を得る事能はざるべし如何。

答　知勇の天稟に出づること吾子の言の如し、然れ其学んで之を得べからざるに非ず、余が実験する所に依るに人たる者智を得るの道四あり、其一は学問なり、是は誰も知る所にして今之を詳説するの要なし、天稟に於て同等の智あるものにても学問あるものと学問なき者とは其智力同日の論に非ず、又学問ありても其学ぶ所の迂闊なる者と切実なる者とは其智力亦大に異なる者あり、故に学問は人智を増す最第一の者なれば之を学ばざるべからざれども、其中にて亦其切要と切要ならざる者とを択ぶべし、其二は遠慮なり、遠慮とは物事を為すに、目前の利害のみに目を付けず、更に一層深く考慮するなり、此の如くするときは同等の智力の人にも遠慮せる人は、遠慮せざる人より必ず智力深奥に達するなり、譬へば大なる山林を伐採して薪炭とするときは目前に其利益多からんも、更に深く考ふるときは山林の乱伐は河川の源を涸らし気候を悪くし百年後の利益を損するものなれば、山林の伐採には其法を設けざるべからざるを知るが如き是なり、其三は機敏なり、凡そ機会の来るは間に髪を容れず遅緩因循にては常に必ず其機敏に非ざれば能く其の間に投ずること能はず、機敏を得るの道如何ん、是甚難事にして学問を以て到るべき者に非らざるも全く其道なきにあらず、(甲)は多くの人に交際するなり、(乙)は多く事務に当るなり、田舎に在りて同村の人とのみ交際せる農民に比すれば都会に在りて朝夕各種の人と交際する商人は機敏なり、是(甲)の解なり、終年繁劇の事務を扱ふ者と閑散の事務を扱ふ者と相比較すれば繁劇の事務を扱ふ者は機敏なり是(乙)の解なり、此の如きは其人の天稟に於ては異ならざるべきも其居所の土地と其執る所の業とに依りて此の如き差異を生ずるなり、故に機敏の才を得んと欲せば務めて多くの人に交際し務めて繁劇の事務を取扱はざるべからず、其四は注意なり、注意すれば精神之に注ぐ、注意せざれば精神之に注がず、精神を注げば智慮出づ、精神を注がざれば智の出づる途なし、譬へば注意せざれば一室内に在る時辰儀の時を報ずるも耳に入らず、能く注意すれば遠方の微音も能く耳に入るなり、牛董《にうとん》は林檎の落るを見て引力の理を悟り、哥倫波は西風の吹くを見て西方の国あることを知りたるは、皆常によく注意せるに由れるなり、故に人たる者念々注意するは智を発するの本なり、其五は決断なり、いかなる名案にても之を決行せざれば其詮なし、二個以上の案胸中に浮び其利害を先見する能はざるときは其決断に迷ふは常人の情なり、決断のよきと悪しきとは又其人の天稟にして学びて到ること極めて難し、然れども又全く其方なきに非らず、余謂へらく決断を善くするは知識と経験との二者大に力を助くる者なり、知識博きときは、古今東西の中に今余が出逢ひたる如きことあるを見出し、経験に富むときは吾身の経験せる中に其事と相類似せることを考出し以て我決断を容易にすることを得べし、以上学問、遠慮、機敏、注意、決断、の五者は我智を進む所以にして、能く之を活用することは、至愚の人に非ざるよりは、能く此社会に立ちて世人と争ひ馳することを得べし、決して事々人後に落るの患なかるべし、然れども天稟智力の乏しき者、たとひ此五者を行ひたりとも張子房諸葛孔明の智を得ること能はざるは勿論のことなるべし。

問　智を得ること既に命を聞く、勇の如きは天稟の者が学びて到るべき者か如何。

答　勇も天稟に出る者なれども、学問の力を以て之を得ること智を得るより甚易し、勇は習慣に依りて之を得ることあり、周囲よりの誘導に依りて之を増すことあり、然れども学問の力によりて自ら之を養ふを第一とす、彼孟子自反而縮雖㆓千萬人㆒吾行矣と言へる如き勇は学問の力に依りて初て之を得べきことなり、顔真卿斐度、韓琦范仲俺、王陽明の勇の如きは皆学問に由りて之を得たる者なり、然れども此の如きは高等の勇にして一般人民に望むべき者に非ず、一般人民をして勇気を発せしむるは先教育に於て精神の根源を作り、其後は周囲の形勢と社会の制裁とを以て其勇気を養成するに在り、而して其主となる者、政府が為政の方針なり、周囲の形勢とは世人皆尚武の気に富み、言語動作より衣服飲食に至るまで何れも柔弱遊惰を賤みて、勇剛強健の者を貴び勇剛強健の者は常に社会に尊重せらる様にならざるべからず、社会の制裁とは、もし之に反して柔弱遊惰の風俗又怯懦退縮の挙動あるときは衆人之を擯斥して共に之と歯せざるなり、此の如きは極々の臆病者の外は皆相応の勇者となることを得べし、而して政府は常に此意を以て教育及び其他の諸政を行ひ、常に勇武を揚げて儒弱を抑ゆるときは其効を奏すること極めて確実なるべし、往昔封建時代の武士は皆周囲の事情と、社会の制裁と、藩政の方向とに依りて其武勇を保ちし者なり、今日封建時代の法は用ゆるべからざれども、其意は採て之を今日に用ひざるべからず。

問　先生の今日まで学問せられし順序方法等、後学の為めに之を聞くことを得べきや。

答　余が学問を為したる時代は今日の如く順序規則を立て学ぶこと能はず、又余が如きは一定の師といふものなし、故に余の学問の次第は甚価値なき者なれども、之を語るも差支なきことなれば、其大略を言はん。

余が少年の時は藩の学校にて学問し其学問は単純なる儒教にして、又朱子学なり、年十四五の時水戸の日本史及び山陽の外史を読み、少しく儒教に疑あり、然れども儒典の研究は怠らざりしなり、十七歳の時重き眼病に罹り、是より読書を廃すること六年余なり、廿三歳の時会澤氏の新論を読み大に水戸学の吾国情に適するに服せり、然るに一方には佐久間象山先生より洋学の勧奨を受け躊躇して自ら決すること能はざりしなり、然れども水戸の学説は之を熟考するときは所々に牽強の迹ありて、且其言の嬌激に過ぐるの恐あり、洋学は固より道を学ばんが為めに非ず、唯々技芸を学ばんが為めなれば、竟に儒教を以て一身を委する所の学問と定めたり、是より儒教を本として傍ら諸子百家に及び、頗る自得する所あるが如きを覚へたり、三十五歳の時英学を学びたれども師友に乏しく、且書籍の舶来する者甚少なく、物理書、兵書、歴史等に止まりて、政治道徳及び哲学の書は未だ舶来せざりしなり、然れども其歴史に依りて古人の言行及び治乱興廃の迹を考ふるに、儒教の説と相衝突する者少なからず、是に於て一塊の疑団胸中に横はりて融解すること能はず、従前自得したりと思ひし者、今は反て岐路に彷徨することとなれり、後西国の哲学、道徳学、政治法律学等の書を読み、其学問の広大精密にして、国家に益あることを信じ、支那の儒教の固陋迂拙にして現今の時勢に適せざるを疑ひ、是に於て全く東洋の学問を棄てゝ専ら西洋の学問を為さんことを決せり、是余が四十一二歳の時のことなり、其後益々西洋の書を読むに及び、又其上に疑を生ぜり、夫学問の広大精微を論ずれば固より西洋の長所たるは疑ふべくもあらず、然れども世界各其国を立たる上には国々皆各人情、風俗、国体、歴史あり、西洋の道徳学は精微を極めたれども、之を東洋に用ひんとすれば其窒礙の所あり、東洋の学は技術工芸に至りては大に西洋に及ばずと雖も、其修身治心の学に至りては却て西洋に勝る所あり、且西洋の学は之を外に求ること精なれども、之を内に求むこと粗なり、因て一旦廃せんとせし儒学を取り再之を研究し、更に西洋哲学と相比較し、又仏学を修めて参考の料と為し、沈潜反覆すること数年、終に恍然として自ら悟る所あり、其悟る所は天地の道、人類の道にして、儒教を非ず、哲学に非ずして儒教と哲学とを以て根底とせり、（宗教は之を採らず）是より道を信ずること其堅固にして、富貴貧賤毀誉歓戚一も此心を動すに足る者なし、是余が五十歳前後のことなり、是より後西洋の新学説を読む毎に其一部分の意見には加除を為すことあるも、全体の意見は確定して変ずることなし、彼蘧伯玉が行年五十にして四十九年の非を知るといふ者は蓋し此事なるべし、余は少年諸子に望む道徳の学問を為す者は、学問と我身と融化して一体と為らざるべからず、学問は机上に在りて研究し、我身は旧来の我身にては此学問の益なし、又道徳の自信を定むるは四十歳前後に在るを宜しとすべし、余は前文の次第にて年若きとき学問の岐路に迷ひたるを以て四十歳は猶迷路の中にありたり、後生は宜く此誤を踏まざらんことを望むなり。

問 先生過日或人に向ひて道は天地万物を以て一体と為すと説かれたりと聞く、然る時は平日弘道会に於て説かるゝ道徳は国家主義を以て本とすといへる説と相抵触し、耶蘇家の言ふ所の博愛主義、世界主義と類似のものとなるべしと思へり如何。

答 吾信ずる所の道は固より天地の大道にして広大無辺万事万物包含して漏す所なき者を指していへり、然るに弘道会にて国家主義を唱ふるは、今日国民の罹れる大病の為めに対症の薬として是を説くものなり、邦人の往古より他国の富強を羨望し、他国の文明を盲信すること甚し、欧米の宗教家其教を世界に広めんと欲し、上帝の大自在大権勢を誇張し、其上帝を彼等の私有物のごとく説き作し、我国体を誹り、我帝室を侮り、忠君愛国の主義を以て狭隘なりとして妄に世界主義博愛主義を説きて我国民の所信を破らんと欲す、彼等口には博愛慈善を説くといへども其為す所は極めて暴虐残酷にして人道を以て論ずべからざるものあり、昨年支那に起れる欧州宣教師及各国軍士の挙動の如きは其明証とするに足るべし、邦人の愚昧なる、猶彼等宗教家の説を信じ、邦人の宜しく守るべき忠君愛国の主義を以て固陋不通なりとするものあり、（独り宗教家のみならず政治家哲学家にも亦此説を為すものあり）西人の貪欲非道なる他国の土地を奪ひ他国の財を竭さゞれば止まず、此旧史に貽したる所にして、今日に至るも未だ停止する所を知らず、世界の諸国に於て何れも国家主義を講明し、忠君愛国の精神を堅固にする時は、欧人といへども容易に、其侵略を恣にすることを得ず、もし然らずして博愛主義又世界一家の主義によりて門戸を開放して不慮に備ふることなくんば欧人が侵奪を行ふには極めて便利なるべし、是れ欧人が自ら博愛主義を唱へて世間の国家主義を誹る所以なり、故に国家主義は国を守護する所の唯一の武器なり、今日邦人の大病は洋教者の口舌に欺かれて、自ら其武器を棄て彼虎狼に近かんと欲するもの甚だ多きを以て吾儕国民の為に道徳を説かんとするには是非彼の堅固なる国家主義を採り博愛主義を排斥せざるべからざる所以なり、西洋諸国のごときは他国に対しては博愛主義を説けども、自ら其国を守るには最も強固なる国家主義を用ふ、独り政治家然るのみならず、近日は道徳家も大抵皆国家主義を以て道を説くこととなれり、吾邦は彼国の降面に立て却て国家主義を棄てて博愛主義を採らんとするのは誤れるの甚しきものにして竟に亡国の階を為さんとするもの也。

問　先生が弘道会に於て国家主義を採用せらるの義は既に命を聞けり、然れば先生の所謂天地万物主義と耶教の博愛主義と同一なる歟、或は異なる処ある歟、

答　道は固より天地の大道に循ふものにして国を以て隔つべきものに非す、故に孔子も言忠信行篤敬、雖二蛮貊之邦一行為、といひ、中庸に是以聲名洋二溢乎中国一、施及二蛮貊一、舟車所レ至、人力所レ通、天之所レ覆、地之所レ載、日月所レ照、霜露所レ隊、凡有二血気一者、莫レ不二尊親一、と云ふもの是なり、且博愛の語は儒教の語にて論語に汎愛レ衆而親レ仁といひ、韓退之は博愛之謂レ仁、といひ、聖言は言ふに及ばず韓子の語と雖も決して背理の言に非ず、故に只言語の上より言ふ時は余は天地萬物主義と耶教の博愛主義とは全く同一にして差異あることを見ず、但耶教者は中に禍心を包蔵して此言を以て外面を飾れるを以て余是を悪むのみ。

問　然らば耶教者をして胸中に禍心なからしめば彼と共同して博愛主義を説きたまはんとする歟、

答　彼のごとき無差別の博愛主義は是を説かざるなり、凡人間社界には天然の界限あり、曰く家、曰く国、曰く世界是なり、前の二者は政治以内の社界といひ、後の一者は政治以外の社界といふ、政治以内の社界は政治の下に立て是を治めざるべからず、家は我身に取りて大切なるものなれども、もし国と其利害を異にする時は、家は国の為に犠牲に供せざるべからず、国と世界との関係は是に異にして、我政治の及ぶ処に非ず、只和親を以て其関係を維持するのみなり、もし両者其利害を異にする時は、世界の為に国を犠牲に供すべからず、二者両立すべからざる時は寧世界を以て国の犠牲に供せざるべからざることもあり、是政治以内と、政治以外と異なる所なり、故に博愛のごときも先つ国家を第一とし、国家と利害の衝突せざる界限内に於て世界の人を博愛すべし、もし家も国も世界も同一に博愛して其間に差別を立てざるは道に非るなり。

問　然らば国家主義は先生も亦狭隘なりと信じらるゝや。

答　凡事物には時勢あり、順序あり、是を知らずして只道理一偏のみを以て論ずる時は其言は或は道理に協ふべきも、亦国を誤るの人となるべし、夫れ国は本より人造の物にして其強界のごときも全く人為に出でたるものなり、此の如き人為の強界を頑守して一個の道を立るといふことは道理よりいへば狭隘の見といはざることを得ず、然れども已に世界に国を立る以上は其国民たるものは其国を守護するの義務あり、吾国民の道は其国を守護するを以て第一とす、世界には暴虐なる国あり、貪欲の国あり、もし国民各自国を守るを務めざる時は、多くの邦国は是等暴虐貪欲なる国の為めに呑噬侵掠せられ、其国民は殺戮強奪の禍を被ふりて実に惨酷の状態に陥るべし、故に今日のごとく世界に各国分立するの間は幾百千年を経るも其国民は其国家を守護するを以て第一貴重の職分とし、平日は務めて他国に対して自国の優勢を保ち、万一干戈相見るに至る時は已か生命財産を捧げて国家の為めに其道を尽さざるべからず、此時に当りもし或一派の論者のごとく世界の人民は同じ上帝の造る所なれば兄弟のごときものなりと言ひ、少しも是に備ふの意なく自国の民も他国の民も同一に親厚せんとするは、至愚ならざれば謬迷なる者といふべし、然れども是幾千年の後世界の各国皆相併合して一個の国となりたる上は無論国家主義は不用にして博愛主義、四海兄弟主義を採らざるべからざるなり、例へば我邦の封建時代には各藩士其藩の為に尽すを以て第一の忠義とし、平日は互に優勢を得んとし、又予しめ有事の日に備へたりしが、一度廃藩の事成りしより昔日の愛藩心は全く変じて愛国心となれり、若し世界各国合して一となりたる後は亦是と同一のことゝなるべし、然れども世界の各国合して一となるといふ事は徒に論者の空想に止まりて幾千年を経るも是を事実に見ることは甚覚束なきことなり。

問　今の如く世界各国分立の間は他国の人は是を讎敵と見て可なるべきか。

答　安んぞ可ならん、我所謂道は天地生育の心、即仁道を奉して是を行ふものなれば、禽獣草木も其分に応じて是を愛育せざるべからず、況して同じ人類と生れたるものは礼儀を以て之を遇し信義を以て是に交はり、不幸なる者は是を救恤せざるべからず、且欧米の人は学問技芸我に勝れるを以て邦人が学問技芸を彼に学び以て大に国家の益を為したること甚多ければ、其師とせし所の人々は殊に是を敬重せざるべからず、然れども今日のごとく各国分立の間は彼等自国の利を謀るに急にして或は貿易に付き、或は宗教に関して我国の不利を為すことなきに非ず、或は其国の強盛なるを恃みて我国民を侮辱することあり、或は禍心を包蔵して将来併呑の素地を為すことあり、此のごときは早く彼の心と正邪を弁して予め是に備へざるべからず、是国民の道にして又人たるものゝ道なり。

問　外人には我邦の益を為すものと、害を為すものとの二者あるとは是を了解せり、然るに尚一の疑問あり、今一の外国人ありて或は教を説き或は通商を為すことあらんに、或人は是を以て吾国に利ありとし、或人は是を以て吾国に害ありとし、其見る処全く氷炭相反するものあるは如何。

答　善く学問して道理に通じたる上、吾良知を以て是を視察する時は明らかに其正邪を弁別することを得べし、方今吾邦には道理の学問衰へ居るを以て人皆正邪を弁別するの智に闇し、通常貿易に来れる商人をも甚しく是を悪む者あり、悪心を懐きて教を説く者をも是と親む者あり、大利を謀りて我邦実業の権を奪はんとする者をも反て是に依頼するものあり、蓋し邦人は外人に対する思想に両個の極端あり、一は排外思想にして、一は服従思想なり、排外思想は往年の攘夷思想の余波にして今日は其思想大に衰へたれども、もし彼の挙動甚しく傲慢不法のことあれば再発することなしと称し難し、服従思想外国心酔者又は奸商間に行はるゝ者にして、頗る国家の害を為すの恐あり、此二者共に其正を得ざるものにして、或は国を誤るの恐なきに非ず、若し能く道理に通じ良知明瞭なる時は彼の正邪尽く吾目前に躍出して排すべきは是を排し、服すべきは是に服し、倶に其中道を得て、或は斥攘或は盲信の如き偏見に陥ることなかるべきなり。

問　儒教に於ては人の良心を以て天与なりとせり、然るに西国の進化論者は良心は天与に非ず、経験と遺伝とによりて劣等なる心情の集まりてなるものなりといへり、拙者は此説を以て真理に協へりと思へり、其故は野蛮の時代に在ては殆んど良心の痕跡を見る事能はず、社会の進歩するに従ひて善悪を分明するの智漸々明白となり、且又善悪の思念は世界同一なること能はず、甲国人の善とする処、乙国人の悪とすることあるなり此義如何。

答　西洋にては良心を以て経験に出るとするは進化論者後天論者一派の説にして諸学者皆同一なるに非ず、哲学者間に於ても先天論者、直覚論者、理性論者は皆良心を以て天与のものとせり、今西洋人の説に依らず己が良知を以て判断するに、天与説の明かに真理に協ふことを知るなり、彼の所謂経験といふ者は人々善道を行へば社会安全になり、不善を行へば社会危殆になるといふことを経験せるよりして、危殆を避けて安全を求むるより、自然に善悪といふことを心の内に判明するに至るといふにあり、善を行へば社会安全に、不善をなせば社会危殆となるは、即ち人心に良心を固有するの明証にして、善を行へば良心是を可とし、不善を行へば良心是を不可とすることを、実地に経験し得たるなり、此の経験は即良心が天与たるの結果を現はしたるものなり、良心已に天与たり其遺伝するはいふまでもなし、又良心は劣等の心情の集まりて成る者なりといふも、何故に自利恐怖等の如き劣等の心情は皆天与のものにして、良心独り天与に非ざるか、是其義を解すること能はざるなり、また野蛮の時代には良心の痕跡を見ずといへども、野蛮の時代にも亦父子兄弟夫婦あり、已に我一家あり、又他人の一家あり、已に数家ある時は必交際あり、其時代の道徳の現象は甚不完全のものなるべけれども、又幾分かの親愛信義等の萌芽あるべし、凡天地間の物に種子なくして萌芽を生じ、花実を結ぶべきものあることなし、今日世界道徳の備はれるも其本は野蛮の民に道徳の種子あるに因りしものなり、若し人類の初に全く道徳即良心の種子なきときは、幾千年を経るも決して人間社会に道徳の発生することなし、虎狼の社会に道徳なきは、彼等は元来天与の良心を有せざればなり、人間社会に道徳の成立せるは、人類には天与の良心を有すればなり、但し最初の良心は極めて欠失多きものなりしかとも、世の進歩に伴ひ其間に聖賢輩出し、漸々純粋完美に至りたるには相違なきことなり、又国々に依りて善悪の標準を異にすといへども、是等は至て浅薄なる意見なり、凡善悪の標準は世界大抵同一にして、(未開国を除き)其異る点は甚だ小部分に過ぎず、是等は皆其国々の風俗習慣より出たるものにして、是を以て良心の有無を疑ふほどの力なきものなり、万国公法の如きは世界各国未だ彼の至正とする処を以て至邪としたる国あることを聞かざるなり、且世界各国には何れも幾多の聖賢出て世人を教化したるも、其説く処大同小異にして、未だ儒教の善とする処を以て仏教に於て是を悪としたるもの小部分には同一ならざるものあれどもあることを聞かざるなり、此のごときは皆良心天与の確証にして、決して動すべからざるものなり、良心経験説のごときは徒に奇説を唱へて世を驚かさんとするものにして、大に真理に協はざるのみならず、又世道人心を害するの甚しきものといふべし。

問　支那の儒教は往昔は兎も角も、今日は迂闊固陋にして後進を教育するに適せず、西洋の倫理学は是に異にして精密詳細にして大に儒教に勝るものあり、余は是を以て中小学の徳育に用ひ従来の儒教を廃せんと欲す、政府にても師範学校中学校には已に儒教を廃して倫理学を用ふると聞けり、此事如何。

答　往昔は道徳の書といへば実践を目的とせる儒教の外には何もなかりしなり、近年西洋の倫理学の入り来るに及び、初めて研究の道徳書といふ者あるに至れり、徳育を論せんとするには此区別を心得ざるべからず、今日国民を教育して良国民とせんとするには其徳育は勿論実践ならざるべからず、此事は独り吾邦のみならず西洋諸国皆然り、即彼国には何れも宗教を以て国民の道徳を養成し各国皆国教といふものありて国王始め国教に背くこと能はざるものとなり居れり、彼国の国教は即ち実践の道徳にして、決して理論を研究するの道徳に非るなり、然るに吾邦には不幸にして国教といふ者なし、然れども其国民の道徳を養成せざるべからざる事は彼国と異なることなし、是を以て古来より儒教を以て世間の教となし、仏教を以て出世間の教となせり、遂に儒教を以て士太夫の必ず学ぶべきの学問となし、仏教を以て一般人民の信仰の自由に任かせたり、大宝の学令を見れば是を知ることを得べし、是より徳川氏の末に至るまで千有余年或は朝廷、或は幕府、或は諸侯の教育は何れも儒教に従はざるはなし、是を以て国家の紀綱を正し人心を維持し、又是を以て忠臣孝子義僕を出したること其数を知らず、降りて市井閭巷間に行はるゝ劇場のごとき、俗曲のごときは極めて卑猥のものなれども、其主義は何れも忠臣とか、孝行とか、節婦義士といへるものに帰し、儒教の範囲の外に出ることなし、明治廿七八年の戦役に軍人が大功を顕したる如き皆忠勇義烈のごとき儒教の教育より出たるものなり、是に依て見れば儒教の吾邦に偉功ありし事は至大にして文字文章の末にあらざるなり、然るに明治の初に至り世人皆西洋の富強工芸に心酔し、東洋の旧物を持って盡く固陋陳腐なりとし、是を棄ること蔽屣を脱するがごときも儒教は古来我邦に大功あること此のごとし、将来も亦決して廃すべからざるの学問なれば当時もし卓識の士あらば是を保存して国民の徳育を為すの材料とすべかりしに当事の人士は皆政事の改革にのみ熱心し、又深く学問に達するの人もなきを以て無分別にも儒教の勢力を奪ひたり、是より儒教は日々其勢力を失ひて近日に至り政府及教育家は漸を以て儒教を廃せんとするの意を示せり。

凡徳育に必要なるは其教を信ずるにあり、西洋にて徳育に宗教を用ふるも是が為なり、則西洋にては宗教は信仰を主とし、哲学は研究を主とす、研究の学問は何程精密なりとも人の信念を固くすること能はず、今本邦にては人心狡猾軽薄となりたる時なれば到底研究の学問を以て国民の徳育を為すこと能はず、さりとて今日又新に宗教を以て徳育を行ふべからざるは人の知れる処なり、然るに儒教は宗教と哲学との中間にありて学者の是を信ずることは宗教に近く、其理を論ずるは哲学に近し、且専ら実践躬行を重んじ、奇怪妄誕の言を交へず、蓋し東洋人に適当せるの教なり、夫宗教已に徳育に用ふべからず、哲学又人の信念を固むるの力なし、然れば本邦にて徳育に用ふべきの学問は儒教を置て他にあることなし、乍併政府にて弥儒教を徳育に用ひんとするには国民をして益儒教に対して其信念を固くせしめざるべからず、然からざれば徳育の効なし、国民をして是を信ぜしめんと欲せば政府まづ自ら是を敬重尊信せざるべからず、往昔朝廷にて行はれし釈典の礼及び後世幕府諸藩にて行ひし釈典釈菜の儀は皆自ら其尊信を示して国民をして是れに信従せしむる処ありたり、西洋諸国にての宗教中に於て国教を定め帝王公卿以下是を敬重尊信する事の厚きは、到底東洋人が古来儒教を敬重尊心するの及ぶ所に非ず、此の如くならざれば国民の信念を固むること能はざることをしればなり。

問　儒教の今日用ふべからざるは、其教義の迂闊固陋なるのみに非ず、儒教の本家とも称すべき支那の国勢を見るに日々衰弊に赴き殆んど救治すべからざるの状態あり、此のごときは畢竟儒教を信じたるの結果なるべし、もし我邦にても儒教を採用する時はその結果は亦支那と同一に帰すべし、如何。

答　吾子の言ふ処は多くの俗人の言ふ処にして甚言れなきの言なり、支那の振はざるは種々の原因あることにして儒教の罪にあらず、若し其国の衰弊したるを以て其教祖の罪とするときは、耶蘇の出たる猶太国は如何、釈迦の出たる印度は如何、皆久しき以前に滅亡して其地は皆他国の版図に帰し居るに非ずや、教義の善悪を論ぜんと欲せば先其教に説く処の如何を知らざるべからず、猶太印度の滅亡したるを以て耶蘇仏教を賤むべからざるを知る時は、亦支那の衰弊したるを以て儒教の賤しむべからざるを知るに足らん、世の儒学を為すものゝ多く固陋迂闊なるは其人の罪にして教の罪にあらず、故に今日本邦の中学、小学師範校のごとき専ら実践躬行を必要とする学校にては必ず儒教を以て徳育を行はざるべからず、儒教を用ひんとするには必先深く道を信ずるの心を起さしめざるべからず、儒教に限らずすべて徳育を施さんとするには其教を信ぜざれば決して其効を奏すること能はず、然るに、中、小学、師範校の徳育に儒教を棄てゝ西洋の倫理学を用ひんとするは、其用所を誤るものにして、智者の取らざる所なり、倫理学は極めて精密詳審なりといへども、道徳を外に求めて内に求むることを知らず、即ち前人の著書又は著名なる碩学の言辞の上のみを考究して是を吾身に自得すること能はざれば、何程学問するも吾身は吾身、学問は学問と別々になりて合して一体となること能はず、是其不可の一なり、又倫理学は昔より今に至るまで、人々其説を異にし其後も一定すること能はず、是を以て何人の説に付ても信念を定むるなし、是其不可の二なり、倫理学は只道徳の理を研究するのみにして、実践の如何を問はず、著名の学士と雖も敢て実行を務めんとせざるもの多し、此のごとき実行を主とせざる処の学問を以て生徒の実行を教へんと欲す、是其不可の三なり、此三不可を犯し哲学を以て生徒の徳育を為さんとす、誤れりといふべし。

問　儒教の徳育に用ふべきは既に命を聞けり、然れども儒教は実際迂闊固陋にして今日以後の国民を教育するに適せざるがごとし、如何。

答 今日の儒者の迂闊固陋は余も亦是を知れり、此のごときは儒者儒教を以て万能のものなりとし敢て他の学科を修めざるに依るものなり、儒教は人の身心を修治する学にして、学問の頭脳なり、物理、化学、算術、地理、歴史、政治法律、経済のごときは学問の手足なり、儒者は学問の頭脳のみを学びて其活動せる手足の学を為さず、故に迂闊にして世の用を為さゞるなり、もし儒教を以て頭脳を作り、今日の知育を以て手足の活動を修練する時は、決して迂闊固陋の人とならざることを信ずるなり。

問 然らば儒教を以て限りとし、哲学は是を学ぶことを要せざるか。

答 何為れぞ其然らん、儒教は実践の学にして亦自得の学なり、已に自得の地位に至れば復退転の恐なし、然る後は更に進んで研究の学、即哲学を学びて己が智力の限りを尽すべし、決して儒教を以て限るべきことに非ざるなり、唯最初に哲学のごとき高遠にして一定の主義なき学問をなすときは、其意見散漫確定する処なく、終に身を修め心を正くすること能はずして止むべし、故に実践の学を為さんとするには必ず儒教を学ばざるべからず、已に道たる者を見得たる上は哲学を研究して其精微高妙の奥に達するを宜しとすべし、是其前後の順序を誤らざらんことを希望するのみ。

問 小子少年の時或洋学先生より西洋の立憲政治の美なることを聞けり、其言ふ処によれば、国政は人君独是を専らにせずして国民と是を同治すといふことなれば、実に大公至正の政事にて東洋人の従前夢にも見ざる処なり、明治二十二年立憲政治の大詔渙発せらるゝを聞き、小子は歓天喜地東洋無前の盛事にして是より国家安寧人民富裕真に文明の域に達すべきを思へり、然るに是を行ふこと已に十年なるに、最初の希望と大に異にして弊害百出今日は識者皆嚬蹙して改善の策を求むれども得ること能はざるに似たり、其故如何。

答 余も亦吾子と殆んど同一の希望を懐きしものにて、其先見を誤りしは吾子と異なることなし、初て本邦立憲政体の大詔下るや、西洋人の或一派の人々は日本人が低度の智識を以て此政体を行はんとするを嘲笑したりと聞く、又美濃の人士何某は立憲政治は黄色人種に適するや否やといへる疑問を掲げて諸学士に質問を発したり、余は当時是等の人の過慮なることを笑へり、然るに今日に至りては其人の先見に恥ぢざるを得ざるなり、蓋し我邦の立憲政治の弊は其本は国民の無識なると、政党の跋扈とにあり、吾邦にて立憲政治の模範とする英国の例を按ずるに、彼国にて初めて国会を開きしは英王顕利《ヘンリー》第三の時、千二百六十五年の事にして、其時は未だ政党の萌芽あらず、其後大約三百八十年を経査爾斯《チャールズ》第二世王の時初めて多利輝格《トリイスキリクス》の二政党起る、是今日保守改進二党の発端なり、故に英国の政党は其始代議士集会して財政を論ずるより自然に其中に意見の異同を生じ、或は保守を主とし或は改進を主とするより、或は政府を助け或は人民を助けんとするより遂に政党を生じたることにて、国会開設以後数百年を経過して始めて政党の形をなしたるなり、吾邦は是に反して国会の未だ開けざるに已に政党を作りて待掛たり、最初の政党は皆不平士族の団結にして、多少の学問ありて財産は皆困窮せり、連りに無智の人民を煽動して政府を誹謗し、国会の人民に大利益あることを説き以て己が党に加入せしめんとす、人民は何事をも知らず只政党に加入すれば租税は軽くなり、国政に参与することを得、百般の政事皆人民の意向を以て行ふといふ詭弁を信じ、人民の野心ある者、名利の心盛んなるもの、高慢なるもの、相率ゐて政党に投入し、二十三年国会の開けし時は衆議員議員は大抵政党より当選せり、是より改選ある毎に政党員は種々の悪策を用ひ或は賄賂を投じ、或は威迫を行ひ以て無智の選挙人を脅かして己が党類を推選せしめたり、今競争の劇烈なる数々の人を殺傷せしものあるは衆人の知る処なり、選挙人は大抵愚昧にして政事の何たることを知らず、いかなる人が忠実なるや、いかなる人が奸偽なるやを知らず、且賄賂に眩し威迫に慣れて彼等の指名する者を選挙す、是に於て其当選するものは野心家に非ざれば貪欲家なり、貪欲家に非ざれば高慢家なり、実に国家の為め国民の為め誠実忠信の人を選出することなし、（希れには忠実誠信の人あるも甚少数なり其内政党以外より当選したる者には忠良の人もあれども、政党員にして当選したる者は大抵は私欲一偏の人なり、是に於て余輩が最初に希望したる天下の英才を集めて国事を議すといへる想像は全く空想となれり、初めは此等議員等専ら藩閥政府に反抗するを以て主眼としたりしかば、其言語挙動は頗疎暴の事多かりしかども、猶単純率直にして取るべき処多かりしかども、中頃より漸々狡猾奸譎となり、或は藩閥政府と結合し、或は奸商猾賈と気息を通じ、或は人民の代議士たるの本分を忘れて政府の意を迎へて租税を増徴し、財政の困難なるを知りながら、自己(議員)の給料を増して殆んど三倍の多きに至れるがごときは、明らかに国の為め民の為めを謀る者に非ざるなり、其他自己の職分外の事に於て或は府県会議員の進退に干渉し、或は府県知事を自党より出して自党の根拠を固くし、或は山林の払下に関し、或は築港築堤に関し、或は道路の修繕に関し、或は開拓開墾に関して、奸利を行ひ以て自己の腹を肥す等是等の事を挙ぐる時は筆を禿するも尽すこと能はず、蓋し立憲政体は智愚正邪を以て決するに非ずして多数を以て決するものなれば、たとひ其論極めて愚昧にして邪曲なるも、多数を得たるものは常に勝利を得ることとなる故に、政党の多数なるものは其勢力常に強く、勢力強きものは常に我儘にして邪曲の事多し、凡そ今日朝となく野となく、中央となく、地方となく、弊政奸謀ありと聞かば必ず政党人是に関係せざることなし、其政党人必ず其発起人又は其謀主とならざるはなし、故に今日民間に在りて或は権勢を得、或は暴利を得んと欲する者は必ず多数の力ある政党に加入するを常とす、此の如くして止まざる時は後来政党の国家に禍すること実に寒心に堪へざるものあり。

問　今の政党果して其弊害多ければ、是を改造して良善誠忠の者とするの方法なきや。

答　此事は朝野を問はず、世の識者皆是を希望せざるはなし、今の政党家とても個々に是を見れば学力ある者もあり、事務に通ぜる者もあり、実業に熟せる者もあり、(此の如きは少数なれども)決して之を軽侮すべきに非ず、只是等の人々合して政党員となりたる時は、其党論といふものは多く偏私自利を専として国利民福に力を用ふるもの少し、初め政友会を組織する時の宣言は能く政党の弊を言ひたるものといふべし、然れども徒に是を宣言したるのみにて是を改善すること能はず、相率ひて党弊の渦中に陥りて自ら脱すること能はず、蓋し政党の弊は何人も其改善を望めども其方法を得ず、竟に其志を達することを得ず、然る所以のものは今日政党の勢は全国に蟠踞し東西相呼応して其勢力を逞ふせんとす、且政府にて軽率にも今日のごとき知識なき国民に自治を許したるを以て政府も是を如何ともすること能はず、もし妄に手を下さんとすれば、忽反噬を蒙り政府は自立すること能はず、彼と協合する時は緩慢放恣を長じて之を制御すること能はず、蓋し政党の改善は今日の国内政事中の最難なるものなるべし。

問 然らば政党の改善は終に行ふべからざるか。

答 何ぞ行ふ可からざるの理あらん。

問 然らば其方法手段は如何。

答 凡そ天下の事いふべくして行ふべからざることあり、行ふべくしていふべからざることあり、政党改善のごとき行ふべくして言ふべからざることなり、其故何ぞや政党改善は今日のごとき優柔不断にては決して成就すべからず、是を成就せしめんとするには只一の霹靂手段あるのみ、然れども其霹靂手段は其人に非ざれば是を行ふこと能はず、今日の政事家に是を望むこと能はざるなり。

問 往昔は事物の名称甚明白なりしを以て人をして容易に其曲直を知ることを得せしむ、たとへば水戸の正当、奸党の如き長州の正論党、俗論党のごとき是なり、今日事物の名称甚明白ならず、或は消極説、積極説といひ、或は保守論改進論と称して、其何れが正、何れが邪なるを知ること能はず、往昔のごとく正邪曲直等の名を以て是等の論者に加へたらば如何。

答 往昔の各党の正邪曲直は皆其党派心より生ずる名称にして真正の正邪に非ず、甲の党己を正とし、乙の党を邪とする時は乙の党亦己を正とし、甲の党を邪となす、局外者より是を見れば正党なる者必しも皆正に非ずして、奸党なる者必しも皆奸なるに非ず、然るに已に敵党に邪党奸党の称を与ふる時は其党中の後進者は実に彼を以て奸なり邪なりとし、是を撲滅せざれば止まざらんとす、故に妄りに敵党に正邪忠奸の称を附するは適に彼我の恨を深くし、延て其国家に深害をなすものなり、漢の党錮の禍、明の東林党の禍の如きは皆是より出たるものなり、近年に至り正邪忠奸を以て党を分つことをやめ、保守改進君権民権等の名を以て党を分つに至りしは蓋し人智の進みたることにして、旧時の正邪を以て分ちたるに比すれば国家の禍害を減したること少々に非ざるなり、然れども、党派には忠奸正邪なきも、議論には忠奸正邪なきこと能はず、今日正邪の語を用ひざるの極終に如何なる邪説奸説をも邪曲を以て之を称することなく如何なる正論卓説も正忠を以て是を称することなし、国家万世の為に謀りたる名言にも是に忠言の名を与ふることなく、一己の私利を謀りて国家の害をなすべき邪論も是に奸説の名を与ふることなく、只或は保守或は進歩或は消極或は積極等の名を以て是を分つ、是を以て後進者は国家の為めに何れが利あり、何れが害あるかを審かにせずして、其名称の美なるものに同意するの傾あり、是今日邪説動もすれば世に勢力を得て正論は却て萎靡せる所以なり、故に党派のごときは目するに正邪を以てすべからざれども、議論のごときは必ず正邪を明かにし、保守改進積極消極等の如き曖昧の名を廃して明らかに正論邪論の名目を附し、邪説の害は洪水猛獣の害より甚しきものなることを知らしめ以て世人の誤らざらんことを希望するなり。

問 凡道徳に志す者は専ら道理のみを研究し、道理に於て宜く行ふべしとする時は世議輿論は少しも顧みずして是を断行すべきか、もし少しも世議輿論を顧みざる時はたとひ道理に協ふ事も或は窒礙して行はれざることあらん如何。

答 世論の如何に関せず専ら道理にのみ依りて能く其事を行ひ得る者は、只仁人君子豪傑の士にのみ望むべくして、尋常の人に望むべからず、余が壮年の頃には本邦に尊王攘夷論といふもの盛んに行はれて国中に於て少しく気概あるものは率ね是を唱へざるはなし、此論たる其初水府より起り其後諸浪人皆是を唱へ、終に薩長等の大藩皆是をいふに至れり、尊王は固より美事なれば少しも間然すべきことなし、攘夷に至りては其蒙昧無智なること殆んど論外といふべし、蓋し此時攘夷を唱ふるものに二種の別あり、一は攘夷を断行する時は弘安の神風再び起りて夷船を沈没せしむべしと信ずる者なり、公家のごとき神道家のごときは多く是に属す、一は攘夷の行ふべからざるを知り是を以て幕府に逼り其実行する能はざる時は違勅を以て幕府を罪せんとするものなり、薩長の諸藩及び諸浪人のごとき是に属す、道理を以て論ずる時は道理を以て是をいふ時は決して行ふべからざるの事にて、利害を以て是をいふも国家の大害を受くる事は諸を掌に指すがごとし、然れども其時に当り時勢人情の赴く処苟くも攘夷を言はずして和好をいふ時は、人々相語りて怯懦となし、不忠となし、甚しきは売国の賊を以て訴罵するに至る、世議輿論の力実に畏るべきものあり、明治以後に至り人心の趣向全く其表裏を異にし、攘夷は変じて文明開化となる、文明開化は攘夷の正反対にして全く西洋の風俗を欽慕するものなり、今日に当り時事を論ずるものもし文明開化を以て標式とせざる時は、世人が是を侮蔑すること往年の攘夷を主張せざる論と異なることなし、攘夷の事は既往に属するを以て今是を研究するの必要なし、今日は宜しく文明開化論の如何なる者なるかを研究せざるべからざるなり。

問　世界各国殊に亜細亜、阿弗利加の諸国民が欧米の強暴を悪み、所謂攘夷の挙をなして失敗し終に其国を危亡に陥れたるものは指屈するに遑あらず、然れば攘夷の行ふべからざるは何人も是を知らざるはなし、文明開化に至りては全く是に異にして欧米人が今日の富強を致したる所以なれば吾国人は上下一致して文明開化を学ぶを以て宜しとすべきに似たり如何。

答　文明開化といへる語は文字の上より見れば至極立派なる語なり、且此文明開化を行はんとする吾国民の精神は如何なるか、又如何なることを以て文明開化の事とする歟、是尤も研究すべきの要件なり、余謂へらく文明開化は固より宜しく学ぶべきことなれども亦其内に将来国家の大害となるべき分子を含めり、其一二を挙ぐれば人心軽薄に赴くなり、風俗奢侈に流るゝなり、其国固有の美風を失ふなり、金銭を貴び道義を軽んずるなり、利口を先として行実を問はざるなり、誠信の徳日に減じて詐偽を行ふもの日に増すなり、是等のごときは皆文明開化に伴ふ処の弊害にして此弊倍増長する時は遂に国を亡すに至るなり、故に文明開化の説は往昔の攘夷論のごとく直接に禍害を招くことはなけれども国人専心に是のみを目的として其弊害を慮らざるときは、百年後の禍害は攘夷論と大に異なることなかるべし、今日文明開化論の勢力甚強くして如何なる名論にても文明開化に非れば世に用ゐらるゝことなし、故に今日は政事家教育家実業家を問はず苟くも世事を論ぜんとするものは必ず文明開化を以て其旗幟とせざるはなし、此のごとく或る一派の論の大に勢力を得るは国民の浮薄より出たる事なれども亦時勢の然らしむる処にして、人力を以て是をいかんともする事能はず、故に余のごときも其立論は常に文明開化を標的として其中に在る有害の分子を除き務めて中正に帰せしめんことを欲す、故に余の常にいふ処の文明開化は今日世人の言ふ処と其称は同じけれども其実は頗る同じからず、或は全く世間の論に反対する者あり、是国家の為めに其実のみを取りて其害を去らんと欲するの微意なり。

問　宋儒は天理人欲の弁を明らかにし、専ら天理を存して人欲を去らんことを務め、所謂此心純㆓于天理㆒而無㆓一毫人欲之私㆒を以て学問の標的とするものゝ如し、然るに尚書仲虺之告に以㆑義制㆑事以㆑礼制㆑心の語あり、世間宋儒を信ぜざるものは宋儒の説を以て過高にして実際学ぶべからざるのことゝなし、尚書の言を以て学者の宜しく準的と為すべき処となす者あり、伊藤仁斎の如きは全く説なり、然れども王明陽のごときは経世の通儒なれども亦此心純㆓于天理㆒而無㆓一毫人欲之私㆒を以て学問の標準とするものゝ如し、然らば宋儒の言も必しも過高に非る歟如何。

答　曰学問も上古は主として躬行を論じて心性の事に及ばず、後世学問の進むに従ひて心性の事にも及べる者なり、故に尚書の語と宋儒の語と並べ挙て其精粗を比較するは恐くは未だ当らざるに似たり、（但仲虺の誥は偽古文尚書の中なれども今深く是を論ぜず）今右のごとき比較の見を脱して今日に当り宜しく行ふべきの道を論ずる時は余は自ら一説あり、凡学問には教を授くるものと、教を受くる者との二者あり、即ち師と弟子との別あり、弟子は本より師の道を行ふことなれども其間に浅深高卑の差なきこと能はず、況んや其教を全国に弘めんとするには其差益大ならざることを得ず、乃其師たる者の学力尤も深遠にして其行は尤も醇正ならざるべからず、其教に従ふ処の多数の人民も本より学術深遠品行醇正を欲する事なれども、如此は事実に於て決して得ること能はざる処なり、故に普通の人民は只其行為にして善道に協ふ時は姑く之を以て満足して敢て其心術の如何を問ふに遑あらざるなり、只人の師たるべきものは是に止まらず必ず誠意正心の学を修めて内心外行共に醇正高尚の地に至らんことを求めざるべからず、故に尚書の以レ義制レ事以レ礼制レ心は只普通人民の心掛として是を学ぶべし、決して修身の道を以て是に止まれりと思ふべからず、人の師たる者は必ず此心純二于天理一而無二一毫人欲之私一に至るを以て目的とせざるべからず、普通の人として宋儒のいふ処を学ばしめんとするときは過高にして及ぶべからず、人の師たるものとして尚書にいふ処に止まらしむる時は学問に自得の力なくして浅薄の学と称せざることを得ず、故に尚書宋儒の説は其用ふ処の適否を論ずべきものにして其是非を論ずべきものに非ず。

問　儒教の心学は宋の時に至りて大に開け、程子朱子陸象山あり、明に至りて王陽明あり、宋学の外に又別の発明あり、是より後は皆此の諸子の門流にして一も此諸子に勝るものなし、是等諸子の論ずる処と雖も皆己が心を元としたるものにして、西洋思想法の所謂演繹法なれば、未だ精微を蓋すといふこと能はず、西洋の心学は希臘の時に始まり千有余年の研究を経て今日に至りては実に精微の極に達せり、故に真理を学ばんとするものは儒学の心学を棄てゝ専ら西洋の心学を学ぶを以て宜しとすべきが如し如何。

答　西洋の心学(心理学)の詳密精微なることは明らかに儒教の心学の上に出でたり、且儒教の心学は今日は已に其歩を止めたりといへども西洋の学は今日も益々研究して其到る処を知らず、余も往年心学講義を著し専ら西洋の心学を以て其説を立たり、只西洋の心学は研究の学にして修治の学に非ず、故に其学問の方は心といへるものを吾身の外に置きて所謂客観的に是を研究するものなり、故に何程精密に研究したりとて只心とは如此ものなりといふことを知るのみにして我心を如何に修治すべきといふことを知らず、心は心、我身は我身別々の物のごとくにして二者を合併して一個の我心として是を考究するの学に非ず、故に西洋の学者には著名の碩学にて其心治まらず或は絶望等の為に喪心する者少なからず、東方の学は是に異にして昔より治心の学あり印度の仏教支那の儒教皆然り、東洋には此治心の学あるが為めに昔より碩学と称せらるゝ人は勿論其以下の人にても学問に自得する人は其心定まり、安危憂楽を以て其心を動かすことなく、死生の際に臨むも泰然として驚くことなし、蓋し西洋の心学は分析の学なれど東洋の心学は総合の学にして、心を研究することは頗る粗漏なれども心の全体を執りて一物として是を修治鍛錬するの長所あり、分析の学は其精詳緻密は大いに総合の学に勝れども心の全体を執りて是を修治鍛錬すること能はず、凡そ人の五官といひ手足といひ何れも生れたるまゝにては何事をも為すこと能はず、夫々修練の功を積むときは手は書画音楽より百般の工業を為すことを得、眼は修練により百物の巧拙精粗美醜を監別することを得、耳も同じく修練により音楽其他の音声の精粗巧拙を聞分くることを得べし、況や心のごときは一身の主宰なれば縦ひ無形物なりといへども修治練磨すべからざるの理あらんや、修治鍛錬せざる者は凡人俗人にして能く修治する者は或は賢人君子となり或は英雄豪傑となることを得べし。

問　東洋の心学に修治の功あることは已に命を聞けり、東洋の学問の中にて仏教と儒教の何れの方尤修治に功ありや。

答　仏教の内にて最も心の修練を専とするは禅学なりと聞く、余は二三の仏書を読みたりしかども参禅のことを為さゞりしを以て詳に仏学の治心を説くこと能はず、然れども仏学は出世間の教にして僧侶たるものは妻子なく家居なし、政務に参与することもなければ産業を治むることもなし、故に其治心は或は高妙の地に達すべきものなるべきも世間の用を為すこと能はず、我儕世間の人にして父母あり妻子あり君主あり国家あり産業あり交際あり、出世間なる仏法により心を修治し得るも僧侶のごとき世の中に係累なき身ならば夫にても宜しかるべきも、吾等は僧侶と異にして世間の係累甚だ多ければ仏者の心を以て此世に処すること能はず、故に仏学の治心はたとひ高妙なるものなりとも吾等は是を用ひて吾心を修治すること能はず、故に吾等の心を修治せんとするは儒教を措て他に是あることなし、余中年より治心の学に従事し専ら儒教に依りて修練し傍ら仏書及哲学を参案し甚粗魯なる学問なれども今日に至りては決して心より悪事を行はざることを信ぜり、又楽レ天知レ命故不レ憂の意味をも何程か会得したり、又心学に治心、養心、安心の三階級あることをも自得せり、此のごときは皆儒教の賜に非ざるはなし、然れども心の学は決して東洋総合の学を以て止むべき者にあらず、余の如きも治心の暇余年を以て西洋分析の学を研究せんと欲するなり。(完)

明治三十四年・同三十五年口述講

〔昭和十一年六月十三日、日本弘道会発行〕

修身講話

修身講話

本篇は予が曩《さき》に三河農会の招きに応じて同国各地に於て為したる演説の要領なり。会員諸氏の一考に資するに足るを得ば予の尭も亦大なりとす。

今日は空論の時代は既に去りて実行の時代に入れり。否実行せざれば協はざるの時代となれり。故に政談の如き法律談の如きは其論何程《なにほど》高妙なるも、今日の民間には用少なきものなり。此実行は数年前より行はざるべからざる所なりしかども、未だ行はれず。今日其実行を促がしたるもの二あり、一は清国との戦争にして、二は欧州諸国と条約の改正なり。清国と戦争のことは諸子の詳知する所にして、予が喋々《てふてふ》するを要せざる所なり。此の戦争大捷の本は　聖天子の御稜威《みいづ》に在ることなれども、亦陸海軍将校士卒の忠武勇烈なるに由ることにして、余輩は之を称賛するに辞《ことば》なく、只感歎《かんたん》するのみなり。此戦争に依りて国の威勢は数倍の高さを増したるも、其国威の増したるに準《じゆん》じて、国民の責任《せきにん》も亦一層重くなるなり。国民は最初より我軍の連戦連捷を聞て狂喜《きやうき》措《お》くこと能はず或は祝捷会《しゆくせうくわい》其他の壮挙《さうきよ》をなして其喜を表せり。其事固より悪しきには非ず然れども戦争とは如何なるものなるか、捷利とは如何なるものなるかと云ふことを知るものは甚少し、世人は戦にさへ勝てば直に隆盛強大の国となり、世界に雄を奮ふことを得べしと思ふ者あれども、夫は思慮《しりよ》の足らざることなり。凡そ戦勝の後は内外の敵に出逢ふを常とす。我は清国に大捷を得たれば甚だ愉快なれども我に負けたる清国人は其心如何必ず愉快ならざるべし。啻《ただ》に愉快ならざるのみならず、必ず時を待て我国に復讐《ふくしう》せんとの心あるべし。是我隣国の怨を受けたるなり。欧羅巴の諸強国は是まで我国を軽蔑《けいべつ》し居たりしが、此度の戦捷に依て大に我国の武勇に驚《おどろ》きたり。其驚くと共に我国の威望を妬忌《とき》するの念を生ぜり、是我強国の妬忌を受けたるなり。此隣国の怨《うらみ》と強国の妬忌とを名けて外敵と云ふ。又戦後の通弊《つうへい》は、国民大抵奢侈《しやし》に流れ慢心《まんしん》を生じ怠惰に陥《おちい》り、婬風を長ず。此四者を名けて内敵と云ふ。豊臣太閤を見ずや、人奴より起り、六十余州を席捲《せきくわん》し余勢の及ぶ所朝鮮八道の山川を震駭《しんがい》せしむ。然れども其戦捷後幾《いくば》くもなくして其家は忽諸《こつしよ》と亡《ほろ》びたり。秦《しん》の始皇帝《しくわうてい》は六国を亡ぼして支那を一統し封建《はうけん》を廃して郡県の政を布けり。然るに其身死して其骸《がい》未だ冷《ひ》えざるに、其の社稷《しやしよく》は忽ち顚覆《てんぷく》せり、其他西洋にて羅馬の如き西班牙の如き、皆之と其運命を同くせり。然る所以の者は何ぞや、何れも外敵内敵の攻襲《こうしう》に逢ひて滅亡したる者なり。然れども外敵は猶之を防ぐの途あり。内敵は内より発し人心を腐敗《ふはい》するものなれば、其恐るべきこと外敵より甚し。然らば戦捷は必ず国を亡ぼすの基《もとひ》となるべきものかと云ふに決して然らず。東照宮《とくがはいへやす》は関ヶ原の一戦に大敵を挫《くじ》き、天下の勢を定め、遂に十五代の大業を開き、華盛頓《わしんとん》は英国と血戦すること七年遂に之に克《か》ち共和国を建《た》て、日に益々隆盛を致し初十三州たりしもの増して三十六州となり、人口三百万なりしものは増して五千余万に至り、其国の富饒《ふじやう》なること世界万国に冠《くわん》たり。此の如きものは何ぞや、戦捷の後国民上下一致して国内の改良に従事し、法律を正くし、制度を改め、農工を励《はげ》み通商を改め、教育を盛にし、風俗を善くしたるに依れる者なり。是に由て見れば戦捷は実に治乱興亡の岐路《わかれみち》と云ふべし、今日本国民は何れも此の岐路に立てり。国民の心掛《こころがけ》善良にして、善道に赴けば、益々隆盛の国となるべし。もし心掛宜しからずして、悪道に赴くときは折角の軍功も水の泡《あわ》となり、遂に衰亡の覆轍《ふくてつ》を踏《ふ》むに至るべし。実に大切の時と云ふべし。

軍人は戦場に出で一命を棄《す》て武功を立て国の武威を揚《あ》ぐれば、夫にて事足れり。戦争の後に於て、国を富まし、人心を一致し、国を堅固《けんご》にし、風俗を良善にし、益愛国心を奮《ふる》ひ、文政武備並び挙げ、此国を以て世界中優等の地に立たしめんとするは、軍人以外の国民の職分なり。即ち余等と諸子との如き者の責任なり。世人或は云ふ陸海軍人の忠勇無双なるを見れば、邦人の尊皇愛国の精神は已に十分なり、敢て心配するに及ばずと、是れ大なる誤なり。日本の人口は大約四千一百万人にして、其内陸海軍人は現役予備後備を合せて二十八万に過ぎず、残り四千七十二万は戦捷の後を承《う》けて此国を整理《せいり》する人なり。然るに此四千七十二万の人を見るに、其中に無知、因循、怠惰、狡猾《こうかつ》、腐敗《ふはい》、の人甚多し。(甚失敬なれども)是より国家が盛衰存亡の分れ道に入るとき、即ち国民が大責任を負ふの時に方《あた》り、此の如き人民にて能く此国を隆盛の地位に引き上ぐることを得べきか、少しく疑なきに非ず。戦争以来、国民皆敵愾心《てきがいしん》を起したりとはいへ、其為す所を見るに惟祝捷会とか云ひ、大勢集合して、国旗を立て、提燈を吊《つる》し、花火を揚《あ》げ酒を飲み、狂奔《きやうほん》するに過ぎず。(此事本より悪しきには非ざれども)唯今より熟慮《じゆくりよ》して戦捷後の方略を定め、専心以て之に従事せんとする者は甚少し。夫れ清国は土地人口共に我に十倍せり、是に勝つは我武固《わがぶもと》より已に多し、然れども支那は国政腐敗して民心一致せず、之に勝ちたりとて天下に敵なしと思ふべからず。且戦争に十分支那に勝ちたれども、商売は是まで已に支那人に負け居れり、今後も決して油断すべからず。又欧州の諸強国と較《くら》べ見るときは、富力彼に及ばず、学術彼に及ばず、農工の業彼に及ばず、商業は最も彼に及ばず、加ふるに彼は世界を併呑せんとするの大慾心《よくしん》あり。我国之に対し其国威を墜《おと》さざらんと欲す。我同胞四千万は今日より十分の覚悟《かくご》なかるべからざるなり。凡そ強国又は文明国と称せらるゝ者にて、一も貧乏なる国はなし。富は強と相伴ひ、貧は弱と相伴ふは自然の理なり。本邦今日までの富は他国に比していかん。前田正名君の調査に依るに明治廿五年本邦の生産力(即ち民の生財力)は外国貿易、農業工業の産物、運搬費、銀行利益を合せて七億三千七百八十九万円なり。英国の仝上の額百三十一億五千六百万円(大約我十九倍強)なり。和蘭の如きは、其土地の面積我十二分の一即ち九州より小さく、人口僅かに四百六万(我九州の人口は五百七十五万六千人あり)の小国にして猶十四億一千五十万円(殆ど我の二倍)の生産力あり。以て我国の富の度の如何を知るべし、此富力にては欧州諸強国と対等の交際は出来ざるなり。人或は清国より莫大の償金を得たるを以て自ら安んずる者あり。是れ大なる誤なり。償金は博奕《ばくえき》に勝ちて得たる金の如し。是れが為に心弛《ゆる》み奢侈《しやし》を行ふときは忽ち費散すべし、且是が為に物価の騰貴を来すべきなれば、其消散は殊に早かるべし。已に償金を遣《つか》ひ尽《つく》して後に残るものは国民の奢侈のみなり。国家は是より困窮すべし。実に国の富を得んと欲せば国民の実力を以て得たる物の外には、真の国の富を増すものは一もあることなし。三億円の償金少きに非ずといへども、若し我国民の生産力小国の和蘭にも及ぶときは猶従前の生産力の上に年々六億七千二百六十一万円を増すことを得べし、三億円の償金何かあらん、是れ世の識者が実業を奨励《しやうれい》する所以にして、余も亦之に同意する所以なり。然れども実業は之に伴ふ所の弊害あり、何ぞや利己主義是なり。又自分勝手とも云ふ、自己の便利のみを謀りて他人の迷惑《めいわく》を顧《かへり》みざる者なり。其甚だしき者は国家の利を害して一身を利せんとする者なり。近年数々聞く所の米麦其他日用の者を買占め、衆人を苦めて、独り巨大の利を貪《むさぼ》るも実業家なり。粗悪の茶又は糸を外人に売りて本邦物産の声価《せいか》を落《おと》すも実業家なり。清国出征軍人の食物に腐敗の缶詰《かんづめ》其他粗悪の物を送れるも実業家なり。田地を抵当として貧民に金を貸付け、期月に至り返金成らざるときは、其田地を奪ふも実業家なり、此他其類多し、此の如き実業家は多ければ多きほど国民の害を為し併せて国家の害を為す者なり。是に由て観れば国家の益を為すも実業家なり、国家の害を為すも実業家なり。然らば如何せば可ならん、是れ余が諸子に告げんと欲する要点なり。其要点は唯一言のみ、曰く道徳を本として実業を励むなり。之を家を作るに譬ふれば道徳は地固《ぢかた》めの如く、土台の如く、実業は梁柱《りやうちゆう》の如く、屋根天井《やねてんじやう》の如く、壁羽目《かべはめ》の如く、其他造作の如し。礎石土台《そせきどだい》地固め堅固ならざるときは、其上の建物は何程美麗《びれい》なるも、久しからずして皆崩壊《ほうかい》すべし。道徳なき所の実業は何を以て之に異ならん、道徳とは何ぞ、其教種々ありと雖も我日本人民は明治廿三年に下し玉へる詔勅を遵奉《じゆんぽう》するを第一の道徳とす。世間には或は此詔勅を以て専ら学校生徒に下し玉ふ所なりと思ふ者あり、誤れるの甚しき者と云ふべし。詔勅には我臣民又は爾臣民と宣《のたま》ふ。臣民とは上は総理大臣より下は日傭取に至るまでを指し玉ふの御詞《おことば》にして、決して学校生徒に限りたることに非ざるなり。故に我四千万の同胞は此詔勅を以て道徳の模範となし、日々之を暗誦《あんしやう》して　聖旨に背かざらんことを務めざるべからず。然れども此詔勅を遵奉せんとするには先づ我身に道徳の素地《したぢ》を作らざるべからず。素地とは何ぞ第一に尊王愛国の心を篤《あつ》くせざるべからず。四千万の同胞は互に相助け互に相救《すく》はざるべからず。士農工商各其身分に応じて国家の為に力を尽さざるべからず。官民の別又は政党の異同に曲りて不和の心を懐《いだ》くべからず。私利を後にして公利を先にせざるべからず。外人を利して国人を損することの如きは、たとひ些細《ささい》の事なりとも決して之を為すべからず。学術経済は世界の最上等の国を以て目的と為さざるべからず。又国民の志操品行《しさうひんかう》は一国の栄誉《えいよ》に関《くわん》するものなれば、善く其身を慎み、卑劣《ひれつ》、懦弱《だじやく》、狡猾《こうかつ》、詐偽《さぎ》、遊惰《ゆうだ》の風は力めて之を除き去らざるべからず。我身も国民四千万中の一人なれば此日本国の安危存亡を我肩に担《にな》ひ居ると云ふことを忘るべからず。此の如くして始めて　聖詔に奉答することを得べし。次に道徳の精神より発する改良進歩の方法は、独立の思想と結合の力といへること是なり。独立の思想とは何ぞ、凡そ此国を世界の最上等に立たしめんとするには、国民先づ自ら最上等の国民とならざるべからず、最上等の国民とならんとするには、如何なることを心掛《こころが》け、如何なることを為すべきかと云ふことを自分に研究《けんきゆう》し自分に奮発《ふんぱつ》して執行《しつこう》せざるべからず。此思想を独立の思想と云ふ。政府の督励《とくれい》に由り已《や》むことを得ずして動くは独立の思想にあらず。農業工業は如何なる方法を以て発達せしむべきか、備荒儲蓄《びこうちよちく》は如何なる方法を用ふれば凶年水旱を救ふことを得べきか、教育は如何なる方法を用ふれば善良なる人物を造ることを得べきか、宗教は如何なる方法を以て取捨すべきか、風俗は如何なる方法を以て改良すべきか、山林は如何なる方法を以て繁茂《はんも》することを得べきか、道路は如何なる方法を以て改造すべきか、人口過多になるときは如何なる方法を以て食物を得べきか、是等の類は皆国民が自ら考究《こうきう》せざるべからざるの問題なり。尤も治国安民《ちこくあんみん》は政府の天職《てんしよく》なれば内務省農商務省文部省及び地方官を置き、是等の問題につき夫々施設監督《しせつかんとく》を為すことなれども政府にては、人民が直接に利害を受くるほどの切《せつ》なる感覚《かんかく》なきことなれば、其施設する所或は緩慢《かんまん》にして事期に及ばず、或い規則に拘泥《かうでい》して事情に適せざることあり、故に人民たる者は政府に依頼せず。独立の精神を以て自ら其利害得失を判定し、己の力にて為し得べき事は成るべく自ら之を為し、其力の全く及はざる所は政府の力を仮りて其事を成就すべし。市町村制は政府が人民に独立を与へたる者なり。昔日の如く徴兵令を見て血を絞《しぼ》らるゝと思ひ、市町村制を見て其何等の事たるを解せず、町村長が其名誉職に不平を抱く様にては、迚も開明の人民と称すること能はざるなり。西洋に「セルフヘルプ」といへる語あり、訳して自助と云ふ。己が身は他人の力を仮《か》らず己の力を以て之を助くるといふ義なり。天は自ら助くる者を佑《たす》くといへる西語は、実に格言《かくげん》といふべきなり。大農は政府に依頼し小農は大農に依頼する様の人民にては雄を天下に振《ふる》ふことは能はざるなり。乍併独立の思想と云ふも決して官府に抵抗すべしといふに非ず、又決して官府の世話にならずといふに非ず、唯、官府に依頼せざるをいふなり。本邦の民は久しく封建《ほうけん》の治下に在りしを以て、兎角依頼心を脱《だつ》すること能はず、今日は全く此依頼心を脱却するに非らざれば有為の人民となること能はず、宜しく自助の精神を奮《ふる》ひ、至難《しなん》のことは自ら進んで之を為すと云ふが如き気象《きしやう》を養はんことを望むなり。

其次に結合の力といふは誰れも知りたることにて、衆人の力を合することなり。支那にて昔し涼の傉檀《じよくだん》といへる人の箭を以て其諸子に遺言《ゆいごん》したることの如きは、結合力の好比喩《こうひゆ》といふべきなり。（編者云ふ此喩の意義は箭を一本つつ折れば容易に折り得べきも幾本も合すれば折るべからずといふに在り）本邦にも藤原秀衡《ひでひら》、毛利元就《もとなり》共に此事ありと伝へ、西洋にても希臘《ぎりしや》の時此説話あり此言は独り家を守るの要訣《やうけつ》なるのみならず、又国を守るの要訣なり。封建の世には諸侯皆各地に割拠《かつきよ》し、人民は唯領主の命令に従へば事済《ことす》むことなれば、固より結合の必要なし。今日は同等の国民を以て日本国を維持保守《ゐじはうしゅ》することなれば、結合の必要大に起れり。然るに民間には猶旧来の習慣を脱せず、個々別々の意見を以て個々別々の生活を為し、或は我利を得れば足れり、隣人の損失は我の関する所にあらずと思ひ居るもの甚多し。偶々《たまたま》能く結合するといふも一町一村相和合するに過ぎず、他町他村と和合するといふは、之を聞くこと甚少し、況んや他県他国（外国にはあらず）といふは殆んど聞かざる所なり。今日の時勢昔と変り、日本国を合せて一家とするの時に際したることなれば、一町一村は言ふに及ばず、他郡他県他国とも相結合して国家隆盛の基を建てざるべからず、結合は道徳を以て本とす、道徳にあらざれば真正の結合は成り難し。世間に利益を以て相結合する者少からず、此の如き結合は其利益を争ふに由りて忽ち解散《かいさん》し或は是か為に互に仇敵《きうてき》の想《おもひ》を為すに至る者あり。我所謂結合は誠実を以て本と為し、誠心実意を以て相互に忠君愛国の志を励《はげ》み、一身の小利害を後にして、全国の大利害を先にし、一致の運動を以て、日本の光栄を輝《かがや》かさんとするにあり。此の如く余輩の目的は固より全国の大結合にあることなれども其手を下《くだ》すは一国の小結合より始むべし。更に其土地の事情に依りて一村一町の小々結合より始むるも亦可なるべし。凡そ一国内に住するものは祖先より其歴史を同ふし、名誉《めいよ》を同ふし利害を同ふし、又其風俗人情も相似たる所多きことなれば、一国は尤も結合し易きの団体なり。故に常に其声息《せいそく》を相通し誠信《せいしん》を以て事を謀《はか》り、一国の幸福は一国共に之を求め、一国の害は一国共に之を防《ふせ》ぎ、甲の地に余利あらば乙の地の不足を補《おぎな》ひ、丙の地に不便利のことあらば丁の地より之を助け、以て一国一体の働《はたらき》を為すべきことなり。当国は封建の時は、十余藩に分れ居りたることなれば、今日に至りても其結合には頗《すこぶ》る困難なることもあるべし。然れども往昔此国人が同心協力し、徳川氏を助けて大業を成さしめし事を想《おも》へば、決して一致し難き人心には非ざるなり。近頃前田正名君の熱心なる勧告に依り已に全国農業の結合も成りたりといへば、此後農事に就きて此国の進歩は必ず大に観るべきものあらん。余は農事は甚だ不案内なれば其事に就ては一言も発せず、唯専門家の考究に任せんのみ。然れども結合の要は独り農事のみならず、総て興レ利除レ害の事は結合に非らざれば其功を奏すること能はず。前の独立の思想の條にて述べたる農事工業備荒儲蓄等のことの如きは皆人心の結合に非らざれば行ふこと能はざるの件なり。又土地の悪風の如きは大に其国の進歩発達を妨ぐるものなれば、宜しく之を改正せざるべからず。現今諸国に行はるゝ風俗を見るに、其悪しきものは奢侈《しやし》なり、遊惰《いうだ》なり、淫風《いんぷう》なり、詐譎《さぎ》なり、賭博《とばく》なり、是等の悪風は是なきや、是なければ幸なり、若しあらば、結合即ち団体の力を以て之を摕除《ていじよ》せざるべからず、然れども結合の事も決して容易なるものに非ず、先づ其妨を為す者を除かざれば、結合は成らざるなり。結合の妨害をなす者三あり、其一は狭隘《きやうあい》、其二は妬忌《とき》、其三は利己《りこ》是なり。狭隘とは己の了簡《りやうけん》のみを善きものと思ひ、他人の言を用ひず、常に己が意見を達せんと欲する者なり。妬忌とは他人が世間より称賛《せうさん》され、又は利益を得る見て、心中に之を妬《ねた》み、其名誉或は利益を妨げんとするなり、利己は前にも言ひたることもあれども、己れ一身の利のみを謀りて他人の害を顧《かへり》みず、其甚だしきものは己れの利を得んと欲して他人に害を加ふるものなり。以上狭隘妬忌利己の三者は最も結合の妨害を為すものなれば、先づ此三者を去るの工夫なかるべからず。

前に独立の思想と云ひ、後に結合の力と云ふ、其事全く相反するが如くなるを以て或は之を疑《うたが》ふものあらん、然れども其実は決して反対するものにあらず。凡そ天地間には引力と張力との二者あり、引力のみにて張力なきときは万物皆一所に凝固《ぎようこ》して運動せず。張力のみにて引力なきときは、万物散逸《さんいつ》して聚結《しうけつ》せず。引張の二力適度に其働を為すに由りて万物の聚合開散《しゆうがうかいさん》其宜しきを得るなり。夫と同様にて独立の思想のみなるときは、人心個々分立して、一致の働きを為すこと能はず、結合の力のみなるときは、人々相依頼して自主の精神を失ふ、二者相合して始めて健全なる国民の働を為すなり。次に言ふべきは外国と条約改正のことなり。去年八月英国との条約改正ありて五年の後は外人続々として我国に入り来り、所謂内地雑居《ないちざつきよ》となるなり。夫れ西洋人が東洋の土地物産の利を羨《うらや》みて之に垂涎《すいぜん》すること久し。其智力学術資産共に我国民に勝《まさ》りたるは衆人の知る所なり。彼其貪欲《どんよく》の心を以て其智力と資産とを運用し、以て我国の土地と物産とを併呑《へいどん》せんとするは鏡《かがみ》に掛《か》けて之を見るが如し。知らず我国民は何を以て之に当らんとするや。是迄価千円の土地を彼三千円にて買はんと言はば、邦人は恐らくは之を彼に売却せん。是まで資本十万円を投《とう》ぜし鉱山を彼五十万円を投じて之を開堀《かいくつ》したらば、彼の鉱山独り利ありて他の鉱山は皆損せん、又紡績《ぼうせき》の如き、製紙の如き、羅紗《らしや》の如き、皮靴《かはぐつ》の如き、玻璃《がらす》の如き、外品模造《もざう》の工場を始めとして、生糸、製茶、陶器、漆器、織物、造酒、製塩、製糖、製藍の如き本邦固有の工場の如きも、外人来て其大株主となり、又は全く其会社を買受けて営業するときは、彼は巨万の資本と、巧妙なる学術智力あるを以て、本邦の同業者は彼の為めに圧倒《あつたう》せられ、続々破滅《はめつ》すべし。其他銀行といひ、海運といひ、鉄道といひ、株式といひ、保険といひ、苟くも大金の動く所は彼の手を出さざる所はなかるべし。其間に我邦に姦民《かんみん》ありて、密《ひそ》かに彼に通じ、以て彼の利を為して我の損を為すもの多かるべし。又耶蘇《やそ》教《けう》の如きは益々多く来りて我国内に蔓延《まんえん》すべし。試みに後来のことを案ずるに、百年の後に至り、我邦中に電線蜘蛛《くも》の網《す》の如く、鉄道は山の奥まで至り、船舶は諸港に満ち、家屋橋梁は壮大堅固となり都府は益々繁盛するに相違なかるべし。然れども其時に於て大利を占《し》め威勢《いせい》を振《ふる》ひ我国内を横行するものは、恐くは我大和民族に非ずして、彼赤髯人なるべし。我同胞は農は田地を売りて彼の小作人となり、商は家の業を奪《うば》はれて彼の番頭手代となり、工は其棟梁《とうりやう》の株を失て彼の職工となり、何れも憐《あは》れなる有様とならんも計り難し、想ふて爰に至れば寒心に堪へざるなり。此時に当り能く我国土を保ち我国威を失はず、国家を泰山《たいざん》の安きに置かんとするには、今日より国民奮発し独立の思想と結合の力とを堅固にするに非ざれば決して之に当ること能はざるなり。五年の後といへば久しきが如くなれども、已に一年を経過《けいくわ》して四年の後となれり。歳月の移《うつ》り行くは白駒《はつく》の隙《ひま》を過るが如し。今日より準備《じゆんび》せざれば其間に合ひ難し。凡そ国内の人心を鼓舞《こぶ》し作興《さつかう》して独立の精神を養ひ、結合の力を強くし、以て此国を隆盛の域《いき》に進めんとするは、固より先覚者の任なれども、国民中既に精神の腐敗《ふはい》したる者甚多し。此の如き者は何程鼓舞したりとも、健全の国民となること能はず、所謂朽木《きゆうぼく》不《は》レ可《ほる》レ彫《べからず》者是なり。故に真に国家の為めに実効を奏せんとの希望《きばう》ある者は、今日の児童を教育して良善の国民とするに在り、即ち普通教育の力を以て第二世の国民を作ること是なり。政府にても教育のことには十数年来力を用ひて敢て怠《おこた》ることとなし、然れども今日の教育法は完全無欠《くわんぜんむけつ》にして、果して能く良善の国民を作ることを得べきか、余は此事に付て意見あれども今日は之を言はず、他日時機《じき》あらば之を述ぶることあるべし。兎も角も教育には政府にて文部の一省を置き数百万円の金と数千人の官吏教員とを備《そな》へて之に従事し居ることなれば、姑《しばら》く完全なるものと見て之を政府に委任《いにん》し置き、今は政府の教員以外の事に付きて論ずる所あらんとす。凡そ教育には学校の教育あり、家庭《かてい》の教育あり、社会の教育あり、此三者相合して初めて教育の効《かう》を奏《そう》することを得べし。仮りに今日の学校教育を以て完全なりとするも、児童の学校にある間は一日五時間に過ぎずして其家に在る間は十九時間なり。もし其家庭陋悪《ろうあく》にいて、父母兄弟の言行常に背《そむ》き、或は怠惰《たいだ》或は虚言《きよげん》或は忿争《ふんそう》、甚しきは賭博《とばく》に類するの行ひあるときは、児童は是を見習《みなら》ひて、五時間の学校の教育は、十九時間の家庭の薫染《くんせん》に勝つこと能はず、是れ家庭教育の必要なる所以なり。社会の教育は又社会の制裁《せいさい》といふ封建時代の武士社会には此制裁力甚だ強くもし一人武士道に背《そむ》くことを行ふときは、遂に其仲間と拒絶《きよぜつ》せらる。然るときは其人は生涯栄誉利益共に之を失ひ、全く沈淪《ちんりん》の身となる。西洋諸国にも亦社会の制裁力強く、其社会の道徳は全く此制裁力を以て維持《ゐじ》し居るなり。今日本邦は社会の制裁甚だ衰《おとろ》へ上等社会に立つ所の人にして、其品行は醜汚《しゆうを》卑劣《ひれつ》なる者少なからず。学校教員にのみ品行公正を責《せ》むるも、其之を責むる者の品行方正ならざるときは、いかんぞ教員の品行方正を望む可けんや。又いかんぞ生徒の品行方正を望むべけんや、又衆民の上に立つ所の国会又は府県会の議員中には其素行《そかう》修まらず、或は酒色に溺《おぼ》れ、或は貨賄《くわわい》に汚《けが》れ、区々政党の競争をなして、祖先以来の財産を失ふものも亦少からず。少年子弟何を以て矜式する所あらん。又一般民間の状を見るに多くは其村中に若者と云ふ者ありて、常に徒党《ととう》して飲酒漁色を以て事と為す村中の老人輩は、其宜しからざるを知ると雖ども之を廃止せんとするの気力なし、小学校を卒業したる生徒は多く此若者の仲間に入る、もし其仲間に入るときは、忽ち化せられて酒色の徒となる。是に於て数年の日月を費して学びたる徳育は全く破壊《はくわい》し了《おは》るなり。又都会の地には妓楼の如き割烹店の如き少年子弟を誘惑《いうわく》する場所の多きは言ふまでもなし。故に今日本邦民間の有様を言ふときは社会の制裁はなくして、社会の誘惑は甚だ多し。たとひ学校の教育何程良善なるも家庭と社会とに於て之を助けざれば、決して十分に教育の効を奏すること能はざるべし。然るに世の政事家猶ほ学校の教育のみを以て良善の国民を造ることを得べしと思へるは其一を知りて其二を知らざるものと云ふべし。道徳は富国強兵、護国安民、其他百般の根礎《こんそ》となるものなれば、一日も忘るべき者にあらず。譬へば道徳は心の如く、百般の事業は手足の如し。道徳と云ひて別に一事業あるに非らざれども百般の事業は皆道徳の命令に依りて之を為さざるべからず。今日国民の道徳を施行せんとするに、其機関の不足せる者四あり。其一は小学校を卒業せる生徒をして悪道に入らしめざる方法。其二は風俗を改良するの方法。其三は社会の制裁を作る方法。其四は道徳の結合を為すの機関是なり。政府に此機関なし、府県会、市町村会に此機関なし、政党に此機関なし、是れ有志者が道徳会を創立せる所以なり。道徳の機関備はるときは、此四個の機関は皆其中に存す、道徳会の拡張《くわくちやう》其れ勉めざるべけんや。（余が日本弘道会は全く此旨趣を以て設立したる者なり）、今日全国の学校にて道徳を教へざるはなし、然れども学校を卒業すると共に道徳の学も亦廃止す。夫れ道徳は人間一生の業にして、卒業の期あるべき筈なし。譬へば宗教の如し宗教を信ずるものには卒業と云ふことなし、何んとなれば信心は生涯の務めなればなり。道徳も亦斯の如し、道徳会は生涯道徳を研究し、又信心を堅固にする場所なり。道徳会は実に大切の場所なり、何となれば則ち政府の力の及ばざる所を補ひ、尊王愛国の精神を堅《かた》くし、富国強兵に属する事業（農工商の業）の根本となる者なればなり。

以上述ぶる所は皆諸子の已に知れる所なるべし、然るに猶之を言ふは、諸子に其実行を勧むる所以なり、即ち今日は空論の時代に非らざればなり。昔孟子、滕文公《とうのぶんこう》に王道を説きて、其終に曰ふ有㆓王者興《わうじやこうあらば》㆒、必来取㆑法焉《かならずきたりてほうをとらん》、是為㆓王者師《おうじやそのしとなるなり》㆒也と余は三河国の諸子が速に実行に着手し、八十余州の師とならんことを望むなり、諸子勉旃《これをつとめよ》。（完）

〔大日本実業学会『商科講義第六　講義録』明治二十八年五月四日　大日本実業会発行〕

泊翁修養訓

緒言

泊翁西村茂樹先生学徳一世ニ高ク、講説論著世ノ人心ヲ警発スル者多シ、余嘗テ先生ニ親炙シ教ヲ受ク、今茲ニ追慕ノ余、遺著中徳性涵養ニ緊切ナル諸項ヲ摘輯シ、小題ヲ附シ名ケテ泊翁修養訓ト云フ、是レ一ハ不肖修徳ノ一助ニ資シ、一ハ道友諸賢ニ頒タントスルノ微意ナリ、聊カ一言ヲ陳ベ編次ノ由ヲ録ス。

昭和十四年六月

簡堂　松平直亮識

泊翁修養訓

泊翁西村茂樹先生述　松平直亮編

知仁勇

知仁勇ノ大徳ナルコトハ世人皆之ヲ知ル、知仁勇ノ語ハ論語ト中庸トニ出ヅ、論語曰、仁者不レ憂、知者不レ惑、勇者不レ懼、中庸曰、好レ学近二乎知一、力行近二乎仁一、知レ恥近二乎勇一、一書ノ解釈同ジカラズ、是大ニ考究セザルベカラザル所ナリ、知ハ心ノ能ニシテ仁ハ心ノ徳ナリ、勇ハ心ノ力ナリ、凡道ヲ行フニハ勇ヲ以テ之ヲ率イザレバ何事モ成ルコト能ハズ、知ノ如キ、仁ノ如キハ倶ニ此上モナキ美徳ナレドモ、勇気ナキトキハ遂ニ知仁ノ働ヲ為スコト能ハズ、勇ナキ所ノ知仁ハ一身ヲ治ムルニ足ルベキモ社会ヲ利スルコト能ハズ、又国家ノ用ヲ為スコト能ハズ。

孤高ト卑陋

君子ノ志ハ亭々矯々トシテ、高ク塵俗ノ上ニ超然タラザルベカラズ、然レドモ吾儕日ニ塵俗ノ間ニ交リテ之ト進退周旋スルコトナレバ、其亭々矯々タルハ特ニ其志ノミニシテ、日常行為ノ如キハ甚ダ道ニ背ケル者ノ外ハ、亦塵俗ト之ヲ同クセザルベカラズ、故ニ志ノ塵俗ト同キ者ハ卑陋ノ人ニシテ、甚ダ之ヲ鄙ムベシト雖モ、行ノ全ク塵俗ト離レタル者ハ之ヲ孤高ノ士ト称スベクシテ、亦中道ヲ失ヘル者ナリ、明ノ洪自誠曰、処レ世不レ可二興レ俗同一、又不レ可二興レ俗異一、為レ事不レ可レ使二人喜一、不レ可レ使二人厭一ト、蓋シ世ニ処スルノ名言ナルベシ。

道徳者と智才

人縦令篤実謹厚ニシテ言語必信アリ、行履道ニ違ハズトモ、迂闊固陋ニシテ当世ノ務ニ通ゼザル者ハ亦無用ノ材ナリ、故ニ道徳ハ尤モ貴ブベシト雖モ智ナク才ナキ徳ハ敢テ貴ブニ足ラズ、是道徳ニ志ス者ノ宜ク知ラザルベカラズ所ナリ。

大智ト小智

呂覧ニ曰ク、小方大方之類也、小馬大馬之類也、小智非二大智之類一也ト、此言極メテ理アリ、小方ハ大方ト同一ノ用ヲ為スベシ、小馬ハ年ヲ経レバ大馬ト為ルコトヲ得ベシ、只小智ハ大智ト同一ノ用ヲ為スコト能ハズ、又年ヲ経ルモ決シテ大智ト為ルコト能ハズ、大智ハ天下ヲ経綸シ四海ヲ匡済ス、小智ハ大事ヲ隳リ民人ヲ損害ス、即チ大智ノ賊ナリ、今日世ニ用ラルヽ智者ハ大智ナルカ小智ナルカ。

道徳者ノ気象

道徳ハ固ヨリ言顧レ行行顧レ言ザルベカラズト雖モ、其気象ハ高朗俊邁ナルベシ、固滞褊狭ナルベカラズ、之ニ加フルニ温厚和平ノ気ヲ以テスレバ更ニ善シ、韓退之ガ所謂以二煦々一為レ仁孑孑《ゲツゲツ》為レ義ガ如キハ真ノ道徳者ト言フベカラズ、孔子曰、言必信、行必果、硜《(こう)》々乎小人哉ト、然ラバ孔子モ亦褊狭ノ人物ヲ喜バザリシナリ。

大丈夫

人ハ大丈夫ヲ以テ自ラ期セザルベカラズ、大丈夫トハ何ゾヤ、孟子曰、居二天下之広居一、立二天下之正位一、行二天下之大道一、得レ志与レ民由レ之、不レ得レ志独行二其道一、富貴不レ能レ淫、貧賤不レ能レ移、威武不レ能レ属此之謂二大丈夫一ト是ナリ、小廉曲謹、気宇狭小ノ道徳ハ大丈夫ニ非ズ、然レドモ大丈夫タラント欲セバ道徳ヨリ入ラザルベカラズ、余故ニ曰ク、大丈夫ノ外ニ真ノ道徳者ナク、道徳者ノ外ニ真ノ大丈夫ナシ。

鄙夫

人ハ鄙夫タラザランコトヲ欲スベシ、論語曰、鄙夫可二与事一レ君也与哉、其未レ得レ之、患レ得レ之、既得レ之患レ失レ之、苟患レ失レ之、無レ所レ不レ至矣ト、朱子曰、鄙夫庸悪陋劣之称ト、以テ孔門ニテ鄙夫ヲ賤ムノ状ヲ知ルベシ、又屈原ガト居篇ニ鄙夫ノ態ヲ言フコト頗ル詳ナリ、二千年以前ノ言ニシテ今日ニ適合スル者アルハ奇トスベシ、曰従レ俗富貴以偸レ生者、喔咿嚅唲以事二婦人一者、突梯滑稽如レ脂如レ韋者、若二水中之鳬一與レ波上下以全二我軀一者、随二駑馬之迹一、与二雞鶩一争レ食者、奔二於形勢之途一者、此ノ如キハ皆鄙夫ナリ、此類ノ人ハ仮使身ハ卿相ノ位ニ登リ、家ニ万金ノ産ヲ積ミ揚々トシテ俗人ノ耳目ヲ驚カストモ、識者ヨリ之ヲ見レバ錦繡ニ腐骨ヲ裹ムト同一ノ観ヲ為スノミ。

心術言論ノ正邪

無学ニシテ正直ナル者ハ其知識ハ甚低シト雖モ、天真ノ存スル者アリテ其意見ニ邪曲ノ処ナシ、善ク之ヲ導クトキハ国家ノ良民ト為ルコトヲ得ベシ、学問アル者ニシテ其学問モシ悪キ時ハ、是ガ為ニ邪見ヲ養成シ、其心術言論大ニ道理ニ戻ル者アリ、世人之ヲ看破スルノ明ナク、此ノ如キ人ノ言論ヲ信ジ、小ニシテ己ガ徳ヲ敗リ、大ニシテ国家ヲ誤ルコトアリ、深ク察セザルベカラザルナリ。

勇ト諸徳

古人知、仁、勇ヲ称シテ天下ノ達徳ト云フ、其言極メテ当レリ、知、仁ハ固ヨリ尊ブベキ徳ナレドモ、勇ヲ以テ之ヲ率イザレバ其徳ヲ成スコト能ハズ、知ハ心ノ能ナリ、仁ハ心ノ徳ナリ、勇ハ心ノ力ナリ、凡ソ天下ノ物ハ何レモ力ニヨリテ其能ト徳トヲ顕ハサヾルハナシ、太陽諸星ノ進行、空気ノ動静、海水ノ盈虚、電気蒸気ノ或ハ光ヲ発シ、或ハ重体ヲ駆進スルハ、皆力ノ為ス所ナリ、人心モ亦此ノ如シ、仁義礼智ト云ヒ、忠孝節義ト云ヒ、何レモ心ノ力即チ勇ニ依リテ其徳ヲ成就スルナリ、余故ニ曰フ、勇ハ諸徳ノ先導者ニシテ又其督励者ナリ。

名利ト義

名利ハ人ノ皆好ム所ナリ、名利ヲ好マザルハ常識ナキ人ト云フモ可ナリ(道徳ノ卓越ナル者ニハ名利ノ境ヲ脱スル者アリ)然レドモ名利ハ人ノ情ニ出ル者ニシテ(名利ハ欲ナリ欲モ亦情ナリ)人ノ性ニ出ル者ニ非ズ、性ノ道路ハ光明ナレドモ、情ノ道路ハ暗黒ナリ、此暗黒ヲ照ラス者ハ独リ義ノ燈光ナリ、能ク義ニ遵ヒテ行ク時ハ名利ヲ求ムルモ深ク咎ムベキニ非ズ、今日ハ義ノ燈明ヲ棄テヽ盲進スル者ノ多キヲ患フルノミ、故ニ名利ヲ以テ尊ブベシト云フ者ハ鄙陋ノ見ナリ、名利ヲ賤シムベシト云フハ矯激ノ見ナリ。

自他両立

道徳ノ最上乗ハ献身的ナルコト明白ナリ、然レドモ此ノ如キハ中人以上ニ望ムベクシテ中人以下ニ望ムベカラズ、中人以上ハ天下ニ少クシテ大半ハ中人以下ナリ、是等ノ人ニ対シテハ数等ヲ下シテ利益主義ヲ説クモ亦可ナリ、然レドモ之ヲ説クニハ自利、利他ヲ兼テ之ヲ言ハザルベカラズ、所謂自他両立主義ナリ、論語曰、夫仁者己欲レ立而立レ人、己欲レ達而達レ人ト、孔子已ニ両立主義ヲ説ケリ。

道徳ト幸福

道念ハ霊性ヨリ発シ、幸福ノ念ハ私情ヨリ発ス、霊性ハ高崇ニシテ私情ハ下劣ナリ、劣情ヲ目的トシテ高崇ノ心ヲ養ハント欲スルハ、粃糠ヲ食ヒテ身体ノ滋養ヲ求メントスルガ如シ、道徳者ノ前ニハ快楽モナク苦痛モナシ、(劣情ヨリ言フ所ノ)惟己ガ天職トシテ宜ク行フベキノ道アルノミ、然レドモ天下蠢々ノ民ハ、己ガ私欲ニ蔽ハレテ霊性ノ明モ能ク正邪ヲ洞見スルコト能ハズ、是等ニ向ヒテ直チニ道ヲ知ラシメントスルハ能ハザル所ナリ、是ガ為ニハ幸福(又ハ利益)ノ説ハ方便トシテ之ヲ利用スベキニ似タリ、然レドモ世ノ論者中、真ニ道徳ノ目的ハ幸福利益ニ在リト思フ者少ナカラズ、是大ニ人ヲ誤ルノ論ナリ、道徳ヲ行ヘバ、自然ニ幸福ヲ得ルト言ハヾ可ナリ、幸福ヲ目的トシテ道徳ヲ行フト云フハ、其初念ニ於テ已ニ誤レリ、後来必ズ大ナル害毒ヲ生ゼン。

学者ノ二病

事理ヲ窮メ事実ヲ論ズルニ二病アリ、一ヲ粗ト云ヒ、二ヲ鑿ト云フ、粗ナル者ハ其過謬ヲ知リ易キヲ以テ人ヲ誤ルコト少ナシ、鑿ナル者ハ其過謬ヲ知ルコト易カラザルヲ以テ人ヲ誤ルコト却テ多シ、漢学者ノ弊ハ常ニ粗ニ失シ洋学者ノ弊ハ常ニ鑿ニ失ス、然レドモ漢学者ニモ或ハ奇僻ヲ好ム者アリ、此ノ如キ人ノ説ハ亦鑿ニ失スル者アリ、能ク此二病ヲ免カルヽ者ニシテ初メテ真理ニ通ズルコトヲ得ベシ。

虚心精究

己ノ悦ブ所ハ長処ノミヲ見テ其短処ヲ見ズ、若シ其短処ヲ見ルモ之ヲ弥縫シ之ヲ掩蔽ス己ノ悦バザル所ハ其短処ノミヲ見テソノ長処ヲ見ズ、若シ其長処ヲ見ルモ強テ悪言ヲ放チテ之ヲ詆毀ス、儒者ノ洋学ニ於ケル洋学者ノ儒学ニ於ケル皆然リ、殊ニ知ラズ此二学ノ如キハ、其短処ヲ棄テヽ其長処ヲ採ルトキハ実ニ金玉ノ名言ノミニシテ、己ヲ修メ人ヲ治ムルニ於テ、之ヲ除キテ世界ニ復模範トスベキ者ナキコトヲ、余ハ此二種ノ学者ニ対シテ虚心平気ヲ以テ互ニ東西ノ書ヲ精究センコトヲ勧ムル者ナリ。

因縁応

欧州人ハ只因果ノ二者ヲ説クノミナルガ、仏者ハ因果ノ外ニ更ニ縁ヲ加フ、謂フ六根為レ因六塵為レ縁ト西説ニ比スレバ益々緻密ナルニ似タリ、又史記ノ老荘伝ノ賛ニ因応ノ語アリ、因応ハ因果ニ比スレバ更ニ確ナルガ如シ、譬ヘバ山ノ樹木ヲ伐リ尽スハ因ナリ、之ニ由リ大雨ノ時洪水氾濫スルハ応ナリ、是ヲ果ト言フベカラズ、果ハ成実ノ義ニシテ破壊ノ義ニ非ズ、故ニ此ノ如キ所ニハ用フベカラズ、余謂ヘラク原因結果ハ天則ノ道理ナレドモ其語未ダ精ナラズ、宜ク因縁果ト称スベシ、又果ヲ結バザル事ハ之ヲ因応ト云フベシ、然レドモ果ヲ結ブ事ヲ因応ト称スルモ亦妨ナシ。

儒教ノ特長

儒教ハ人々一身ノ言行ヲ正クシ、社会ノ秩序ヲ整ヘ家国ノ安全ヲ保ツコトハ、特ニ其勝レタル所ニシテ、他ノ教義ハ一モ之ニ及ブ者ナシ、是ヲ以テ古ヨリ東洋ノ明君賢相皆之ヲ以テ大ニ其国ノ治ヲ助ケタリ、然レドモ其教タル退守ニ傾クト、迂闊固陋ニ流ルヽトノ弊アルヲ以テ、今日ノ如ク世界交通、知識発達ノ世トナリテハ、其短所ハ必修正セザルベカラザルナリ、西国ノ道徳学ハ精密周到ニシテ頗ル儒教ノ偏ヲ救フニ足ルベキ者ナリ、然レドモ西国ノ教ハ考究検覈ニ詳ニシテ実践ヲ説クコト粗ナリ、然レバ今日道徳ノ教ハ西国ノ知識ト儒学ノ実行トヲ調和シ、更ニ善ク其国情ヲ稽ヘテ其教ヲ立ツルトキハ完全円満ナル道徳教ヲ見ルコト、或ハ甚難キニ非ザルベシ。

求心ノ内外

東洋ノ学問ハ多ク心ヲ内ニ求メ、西洋ノ学問ハ多ク心ヲ外ニ求ム、内ニ求ムルトキハ禅家ノ直指人心見性成佛ノ如キ、王陽明ノ致良知ノ如キ是ナリ、外ニ求ムトハ心ノ原ヲ生器学（俗ニ生理学ト云フ）ニ求メ、或ハ心ノ現象ヲ逐ヒテ之ヲ研究スルガ如キ是ナリ、内ニ求ムル者ハ全体ノ上即チ綜合法ヲ以テ心ヲ観ズルヲ以テ、其弊ハ精密ヲ缺クニ在リ、外ニ求ムル者ハ分析シテ之ヲ観ズルヲ以テ其弊ハ煩砕ニ陥ルニ在リ、今日ノ学者ハ大抵西洋ノ学ヲ奉ズル者ナレバ、多クハ心ヲ外ニ求ムル者、即チ分析法ヲ以テ心ヲ観ズル者ナリ、此法ハ東洋ノ法ニ比スレバ分解ノ精密ハ遙ニ之ニ過グト雖モ、心ノ全体ニ就キテ之ヲ把持シ之ヲ修練スルノ法ヲ闕ケルヲ以テ、習学十年ニシテ我心ノ何物タルヲ知ラザル者多シ、識者爰ニ見ル所アリ、治心ニ効アル所ノ心学ヲ求メテ禅学、陽明学ヲ為ス者多シト聞ケリ、蓋シ見性存心ハ、綜合ノ心学ニ非ザレバ之ヲ得ルコト能ハザレバナリ、故ニ今日禅、王ノ学ヲ為ス者ノ多キハ哲学ノ短処ヲ補フベキ者ニシテ、学問ノ為ニ喜ブベキノ現象ナリ、然レドモ禅、王ノ学ハ動モスレバ枯禅頑空ニ流レ易シ、学者能ク注意セザレバ自ラ誤ルコト少ナカラザルベシ、又綜合法ノ学問ノ短処ハ粗大ニ安ンズルニ在リ、故ニ善ク心ノ学ヲ為ス者ハ綜合ト分析ト内観ト外観トヲ兼ネ、本末精粗並ビ挙グルニアリ、枝葉ニ騁セテ根本ニ求ムルコトヲ知ラズ、粗大ニ安ンジテ精微ヲ尽スコト能ハザルハ皆非ナリ。

道徳ノ範囲

道徳ノ範囲ヲ言ヘバ、其最小ナル者ハ吾一身ヲ修ムルナリ、夫ヨリ差ヽ大ナル者ハ一家ヲ斉フルナリ、其上ニ大ナル者ハ一国ヲ治ムルナリ、今日ハ治国ヲ以テ道徳ノ範囲ノ最大ナル者ト為シ、万般ノ事、国ニ利アルコトハ之ヲ為シ、国ニ不利ナルコトハ之ヲ為サズ、一身ノ如キ一家ノ如キハ、若シ国ノ利害ト衝突スルコトアラバ為ニ之ヲ犠牲ニセザルベカラズ、是今日ニ於テ国民ガ講究スベキノ道ナリ、自国ノ外ニ猶世界万国アレドモ、今日ハ唯信義ヲ以テ交際スルニ止マリ、吾道徳ヲ以テ治ムベキノ範囲ニ非ズ、蓋シ各国皆政体ヲ異ニシ、法律ヲ異ニシ、宗教ヲ異ニシ、教育ヲ異ニスレバナリ、世ノ耶蘇教ヲ奉ズル者ハ、国ヲ以テ人造ノ物ナリトシ、世界主義ヲ唱ヘテ国家主義ヲ破ラントス、道理ヲ誤レル者ト云フベシ、且彼国ノ耶蘇教育ハ口ニ世界主義ヲ唱ヘテ其行ハ国家主義ノ甚シキ者ナリ、否自国ノ併呑主義ヲ助クル者ナリ、若シ彼等ノ巧言ニ瞞着サルヽ時ハ、国ノ禍勝テ言フベカラザル者アルベシ、然レドモ世界ノ各国全ク弱肉強食ノ欲望ヲ棄テ、和シテ一団体トナルコトアラバ、其時ハ世界主義ハ必要ノ者トナルベシ、然レドモ此ノ如キ時ハ将来或ハ来ルコトアルベキカ、吾之ヲ預言スルコト能ハザルナリ。

妄見ノ看破

妄見ヲ看破スルハ吾道ニ於テ最上智ヲ啓発スル工夫ナリ、凡ソ今日覆載間ニ生息スル人類ヲ見ルニ、大抵ハ五里霧中ニ在リテ其生涯ヲ終ル者ニシテ、真ニ妄見ヲ看破シ天地間ノ真理ヲ知ル者ハ、千万人中ニ僅ニ一二ヲ以テ数フルニ過ギザルベシ、蓋シ宗教ト政治トハ倶ニ人ノ妄見ニ乗ジテ其力ヲ施セル者ナレバ、若世界ノ人盡ク妄見ヲ看破スルトキハ宗教ト政治トハ大ニ其力ヲ失フベシ、然レドモ造物者我ニ与フルニ生霊中ノ最上智ヲ以テセシコトナレバ、此世界ニ生存シナガラ天地間ノ真理ヲ知ラズシテ終ルハ遺憾ノコトナルベシ、然レドモ天地間ノ真理ハ広大精微ナル者ナレバ、五尺ノ身五十年ノ生命ヲ以テ悉ク之ヲ知ラントスルハ、或ハ能ハザルコトアルベシ、独リ宗教家ノ如キ政治家ノ如キ吾等ト一様ナル人類ノ詭弁怪説ノ為ニ吾耳目ヲ塗昧セラレ、生涯悟ルコトナキハ最モ遺憾ノ事ト言ハザルベカラズ。

妄見ノ三種

妄見ニ三アリ、其一ハ英雄豪傑又ハ宗教ノ祖師等、自己ノ才智ノ衆ニ傑出セルヨリ、世人ヲ瞞着シ、又ハ之ヲ籠絡セントスルノ意ヨリシテ、妄誕ノ言ヲ吐キ、以テ一世ヲ誤謬ノ中ニ陥ラシムル者ナリ、其二ハ世人ガ学力知識ノ足ラザルヨリ真正ノ道理ヲ見ルコト能ハズ、自己ニ誤謬ノ説ヲ首唱シ、世間又蒙昧者多キヲ以テ、之ニ附和唱同シ、以テ一大誤謬ノ見ヲ社会ニ造成スル者ナリ、其三ハ少シク学問アリ少シク知見アレドモ、未ダ観察ノ功ヲ用スルコトヲ知ラズ、偶〻己ガ信ズル所ノ人ノ論説ヲ聞キ、深ク之ニ心酔シテ復其他ヲ顧ミズ、其説ヲ根拠トシ、之ニ枝葉ヲ附加シ以テ世人ニ誇説ス、世人亦之ヲ看破スルノ力ナク、其妄見ヲ以テ真理ナリトシテ、同ク之ヲ信ズル者ナリ、第一ハ智者ノ造ル妄見、第二ハ愚者ノ造ル妄見、第三ハ智愚ノ間ニ立ツ者ノ造ル妄見ナリ、其造為セル人ノ智愚甚ダ懸絶ナリト雖モ、已ニ妄見トナリテ世間ニ流布スルトキハ人ノ智識ヲ錮シ、人ノ才徳ヲ壅グコト甚大ナル者ナリ。

真理ノ発見

学問ノ要ハ真理ヲ発見スルニ在リテ、其真理ヲ掩フ者ハ妄見ナリ、真理ハ月ノ如ク妄見ハ雲霧ノ如シ、先妄見ヲ破ラザレバ真理ヲ看出スコト能ハズ、千百年来ノ歴史及日今朝野間ニ行ハレテ人心ヲ左右スル所ノ議論モ多少妄見ヲ雑ヘザルハナシ、然レドモ若明カニ其妄見ナルコトヲ斥言スルトキハ、古書ニ在リテハ古聖神ヲ誹ルノ恐アリ、今日ノ事ニ在リテハ政法ヲ誹議スルノ罪アリ、故ニ妄見ヲ看破スルハ、唯此霊妙ナル一心ヲ以テ明瞭透徹ニ判断スルノミニテ叨リニ之ヲ口ニ出スベカラズ、又妄リニ之ヲ書ニ筆スベカラズ、恐クハ意外ノ讒謗ヲ受クルコトアラン。

真理ノ二種

真理ニ直接ト間接トノ二アリ、其言説全ク真理ニ出デ少シモ虚仮ナキ者ハ直接ノ真理ナリ、其言説或ハ虚仮ヲ雑フト雖モ是ニ依リテ人心ヲ正クシ、教化ヲ善クスルノ効果アル者ハ、之ヲ間接ノ真理ト称スベシ、然レドモ其言虚仮ヲ雖ヘテ毫モ世道人心ニ益ナク、只己ガ一身又ハ己ガ教門ノ利益ノミヲ為サントスル者ハ道ノ賊ト云フベシ。

社会ト道徳

人間社会ニ人心ヲ管理シ、世道ヲ扶持スベキ道徳ヲ缺クトキハ、社会ノ危難是ヨリ甚キハナシ、此事ハ独リ儒教ニ於テ之ヲ言フノミナラズ、幸福論者進化論者モ亦倶ニ言フ所ナリ、国家二千年来忠孝仁義ノ教ヲ以テ人心ヲ維持シ、国脈ヲ継続セリ、縦令其説ニ十分精微ナラザル所アルモ、国ヲ愛スル者ハ之ヲ保持シテ怠ルコトナカルベシ、然ルニ現今ノ軽薄者流、西洋哲学ノ真髄ヲ知ラズ、己ガ意ヲ以テ妄リニ新説ヲ仮造シ、是ニ拠リテ当時ノ道徳ヲ誹議シ、之ヲ撲滅セントスル者アリ、若全ク当時ノ道徳ヲ撲滅シ畢リタラバ何ヲ以テ之ニ代ヘントスルヤ、泛々擾々タル西洋ノ哲学説、固ヨリ以テ国家ヲ鎮定スルニ足ラズ、終ニハ国家ヲ率キテ危難ノ淵ニ陥レンモ計リ難シ畏レザルベケンヤ。

人道ノ完成

吾儕人類ハ天地ノ間ニ生レテ常ニ天地ノ管理ヲ受ク、其生死吉凶禍福、人智ヲ以テ之ヲ料ル能ハズト雖モ、蓋シ皆天命ノ前定セル所ナラン、故ニ西人ノ所謂自由トハ人類相互間ノ自由ニシテ、天地ニ対シテハ一モ自由ナルコト能ハズ、人類ノ生、果シテ此ノ如キ者ナリトスルトキハ、吾儕此世ニ在リテ何事ヲカ為スベキ、惟天賜ノ良心ニ従ヒ仁ヲ行ヒ、義ヲ履ミ、己ヲ正クシ、人ヲ助ケ、自ラ省ミテ疚シキコトナク、俯仰天地ニ愧ヂズシテ、始メテ人タルノ道ヲ全クシタリト云フコトヲ得ベシ、彼天命ヲ知ラズ己ガ小智ヲ恃ミ、私欲ヲ逞クシ奸詐ヲ行ヒ、人ヲ倒シテ自ラ利セントシ、常ニ役々トシテ此世ヲ没スル者ノ如キハ、国家民人ヲ害スルコト甚シク、真ニ天ノ僇民ト称スベキ者ナリ。

忠臣ト功臣

余嘗テ謂ヘラク国ノ興ル時ハ功臣アリテ忠臣ナシ、国ノ亡ブル時ハ忠臣アリテ功臣ナシ、支那歴代ノ諸朝ヲ見ルニ、漢ノ太祖、唐ノ高祖、宋ノ太祖、明ノ太祖ノ興ル時ニ出シ名臣勇将ハ、何レモ功臣ニシテ忠臣ニ非ザルナリ、其衰亡スル時ニ出タル翟義、諸葛亮、張巡、二顔、文天祥、張世傑、鄭成功、史可法ノ如キハ何レモ忠臣ニシテ功臣ニ非ザルナリ、蓋シ国ノ将ニ興ラントスル時ニ附随スル者ハ、皆功名富貴ヲ以テ心トスル者ニシテ、其智勇ハ人ニ過グルト雖モ、心中道義ノ念ヲ存スル者ハ甚少ナシ、故ニ能ク新主ヲ助ケテ創業ノ功ヲ立ツルコトヲ得レドモ、若シ少シク意ニ満タザルコトアラバ、忽チ其主ニ叛クコト掌ヲ反ヘスガ如シ、亡国ノ時ノ忠臣ハ然ラズ、其胸中唯其君国ヲ保全セントスルノ外、一モ他念アルコトナシ、其智勇敢テ創業ノ臣ニ劣ルニ非ザレドモ、気運既ニ傾キ復之ヲ如何トモスルコト能ハズ、遂ニ身ヲ以テ国ニ殉ジテ己ガ道ヲ尽クス者ナリ、此ノ如キハ独リ支那ノミナラズ何レノ国ニモ亦之アリ、本邦ニモ古今此実例甚多シ。

国ノ五善ト五患

曰ク愛国心深シ、曰ク義勇ニ富ム、曰ク風俗善良ナリ、曰ク人心一和ス、曰ク財用富饒ナリ、是ヲ国ノ五善ト云フ、此五善ヲ具ヘタル者ハ其国隆盛シ、此五善ヲ失ヘル者ハ其国衰亡ス、方今ノ状態如何、愛国心ノ深キ者、義勇ニ富メル者、其数少ナキニ非ザレドモ、愛国心ノ薄キ者、義勇ニ乏シキ者亦頗ル多キヲ見ル、風俗未ダ甚シク壊敗セズト雖モ、亦益々壊敗セントスルノ兆アリ、人心未ダ甚ダ乖離セズト雖モ、亦益々乖離セントスルノ兆アリ、財用未ダ甚窮セズト雖モ、国家ノ為ニ一事業ヲ起サントスルトキハ常ニ財用ノ不足ニ苦シム、此ノ如クニシテ之ヲ救済セザレバ、遂ニ国ノ威権ヲ損ジ、国ノ安全ヲ保ツ能ハザルノ恐アリ、況ンヤ外面ヨリ風雨侵襲ノ虞アルヲヤ、今日交際スル所ノ諸国ハ皆友誼ニ厚ケレバ、憂慮スルニ及バザルガ如シト雖モ、彼ガ従前他国ニ対スル挙動ニ験スレバ、早晩変ジテ敵国トナルモ料リ難シ、若シ然ル時ハ我邦ノ人心乖離シ、財用窮乏シ、愛国忠義ノ心ノ銷磨スルハ敵国ノ福ナリ、故ニ国民タル者ハ何レモ心ヲ合セ力ヲ尽シテ此五患ヲ救ハンコトヲ務メザルベカラズ、些細ノ末事ト雖モ苟モ此五患ヲ救フニ足ルベキ者ハ皆勉メテ之ヲ行ハザルベカラズ、若漫然トシテ意ヲ用ヒズ、此五患ヲシテ益々深カラシムル者ハ愚呆ニ非ザレバ喪心者ナリ。

学問ノ内外高鄙

真正ノ学問即チ聖賢トナラントスル学問ト、利益ノ学問即チ己ガ利禄ヲ得ルノ学問ト同ジカラズ、其異ナル所ハ内外高卑ノ別ニアリ、然レドモ学問ノ功ハ理世安民ニ在ルヲ以テ、全ク世事ヲ棄テ只心ヲ治ムルコト禅僧ノ如クナルモ亦学問ノ本意ニ非ズ、先ヅ我心治メテ我本領ヲ定メ、然ル後ニ達世ノ学ニ通ズルヲ宜シトスベシ。

徳政一致

今日世人ガ最モ誤謬ノ見ヲ懐ケルハ、道徳ト政事トヲ分チテ二様トスルコトナリ、是ヲ以テ行政者議政者共ニ道徳ヲ棄テヽ顧ミズ、今日政府ノ文明ニ熱心ナルモ其風俗ノ未ダ善美ナラザルハ其源皆茲ニ在リ、上古ノ時ハ人智簡樸本ヨリ道徳政事ヲ分ツテ二トスルノ要ナシ、後世人智日ニ進ミ、人事日ニ繁キニ及ビ、道徳ト政事ト終ニ分レテ二トナル、然レドモ此ノ如キハ唯学問上ノ事ニシテ是ヲ実際ニ行ハントスルニハ、道徳ト政事トヲ分チテ二ト為スベキノ理ナシ、譬ヘバ医術ノ如シ、医術ヲ為ス者ハ化学ト医学トヲ兼ネザルベカラズ、化学ト医学トハ本ヨリ同一ノ学ニ非ズ、然レドモ二者ヲ合セ用ヒザレバ薬ヲ択ビテ病者ヲ救フコト能ハズ、航海ヲ為ス者ハ天文学ト運船術トヲ兼ネザルベカラズ、天文学ト運船術トハ固ヨリ同一ノ学ニ非ズ、然レドモ二者ヲ併セ用ヒザレバ万里ノ航海ヲ為シテ其安全ヲ保ツコト能ハズ、道徳学ト政事学トヲ以テ別種ノ学問ナリトシ、其一ノミヲ用ヒテ政事ヲ為サントスルハ、医術ニ化学ヲ用ヒズ、航海ニ天文学ヲ用ヒザルガ如シ、孰カ其妄ヲ笑ハザラン、然レドモ余ガ所謂道徳ハ或ル国学者或ル漢学者ガ言フ如キ固陋偏狭ノ道徳ヲ指スニ非ザルナリ。

学問ノ全局

専門家己ガ学ブ所ヲ信ジテ之ヲ勉ムルハ善シ、唯己ガ学ブ所ヲ以テ勝レテ尊重ナル者トシ、他ノ学問トノ均衡ヲ知ラズ、独自誇大ニ之ヲ説クハ要スルニ偏見タルコトヲ免カレズ、法律家ガ法律ヲ説キ、教育家ガ教育ヲ説キ、宗教家ガ宗教ヲ説クガ如キハ、何レモ己ノ学ブ所ヲ以テ天下独尊ノ者トスルノ風アリ、其言不可ナルニ非ザレドモ、何レモ学問ノ全局ニ通ゼザル者ノ言ナリ。

邪論ノ排斥

世ノ中ニ行ハルヽ論ハ、タトヒ邪僻ノ説ナリトモ多少道理ヲ含有セザル者ナシ、故ニ正論ト邪論トハ論説ノ上ヨリ見レバ僅々ノ相違ナリ、然レドモ事実ニ行ハレタル上ヨリ見ルトキハ此二者霄壌ノ差違アリテ、邪説ノ如キハ大ニ人心風俗ヲ敗リ、国家ヲ危クスルニ至ルコトアリ、然ルニ邪説ハ多ク甘言ヲ雑ヘテ人ヲ悦バシムル者ナレバ、庸人ハ輒モスレバ正論ヲ棄テヽ邪説ニ従フノ傾アリ、是世ノ識者ガ深ク邪論ヲ悪ミテ之ヲ排斥センコトヲ務ムル所以ナリ。

学問ノ廣狭ト智見

学問ノ界域狭隘ナル者ハ其智見モ亦狭隘ナリ、故ニ専門ノ学者ハ大抵其智見狭隘ナリ、然レドモ一学科ノ精微深邃ヲ得ントスルニハ、専門ノ学ニ非ザレバ之ニ達スルコト能ハズ、蓋シ専門ノ学者ハ己ガ専攻スル所ノ外他ノ世界ヲ見ズ、其学問ノ精微深邃ナルハ其智見ノ狭隘ナル所以ナリ、国学者尤モ然リ、独リ国学者ノミナラズ法律学、兵学、教育学、数学、文学、物理学、農業学、商業学等ヲ修ムル者ハ皆然リ、故ニ専門ノ学者ハ爾後益々国家必要ノ器ナレドモ、特ニ其一科ニノミ之ヲ用フベクシテ全般ノ事ニ用フベカラズ、法律学者ハ曰フ、宣シク我国ヲ以テ法治国ト為スベシト、教育家ハ曰フ、教育ヲ盛ンニスレバ文明国ノ最上位ニ昇ルベシト、兵学家ハ曰フ、軍備ヲ拡張スレバ以テ世界ニ雄視スベシト、是皆己ガ専攻スル所ノミヲ見テ他ヲ見ザルヨリ起ル所ノ説ナリ。

大人物ト小人物

人ニハ俊偉卓犖ナル大人物アリ、利口巧慧ナル小人物アリ、今ノ学校ノ教育ハ小人物ハ之ヲ得ベキモ、大人物ハ之ヲ得ルコト能ハズ、然レドモ平日ニ在リテハ、小人物亦大ニ官民ノ用ヲ為ス、決シテ之ヲ蔑視スベカラザルナリ、且大人物ハ凡庸政事家ノ用ヲ為サズ、寧ロ小人物ノ其用途多キニ如カザルナリ、然ラバ万一国家大事アラバ如何、曰ク此ノ如キ時ハ、大人物ハ必ズ学校ノ外ヨリ出デン。

邪人ト正言

古ハ邪人ハ常ニ邪言ヲ吐キ、正人ハ常ニ正言ヲ吐キシガ、近年人智大ニ進ミ、邪人モ亦邪言ノ世ニ容レラレザルヲ知リ、故ラニ正言ヲ飾リテ人ヲ欺ク者多シ、然レドモ邪人ノ言ニ欺カルヽハ吾学問ノ未ダ足ラザルナリ、孟子曰ク、詖辞知㆓其所㆒蔽、淫辞知㆓其所㆒陥、邪辞知㆓其所㆒離、遁辞知㆓其所㆒窮ト、苟モ学問知言ノ地位ニ達スルトキハ、邪人ノ言如何ニ巧ミナルモ其肺肝ヲ見ルガ如クナラン、然レドモ天下無智ノ者甚多シ、此ノ如キ者ハ常ニ邪言ニ欺カレテ自ラ悟ラズ、是邪言ノ甚畏ルベキ所以ナリ。

尊皇愛国

国民が国ヲ護ルノ精神ハ尊皇愛国ノ四字ヨリ重キハナシ、此精神ハ弥ガ上ニモ之ヲ強盛ニセザルベカラズ、然ルニ今日世ノ識者ト称セラルル者、此精神ヲ以テ狭隘ニ過グルト為シ、攘夷的、排外的気風ヲ養フ者トシテ之ヲ禁ゼントスル者アリ、今日世界ノ強国ガ他国ニ対スルノ状ヲ見ルニ、何レモ愛国心ヲ以テ主脳トシ、排外ノ精神ヲ以テ之ニ伴ハザルナシ、彼等ハ此精神ヲ以テ来ルニ我反テ親愛歓洽ノ意思ヲ以テ之ニ対スルハ譬ヘバ自ラ兵器ヲ棄テ盗賊ヲ防ガントスルガ如シ、安ンゾ彼ノ暴力ニ敵スルコトヲ得ンヤ、嗚国民ガ尊皇愛国ノ精神ヲ痿弱ニセントスルハ、自ラ我帝国ヲ痿弱ニセントスル者ナリ。

興国ト亡国

亡国ノ君臣必シモ皆暴虐ナルニ非ズ、興国ノ君臣必シモ皆仁義ナルニ非ズ、然ルニ暴虐ニ非ザル者或ハ亡ビテ、仁義ニ非ザル者或ハ興ルハ其故如何、余古今東西ノ史ヲ観ルニ亡国ノ君臣ハ皆一定ノ病アリ、曰ク怠惰ナリ、姑息ナリ懦弱ナリ、朝ニ人材ナキナリ、旧習ニ拘泥スルナリ、積弊ノ改メ難キナリ、財政ノ紊乱セルナリ、一言以テ之ヲ蔽ヘバ智勇ニ乏キナリ、此ノ如キ国ハ十ニ五六ハ滅亡ス、仮使滅亡セザルモ其国疲弊シテ生気ナシ、是ニ反シテ興国ノ君臣ハ皆一定ノ能アリ、曰ク勉強ナリ、奮発ナリ、果決ナリ、人ニ活気アルナリ、人材朝ニ立ツナリ、一言以テ之ヲ蔽ヘバ智勇ニ富メルナリ、此ノ如キ国ハ十ニ八九ハ興隆シ、或ハ其勢力甚強シ、夫レ智仁勇三者天下之達道也、苟モ智勇ノ二者ヲ失フトキハ、タトヒ一個ノ仁アルモ未ダ国家ヲ隆盛ニスルコト能ハザルナリ、況ヤ其仁ナル者モ区々タル小仁ナルトキハ、遂ニ国ノ衰亡ヲ拯フコト能ハザルナリ。

禍福ノ兆

天下ノ禍ハ一朝一夕ニ起ル者ニ非ズ、必ズ由テ来ル所ノ漸アリ、其初ハ其兆甚微ニシテ智者ニ非ザレバ之ヲ知ルコト能ハズ、庸人ハ皆瞢々トシテ夢中ニ在ルガ如シ、智者ハ国ヲ憂ヒ其微ナルニ及ンデ之ヲ防ガント欲スレドモ、世ニハ庸人常ニ多数ニシテ智者ノ言ヲ解セズ、却テ之ヲ嘲笑シテ迂遠ト為シ固陋ト為ス、然ルニ時勢日ニ迫リ国家ノ危害顕著ナルニ至リ、庸人モ亦之ヲ知リ初メテ大ニ驚キテ救済ノ道ヲ求ム、庸人ニモ智慮ノ高低アリ、其少シク高キハ早ク知リテ早ク之ガ備ヲ為スヲ以テ或ハ猶危難ヲ免カルヽコトヲ得ベシ、其劣等ナル者ニ至リテハ、危害全ク其国家ニ及ブニ非ザレバ之ヲ知ルコト能ハズ、此ノ如キハ竟ニ亡国トナリ了ルナリ、初メ智者ノ告戒スル時ニ当リテ善ク防護スル時ハ、力ヲ用フルコト少ナクシテ功ヲ為スコト多シ、庸人(智識ノ較々優等ナル)ノ大ニ驚ク時ニ至リテハ病既ニ深キヲ以テ、力ヲ労スルコト多クシテ功ヲ収ムルコト或ハ十分ナラズ、然レドモ何レノ国モ智者ハ常ニ甚少クシテ庸人ハ常ニ甚多シ、是国家ノ乱亡多キ所ナリ。

偽言ト疑心

疑心ヲ以テ人言ヲ聴クハ為政者ノ宜シク戒ムベキ所ナリ、苟クモ疑心ヲ以テ聴クトキハ忠言モ偽ノ如ク正言モ邪ノ如ク智言モ愚ノ如ク、要言モ散ノ如シ、加之遂ニ其言ヲ進ムル人物ヲモ疑ヒテ其忠奸ヲ誤ルコトアリ、然レドモ聴者ヲシテ此ノ如キ疑心ヲ生ゼシムルニ至リタルハ其初ヲ推セバ言者モ亦罪ナシトセズ、凡ソ世人誠心ナキハ今日ヨリモ甚シキハナシ、表面ハ公利ト言フモ其内心ハ全ク私利ナリ、国家ノ為ト云フモ実ハ己ノ為ナリ、人ヲ助クルト云フモ実ハ人ヨリ奪ハントスルナリ、聴ク者モ初ハ之ヲ信ゼシモ後其欺カレタルヲ知リテ再ビ其計ニ堕チズ、計ニ堕チザラントスルヨリシテ終ニ人言ヲ疑フ、是ニ於テ言フ者ノ偽言、聴ク者ノ疑心ト原因ヲ為シ結果ヲ為シテ社会ノ信義絶滅ス、是国家ヲ憂フル者ノ最モ畏ルヽ所ナリ。

正邪ト利害

正ニモ非ズ邪ニモ非ザル事ハ、利害ヲ計較シテ之ヲ取捨スルモ可ナリ、正邪ノ明白ナル事ハ断然邪ヲ棄テヽ正ヲ取ラザルベカラズ、其時ニ於テ決シテ利害ノ念ヲ動カスベカラズ、若利害ヲ計較スルノ念起ルトキハ心鏡ニ雲翳ヲ生ジテ正邪ヲ誤認シ、忽チ汚濁ノ中ニ陥ルベシ、古ヨリ名士ノ変ジテ鄙夫トナルハ、皆事ニ臨ンデ利害ヲ計較シ硬骨挫ケテ軟骨トナルニ由レル者ナリ。

事業ト正義

人ノ事業ヲ為スニ、其心正義ニ出デズ、専ラ名利ノ欲ニ動カサレテ之ヲ為ス者ハ、仮令驚天動地ノ大事業ヲ為シタリトモ有道者ヨリ之ヲ見レバ、狂人ノ妄動スルト同ジク、一モ観ルニ足ル者ナシ、況ヤ其事業ハ至小ニシテ、徒ラニ国ヲ病マシメ民ヲ苦マシムル者ニ於テヲヤ、余ハ世間ノ所謂偉人又ハ名士ナル者ニ慊ラザルコト多シ。

真正ノ功名

人タル者ハ志望ナカルベカラズ、志望ナキ者ハ愚人ナリ、志望ニ二アリ、一ハ道徳ヲ立ントスル者ニシテ、一ハ功名ヲ立ントスル者ナリ、道徳ヲ立ントスル者ハ功名ヲ賤シミ、功名ヲ立ントスル者ハ道徳ヲ嗤フ、二者皆非ナリ、道徳ヲ離レタル功名ハ真ノ功名ヲ成スコト能ハズ、功名ヲ成シ得ザル道徳ハ真ノ道徳ト為スコト能ハズ、余ハ世ノ頑鈍無知ノ者ガ功名ヲ賤シミ、軽躁険陂ノ者ガ道徳ヲ嗤フヲ哀シムナリ。

失中ノ高卑

人生中庸ヲ得ルコト難シ、故ニ失中ノ行ヲ為ス者ニテモ其他ニ善事アレバ之ヲ称賛シテ其人ヲ敬スベシ、但シ失レ中ニ二アリ、高キニ失スルト、卑キニ失スルト是ナリ、高キニ失スル者ハ恕スベシト雖モ、卑キニ失スル者ハ恕スベカラズ、凡ソ時俗ニ矯拂シ、或ハ危言激論シ、或ハ世ヲ愚弄シ、或ハ隠遯シテ出デザルガ如キハ、高キニ失スル者ナリ、権勢ニ媚ビ、時俗ニ諂ヒ、貨利ニ黷レ、酒色ニ溺ルヽ者ハ、卑キニ失スル者ナリ、高キニ失スル者ハ世俗ニ異ナル者ナレバ、世間ニ之ニ倣フ者多カラズ、国民ヲシテ盡ク斯ノ如キ風俗ニ変ゼシメントスルモ決シテ能ハザル所ナリ、故ニ其事ハ中道ニ合ハズト雖モ世ヲ害スルコト甚シカラズ、卑キニ失スル者ハ世俗ノ奔競スル所ナレバ、若シ人アリテ其悪例ヲ示ス時ハ世ノ俗人多ク之ニ倣ヒ、滔々トシテ制スベカラズ、遂ニ全国ノ風俗ヲ隳ルニ至ル豈畏ルベキノ甚シキニ非ズヤ。

豪傑ノ短処

古ヨリ英雄豪傑ハ其身ヲ検束スルコト能ハズシテ放縦ナル者多シ、是豪傑ノ短処ナリ、然レドモ豪傑ハ他ニ大ナル功業アルヲ以テ其小節ノ如キハ世人敢テ之ヲ問ハザルナリ、今日世ノ政事家ニ豪傑ヲ以テ自ラ任ズル者多シ、其行放縦度ナクシテ猶小節ニ拘ハラザルヲ以テ自ラ許ス、其事業如何ヲ見レバ只大言放語スルノミニシテ、其実功ハ毫モ視ルニ足ルベキ者ナシ、彼豪傑ノ長処ナクシテ豪傑ノ短処ノミアリ、之ヲ刀剣ニ譬フ、真豪傑ハ名刀ノ如シ、小瑕疵アレドモ其利刄タルヲ失ハズ、今ノ仮豪傑ハ大瑕疵アル鈍刀ノ如シ、真ニ一文銭ニ値セザル廃器ナリ。

人ト心術ノ正邪

今日人物ヲ論ズル者ハ、多ク其学問才智弁舌ノ多少ヲ論ジテ其心術ノ正邪ヲ問ハズ、是謬見ナリ、学問才智弁舌固ヨリ貴ブベシ、正人之ヲ有スレバ好事業ヲ為シ得ベシト雖モ、若シ邪人ニシテ此三者ヲ有スレバ、是ヲ資リテ益々其邪曲ヲ肆ニシ、害ヲ国家ニ貽スコト愈々甚シカルベシ。

君子ノ進退

范華陽曰、自レ古君子易レ疎、小人易レ親、蓋君子難二於進一而果二於退一、小人不レ恥二於自售一、戚二於不レ見レ知、其進也無レ所レ不レ至ト、君子ハ義ヲ以テ進退シ、利禄ヲ見ルコト甚軽シ、若シ其事ノ義ニ合ハザルヲ知ルトキハ決然トシテ退キ以テ其身ヲ潔クス、小人ハ利禄ヲ見ルコト甚重ク常ニ利ヲ以テ進退ス、若シ己レニ利アルヲ知ルトキハ、如何ナル不義ヲ犯スモ顧ミズ、縦令勢ノ不可ナルヲ見ルモ自ラ引退スルコトナク、畢生利欲ニ恋々トシテ身ヲ以テ之ニ殉ズルニ至ル、故ニ君子小人ト並ビ立ツトキハ、君子ハ退キ易クシテ小人ハ退キ難シ、是ヲ以テ君子常ニ敗レテ小人常ニ勝ツ、君子ノ心ハ晴空朗月ノ如ク、小人ノ心ハ汚水腐壌ノ如シ、是君子ノ貴キ所以ニシテ小人ノ賤シキ所以ナリ。

君子ノ勇退ト国家

国家ノ利害ヨリ言フトキハ、君子ノ勇退ハ小人ニ利ニシテ国家ニ利アラズ、縦令小人朝ニ満チ勢威ヲ振フモ、君子其朝ニ在ラバ国ノ為ニ其辱ヲ忍ビ悪政ヲ緩和シテ甚キニ至ラシメズ、或ハ機会アラバ小人ヲ黜ケテ君子ヲ進メ、以テ朝廷ヲ清浄ニセンコトヲ勉メザルベカラズ、身ヲ潔クシテ退クハ固ヨリ不可ナルコトナシト雖モ、余ハ更ニ一歩ヲ進メ君子ガ少シク其清高ノ志ヲ屈シ、否運ニ当リテモ猶国ノ為ニ謀ランコトヲ望ムナリ、昔王安石之行二新法一也、一時奉行者、迎合詭随、醸成已甚、時之賢士有下不レ楽レ居レ職、欲二投レ劾去一者上、邵康節曰、此正今日仁人君子尽レ心之時、投レ劾去何益、又晁美叔為二常平使者一蘇東坡貽レ書曰、此職計非レ所レ楽、然仁人於二此時一仮以二寛大一少舒二吏民於網羅之中一、亦所レ益不レ少ト、二子ノ言ノ如キハ其慮深遠ニシテ彼君子ガ潔己以テ自ラ快シトスル者ニ比スレバ、更ニ高キ一層ノ識見ト云フベシ。

君子小人其途ヲ異ニス

君子ト小人トハ初ヨリ其途ヲ異ニス、善行ト悪行ト錯雑シテ発生スルコトナシ、二三ノ行事ヲ見レバ其人ノ君子ナルカ小人ナルカヲ知ルコトヲ得ベシ、君子ニシテ悪事ヲ為スハ、過失ニ出ル者ナリ、小人ニシテ善事ヲ為スハ名ヲ求ムルカ禍ヲ畏ルヽカニ出ル者ナリ、其人ノ位格ハ君子ハ旧ニ依リテ君子ニシテ、小人ハ旧ニ依リテ小人ナリ。

小人ノ邪心ト勢力

呂叔簡曰、小人怕二他有一レ才、有レ才以済レ之、流レ害無レ窮、君子怕二他無一レ才、無レ才以行レ之、斯世何補ト、余世間ヲ見ル毎ニ数々此歎ヲ発セリ、豈才アル者ハ小人トナリ易クシテ、才ナキ者ハ君子ト為リ易キカ、抑徳アル者ニハ才ヲ与ヘズ、才アル者ニハ徳ヲ与ヘズ、以テ人材ノ平均ヲ得シムル者カ、先天ノ事固ヨリ知ルベカラザルナリ、後天ノ事トシテハ二法アリ、一ハ教育ヲ盛ンニシテ小人ヲシテ其邪心ヲ矯正セシメ、一ハ小人ニ勢力ヲ与ヘズ以テ社会ノ害ヲ為サシメザルコト是ナリ。

疾悪ノ癖

明太祖劉基ヲ相トセントス、基辞テ曰ク、臣疾ㇾ悪太甚、又不ㇾ耐ニ繁劇一ト、太祖因テ基ヲ相トセズ、然レドモ基遂ニ之ヲ以テ禍ヲ得タリ、余亦疾悪ノ性アリ、中年其性ノ中庸ヲ失スルヲ知リ之ヲ改メント欲スルモ善ク改ムルコト能ハズ、晩年ニ至リ壮時ノ如ク甚シカラズト雖モ、猶未ダ全ク此癖ヲ去ルコト能ハズ、夫レ劉白温ノ俊才明智ヲ以テ自ラ其短処ヲ知リ、尚之ヲ改ムルコト能ハズ、況ヤ余ノ頑鈍ナル洵ニ已ムベカラザルガ如シト雖モ処世ノ道ニ於テ妨害ヲ為スコト鮮カラズ、孔子曰、人之不仁悪ㇾ之甚乱也ト、聖誡以テ謹ミ守ラザルベカラザルナリ。

人生ノ天職

人ハ自ラ高崇秀美ノ性ヲ具フ、学問ト実験トノ力ヲ以テ此高崇秀美ノ性ヲ磨励シ修養シテ其極ニ達セシムルハ人生ノ天職ナリ、是ヲ為スニ二ノ要語アリ、曰邪言ニ惑フコト勿レ、勇気ヲ沮喪スルコト勿レ。

謬説ヲ悪ム

余ハ無識者ヲ悪マズシテ謬説ヲ持スル者ヲ悪ム、謬説ヲ主張シテ世論ヲ誹笑スル者ハ殊ニ之ヲ悪ム、無識者ハ世ノ益ヲ為サヾルモ害ヲ為スコト少ナシ、謬説ヲ主張スル者ハ唯世ノ害ヲ為スノミナリ、葸哈孫《ジャハーソン》曰ク、知ラザルハ謬ルニ勝レリト知言ト云フベシ。

独立自主

人ハ宜ク喬松ガ高山ノ上ニ生ジ、風雨ヲ冐シ霜雪ヲ凌ギ、挺然トシテ独立スルガ如クナルベシ、葛藟蔓草ガ他ノ喬木ニ附縁シテ高キニ達スルガ如クナルベカラズ、近日或ル学士道徳ノ主義ヲ以テ独立自尊ニ在リトス、自尊ノ字語気穏ナラズ、独立自主ト為スニ如カズ、伯多拉克《ペトラーク》曰、独立ハ人類ノ希望ノ主眼ナリ、之ヲ得ルハ独リ道徳ニ依ルアルノミ、孟子浩然ノ気ヲ論ジテ曰ク、其為レ気也至大至剛、以レ直養而無レ害則塞二乎天地之間一ト、此ノ如クナレバ以テ独立スベシ、潤孫《ジヨンソン》曰ク、徳ハ決シテ不徳ノ助ヲ乞ハズ、是其能ク独立スル所以ナリト。

人ヲ謗ルノ不智

人ヲ謗ルハ君子ノ為サヾル所ナリ、故ニ古ヨリ之ヲ悪事ナリトシテ之ヲ戒ムルノ語甚多シ、余謂ヘラク人ヲ謗ルハ素ヨリ善事ニ非ズト雖モ、亦之ヲ悪事ト言フベカラズ、善人ヲ謗リテ悪人ト為シ、正人ヲ誹リテ悪人ト為スハ固ヨリ悪事タルニ相違ナシ、悪人ヲ称シテ悪人トシ、邪人ヲ称シテ邪人トスルハ白キヲ見テ白シト云ヒ、黒キヲ見テ黒シト云フト同ジク、道徳ニ於テ之ヲ悪事ト云フベキ謂レナシ、然レドモ若シ邪悪ヲ以テ人ヲ謗ルトキハ謗ラルル者ハ必ズ深ク我ヲ怨ミ、大ニシテ我身ヲ毀害シ、小ニシテ我名誉財産ヲ損傷スルコトアリ、身体名誉財産ノ損害モ義ノ為ニハ之ヲ甘受セザルベカラザルコトアリ、然レドモ我口舌ヲ慎マザルヨリシテ之ヲ受クルハ愚ト云フベシ、故ニ人ヲ謗ルハ悪事ニ非ザルモ之ヲ不智ト云フベシ、少クモ明哲護レ身ノ古訓ヲ守ラザル者ナリ。

娯楽

娯楽ニハ淡泊ナル者ト濃厚ナル者トノ二種アリ、淡泊ナル娯楽ハ其品格高崇ニシテ我心ヲ蕩溺スルコトナシ、久シク之ヲ楽シムト雖モ為メニ害ヲ我身ニ受クルコトナシ、此ノ如キハ君子ノ楽ナリ、濃厚ナル娯楽ハ其品格鄙劣ニシテ一時甚シク人心ヲ歓バシムト雖モ、之ガ為メニ人心ヲ蕩溺スルコト甚シク、若シ誤リテ之ヲ嗜ムトキハ漸々ニ我徳性ヲ消磨シテ罪悪ノ淵ニ沈迷スベシ、此ノ如キハ小人ノ楽ナリ、故ニ娯楽ノ欲ヲ制スルハ必要ノコトナレドモ、能ク此二者ヲ分別シテ尤モ濃厚ノ娯楽ニ溺レザランコトヲ務ムベシ。

寛容

寛容ニ二アリ、一ハ人ノ過失ヲ寛假シテ之ヲ咎メザルナリ、一ハ人ノ陵辱ヲ忍ビテ忿怒セザルナリ、二者天稟度量ノ広大ナルニヨリ出タル者ナレドモ、亦学ンデ至ルコトヲ得ベキ者ナリ、世ニ処シテ寛容ノ徳ナキトキハ、或ハ人ニ禍ヲ与ヘ或ハ我身ニ禍ヲ受ケ、或ハ事業ノ中途ニテ廃沮シ、或ハ栄誉ヲ虧損スルコトアリ、人ノ過ヲ容ルヽハ何程寛キモ、己ガ徳ヲ増スノミニテ損スルコトナシ、人ノ凌辱ヲ忍ブニ至リテハ、自ラ定度アリ専ラ寛容ノミヲ主トスベカラザルナリ、己ガ栄誉ヲ損セラレ、己ガ財産ヲ奪ハレ、己ガ生命ヲ危クサルルトキハ、自防ノ権ヲ用ヒテ自ラ保護セザルベカラザルナリ、又人ノ過失ヲ寛仮スルト、人ノ凌辱ヲ忍ブトノ外ニ、猶一種ノ寛容アリ、他人ノ意見及ビ議論我意ト合ハザルトキハ、直チニ論駁スベカラズ、先ヅ之ヲ我意ニ容レ虚心ニ其可否得失ヲ斟酌商量スベシ。

貞潔ノ徳ト先見ノ智

人類ニ貞潔純清ト云ヘル徳ト利害ヲ先見スルノ智トアルヲ以テ能ク其身ヲ防護シ容易ニ過悪ニ陥ルコトナシ、然レドモ此欲ノ強ク発動スルトキハ動モスレバ、其守ルベキ境界ヲ踰テ大切ナル貞潔純清ノ徳ヲ蹂躙シ、先見ノ智ヲ盲目ト為シ、我身ニ大瑕瑾ヲ与ヘテ禽獣ニ近キ人トナルコトアリ、之ヲ未然ニ防ガザレバ完全ノ人ト為ルコト能ハズ、之ヲ防グノ道ハ何ゾ、克己是ナリ、然レドモ淫行ノ罪ハ隠微ノ間ニ之ヲ犯スヲ以テ、親戚朋友ト雖モ或ハ其規諫ヲ加フル能ハザルコトアリ、唯人々天賦ノ良心ナル物アリテ若シ淫行アルトキハ良心先ヅ之ヲ責ムルヲ以テ為メニ慙愧ノ心ヲ発スルナリ。

義ト利

人情利ヲ欲セザルコトナシ、然レドモ義ヲ以テ之ヲ制セザレバ、或ハ人ヲ欺キ或ハ人ヲ害シ、狡猾険悪至ラザル所ナシ、故ニ其初メニ於テ善ク其弁ヲ明ラカニシ、若シ一利ノ我前ニ現ハルヽトキハ義ニ合フカ合ハザルカヲ確実ニ見定メ、利ヲ棄テヽ義ニ従フベキコトナリ、此義利ノ弁ハ君子小人ノ分ルヽ所ニシテ、利ニ従ヘバ日ニ陥リテ小人ト為ル、然レドモ義ニ従ヘバ利ヲ得ズト云フニ非ズ、正当ノ利ハ義ニ従フモ必ズ之ヲ享クルコトヲ得、只不正ノ利ヲ享クルコトヲ得ザルノミナリ。

知ト行

道徳ノ学ヲ為サントスル者ハ知ニ偏スベカラズ、行ニ偏スベカラズ、知モ勉メザルベカラズ、行モ勉メザルベカラズ、知行両全ト云ヘル古語ハ最モ真理ニ当レル語ナリ、然ルニ人ノ性タル知ヲ務ムルハ易ク、行ヲ務ムルハ難シ、故ニ知行両全ナランコトヲ欲セバ最モ行ヲ勉ムルニ力ヲ用ヒザルベカラズ、尚書ニ曰ク、非二知レ之艱一行レ之艱トハ実ニ千古ノ名言ナリ。

道徳ノ学ト行

道徳ノ学ニ通ズルモノハ其行モ必ズ道徳ニ協フベキノ理ナルニ、其然ラザル者ハ其人ノ心惟道徳ノ学ヲ為スノミニ在リテ実行ニ心ナキ者ナリ、果シテ実行ニ志アラバ無学ノ者ニテモ猶道徳ニ協フノ行ヲ為スコトヲ得、況ンヤ、道徳ノ学アル者ヲヤ、然ラバ道徳ノ学豈勉メザルベケンヤ、且道徳ノ学ナクシテ道徳ノ行アル者ハ、其行動モスレバ狭隘ニ止リテ広ク他事ニ通セズ、或ハ善行粗野ニシテ秀美ナルコト能ハズ、要スルニ学識アル者ノ徳行ト学識ナキ者ノ道徳トハ、其量ノ大小品位ノ高下同日ノ論ニ非ザルナリ。

持敬ト放肆

持敬ト放肆トハ善悪ノ分ルヽ所ナレドモ、独リ善悪ノ分ルヽ所ノミナラズ、禍福利害モ亦之ニ由リテ判カル、世間ノ事ヲ成ス人ヲ観ルニ大抵ハ謹慎周密ノ人ニシテ、事ヲ敗ル人ヲ観ルニ大抵ハ踈漏放肆ノ人ナリ、諸葛孔明ノ知勇ヲ以テスラ其自ラ称スル所ハ謹慎ノ二字ニ過ギズ、謹慎ハ即チ持敬ナリ、然ラバ持敬ト放肆トハ有徳者不徳者ノ分ルヽ所ナリ。

益友ト損友

世ノ青年輩輒モスレバ益友ヲ棄テ損友ニ交ハリ、以テ其身ヲ怠惰放恣或ハ邪曲ニ陥ルヽ者多キハ歎ズベキコトナリ、蓋シ良友ハ多ク方正謹勅ナルヲ以テ、其初〆或ハ親ミ難キノ状アリ、損友ハ多ク柔媚諂佞ナルヲ以テ初〆ヨリ之ニ親ミ易シ、故ニ我心若シ方正謹勅ナラザルトキハ、自然ニ益友ニ遠ザカリテ損友ニ近クコトヽナルナリ、已ニ損友ニ交ハルトキハ、日々益々己ガ徳ヲ損シ、悪行猾計ヲ為スニ慣レテ自ラ悟ラズ、恐ルベキノ至リナリ、蓋シ正人ハ常ニ正人ト交ハリ、邪人ハ常ニ邪人ト交ハル者ナリ、古語ニ曰ク、朋以レ類聚、又曰、同朋相照、同類相求ト洵ニ然リ、我已ニ悪友ト交ルトキハ、我身已ニ其人ト同一ノ悪分子ヲ心中ニ譲生シタル者ナリ、我心正シカラザルトキハ、必ズ悪友ニ交ル、悪友ニ交ルトキハ、我心ノ邪悪滋ス増長シテ遂ニ救フベカラザルニ至ルナリ。

我身ノ位格

我身ノ位格ヲ高クセントスルニハ先ヅ位格ト云フ事ヲ知ラザルベカラズ、凡人間ノ位格ハ智徳ノ高下ニ依リテ定マル者ニシテ智徳ノ高キ者ハ位格ノ高キ者ナリ、智徳ノ低キ者ハ位格ノ低キ者ナリ、官位爵禄ノ如キハ人ノ位格ヲ高低スルコト能ハザル者ナリ、我身ノ位格ヲ高クセントセバ先ヅ一身ノ道徳ヲ行ハザルベカラズ、一身ノ道徳ニハ八善アリ、八戒アリ、何ヲ八善ト云フ、一曰誠信、二曰仁慈、三曰正義、（義侠之ヨリ生ズ）四曰堅忍、五曰勤勉、六曰剛毅、七曰廉潔、八曰節倹、是ナリ、何ヲカ八戒ト云フ、一曰虚偽、二曰過酒、三曰淫佚、四曰忿怒、五曰貪欲、六曰妬忌、七曰懦弱、（怠惰之ヨリ生ズ）八曰傲慢、是ナリ、此十六条ハ我身ノ位格ヲ高低スル所以ニシテ、若シ八善ヲ慎マザレバ我身ノ位格甚ダ卑低トナリテ公衆ニ賤侮厭忌セラル、八善ヲ行ヒ八戒ヲ慎ムトキハ、身ノ位格高崇トナリテ公衆ニ敬重親愛セラル、道徳ニ志ス者ハ深ク之ヲ考ヘザルベカラザルナリ。

一国ノ安否

日本人民タル者ハ同舟海ヲ渉ルノ想ヲ為シ、親和結合シテ此険悪ナル世界ニ屹立シ、金甌無缺ノ皇国ヲ保護セザルベカラザルナリ、日本国民ヲ大別シテ二ト為ス、一ヲ官吏ト云ヒ、二ヲ衆庶ト云フ、官吏ハ官吏ノ道アリ、衆庶ハ衆庶ノ道アリ、然レドモ国民タル上ヨリ見ルトキハ其国ニ対シテ尽スベキ道ハ官吏モ衆庶モ共ニ同一ニシテ差異アルコトナシ、国民徳性ノ良善ナル者八アリ、其一　皇室ヲ尊戴ス、其二愛国心、其三進取ノ気、其四信義、其五忍耐、其六剛毅、其七節倹、其八勤勉ナリ、凡我国民タル者ハ官吏軍人衆庶ノ別ナク共ニ此八徳ヲ勉メ行ハザルベカラザルナリ、国民ノ品性此ノ如クナレバ小ニシテ其国ヲ保護安全ニスルコトヲ得ベク、大ニシテハ其国ノ光輝ヲ四方ニ輝カスコトヲ得ベシ、又国民ノ品性不良ニシテ其国ヲ腐敗セシムベキ者ハ、其一奢侈、其二軽躁、其三浮薄、其四遊佚、其五怠惰、其六柔弱、其七見レ利忘レ義、其八尊レ外賤レ内是ナリ、国民ノ品性此ノ如クナレバ、小ニシテハ他国ノ軽侮ヲ受ケ、大ニシテ其国ヲ削弱侵奪セラル、故ニ我国民タル者ハ官吏軍人衆庶ノ別ナク戒メテ之ヲ除キ去ランコトヲ求メザルベカラズ。

理教ノ力

凡ソ人ノ精神ヲ束縛シテ其独立ヲ失ハシムル者ハ、宗教ヨリ甚シキハナシ、其宗教ノ昏迷ヲ破リ、人ノ精神ノ独立ヲ助クル者ハ理教ヨリ善キハナシ、孔孟老荘ノ教ハ理教ノ最モ高妙ナル者ナリ、東方諸国ノ民ノ宗教ノ昏迷ニ陥ラザル者ハ全ク孔孟老荘ノ賜ニシテ、若シ支那ニ是等ノ聖賢ヲ出スコトナクンバ支那日本ノ高才卓識ノ士モ、多ク仏法カ耶蘇教家ノ籠絡スル所トナリタルベシ、本朝王政ノ時ハ仏法甚盛ニシテ上ハ　皇室ヨリ下ハ搢紳学士ニ至ルマデ皆之ニ迷溺シタリシカト思ハルレドモ、其時代ノ律令ヲ見ルニ朝廷有識ノ士ハ決シテ仏法ニ迷ハサレズシテ、其仏法及ビ僧尼ヲ処スルノ法ノ如キモ、蓋シ其時ニ適スルノ宜キヲ得タル者ト謂フベシ、然ラバ王代ノ時ハ仏法盛ナリシト雖モ、其時ノ名士ハ胸中別ニ主持スル所アリテ、決シテ彼ノ誘惑ヲ被ラザリシ者ト見エタリ。

道徳者ノ本領

道徳ヲ以テ人ヲ教ヘ世ヲ導カント欲スル者ハ、先ヅ己レガ本領ヲ定メザルベカラズ、道徳者ノ本領トハ如何、孟子曰居二天下之広居一、立二天下之正位一、行二天下之大道一、得レ志与レ民由レ之、不レ得レ志独行二其道一、富貴不レ能レ淫、貧賤不レ能レ移、威武不レ能レ屈、此之謂二大夫夫一ト、然ルニ今世ノ道徳ヲ説ク者ヲ見ルニ、口ニハ道徳ヲ言ヘドモ、其行ハ俗人ト異ナルコトナク、或ハ媚ヲ要路ニ求メ、或ハ腰ヲ富商ニ屈シ、富貴ニ汲々トシテ貧賤ニ戚々タリ、此ノ如キ者ハ安ンゾ与ニ道徳ヲ語ルニ足ランヤ、又世間ノ名利ニ沈溺スル者ヲ見ルニ、何レモ真ノ道徳ヲ知ラズ、又真ノ道徳者ヲ知ラズ、真ニ道ヲ行フ者ヲ見レバ却テ之ヲ嘲笑スルノ意アリ、邵康節曰蛙蜢泥中走、鳳皇雲外飛、雲泥相去遠、自是難㆓相知㆒ト、生涯泥中ニ在リテ得々タル所ノ蛙蜢ハ、安ンゾ雲外ニ飛翔スル所ノ鳳皇ノ如何ナル物ナルコトヲ知ルヲ得ンヤ。

（昭和十四年八月二十日　日本弘道会発行）

解題

『西村泊翁先生傳』

藤下昌信

『増補・改訂 西村茂樹全集』の編纂にあたり、本全集の利用者に西村茂樹の人と為りとその事績についての理解を得るため、第一巻の冒頭に、明治四十二年(一九〇九)の稿本『西村泊翁先生傳』一篇を、『西村泊翁先生欽仰録』(昭和二年 日本弘道会刊)から採って載せた。

土屋弘については、日本弘道会初代副会長南摩綱紀の「土屋鳳洲傳」(『日本弘道叢記』第一〇九号・明治三十四年)によれば、天保十二年(一八四一)現大阪府の岸和田にて生誕、鳳州は号で、堺師範学校長、奈良師範学校長、華族女学校教授を歴任、漢学者として名声を博す。昭和元年(一九二六)歿。著書に『皇朝言行録』『孝經纂釋』『文法綱要』『巡校日記』等がある。土屋と西村との交流は古く、日本弘道会の前身である東京脩身学社の機関誌『脩身学社叢説』第十五冊(明治十四年)に、土屋の家塾に関わる「晩晴書院開業講義」という短編を寄稿しており、その当時から日本弘道会の中軸会員として西村と行動を共にしている。また、西村が華族女学校長に就任したのが明治二十一年であり、在任最後の年の明治二十六年に土屋を教授として迎え入れている。本伝記は西村伝記の嚆矢と言うべきであり、西村の閲歴と事績を漢文で詳述、前段に白文、後段に書き下し文と二部構成でまとめている。なお末尾に、編者(日本弘道会編集部)が、宮中顧問官辞任後の西村の事績を録し補っている。

土屋は、文中において本伝記を著す所以として「和漢洋の学説を融合し、国民道徳を振興し、百年の長計を規画《ママ》することを在るに至っては、泊翁西村先生を推さざるを得ない。」とし、他に眼を転ずることなく諄々と道を講じている西村のひたむきな姿に接して生涯の師と仰いだのであろう。なお、本全集の「編集要領」に基き、底本の明らかな誤字を訂正し、訓点と書き下し文は現行の形に整えた。

『日本弘道會創立紀事』

藤下昌信

本書は、西村茂樹が、明治九年（一八七六）に東京脩身学社を創設してから明治三十年（一八九七）に至る二十二年間の、日本弘道会に関わる事績を、年を追いながら録したものである。利から離れて只管に国民道徳の振興と道義を重んずる国家の建設を標榜、一切を投げ打ち献身して晩年を迎えた感慨と、嶮しかった道程を述壊した一文が文末に記されているので挙げておくことにする。「明治九年三月、余ガ東京脩身学社ヲ創立シテヨリ既ニ二十回ノ星霜ヲ経タリ、其得タル所ハ七千八百人ノ本支会員ト八十一所ノ支会トニシテ、最初ノ志望ハ未ダ十分ノ一ヲモ達スルコト能ハズ、余ハ頑健ナリト雖モ尤馬ノ齢已ニ七十ニ及ベリ、本会ノ大目的ハ後進ノ道徳者ニ望マザルコトヲ得ズ、此ノ紀事ヲ草シ畢リ、白髪ヲ掻テ自ラ忸怩タリ、明治三十年二月十五日記ス、」と。

長年にわたって眼疾に悩み、胃腑を患いながらも、日本弘道会の躍進を期して陣頭に立ち続けてきた我が身を振り返り、百年の大計を心に刻みながら、後進に託す道を求めていたものと思われる。精神的にも肉体的にも一つの局面を迎えた西村の心情を、記事の端々に窺い知ることができる。然しながら、本書を著わしたこの年も、東北地方、中国地方、その他の地域に巡回講演のため長期に出張しており、その積極的、意欲的な活躍・奮闘には驚かざるを得ない。当時の平均寿命からしても、古稀を迎える人は数少なかったに違いない。超人的と言うほかあるまい。なお、右の文中に見える「本会ノ大目的ハ後進ノ道徳者ニ望マザルコトヲ得ズ、」という記述を見ても、まさに、杜甫の曲江詩に見える「古来稀なり」という年齢に差し掛かったときの心境を率直に書き留めたものと思う。本書には、将来への大事を抱えた老学者が、生涯をかけても成し得なかった事どもを、後に続く会員に託さんとするメッセージが隠されているように思える。

『日本弘道會大意』

藤下昌信

本書は、日本弘道会会長としての西村茂樹が、明治二十二年(一八八九)十一月に口述したものを、翌年の十二月に出版したものである。本書の出版を告げた『日本弘道叢記』第十九号(明治二十六年十一月刊)の広告欄によれば、「此ノ書ハ会友及ビ其他ノ諸君ヨリシテ本会ノ要旨ヲ記述セント乞ハル者多キニ由リ会長自ラ起筆セラレタル者ニシテ啻ニ本会ノ大意ヲ領会スルニ止マラズ又道徳学ノ要領モ之ニ由テ簡明ニ知ルコトヲ得ルノ良書ナリ」とあり、会勢の充実と会員の拡張をねらった出版であることを明らかにしている。

西村は、本書の冒頭において、日本弘道会を設立した所以と教義、西村の採る道徳主義、帰納主義、道徳学の真諦、道徳の学と教えについて説き、邪説に惑う者を開諭することが道徳拡張の順序であるという前提のもとに、道徳に関する大要を挙げて日本弘道会の会意を述べた後、十七条に亘って会友の心得を示している。先ず、日本弘道会は宗教をもって根拠とせず、理教(儒教・哲学)をもって根拠とするが、道理に合わなければ儒哲と雖も採らず、道理に合えば宗教の言と雖も之を採るという会の基本的な姿勢を明確に示しており、真理を世界に求め、一局に偏して知るところのみをもって道理を定めてはならないと戒めて、事理を論ずるときも一辺に偏してはならないと警告。さらに、本会は実行を主として空論を忌むものであると強調している。また、人心の同じからずはその面の如きであり、異論ある者も拒まず、本会の旨趣に違《たが》うことがなければ会友として迎え、道徳振興の為に結集すべし、と訴えている。

本書が、日本弘道会の会意を示した前段と会友に与えた十七条の条目、ともに極めて論理的で体系的に整えられているのがとくに注目される。文中に「余ハ二教ノ精神ヲ採リテ形述ヲ略シ、本邦道徳ノ基礎ヲ立テントス。」とあり、西村の究極のねらいが本邦独自の道徳、つまり、日本的道徳の確立にあったと考えられる。

「日本弘道會婦人部設立の大意」

藤下昌信

日本弘道会は、明治二十三年(一八九〇)三月、女子の徳性を養い卑陋になりがちな女子の風俗を改良しようと女子部の設置を決め、棚橋絢子、平尾光子を幹事として、東京市内飯田町の皇典講究所講堂を例会場として隔月に開会することとなり、規約を定めて活動を開始した。本稿は、西村茂樹が本会に婦人部を創設するに先立ちその意趣を述べて一般に公表したその稿本である。また、短編(本文約一二〇〇字)にて一書を成さず、本来ならば第八・九巻に予定している「論説の部」へ入れるべきものであるが、婦人部は、組織の中でも重要な位置にあって活躍したので、既刊の『日本弘道会大意』と関連性を持たせたいという理由から、第一巻に組み入れたものである。

西村は、女子教育の重要性について早くから認識し自論を公けにしている。明治十七年十月、文部省兼勤にて宮内省出仕となり、『婦女鑑』の編纂を下命されたことは知られているところである。本稿の文中に、「日本弘道会に於いて婦人部の道徳会を設け、衆人の力を併せ一方には世の教育家を助けて女子の特性を養ひ、一方には邪路に迷へる女子を救ひ卑陋なる女子の風俗を改良せんと欲するなり、(中略)元来本邦の婦人は其天性は甚美なれども其位格は未だ高からず、故に此上益々徳行を修め、学問を勉め、才智を磨き、以て日本婦人の地位を高崇優美にせられんことを望むなり、是本部設立の大意なり、」と。女子部設立の大意は婦人の位格の向上と徳操の維持にある、と説いている。

その年の七月に入って西村は、婦人部の会員を前にして「女子教育論」(第八巻に収録)を講じ、「本邦二千有余年の教育、風俗、習慣を尽《ことごと》く破壊して、全く黄色の西洋人を作り出さんとするに至りては、誤れるも亦甚だしといふべし、」と。上辺だけの欧化主義を痛烈に批判するとともに、同調する教育者に対し警告を発している。

なお、本稿にあった十二字の欠字は他書を参照して補った。

「日本弘道會要領」(甲號、乙號)

藤下昌信

西村茂樹は、明治二十三年(一八九〇)二月、初めて「日本弘道会要領十ヶ条」を定め、本会の主義、綱要を成文化して『日本弘道会叢記』初編第八冊(明治二十三年五月刊)の誌上に発表。「右聖賢の格言に基づきてこれを述ぶ、本会の会員・信者努めてこれを守らんことを望む」と付言している。また西村は、十年後の明治三十三年十一月に至って、「明治二十三年の一月、日本弘道会要領十ヶ条を発行して会員諸君に示ししに、諸君能く其意を諒して是を行ふに怠らざりき。同年十月国民教育に関する　聖勅を下し給ひしに、本会の要領は謀らずも聖勅の御趣意に毫も違ふ所なかりしは、会員一同の甚だ喜べる所なり、然れども要領に記する所は会員自ら其身を修むる事専らにして、広く国家のことに及ぶ者少し(中略)爾後年を経ること十年、余時勢の進歩に伴ひ、本会の事業も亦積極を重んぜざるべからざるに至れり。依つて一両年以前第二の要領を草し是を時勢に験するに略々其誤りなきを信ぜり。因つて旧時の要領を甲号と名付け、新に立案せるものを乙号と名付け以て之れを諸君に示すこととせり。」と述べ、新たに社会道徳を中心とする十ヶ条を定め、『日本弘道会叢記』第百四号(明治三十三年十二月刊)の誌上に発表した。右にある如く、甲号は個人の道徳を主とし、乙号は国民の一人として社会に対すべき道徳であり、ともに西村自身が会員の規範、指標として示したものであって、現在、日本弘道会会員の精神的な支柱となっている「日本弘道会綱領」の原典である。

昭和五十一年に至り、本会第七代会長野口明が、「時勢の変化に則して補正乃至演釈を加えて時差的調整を志すことは、合理と実証とを基調とする本会伝統の帰趨である。」と述べ、数ヶ月間の準備と協議を重ねて甲号と乙号に修正を加え、従来の「要領」を「要綱」と改め、現代社会に適応する要綱として会員に公示したのが現在の「日本弘道会綱領」である。日本弘道会の推進する全ての事業や主張は、本会綱領の示す綱目の趣意から外れることはない。

『弘むべき道』

藤下昌信

本書は、西村茂樹の在世中には刊行されなかったものであるが、逝去後二十数年を経た大正十五年（一九二六）五月に、日本弘道会が出版している。書名の下位に「日本弘道会意」と付記されており、先に刊行された『日本弘道会大意』（明治二十二年刊）とほぼ同様の内容表記であって、内容は西村の「遺稿」と日本弘道会の編集記事「日本弘道会の主旨」「日本弘道会の主張」「日本弘道会沿革大要」の三篇を加えた二部構成となっている。

西村の遺稿が本書の大半を占めているが、小見出しを付け十項に分けて載せており、小見出しの表記も的確で内容も非常に読み解き易い。次に、小見出しの題目を列記しておく。「道徳会の必要」「宗教と理教」「儒道と哲学の精神を採る」「正当の道理を定むる帰納法」「社会の道徳を高くせよ」「人格を高くするのが道徳の目的である」「一家の和合に及ぶ快楽はない」「一郷の親和を図れ」「一国を安全にせよ」「世界の平和」、以上の十項目である。前述のとおり内容については、『日本弘道会大意』の論述するところと類似する記述が多く、前者に比して本書は論旨を一般向けに表現しているのがとくに目を引く。残念ながら、西村が本書を執筆した年月を特定することはできないが、未刊の書となった事実から考えて、西村の逝去年の明治三十五年（一九〇二）に近い年代を考えるのが無難であろう。

本書が、「要覧」の要素を多分に持っているものの、道徳とは何か、日本弘道会の目的と果たすべき役割は何か、という基本的なテーマを前面に出して、簡潔に、しかも、論拠を明確にしている点、日本弘道会会員拡張のための書として非常に充実しており、現代にも通用する格好の書であると考える。理論が先行することなく、当時の社会の風潮を的確に捉えて片時も国民から目を外らすことなく、一貫して日本的道徳の確立を念願して生涯を賭けた西村の真摯な姿を窺い知ることができる。

『日本道徳論』

尾田幸雄

本書の成立事情については、西村茂樹自身が自己の生涯をふり返って書き記した『往事録』に、詳しく語られている。幕藩体制の瓦壊と明治維新という歴史の大変動を境にして、我が国の文化と伝統も大きく揺らぎ、それまでの儒教思想を支柱として奉じてきた漢学派に対して、改めて神道を思想的支柱に据えようとする国学派が台頭し、更に開国以来、西洋文明に憧れて、それに倣おうとする洋学派が加わり、まさに三つ巴の覇権を争う大学の現状や、他方、ひたすら欧化政策を推し進めようとする伊藤博文内閣の政治姿勢などを目の当たりにした西村は、日本国民の思想的混乱による道徳崩壊の危機を憂え、明治十九年十二月十四日より三日間にわたり、当時、東京神田錦町にあった帝国大学の講義室に朝野の聴衆を集めて、自ら多年にわたって温め続けてきたところの日本国民としてあるべき道徳の構想について演説した。西村の主張は、皇室の尊栄と国民の幸福を増進するための国民道徳の自覚であり、個人道徳と社会道徳の必要性を理論と実践の両面から具体的に説いている。

翌明治二十年二月、西村は前年末より罹っていた眼疾をおして、この演説の原稿を門人に口述筆記させ、これを出版して同志に頒布し、その趣旨を朝野に弘めようとした。これが西村茂樹著『日本道徳論　全』(私家版)であり、同年四月に改めて発行者・西村金治によって東京で出版された。今回の西村茂樹全集第一巻所収『日本道徳論』は、この初版本を底本としている。

西村は多くの知人にこの書物を贈呈したが、時の文部大臣　森有礼は、これを読んで大いに賛同し、この書を文部省に提出して検定を受け、中等学校以上の教科書にすべきであるとまで激賞した。これに反して、総理大臣　伊藤博文は、この書を読むや激怒し、これは新政府の政策を誹謗し、その進路を妨害しようとするものであるとして森文相を呼びつけ、難詰した。そこで、文相は自分の秘書官に、この書の中で新政の進路を阻害する個所があれば摘出するように命じた。秘書官は命ぜられるまま熟読したものの特にそのような個所を見出せなかったが、いささか表現の厳し過ぎると思われた数個所に付箋を付けて文相に報告した。

これを受けた文相は、総理大臣に対して、この書の意図するところの弁明に努める一方、西村に対して、激越な文言を削除するなり、緩和するなりしては如何かと説得した。これに対して、西村は文相の厚意に感謝しながらも、「小官が日本道徳に関せる意見は、蓋し当路の諸公と相容れざる者あるべし、此書は全編小官が精神を以て貫き居る者なれば、其中の数十条を改刪するも、恐らくは諸公の忌諱に触れたる上は、今日国中に行はるべき望なし、依て改刪せんよりは、寧ろ是を絶版すべし」と答えた。文相はなおも「敢えて絶版するを要せず、基語弊を改むれば、精神は是を存するも可なり」として説得を続けたが、西村は、「此書の語を改刪する時は、文意連続せず、精神貫通せざるの書となるべし、依て断然絶版することに決し、」これを伊藤・森の両大臣に報告するとともに、内務省図書局に届け出た。図書局では、絶版にするには及ばない、ひと先ず発売を中止すればよかろうといって、その措置をとった。

しかし、本書は献本や販売によって既に世間に出廻っていて、販売を中止しても、いわゆる海賊版が横行する始末であったため、止むなく西村は、森文相の忠告を受け入れ、過激な文言を削除したり緩和したりして発売することにし、その旨を伊藤・森の両大臣に報告した。これが、明治二十一年三月に井上圓成によって発行された訂正二版である。この後、西村はこの訂正二版に更に若干の手を加え、明治二十五年一月に哲学書院から訂正三版を発行している。

今回の西村茂樹全集第一巻に『日本道徳論』を収録するに当たっては、初版を底本とし、訂正二版及び訂正三版との異同については注記によって明らかにした。

『國民訓』

古垣光一

西村茂樹は、明治二十年(一八八七)に『日本道徳論』を出版し、日本の道徳はどうあるべきかについて論じた。この後、明治政府も二十三年に「教育勅語」を出して、日本の教育理念を提示した。こうした状況の中で、西村は独自に国民の道徳について、さらなる模索を行っていたようである。二十四年十一月に栃木県宇都宮で「尊王愛国論」を演説し、二十六年六月に同県小山市で「国民の道徳」を演説している。一方、二十三年から地方に支会が多く設立され始めた。二十八年五月には、会員増を背景に京都で第一回総集会という全国大会を開催するまでに、日本弘道会は発展した。ところで、明治政府は殖産興業と条約改正の政策を推進してきた。これらが実現すると、外国との交易が盛んになり、また外国人の内地雑居が現実となり、外国人との接触が飛躍的に増加することが憂慮されていた。明治二十五年(一八九二)に成立した第二次伊藤博文内閣は、日清戦争(一八九四〜一八九五年)で勝利をおさめた。この頃、軽工業の第一次産業革命も実現した。同内閣の外相陸奥宗光は、条約改正交渉を本格的に軌道に乗せ、二十七年には不十分とは言え、英国との調印が実現した。この後三十年(一八九七)までに、ほか十四ヶ国とも調印に至った。そして三十二年から、この新条約は実施され、治外法権は撤廃された。

以上略述したような内外状勢の中で、『国民訓』は明治三十年二月十四日に出版された。巻頭の「題言」は、前年の四月に書かれており、出版より十ヶ月程前に執筆を終えていたことになる。西村六十九歳の時のことであった。原書の表紙には、西村茂樹先生著『国民訓　全』、日本弘道会蔵版と記されている。奥付によると、発行者は日本弘道会代表者田中喜宣、印刷者は山本鍈次郎、印刷所は株式会社秀英舍、発行所は日本弘道会事務所となっている。本書はその後昭和十四年(一九三九)五月に、六版本(明治三十六年三月発行)の縮刷本が、日本弘道会から発行された。本全集では、この縮刷本を再録している。本書の原書は、巻頭に「教育勅語」を掲げるが、縮刷本では「(前略)畏くも該勅語は苟も本書を繙かるゝ人士の既に深く服膺し居らるゝ大訓なるを以て、縮刷するに當り掲載せざることとせり、茲に之を謹識す。」と記して、省略している。また縮刷本には、原書にない日本弘道会による「緒言」が、「国民訓題言」の前に附され、最後尾に「西村茂樹先生小伝」も附されている。原書は「国民訓題言」に始まり、「国民訓目録」、「本文」と続いている。

本書執筆の動機については、巻頭の「国民訓題言」が参考になる。これによると、西村は以下のように述べる。西村は壮年の時から、貝原益軒の十訓《きん》(初学訓、大和俗訓、和俗童子訓、五常訓、文訓、武訓、君子訓、家道訓、養生訓、楽訓)を読み、これを信奉してきた。自分が今日まで、身を修め世に処して大過なかったのは、十訓中の訓言によることが大であった。そこで、十訓《きん》によって青年子弟を教訓することも試みてきた。しかし今日は、益軒の時と時勢が大いに変じている。即ち、「内ニハ皇室ノ中興アリ、外ニハ外国ノ交際アリ、先生(益軒のこと)ノ十訓以外ノ訓誨ヲ要スル者亦少ナカラズ」ということから、「先生ノ十訓ニ倣ヒテ国民訓一冊ヲ草ス」とする。つまり、明治時代になって出現した「国民」を、内外の変化を踏まえて訓誨することが、今日は必要になったと、西村は述べる。そうして、本書によって「国民ノ職分ヲ知リ得ル者アラバ、余ガ国恩ニ報ズルノ微志ノ万一ヲ達スルコトヲ得タリト云フベシ。」と述べている。国民が職分を知ることを目的として、本書が執筆されたことが理解できる。本文は、学問、道徳、生業、家倫、国役、交際、選挙、対外、の八目によって構成されている。この八目によって、西村は「国民」を訓誨教導する。この「国民」とは、「華士族平民を論ぜず渾て我天皇陛下の臣民を指すの語なり」とする。さらに続けて、国民の智徳の高低や欠乏が、国の品格や国の危亡、国の貧富強弱を左右するとする。従って、明治三十年代の国民の智徳を高めるために、国民に訓誨を示したのが本書である。

『國民訓對外篇』

古垣光一

日本は日清戦争(一八九四~九五年)に勝利し、産業革命も始まり、条約改正も不十分ながらも実現することになった。即ち明治三十二(一八九九)年から、新条約が実施されて治外法権が撤廃された。こうした状勢の中で出版されたのが本書である。

本書の奥付によると、本書は明治三十一年十月三十日に発行された。著作者は、日本弘道会長西村茂樹と記される。発行者は日本弘道会四谷部会長であった伯爵松平直亮、発行所は日本弘道会四谷部会、印刷所は四谷活版所となっている。ちなみに、松平直亮は後に日本弘道会三代目会長となっている。また、彼は西村の著書の出版に尽力し、西村の伝記編纂にも深く拘った人物である。

本書出版の理由については、緒言に詳述されている。それによると、「明治三十二年七月は、正に改正条約実施の期にして、爾後は内地を開放して、外人の住居するを許すものとす、云々」とあって、英国等十五ヶ国との改正条約が実施されることが、本書出版に大きな影響を与えていたことが理解できる。さらに「今や優勝劣敗の世に処し、四方強国の人種と、対等の地位を保ち、之と交際して、毫も屈辱を受くる所無からんと欲せば、予め之が準備を為さゞるべからず、云々」とあり、条約改正によって、外国人と対等につきあい、屈辱を受けないようにするために、様々な準備をしておく必要があると指摘する。その準備のために、本書の文章は、「西村が、外人に対する国民の心得を、指導せられたるものにて、内地雑居準備として最も適切なる訓誡なり、因て今回先生の許諾を得て、右対外の一篇を抄録し」たとする。さらに本書では、全てにルビを付けることが原則となっている。それは緒言によると、時局柄なるたけ多くの人々に読んでもらいたい、という願いから行なわれた。

本書は、西村が新たに筆を執ったものではない。緒言によると、西村の許諾を得て、『国民訓』の対外の部分を抄録し、一冊としたものである。既に右述したが、本書は西村が内地雑居を心配し、「外人に対する国民の心得を、指導」したものであった。主な内容を示すと、訓誨として「一　信義を重んずべし」、「二　内外の別を明にすべし」、「三　競争の意を忘るべからず」、「四　国辱になることを戒むべし」、「五　妄りに屈下すべからず」、「六　彼に不法の事あらば連合の力を以て之を破らざるべからず」、の六ヶ条の要目を最初に挙げて、外国人に対する心得について説く。次いで、外人と雑居するようになった後の国民の心得について説く。国民の消極的な心得として、「一　土地を失はざらんことを務むべし」、「二　実業家は其の業を奪われざらんことを力むべし」、と二件を挙げる。また積極的な心得としても、「一　彼国民が我国に来住し種々の生業を営むと同時に我国民も亦彼国に赴き倫敦なり巴黎なり伯林なりに住居し、彼国民と競争して農工商を営むべし」、「二　彼国の通貨は利息甚だ低廉なるを以て巧みに之を使用して我農工商の資本と為すべし」、の二件を挙げる。この他に、なお国民が心得るべきこととして、「一　国際法の大略に通ずべし」、「二　実業家殊に商業家は宜しく外国語に通ずべし」や、外国人との訴訟に関すること、雑居することになるキリスト教の宣教師及びその信者との関係の在り方について訓誨する。なお本書の最後尾には、「日本弘道会四谷部会設立趣旨」と「日本弘道会四谷部会規則」が付されており、四谷部会の活動を人々に知らしめるものともなっている。

『儒門精言』

土田健次郎

本書は、『弘道』一三五号（明治三十六年七月）の同書の広告に、「宋元明清鴻儒の倫理道徳に関する名言を諸種の綱目に彙集して、一目瞭然たらしむるように編成せられたるもの」とあるように、中国の宋から清に至る儒者の嘉言を収集し、重要な箇所に圏点を付した書である。ただ「警戒類」に道教の『抱朴子』極言、「雑識類」に仏教の「寒山子」の句というように宋以前でしかも儒教以外のものも採られている。ともに明の高濂『遵生八牋』に見えることからすると、おそらくこの書から引いたものであろう

西村はよく、「今世の学者が文を書き論を立てる際に、常に欧米の有名人のものを引き、中国の先儒の格言がしばしばそれにまさっているのを知らない。それは漢籍を読まないからなので、残念なことだ」と、人に語っていたという。これが本書の編集意図であろうかと本書の跋を書いた内田周平は推測している。

西村は臨終の際に子孫にこの書の刊行を遺言し、内田に校点を命じた。内田は遺命を受け、校点をほどこし、かくて明治三十六年九月二十一日に、『泊翁全書』第一集として、発行者「西村龍太郎」、発行所「西村家図書部」、大売捌所「開発社」で刊行された。内田の跋によると原本は三巻であった。

本書に校点を施した内田周平（遠湖、一八五八～一九四五）は、厳格な学風で知られた山崎闇斎の学派の系譜に属する著名な朱子学者である。東京帝国大学医学部を中退し、いち早くドイツの文学理論、文学作品、美学を日本に紹介し講じた人物でもあった。

項目を立てて先儒の嘉言を収集するという方式は、南宋の朱熹（朱子）が呂祖謙（東莱）とともに編集した『近思録』に遡る。特に冒頭に北宋の周敦頤の『太極図説』を配置することなどは、朱子学者の典型的手法である。また『近思

録』の体裁は最初に「道体」をおき、世界の本質に関する語を集め、次に「為学」を配し学問の勧めに及ぶのであって、これは本書も同じである。その後は両書では目次に差異が出てくるが、個人から家庭、国家、異端というおおまかな順序は『近思録』と類似する（原富男「泊翁全書第一集　儒門精言」、『弘道』六九七）。ただ西村自身の儒学理解は、師であった安井息軒と同様に、純正朱子学というよりは折衷的性格が強かった。本書を読み進めていくと、朱子学と対抗した陽明学の文献、更にその陽明学に対抗した湛若水（甘泉）のものまで広く目を向けている。なお湛若水の語は、当時彼の文集がおいそれとは見られなかった状況からして、『明儒学案』から引いたものであろう。孫引きのものがあれこれあっても当時の図書事情からすれば当然であって、何よりも本書には儒学に関する西村の広い教養が現れていることを強調しておきたい。特に注目すべきは、一党一派に偏らず、儒学の遺産全体から意味のあるものを抽出しようとする基本姿勢であって、これは西村の思想全体の傾向でもある。

本全集では西村が付した圏点をそのまま収録した。付し方に必ずしも統一性は無いが、西村の関心が那辺にあったかがうかがえよう。また本全集では『泊翁全書』本の字句や訓点を最大限重んじた。ただあまりに明らかな原文の誤りや、訓点の不統一は訂正したところがある。標記も一律ではなく、それは例えば朱熹の号の「晦庵」を「晦菴」としているところなどであるが、この場合は前者に統一した。ただ字《あざな》で「元晦」としてあるのはそのままにしてある。更に程頤（伊川）の語を程顥（明道）として引いているところもあるが（「致知類」の第二条）、あえて訂正しなかった。

本書には少量の内田周平の校語があるが、本全集では省いた。なお本書の冒頭から「立志類」第五条までの書き下し文と注を原富男氏（当時、東京教育大学教授）が『弘道』六九七〜七一四（昭和三十二年三・四月号〜昭和三十五年一・二月号）に連載されていて、全体の十五パーセントほどにあたる。

『國家道德論』

高橋昌郎

『国家道徳論』(上・下二巻)は、明治二十七年(一八九二)三月の脱稿である。「上巻」は、「緒言」「総論」「大臣」「百官」「官制」「政務」「法律」「帝国議会」「外交」の九節に、「下巻」は、「教育」「宗教」「軍政」「理財」「租税」「山林治川」「民業」「航海移民」「雑事」の九節に分かれている。その著述の前後の事情は、『往事録』の明治二十六年・二十七年の所に記されている。

明治二十五年十一月十六日、西村茂樹は、貴族院議長に辞表を提出し、同月二十四日に依願免の辞令を受け取った。辞表提出の理由は、「貴族院は只政府の傀儡」として、これに失望して自発的に辞職したものである。これによって西村茂樹の本官は宮中顧問官(無収入)で、華族女学校長の職(収入有り)は兼官であった。

その翌年の二十六年十一月二十二日、土方宮内大臣から、兼官の華族女学校長の職を辞退するよう要求されて、即日兼官辞職の願書を差出し同月二十五日依願免兼官の辞令書を受け取る。伊藤博文総理大臣と陸奥宗光外務大臣から、条約改正問題で敬遠されてこのような仕打ちを受けたという。その明治二十六年の項に引退当時の心境を記しているので参照されたい。そこには「爾来政界に向かひて口を開くことを止め、国民道徳の振興を以て畢生の事業となし、以て国恩の万分一を報ぜんと欲す」とある。時に六十六歳。南葛飾郡寺島村(墨田川の東岸、通称向島)に退隠した。

本書は、明治二十七年三月に脱稿された。ちなみに日英通商航海条約調印(領事裁判権廃止を実現)は明治二十七年七月十六日(三十二年七月十七日施行)清国に宣戦布告したのは同年八月一日である。『国家道徳論』は、このような時期に著述したものである。西村茂樹は、この書の「序」において、この著述を明治十九年刊行の『日本道徳論』と対比しているので、読者は先ずこの「序」に注目して貰いたい。更に「緒言」ではこの書著述の意図を、「治国平天下の道を論じたる者」として、次のような趣旨を記している。国家とは和漢の人が古来より慣用する言葉で、政治上よりその国民の全体を称する名称であり、西洋のステートの語にあたる。それ故に『国家道徳論』は専ら政治上より国民の道徳を論じたもので、国人個々の道徳とは其の指す所を異にしている。

次いで「総論」においては、「国体」について論じている。また、皇統一系の皇室の存在を、日本と他国の国体と比べて異なる特質をもっている。但し、我が国が立憲君主の政体を執っていることを強調して、皇室と政府との限界を明らかにするよう要求している。すでに『泊翁卮言』第一冊、（維新から明治十五年頃までを収録）の「十三　威権の在る処」において、具体的に、尊王家の主張を批判している。万世一系の天皇の位が堅固であったのは、天皇が政治上の権力を持たなかったからであるとする。

西村は、「藤原氏権を専にして皇室少しくやすく、王権全く覇府に帰して皇家大いに安く、後醍醐天皇王権を恢復し玉ひて皇家少しく危し、世の尊王家と称する者、此理を知らず」と記している。そうして「総論」の末尾に次のような趣旨の事を記している。西村茂樹の見識を示すものとして重要である。日本の立憲政体は三権中に於て、特に行政官の勢力を重くした。是は英米諸国の立法官の勢力を重くすることに比較すれば大いに異なる所があり、世人の中には其均衡を得ないのを咎める者がある。然しながら日本の政体は、数千年来、君主独裁を以て連続し、行政官だけが政事の全権を執っていたため、社会の組織も亦是に由って成立したものが多い。今急激に三権鼎立の制を立てる時は、却て上下の不安を起し、国家の為に危害を生ずる恐れがある。日本従前の政体と社会の習慣とを考慮して、行政部の勢力を重くするのは仕方ないとしている。『国家道徳論』著述当時の日本国民は自立性が低いという認識で、それ故に、行政部に対して「仁政」を要求し、大臣に対しては徳望と手腕を要求し、官吏には重厚深慮を求めたのである。

『續國家道徳論』

高橋昌郎

明治三十年(一八九七)九月、西村茂樹は『続国家道徳論』を刊行する。その巻頭に、著述の理由を記している。「前書を草するの後、纔かに半年にして日清戦争作る、此戦争に因りて我邦の形成一変し、政治、経済、軍事、教育、外交、実業、半年以前と大いに其趣を異にせる者あり、是に於いて更に筆を続きて続国家道徳論一冊を草す」。西村茂樹は、日清開戦に反対であった。彼の日清戦争についての見解は、二十八年三月の「伊藤内閣総理大臣へ建言」の中で示されており、またこの『続国家道徳論』で論じている。「建言」では、北京を陥落させる意見に反対し、償金・土地を過大に要求しない方が宜いとしている。早く戦争をやめて善後の策に着手することを願っている。戦後の遼東還附については、『往事録』(明治二十八年四月の所)において「此一挫屈は却て将来の志気を養ふが為に利益あるべし」と云っている。『続国家道徳論』は、日清戦争後の経営、並びに目前に実施を控えた「内地雑居」に関する心配について、以下の諸節に分けて論じている。「日清戦争」「国是」「財政」「政権 及び行政官」「軍制」「帝国議会」「外交」「民心風俗」「物価騰貴」「教育」「臺灣」など十一節である。

その最初の節「日清戦争」は、従来、『西村茂樹全集　第一巻』では、その二二六頁五行目から二二七頁四行目に至る迄の十五行が伏せ字になっていた。それが、『弘道』第九四九号(平成二年十一・十二月号掲載)の、「『愛国の情』と事理」(古川哲史)において復元された。今回の『増補・改訂版』では、本巻五〇〇頁四行目から十六行目までの間に、この復元したものを収録することができた。西村茂樹はその伏せ字の部分で、日清戦争を不義の動機に基づくものとして批判している。福沢諭吉が、日清戦争の勝利に感激して涙を流したのと対照的である。

西村茂樹の外交論は現実重視である。この伏せ字の部分で次のように記している。元来、朝鮮が清国の属国となり、清国人の庇護によってその国を保全してきた事、三百余年、朝鮮では上下ともに属国の地位に安んじて不平をいだく者もいない。それを我が政府は、強いて朝鮮を以て独立国となし、清国との関係を絶とうとしている。これは清国人の大いに不快とすることの一つであり、朝鮮人もまた喜ばないところである。朝鮮人は日清戦争を義戦とは思っていない。西村茂樹はこのように云う。元来、清国・朝鮮に対する見解が、伊藤博文とは異なっているのである。

「日清戦争」のところでは、以上のほかに、戦後における問題点を挙げている。国民に驕慢の心を生じた事、物価騰貴、株式ブームによる輸入超過の発生、財政困難、列強による清国侵略の危機、この五点である。日清戦争中にも全国各地に出張して道徳講演を行なっていた（『泊翁叢書　第二輯』明治四十五年七月十日　日本弘道会発行）

次いで「国是」のところでは、伊藤内閣の「開国進取の国是」なるものは、欧米の文明富強を欽慕するの余り生じたもので、わが国の原質を損傷する恐れがあるとする。他国との交際は専ら「平和」を主とし、侵略を以て国是としてはならない、他国の内政に干渉してはならないと云う。

「財政」では、財政困難の原因は、軍備拡張と戦後経営の名義による財政支出の増加による、としている。ことに軍事費が全歳出の四割五分を占めていて先進諸国よりも高比率で、それを重税によって支弁している事を指摘している。また政党がそのような政府に同調している事を以て、政党も信用できないと云う。その他、行政整理の推進を主張している。「軍制」では、国の兵備は国富と相比例すべきであるとし、富国強兵・貧国強国には共に反対する。そうして「外交」では、二年後に迫った「内地雑居」の実施について憂慮している。わが国民は上下共に道徳心が頽廃しているが、こういう有様で、かの「梟雄胆智ある欧米人」と雑居して共に業を営んだ場合、十年経たないで、実に憐れむべき有様に陥るであろうと憂慮している。それを防止するためには教育が大切であるとして、「教育」の節では、国家主義を基礎とする事（私利私欲の排除）、教育充実の為に義務教育の八年制を主張している。

『道徳教育講話』

多田建次

西村茂樹は、明治三十一年八月三日から九日までの七日間と、翌三十二年八月十二日から十五日までの四日間、二ヵ年にまたがって都合十一日間、愛知県の南設楽郡・北設楽郡・八名郡の三郡教育会連合の主催した夏季講習会において、同地の小学校教員を対象とした道徳教育に関する連続講演会をおこなった。時に西村は七十歳をこえ、亡くなる数年前ではあったが、なお全国各地において講演・講話や支会への巡回などを精力的に実施していたのである。

ここでの講話は、初回が明治三十一年十二月、第二回目が三十三年四月に、三郡連合教員講習会から田部井鉚太郎の編によって、『西村茂樹先生　道徳教育講話筆記』(洋装本)として刊行された。また日本弘道会の機関誌に、明治三十四年七月刊の第一一一号から三十五年八月の一二四号まで、十四回にわたって連載され、さらに昭和十二年四月の第五三九号から十三年四月の五五一号まで、十二回にわたって再掲載された。その後この二冊本は、昭和三年五月十五日、泊翁西村茂樹先生講述『道徳教育講話』として、合本出版された。編纂兼校訂者は松平直亮、発行者は広江万次郎、印刷者は吉原留吉、発行所は日本弘道会、四六判クロース上製洋装本一八九頁、定価六十銭である。

本講話の内容は、道徳教育についての西村のかねてからの見解を披瀝したものである。西村の東西両洋におよぶ学問・宗教についての該博な学識をもとに、現今の風俗の退廃、徳育の衰退を改善するためには、何をおいても儒教による国民道徳の振興こそが急務であると説いている。その意味では、明治十九年の帝国大学における講演を内容とする主著『日本道徳論』と同じ趣旨ではあるが、小学校教員を対象としているだけに、ここではより平易に、より具体的に自説を展開している。

もちろんここでいう儒教は、中国のそれを単に援用するものであってはならない。中国は革命の国であるのにたいし、わが国は皇室による万世一系の国柄というように、国情が異なるからである。道徳のあり方も中国の五倫五常の徳目だけではとうてい不十分で、さらに第一我が身を修むる道、第二君臣の道、第三父子の道(姑婦の道)、第四夫婦の道(女子の道)、第五兄弟姉妹の道、第六師弟長幼の道、第七朋友の道、第八主従の道(家長の道)、第九人に接する道、第十国家が人民に対する道、第十一人民が国家に対する道、第十二国家が他の国家に対する道、などと人民と国家や諸外国との関係まで視野に入れた、広範な国民道徳を構築しなければならないという。

本講話のしめくくりとして西村は、国民の九十六パーセントが小学校のみで世に出てしまう以上、西洋の教会が欧米人のモラルを支えているように、一般国民を対象とした道徳心涵養の場として、道徳の学会が必要不可欠であると、日本弘道会のはたす役割の重要性を訴えた。

なお日本弘道会は、昭和十二年から十三年に『弘道』誌上に再度掲載したおり、本書の広告文をかかげていた。その一節に、次のようにある。

本会は現下の国情に鑑み、其の使命とする国民道徳振興を期するには、根本として愈々小学校の修身教育作興に俟つ大なるものあるを痛感し、其の一助にもと曩に修身教育参考を発行せる次第であるが、恰もよし此の西村先生の道徳教育講話は、小学校道徳教育の作興に資する所洵に大なるものあるを深く信じ、茲に本書を発行して廣く世に頒たんとす。冀くば今日小学教育の任にある諸君は勿論、世の道徳教育に心ある大方の御清鑒を得るあらば、本会の欣幸とする所である。

本書が、機関誌上にそして単行本として再三再四にわたって公表されたのは、その語り口の見事さもさることながら、バランスのとれた豊かな内容が、世の人々に安心して受けいれられたことの証しに他ならない。

『道徳問答』

多田建次

本書の成立については、「緒言」において松平直亮が明らかにしている。明治三十四年松平が墨田の西村邸をおとずれ、機関誌に「道徳問答」欄をもうけ、会員からの質問に西村みずから解答してはどうかと提案したところ、西村も快諾した。ただどのような質問が寄せられるか予想もつかないので、想定される事項について西村はあらかじめ返答を用意しておいたのである。

その直後の死去によって、計画は頓座したかに思われたが、遺稿中にたまたまその草稿が見つかったので、完成原稿ではないことを承知のうえで、松平が校訂し公表することとした。また、明治三十六年十月の第一三八号から、三十八年六月の一五九号まで二十回にわたって『弘道』誌上に掲載され、さらに昭和十一年一月の五二四号から九月の五三二号まで八回連載された。出版は昭和十一年六月十三日、編纂者は松平直亮、発行所は日本弘道会、菊判上製洋装本五三頁、奥付に「日本弘道会創立六十周年記念出版」「非売品」とある。この日創立六十周年記念の第三十七回定期総会が開催されたので、本書はそのおりに参加会員にかぎって頒布された。

『道徳教育講話』とおなじく、この書も『弘道』誌上に昭和十一年に連載したおり、広告をかかげている。

本書は松平伯爵の編纂されし所にかかり、西村先生が道徳に関する重要なる諸問題を自問自答せられたもので、現在弘道誌上に連載しつつあることは既に諸氏の知らるる通りである。本書を座右に備へなば、吾々道徳上の疑義は直ちに氷解され、欲するものを欲するままに手にする感を与へるであらう。叩けよさらば与へられん、茲に本会六十周年記念に際し、此の名著を諸氏の座右に薦む。

内容は、二十八の質問項目にわたって年来くりかえし主張してきた自説を、一問一答形式で披瀝したものである。

たとえば、弘道会が国家主義をもっぱら標榜しているとの批判にたいしては、世界主義・博愛主義の名のもとに領土獲得を画策する欧米列強の、表面的な富強に幻惑される日本国民の「大病」を治すため、「対症の薬」として説いているのだという興味深い指摘などがある。しかし、やがて幾千年の後世界の国々が統合されることとなれば、おのずから国家主義は不要のものとなり、博愛主義や四海兄弟主義が尊重されることとなるにちがいない。それはあたかも、三十年前のわが国で各藩が相互に対立し、藩士たちは藩にたいし忠義をつくすことが第一に求められたのにたいし、廃藩の後はそれまでの愛藩心が愛国心へと昇華したことと軌を一にする。西村の慧眼は、常に国家をこえた「天地の大道」すなわち普遍的世界へと向けられていた。

また、学問上の遍歴について、若き日「儒教を以て一身を委する所の学問と定めた」ものの、洋学を学ぶにおよんで「全く東洋の学問を棄てて専ら西洋の学問を為さんことを決せり」。さらに東西の諸学をおさめ「岐路に彷徨する」煩悶の日々をおくった末、師佐久間象山の「東洋道徳・西洋芸術」をうけついで、「東洋の学は技術工芸に至りては大に西洋に及ばずと雖も、其修身治心の学に至りては却て西洋に勝る所あり」と、和魂洋才の境地にいたった経緯を率直に告白している点は、注目に値する。また、明治の国民道徳の理論的根拠としては、西洋の学問は日々進歩するばかりか新説が次々と出現するので、応接にいとまがなく、わが国にはむかないのにたいし、儒教は支配階級ばかりか庶民生活にもふかく浸透しているので、わが国情にかなっているとした興味ぶかい指摘もある。

是を以て国家の紀綱を正し人心を維持し、また是を以て忠臣孝子義僕を出したること其数を知らず、降りて市井閭巷間に行わるる劇場のごとき、俗曲のごときは極めて卑猥のものなれども、其主義は何れも忠臣とか、孝行とか、節婦義士といへるものに帰し、儒教の範囲の外に出ることなし、…。

このようにみれば、「儒教の吾邦に偉功ありし事」は、疑いの余地がないという。

『修身講話』

今井　淳

本書は三河農会に招かれた西村茂樹の演説記録を、「大日本実業学会」の明治二十八年（一八九五）五月四日付発行の「普通科」第六回配布の講義録に収録して会員に配布したものである。同会は日本の実業発達振興のため光岡威一郎（明治二年・一八六九〜明治三十三年・一九〇〇）が同年に、二條基弘公爵を会頭に、前田正名を副会頭にして設立したもので、実業教育普及のため農業と商業を専攻する学者・実業家に執筆を依頼し実業学科講義録を作成発刊した。講義録は「高等農科」「高等商科」「普通農科」「普通商科」の四科に分かれている。同会の「実業之日本第六号」（明治三十年十一月）掲載の広告欄によれば、高等科・普通科ともに講習期限は一ヶ年、発行回数各科月二回、学費は高等科五拾銭、普通科四拾銭で、前納割引制度の説明も記されている。

光岡は、明治三十年（一八九七）に「実業之日本社」を創立し、「実業問題攻究機関」として雑誌「実業之日本」を創刊し、実業振興運動を展開した。西村の本書は同誌第八号広告欄によると、「普通農科」と「普通商科」の両科講義録の冒頭に「日本弘道会長正四位」という肩書で共載されており、同会が実業振興の基礎として西村が主張した道徳重視の姿勢を高く評価している様子がうかがえる。また広告中の「普通農科」の他の執筆者は、横井時敬・石川千代松等で計二十一名、「普通商科」では飯田旗郎や英語・朝鮮語・支那語それぞれの国籍の講師も入れて十七名、また「高等農科」では本多静六・新渡戸稲造等十五名、「高等商科」では坂谷芳郎・鳩山和夫等十八名が執筆し、当時の各界の代表的学者の名をみうる。ちなみに、会頭二條基弘（明治五年・一八七二―昭和三年・一九二八）は、関白九條尚忠の子に生れ、左大臣・関白二條斉信の養子となる。また、本書二段落目と三段落目に西村が引用している副会頭前田正名（嘉永三年・一八五〇―大正十年・一九二一）は漢方医の家に生れ、明治二年（一八六九）より八年間のフランス留学後に内務商勧農局出仕、大蔵・内務大書記官・農商務省工務局長・農務局長・次官を歴任後、元老院・貴族院議員となる。退官後地方産業育成に務め、八月十一日の歿日付で男爵となる。

本書の内容については、同会講義録原文では各段落の上部欄外に、西村が重要視した主張の要点が小見出しのような形でのせられているので、それによってうかがうことができる。以下各段落ごとに上欄の頭注を順番に記しておく。

まず第一段欄外には「空論の時代去りて実行の時に入る」「戦勝の後は内外の敵に出逢ふを常とす」「外敵」「内敵」「内敵は其恐るべきこと外敵より甚だし」「戦捷は治乱興亡の岐路なり」の六項目、第二段には「軍人は武功を立つれば事足れり戦後の事は軍人以外国民の責任なり」「土地人口共に我に十倍せる清国に勝ちたりとて天下に敵なしと思ふべからず」の二項目、第三段には「富は強と伴ひ貧は弱と伴ふ」「生産力の比較」「償金は博奕に勝ちて得たる金の如し」「道徳を本とし実業を励む」「道徳とは何ぞや」「道徳の精神より発する改良進歩の方法は独立の思想と結合の力是なり」「独立の思想」「自ら考究すべき諸問題」「政府の施設は或は緩慢に流れ或は規則に拘泥して事情に通ぜざることあり」「依頼心を脱却せざれば有為の人民となること能はず」の十項目、第四段には「結合の力」「結合は道徳を以て本とす」「小結合より着手すべし」「興利除害の事は凡て結合を要す」「結合の力を以て悪風を改正せざるべからず」「結合の妨害を為すもの」の六項目、第五段には「引力と張力」「内地雑居に付て」「致富」「社会の制裁」「社会の制裁なくして社会の誘惑多し」「道徳心は心の如く百般の事業は手足の如し」「道徳を施行する機関に不足するもの四あり」「道徳は人間一生の業にして卒業の期なし」の八項目、合計三十二項目である。

西村の主張は日清戦争に勝利した後の国民の軽佻浮薄になりがちな風潮を戒め、諸般にわたる欧米諸強国との実力の差を正確に認識し、その上で国民の「独立」と「結合」の基礎たる道徳力を高めることによる日本の実力向上を説くことにあり、講義録冒頭の論説として時宜に適したものといえよう。

『泊翁修養訓』

今井　淳

本書の成立と目的については、昭和十四年（一九三九）六月の日付をもつ「緒言」に、編者松平直亮が若い頃より接した西村茂樹の遺著のなかから「徳性涵養ニ緊切」と思われる事項について、自己と会員の修徳の資とするために編集したと述べていることに明らかである。発刊の経緯に関しては、同年九月一日刊の「弘道・第五六八号」に「顧問松平伯爵は、西村先生の著書中より、修養に関する名言を多年に亘りて撰擇されつゝありしが、今回「泊翁修養訓」と題して編纂され、八月下旬愈々出版さる。一は伯爵が先師に報恩の為、一は世人の修徳に資せんとの篤志によるもので、慶賀に堪へない。三省堂書店の売捌である。会員諸君の一本を備えられむことを望む」とある。また同誌巻末の「新刊紹介」には、発行日は八月二十日、四六判布表紙函入美本最上コットン紙十二ポイント組で、定価は壱円とあり、紹介文中に松平氏が「先生の論著百余種の中より殊に吾人の修養に適切なる六十有余編を撰出」したもので、「何れも皆不朽に伝ふべき金玉の文字ならざるはなし」という広告記事がのせられている。

内容についてみると、同書にあげた項目は六十四項目にわたるが、右にのべた成立の経緯のように、特に編者が体系を立てた上で編集したものではない。しかし、たとえば西村の「位格」つまり人格論としての君子・大丈夫・大人物と鄙夫・小人物、また孤高と卑陋、大智と小智、五善と五悪、義と利、益友と損友などの対比による教訓や、真理・学問論等についての西村の考え方が簡潔に示され、加えて編者が「親炙」した西村の思想の受けとめ方と共に、彼が「道友諸賢」に求めた修徳の力点がどこにあったかをうかがうことができる。ちなみに編者松平直亮は、明治十九年（一八八六）入会し、のちに第三代日本弘道会長・名誉会員・顧問をつとめ、その間五十五年にわたり会務に尽力し、この書出版の翌年十月七日に七十六才で死去している。

『西村茂樹全集』刊行委員会

委員長　鈴木　勲　日本弘道会会長（元文化庁長官）
監修者　古川　哲史　副会長（東京大学名誉教授）
委　員　尾田　幸雄　理事（お茶の水女子大学名誉教授）
委　員　松平　直壽　理事（元㈱ダイレクト代表取締役社長）
委　員　生平　幸立　理事（元日本専売公社理事）
委　員　土田健次郎　理事（早稲田大学教授）
委　員　高橋　昌郎　評議員（元清泉女子大学教授）
委　員　多田　建次　評議員（玉川大学教授）
委　員　今井　淳　評議員（武蔵大学名誉教授）
委　員　古垣　光一　特別会員（東京薬科大学教授）
事務局　七海　隆　理事・事務局長
事務局　藤下　昌信　評議員・編集事務総括
事務局　白鳥　正　嘱託

『西村茂樹全集』編集部会

編集委員長　尾田　幸雄
編集委員　生平　幸立
編集委員　土田健次郎
編集委員　多田　建次
編集委員　今井　淳
編集委員　古垣　光一
編集委員　七海　隆
編集委員　藤下　昌信
編集委員　白鳥　正
編集補助員　江島　顕一

増補改訂 西村茂樹全集《にしむらしげきぜんしゅう》 第1巻 著作1

2004(平成16)年5月26日発行 定価：本体17,000円(税別)

編集・発行 社団法人 日本弘道会
東京都千代田区神田3-1-6
〒101-0065 TEL 03-3261-0009

制作・発売 株式会社 思文閣出版
京都市左京区田中関田町2-7
〒606-8203 TEL 075-751-1781

印　刷 株式会社 図書印刷 同朋舎

 ISBN4-7842-1189-6 C3312

増補・改訂 **西村茂樹全集**〔全10巻〕

㈳日本弘道会編／古川哲史監修

西村茂樹は、儒教と哲学の精粋を採って日本の国民道徳の基礎としつつも、極めて柔軟な考え方を示し、真理を世界に求めて一局に偏することを戒めながら、日本的道徳の確立をめざした。また、蘭学・英学に通じ、幕末から明治期にかけて数十冊の訳述書を公刊、近代化を急ぐ我が国にとっても暗夜の灯火となった。

本全集では、学問的な業績を中心に構成し、未公刊の論説や『日本道徳論』の初版本など思想史的にも貴重な著書が初めて公刊される。哲学、倫理学、社会学、教育学など、その思想の真髄に迫る決定版。

第1巻 著作1 ▶A5判・776頁／定価17,850円 ISBN4-7842-1189-6
西村泊翁先生傳／日本道徳論／国民訓／儒門精言／国家道徳論／他11篇

第2巻 著作2
徳学講義／西国道徳学講義／社会学講義／日本教育論／婦女鑑／他2篇

第3巻 著作3
心学略伝／心学講義／読書次第／女子宝訓／泊翁巵言／建言稿／東奥紀行

第4巻 著作4
自識録／自得録／自省録／往事録／理学問答／記憶録／偶筆／随見随筆／他2篇

第5巻 訳述書1
万国史略／校正万国史略／泰西史鑑／農工三十種家中経済／経済要旨

第6巻 訳述書2
西史年表／万国通史／西国事物紀原／求諸己斉講義／海防新論／他4篇

第7巻 訳述書3
格勤革黎氏道徳学／格勤革力氏道徳学／哈芬氏道徳学／福氏道徳学／他10編

第8巻 論説1
陳言一則／自由交易論／修身治国非二途論／賊説／西語解／人口論／123篇

第9巻 論説2・泊翁日記
教育一斑／富貴の話／保守と改進／蓄妾論／臣道を論ず／他39篇／泊翁日記

第10巻 書簡・詩歌・補遺・別録・索引

▶A5判・平均750頁／定価15,000～19,000円（年2回巻数順に刊行）（表示価格は税5％込）